Martin Jedrzejowski

EUROPA-FACHBUCHREIHE
für wirtschaftliche Bildung

Rechtskunde für Verwaltungsberufe

9. Auflage

D1727357

VERLAG EUROPA-LEHRMITTEL · Nourney, Vollmer GmbH & Co. KG
Düsselberger Straße 23 · 42781 Haan-Gruiten

Europa-Nr.: 9831X

Verfasser:

Dipl.-Hdlin Tanja Bruhin

Dipl.-Volksw. Gustav Heinzelmann, StD

Dipl.-Hdl. Hans Köhl, StD (Arbeitskreisleiter)

RA Dr. Oliver Schloz

Das vorliegende Buch wurde auf der **Grundlage der neuen amtlichen Rechtschreibregeln** erstellt.

9. Auflage 2005

Druck   5   4   3   2   1

Alle Drucke derselben Auflage sind parallel einsetzbar, da sie bis auf die Behebung von Druckfehlern untereinander unverändert sind.

ISBN 3-8085-9839-5

© 2005 by Verlag Europa-Lehrmittel, Nourney, Vollmer GmbH & Co. KG, 42781 Haan-Gruiten

http://www.europa-lehrmittel.de

Umschlaggestaltung: typework, 86167 Augsburg

Satz: Satz+Layout Werkstatt Kluth GmbH, 50374 Erftstadt

Druck: Westfalia Druck GmbH, 33100 Paderborn

Vorwort zur 1. Auflage

Dieses neue Fachbuch vermittelt Grundlagen des Bürgerlichen Rechts (Schuldrecht, Familienrecht, Erbrecht, Sachenrecht) und der Gerichtsbarkeit (Zivilgerichtsbarkeit, Strafgerichtsbarkeit, Jugendrecht). Es zeichnet sich durch die besondere didaktisch-methodische Aufbereitung aus:

– Die einzelnen Abschnitte werden durch „problemeinführende Beispiele" vorgestellt.

– Anschließend folgt Sachdarstellung.

– Der Sachverhalt wird veranschaulicht mit Hilfe von Fallbeispielen, denen sich ausführliche Lösungsvorschläge anschließen.

– Abschnittweise werden die wichtigsten Lerninhalte zusammengefasst.

– Definitionen und Merksätze werden optisch besonders hervorgehoben.

Eine Vielzahl von Aufgaben, die an das Prüfungsniveau der Berufsschule (Bereich: Öffentliche Verwaltung) heranführt, ermöglicht Entscheidungsfreiheit bei der lehrerindividuellen Stoffauswahl sowie gezielte Lernkontrollen. Die Aufgaben beziehen sich besonders auf den Lebensbereich des jungen Erwachsenen in seinen vielfältigen wirtschaftlichen und sozialen Rollen in Familie, Schule, Verein, Gemeinde und Ausbildungsbetrieb. Ferner sind die Aufgaben fächerübergreifend gestaltet, indem sie entsprechende Problembereiche des Gemeinschaftskunde- und Betriebswirtschaftslehreunterrichts einbeziehen.

Das Lehrbuch wendet sich vorrangig an die kaufmännische Berufsschule mit dem Ausbildungsberuf „Verwaltungsfachangestellte". Inhaltlich ist das Lehrbuch mit Lehrplänen der einzelnen Bundesländer für diesen Ausbildungsberuf der öffentlichen Verwaltung abgestimmt. Da jedoch die Informationen, Fallbeispiele und Aufgaben ein differenziertes Anspruchsniveau aufweisen, ist der Einsatz auch in den anderen Schularten (z.B. Fachoberschulen, BGJ), in Fachhochschulen, in der Propädeutik sowie in der Erwachsenenbildung (z.B. Fachwirt) sehr gut geeignet.

Die Verfasser sind sich bewusst, dass dem Buch trotz aller Vorsicht und Kontrolle Unrichtigkeiten anhaften könnten. Sie bitten hierfür um Verständnis, sachliche Kritik und Anregungen.

Die Verfasser danken auch dem Verlag für die Ermöglichung der Teamarbeit.

Offenburg, 1986 Die Verfasser

Vorwort zur 8. Auflage

Die Schuldrechtsnovellierung machte eine umfassende Neubearbeitung notwendig. Die Verfasser haben sich bemüht, die einzelnen Sachverhalte deutlich darzustellen und deren Verständnis durch Grafiken und Entscheidungspfade zu erleichtern. Sollten sich trotz aller Sorgfalt Fehler eingeschlichen haben, bitten wir um Nachsicht und um sachliche Kritik.

An dieser Auflage hat der langjährige Mitverfasser StD Bernhard Droll nicht mehr mitgearbeitet. Wir bedauern sein Ausscheiden aus dem Autorenkollektiv, sagen ihm für seine unermüdliche und erfolgreiche Mitarbeit unseren herzlichen Dank und hoffen, dass er uns trotz seiner neuen, verantwortungsvollen Aufgabe mit Rat und Tat auch künftig unterstützt.

An Stelle von Herrn Droll ist Herr RA Dr. Oliver Schloz dem Autorenkreis beigetreten.

Wir danken allen Kolleginnen und Kollegen für ihre Hinweise und positive Kritik.

Offenburg, im Herbst 2003 Die Verfasser

Vorwort zur 9. Auflage

Frau Dipl.-Hdlin Tanja Bruhin ist dem Autorenkollektiv beigetreten. Wie haben kleinere, aber notwendige Verbesserungen gegenüber der vorausgegangenen Auflage vorgenommen. Wir bitten unsere Leser auch weiterhin um sachdienliche Hinweise und positive Kritik. Denn wir können nicht ausschließen, dass das Buch trotz unserer Vorsicht Fehler enthält.

Wir danken unseren Lesern für ihre Hinweise auf Schwachstellen des Buches. Ein besonderer Dank gilt dem Verlag für die gute Zusammenarbeit.

Offenburg, im Winter 2005 Die Verfasser

Abkürzungsverzeichnis

Abschn.	Abschnitt
AG	Aktiengesellschaft
AGB-Gesetz	Gesetz zur Regelung des Rechts der Allgemeinen Geschäftsbedingungen
AO	Abgabenordnung
Art.	Artikel
AtomG	Atomgesetz von 1959
BGB	Bürgerliches Gesetzbuch
BGBl	Bundesgesetzblatt
BK	Berufskolleg
BtG	Betreuungsgesetz
EDV	Elektronische Datenverarbeitung
eG	eingetragene Genossenschaft
ErbbVO	Verordnung über das Erbbaurecht
etc.	und so weiter
d.h.	das heißt
ff.	folgende Seiten, folgende Paragrafen
GG	Grundgesetz
GmbH	Gesellschaft mit beschränkter Haftung
GR	Güterrechtsregister
GVG	Gerichtsverfassungsgesetz
HaftpflG	Haftpflichtgesetz
HausTWG	Haustürwiderrufsgesetz
HGB	Handelsgesetzbuch
IHK	Industrie- u. Handelskammer
InsO	Insolvenzordnung
i.S.	im Sinne ...
iVm	in Verbindung mit
JGG	Jugendgerichtsgesetz
KG	Kommanditgesellschaft
LPartG	Lebenspartnerschaftsgesetz
LuftVG	Luftverkehrsgesetz
OHG	Offene Handelsgesellschaft
S.	Satz oder Seite
SGB	Sozialgesetzbuch
SHaftpflG	Gesetz über die Haftung der Eisenbahnen und Straßenbahnen für Sachschaden vom 29.4.1940 (aufgehoben am 16.8.1977)
StGB	Strafgesetzbuch
StPO	Strafprozessordnung
u.a.	und andere(s), unter anderem
usw.	und so weiter
VerbrKrG	Verbraucherkreditgesetz
vgl.	vergleiche
z.B.	zum Beispiel
ZPO	Zivilprozessordnung

Inhaltsverzeichnis

1	**Einführung in das Recht**	9
1.1	Notwendigkeit einer Rechtsordnung als Vernunfts- und Friedensordnung	9
1.1.1	Sitte und Moral	10
1.1.2	Naturrecht und gesetztes Recht	11
1.1.3	Naturrecht	12
1.1.4	Positives Recht	13
1.1.4.1	Gewohnheitsrecht	13
1.1.4.2	Geschriebenes Recht	13
1.2	Recht und Rechtsordnung	16
2	**Rechtssubjekte und Rechtsobjekte**	20
2.1	Rechtssubjekte	20
2.1.1	Rechtsfähigkeit (§§ 1 ff. BGB)	21
2.1.2	Geschäftsfähigkeit (§§ 104 ff. BGB)	24
2.1.3	Deliktsfähigkeit (§ 828 BGB)	27
2.1.4	Straffähigkeit (Strafmündigkeit)	29
2.1.5	Parteifähigkeit	30
2.1.6	Prozessfähigkeit	30
2.2	Rechtsobjekte (Sachen, Tiere und Rechte)	35
2.2.1	Sachen (Arten, Bestandteile, Zubehör, Nutzungen)	35
2.2.2	Tiere	38
2.2.3	Rechte	39
3	**Rechtsgeschäfte**	41
3.1	Entstehung von Rechtsgeschäften	41
3.1.1	Grundsatz der Vertragsfreiheit (Privatautonomie) und seine Einschränkungen	41
3.1.2	Willenserklärungen	43
3.1.3	Rechtsgeschäfte (Grundlagen)	50
3.1.4	Formvorschriften	55
3.1.5	Verpflichtungs- und Erfüllungsgeschäft	57
3.2	Grenzen der Vertragsfreiheit	60
3.2.1	Nichtigkeit	60
3.2.1.1	Scheingeschäft (§ 117 BGB)	61
3.2.1.2	Scherzerklärung (§ 118 BGB)	62
3.2.1.3	Formnichtigkeit (§ 125 BGB)	63
3.2.1.4	Verstoß gegen ein gesetzliches Verbot (§ 134 BGB)	63
3.2.1.5	Sittenwidrigkeit (§ 138 BGB)	64
3.2.2	Die Anfechtung	67
3.2.2.1	Irrtum	68
3.2.2.2	Widerrechtliche Drohung	72
3.2.2.3	Arglistige Täuschung	72
3.2.3	Allgemeine Geschäftsbedingungen	78
3.3	Arten und Rechtswirkung der Vertretung	84
3.3.1	Rechtsgeschäftliche Vertretung	85
3.3.2	Gesetzliche Vertretung	93
3.4	Nebenbestimmungen von Rechtsgeschäften	95
3.4.1	Bedingungen	95
3.4.1.1	Aufschiebende Bedingung	96
3.4.1.2	Auflösende Bedingung	96
3.4.1.3	Befristete Verträge	96
3.4.1.4	Bedingungsfeindliche Rechtsgeschäfte	97
3.4.2	Fristen und Termine	97
3.5	Verjährung	101
3.5.1	Verjährung von Ansprüchen	101
3.5.2	Fristen bei öffentlich-rechtlichen Abgaben	113
3.5.3	Abgrenzung der Verjährung zu der Befristung	114

4   Recht der Schuldverhältnisse 116

4.1   Schuldverhältnisse durch Kaufvertrag 117
4.1.1   Zustandekommen (Antrag und Annahme) 117
4.1.2   Inhalt des Kaufvertrages 122
4.1.2.1   Kaufgegenstand 122
4.1.2.2   Lieferzeit 123
4.1.2.3   Lieferungs- und Zahlungsbedingungen 124
4.1.2.4   Erfüllungsort und Gerichtsstand 124
4.1.3   Widerrufsrecht und Rückgaberecht bei Verbraucherverträgen ... 127
4.1.4   Erlöschen von Schuldverhältnissen 129
4.1.4.1   Erfüllung 129
4.1.4.2   Hinterlegung 131
4.1.4.3   Aufrechnung 132
4.1.4.4   Erlass 133
4.2   Leistungsstörungen 135
4.2.1   Einführung 135
4.2.2   Grundkonzeption des Leistungsstörungsrechts 136
4.2.2.1   Tatbestand: Pflichtverletzung 136
4.2.2.2   Vertretenmüssen 138
4.2.3   Unmöglichkeit der Leistung 139
4.2.3.1   „Echte" Unmöglichkeit 139
4.2.3.2   Faktische (praktische) und psychologische Unmöglichkeit 147
4.2.3.3   Unmöglichkeit bei Gattungsschulden 152
4.2.4   Leistungsverzug 154
4.2.4.1   Voraussetzungen 154
4.2.4.2   Rechtsfolgen des Verzugs 157
4.2.4.3   Zahlungsverzug 163
4.2.5   Gläubigerverzug 166
4.2.6   Positive Vertragsverletzung (pVV) oder positive
           Forderungsverletzung (pFV) 168
4.2.7   cic (culpa in contrahendo) 170
4.2.8   Dritthaftung 171
4.2.9   Wegfall der Geschäftsgrundlage 172
4.2.10   Sachmängelhaftung 173
4.2.10.1   Fehlerbegriff iSv. § 434 BGB 174
4.2.10.2   Haftungsbefreiung des Verkäufers 180
4.2.10.3   Rechtsfolgen bei Sachmängeln 181
4.2.11   Rechtsmangel 187
4.2.12   Verjährung der Ansprüche des Käufers 189
4.2.13   Sonderregelung für Verbrauchsgüterkauf 192
4.2.13.1   Begriffsbestimmung 192
4.2.13.2   Verbraucherschutz 193
4.2.13.3   Beweistlastumkehr 194
4.2.13.4   Gestaltung der Garantieerklärung 195
4.2.13.5   Rückgriff des Unternehmers 195
4.2.13.6   Verjährung der Regressansprüche 197
4.3   Übersicht über weitere Vertragstypen 199
4.4   Gesetzliche Schuldverhältnisse 203
4.4.1   Entstehen von Schuldverhältnissen durch unerlaubte Handlung
           (§ 823 BGB) 203
4.4.2   Entstehen von Schuldverhältnissen durch Gefährdungshaftung .. 205
4.4.3   Amtspflichtverletzung 207
4.4.3.1   Beamtenhaftung nach § 839 BGB 207
4.4.3.2   Haftungsübernahme durch den Staat 208
4.4.4   Verrichtungs- und Erfüllungsgehilfe 208
4.4.5   Ungerechtfertigte Bereicherung 214
4.4.6   Schadensersatz (Exkurs) 218
4.5   Entstehen von Schuldverhältnissen im Rahmen von Selbsthilfe
           bei verbotener Eigenmacht, Notwehr, Notstand und Selbsthilfe 223
4.5.1   Selbsthilfe gegen verbotene Eigenmacht 224
4.5.2   Notwehr (§ 227 BGB) 225

4.5.3	Notstand (§ 228, § 904 BGB)	226
4.5.4	Selbsthilfe (§ 229 BGB)	227

5	**Sachenrecht**	**229**
5.1	Besitz und Eigentum	229
5.1.1	Besitz	229
5.1.2	Besitzschutz	231
5.1.3	Eigentum	232
5.1.4	Eigentumsschutz	234
5.1.5	Schranken von Besitz und Eigentum	237
5.1.5.1	Schranken durch das Grundgesetz	237
5.1.5.2	Schranken durch das Privatrecht (hier BGB)	237
5.1.5.3	Schranken durch das öffentliche Recht	238
5.2	Möglichkeiten des Eigentumserwerbs	239
5.2.1	Übertragung des Eigentums an beweglichen Sachen	240
5.2.1.1	Eigentumserwerb an Mobilien durch Rechtsgeschäft	240
5.2.1.2	Eigentumserwerb an Mobilien kraft Gesetzes	243
5.2.2	Übertragung des Eigentums an unbeweglichen Sachen	246
5.2.3	Das Grundbuch	248
5.2.3.1	Zweck des Grundbuchs	248
5.2.3.2	Inhalt und Aufbau des Grundbuchs	250
5.2.3.3	Grundsätze des formellen und materiellen Grundbuchrechts	253
5.2.3.4	Die Eintragung	258
5.2.3.5	Der Vorrang	259
5.3	Pfandrechte	260
5.3.1	Pfandrecht an beweglichen Sachen	260
5.3.1.1	Vertragliches Pfandrecht an beweglichen Sachen (§ 1204 BGB)	261
5.3.1.2	Gesetzliches Pfandrecht an beweglichen Sachen	263
5.3.1.3	Pfandrecht an den gepfändeten Gegenständen (§ 804 ZPO)	263
5.3.2	Grundpfandrechte	264
5.3.2.1	Die Hypothek	265
5.3.2.2	Die Grundschuld	270
5.4	Weitere dingliche Rechte an Grundstücken	272
5.4.1	Das Erbbaurecht	272
5.4.2	Die Dienstbarkeiten	274
5.4.3	Das Vorkaufsrecht	279

6	**Familie in der Rechtsordnung**	**282**
6.1	Voraussetzungen und Rechtswirkungen der Ehe	283
6.1.1	Verlöbnis	283
6.1.2	Eheschließung	284
6.1.3	Rechte und Pflichten der Ehegatten	287
6.1.3.1	Namensrecht	287
6.1.3.2	Geschäfte zur Deckung des Lebensbedarfs	288
6.1.3.3	Unterhaltpflicht	289
6.1.3.4	Elterliche Sorge	289
6.2	Eheliche Güterstände	293
6.2.1	Gesetzlicher Güterstand (Zugewinngemeinschaft)	294
6.2.2	Vertragliche Güterstände	298
6.3	Ehescheidung (Voraussetzungen und Rechtsfolgen)	300
6.3.1	Begriff der Zerrüttung	300
6.3.2	Versorgungsausgleich	302
6.3.3	Sorgerecht	305
6.3.4	Unterhaltsansprüche	306
6.4	Verwandtschaft	307
6.4.1	Verwandtschaftsgrade – Schwägerschaft	308
6.4.2	Rechtliche Bedeutung von Verwandtschaft und Schwägerschaft	310
6.5	Betreuung (Betreuungsgsetz – BtG und §§ 1896–1908 i BGB)	312
6.6	Vormundschaft	314
6.7	Nichteheliche Lebensgemeinschaften	316
6.8	Lebenspartnerschaftsgesetz	317

7	**Das Erbrecht**	319
7.1	Die gesetzliche Erbfolge	322
7.2	Gewillkürte Erbfolge	334
7.2.1	Das Testament	334
7.2.1.1	Testierfreiheit	335
7.2.1.2	Testierfähigkeit	336
7.2.1.3	Arten des Testaments	337
7.2.2	Erbvertrag	342
7.2.3	Vermächtnis und Auflage	343
7.2.4	Pflichtteil	346
7.3	Rechtsstellung der Erben	350
7.3.1	Gesamtrechtsnachfolge	350
7.3.2	Ausschlagung und Annahme einer Erbschaft	350
8	**Rechtsprechung**	355
8.1	Die Rechtsprechung (Judikative) im Grundgesetz	355
8.1.1	Rechtsstaatsprinzip	355
8.1.2	Unabhängigkeit der Gerichte	357
8.1.3	Kontrollfunktion des Bundesverfassungsgerichts	357
8.2	Gerichtsbarkeiten	359
8.3	Gerichtsverfahren: Zivilprozess	365
8.3.1	Zuständigkeitsregelung der ordentlichen Zivilgerichte (§ 29 ZPO, § 269 BGB)	365
8.3.2	Klageerhebung	366
8.3.3	Mündliche Verhandlung	367
8.3.4	Beendigung des Verfahrens durch Vergleich oder Urteil	368
8.3.5	Instanzen und Rechtsmittel	369
8.4	Gerichtsverfahren: Strafprozess	372
8.4.1	Strafzweck	373
8.4.2	Merkmale einer strafbaren Handlung	373
8.4.3	Folgen einer strafbaren Handlung	375
8.4.4	Ermittlung einer Geldstrafe	376
8.4.5	Maßregeln der Besserung und Sicherung	376
8.4.6	Verlauf eines Strafverfahrens	377
8.4.7	Das Jugendstrafrecht	380
8.4.8	Zuständigkeitsregelung der ordentlichen Strafgerichte (GVG, § 7 StPO)	385
8.4.9	Instanzen und Rechtsmittel im Strafprozess (Übersicht)	388
8.4.10	Kostenregelung im Zivil- und Strafprozess	388
9	**Gerichtliches Mahn- und Vollstreckungsverfahren**	390
9.1	Gerichtliches Mahnverfahren	390
9.2	Zwangsvollstreckung	392
9.2.1	Zwangsvollstreckung in das bewegliche Vermögen (§§ 803–845 ZPO)	392
9.2.2	Zwangsvollstreckung in Forderungen und Rechte (§§ 828–862 ZPO)	392
9.2.3	Zwangsvollstreckung in das unbewegliche Vermögen (§§ 864–871 ZPO)	393
9.2.4	Pfandverwertung	394
9.2.5	Eidesstattliche Versicherung (§§ 899 ff. ZPO)	395
Stichwortverzeichnis		397

1 Einführung in das Recht

1.1 Notwendigkeit einer Rechtsordnung als Vernunfts- und Friedensordnung

---

Problemeinführendes Beispiel

Beim aufstiegsentscheidenden Spiel zwischen dem FC Rammersweier und dem FC Diersburg kommt es zu folgenden Ereignissen: Ein Spieler des FC Rammersweier begeht an einem gegnerischen Spieler ein Foul, das der Schiedsrichter mit einem Strafstoß zugunsten Diersburgs ahndet. Ein anderer Rammersweierer Spieler ist mit dieser Entscheidung nicht einverstanden und versetzt dem Schiedsrichter einen Kinnhaken. Der Schiedsrichter geht zu Boden und bleibt einige Sekunden benommen liegen. Danach bricht er das Spiel ab. Die beiden Punkte gehen an den FC Diersburg. Der FC Rammersweier erhält eine mehrwöchige Platzsperre, der schlagende Spieler wird für zwei Jahre vom Verbandsfußball ausgeschlossen, der Verein selbst trennt sich von seinem Spieler.

Zudem klagt der Schiedsrichter gegen den Täter, da ein einwöchiger Krankenhausaufenthalt mit Verdienstausfall die Folge des Kinnhakens war.

▪ Ordnungsfunktion

Ähnlich wie beim Fußballspiel ist jedes Zusammenleben in der Gemeinschaft durch Regeln, „Spielregeln", gekennzeichnet. Diese Spielregeln werden von den dafür zuständigen Organen aufgestellt. Gültigkeit besitzen sie für die Personen, die sich in dem dazugehörenden Bereich betätigen bzw. in dem entsprechenden Gebiet leben. Auf Bundesebene ist hierfür in erster Linie der Bundestag, auf Landesebene der Landtag, in der Gemeinde der Gemeinderat, im Rahmen einer Vereinsmitgliedschaft dieser Verein und sein Verband, zuständig. Rechtsvorschriften oder Spielregeln sind unerlässlich, damit ein **geordnetes** und insbesondere **friedliches Zusammenleben** der Menschen innerhalb der Gesellschaft ermöglicht wird. Ein Fehlen von Rechtsvorschriften hat zwangsläufig Unordnung, Chaos, zur Folge.

▪ Sicherheitsfunktion (Schutzfunktion)

Grundsätzlich kann man davon ausgehen, dass es immer wieder einzelne Personen geben wird, die gegen bestehende Rechtsvorschriften verstoßen, die also die Ordnung stören. In diesen Fällen (z. B. Verkehrsunfall, Diebstahl, Mord) muss gewährleistet sein, dass die entsprechenden Rechtsgüter (Eigentum, Körper, Leben u.a.) geschützt sind. Dies gilt auch für Übergriffe des Staates, z. B. bei Verletzung des Datenschutzes. Der Bürger muss sicher sein können, dass bei bestehenden Rechtsvorschriften die darin aufgezeigten Rechtsgüter nicht ohne Berechtigung angegriffen und verletzt werden können.

▪ Ausgleichsfunktion

Verstöße gegen die Ordnungsfunktion oder die Sicherheitsfunktion führen im Regelfall zu Benachteiligungen des einen, zu ungerechtfertigten Vorteilen eines anderen. Dieses rechtliche Missverhältnis gilt es auszugleichen, und zwar ohne Gewaltanwendung des Benachteiligten.

Zunächst verweisen die Rechtsvorschriften darauf, dass es Einrichtungen gibt, z.B. Polizei und Gerichte, deren Aufgabe es ist, zu ermitteln, wer welche Art des Verstoßes gegen wen begangen hat. Nach eingehender Würdigung und Bewertung der Sachlage erfolgt ein Ausgleich in der Weise, dass der regelwidrig Handelnde zur Wiedergutmachung herangezogen wird, der Geschädigte entschädigt wird – soweit dies möglich ist.

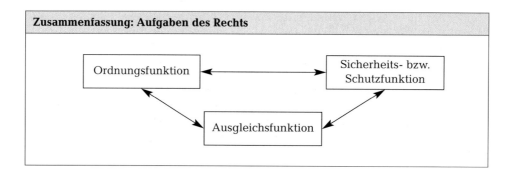

Zusammenfassung: Aufgaben des Rechts

Ordnungsfunktion ←→ Sicherheits- bzw. Schutzfunktion

Ausgleichsfunktion

■ **Übungsaufgaben:**

1/1 Zeigen Sie auf, in welcher Weise im einführenden Beispiel die drei Funktionen des Rechts betroffen sind.

1/2 Erläutern Sie, wie in den Bereichen, in denen Sie selbst tätig sind, die Aufgaben des Rechts geregelt sind: a) in der Schule, b) in Ihrem Verein, c) in Ihrer Gemeinde.

1/3 Angenommen, Sie selbst wollen mit einer Gruppe von ca. fünf gleichaltrigen Freunden eine Urlaubsreise durchführen. Welche Spielregeln werden Sie aufstellen, um einen friedlichen Ablauf zu garantieren – insbesondere unter Verzicht auf Gewalt?

1/4 Wählen Sie aus den Tageszeitungen Beispiele aus, die auf die Funktionen des Rechts hinweisen, und erläutern Sie daran jeweils die Funktion(en).

1.1.1 Sitte und Moral

Bisher wurde „Recht" verstanden im Sinne von Vorschriften, die das friedliche Zusammenleben der Menschen in der Gemeinschaft zum Ziel haben. Folglich umfasst Recht das äußere Verhalten der Menschen, es ist für die Mitmenschen erkennbar und kann notfalls auch erzwungen werden: es hat Zwangsgeltung. Das menschliche Verhalten wird jedoch darüber hinaus in unterschiedlichem Umfang von weiteren „Vorschriften" bestimmt.

a) Sittengesetz (Sittlichkeit, Moral)

Auch das Sittengesetz erwächst im Zusammenleben mit dem Gemeinschaftsleben und vergleicht unterschiedliches menschliches Verhalten. Aber die hier angesprochenen Verhaltensregeln werden dem Menschen aus sittlicher Haltung durch sein Gewissen gewiesen. Das Sittengesetz wendet sich folglich an die innere Ordnung, an die Gesinnung des Menschen, und veranlasst ein bestimmtes Handeln oder Unterlassen. Vermittelt wird das Sittengesetz vorrangig durch die Erziehung im Elternhaus, in der Schule, ferner im Arbeitsleben. Religiöse Verhaltensnormen nehmen dabei eine zentrale Bedeutung ein. Denn sie gehen vielfach weiter als das Recht. Für die Sittengesetze besteht keine Zwangsgeltung. Verstöße sprechen zunächst das Gewissen an; eine Ächtung durch die Gesellschaft kann weitere Folge sein, muss es aber nicht.

b) Sitte (Verkehrssitte, auch: Lebensgebräuche, Volksbrauch)

Auch die Verkehrssitte erzeugt Regeln für menschliches Verhalten und entwickelt Gebote und Verbote verschiedenster Art. Auch hier ist das äußere Verhalten angesprochen. Aber im Gegensatz zum Gesetzesrecht fehlt hier die schriftliche Fixierung als Regelfall. Es fehlt ferner die Zwangsgeltung. Ihren Ausdruck findet die Verkehrssitte in den Formen der Höflichkeit, also in Anstandsregeln und Umgangsformen; es handelt sich somit um Übereinkünfte, Konventionen, die in bestimmten Volksschichten, Regionen, Berufsständen, Vereinen im Zeitablauf durch tatsächliche Übung und Anerkennung wirksam wurden. Auch ein Verstoß gegen sittliche Grundsätze kann Folgen haben: gesellschaftlicher Boykott, berufsständische Maßnahmen. Doch sind diese Wirkungen nicht immer vorhersehbar und daher auch nicht berechenbar.

Manche Regeln der Verkehrssitte sind mitunter recht schnell veränderbar, z. B. mit lässiger Kleidung in eine Oper zu gehen, wäre vor etwa dreißig Jahren kaum durchführbar gewesen, heute ist dies eine Selbstverständlichkeit. Andere Regeln dagegen sind über viele Jahre starr, z. B. das Tragen der Richterrobe.

Zusammenfassung: Merkmale von Recht und sozialen Ordnungen		
Recht	**Sittengesetz (Moral)**	**Verkehrssitte**
äußeres Verhalten	inneres Verhalten	äußeres Verhalten (Gesinnung)
erzwingbar	nicht erzwingbar	erzwingbar nur innerhalb der betreffenden Gruppe
Bestrafung durch Gerichte	Bestrafung durch Gewissen, evtl. durch „höhere" Instanz	Bestrafung in Form von Missachtung, Ausschluss
schriftlich fixiert (i.d.R.)	i.d.R. nicht schriftlich fixiert	teilweise schriftlich fixiert

■ Übungsaufgaben:

Inwieweit können „Sitte" und „Moral" auf das einführende Beispiel zu 1.1 übertragen werden? `1/5`

Recht, Sittengesetz und Sitte können sich decken, überschneiden oder völlig auseinander fallen. Erläutern Sie dies an den folgenden drei Fällen: `1/6`

a) Eine 20-jährige Frau wird durch einen alkoholsüchtigen Betrunkenen vergewaltigt.

b) Attentat auf Hitler am 20. Juli 1944.

c) Diebstahl eines Handballspielers an seinem Spielerkollegen im Klubhaus.

Ein Autofahrer begeht unter Alkoholeinwirkung einen Verkehrsunfall, bei dem ein Kind schwer verletzt wird. Es gelingt ihm, unerkannt zu entkommen und sein Leben unbestraft weiterzuführen. Inwieweit verstößt er gegen Gesetz, Sittengesetz, Sitte? `1/7`

1.1.2 Naturrecht und gesetztes Recht

Nach dem Unterscheidungskriterium „Herkunft der Rechtssätze" lässt sich das Recht einteilen in Naturrecht und gesetztes (auch positives) Recht. Unter Naturrecht versteht man die aus der menschlichen Natur ableitbaren und vernunftmäßig erkennbaren Rechtssätze. Das gesetzte (positive) Recht hingegen wird von der jeweils „herrschenden Gewalt" (z.B. Parlament, Diktator) als „rechtliches Regelwerk" vorgegeben. Diese Gesamtheit von rechtlichen Regeln und Vorschriften wird auch als **Rechtsnormen** bezeichnet; sie kommen als geschriebenes Recht und als Gewohnheitsrecht vor.

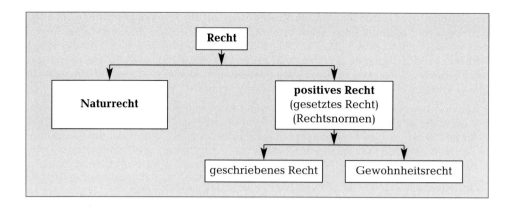

1.1.3 Naturrecht

Das Naturrecht leitet sich aus der menschlichen Natur und der allen Menschen eigenen Vernunft ab.

Unter Naturrecht versteht man ein für alle Menschen gleichermaßen, ohne zeitliche oder räumliche Begrenzung, geltendes Recht, welches über den Gesetzen steht. Es ist ein ewig geltendes, höheres, göttliches Vernunftsrecht, dessen oberstes Prinzip die Gerechtigkeit darstellt.

Damit es wirksam werden kann, muss ein Rechtssetzungsakt erfolgen, ausgehend von der jeweiligen Volksüberzeugung. Insofern unterliegt das Naturrecht auch gewissen Wandlungen. Besonders die christlichen Lehren schließen naturrechtliche Gedanken ein.

Nach dem Zweiten Weltkrieg wurde das Verlangen nach Anerkennung allgemeingültiger unveräußerlicher Grund- und Menschenrechte deutlich. In unserem 1949 geschaffenen Grundgesetz wurden diese unveräußerlichen Menschenrechte in Form der Grundrechte (Artikel 1–19 GG) an den Anfang gestellt.

Sie sind die elementaren Regeln, die für das Zusammenleben in der Gesellschaft unverzichtbar sind.

1.1.4 Positives Recht

1.1.4.1 Gewohnheitsrecht

> **Problemeinführendes Beispiel**
>
> Die württembergische Gemeinde Flein und ihr Gemeinderat stehen vor einem Problem: Ein seit vielen Jahrzehnten bestehender schmaler Weg verbindet zwei Teile des Ortskerns miteinander und verkürzt den Weg für viele Einwohner, u.a. für die Hauptschüler den zur Schule. Da immer häufiger Jugendliche diesen Weg als Moped-Übungsstrecke benutzen und zudem im Winter der Weg nur selten geräumt und gestreut wird (nämlich vom Grundstückseigentümer), beabsichtigt der Gemeinderat, diesen Weg kurzerhand zu schließen. Damit müssten die Einwohner auf eine relativ enge Straße ohne Gehweg ausweichen, die in einem größeren Bogen die beiden Ortsteile ebenfalls verbindet. Es stellt sich nun die Frage, ob die Gemeinde eine Schließung des Weges durchführen kann.

Die Gemeinderäte hätten im einführenden Beispiel nicht nur aus Gründen der Verkehrssicherheit für Fußgänger den Weg kaum schließen können – es sprechen zumindest sachliche Gründe dagegen. Aber auch aus gewohnheitsrechtlichen Gründen wird die Schließung zu erheblichen Schwierigkeiten führen.

Das Gewohnheitsrecht entsteht durch

– langjährige Übung,
– bei gleichzeitiger Anerkennung durch die Gesellschaft,
– ohne dass ein Widerspruch zu Rechtsnormen besteht.

Da eine weitergehende schriftliche Fixierung dessen fehlt, was im Einzelfall Gewohnheitsrecht ist, muss eben dieser Einzelfall jeweils untersucht werden. Und dies ist überwiegend Aufgabe der Gerichte, denen ein Streitfall zur Entscheidung vorgelegt wird.

Gewohnheitsrecht „entsteht" heute meist durch Richterrecht, also durch die laufende Rechtsprechung.

1.1.4.2 Geschriebenes Recht

Begrifflich ist das positive Recht [Gesetzesrecht (geschriebenes Recht) und Gewohnheitsrecht] vom Naturrecht wie folgt zu unterscheiden:

> Positives Recht bezeichnet Rechtsnormen jeder Art, die in einer Gesellschaft gelten. Hierzu gehört die Gesamtheit des gesetzten Rechts (Gesetze, Verordnungen, Satzungen) sowie das Gewohnheitsrecht. Im Vordergrund steht die Rechtssicherheit.

Führt man die Definition konsequent fort, so bedeutet dies, dass alles, was von den für die Rechtsetzung zuständigen Organen in rechtliche Normen gesetzt wird (einschließlich Gewohnheitsrecht), als legal angesehen wird.

In diesem Zusammenhang ist auf eine häufig aufgegriffene Auffassung innerhalb der Rechtslehre hinzuweisen, den Rechtspositivismus. Diese Auffassung gelangt ausschließlich aus dem positiven Recht zu Lösungen von Rechtsfragen, ohne eine Wertung im Sinne des Naturrechts vorzunehmen. Danach ist Rechtschöpfung allein dem Gesetzgeber vorbehalten, Rechtsfortbildung im Sinne des Richterrechts entfällt (diese Entwicklung war in der Zeit des Dritten Reiches festzustellen).

Nun sind verschiedene Möglichkeiten denkbar, wie Naturrecht und positives Recht zueinander in Beziehung stehen:

- Diskrepanz von Naturrecht und positivem Recht:

Lösung

Problemeinführende Beispiele a) und b) von Abschn. 1.1.3:

In beiden Fällen ist das Töten von Menschen durch die staatlichen Organe der Gesetzgebung legalisiert worden. Mit dem Naturrecht ist das Töten von Menschen dagegen unvereinbar. Selbst die Todesstrafe ist mit dem Naturrecht unvereinbar.

- Übereinstimmung von Naturrecht und positivem Recht:

Lösung

Problemeinführendes Beispiel c) von Abschn. 1.1.3:

Dem Naturrecht entspricht es, dass eine Person unter Berücksichtigung ihrer Eignung und Fähigkeit den gewünschten Beruf erwählt und dazu auch die Ausbildungsstätte. Grundgesetz und Einzelgesetze stehen damit in Einklang.

Jedenfalls formell besteht hier Übereinstimmung von Naturrecht und positivem Recht. Materiell besteht jedoch der Konflikt, dass über mehrere Jahre das Recht auf freie Berufswahl nicht realisierbar war und ist, weil die Wirklichkeit hier Grenzen setzt.

In diesem Zusammenhang gibt es Auffassungen, die vom Staat über das positive Recht hinausgehend verlangen, dass insbesondere im Bereich der Grundrechte auch die materiellen Möglichkeiten geschaffen werden sollten. Damit wäre auf ideale Weise das Naturrecht mit dem positiven Recht in Übereinstimmung.

Zusammenfassung:

Verstößt positives Recht gegen das Naturrecht, so ist es zwar legal, denn es entspricht den Erfordernissen der Rechtssicherheit und damit der äußeren Rechtmäßigkeit. Es fehlt jedoch die innere Rechtmäßigkeit, die Legitimität.

a) Gesetze

Artikel 3 des Grundgesetzes legt fest, dass „alle Menschen vor dem Gesetz gleich" sind. Um diesen Gleichheitsgrundsatz zu realisieren, muss Gesetz in materieller wie in formeller Hinsicht unterschieden werden:

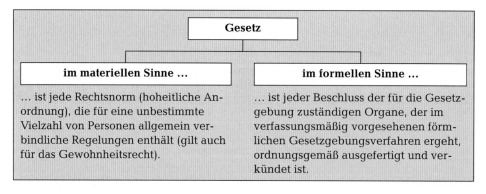

Gesetz	
im materiellen Sinne ...	**im formellen Sinne ...**
... ist jede Rechtsnorm (hoheitliche Anordnung), die für eine unbestimmte Vielzahl von Personen allgemein verbindliche Regelungen enthält (gilt auch für das Gewohnheitsrecht).	... ist jeder Beschluss der für die Gesetzgebung zuständigen Organe, der im verfassungsmäßig vorgesehenen förmlichen Gesetzgebungsverfahren ergeht, ordnungsgemäß ausgefertigt und verkündet ist.

Das Gesetzgebungs*verfahren* regelt, wie die Gesetze in formeller Hinsicht erlassen werden. Im Rahmen der Gewaltenteilung, einem wesentlichen Grundsatz des demokratischen Rechtsstaates, ist es ausschließlich der Volksvertretung, dem Parlament, übertragen, die Gesetzgebung vorzunehmen (Bundesparlament, Länderparlamente).

Ist das Gesetz von den gesetzgebenden Organen den verfassungsrechtlichen Vorschriften entsprechend zustandegekommen, also beschlossen, so folgt die **Ausfertigung**. Diese umfasst die urkundliche Festlegung durch Unterzeichnung des Gesetzestextes durch den Bundespräsidenten (Art. 82 Abs. 1 GG). Der Bundeskanzler und der sachlich zuständige Bundesminister zeichnen gegen.

Den Abschluss des Gesetzgebungsverfahrens bildet die Verkündung in der vorgeschriebenen Form. Ist diese gegeben, so ist das Gesetz wirksam. Bundesgesetze werden im Bundesgesetzblatt (BGBl), Landesgesetze in den Gesetz- und Verordnungsblättern der Länder veröffentlicht (vgl. Tafel 1/1).

Der Weg der (Bundes-)Gesetzgebung

Gesetzesinitiative

(kann von der Bundesregierung, vom Bundesrat, von Mitgliedern des Bundestages ausgehen) Regelfall: Regierungsvorlagen; ↓

über den federführenden Minister werden sie dem Kabinett unterbreitet. Im Falle der Billigung legt die Bundesregierung sie dem Bundesrat vor (Erster Durchgang). Nach Stellungnahme und evtl. Änderungsvorschlägen reicht der Bundesrat die Vorlage über die Bundesregierung an den

> BUNDESTAG

weiter, der in drei Lesungen über die Vorlage berät (evtl. Verweisung in einen oder mehrere Ausschüsse). Bei einfacher Mehrheit (ausnahmsweise Zweidrittelmehrheit) ist das Gesetz angenommen und wird wiederum dem

> BUNDESRAT

vorgelegt. Handelt es sich um zustimmungsbedürftige Gesetze (Artikel 70–83 GG) und stimmt der Bundesrat nicht zu, so ist das Gesetz gescheitert.

Handelt es sich nicht um zustimmungsbedürftige Gesetze (Artikel 70–83 GG), so wird der Entwurf durch den zuständigen Ressortminister oder den Kanzler gegengezeichnet. Der

> BUNDESPRÄSIDENT

fertigt das Gesetz aus (Ausfertigung). Anschließend erfolgt im

> BUNDESGESETZBLATT

die Verkündung. (Gleiches gilt, wenn der Bundesrat einem zustimmungsbedürftigen Gesetz zustimmt.)

Bei nicht zustimmungsbedürftigen Gesetzen kann der Bundesrat den

> VERMITTLUNGSAUSSCHUSS

anrufen. Wird hier keine Einigung erzielt, kann der Bundesrat Einspruch einlegen. Diesen wiederum kann der Bundestag mit absoluter Mehrheit zurückweisen.

(Bei Zustimmungsgesetzen können Bundestag und Bundesregierung ebenfalls den Vermittlungsausschuss anrufen.)

Tafel 1/1

b) Verordnungen (Rechtsverordnungen)

In dem Begriff „Rechtsverordnung" ist bereits enthalten, dass sie in sehr engem Zusammenhang mit den Gesetzen stehen. Während die Gesetze den Rahmen bilden, innerhalb dessen sich Spielräume gesellschaftlichen Verhaltens befinden, ist es Aufgabe der Verordnungen, diesen Rahmen genauer auszufüllen und die Gesetze in ihrer Anwendung festzulegen.

Bei Verordnungen handelt es sich um allgemein verbindliche Anordnungen für eine unbestimmte Vielzahl von Personen, wobei diese Anordnungen nicht in förmlichen Gesetzgebungsverfahren ergehen. Sie werden gesetzt von Organen der vollziehenden Gewalt (Exekutive), also von Bundesregierung, Länderregierungen, staatlichen Verwaltungsbehörden und Selbstverwaltungskörperschaften. Rechtsverordnungen dürfen nur zur **Durchführung** und zur inhaltlich bereits vorgezeichneten Ausfüllung und **Ergänzung** des formellen Gesetzes ergehen (vgl. Art. 80 GG).

Beispiele

Durchführungsverordnung zum Einkommensteuergesetz,

Rechtsverordnung des Landratsamtes X zum Schutze der Grundwasserfassung der Gemeinde Y aufgrund des ... Wasserhaushaltsgesetzes ...

Die Verkündigung erfolgt im Bundesgesetzblatt bzw. Gesetzesverordnungsblatt des Landes bzw. Amtsblätter.

c) Satzung

Mit Hilfe einer Satzung wird die Grundordnung eines rechtlichen Zusammenschlusses, z.B. einer Gemeinde, sowie einzelne Bereiche aus dem Aufgabenfeld einer Gemeinde schriftlich festgelegt.

Hier ist Satzung als Teil des öffentlichen Rechts angesprochen. Gemeinden und Landkreisen ist gesetzlich im Rahmen des Selbstverwaltungsrechts die Möglichkeit, aber auch die Pflicht, übertragen, innerhalb ihrer Zuständigkeit eigene Aufgaben zu regeln (vgl. Art. 28 Abs. 2 GG).

Beispiele

Aufstellung des jährlichen Haushalts (Haushalts-Satzung),

Festsetzung der Gemeindesteuern (Grundsteuer-Satzung, Gewerbesteuer-Satzung, Hundesteuer-Satzung u.a.).

Erschließung von Neubaugebieten, verbunden mit dem Bau der Wasserleitung und Kanalisation (z. B. Abwassergebühren-Satzung).

Die gesetzliche Ermächtigung zum Erlass von Satzungen ist in den Gemeinde- und Landkreisordnungen geregelt.

Veröffentlicht werden Satzungen im Regelfall im Verkündblatt der Gemeinde (Amtsblatt), häufig auch durch Anschlag an der Gemeindetafel.

(Überwiegend privatrechtlichen Charakter, aber mit öffentlich-rechtlichen Einflüssen, haben die Satzungen der Vereine, Genossenschaften, Aktiengesellschaften u.a.).

1.2 Recht und Rechtsordnung

Nach einer ersten Einteilung des Rechts in Naturrecht und gesetztes Recht (positives Recht) soll in der folgenden Übersicht eine Klassifikation des Rechts erfolgen:

objektives Recht	Hierunter versteht man die Rechtsordnung, d.h. die Gesamtheit der Rechtsvorschriften, durch die das Verhältnis einer Gruppe von Menschen zueinander und zu oder zwischen den übergeordneten Hoheitsträgern geregelt wird. Diese Regeln können ausdrücklich gesetzt sein (gesetztes Recht oder Rechtsnorm) oder sich in langjähriger Übung herausgebildet haben (Gewohnheitsrecht).
subjektives Recht	Es umfasst die Befugnis, die sich für den Befugten aus dem objektiven Recht unmittelbar ergibt (gesetzliches Recht) oder die aufgrund des objektiven Rechts erworben wird. Das s.R. kann ein Herrschaftsrecht, ein Anspruchsrecht oder ein Gestaltungsrecht sein.
materielles Recht	Diejenigen Rechtsnormen, die Lebenssachverhalte inhaltlich ordnen, werden als materielles Recht bezeichnet (z. B. Strafrecht, Bürgerliches Recht).
formelles Recht	Diejenigen Rechtsnormen, die der Durchsetzung des materiellen Rechts dienen, werden als formelles Recht bezeichnet (z.B. Zivilprozessrecht, Strafprozessrecht).
zwingendes Recht	Zwingendes Recht liegt vor, wenn die rechtlich vorgeschriebene Regelung von den Beteiligten nicht geändert werden kann (z.B. Verfahrensrecht).
nachgiebiges Recht	Von nachgiebigem Recht spricht man dagegen, wenn die rechtlich vorgeschriebene Regelung durch die Beteiligten geändert werden kann (so ist z.B. das Vertragsrecht des Bürgerlichen Gesetzbuchs grundsätzlich abänderbar).
allgemeines Recht	Verschiedene Rechtsnormen haben übergeordneten und somit allgemeinen Charakter (z.B. BGB, Polizeigesetz, Gemeindeordnung).
Spezialvorschriften	Abgeleitet aus dem übergeordneten, allgemeinen Recht entwickeln sich im Zeitablauf zunehmend speziellere Vorschriften, um den jeweiligen aktuellen Umständen gerecht werden zu können (z. B. regelt das HGB speziell für Kaufleute u.a. das Vertragsrecht; die Gemeindehaushaltsverordnung beinhaltet eine detaillierte Darlegung haushaltsrechtlicher Bestimmungen, die die Gemeindeordnung nur mit wenigen Paragrafen allgemein umschreibt).
privates Recht **öffentliches Recht**	Wegen der Bedeutung im Verwaltungsbereich wird diese Einteilung im folgenden Abschnitt gesondert behandelt.

◼ Privatrecht

Das Privatrecht regelt das Recht des Einzelnen für sich und im Verhältnis zu anderen auf der Ebene der **Gleichordnung**. Auch die Gemeinwesen bewegen sich dann auf der Ebene des Privatrechts, wenn sie wie ein Privatmann auftreten und hoheitliche Gewalt nicht ausüben.

> **Beispiele**
>
> Eine Gemeinde (juristische Person, da Körperschaft des öffentlichen Rechts) kauft von einem Bürofachgeschäft ein Kopiergerät; die Bundesrepublik kauft von einem Landwirt ein Grundstück für die Verbreiterung der Autobahn; eine Stadt lässt von einem Klempnermeister (Unternehmer) neue Regenrinnen am Rathaus anbringen.

◼ Öffentliches Recht

Das öffentliche Recht regelt die Rechtsbeziehungen des Staates zu den Bürgern auf der Ebene der **Über- oder Unterordnung**. Im Interesse der Allgemeinheit werden dem einzelnen Bürger Verbote und Gebote auferlegt. Während im Privatrecht das Interesse des Einzelnen im Vordergrund steht, wird im öffentlichen Recht das Interesse der Allgemeinheit in den Vordergrund gestellt.

◼ Vergleich: Privatrecht – öffentliches Recht

Die beiden Rechtsbereiche lassen sich nicht eindeutig voneinander abgrenzen, da das Recht die Aufgabe hat, das Interesse der Allgemeinheit und des Einzelnen in Einklang zu bringen. Verdeutlicht wird dies am Beispiel des Arbeitsrechts: Nach § 1 und § 4 des Schwerbehindertengesetzes müssen alle Betriebe mit mehr als 16 Arbeitsplätzen (ohne

Auszubildende) eine bestimmte Anzahl der Arbeitsplätze mit Schwerbehinderten (mindestens 50 % Erwerbsminderung) besetzen, damit Schwerbehinderte aus sozialen Gründen wieder in den Arbeitsprozess eingegliedert werden. Im Laufe der Zeit bilden sich zum Schutz der wirtschaftlich und sozial Schwachen immer mehr öffentlich-rechtliche Bereiche, sodass eine immer stärkere Bedeutung des öffentlichen Rechts erreicht wird.

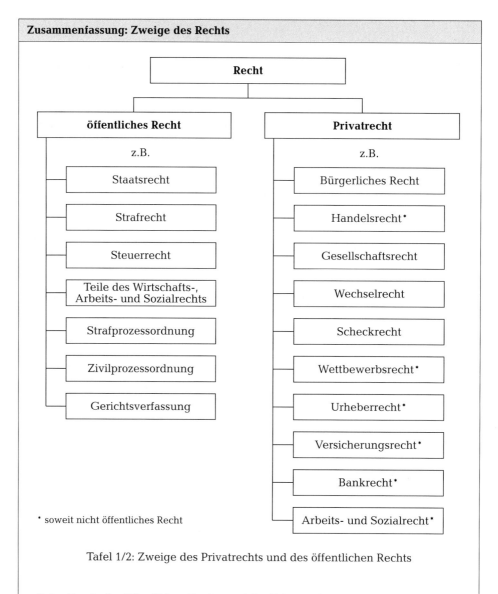

Tafel 1/2: Zweige des Privatrechts und des öffentlichen Rechts

Jeder Zweig des öffentlichen Rechts und des Privatrechts enthält eine Menge von Gesetzen oder sonstigen Rechtsnormen, die entweder von grundlegender, ergänzender oder spezifizierender Art sind. So setzt sich z. B. das Steuerrecht aus einer Menge von Einzelgesetzen (Einkommensteuergesetz, Körperschaftsteuergesetz, Umsatzsteuergesetz, Gewerbesteuergesetz, Bewertungsgesetz usw.) und Verordnungen (Einkommensteuerdurchführungsverordnung, Umsatzsteuerdurchführungsverordnung, Gewerbesteuerdurchführungsverordnung usw.) zusammen.

■ Übungsaufgabe:

Ordnen Sie die folgenden Beispiele a) bis j) den Bereichen *Privatrecht* (P) und *Öffentliches Recht* (Ö) zu. Denkbar ist, dass einem Beispiel sowohl (P) als auch (Ö) zugeordnet werden kann:

a) Die Stadt Lahr verlangt von Hubert Huber 120,00 € Hundesteuer.

b) Dem Bauherrn Bernd Benz wird von der Gemeinde ein Wasser-Abwassergebühren-bescheid zugestellt.

c) Bernd Benz erhält von seinem Maler eine Rechnung über erbrachte Malerleistungen für ein Einfamilienhaus über 1 200,00 €.

d) Der Bauunternehmer Bussmann behält für seine Arbeitnehmer Sozialversicherungs-beiträge ein und führt sie an die zuständige Allgemeine Ortskrankenkasse (AOK) ab.

e) Der Bauunternehmer Berger zahlt seinem Buchhalter vermögenswirksame Leistung in Höhe von 13,00 € pro Monat.

f) Die Brautleute Egon Ehmig und Trude Trimmig erklären vor dem Standesbeamten, dass sie als Ehenamen Trimmig wählen.

g) In das Grundbuch der Stadt Gernsbach wird eine Grundschuld zugunsten der Bausparkasse „Trautes Heim AG" zu Lasten des Grundstücks von Herbert Hein ein-getragen.

h) Der Schüler Siggi Siegmann schließt mit der Versicherungsaktiengesellschaft „Frie-danie" eine Autohaftpflichtversicherung ab.

i) Die Volksbank Emmendingen eG besorgt der Kundin Klara Klump Wertpapiere.

j) Die Gemeinde Ottenhöfen verkauft aus dem gemeindeeigenen Steinbruch 10 t Splitt an den Bauunternehmer Uhrig.

2 Rechtssubjekte und Rechtsobjekte

2.1 Rechtssubjekte

Im deutschen Recht unterscheidet man „Rechtssubjekte" und „Rechtsobjekte". Unter dem ersten Begriff wird jede Person verstanden, die Rechte und Pflichten haben kann.

Rechtssubjekt ist jede Person, welche die Rechtsfähigkeit hat.

Der zweite Begriff umfasst alle Gegenstände, an denen sich die Rechte und Pflichten der Rechtssubjekte auswirken:

Rechtsobjekte sind die Gegenstände der Rechtsmacht.

Rechtssubjekte können entweder natürliche oder juristische Personen sein.

Natürliche Personen sind alle lebenden Menschen mit Vollendung der Geburt (§ 1 BGB). Vergleiche auch Tafel 2/1, Seite 22.

Der Begriff der juristischen Person (j.P.) ist ein gedankliches Gebilde, dem die Rechtsordnung die Rechtsfähigkeit beilegt. Rechte und Pflichten werden der Zuständigkeit einzelner natürlicher Personen entzogen und mit überindividuellen Zwecken verknüpft.

Juristische Personen sind Gebilde aus Personen und/oder Sachen, denen die Möglichkeit eingeräumt wird, als selbständige Träger von Rechten und Pflichten am Rechtsverkehr teilzunehmen. Vergleiche auch Tafel 2/2, Seite 23.

Eine **Körperschaft** ist ein mit Rechtsfähigkeit ausgestatteter Verein, der auch seinen Mitgliedern gegenüber verselbständigt ist.

Nichtwirtschaftliche Vereine (§ 21 BGB) sind Vereine, deren Zweck nicht auf einen wirtschaftlichen Geschäftsbetrieb gerichtet ist. Diese nichtwirtschaftlichen Vereine erlangen Rechtsfähigkeit durch Eintrag in das Vereinsregister des zuständigen Amtsgerichts.

Wirtschaftliche Vereine (§ 22 BGB) sind Vereine, deren Zweck auf einen wirtschaftlichen Geschäftsbetrieb gerichtet ist. Diese Vereine erhalten ihre Rechtsfähigkeit durch staatliche Verleihung. Für die wirtschaftlichen Vereine gilt somit das sog. Konzessionssystem. Der Grund für die unterschiedliche Behandlung der Vereine liegt darin, dass in den §§ 21 ff. BGB, die ja auf die nichtwirtschaftlichen Vereine zugeschnitten sind, Schutzvorschriften (z.B. des Rechtsverkehrs und des Gläubigerschutzes) fehlen, wie sie für wirtschaftliche Vereine notwendig sind. Für wirtschaftliche Vereine, die sich nicht in der Rechtsform z.B. einer AG, GmbH oder eG organisieren, ist daher eine besondere staatliche Prüfung erforderlich. Besondere gesetzliche Vorschriften für wirtschaftliche Vereine finden sich im AktG, GmbH-Gesetz, GenG, VAG und RVO. Sofern eine Vereinigung nach diesen gesetzlichen Vorschriften Rechtsfähigkeit erlangt, ist für eine staatliche Verleihung folglich kein Raum (vgl. Palandt Anm. 1 zu § 22 BGB). Rechtsfähige wirtschaftliche Vereine, die nicht in der Rechtsform einer AG, GmbH, VVaG oder eG geführt werden, sind relativ selten.

Körperschaften des öffentlichen Rechts haben wegen der ihnen übertragenen öffentlichen Aufgaben hoheitliche Befugnisse. Die grundlegenden Rechtsvorschriften für j.P. des öffentlichen Rechts, insbesondere über Organisation, Zweck, Umfang der Rechtsfähigkeit, Organe und Vertretung fallen unter das öffentliche Recht. Das BGB regelt nur die Haftung (§ 31 BGB) und den Verlust der Rechtsfähigkeit durch das Insolvenzverfahren (§ 89 Abs. 2 BGB). (Hinweis zu § 89 BGB: Fiskus ist die Bezeichnung, die dem Staat [Bund, Länder] für seine **privatrechtlichen** Beziehungen gegeben wird.) Keine j.P. des öffentlichen Rechts sind einzelne Behörden des Staates (**hoheitliche** Beziehungen zu den Bürgern).

Anstalten sind mit eigenem Vermögen ausgestattete juristische Personen. Im Gegensatz zu den Körperschaften haben die Anstalten keine Mitglieder, sondern Benutzer (vgl. Rundfunkanstalten, Schulen).

Stiftungen stellen eine Unterart der – gewöhnlich nur im öffentlichen Recht vorhandenen – Anstalt dar. Eine Stiftung besteht aus einer zweckgebundenen Vermögensmasse, sie hat keine Mitglieder, sondern Nutznießer. Die §§ 80–88 BGB behandeln nur die rechtsfähigen Stiftungen des privaten Rechts: Ein von einem Stifter bestimmter Zweck soll mit Hilfe eines dazu gewidmeten Vermögens dauernd gefördert werden. Öffentlich-rechtliche Stiftungen entstehen durch Staatsakt (i.d.R. durch Gesetz) und sind dem Organismus eines öffentlich-rechtlichen Verbandes (z.B. Staat, Kirche) eingegliedert. Die §§ 80–88 BGB sind auf diese Stiftungen des öffentlichen Rechts nicht anwendbar.

Die juristischen Personen lassen sich nach verschiedenen Kriterien einteilen:

– nach den Rechtsgebieten
   (hier: j.P. des öffentlichen Rechts und
       j.P. des Privatrechts),

– nach der Erlangung der Rechtsfähigkeit
   (hier: Körperschaften des öffentlichen Rechts mit ihrer Entstehung,
       Körperschaften des Privatrechts mit der Eintragung in ein öffentliches
       Register, Anstalten des öffentlichen Rechts und des privaten Rechts durch
       besondere staatliche Genehmigung)

– nach der überindividuellen Verbindung von Menschen
   (hier: Personenvereinigungen [Körperschaften] und Vermögensmassen
       [Anstalten]; vgl. dazu Tafel 2/2, Seite 23).

2.1.1 Rechtsfähigkeit (§§ 1 ff. BGB)

┌─ **Problemeinführende Beispiele** ───────────────────────────────

a) Ein Geisteskranker hat von seinem Patenonkel einen größeren Geldbetrag geerbt. Kann er Erbe werden? Kann er Eigentümer einer Riesenrutschbahn werden?

b) Muss der Kegelclub „Gut Bolz" – ein nicht eingetragener Verein – Schadensersatz leisten, wenn die Vereinsmitglieder nach einem feuchten Kegelabend die Eingangstür des Lokals „zum blauen Affen" demoliert haben?

Rechtsfähigkeit ist die Fähigkeit einer Person, Träger von Rechten und Pflichten zu sein.

Jede natürliche Person ist mit Vollendung der Geburt (erster selbständiger Atemzug) bis zum Tod rechtsfähig. Die Rechtsfähigkeit ist an keine Altersstufe, keine Herkunft, Nationalität usw. gebunden. Somit ist der gezeugte, aber noch nicht geborene Mensch noch nicht rechtsfähig; er steht aber als ungeborenes Leben unter dem Schutz des Strafrechts (§ 218 StGB).

Natürliche Personen

Natürliche Personen als einzelne

Natürliche Personen, noch nicht gezeugt

Eine natürliche Person ist noch nicht vorhanden, dennoch kann sie im Rechtsverkehr eine Rolle spielen:
z.B. – § 331 Abs. 1 u. 2 BGB Vertrag zu Gunsten Dritter
– § 2101 BGB Einsetzung noch nicht Gezeugter als Nacherbe

Natürliche Personen gezeugt, aber noch nicht geboren

Eine natürliche Person ist noch nicht vorhanden, dennoch kann sie im Rechtsverkehr eine Rolle spielen:
z.B. – § 1923 Abs. 2 BGB Erbfähigkeit des Nasciturus
– § 844 Abs. 2 BGB Ansprüche mittelbar Geschädigter bei Tötung

Natürliche Personen, geboren

Mit Vollendung der Geburt erlangt eine natürliche Person die Rechtsfähigkeit (§ 1 BGB). Ein Mensch hat nun die Fähigkeit, Träger von Rechten und Pflichten zu sein:
z.B. – § 12 BGB Namensrecht,
– §§ 858 ff. BGB Besitzschutzrechte,
– §§ 904 ff. u. § 985 BGB Eigentumsrechte,
– §§ 1923 ff. BGB Erbrechte

Natürliche Personen im Zusammenschluss

Natürliche Personen können als Mehrheit von Individuen an Sachen beteiligt sein oder gemeinsame Zwecke verfolgen. Folgende Formen sind denkbar:

Natürliche Personen mit Bruchteilsvermögen

Beim Bruchteilsvermögen steht jedem Miteigentümer ein ideeller Anteil an der Sache zu
z.B. – §§ 1008 ff. Miteigentum
– §§ 3 und 8 Wohnungseigentumsgesetz

Natürliche Personen mit Gesamthandsvermögen

Beim Gesamthandsvermögen stehen die Eigentümer in einer Gesamthandsgemeinschaft. Der Einzelne kann nicht über seinen Anteil am einzelnen Gegenstand verfügen:
Jeder ist Eigentümer der ganzen Sache, jedoch beschränkt durch die Mitberechtigung der anderen Gesamthänder:
z.B. – § 705 BGB BGB-Gesellschaft
– § 105 HGB Offene Handelsgesellschaft
– § 161 HGB Kommanditgesellschaft
– § 1415 BGB eheliche Gütergemeinschaft
– § 2032 BGB Erbengemeinschaft

Natürliche Personen bei Sondervermögen

Schließen sich natürliche Personen in einem nicht rechtsfähigen Verein zusammen, (§ 54 BGB) entsteht Sondervermögen

Tafel 2/1

Juristische Personen

Körperschaften (Personenvereinigungen)

Körperschaften des privaten Rechts (Vereine §§ 21 ff. BGB)

nichtwirtschaftliche Vereine (§ 21 BGB)

z.B. – Haus- und Grundbesitzerverein
– Lohnsteuerhilfeverein
– Gesangverein
– Sportverein

wirtschaftliche Vereine (§ 22 BGB)

z.B. – Taxizentralen
– privatärztliche Verrechnungsstellen
– Aktiengesellschaft
– Gesellschaft mit beschränkter Haftung
– Genossenschaft
– Kommanditgesellschaft auf Aktien

Körperschaften des öffentlichen Rechts (§ 89 BGB)

Gebietskörperschaften

z.B. – Bund, Länder und Gemeinden
und Gemeindeverbände
– Landkreise

Personalkörperschaften

z.B. – Berufskammern
– Handwerkskammern
– Industrie- und Handelskammer
– Universitäten
– Fachhochschulen

Anstalten des öffentlichen Rechts

z.B. – Rundfunkanstalten
– Länderbanken (z.B. Hessische Landesbank)
– Sparkassen

Stiftungen

Stiftungen des öffentlichen Rechts (§§ 31, 89 BGB)

z.B. – Stiftung Preußischer Kulturbesitz

Stiftungen des privaten Rechts (§§ 80–88 BGB)

z.B. – Familienstiftungen
– Stiftung Warentest

Tafel 2/2

Ausnahmsweise werden dieser Leibesfrucht die Erbrechte nach § 1923 Abs. 2 BGB eingeräumt; auch kann zur Wahrung der Rechte ein Pfleger nach § 1912 BGB bestellt werden. Geburt und Tod werden durch amtliche Urkunden (Geburtsurkunde bzw. Sterbeurkunde) bestätigt. Hierüber ergeht eine Eintragung in das vom Standesamt geführte Geburten- und Sterbebuch. Verschollene können durch ein Aufgebotsverfahren vom Amtsgericht des letzten Wohnsitzes für tot erklärt werden.

Juristische Personen haben als eine Vereinigung bzw. als ein Zusammenschluss von Personen oder Vermögensmassen mit der Eintragung in das jeweilige Register bzw. durch staatliche Verleihung eigene Rechtsfähigkeit (eine Aktiengesellschaft wird beispielsweise in das Handelsregister eingetragen; eine Universität wird rechtsfähig durch staatliche Verleihung). Die Rechtsfähigkeit erlischt mit ihrer Auflösung bzw. Löschung aus dem entsprechenden Register. Im Gegensatz zu der Rechtsfähigkeit natürlicher Personen ist die **Rechtsfähigkeit der juristischen Person im Umfang beschränkt:** Sie können nicht beerbt werden, sie können nicht straffällig werden und können nicht die Stellung eines Vormundes oder Prokuristen einnehmen.

2.1.2 Geschäftsfähigkeit (§§ 104 ff. BGB)

Problemeinführendes Beispiel

Der 5-jährige Mathias und seine 8-jährige Schwester Martina nehmen ihr Sparschwein (Geld zur freien Verfügung) und gehen zur nächsten Eisdiele. Dort bestellt jedes der Geschwister eine Portion Eis für 2,50 €. Nach Bezahlung nehmen sie freudestrahlend ihr Eis entgegen und gehen glücklich schleckend nach Hause. Ihr Vater stellt gerade noch die letzten Eisspuren bei seinen Kindern fest; er verlangt von der Eisdiele 5,00 € mit der Begründung zurück, dass die Kinder noch keine Kaufverträge abschließen können.

Geschäftsfähigkeit ist die Fähigkeit einer Person, mit einer eigenen Willenserklärung rechtsgeschäftliche Handlungen vornehmen zu können.

Im Gegensatz zur Rechtsfähigkeit wird die Geschäftsfähigkeit von natürlichen Personen bei Vorliegen verschiedener Kriterien differenziert in:

- Geschäftsunfähigkeit (§ 104 BGB)
- beschränkte Geschäftsfähigkeit (§ 106 BGB)
- volle Geschäftsfähigkeit

Geschäftsunfähig sind Kinder bis zur Vollendung des siebten Lebensjahres und Geisteskranke. Da man für seine Handlungen und Willenserklärungen einstehen müsste und dies ein Geschäftsunfähiger aber nicht absehen kann, ist es folgerichtig, dass im § 105 BGB die Willenserklärungen von Geschäftsunfähigen für nichtig erklärt werden (Schutz des Geschäftsunfähigen).

Alle Willenserklärungen von Geschäftsunfähigen sind nichtig (§ 105 BGB).

Somit kann beispielsweise ein 6-jähriges Kind selbst von seinem „Taschengeld" kein Spielzeug kaufen. Falls es zur Übergabe des Geldes kommt, ist der Verkäufer um das Geld und das Kind um das Spielzeug ungerechtfertigt bereichert. Es muss nunmehr ein Rücktausch erfolgen. Falls wegen der Beschaffenheit des Gutes, z.B. Portion Eis, eine Rückgabe nicht mehr möglich ist, entfällt die Herausgabe, d. h., der Eisverkäufer muss das Geld ersatzlos zurückgeben.

Zu beachten ist, dass ein Geschäftsunfähiger keine eigene Willenserklärung abgeben kann; selbstverständlich kann er jedoch als Bote eine **fremde** Willenserklärung übermitteln.

Beispiel

Tante Trude schickt ihre 5-jährige Nichte Susi zur Post, damit sie für sie 20 Briefmarken im Wert von 20,00 € kauft.

Hier kommt über Susi als Bote ein Kaufvertrag zwischen der Post AG und der Käuferin Trude zustande.

Da der Geschäftsunfähige keine eigene Willenserklärung abgeben kann, muss bei der Abgabe der Entgegennahme von Willenserklärungen der gesetzliche Vertreter (Eltern oder Vormund) für ihn handeln (§ 131 Abs. 1 BGB).

Beschränkt geschäftsfähig sind Minderjährige vom 7. bis 18. Lebensjahr (§ 106 BGB). Da diese Personen keinen so starken Schutz des Gesetzes wie die Geschäftsunfähigen benötigen, sind alle Willenserklärungen von beschränkt Geschäftsfähigen nicht von vornherein nichtig, sondern von der Zustimmung ihres gesetzlichen Vertreters abhängig (§§ 107, 108 BGB). Die Zustimmung kann vor oder nach Abschluss des Rechtsgeschäftes erfolgen. Die vorherige Zustimmung heißt Einwilligung, die nachträgliche Zustimmung heißt Genehmigung (§§ 183, 184 BGB).

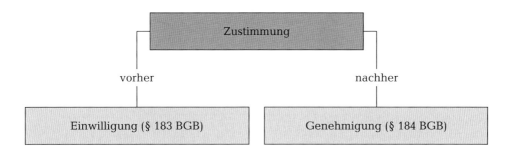

Beispiel

Der 16-jährige Schüler Siggi Siegmann kauft sich ohne Einwilligung der Eltern bei dem Zweiradhändler Alfred Ahl ein sehr teures Moped, dessen Finanzierung sein Taschengeld übersteigt, auf Ziel.

Der Vertrag hängt nach § 108 BGB von der Genehmigung der Eltern ab, der Vertrag ist **schwebend unwirksam**. Das bedeutet, dass die Eltern oder der Verkäufer (§ 109 BGB) den Schwebezustand beenden können. Falls der Verkäufer die Eltern als Vertreter zur Genehmigung auffordert, können die Eltern den Vertrag genehmigen (Vertrag ist gültig) oder ablehnen (Vertrag ist nichtig). Schweigen die Eltern als Vertreter auf die Aufforderung hin länger als zwei Wochen, so gilt dieses Schweigen als Ablehnung (§ 108 Abs. 2 BGB).

Alle Willenserklärungen von beschränkt Geschäftsfähigen ohne Einwilligung des gesetzlichen Vertreters sind grundsätzlich schwebend unwirksam.

Von dem oben genannten Grundsatz gibt es die folgenden **Ausnahmen**, d.h., die Willenserklärungen von beschränkt Geschäftsfähigen sind auch ohne Zustimmung des gesetzlichen Vertreters gültig:

1. Ausschließlich rechtlicher Vorteil (§ 107 BGB)

Die Willenserklärung eines beschränkt Geschäftsfähigen ist sofort wirksam, wenn sie ihm lediglich einen **rechtlichen Vorteil** (übernimmt keine Pflichten) erbringt.

> **Beispiel**
>
> Onkel Otto schenkt seinem Patenkind Paula (11 Jahre) zum Geburtstag einen Spielcomputer.
>
> Da die Schenkung nach § 516 BGB ein zweiseitiges Rechtsgeschäft darstellt, ist neben der Willenserklärung des Schenkenden auch die des Beschenkten notwendig. Erfolgt die Handschenkung (§ 516 Abs. 2 BGB) ohne Auflage des Schenkenden, ist sie auch ohne Zustimmung des gesetzlichen Vertreters (Eltern, Vormund) wirksam, da sie der beschränkt geschäftsfähigen Paula einen rechtlichen Vorteil bringt.

2. Taschengeldparagraf (§ 110 BGB)

Die Willenserklärung eines beschränkt Geschäftsfähigen im Rahmen eines Vertrages ist sofort wirksam, wenn die vertragsmäßige Leistung des beschränkt Geschäftsfähigen mit Mitteln bewirkt wird, die ihm zu diesem Zweck oder zur freien Verfügung vom gesetzlichen Vertreter oder mit dessen Zustimmung von einem Dritten überlassen **wurden**. Demnach kann über § 110 BGB nur Barzahlung möglich sein, Ratenkauf ist nicht möglich. Der Arbeitslohn oder die Ausbildungsvergütung eines Minderjährigen sind nicht mit Taschengeld gleichzusetzen. Entscheidend ist, was der gesetzliche Vertreter (Eltern) davon als freie Verfügung bestimmt hat.

Zusammenfassung: Taschengeldparagraf

Die vertragsmäßige Leistung muss mit Mitteln bewirkt werden, die ihm überlassen **wurden**:

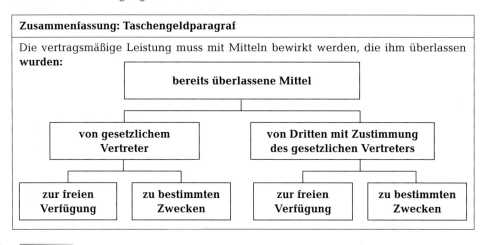

> **Beispiel**
>
> Die 12-jährige Helga erhält monatlich von ihren Eltern 50 € Taschengeld zur freien Verfügung. Sie kauft damit Sportschuhe im Wert von 40 € und zahlt bar. Ferner schließt sie mit dem Elektrohaus Stromer einen Kaufvertrag über einen CD-Player für ihren Hi-Fi-Turm im Wert von 250 €. Dieser Kaufpreis soll vertragsmäßig in 10 monatlichen Raten zu 25 € entrichtet werden.
>
> Lediglich der Kaufvertrag über die Sportschuhe ist nach § 110 BGB sofort wirksam, während der Kauf des CD-Players von der Zustimmung der Eltern abhängig ist.

3. Betrieb eines Erwerbsgeschäfts (§ 112 BGB)

Wurde dem beschränkt Geschäftsfähigen durch den gesetzlichen Vertreter mit Genehmigung des Vormundschaftsgerichts der selbständige Betrieb eines Erwerbsgeschäfts gestattet, so ist er in Bezug auf alle mit dem Betrieb zusammenhängenden Geschäften voll geschäftsfähig.

Die 17-jährige Judith Jung wurde nach § 112 BGB ermächtigt, eine Videothek zu betreiben. Somit kann die Jungunternehmerin z.B. eine Verkäuferin einstellen, neue Videokassetten kaufen oder die Steuererklärungen unterschreiben, aber z.B. ohne Zustimmung des gesetzlichen Vertreters kein Kleid kaufen.

4. Dienst- oder Arbeitsverhältnis (§ 113 BGB)

Hat der gesetzliche Vertreter den beschränkt Geschäftsfähigen ermächtigt, in Dienst oder Arbeit zu treten, so ist dieser für alle Rechtsgeschäfte voll geschäftsfähig, die mit dem Vertragsverhältnis zusammenhängen. So kann er z.B. gegebenenfalls auch im Prozesswege alle Ansprüche aus dem Arbeitsverhältnis geltend machen, Lohn fordern, das Arbeitsverhältnis kündigen, auf Erfüllung der Fürsorgepflicht bestehen.

Der 16-jährige Jürgen erhält von seinen Eltern die Ermächtigung, bei seinem Kreditinstitut als Bürobote eine Stelle zu suchen. Die Eltern erhoffen sich, dass dadurch der Junge die in der Schule – durch sein Desinteresse – versäumten Bildungsinhalte noch erarbeiten kann. Jürgen schließt mit einem Kreditinstitut daraufhin selbstständig einen Dienstvertrag nach § 611 BGB. Nach drei Monaten kündigt er, weil sich seine finanziellen Erwartungen nicht so schnell wie erhofft erfüllten; er geht bei einer Diskothek einen Arbeitsvertrag als Discjockey ein.

Nach § 113 BGB kann Jürgen den Vertrag mit dem Kreditinstitut selbständig kündigen; der neue Arbeitsvertrag ist jedoch nach § 108 BGB in der Schwebe, denn der Arbeitsvertrag als Discjockey entspricht nicht der Absicht der elterlichen Ermächtigung. Hätte Jürgen einen neuen Vertrag, z.B. bei der Schulverwaltung oder in der Industrie als Bürobote abgeschlossen, hätte die ursprüngliche elterliche Ermächtigung auch diesen Vertrag nach § 113 BGB abgedeckt.

Beachtenswert ist, dass ein Ausbildungsvertrag nicht als Dienst- oder Arbeitsverhältnis im Sinne des § 113 BGB gilt. Das bedeutet, dass ein minderjähriger Auszubildender nicht einem minderjährigen Arbeitnehmer gleichgestellt ist.

2.1.3 Deliktsfähigkeit (§ 828 BGB)

Der 6-jährige Siggi Striez spielt im Garten seines Elternhauses. Aus Langeweile will er „Räuber und Gendarm" spielen. Da er keine geeigneten Spielkameraden zur Hand hat, bewirft er als Räuber aus gesicherter Deckung die auf der Straße vorbeifahrenden Fahrzeuge mit Kieselsteinen. Er hat „Erfolg": Die Frontscheibe eines Pkw wird zerstört. Der Geschädigte verlangt Schadensersatz.

Deliktsfähigkeit ist die Fähigkeit von Personen, für unerlaubte Handlungen im Sinne des BGB verantwortlich gemacht werden zu können, d. h. schadensersatzpflichtig zu werden.

Grundsätzlich setzt die Schadensersatzpflicht schuldhaftes und verantwortliches Handeln voraus. Folglich muss das Gesetz diejenigen schützen, die für ihr Tun nicht verantwortlich gemacht werden können. Dementsprechend unterscheidet man drei Stufen von Deliktsfähigkeit: **Deliktsunfähigkeit, beschränkte Deliktsfähigkeit** und **volle Deliktsfähigkeit**.

◼ Deliktsunfähigkeit (§§ 827, 828 BGB)

Folgende natürliche Personen sind deliktsunfähig: Kinder unter sieben Jahren, Geistes-kranke und alle Personen, die sich im Zustand der Bewusstlosigkeit oder im Zustand der Willensunfähigkeit befinden. Eine Einschränkung nimmt der Gesetzgeber für die Perso-nen vor, die sich durch Drogen (Alkohol, Rauschgift usw.) in den Zustand der Bewusstlo-sigkeit oder Willensunfähigkeit versetzt haben; sie sind bei einem widerrechtlichen und schädigenden Handeln deliktsfähig.

> Deliktsunfähige können nicht zum Schadensersatz wegen einer unerlaubten Hand-lung herangezogen werden.

◼ Beschränkte (oder bedingte) Deliktsfähigkeit (§ 828 Abs. 2 BGB)

Beschränkt deliktsfähig sind alle Minderjährigen (Personen von 7 bis 18 Jahren) sowie die Taubstummen. Diese Personen haften für ihre Handlungen nur dann, wenn sie für vorsätzlich oder fahrlässig begangene Handlungen die zur Erkenntnis der Verantwort-lichkeit erforderliche Einsicht hatten. Seit dem 1. August 2002 sind Kinder, die das 7. Le-bensjahr, aber noch nicht das 10. Lebensjahr vollendet haben, von der Haftung aus **fahr-lässig** herbeigeführten Schäden, die im Straßenverkehr passieren, befreit. Damit wird den jugendspychologischen Erkenntnissen Rechnung getragen. Untersuchungen haben nämlich ergeben, dass Kinder unter 10 Jahren außer Stande sind, die im Straßenverkehr vorhandenen Gefahren zu erkennen und entsprechend zu reagieren (§ 828 Abs. 2 BGB). Diese „Schutzvorschrift" gilt nicht, wenn der Minderjährige (zwischen dem siebten und dem zehnten Lebensjahr) den Schaden vorsätzlich herbeigeführt hat.

> Beschränkt (oder bedingt) Deliktsfähige können dann für unerlaubte Handlungen i.S. des BGB verantwortlich gemacht werden, wenn sie die zur Erkenntnis der Verant-wortlichkeit erforderliche Einsicht haben.

Beispiel

Der 16-jährige Albert ist mit seinen Eltern bei einer befreundeten Familie (Künstlerfa-milie) eingeladen. Während sich die Erwachsenen gemütlich unterhalten, versucht Al-bert im Nebenraum (Atelier), ein vor kurzem entstandenes Aquarell zu „verschönern".

Mit seinen 16 Jahren musste Albert erkennen, dass ein Aquarell einen bestimmten Wert besitzt. Eine Beschädigung oder Zerstörung stellt eine unerlaubte Handlung dar; Albert handelt schuldhaft und wird schadensersatzpflichtig.

Wäre Albert erst acht Jahre alt gewesen, wäre mangels Einsicht möglicherweise keine Schadensersatzpflicht entstanden.

◼ Volle Deliktsfähigkeit

Voll deliktsfähig sind alle Personen ab Vollendung des 18. Lebensjahres, soweit nicht eine Einschränkung nach § 827 BGB oder § 828 Abs. 2 oder Abs. 3 BGB zutrifft.

> Voll Deliktsfähige können wegen unerlaubter Handlungen i.S. des BGB zum Scha-densersatz herangezogen werden.

Beispiel

Der 20-jährige Ludwig Leicht hat aus Eifersucht und Rache an den Hinterrädern des VW-Golf von Franz Friemel die Radmuttern gelöst. Es kommt infolgedessen zu einem Verkehrsunfall.

Als voll deliktsfähige Person muss Ludwig Leicht für den entstandenen Schaden auf-kommen.

2.1.4 Straffähigkeit (Strafmündigkeit)

Problemeinführendes Beispiel

Gegen 21 Uhr wurde am 2. Mai ein Raubüberfall auf eine 70-jährige Bewohnerin eines Altersheimes verübt, wobei die Frau zu Boden geschleudert wurde. Der Täter entriss ihr die Handtasche mit Inhalt im Wert von 200,00 €. Die Polizei hat als Täter den 13-jährigen Schüler Titus Taler ermittelt.

Kann der Täter strafrechtlich und deliktsrechtlich belangt werden?

Wer eine strafbare Handlung begeht, kann nur dann dafür verantwortlich gemacht werden, wenn er straffähig (strafmündig) ist.

Straffähigkeit ist die Fähigkeit, für strafbare Handlungen verantwortlich gemacht werden zu können.

Während die Deliktsfähigkeit einen zivilrechtlichen Begriff darstellt, ist die Straffähigkeit ein strafrechtlicher Begriff. Sehr viele Straftaten werden von jungen Menschen begangen, deshalb hat der Gesetzgeber ein Jugendstrafrecht geschaffen, in dem der Erziehungsgedanke die dominierende Rolle spielt. In diesem Jugendgerichtsgesetz (JGG) sollen die Maßnahmen nicht strafend, sondern vorbeugend und erziehend wirken. Die Straftat eines Jugendlichen, die nach den allgemeinen Vorschriften des Strafgesetzbuches (StGB) definiert wird, kann durch folgende Maßnahmen geahndet werden:

– Erziehungsmaßregeln (z. B. Anordnung einer Fürsorge)

– Zuchtmittel (z.B. Verwarnung, Jugendarrest)

– Jugendstrafe (z.B. maximal 5 Jahre bzw. bei Verbrechen 10 Jahre Haft).

Die Straffähigkeit lässt sich in folgende Stufen einteilen:

■ Strafunfähigkeit

Bis zur Vollendung des 14. Lebensjahres kann man nicht strafrechtlich zur Verantwortung gezogen werden. Die strafrechtliche Bezeichnung für diese Altersstufe ist „Kind".

■ Straffähigkeit

Die Straffähigkeit oder Strafbarkeit setzt bei den Jugendlichen ein. Jugendlicher ist, wer das 14., aber noch nicht das 18. Lebensjahr vollendet hat. Die strafrechtliche Ahndung erfolgt nach dem Jugendstrafrecht (JGG).

Ein **Jugendlicher** ist nach § 3 JGG strafrechtlich nur dann verantwortlich, wenn er zur Zeit der Tat nach seiner geistigen und sittlichen Entwicklung reif genug war, das Unrecht der Tat einzusehen und nach dieser Einsicht zu handeln.

Heranwachsender ist, wer das 18., aber noch nicht das 21. Lebensjahr vollendet hat. Eine Aburteilung erfolgt vor Jugendrichtern, wobei je nach der Reife des Täters das Jugendstrafrecht oder das allgemeine Strafrecht angewendet werden kann.

Erwachsener im Sinne des Strafrechts ist, wer das 21. Lebensjahr vollendet hat. Bei Begehung einer Straftat erfolgt eine Aburteilung vor ordentlichen Gerichten. Oft kommt es vor, dass ein und dieselbe Handlung (z.B. ein Verkehrsunfall) zwei verschiedene Verfahren auslöst: Zivilprozess für den Schadensersatzanspruch des Geschädigten und Strafprozess für den Strafanspruch des Staates.

Nach einem Banküberfall auf eine Filiale der Volksbank Lahr entkam der Täter mit einer Beute von 20 000,00 € unerkannt. Nach einigen Tagen konnte von der Polizei als Täter ein 30-jähriger Mann aus dem Ortenaukreis ermittelt und festgenommen werden. Ein Teil der Beute wurde sichergestellt.

In einem Zivilprozess wird die Volksbank Lahr (Kläger) gegen den 30-jährigen Mann (Beklagter) Klage erheben wegen Schadensersatz.

In einem Strafprozess wird der zuständige Staatsanwalt (Ankläger) gegen den 30-jährigen Mann (Angeklagter) Anklage erheben wegen des Strafanspruchs des Staates.

2.1.5 Parteifähigkeit

Dieser Begriff kommt nicht im BGB vor, er stammt aus der Zivilprozessordnung (ZPO). Er beinhaltet die Fähigkeit, in einem Zivilprozess aktiver oder passiver Beteiligter zu sein.

Parteifähigkeit ist die Fähigkeit einer Person, in einem Zivilprozess als aktiver Beteiligter (Kläger) oder passiver Beteiligter (Beklagter) auftreten zu können.

Nach §§ 50 ff. ZPO sind alle natürlichen oder juristischen Personen parteifähig, eine Abstufung inhaltlicher Art gibt es nicht. Insofern ist die Parteifähigkeit der Rechtsfähigkeit entsprechend.

Die Chemo-AG hat dem Landesproduktengroßhändler Groß mangelhafte Ware geliefert. Infolgedessen kommt es zu erheblichen Pflanzenschäden bei Verwendung der betreffenden Spritzmittel im Gartenbau.

Die Chemo-AG ist als juristische Person ebenso wie Groß als natürliche Person parteifähig.

2.1.6 Prozessfähigkeit

Dieser Begriff kommt wie die Parteifähigkeit nur in der ZPO vor. Prozessfähigkeit bedeutet die Fähigkeit, vor Gericht (Amtsgericht) handeln und auftreten zu dürfen.

Prozessfähigkeit ist die Fähigkeit einer Person, vor Gericht selbst handeln oder als Vertreter einer Partei auftreten zu dürfen.

Nach §§ 51 ff. ZPO sind alle voll geschäftsfähigen Personen mit Ausnahme der juristischen Personen prozessfähig. Infolgedessen werden beispielsweise Minderjährige und juristische Personen durch ihren gesetzlichen Vertreter vertreten.

Die auf 4 000,00 € Schadensersatz beklagte Tiefbau-GmbH wird vor dem zuständigen Amtsgericht durch den gesetzlichen Vertreter, Geschäftsführer Gruber, vertreten. Möglicherweise und wahrscheinlich wird die GmbH vor Gericht jedoch von einem Prozessbevollmächtigten (Rechtsanwalt) vertreten.

Wäre der Streitwert z. B. über 10 000,00 €, müsste das Gerichtsverfahren vor dem Landgericht stattfinden. Hier bestünde jedoch sog. Anwaltszwang.

Die Prozessfähigkeit ist nicht zu verwechseln mit der Fähigkeit, vor Gericht als Zeuge auftreten zu können.

Bedeutung des Lebensalters für die rechtliche Stellung des Menschen

Alter	Rechtsfähigkeit	Geschäftsfähigkeit	Deliktsfähigkeit	Straffähigkeit	Parteifähigkeit	Prozessfähigkeit	sonstige Fähigkeiten	Alter
0	Rechtsfähigkeit	Geschäftsunfähigkeit	Deliktsunfähigkeit	Strafunfähigkeit als Kind	Parteifähigkeit	Prozessunfähigkeit		0
6							Beginn der Schulpflicht	6
7		beschränkte Geschäftsfähigkeit	beschränkte (oder bedingte) Deliktsfähigkeit*)				keine Religionsänderung ohne Zustimmung	7
12								12
14				Straffähigkeit nach Jugendstrafrecht als Jugendlicher			Religionsfreiheit	14
16							Testierfähigkeit für öffentl. Testament; Eidesfähigkeit	16
18		volle Geschäftsfähigkeit	volle Deliktsfähigkeit	Straffähigkeit als Heranwachsender		Prozessfähigkeit	aktives Wahlrecht	18
21				Straffähigkeit als Erwachsener			passives Wahlrecht	21

*) Modifikation bei Haftung von Kindern im Straßenverkehr. Bis zum zehnten Lebensjahr sind Kinder in diesen Fällen bei fahrlässigem Verhalten von der Haftung befreit.

Tafel 2/3

■ Übungsaufgaben:

2/1 Lösen Sie die beiden einführenden Beispiele zur Rechtsfähigkeit.

2/2 Die Otto Ohnemus OHG aus Offenburg will für ihren Fuhrpark einen neuen Lkw kaufen. Wer wird als Eigentümer in den Kfz-Brief und Kfz-Schein eingetragen?

2/3 Die Karl Konz KG aus Kehl will ein Geschäftsgrundstück erwerben. Kann die KG als Eigentümer im Grundbuch eingetragen werden?

2/4 Klara Klecks und Karl Kocks wollen gemeinsam ein Einfamilienhausgrundstück kaufen.
a) Wie lautet nach vollzogenem Kauf die Eintragung ins Grundbuch?
b) Nach einiger Zeit in dem neuen Einfamilienhaus will sich Klara von Karl trennen. Deshalb will sie das Einfamilienhaus verkaufen, Karl lehnt ab: „Zum Verkauf müssen beide Partner zustimmen." Hat Karl Recht?

2/5 Lösen Sie das einführende Beispiel zur Geschäftsfähigkeit.

2/6 Der 6-jährige Georg bittet seine Mutter um 2,00 € für das wöchentliche Mülleimer-leeren. Er bekommt das Geld und kauft sich in der nahegelegenen Eisdiele Capri eine Portion Eis. Der Vater von Georg behauptet, es sei zwischen dem Eigentümer der Eisdiele und seinem Sohn Georg kein Kaufvertrag zustande gekommen. Rechtslage?

2/7 Mit ihrem Taschengeld will die 5-jährige Sabine einen Malkasten kaufen. Kommt mit Hilfe des Taschengeldparagrafen ein Kaufvertrag zustande?

2/8 Onkel Bert Brech besucht seine verheiratete Schwester Susi Harm, geb. Brech. Bert macht aufgrund seines äußeren Erscheinens auf seinen 6-jährigen Neffen Norbert (Sohn von Susi) einen ungeheuren Eindruck. Onkel Bert will Norbert auch einen ferngesteuer-ten Porsche-Turbo schenken. Norberts Mutter Susi möchte aus pädagogischen Gründen dies verhindern, während Bert behauptet: „Durch die Schenkung erhält Norbert ledig-lich einen rechtlichen Vorteil, die Mutter als gesetzlicher Vertreter kann die Schenkung nicht verhindern." Rechtslage?

2/9 Wie wäre der obige Fall 2/8 zu beurteilen, wenn Norbert 16 Jahre alt wäre?

2/10 Rudi Reich ist als 17-jähriger durch eine Erbschaft Eigentümer eines Dreifamilienhauses geworden. Ein Mieter bemängelt ihm gegenüber eine defekte Regenrinne.
a) Wann wurde Rudi Reich erbfähig?
b) Kann Rudi Reich einen Handwerker über einen Werkvertrag mit der Reparatur be-auftragen?

2/11 Tina (16 Jahre) erhielt von der Stiftung „Jugend forscht" einen ersten Preis im Wert von 2 500,00 €. Mit diesem Geld bestellt sich Tina bei einem Computerhersteller einen ge-brauchten Laserdrucker für ihre EDV-Anlage für 100,00 €. Als der Drucker geliefert wurde, widersprechen ihre Eltern dem Vertrag. Tina ist der Ansicht, dass das Preisgeld Taschengeld im Sinne des § 110 BGB darstellt, somit ist der Kaufvertrag wirksam. Rechtslage?

2/12 Um am Rechtsverkehr teilzunehmen, bedarf es der Rechtsfähigkeit. Wodurch erlangt
1. eine natürliche Person
2. ein Sportverein
3. eine Universität
jeweils die Rechtsfähigkeit?

2/13 Die 17-jährige Steffi Geiger hat mit Zustimmung ihrer Eltern und des Vormundschaftsge-richts eine Boutique eröffnet. Als die erhofften Kunden ausbleiben, will sie die Kleider, die sie noch nicht bezahlt hat, an den Lieferanten, Müller & Co., zurückgeben. Sie beruft sich dabei auf ihre Eltern, die immer gegen den Einkauf dieser Kleider gewesen waren. Der Lieferant besteht auf Einhaltung des Vertrages. Wer hat Recht?

Der 16-jährige Paul Meier erhält ohne Wissen seiner Eltern von seiner Tante Ursula 2/14 Berger 500,00 € geschenkt. Am nächsten Tag kauft er sich ohne Wissen der Eltern und der Tante von dem Geld ein Fahrrad.

Prüfen sie, ob

a) die Schenkung

b) der Kaufvertrag rechtswirksam ist!

1. Der 6-jährige Hubert besucht die erste Klasse der Grundschule. Von seinen Eltern er- 2/15 hält er 2,00 € Taschengeld in der Woche. Er kauft sich davon in der großen Pause beim Verkaufsstand des Hausmeisters eine Tafel Schokolade für 1,00 € und verzehrt sie anstatt des von seiner Mutter mitgegebenen Vesperbrotes. Als die Mutter das nicht gegessene Brot entdeckt, erzählt ihr Hubert von dem Schokoladenkauf. Die Mutter ist entsetzt, weil Hubert sowieso schon zu dick ist. Sie geht mit ihm zum Hausmeister und verlangt, dass er Hubert den Euro wieder zurückerstattet. Der Hausmeister ist dazu nicht bereit, da die Schokolade bereits aufgegessen ist. Weiter bringt er vor, dass er Hubert aufgrund seiner Statur für mindestens 8 Jahre gehalten habe.

   1.1 Untersuchen Sie, ob der Anspruch von Hubert auf Rückgabe des 1,00 € berechtigt ist!

   1.2 Für den Fall, dass er den 1,00 € zurückgeben muss, verlangt der Hausmeister Wertersatz (d.h. seinen Einkaufspreis von 0,60 €) für die verzehrte Schokolade. Auf welche Anspruchsgrundlage könnte er seinen Anspruch stützen? Prüfen Sie, ob der Gegenanspruch des Hausmeisters berechtigt ist!

2. Huberts 17-jähriger Bruder Thomas verdient als Hilfsarbeiter 1 000,00 € netto im Monat. Seine Eltern verlangen von ihm pro Monat 200,00 € für Essen und Wohnen. Den Rest darf er für sich behalten, muss aber davon auch seinen sonstigen Lebensunterhalt bestreiten.

   2.1 Sind die Eltern berechtigt, von Thomas 200,00 € zu verlangen?

   2.2 Thomas kauft sich beim Motorradhändler Haas ein Kleinmotorrad für 1 200,00 €; 600,00 € zahlt er sofort, den Rest hat er in 6 Raten à 100,00 € zu begleichen. Nachdem Thomas den Vertrag unterschrieben hat, gibt ihm der Händler das Motorrad mit.

      2.2.1 Prüfen Sie, ob dieser Vertrag gültig und wer der Eigentümer des Motorrades ist!

      2.2.2 Die Eltern sind nach anfänglichem Zögern mit dem Kauf einverstanden und teilen dies vier Tage nach dem Kauf Haas auch mit. Drei Monate nach dem Kauf verlangt Haas vom Vater Zahlung der ausstehenden Raten von 300,00 €, weil Thomas bisher nicht gezahlt hat.
      Ist der Anspruch von Haas begründet?

Entscheiden Sie, welche der nachstehenden Rechtsgeschäfte bzw. Willenserklärungen 2/16 nichtig (rechtsunwirksam) sind!

Begründen Sie Ihre Ansicht anhand des Gesetzestextes unter Angabe der Paragrafen!

1. Die 6-jährige Claudia kauft ohne Wissen ihrer Eltern von ihrem Taschengeld Spielzeug für 2,50 €.

2. Der 9-jährige Timo kauft sich von seinem Taschengeld gegen den Willen seiner Eltern ein Taschenbuch für 5,80 €.

3. Onkel Adam schenkt zu Weihnachten gegen den Willen der Eltern

   3.1 dem 14-jährigen Neffen eine Kamera,

   3.2 der 6-jährigen Nichte Schlittschuhe.

   Die Kinder nehmen die Schenkung an.

4. Die 17-jährige Petra tritt einem Buchclub bei und verpflichtet sich damit zu monatlicher Abnahme eines Buches im Wert von mindestens 10,00 €.

5. Die 17-jährige Eva geht nach ihrer Prüfung ein Arbeitsverhältnis als Drogistin ein. Der Arbeitsvertrag wird von ihr, ihren Eltern sowie dem Drogisten schriftlich abgeschlossen.

6. Nach vier Monaten gefällt ihr (s. Fall 5.) die Stelle nicht mehr; sie kündigt ohne Einwilligung ihrer Eltern.

7. Ohne Wissen ihrer Eltern geht (s. Fall 6.) sie ein neues Arbeitsverhältnis als Verkäuferin in einem Reformgeschäft ein.

8. Die 18-jährige Ute schließt mündlich einen Mietvertrag über ein möbliertes Zimmer auf die Dauer von zwei Jahren ab.

9. Der 17-jährige Uwe hat seine Kamera mit Zustimmung seiner Eltern an seinen volljährigen Freund Karl verkauft. Die Kamera soll in drei Raten bezahlt werden. Als Uwe erfährt, dass Karl schwer verunglückt ist, erlässt er ihm die letzte Rate.

2/17 Fall 1: Der sechsjährige August tauscht mit seinem Onkel Alfred, der 25 Jahre alt ist, eine wertlose Briefmarke gegen eine wertvolle. Der Vater ist froh über den glücklichen Fang und genehmigt den Tausch im Nachhinein. Kann Onkel Alfred die Marke zurückfordern?

Fall 2: Das fünfzehnjährige Mädchen Elfriede nimmt an seinem Geburtstag von seiner Tante Maria ein Geldgeschenk von 1 000,00 € an. Elfriedes Vater, der Tante Maria nicht ausstehen kann, verlangt von Elfriede, das Geld zurückzugeben. Muss Elfriede gehorchen (Rechtslage)?

Fall 3: Herr Müller stirbt völlig vereinsamt. Als seine Kinder zur Testamentseröffnung erscheinen, müssen sie feststellen, dass ihr Vater seinen Dackel Hector als Alleinerben eingesetzt hat. Beurteilen Sie die Rechtslage!

2/18 Der 19-jährige Schüler Bernd bietet seinem gleichaltrigen Klassenkameraden Peter in einem Pausengespräch zwischen zwei Vormittagsstunden einen gebrauchten CD-Player für 200,00 € an. Bernd will das Gerät sofort verkaufen; Peter kann sich jedoch nicht entscheiden.

Am Nachmittag desselben Tages verkauft Bernd das Gerät seinem 17-jährigen Freund Ralph und vereinbart mit diesem einen Kaufpreis von 250,00 €, zahlbar in fünf gleichen Monatsraten. Die Übergabe des CD-Players soll in acht Tagen erfolgen.

1. Am nächsten Tag willigt auch Peter in den Kauf ein. Er besteht auf Erfüllung, weil nur er Rechte aus einem Kaufvertrag habe (Hinweis: § 145, § 146, § 147, § 150 BGB).

2. Die Eltern des Ralph verweigern die Genehmigung des Kaufes und wollen ihn nicht gelten lassen.

3. Ändert sich etwas an der Lösung zu 2., wenn Ralph zu seinem Geburtstag die 250,00 € für den Kauf eines modernen CD-Players oder Tonbandgerätes von seinem Onkel mit Zustimmung der Eltern als Geschenk erhalten und gleich bar bezahlt hätte?

Prüfen Sie jeweils die Rechtslage und geben Sie in der Antwort die entsprechenden Paragrafen an, auf die sich Ihre Ausführungen beziehen!

2/19 Der 13-jährige Peter Pfeil baut sich im elterlichen Garten mit seinen Freunden ein Fort auf. Als es schließlich „zum Kampf" kommt, schießt Peter mit einem Pfeil seinem Freund Fritz das linke Auge heraus. Kann Peter Pfeil zur deliktsrechtlichen Haftung herangezogen werden?

2/20 Auf einer Geburtstagsparty spricht der 23-jährige Siggi Schluck zu stark alkoholischen Getränken zu. Seine Freunde konnten ihn am Ende der Party gerade noch überreden, den Nachhauseweg zu Fuß anzutreten. Unterwegs knickte Siggi Schluck an verschiedenen Fahrzeugen die Antennen ab. Als er am nächsten Tag zur Rede gestellt wird, behauptet er, dass er für den Schaden nicht aufkommen müsse. Rechtslage?

2/21 Lösen Sie das problemeinführende Beispiel zur Deliktsfähigkeit.

Lösen Sie das problemeinführende Beispiel zur Straffähigkeit.

2/22

2/23

Der 13-jährige Karl Kampf rempelt auf dem Gehweg mit eindeutig böser Absicht seine Lehrerin Luzia Lämpel an; diese muss daraufhin im Krankenhaus stationär behandelt werden. Karls Vater vertritt die Ansicht, dass sein Sprößling weder deliktsrechtlich noch strafrechtlich zu belangen sei. Mit Recht?

2.2 Rechtsobjekte (Sachen, Tiere und Rechte)

> **Problemeinführende Beispiele**
>
> a) Die Gemeinde Gernsbach hat von einem Abbruchgebäude an den Bauherrn Bernd Bähr unter Eigentumsvorbehalt (§ 455 BGB) 5 t behauene Sandsteine verkauft und übereignet. Bernd Bähr will die Steine für seinen Neubau verwenden. Was stellen die Steine rechtlich dar, wenn sie
> - als Baumaterial auf dem Baugrundstück des Bähr lagern,
> - als Fundamentsteine verwendet worden sind?
>
> b) Die Gemeinde Bühl verkauft einen gebrauchten Unimog an den Landwirt Luggi Lieber.
> Was stellen die folgenden Gegenstände des Fahrzeugs dar: Motor, Schneepflug, Lack?
>
> c) Die Gemeindeinspektorin Gerda Gießler macht gegen ihren ehemaligen Verlobten folgende Rechte geltend: Elterliche Sorge für das nichteheliche Kind Karl, Kaufpreisforderung sowie Schadensersatzanspruch wegen einer mutwillig zerstörten Vase.
> Worin bestehen die Unterschiede in den Rechten?

2.2.1 Sachen (Arten, Bestandteile, Zubehör, Nutzungen)

a) Begriff

Das BGB kennt zwar nicht den Begriff Rechtsobjekt, dennoch wird es häufig zur Abgrenzung gegenüber dem Begriff Rechtssubjekt verwendet. Man versteht unter jenem alle Gegenstände, die Inhalt einer Rechtsmacht sein können. Gegenstände der Rechtsmacht können Sachen, Rechte und sonstige Vermögenswerte sein, d.h., sie können von Rechtssubjekten beispielsweise verkauft, vermietet, übereignet oder verpfändet werden.

Sachen im Sinne des Gesetzes sind nach § 90 BGB nur körperliche Gegenstände. Gemeint sind vom Gesetzgeber körperliche **Rechts**gegenstände, d.h. Gegenstände, die vom Menschen beherrschbar sind. Nicht beherrschbar sind z.B. Meteore, Lufthülle der Erde, fließende Gewässer, Regentropfen. Der physikalische Zustand einer Sache ist bedeutungslos. Sachen können somit flüssig (z.B. Bier in der Flasche), fest (z.B. ein Schreibtisch) oder gasförmig (z.B. Gas in der Gasflasche) sein; entscheidend ist die Beherrschbarkeit durch den Menschen. Demnach sind keine Sachen i.S. des § 90 BGB z.B. Lichtwellen, Schallwellen, Strahlen und Elektrizität. Soweit es sich dabei um vom Menschen beherrschbare Energien handelt, können sie unkörperliche Rechtsgegenstände sein.

b) Arten

Rechtlich bedeutsam ist die Unterscheidung der Sachen in bewegliche Sachen (Mobilien) und Grundstücke (Immobilien). Die Bedeutung wird beispielsweise beim Erwerb dieser Sachen ersichtlich; während Mobilien i.d.R. durch dinglichen Vertrag (Einigung und Übergabe nach § 929 BGB) erworben werden, werden Grundstücke durch Auflassung und Eintragung ins Grundbuch (§§ 873, 925 BGB) übertragen.

Die beweglichen Sachen kann man in vertretbare (§ 91 BGB) und in nicht vertretbare Sachen einteilen. Die vertretbaren Sachen werden im Verkehr nach Maß, Zahl und Gewicht bestimmt (z.B. Eier, Schuhe, Kartoffeln). Nicht vertretbare Sachen sind beispielsweise: ein Gemälde, der Hund „Hasso", Modellkleider sowie i.d.R. alle bereits gebrauchten Sachen. Diese Einteilung wird bei der Leistung von Schadensersatz bei Untergang einer Sache bedeutungsvoll: Naturalersatz nach § 249 BGB ist nur bei vertretbaren Sachen möglich.

Die Unterscheidung in vertretbare und nicht vertretbare Sachen deckt sich **nicht** mit der Einteilung in **Gattungsschuld** und **Stückschuld** (§§ 243, 279 BGB). Für die letztere ist nicht die Verkehrsanschauung, sondern der Wille der Vertragsparteien maßgebend. Vertretbare Sachen sind meist auch Gattungsschulden, allerdings können auch nicht vertretbare Sachen als Gattungsschuld geschuldet werden.

■ Beispiel

Ein Pferdezüchter verkauft an eine Reitschule fünf Reitpferde. Ein Tier ist nach § 90 a BGB zwar keine Sache, jedoch sind die für Sachen geltenden Vorschriften entsprechend anzuwenden. Nach der Verkehrsanschauung ist ein Pferd keine vertretbare Sache; hier werden die Pferde aber als Gattungsschuld geschuldet. Die Bedeutung wird im Falle einer mangelhaften Lieferung verdeutlicht: Bei Gattungsschulden kann als Nacherfüllung auch die Lieferung einer mangelfreien Sache verlangt werden (§ 473 iVm § 439 BGB).

---

c) Bestandteile

Das BGB unterscheidet in §§ 93–98 in **wesentliche Bestandteile, (einfache) Bestandteile** und **Zubehör.**

Wesentliche Bestandteile einer Sache sind all ihre Bestandteile, die nicht voneinander getrennt werden können, ohne dass der eine oder der andere Bestandteil zerstört oder in seinem Wesen verändert wird. Die Zerstörung und die Wesensveränderung muss wirtschaftlich nach der allgemeinen Verkehrsanschauung bestimmt werden.

■ Beispiele für wesentliche Bestandteile

Der Einband des Rechtskundebuches, der Glühdraht einer elektrischen Birne, der Docht einer Kerze, die Baustahlmatte in einer Betontischtennisplatte, der Lack auf einem Pkw (Hinweis: Räder und Motor sind leicht auswechselbare Teile und gelten als solche nicht als wesentliche Bestandteile).

Bei den Immobilien wird durch § 94 BGB der Begriff noch erweitert: Zu den wesentlichen Bestandteilen eines Grundstücks gehören die mit dem Grund und Boden fest verbundenen Sachen, insbesondere Gebäude sowie die Erzeugnisse des Grundstücks, solange sie mit dem Boden zusammenhängen. Zu den wesentlichen Bestandteilen eines Gebäudes gehören die zur Herstellung des Gebäudes eingefügten Sachen (z.B. Fenster, Badewanne, Türen, Zentralheizung).

Die rechtliche Bedeutung der wesentlichen Bestandteile ergibt sich aus § 93 BGB: Wesentliche Bestandteile können **nicht** Gegenstand besonderer Rechte sein.

Wesentliche Bestandteile teilen das juristische Schicksal der Hauptsache, sie können nicht Gegenstand besonderer Rechte sein.

Der Klempnermeister Klumpp verkauft und liefert an Bauherrin Busam eine Badewanne unter Eigentumsvorbehalt (§ 449 BGB). Busam baut diese in ihren Neubau ein.
Nach Ablauf des Zahlngsziels und mehrmaliger Mahnung will Klumpp die Badewanne zurückholen. Durch den Einbau wurde die Badewanne wesentlicher Bestandteil
des Gebäudes. Also kann sie nicht Gegenstand besonderer Rechte sein. Sie teilt das
Schicksal der Hauptsache, d.h. des Gebäudes. Als neue Eigentümerin kann Busam
die Herausgabe verweigern.

Der berühmte Kunstmaler Pauco Passo sitzt gemütlich in einem Cafe. Einer plötzli-
chen Eingebung folgend, beginnt er die Tischdecke zu bemalen. Trotz sanfter Hinweise der Bedienung, lässt er nicht von seinem Vorhaben ab. Nach Fertigstellung des
Werkes verlangt der Besitzer des Cafes die Herausgabe der Tischdecke. Das neu entstandene Kunstwerk entstand durch Verarbeitung der im Verhältnis zum Kunstwerk
wertlosen Tischdecke. Pauco Passo erwirbt nach § 950 BGB das Eigentum an der
neuen Sache, die Tischdecke ist wesentlicher Bestandteil des Kunstwerkes.

Während ein wesentlicher Bestandteil nach § 93 BGB nicht Gegenstand besonderer
Rechte (z.B. Eigentumsvorbehalt, Pfandrecht) sein kann, kann dies ein (einfacher) Bestandteil sein.

Reifen eines Autos, Batterie eines Pkw, Blumen in einer Vase, Farbband einer
Schreibmaschine.

Unter **Zubehör** versteht man bewegliche Sachen, die, ohne Bestandteil der Hauptsache
zu sein, dem wirtschaftlichen Zwecke der Hauptsache zu dienen bestimmt sind und
zu ihr in einem dieser Bestimmung entsprechenden räumlichen Verhältnisse stehen
(§ 97 BGB). Ob Zubehör vorliegt oder nicht, wird nach der Verkehrsanschauung entschieden.

Koffer einer Reiseschreibmaschine, Handwerkszeug im Pkw, Reserverad im Auto,
Suchscheinwerfer im Auto, Maus für Personalcomputer.

Durch den § 98 BGB wird verdeutlicht, was als Zubehör bei einem Fabrikgebäude anzusehen ist (Maschinen und sonstige Gerätschaften), und was als Zubehör bei einem Landgut gilt (Geräte, Vieh, usw.). Mit Hilfe des § 98 BGB wird somit die Möglichkeit eröffnet,
Pacht-, Miet-, Leih- und Nießbrauchsverträge vereinfacht abzuschließen.

Das Zubehör ist grundsätzlich **rechtlich selbstständig**, d.h., das Eigentum an der Hauptsache und an dem Zubehör können auseinander fallen. Über §§ 311c, 926 BGB wird deshalb vom Gesetzgeber bestimmt, dass bei Fehlen vertraglicher Absprachen sich die Veräußerung oder Belastung einer Sache auch auf das Zubehör erstreckt.

Victor Voss verkauft einen gebrauchten Pkw an Emma Emsig. Bei der Übereignung
an die Erwerberin Emma Emsig verlangt diese, dass Victor Boss das bis dahin einge-
baute Radiogerät ebenfalls übergibt. Victor erklärt, er häte sich mit ihr nur bezüglich
des Autos geeinigt.

In Ermangelung vertraglicher Absprachen erstreckt sich nach § 311c BGB die Verpflichtung zur Veräußerung auch auf das Zubehör.

(Hinweis: Nach § 1120 BGB erstrecken sich die Grundpfandrechte (Hypothek und Grundschuld) auch auf das Zubehör.)

Zusammenfassung: Sachen bestehen aus Bestandteilen			
	wesentliche Bestandteile	**(einfache) Bestandteile**	**Zubehör**
Merkmale	Zusammenfügung mit einer anderen Sache, sodass sie als deren Teil erscheint.	Zusammenfügung mit einer anderen Sache, sodass sie als deren Teil erscheint.	Gewisse räumliche Verbindung mit der Hauptsache.
	Abtrennung ist nicht (ohne Zerstörung) möglich.	Abtrennung ist (ohne Zerstörung) möglich.	Abtrennung ist vorgegeben.
Folgen	Sie können nicht Gegenstand besonderer Rechte sein (§§ 93, 946 BGB).	Sie können Gegenstand besonderer Rechte sein (§ 93 BGB).	Sie können Gegenstand besonderer Rechte sein (sonderrechtsfähig, jedoch wird einheitliche Behandlung mit der Hauptsache angestrebt). (§§ 311 c, 926, 1120, 1200 BGB).

d) Nutzungen

In § 100 BGB findet sich für den Begriff „Nutzungen" folgende Legaldefinition: „Nutzungen sind die Früchte einer Sache oder eines Rechts sowie die Vorteile, welche der Gebrauch der Sache oder des Rechts gewährt."

Früchte einer Sache (§ 99 BGB) sind beispielsweise die Erzeugnisse wie Getreide von einem Acker, Milch einer Kuh, Obst eines Baumes oder die Ausbeute wie Ton aus einer Tongrube, Kies aus einer Kiesgrube.

Früchte eines Rechts (§ 99 BGB) stellen beispielsweise der Ertrag eines Nießbrauchsrechts (vgl. § 1030 und § 1068 BGB) oder der Pachtzins aus der Verpachtung eines Rechts dar.

Vorteile (Gebrauchsvorteile) einer Sache oder eines Rechts (§ 99 BGB) sind z.B. das Fahren eines Pkw, das Benutzen eines Motorbootes, das Benutzen eines Wohnwagens.

Beispiel

Albert verkauft und übereignet an Gerhard sein Motorboot am 23. Juli. Einige Tage später ficht Gerhard den Kaufvertrag rechtswirksam an (§ 142 BGB). Gerhard muss das Boot sowie für die zwischenzeitlich gezogenen Nutzungen einen Wertersatz herausgeben (§ 818 BGB).

2.2.2 Tiere

Tiere sind keine Sachen, sondern Lebewesen, die unter dem besonderen Schutz der Gesetze stehen (§ 90a BGB). Die für Sachen geltenden Vorschriften dürfen nur angewandt werden, wenn nicht besondere Bestimmungen zum Schutz der Tiere – wie z.B. das Tierschutzgesetz – entgegenstehen. Das Tier bleibt somit dem Rechtsverkehr zugänglich, wie es in § 90a BGB geregelt ist, denn die sachenrechtlichen Vorschriften bleiben anwendbar, soweit sie nicht dem Tierschutz widersprechen.

2.2.3 Rechte

Neben Sachen können auch Rechte Gegenstand des Rechtsverkehrs und Gegenstand der Herrschaftsausübung sein (siehe Übersicht Seite 39).

Rechte können absolute oder relative Rechte darstellen. **Absolute Rechte wirken gegen jedermann:** z.B. Persönlichkeitsrechte, persönliche Familienrechte, Sachenrechte (Eigentumsrechte, Besitzrechte, usw.), Aneignungsrechte, usw. **Die relativen Rechte richten sich nur gegen eine bestimmte Person**, die dadurch zu einer bestimmten Leistung (Tun, Dulden oder Unterlassen) verpflichtet wird. Zu den relativen Rechten zählen beispielsweise: Forderungsrechte, Besitzrechte aus Verträgen, Einreden.

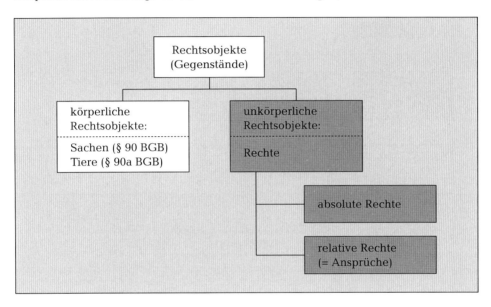

Die relativen Rechte werden als **Ansprüche** bezeichnet. Neben der Einteilung in absolute Rechte und relative Rechte lassen sich noch folgende Strukturierungen vornehmen:

– verbriefte Rechte
(z.B. Wertpapiere wie Aktien, Wechsel, Pfandbriefe, Hypothekenbriefe)

– unverbriefte Rechte
(z.B. Mietforderung, Eigentumsrecht an Turnschuhen)

oder

– befristete Rechte
(z.B. Miete einer Wohnung bis 1. Nov.)

– unbefristete Rechte
(z.B. Persönlichkeitsrechte).

Zusammenfassung: Sachen und Rechte

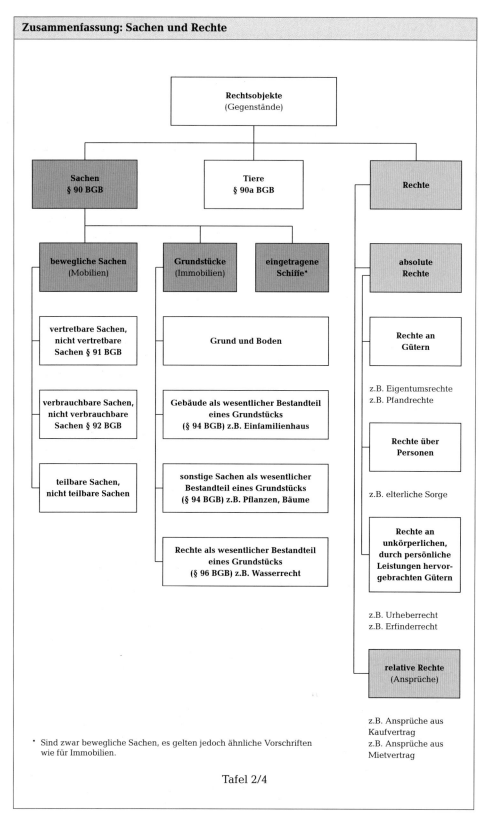

Rechtsobjekte
(Gegenstände)

Sachen
§ 90 BGB

Tiere
§ 90a BGB

Rechte

bewegliche Sachen
(Mobilien)

Grundstücke
(Immobilien)

eingetragene Schiffe*

absolute Rechte

vertretbare Sachen, nicht vertretbare Sachen § 91 BGB

Grund und Boden

Rechte an Gütern

z.B. Eigentumsrechte
z.B. Pfandrechte

verbrauchbare Sachen, nicht verbrauchbare Sachen § 92 BGB

Gebäude als wesentlicher Bestandteil eines Grundstücks (§ 94 BGB) z.B. Einfamilienhaus

Rechte über Personen

z.B. elterliche Sorge

teilbare Sachen, nicht teilbare Sachen

sonstige Sachen als wesentlicher Bestandteil eines Grundstücks (§ 94 BGB) z.B. Pflanzen, Bäume

Rechte an unkörperlichen, durch persönliche Leistungen hervorgebrachten Gütern

Rechte als wesentlicher Bestandteil eines Grundstücks (§ 96 BGB) z.B. Wasserrecht

z.B. Urheberrecht
z.B. Erfinderrecht

relative Rechte
(Ansprüche)

z.B. Ansprüche aus Kaufvertrag
z.B. Ansprüche aus Mietvertrag

* Sind zwar bewegliche Sachen, es gelten jedoch ähnliche Vorschriften wie für Immobilien.

Tafel 2/4

3 Rechtsgeschäfte

3.1 Entstehung von Rechtsgeschäften

Problemeinführung

1. Der 21-jährige Verwaltungsfachangestellte Fritz möchte aus seinem Elternhaus ausziehen und sucht sich deshalb eine Wohnung. Auf ein Inserat hin meldet er sich beim Hauseigentümer Egon. Da die Wohnung, die Egon zu vermieten hat, ihm preiswert erscheint und sie ihm auch hinsichtlich Lage und Raumaufteilung gefällt, beschließt er, sie zu nehmen. Als Egon vor Vertragsabschluss erfährt, dass Fritz alleinstehend ist, zeigt er sich nicht mehr bereit, die Wohnung an Fritz zu vermieten, da er eher an eine Familie als Mieter gedacht habe. Fritz möchte wissen, ob Egon berechtigt ist, ihm das Mieten der Wohnung zu verweigern.

2. Knut möchte eine Fahrt von Offenburg nach Mannheim mit der Deutschen Bahn AG zurücklegen. Kann er verlangen, dass ihn die DB-AG mit einem ihrer fahrplanmäßigen Züge befördert?

3. Da der Verwaltungsfachangestellte Knapp eine lukrative Position bei einer Versicherungsunternehmung angeboten bekam, möchte er bei seiner bisherigen Dienststelle kündigen. Frist- und formgerecht übersendet er das Kündigungsschreiben an seine Dienststelle. Er möchte nun wissen, ob zur Wirksamkeit der Kündigung die Einwilligung seiner Dienststelle erforderlich ist.

4. Untreu kauft sich beim Autohändler Kern einen gebrauchten Pkw für 12 000,00 €. Der Vertrag wird schriftlich abgeschlossen. Danach hat Untreu sich verpflichtet, den Wagen eine Woche nach Vertragsabschluss abzuholen und bei Abholung den Kaufpreis zu entrichten. Kern hat sich vertraglich verpflichtet, die TÜV-Abnahme für diesen Pkw zu besorgen. Auf dem Heimweg überlegt sich Untreu, welche rechtliche Situation durch den eben abgeschlossenen Vertrag nunmehr besteht. Vor allem interessiert ihn, ob er bereits Eigentümer des Pkw geworden ist.

3.1.1 Grundsatz der Vertragsfreiheit (Privatautonomie) und seine Einschränkungen

Der **Grundsatz der Privatautonomie** lt. BGB besagt als Generalnorm, dass rechtliche Verpflichtungen (mit Ausnahme von Verpflichtungen aus unerlaubter Handlung oder ungerechtfertigter Bereicherung) nur dadurch entstehen können, dass das verpflichtete Rechtssubjekt diese **durch einen freien Entschluss auf sich genommen** hat.
Aus der Generalnorm können drei Grundnormen abgeleitet werden:

- Die **Abschlussfreiheit** besteht darin, dass jedes Rechtssubjekt frei darüber entscheiden kann, **ob es und mit wem es** einen Vertrag schließen will.

- Die **Inhaltsfreiheit** besteht darin, dass die Vertragspartner den jeweiligen Vertragsinhalt frei bestimmen können, sich also nicht auf die im BGB vorgegebenen Vertragsinhalte beschränken müssen.

- Die **Formfreiheit** besagt, dass jedes Rechtssubjekt die Form der von ihm vorgenommenen Rechtsgeschäfte grundsätzlich frei bestimmen kann (z.B. mündliche Form, Schriftform, öffentliche Beglaubigung, notarielle Beurkundung).

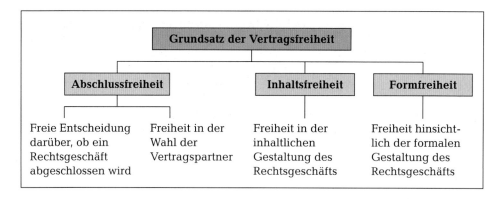

§ 826 BGB besagt, dass derjenige zum Schadensersatz verpflichtet ist, der einem anderen sittenwidrig und vorsätzlich Schaden zufügt. Aus dieser Gesetzesnorm wurde schon frühzeitig ein **Kontrahierungszwang** abgeleitet. Verweigert jemand einem anderen den Abschluss eines Rechtsgeschäfts unter Berufung auf die Abschlussfreiheit in sittenwidriger Weise und konnte er erkennen, dass dadurch dem anderen Schaden entsteht, ist er schadensersatzpflichtig.

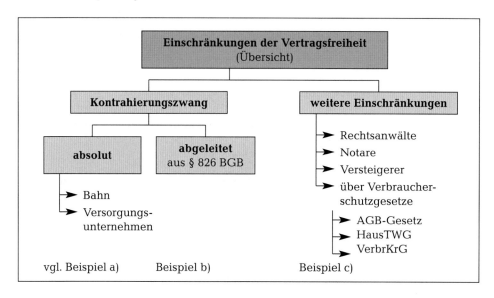

Beispiele a) und b):

a) Die Familie Winner ist verpflichtet, für ihren Neubau einen Strom-, Wasser- und Abwasseranschluss einzuplanen. Der Anschluss- und Benutzerzwang besagt nun, dass jedes Haus und damit jeder Haushalt an die entsprechenden öffentlichen Versorgungs- und Entsorgungsnetze angeschlossen sein und diese Netze auch benutzen muss. Die Versorgungsbetriebe (z.B. Kommunen, Elektrizitätswerke) ihrerseits, die in der Regel eine Monopolstellung einnehmen, sind verpflichtet, mit jedermann entsprechende Verträge abzuschließen. Damit sollen die Daseinsvorsorge gesichert und wirtschaftliche und soziale Benachteiligung vermieden werden.

b) Karl beobachtet, wie ein älterer Spaziergänger zusammenbricht. Er bringt den alten Herrn zu seinem Auto und fährt ihn zum nächsten Arzt. Dieser erklärt, nachdem er in dem ohnmächtigen Spaziergänger seinen streitbaren Nachbarn erkannt hatte, dass er ihn nicht behandeln werde.

Für den Arzt besteht aufgrund des § 826 BGB ein Kontrahierungszwang dann, wenn ohne sofortige ärztliche Hilfe bei dem zusammengebrochenen Spaziergänger ein Schaden entsteht und der Arzt die Folge seiner Weigerung hat erkennen können. Dadurch wäre der Tatbestand der Vorsätzlichkeit erfüllt. Die Weigerung des Arztes ist auf jeden Fall sittenwidrig, da eine sittliche Verpflichtung für jeden Arzt besteht, einem Kranken zu helfen (Verletzung einer Standespflicht).

Anders ist die Rechtslage, wenn der Arzt erkennen konnte, dass der Patient keinen zusätzlichen Schaden erleidet, wenn dieser später in ärztliche Behandlung gelangt und ein anderer Arzt rechtzeitig aufgesucht werden kann.

Beispiel

Rechtsanwälte und Notare sind verpflichtet, dem Auftraggeber unverzüglich die Ablehnung des Auftrags mitzuteilen (§ 663 BGB). Wird der Auftrag nicht unverzüglich abgelehnt, ist er angenommen.

Zusammenfassung:

- Das BGB ist vom Grundsatz der Vertragsfreiheit (Privatautonomie) geprägt. Dieser Grundsatz besteht aus drei Komponenten:
  - Abschlussfreiheit
  - Inhaltsfreiheit
  - Formfreiheit

- Die Privatautonomie kann keine uneingeschränkte Gültigkeit haben. Für alle drei Grundnormen gibt es zum Schutz bestimmter Rechtssubjekte gesetzliche Einschränkungen.

- Eine wichtige Einschränkung der Abschlussfreiheit stellt der sog. Kontrahierungszwang dar.

3.1.2 Willenserklärungen

Will jemand eine Rechtsfolge herbeiführen, muss er dies seiner Umwelt vernehmbar kundtun, er muss eine Willenserklärung abgeben.

Beispiel

Kuno will bei Titan ein Farbfernsehgerät der Marke „Super Color" kaufen. Er geht deshalb in das Geschäft Titans und fragt, ob er dieses Gerät kaufen könne. Als Titan bejaht, vereinbaren sie Kaufpreis und Lieferungstermin.

Kuno hat Titan gegenüber seinen auf Freiwilligkeit beruhenden Willen geäußert: Er will entgeltlich ein bestimmtes Farbfernsehgerät von Titan erwerben. Ebenso hat Titan seinen auf Freiwilligkeit beruhenden Rechtswillen vernehmbar kundgetan: Er will an Kuno das betreffende Gerät verkaufen.

Dieses Rechtsgeschäft kommt nur dadurch zustande, dass sowohl Kuno als auch Titan ihren Willen äußern. Die Willenserklärung Kunos reicht noch nicht aus, um Rechtsfolgen der beabsichtigten Art auszulösen. Es handelt sich hierbei also um ein zweiseitiges Rechtsgeschäft (Vertrag). Titan hätte auf die Willenserklärung Kunos z.B. auch Folgendes antworten können:

(1) „Ich nehme von Ihnen keine Bestellung entgegen."

Folge: Kuno muss sich nach einem anderen Partner umsehen, der willens ist, von ihm überhaupt Bestellungen entgegenzunehmen.

(2) „Ich würde von Ihnen recht gerne Bestellungen annehmen, jedoch nicht bezüglich des betreffenden Gerätes."

Folge: Kuno muss sich jemanden suchen, der seine Bestellung von dem betreffenden Gerät annimmt, oder er muss seinen Willen so ändern, dass Titan entsprechend darauf eingehen kann (z.B. ein Fernsehgerät einer anderen Marke bestellen).

(3) „Ich bestelle dieses Gerät für Sie nur dann, wenn Sie mir bis morgen meinen Garten umgegraben haben."

Folge: Kuno muss jemanden ausfindig machen, der von ihm keine zusätzlichen Bedingungen verlangt, aber er muss sich damit abfinden, die Zusatzbedingung zu erfüllen.

Eine Willenserklärung ist eine Äußerung eines Rechtssubjekts, in der der auf Freiwilligkeit beruhende Wille offenbart wird, eine bestimmte Rechtsfolge herbeizuführen.

Aus dieser Umschreibung lassen sich zwei Voraussetzungen ableiten:

– Die Erklärung muss auf eine Rechtsfolge gerichtet sein, d.h., es muss willentlich ein Rechtserfolg angestrebt werden.

– Der Wille muss kundgetan werden.

1. Voraussetzung:

Die Willenserklärung muss auf einen Rechtserfolg gerichtet sein.

Für das obige Beispiel bedeutet dies: Kuno will dem Titan gegenüber rechtliche Verpflichtungen eingehen; er will aber auch, dass Titan ihm gegenüber Verpflichtungen übernimmt. Bislang war das rechtliche Verhältnis zwischen Titan und Kuno frei von solchen gegenseitigen Verpflichtungen. Sicherlich möchten beide, dass es nicht nur bei den gegenseitigen Verpflichtungen bleibt, sondern dass diese in entsprechende Erfüllungshandlungen einmünden, also z.B. Kuno möchte es nicht damit bewenden lassen, dass Titan die Lieferungsverpflichtung eingeht, sondern er möchte in absehbarer Zeit Eigentümer und Besitzer des Fernsehgerätes werden.

Abzugrenzen ist der Begriff der Willenserklärung im juristischen Sinne noch von der rechtlich **unverbindlichen Absichtserklärung**. Dies sei anhand zweier Beispielfälle demonstriert:

Beispiele

1. Braun ist Eigentümer eines Tennisplatzes. Er verabredet sich mit Born, seinem Freund, für den darauffolgenden Tag zu einem Tennisspiel auf seiner Tennisanlage. Born erscheint jedoch nicht zu der Verabredung.

2. A ist Veranstalter von Tennisturnieren und Eigentümer einer Tennisanlage. Zu Werbezwecken verhandelt er mit Born, einem bekannten, ausländischen Tennisstar, um diesen für die Teilnahme an einem Turnier zu gewinnen. Nach Klärung der Startgeldfrage und der sonstigen Bedingungen (z.B. Anzahl der Spiele, Turniergegner) sagt Born seine Teilnahme zu. Born erscheint jedoch nicht, statt dessen lässt er wenige Stunden vor Turnierbeginn durch seine Agentur eine Absage an A richten.

> In beiden Fällen scheint es um ein und dieselbe Angelegenheit, nämlich um Tennis spielen zu gehen. Überdies ist beiden Fällen gemeinsam, dass Born die Verabredung nicht einhält. Juristisch jedoch gibt es für beide Fälle verschiedene Rechtsfolgen.
>
> Im Beispiel 1 hat Born lediglich eine juristisch unverbindliche Absicht kundgetan, mit Braun Tennis spielen zu wollen. Sicherlich wollte sich Born nicht in der Weise binden lassen, dass Braun wegen des ausgefallenen Spiels Forderungen z.B. in Form von Schadensersatz zustehen. Sein Fernbleiben löst überhaupt keine juristischen Folgen aus. Wie sein Nichterscheinen auf seine Vertrauenswürdigkeit oder auf die Freundschaft mit Braun sich auswirken wird, ist keine juristische, allenfalls eine persönliche Angelegenheit.

Eine **unverbindliche Absichtserklärung** löst keine juristische Verpflichtung aus. Sie ist unter rein rechtlichen Gesichtspunkten völlig unverbindlich, es fehlt ihr der juristisch vorausgesetzte Verpflichtungs- oder Bindungswille.

Anders verhält es sich im Beispiel 2: Born hat sich hier verpflichten lassen wollen; der von beiden geäußerte Wille setzte die Bindungsabsicht voraus. Dabei ist es unerheblich, dass – wie im Beispiel – für die Teilnahme eine Gegenleistung in Form von Startgeld vereinbart wurde. Wichtig ist lediglich der geäußerte oder stillschweigend vorausgesetzte Wille, sich rechtlich binden zu wollen. Damit dürfte die Angelegenheit zwischen A und Born mit der Absage Borns noch nicht bereinigt sein. A hat einen Anspruch auf die Teilnahme Borns, und Born muss sich nun gefallen lassen, wegen der übernommenen Verpflichtung auch entsprechend behandelt zu werden. So ohne weiteres wird man durch eine einseitige Absage seine (wohlgemerkt: freiwillig übernommene) Verpflichtung nicht los. A wird gegen Born sicherlich Schadensersatzforderungen wegen Pflichtverletzung stellen, deren Höhe sich nach dem ihm tatsächlich entstandenen Schaden richtet.

2. Voraussetzung:

Der Wille muss kundgetan werden.

Die zweite Voraussetzung der Willenserklärung im juristischen Sinne verlangt, dass derjenige, der einen auf einen Rechtserfolg gerichteten Willensentschluss gefasst hat, diesen Willen auch tatsächlich äußert. In welcher Form (schriftlich, mündlich, schlüssige Handlungen oder durch Mitwirkung eines bestimmten Dritten – z.B. eines Notars –) dieser Wille geäußert wird, überlässt das BGB – von Ausnahmen abgesehen – dem jeweiligen Rechtssubjekt. Wichtig ist nur, dass die betroffene Umwelt in der Lage ist, den Willen auch zu verstehen.

a) Empfangsbedürftige Willenserklärung

Bislang haben wir zweiseitige und einseitige Rechtsgeschäfte unterschieden. Bei zweiseitigen Rechtsgeschäften ist Voraussetzung, dass zwei inhaltlich übereinstimmende Willenserklärungen abgegeben werden. Von Bedeutung ist, in welchem Zeitpunkt die Willenserklärung rechtswirksam wird. In diesem Zusammenhang sind theoretisch vier Möglichkeiten zu unterscheiden:

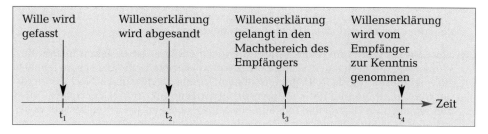

Grundsätzlich sind alle vier Phasen als Zeitpunkt der Wirksamkeit einer Willenserklärung denkbar. Der Gesetzgeber hat in den §§ 130 ff. BGB festgelegt, wann eine Willenserklärung rechtswirksam abgegeben worden ist: **Sie muss dem Adressaten zugegangen sein, d.h., der Absender trägt das Risiko des Transports der Willenserklärung.** Es genügt also nicht, den auf einen Rechtserfolg gerichteten Entschluss zu fassen, es ist auch noch nicht ausreichend, den Entschluss zu Papier zu bringen und den entsprechenden Brief der Post zur Übermittlung anzuvertrauen, um die Willenserklärung rechtswirksam werden zu lassen. Erst in dem Augenblick, in dem die Willenserklärung in den Machtbereich des Empfängers gelangt, ist die Willenserklärung rechtswirksam geworden. Diese Vorschriften gelten selbstverständlich nur für solche Willenserklärungen, die einer anderen Person zugehen müssen, also nur für empfangsbedürftige Willenserklärungen. Außerdem ist zu beachten, dass die obige Vierphasendarstellung nur für den Fall gilt, dass eine empfangsbedürftige Willenserklärung unter Abwesenden abzugeben ist. Bei Willenserklärungen unter Anwesenden fallen nämlich Abgabe und Zugang der Willenserklärung zeitlich zusammen.

Man bezeichnet die im BGB festgelegte Vorschrift für den Zeitpunkt des Wirksamwerdens einer Willenserklärung auch als **Zugangstheorie**.

Beispiel

Groß hat Ärger mit seinem Arbeitgeber Klein. Am 30. April kommt es wieder einmal zu einer Auseinandersetzung zwischen den beiden. Während des Streits (gegen 15:30 Uhr) fasst Groß den Entschluss, das Arbeitsverhältnis zu lösen. Er sagt dies aber Klein noch nicht. Am Abend desselben Tages erzählt er den Sachverhalt seiner Frau Ingrid und erwähnt dabei auch seine Absicht zu kündigen. Nach dem Abendessen (gegen 19:00 Uhr) schreibt er die Kündigung und wirft sie um 21:30 Uhr in den Postbriefkasten in der Nähe seiner Wohnung. Die Post leert den Briefkasten erst am 2. Mai um 10:30 Uhr. Der Brief wird am 3. Mai gegen 9:00 Uhr vom Postzusteller in den Briefkasten Kleins eingeworfen. Da Klein an diesem Tage auf Geschäftsreise ist und er angeordnet hat, dass die Briefe ausschließlich von ihm selbst geöffnet werden dürfen, bleibt der Brief bis zu seiner Rückkehr am 5. Mai gegen 17:00 Uhr ungeöffnet liegen. Wann ist die Kündigung rechtswirksam geworden?

Lösung

Groß hat zwar am 30. April gegen 15:30 Uhr den Entschluss gefasst, das Arbeitsverhältnis zu kündigen. Nun ist die Kündigung eine empfangsbedürftige Willenserklärung, d.h., nach § 130 BGB ist sie erst wirksam geworden, wenn sie dem Partner, in diesem Fall also Klein, zugegangen ist. Groß hat den am 30. April gefassten Kündigungsentschluss Klein gegenüber jedoch nicht geäußert, denn dann wäre sie sofort (Abgabe und Zugang der Willenserklärung fallen zeitlich zusammen) wirksam geworden. Da es sich um eine Willenserklärung unter Abwesenden handelt, ist nun zu klären, wann die Kündigung in den Machtbereich Kleins gelangt ist. Dies ist erst am 3. Mai gegen 9:00 Uhr geschehen. Zu welchem Zeitpunkt Klein seinerseits Kenntnis von der Willenserklärung nimmt, ist ausschließlich sein Risiko, sodass der Umstand, dass Klein erst am 5. Mai gegen 17:00 Uhr von der Kündigung erfährt, für die Wirksamkeit der Willenserklärung unerheblich ist. Fazit: Die Kündigung ist am 3. Mai (9:00 Uhr) rechtswirksam geworden.

Der zweite Satz von § 130 Abs. 1 BGB enthält eine wichtige Besonderheit hinsichtlich des Wirksamwerdens einer Willenserklärung: Eine Willenserklärung wird demnach nicht wirksam, wenn vorher oder spätestens gleichzeitig mit der Willenserklärung ein **Widerruf** zugeht. Hierfür gilt nach wie vor die Zugangstheorie, d.h., maßgebend ist der Zeitpunkt des Zugangs von Willenserklärung und Widerruf, nicht der Zeitpunkt der Kenntnisnahme durch den Empfänger. Ein Beispiel soll dies erläutern:

Beispiel

Sattelfest weiß, dass Franz als Pferdenarr von Sattelfests Pferd „Sascha" begeistert ist. Da er das Pferd verkaufen möchte, bietet er es Franz für 8 000,00 € schriftlich an. Als Sattelfest auf dem Rückweg von der Poststelle ist, bei der er den Brief aufgegeben hatte, trifft er Hans und erzählt ihm von seinen Verkaufsabsichten. Hans ist ebenfalls ein Pferdeliebhaber und bietet Sattelfest für „Sascha" 10 000,00 €. Sattelfest überlegt nicht lange und verkauft „Sascha" an Hans für 10 000,00 €. Sattelfest geht sofort zur Post zurück und richtet ein Telegramm an Franz, in dem er seine erste Willenserklärung widerruft. Das Telegramm wird der Frau von Franz am 2. Mai um 8:30 Uhr ausgehändigt. Da sie noch einige Besorgungen in der Stadt tätigen muss, nimmt sie das Telegramm, das sie ohnehin nicht für besonders wichtig erachtet, mit und legt es in das Handschuhfach ihres Autos. Franz erhält den Brief Sattelfests mit seiner Post um 9:15 Uhr desselben Tages. Als Franz am Abend aus seinem Geschäft nach Hause kommt, erzählt er voller Freude seiner Frau von seiner Aussicht, das Pferd „Sascha" kaufen zu können. Jetzt erst wird seiner Frau die Bedeutung des Telegramms klar, das nach wie vor im Handschuhfach ihres Autos liegt. Sie holt es sofort, und Franz liest es am 2. Mai um 20:00 Uhr. Ist die Willenserklärung Sattelfests, das Pferd „Sascha" für 8 000,00 € an Franz verkaufen zu wollen, rechtswirksam geworden?

Lösung

Wie bereits erwähnt, ist eine Willenserklärung dann nicht wirksam geworden, wenn vorher oder spätestens gleichzeitig mit der Willenserklärung ein Widerruf zugeht (§ 130 Abs. 1 BGB). Maßgebend ist dabei der Zeitpunkt des Zugangs, also der Zeitpunkt, in dem die Willenserklärung bzw. der Widerruf in den Machtbereich des Empfängers gerät. Im Beispiel gelangt die Willenserklärung Sattelfests am 2. Mai um 9:15 Uhr in den Machtbereich Franz'. Der Widerruf wird am 2. Mai um 8:30 Uhr seiner Frau ausgehändigt, er ist also genau in diesem Augenblick Franz zugegangen, d.h., der Widerruf ist 45 Minuten vor der Willenserklärung eingetroffen. Die Willenserklärung Sattelfests ist damit nicht wirksam geworden. Die Tatsache, dass Franz erst um 20:00 Uhr vom Widerruf Kenntnis erlangt, ist unerheblich. Dies ist auch gerechtfertigt, denn auf die Zeit, die jemand braucht, bis er die ihm zugegangene Post auch zur Kenntnis nimmt, kann der Absender einer Willenserklärung keinen Einfluss nehmen, zumal dieser ohnehin das volle Transportrisiko zu tragen hat.

b) Nicht empfangsbedürftige Willenserklärungen

Nun gibt es aber auch Willenserklärungen, die wirksam werden, ohne dass sie irgend jemandem zugehen müssen. Man bezeichnet diese als nicht empfangsbedürftige Willenserklärungen. Der Gesetzgeber hat nur drei Rechtsgeschäfte dieser Art erwähnt, die ohne Ausnahme auch gleichzeitig einseitige Rechtsgeschäfte sind:

– Auslobung (§ 657 BGB),
– Testament (§§ 2064 ff. BGB),
– Stiftungsgeschäft (§§ 80 ff. BGB).

Rechtsgeschäfte dieser Art kommen dadurch zustande, dass jemand eine entsprechende Willenserklärung abgibt; er ist an den Inhalt seiner Erklärung auch dann gebunden, wenn der andere von seiner Willenserklärung keine Kenntnis genommen hat.

Beispiel

„Bella", die Hündin Pauls, ist entlaufen. Er gibt an die Tageszeitung folgendes Inserat: „Ausgesprochen schöne, schwarze Hündin entlaufen; sie hört auf den Namen ‚Bella'. Belohnung für denjenigen, der ‚Bella' wiederbringt: 100,00 €". Lukas, ein Junge aus der Nachbarschaft, hat das Tier am Morgen, noch bevor er die Zeitung mit dem Inserat hat lesen können, entdeckt und es Paul sofort zurückgebracht. Kann nun Lukas von Paul den ausgelobten Betrag von 100,00 € verlangen?

Lösung

Paul hat sich durch das öffentliche Versprechen, für die Beibringung von „Bella" 100,00 € zu zahlen, einseitig verpflichtet (Auslobung nach § 657 BGB). Maßgebend ist nur die Veröffentlichung der Erklärung (Inserat) und die Herbeiführung des Erfolges (Beibringung von „Bella"). Beide Bedingungen sind erfüllt, sodass Paul nach § 657 BGB verpflichtet ist, die Prämie von 100,00 € an Lukas zu zahlen. Auf die Tatsache, dass Lukas keine Kenntnis von der Auslobung hatte, kommt es dabei nicht an.

Willenserklärung durch konkludente Handlung:

Bisher ist davon ausgegangen worden, dass der innere Tatbestand (der auf einen Rechtserfolg gerichtete Wille) nach außen ausdrücklich erklärt worden ist (äußerer Tatbestand der Willenserklärung). Anstelle einer verbalen (schriftlichen oder mündlichen) Äußerung des Willens kann auch eine entsprechende Handlung stehen. Man bezeichnet eine solche Handlung, die an Stelle der ausdrücklichen Willensäußerung steht, als **schlüssiges Handeln (konkludentes Handeln).**

Beispiel

Gabi kommt jeden Morgen am Kiosk Bernds vorbei. Dabei spielt sich immer das gleiche Geschehen ab. Beide begrüßen sich kurz. Gabi nimmt sich die Tageszeitung „Konterfei" und entrichtet den Kaufpreis. Darauf verabschieden sich beide ebenso kurz. Wie lässt sich dies mit den bisherigen Ausführungen vereinbaren?

Lösung

Gabi gibt zwar keine Willensäußerung ab, dass sie die Tageszeitung „Konterfei" kaufen möchte. Ebensowenig gibt Bernd die Erklärung ab, die Zeitung an Gabi verkaufen zu wollen. Anstelle des fehlenden, äußeren Tatbestandes einer Willenserklärung, der Äußerung des Willens also, tritt eine entsprechende Handlung: Das Wegnehmen der Zeitung vom Stapel ersetzt in diesem Fall die fehlende, ausdrückliche Willenserklärung, andererseits enthält das Dulden Bernds und dessen Annahme des Entgelts seine entsprechende Willenserklärung. Die Vertragsschließenden haben durch ihr Handeln den gewünschten Rechtserfolg herbeigeführt. Ein Kaufvertrag ist demnach nicht durch Erklärungen, sondern durch auf den Rechtserfolg gerichtetes Handeln zu Stande gekommen.

Im Rahmen des Internet lassen sich folgende Arten von Willenserklärungen unterscheiden:

Willenserklärung im Rahmen des Internet:	
Elektronische Willenserklärung (eWE)	Eine WE wird von einer Person erzeugt, aber elektronisch übermittelt. (Beispiel: E-Mail, Internet-Bestellformular).
Automatisierte Willenserklärung (aWE)	Von einer aWE spricht man dann, wenn Daten z. B. von Hand oder durch Sprache eingegeben werden, der Computer aber letztlich die eigentliche Erklärung erstellt. (Beispiel: Personendaten werden einge-tippt, der PC berechnet die Versicherungs-prämien und erstellt letzlich den Vertrag.)
Computererklärung	Von einer Computererklärung spricht man dann, wenn die WE elektronisch selbst-ständig erstellt und übermittelt wird. (Beispiel: Der Computer eines Lieferers be-stätigt automatisch die eingehenden Faxe der Kunden mit einer Auftragsbestäti-gung.)
Merke: Ein versehentlicher reflexartiger Mausklick oder Tastendruck löst keine WE aus, da der Handlungswille fehlt.	
Merke: Wenn über zwei Computer ein Online-Kontakt besteht, gilt dies als WE unter Anwesenden.	

Für den Bereich des Internets und des E-Commerce ergeben sich folgende Grundsätze bezüglich des **Zugangs einer Willenserklärung:**

(1)   Allgemeiner Grundsatz
Die WE muss so in den Machtbereich des Empfängers gelangt sein, dass, ge-wöhnliche Verhältnisse angenommen, damit zu rechnen ist, er könne von ihr Kenntnis erlangen.

(2)   Empfänger der WE ist Kaufmann

(2.1)   Empfänger hat einen eigenen Internet-Server
Zugang, sobald die E-Mail die Schnittstelle zur DV-Anlage des Empfängers passiert hat.

(2.2)   Empfänger benutzt E-Mail-Service eines Diensteanbieters mit Mailbox-System Zugang, sobald die E-Mail in der Mailbox des Empfängers gespeichert und von diesem abrufbar ist.
Hinweis: Wer eine geschäftliche E-Mail-Adresse unterhält, ist verpflichtet, während der Geschäftszeiten regelmäßig den Eingang von E-Mails zu überprü-fen.

(2.2.1) Eingang innerhalb der Geschäftszeit
Zugang an dem Arbeitstag, an den dem die E-Mail in der E-Mailbox eintrifft und abrufbar ist.

(2.2.2) Eingang außerhalb der Geschäftszeit
Zugang der WE am nächsten Arbeitstag.

(2.2.3) Empfänger bietet 24h-Bestellservice an
Zugang der WE mit Eingang.

(3)   Empfänger der WE ist Privatmann

(3.1)   Der Privatmann kommuniziert per E-Mail
Privatmann hat die Pflicht zumindest täglich in der E-Mailbox nachzuschauen.

(3.2)   Der Privatmann kommuniziert nicht per E-Mail
Ihm obliegt keine tägliche Nachschaupflicht.

- Eine Willenserklärung ist eine Äußerung eines Rechtssubjektes, in welcher es seinen auf Freiwilligkeit beruhenden Willen offenbart, eine bestimmte Rechtsfolge herbeiführen zu wollen.
- Die Willenserklärung ist von der unverbindlichen **Absichtserklärung** zu unterscheiden, die keine juristische Verpflichtung auslöst, da ihr im Gegensatz zur juristischen Willenserklärung der Verpflichtungs- oder Bindungswille fehlt. Die Übergänge zwischen einer verpflichtenden Willenserklärung und einer unverbindlichen Absichtserklärung sind in der Praxis fließend.
- Man kann die Willenserklärungen u.a. danach einteilen, ob sie einem anderen Rechtssubjekt erst zugehen müssen, um rechtswirksam zu werden **(empfangsbedürftige Willenserklärungen)**, oder ob sie bereits mit der Abgabe rechtswirksam geworden sind **(nicht empfangsbedürftige Willenserklärungen).**

  Nach § 130 Abs. 1 BGB wird eine empfangsbedürftige Willenserklärung rechtswirksam, wenn sie dem Adressaten zugegangen ist, d.h., bei Willenserklärung unter Anwesenden **sofort** mit der Abgabe und bei Willenserklärung unter Abwesenden, wenn sie in dessen Machtsphäre gelangt ist. Sie wird nicht wirksam, wenn ein entsprechender Widerruf spätestens gleichzeitig mit der Willenserklärung in den Machtbereich des Adressaten gelangt ist.

  Nichtempfangsbedürftige Willenserklärungen werden mit ihrer Äußerung rechtswirksam, d.h., die entsprechende Verpflichtung tritt auch dann ein, wenn der andere die betreffende Willenserklärung gar nicht empfangen hat.
- Anstelle der verbalen Äußerung (äußerer Tatbestand der Willenserklärung) des auf einen Rechtserfolg gerichteten Willens (innerer Tatbestand der Willenserklärung) kann ein konkludentes Handeln der Rechtssubjekte erfolgen. Konkludent ist ein Handeln dann, wenn die juristische Umwelt aus der betreffenden Aktion den inneren Willen des Rechtssubjekts eindeutig erkennen kann.

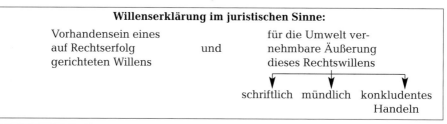

Willenserklärung im juristischen Sinne:

Vorhandensein eines auf Rechtserfolg gerichteten Willens   und   für die Umwelt vernehmbare Äußerung dieses Rechtswillens

schriftlich   mündlich   konkludentes Handeln

3.1.3 Rechtsgeschäfte (Grundlagen)

Problemeinführendes Beispiel

Die nachfolgenden problemeinführenden Fälle sind dadurch gekennzeichnet, dass entweder einer der Beteiligten oder beide von dem jeweils anderen etwas fordern können. Geben Sie an, worin die jeweilige Forderung besteht und worauf sich die Forderung gründet.

a) Kahl hat beim Rückwärtsfahren mit seinem Pkw den Gartenzaun des Balde zerstört.

b) Die Verwaltungsfachangestellte Andrea geht in das Kaufhaus „Chic und Anmut" und fragt, ob sie den im Schaufenster ausgestellten Pelzmantel kaufen könne und ob eventuell notwendige Änderungen durchgeführt werden können. Als die Verkäuferin beide Fragen bejaht, probiert Andrea den Pelzmantel an. Da nur kleine Änderungen notwendig sind, kauft Andrea den Pelzmantel, den sie zwei Tage nach Vertragsabschluss abholen kann.

c) Sepp fragt beim Kioskbesitzer Franz, ob er ihm eine Packung Zigaretten der Marke „Lungkill" verkaufen könne. Franz bejaht.

d) Holz hat bei Walde einen Farbfernseher bestellt (Kaufpreis 1 980,00 €) und 500,00 € gleich anbezahlt. Es stellt sich hinterher heraus, dass Walde das bestellte Farbfernsehgerät nicht liefern kann, weil die Herstellerfirma es mittlerweile aus ihrem Produktionsprogramm genommen hat. Ein von Walde angebotenes anderes Farbfernsehgerät möchte Holz aber nicht kaufen.

Im BGB wird der Begriff „Rechtsgeschäft" nicht einheitlich verwendet, sodass hier anstatt einer Definition eine Begriffsumschreibung angegeben wird. Mit einem Rechtsgeschäft wird willentlich eine bestimmte Rechtsfolge ausgelöst. So z.B. ist der Kauf ebenso ein Rechtsgeschäft wie die Kündigung eines Arbeitsverhältnisses oder das Erstellen eines Testaments.

Charakteristisch für Rechtsgeschäfte gleich welcher Art ist das Vorhandensein eines Willens, einen bestimmten Rechtserfolg zu erreichen. Dieser Wille muss so geäußert werden, dass er verstanden werden kann. **Die Willenserklärung ist demnach das Kernstück eines jeden Rechtsgeschäfts.**

Nun gibt es Rechtsgeschäfte, bei denen eine Willenserklärung allein, d.h. der auf einen Rechtserfolg gerichtete und auch geäußerte Wille einer Person, ausreicht, Rechtsfolgen auszulösen. Derartige Rechtsgeschäfte heißen **einseitige** Rechtsgeschäfte.

> **Beispiel**
>
> 1. Kleber ist bei Kreuz angestellt. Da er von einer anderen Unternehmung ein lukratives Angebot erhalten hat, kündigt er bei Kreuz.
> 2. Kleber erstellt ein Testament zugunsten seiner Lieblingstochter Eleonore.

Obwohl, wie später noch dargestellt werden wird, zwischen Kündigung und Testament in anderer Hinsicht Unterschiede bestehen, haben sie Folgendes gemeinsam: Beide Rechtsgeschäfte werden wirksam durch den einseitig von Kleber erklärten Rechtswillen. Im Fall 1 ist die Kündigung auch dann wirksam, wenn Kreuz nicht damit einverstanden wäre, sein Wille ist also rechtlich ohne jede Bedeutung. Das gleiche gilt auch für das Testament: Eleonore ist zunächst Erbin, ihr fällt beim Tode Klebers das Vermögen zu. Eine andere Frage ist hier allerdings, ob sie auch gegen ihren Willen Erbin und damit Rechtsnachfolgerin Klebers bleiben muss. Anders als im Falle 1 hat Eleonore ein Gestaltungsrecht dahingehend, dass sie die ihr zugefallene Erbschaft ausschlagen kann. Dies ändert aber nichts an der Tatsache, dass sie im Erbfall mit allen Rechten und Pflichten, wenn auch nur vorübergehend, Eigentümerin des Vermögens wird.

Andere Rechtsgeschäfte werden erst wirksam, wenn mindestens zwei Willenserklärungen vorhanden sind. Um eine Sache zu kaufen, genügt es nicht, dass der Kaufwillige seinen Kaufwillen erklärt, er muss notwendigerweise jemanden finden, der seinerseits den Willen hat, die betreffende Sache zu verkaufen. Außerdem müssen die beiden Willenserklärungen – die vom Kauf- und Verkaufswilligen – inhaltlich übereinstimmen. Man nennt derartige Rechtsgeschäfte **zwei- oder mehrseitige Rechtsgeschäfte oder Verträge.**

Die mehrseitigen Rechtsgeschäfte (Verträge) sind ebenfalls nochmals zu untergliedern, je nachdem in welchem Buch des BGB sie abgehandelt werden; so unterscheidet man

– schuldrechtliche Verträge,   – sachenrechtliche Verträge,

– familienrechtliche Verträge,   – erbrechtliche Verträge.

Bei den schuldrechtlichen Verträgen handelt es sich um die Übernahme von Verpflichtungen, nicht jedoch um die Erfüllung der Verpflichtungen. Übernimmt nur ein Vertragspartner Verpflichtungen und der andere nicht, spricht man von **einseitig verpflichtenden Verträgen.** Dies ist z.B. der Fall bei einem Schenkungsversprechen nach §§ 516 ff. BGB, insbesondere § 518 BGB. Bei einem solchen Vertrag, der nach § 518 BGB der notariellen Beurkundung bedarf, hat sich der eine Vertragspartner verpflichtet, dem anderen Vertragspartner ohne Gegenleistung einen Vermögensvorteil zu verschaffen. Es ist hier streng das **Schenkungsversprechen** von der **Schenkung** zu unterscheiden, denn nur für das erste gilt die Formvorschrift nach § 518 BGB. Um dies zu verdeutlichen: Das Schenkungsversprechen bewirkt noch keine Änderung in der Vermögenssituation der Beteiligten, es stellt lediglich die Verpflichtung des einen Partners dar, dem anderen Partner eine unentgeltliche Zuwendung zu machen. Die Schenkung selbst ist ein Realakt, durch den Änderungen in der Vermögenssituation der einzelnen Partner vollzogen sind.

Weitere einseitig verpflichtende Verträge stellen die Bürgschaftsverträge dar (§§ 765 ff. BGB). Auch in diesem Fall ist nur der Bürge verpflichtet, eine Leistung zu erbringen. Für den Fall nämlich, dass derjenige, für den er sich verbürgt hat, dem Gläubiger gegenüber seine Verpflichtung nicht erfüllt, muss der Bürge leisten, ohne von seinem Vertragspartner, dem Gläubiger, eine Gegenleistung zu erhalten.

Daneben gibt es innerhalb der schuldrechtlichen Verträge noch die mehrseitig verpflichtenden Verträge, die wiederum in

– gegenseitige Verträge

und

– unvollkommen zweiseitig verpflichtende Verträge

unterteilt werden.

Bei den **gegenseitigen Verträgen** stehen Leistung und Gegenleistung in einem mehr oder weniger **ausgewogenen Verhältnis** (Äquivalenzverhältnis). Das Schuldrecht des BGB nennt hierzu:

– den Kaufvertrag (§§ 433 ff. BGB),
– den Mietvertrag (§§ 535 ff. BGB),
– den Dienstvertrag (§§ 611 ff. BGB),
– den Werkvertrag (§§ 631 ff. BGB),
– den Werklieferungsvertrag (§ 651 BGB),
– den Reisevertrag (§ 651 a BGB),
– den Geschäftsbesorgungsvertrag (§ 675 BGB),
– den Verwahrungsvertrag gegen Entgelt (§§ 688 ff. BGB).

Bei den **unvollkommen zweiseitig verpflichtenden Verträgen** liegt zwar eine gegenseitige Verpflichtung vor, **jedoch ist die Ausgewogenheit zwischen Leistung und Gegenleistung nicht erfüllt.**

Typisches Beispiel für einen unvollkommen zweiseitigen Vertrag ist die Leihe (§§ 598 ff. BGB). Leihe ist nach § 598 BGB die unentgeltliche Gebrauchsüberlassung einer Sache, d.h., durch den Leihvertrag wird der Verleiher verpflichtet, die Sache dem Entleiher kostenlos zum Gebrauch zu überlassen. Der Entleiher hat aber auch Verpflichtungen übernommen (§§ 601, 603, 604 BGB); diese stehen in keinem Verhältnis zu dem Vorteil, den er normalerweise aus der unentgeltlichen Gebrauchsüberlassung einer Sache hat.

Weitere Beispiele für unvollkommen zweiseitige Verträge: Auftrag (§ 662 BGB), unentgeltliche Verwahrung (innerhalb §§ 688 ff. BGB).

Die Arten der Rechtsgeschäfte sind in der folgenden Übersicht zusammengefasst (Tafel 3/1).

Wichtig ist, dass es sich bei den schuldrechtlichen Verträgen lediglich um die Übernahme von Verpflichtungen handelt, nicht jedoch um die Erfüllung der Verpflichtungen. Durch einen Kaufvertrag z.B. verpflichtet sich der Verkäufer, eine Sache mangelfrei zu übergeben und das Eigentum daran zu übertragen (§ 433 Abs. 1 BGB); der Käufer verpflichtet sich, den Kaufpreis zu bezahlen und die Sache anzunehmen (§ 433 Abs. 2 BGB). Dadurch hat sich an den Besitz- oder Eigentumsverhältnissen noch nichts geändert. Es bestehen lediglich gegenseitige Verpflichtungen (Verpflichtungsgeschäft). Der Gesetzgeber spricht davon, dass sich die Vertragspartner wechselseitig Leistungen schulden.

Daher rührt auch die Bezeichnung Schuldrecht und daraus abgeleitet schuldrechtliche Verträge. Wie nun die gegenseitigen Verpflichtungen (Schulden) zu erfüllen sind, ist insbesondere Gegenstand des Sachenrechts.

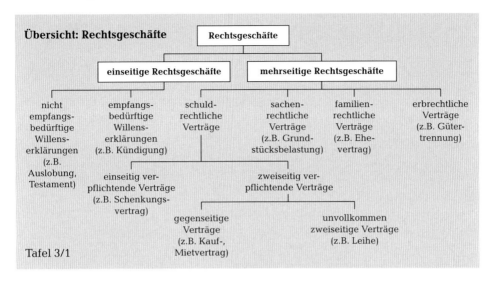

Tafel 3/1

Hinweis: Die Untergliederung bezieht sich auf schuldrechtliche Rechtsgeschäfte; die übrigen (sachen-, familien- und erbrechtliche) Rechtsgeschäfte sind hier ausgeklammert worden.

Zusammenfassung:

Durch schuldrechtliche Verträge werden Verpflichtungen übernommen. Die entsprechenden Vorschriften sind im Schuldrecht (2. Buch des BGB) enthalten. Die Erfüllung der Verpflichtungen (das Erfüllungsgeschäft) ist Gegenstand des Sachenrechts (3. Buch des BGB).

Gewisse Ähnlichkeiten mit Rechtsgeschäften haben

– die (rechts-)geschäftsähnliche Handlung und

– die Tathandlung.

In beiden Fällen – und darin besteht die Ähnlichkeit zu den Rechtsgeschäften – werden Rechtsfolgen ausgelöst.

Geschäftsähnliche Handlungen sind Erklärungen, die Rechtsfolgen kraft Gesetzes auslösen, ohne dass es hierzu eines besonderen Willens des Erklärenden bedarf, z.B. die Mahnung. Wie später noch gezeigt werden wird, löst die Mahnung Rechtsfolgen aus (z.B. Lieferungsverzug), unabhängig davon, ob der Mahnende dies beabsichtigt hat oder nicht.

Tathandlungen lösen ebenfalls kraft Gesetzes Rechtsfolgen aus, unabhängig davon, ob der Handelnde dies gewollt hat oder nicht. Wie aus dem Begriff abgeleitet werden kann, handelt es sich hierbei nicht um Erklärungen, sondern um Handlungen. Gemeint sind hier in erster Linie Handlungen gemäß § 823 BGB. Beschädigt z.B. jemand mit seinem Pkw fahrlässig das Fahrzeug eines anderen Verkehrsteilnehmers, löst diese Tat kraft Gesetzes (also ohne den Willen des Handelnden, nicht selten sogar gegen seinen Willen) Rechtsfolgen aus: Der Schädiger wird nach § 823 BGB schadensersatzpflichtig.

Die vorstehenden Ausführungen sollen anhand der folgenden Übersicht verdeutlicht werden:

Zusammenfassung: Rechtsfolgen werden ausgelöst durch		
Rechtsgeschäfte	**rechtsgeschäftsähnliche Handlungen**	**Tathandlungen**
Kernstück aller Rechtsgeschäfte ist das Vorhandensein von mindestens einer Willenserklärung, die von vornherein auf die Herbeiführung einer Rechtsfolge zielte; d.h. die Rechtsfolge ist von dem Erklärenden beabsichtigt.	Hierbei handelt es sich um Erklärungen, die Rechtsfolgen kraft Gesetz auslösen und zwar unabhängig davon, ob der Erklärende die Rechtsfolge beabsichtigt hat oder nicht (z.B. Mahnung).	Auslösendes Moment ist eine Handlung; in erster Linie handelt es sich dabei um unerlaubte Handlungen.

■ Übungsaufgaben:

3/1

1. Welches sind die beiden Voraussetzungen einer Willenserklärung?

2. Wodurch unterscheidet sich eine Willenserklärung im juristischen Sinne von einer Absichtserklärung?

3. Was versteht man unter der Zugangstheorie?

4. Nennen Sie Beispiele von
   a) einseitigen empfangsbedürftigen Willenserklärungen und
   b) nicht empfangsbedürftigen Willenserklärungen.

5. Was versteht man unter konkludentem Handeln und wodurch unterscheiden sich die Rechtsfolgen gegenüber der verbalen Willensäußerung?

6. Wodurch unterscheiden sich Verpflichtungs- und Erfüllungsgeschäft?

7. Nach welchem Gesichtspunkt lassen sich die mehrseitigen schuldrechtlichen Verträge einteilen? Nennen Sie Beispiele.

3/2

Patt bestellt beim Versandhändler Necko ein Farbfernsehgerät für 2 100,00 €. Als er auf dem Rückweg von der Poststelle, wo er die Bestellung aufgegeben hat, an dem Geschäft Video-Discount vorbeikommt, entdeckt er das gleiche Gerät für 1 999,00 €. Er schreibt sofort einen Widerruf an Necko und wirft das Schreiben noch vor der Leerung des Briefkastens ein, m.a.W., Bestellung und Widerruf müssen seiner Meinung nach gleichzeitig bei Necko ankommen. Necko hat aber mit der Post Folgendes vereinbart: Die als Bestellung gekennzeichnete Post wird von der Post AG so rechtzeitig bereitgestellt, dass ein Mitarbeiter Neckos sie morgens um 7:30 Uhr abholen kann, während die übrigen Briefe die übliche Postzustellung durchlaufen. Widerruf und Bestellung Patts treffen zwar zusammen am gleichen Tag bei der Post ein. Die Bestellung Patts wird dem Mitarbeiter Neckos um 7:30 Uhr ausgehändigt, während der Widerruf um 8:15 Uhr in das Postfach Neckos eingelegt wird. Ist die Willenserklärung Patts (die Bestellung!) rechtswirksam geworden?

3/3

Blei ist seit zwei Jahren Angestellter bei Zink. Zink kündigt Blei am 26. Febr. zum 31. März. Das Kündigungsschreiben wird Blei am Mittwoch, 27. Febr., in den Briefkasten geworfen. Blei, der sich zu dieser Zeit einige Tage Urlaub genommen hat, um seine Wohnung neu zu streichen, leert erst am 2. März den Briefkasten und nimmt erst an diesem Tag von der Kündigung Kenntnis.

a) Blei möchte nun wissen, ob Zink die Frist von einem Monat, die nach § 622 BGB vorgesehen ist, eingehalten hat.

b) Würde sich an der Lösung etwas ändern, wenn der 27. Febr. ein Samstag gewesen wäre? (Lösungshinweis: § 193 BGB)

Klops hängt an das Schaufenster des Kaufmanns Luchs einen Zettel mit folgender Auf- 3/4
schrift: „Mir wurden in der vergangenen Nacht Kirschen gestohlen. Demjenigen, der mir
Angaben über die Diebe machen kann, zahle ich 200,00 €.

Petz hat in der fraglichen Nacht beobachtet, wie sich Max und Moritz mit einer Leiter
dem Garten Klops' näherten. Diese Beobachtung erzählt er nun Klops, der sich bedankt
und Petz scheinheilig fragt, ob er denn heute schon beim Kaufmann Luchs war. Als Petz
wahrheitsgemäß verneint, freut sich Klops, weil er glaubt, die Namen der Spitzbuben erfahren zu haben, ohne dafür 200,00 € bezahlen zu müssen. Sofort geht er zu Luchs und
entfernt den Zettel. Rechtslage?

Getreidehändler Mohn erhält mit seiner Post um 9:20 Uhr einen Auftrag über die Liefe- 3/5
rung von 4 t Getreide. Besteller ist die Brotfabrik Laible. Seine Angestellte Cordula hat
eine Nachricht um 8:00 Uhr desselben Tages über Fax erhalten, in dem Laible seine Bestellung widerrief. Cordula hat das Fax in ihre Handtasche gesteckt und es vergessen.
Erst gegen Feierabend erinnert sie sich daran und übergibt es Mohn.

a) Ist die Bestellung rechtswirksam geworden?

b) Mohn hat während des Tages bereits damit begonnen, das Getreide bereitzustellen.
   Kann er von Laible deswegen Schadensersatz verlangen?

Ajax möchte beim Fahrradhändler Hermes ein Fahrrad kaufen. Im Schaufenster Hermes' 3/6
ist das Fahrrad „Orion 2000" für 570,00 € ausgestellt, das Ajax besonders gut gefällt. Als
er zu Hermes kommt, erklärt ihm dieser, dass er an ihn in gar keinem Fall ein Fahrrad
verkaufen werde. Rechtslage?

Kern ist Mitglied des Buchclubs „Literatura". Er hat sich verpflichtet, jedes Quartal ein 3/7
Buch nach eigener Wahl zu bestellen. Kern kann zwei Monate vor Ablauf eines Kalenderjahres zum Jahresende kündigen. Er fasst am 23. Okt. den Entschluss, sein Vertragsverhältnis mit Literatura zu beenden und schreibt am 26. Okt. den Kündigungsbrief, den
er am 29. Okt., einem Samstag, bei der Post aufgibt. Durch ein Versehen der Post geht
das Kündigungsschreiben erst am 2. Nov. bei Literatura ein. Kern ist unangenehm überrascht, als ihm Literatura mitteilt, dass seine Kündigung unwirksam und er für ein weiteres Jahr ihr Mitglied sei. Rechtslage?

3.1.4 Formvorschriften

Im Rahmen der Vertragsfreiheit ist selbstverständlich auch enthalten, dass die Parteien
die Form ihrer Willenserklärungen normalerweise selbst bestimmen können. Das Privatrecht geht also vom Grundsatz der Formfreiheit aus.

Dennoch kommt es im Rechtsleben nicht selten vor, dass Verträge z.B. schriftlich abgeschlossen werden, obwohl im BGB ein Formzwang dafür nicht vorgesehen ist. Demnach
kann ein Rechtsgeschäft durch

– gesetzlichen Formzwang oder
– freiwilligen Formzwang

in einer besonderen Form abgeschlossen werden.

Durch die Wahrung einer Form sollen folgende Ziele erreicht werden:

– Beweissicherung, z.B. bei nachträglichen Unstimmigkeiten zwischen den Vertragsparteien;
– Warnfunktion, um den Beteiligten die Wichtigkeit ihres Rechtsgeschäfts darzustellen,
  z.B. beim Grundstückskauf (§ 311 b BGB);
– Sicherung der Urheberschaft; diese Funktion ist vor allem im Falle des Testaments vorrangig; denn es muss sichergestellt sein, dass das vorliegende Testament auch tatsächlich vom Erblasser stammt.

Gesetzliche Formvorschriften:

Das Gesetz kennt folgende Formvorschriften:

– Schriftform,
– öffentliche Beglaubigung,
– notarielle Beurkundung.

Wird im Gesetz **Schriftform** verlangt, dann genügt die eigenhändige Unterschrift des Erklärenden auf der Urkunde (§ 126 BGB). Handelt es sich um einen Vertrag, ist die Urkunde von beiden Vertragspartnern zu unterzeichnen, oder jedem der Beteiligten ist ein Exemplar mit der Unterschrift des anderen Partners auszuhändigen. Die schriftliche Form kann durch die elektronische ersetzt werden, wenn sich nicht aus dem Gesetz ein anderes ergibt (§ 126 (3) iVm § 126 a BGB). § 126 a BGB sieht vor:

– Soll die gesetzlich vorgeschriebene Form durch die elektronische Form ersetzt werden, so muss der Aussteller der Erklärung dieser seinen Namen hinzufügen und das elektronische Dokument mit einer qualifizierten elektronischen Signatur nach dem Signaturgesetz versehen.
– Bei einem Vertrag müssen die Parteien jeweils ein gleichlautendes Dokument in der in Absatz 1 bezeichneten Weise elektronisch signieren.

Schriftform hat der Gesetzgeber in folgenden Fällen vorgeschrieben:

– bei einem Miet- oder Pachtvertrag, der über einen längeren Zeitraum als ein Jahr abgeschlossen wird (§ 550 BGB);
– Abgabe einer Bürgschaftserklärung (§ 766 BGB);
– Abgabe eines Schuldversprechens (§ 780 BGB);
– Abgabe eines Schuldanerkenntnisses (§ 781 BGB).

Bei der **öffentlichen Beglaubigung** (§ 129 BGB) muss die Erklärung schriftlich abgefasst und die Echtheit der Unterschrift von einer hierfür zuständigen Behörde (z.B. Notariat in Baden-Württemberg, Gemeindeverwaltung) beglaubigt sein. Es ist also nicht der Inhalt der Erklärung, der als wahr beglaubigt wird, sondern nur die Echtheit der Unterschrift. Deshalb erfolgt die Unterschriftsleistung des Erklärenden in Anwesenheit des Notars.

Das BGB verlangt die öffentliche Beglaubigung in folgenden Fällen:
– bei der Anmeldung eines Vereins in das Vereinsregister (§ 77 BGB),
– bei der Abtretung einer Hypothekenforderung (§ 1154 BGB).

Anders als bei der öffentlichen Beglaubigung nimmt der Notar bei der **notariellen Beurkundung** den gesamten Wortlaut der vertraglichen Abmachung zur Niederschrift auf. Die Vorschriften darüber, wie die notarielle Beurkundung ablaufen soll, ergeben sich aus dem Beurkundungsgesetz. Dies gilt im Übrigen auch für die öffentliche Beglaubigung.

In der Niederschrift müssen enthalten sein:

– die anwesenden Beteiligten, die ihre Identität nachweisen müssen,
– Nachweis, dass die Beteiligten geschäftsfähig sind,
– Inhalt der Abmachungen,
– Ort und Datum.

Der vollständige Inhalt wird den Beteiligten in Anwesenheit des Notars noch einmal vorgelesen. Der Inhalt muss daraufhin von ihnen genehmigt und eigenhändig unterschrieben werden. Unter den Urkunden findet man dann die Abkürzung **v.g.u., d.h. vorgelesen, genehmigt, unterschrieben.**

Eine notarielle Beurkundung verlangt das BGB:

– für Kaufverträge bei Grundstücken (§ 311 b BGB),
– bei Schenkungsversprechen (§ 518 BGB),
– bei der Eigentumsübertragung von Grundstücken (§§ 873, 925 BGB),
– beim Erbvertrag (§ 2276 BGB).

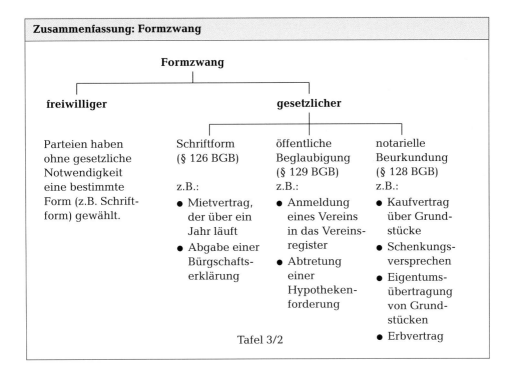

Tafel 3/2

3.1.5 Verpflichtungs- und Erfüllungsgeschäft

Mit Abschluss eines Vertrages sind nur die gegenseitigen Verpflichtungen festgelegt, ansonsten hat sich allerdings in der juristischen Umwelt noch nichts geändert. Den Vertrag, also die bloße Übernahme von Verpflichtungen durch die Vertragsparteien, nennt man **Verpflichtungsgeschäft.**

Beispiel

Untreu hat mit dem Autohändler Kern einen Kaufvertrag über einen gebrauchten Pkw (Kaufpreis 12 000,00 €) abgeschlossen. Dadurch hat Untreu freiwillig die Verpflichtung auf sich genommen, den Kaufpreis von 12 000,00 € zu bezahlen und den Wagen am vereinbarten Termin abzuholen. Andererseits hat sich Kern ebenfalls freiwillig verpflichtet, den Pkw vom TÜV abnehmen zu lassen sowie Untreu den Wagen mangelfrei auszuhändigen und ihm das Eigentum daran zu verschaffen, sodass auch für Kern eine Schuld dem Untreu gegenüber existiert.

Mithin steht fest: Der Vertrag hat für beide Parteien eine Schuld begründet, denn jeder der Vertragspartner kann von dem anderen etwas verlangen. Man sagt auch: Jeder hat einen **Anspruch** gegen seinen Vertragspartner.

Das Recht, von einem anderen ein Tun oder Unterlassen zu verlangen, wird als Anspruch bezeichnet (§ 195 BGB). Man bezeichnet denjenigen, der einen Anspruch gegen ein anderes Rechtssubjekt hat, auch als **Gläubiger**.

Daraus folgt: Je nachdem, unter welchem Blickwinkel man das zwischen Untreu und Kern durch den Vertrag begründete Verpflichtungsgeschäft betrachtet, ist jeder sowohl in der Schuldner- als auch in der Gläubigerposition:

1. Betrachtungsweise: Kern ist Gläubiger und Untreu ist Schuldner

	Kern hat einen Anspruch gegen Untreu auf
Untreu schuldet dem Autohändler Kern	• Zahlung des Kaufpreises • Abholung des Autos

2. Betrachtungsweise: Kern ist Schuldner und Untreu ist Gläubiger

	Untreu hat einen Anspruch gegen Kern auf
Kern schuldet dem Käufer Untreu	• TÜV-Abnahme des gekauften Pkw • Übergabe des mangelfreien Pkw und Übertragung des Eigentums an dem Pkw

Das durch den Vertrag zwischen Kern und Untreu begründete gegenseitige Verpflichtungsgeschäft hat keinen Selbstzweck, denn beide Parteien wollen, dass die gegenseitigen Verpflichtungen auch erfüllt werden. Das Erfüllen der Schuld aber ist ein eigenständiges Rechtsgeschäft. Man nennt es **Erfüllungs-** oder **Verfügungsgeschäft.**

Es besteht darin, dass Untreu den Kaufpreis an Kern zahlt (Übergabe des Geldes und Eigentumsübertragung hinsichtlich des Geldes) und den Wagen abholt und dass Kern den mit einer TÜV-Plakette versehenen und mangelfreien Wagen an Untreu übergibt und ihm das Eigentum an dem Wagen verschafft.

Im deutschen Rechtskreis sind beide Rechtsgeschäfte, das Verpflichtungs- und Erfüllungsgeschäft, deutlich voneinander getrennt. Man nennt diese Trennung auch **Abstraktionsgrundsatz.**

Dies gilt selbstverständlich auch dann, wenn anders als im vorstehenden Beispiel das Verpflichtungs- und Erfüllungsgeschäft zeitlich zusammenfallen, sodass man annehmen könnte, es handele sich um ein einziges Rechtsgeschäft. In jedem Fall muss aber zwischen Verpflichtungs- und Erfüllungsgeschäft unterschieden werden. Das folgende Beispiel, das sich so oder ähnlich tausendfach täglich wiederholt, soll dies verdeutlichen.

Beispiel

Der 18-jährige Schüler Marc kauft sich beim Hausmeister Stern eine Brezel. Es ist nun wichtig, die einzelnen Vorgänge unter dem Abstraktionsgrundsatz zu verfolgen. Dazu soll folgendes kommentierte Szenarium herhalten:

Marc: „Guten Morgen, Herr Stern. Kann ich eine Brezel haben?"

Kommentar: Marc gibt damit für Herrn Stern vernehmbar seinen Willen kund, eine Brezel kaufen zu wollen. Der Gruß ist juristisch bedeutungslos.

Herr Stern: „Guten Morgen. Ja, natürlich!"

Kommentar: Herr Stern hat sich bereit erklärt, an Marc eine Brezel zu verkaufen.

Mit diesen beiden Willenserklärungen ist das Verpflichtungsgeschäft abgeschlossen, denn nunmehr ist Marc verpflichtet, die Brezel zu bezahlen und abzunehmen und der Hausmeister ist verpflichtet, die Brezel an Marc zu übergeben und ihm das Eigentum daran zu verschaffen. Die folgenden Vorgänge in unserem Fall sollen wortlos abgewickelt werden:

Herr Stern nimmt eine Brezel aus dem Korb und übergibt sie Marc, der Herrn Stern den Kaufpreis für die Brezel abgezählt übergibt.

Kommentar: In diesen wortlosen Vorgängen ist das gesamte Erfüllungsgeschäft enthalten: Dadurch, dass Herr Stern Marc die Brezel wortlos aushändigt, wollte er doch die im Verpflichtungsgeschäft übernommene Schuld abtragen: Marc erhält die Brezel durch die Übergabe, und Herr Stern überträgt ihm stillschweigend das Eigentum an der Brezel. Andererseits erfüllt auch Marc seine aus dem Verpflichtungsgeschäft stammende Schuld: Er nimmt die Brezel ab und übergibt dem Hausmeister den Kaufpreis, wobei auch Marc wortlos Herrn Stern das Eigentum an den Geldstücken überträgt.

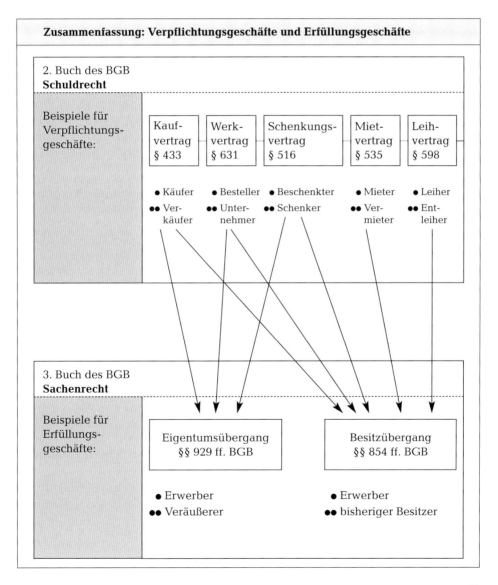

Zusammenfassung: Verpflichtungsgeschäfte und Erfüllungsgeschäfte

2. Buch des BGB
Schuldrecht

Beispiele für Verpflichtungsgeschäfte:

| Kaufvertrag § 433 | Werkvertrag § 631 | Schenkungsvertrag § 516 | Mietvertrag § 535 | Leihvertrag § 598 |

- Käufer
- Verkäufer

- Besteller
- Unternehmer

- Beschenkter
- Schenker

- Mieter
- Vermieter

- Leiher
- Entleiher

3. Buch des BGB
Sachenrecht

Beispiele für Erfüllungsgeschäfte:

Eigentumsübergang §§ 929 ff. BGB

Besitzübergang §§ 854 ff. BGB

- Erwerber
- Veräußerer

- Erwerber
- bisheriger Besitzer

3.2 Grenzen der Vertragsfreiheit

Untersuchen Sie die **problemeinführenden Fälle** unter folgenden Gesichtspunkten:

1. Ist die jeweilige Willenserklärung von vornherein unwirksam, d.h., wird sie so behandelt, als wäre sie überhaupt nicht abgegeben worden?

2. Wird die Wirksamkeit einer Willenserklärung erst durch eine nachfolgende, andere Willenserklärung außer Kraft gesetzt, d.h., besteht zunächst für eine bestimmte Zeit eine rechtswirksame Willenserklärung (oder Vertrag) und wird sie (er) erst mit dem Empfang einer anderen Willenserklärung unwirksam?

3. Welches ist die Ursache für die eventuelle Unwirksamkeit?

a) Der 6-jährige Jago kauft sich beim Kaufmann Franz eine Portion Schokoladeneis.

b) Puck hat sich in einem Antrag an Orest verschrieben. Er wollte 50 Flaschen Wein für insgesamt 300,00 € anbieten, geschrieben hat er aber 75 Flaschen Wein für 300,00 €. Als Orest das Angebot rechtzeitig annimmt, bemerkt Puck seinen Fehler und klärt Orest über seinen Irrtum auf.

c) Kain beauftragt Wastl, einen kleinen Ganoven, bei Hans die Stereoanlage aus dessen Auto zu stehlen. Kain verspricht als Gegenleistung die Bezahlung von 50,00 €.

d) Naso sieht bei Rufus eine Kommode, die im Stil Louis XVI. hergestellt zu sein scheint. Als Naso Rufus fragt, ob es sich um ein echtes Möbelstück dieser Stilrichtung handele, bejaht Rufus wider besseres Wissen, da er die Kommode bei einem Versandhaus als Imitat gekauft hat. Da Naso einen Teil seiner Wohnung mit solchen (allerdings echten) Möbeln einrichten möchte, fragt er Rufus, ob er bereit sei, die Kommode zu verkaufen. Rufus bejaht, und beide werden über den Kaufpreis von 9500,00 € auch schnell einig. Vor Auslieferung der Kommode erzählt ihm Zeno, sowohl ein Freund von ihm als auch von Rufus, die wahre Herkunft des Möbelstücks. Selbstverständlich möchte Naso nicht mehr an dem Vertrag festhalten. Er informiert hierüber Rufus und erklärt, dass er unter den gegebenen Umständen den Vertrag anulliert.

e) Der Student Adam macht seinem Studienfreund Urban in einer Bierlaune folgenden Antrag: „Ich verkaufe dir die 5000 Hühner meines Vaters für einen Apfel und ein Ei."

3.2.1 Nichtigkeit

Nichtigkeit bedeutet, dass das betreffende Rechtsgeschäft von Anfang an unwirksam ist.

Das Rechtsgeschäft (und damit auch die dadurch geschaffenen Rechtsbeziehungen) ist juristisch bedeutungslos; es wird überhaupt nicht wahrgenommen. Da das nichtige Rechtsgeschäft als von vornherein (ex tunc) als nicht existierend gilt, bedarf es auch keiner Erklärung seitens einer der beteiligten Personen.

Das BGB kennt eine Reihe von Nichtigkeitsgründen neben den bereits im Zusammenhang mit der Geschäftsfähigkeit aufgeführten nichtigen Willenserklärungen.

Die wichtigsten Nichtigkeitsgründe sind:

– Scheingeschäft (§ 117 BGB)
– Scherzgeschäft (§ 118 BGB)
– Formmangel (§ 125 BGB)
– Verstoß gegen ein gesetzliches Verbot (§ 134 BGB)
– Sittenwidrigkeit eines Rechtsgeschäfts (§ 138 BGB)

- Nichtigkeit bei Teilnichtigkeit eines Rechtsgeschäfts (§ 139 BGB)
- Verträge über künftiges Vermögen (§ 310 BGB)
- Vertrag über den Nachlass eines noch lebenden Dritten (§ 311 b Abs. 4 BGB)
- weitere Nichtigkeitsgründe vgl. §§ 449, 723, 749 BGB.

Es können hier nicht alle Nichtigkeitsgründe näher erläutert werden, weil hierzu Kenntnisse der einzelnen Rechtsgeschäfte vorausgesetzt sind. An dieser Stelle werden daher nur die ersten fünf Nichtigkeitsgründe abgehandelt werden.

3.2.1.1 Scheingeschäft (§ 117 BGB)

Ein Scheingeschäft liegt vor, wenn ein Rechtssubjekt eine empfangsbedürftige Willenserklärung dem Empfänger gegenüber nur zum Schein abgibt. Dabei spielt es keine Rolle, ob es Zweck des Rechtsgeschäftes ist, einen Dritten zu täuschen. Wichtig ist, dass die Nichtigkeit eines solchen Rechtsgeschäftes nicht nur für die beteiligten Partner besteht, sondern gleichermaßen für die gesamte Rechtsöffentlichkeit.

> Beim Scheingeschäft (§ 117 BGB) ist dem Empfänger der Willenserklärung nicht nur bekannt, dass der Erklärende einen anderen Willen hat als den, den er ihm gegenüber geäußert hat, sondern er ist auch damit einverstanden, dass die Erklärung nur zum Schein abgegeben wurde.

Beispiel

Nils hat mit seinem Nachbarn Heinz vereinbart, ihm seinen Hund Hasso unter folgenden Bedingungen zu verkaufen:

Nils soll sich zunächst nach anderen Kaufinteressenten umsehen und dabei die Preisangebote der Interessenten herausbekommen. Heinz ist bereit, für Hasso das höchste Gebot, das Nils erhalten hat, zu zahlen, allerdings nicht über 1 500,00 €. Nils hat nun einige Preisgebote für Hasso erhalten, wobei als höchste Kaufsumme 1 200,00 € geboten wurden. Da Nils aber mittlerweile Hasso nicht mehr an Heinz abgeben will, vereinbart er mit seinem Arbeitskollegen Jan folgendes Rechtsgeschäft:

Jan soll ihm ein Kaufangebot von 1 600,00 € für Hasso machen, sodass Nils seiner Verpflichtung Heinz gegenüber frei wird. In Wirklichkeit aber will er ihm den Hund für 1 200,00 € überlassen. Jan geht darauf ein.

Lösung

Nils veranlasst Jan geradewegs dazu, eine Willenserklärung (Kaufantrag über 1 600,00 €) nur zum Schein abzugeben, d.h., die notwendige Voraussetzung des § 117 BGB, wonach Nils mit dieser nur zum Schein abgegebenen Willenserklärung einverstanden sein muss, ist erfüllt. Die Rechtsfolge ist jetzt dem § 117 BGB zu entnehmen: Die Willenserklärung Jans ist nichtig.

In Wirklichkeit soll mit dieser Willenserklärung Jans eine andere Willenserklärung verdeckt werden, nämlich der Verkauf des Hundes für 1 200,00 €. Die Voraussetzung von § 117 Abs. 2 BGB ist erfüllt: Das verdeckte Rechtsgeschäft, das Angebot über 1 200,00 € nämlich, ist gültig. Demnach gilt: Nils ist von seiner Verpflichtung Heinz gegenüber nicht frei geworden. Er muss ihm Hasso zum höchsten Gebot, das er erhalten hat (1 200,00 €), überlassen.

Um Missverständnisse zu vermeiden, soll nochmals erwähnt werden, dass die Täuschung eines Dritten nicht notwendige Voraussetzung für die Nichtigkeit von Scheingeschäften ist.

3.2.1.2 Scherzerklärung (§ 118 BGB)

In diesem Fall handelt es sich wie beim Scheingeschäft um eine bewusste Nichtübereinstimmung von innerem Willen und dem nach außen erklärten Willen. Im Gegensatz zum Scheingeschäft aber geht der Erklärende davon aus, dass der Empfänger der Willenserklärung erkennt, dass die Erklärung nicht ernst gemeint ist. In erster Linie fallen unter die Scherzerklärungen

– ironische Erklärungen (z.B. Aprilscherze),

– Erklärungen aus Prahlerei.

Wichtig ist, dass derjenige, der eine Scherzerklärung abgibt, dem Anderen schadensersatzpflichtig wird (§ 122 BGB). Er muss dem Empfänger der Willenserklärung den Schaden ersetzen, den dieser (oder ein Dritter) dadurch erleidet, dass er auf die Gültigkeit der Erklärung vertraut hat (Ersatz des sog. negativen Interesses).

Beispiel

Doll ist Student. Er trifft am 1. April in einer Gaststätte den ihm unbekannten Tibur, der Berufsfußballspieler vermittelt. Beide sehen sich die Übertragung eines Fußballspieles an. Dabei kommen sie ins Gespräch, in dem Doll u.a. erzählt, dass er einen besonders engen Kontakt zu dem hervorragenden Fußballspieler Häghar Hack aus Alaska habe und dass dieser nicht nur bereit sei, in der Bundesliga zu spielen, sondern auch ohne Ablösesumme von einem Bundesligisten verpflichtet werden könne. Außerdem berichtet Doll, dass Häghar Hack, den es natürlich nicht gibt, einen Tag nach einem entsprechenden Anruf bei ihm sein könne. Abschließend fragt er Tibur, ob er für die Vermittlung dieses Spielers an einen Bundesligaclub etwas unternehmen könne.

Doll ging davon aus, dass Tibur anhand verschiedener Umstände merken müsse, dass seine Erklärung nicht ernst gemeint sein kann. Tibur jedoch reagiert anders, als Doll sich das vorgestellt hat: Tags darauf steht Tibur mit dem bekannten Manager Hoenuß vor der Tür Dolls und bittet ihn, sofort bei Häghar Hack in Alaska anzurufen, da Hoenuß diesen für seinen Club verpflichten möchte.

Lösung

Doll hat Tibur gegenüber eine Erklärung abgegeben, die nicht ernst gemeint war. Es ist nun zu prüfen, ob Doll in Täuschungsabsicht handelte (dann wäre § 116 BGB anzuwenden), oder ob er davon ausgehen konnte, dass Tibur den Mangel der Ernstlichkeit nicht verkannt habe. Erstens spricht für das Letztere schon das Datum des Zusammentreffens (1. April). Zum anderen dürfte es einem Spielervermittler sicherlich bekannt sein, ob und gegebenenfalls welche bundesligatauglichen Fußballspieler es in Alaska gibt. Sicherlich dürfte die Wahrscheinlichkeit, dort hervorragende Spieler zu finden, nicht allzu groß sein. Weiterhin müsste Tibur aufgefallen sein, dass es zumindest übertrieben ist, dass jemand aus Alaska einen Tag nach einem Telefonanruf bereits in Deutschland sein könnte. Doll dürfte es demnach nicht schwerfallen, seine Erklärung Tibur gegenüber als Scherzerklärung abzutun, d.h., die Erklärung Dolls ist nichtig nach § 118 BGB.

Aber damit wird Doll noch nicht vollkommen von seiner Verpflichtung Tibur und Hoenuß gegenüber frei. Offensichtlich haben Tibur und Hoenuß auf die Gültigkeit der Erklärung vertraut (§ 122 (1) BGB). Beiden dürften Kosten entstanden sein (Fahrtkosten, Spesen usw.). Diesen Schaden hat Doll den beiden zu ersetzen, sodass es für ihn ein teuer erkaufter Aprilscherz werden kann, es sei denn, er kann die Story an eine Zeitung verkaufen. Dies jedoch ist nicht mehr Gegenstand des Falles.

3.2.1.3 Formnichtigkeit (§ 125 BGB)

Wird ein Rechtsgeschäft nicht in der vom Gesetz vorgeschriebenen Form abgeschlossen, ist es nach § 125 BGB nichtig (sog. Formnichtigkeit). Doch diese Formnichtigkeit gilt nicht absolut. Maßgebend ist der mit der Formvorschrift verfolgte Zweck. Bei der Prüfung, ob die Formnichtigkeit Bestand hat oder ob das Rechtsgeschäft trotz des Formmangels rechtswirksam wurde, ist von folgendem Grundsatz auszugehen:

Keine Nichtigkeit liegt vor,

– wenn die Zielsetzung der gesetzlichen Formvorschrift keine Rolle mehr spielt;
– wenn einer der Vertragspartner sich zu Lasten des Partners unter Verstoß gegen Treu und Glauben Vorteile verschaffen möchte, indem er sich auf die Formnichtigkeit beruft.

> **Beispiel**
>
> Pepi besitzt einen alten, für ihn fast wertlosen Pkw. Er verspricht mündlich seinem Neffen Pablo, ihm das Auto nach seiner Urlaubsfahrt zu schenken. Als Pepi aus dem Urlaub zurückkommt, übergibt er den Pkw an Pablo. Wenige Monate danach erfährt Pepi, dass für derartige Autos horrende Liebhaberpreise bezahlt werden. Daraufhin möchte er den Wagen von Pablo zurückhaben. Er begründet dies mit dem Formmangel des Schenkungsversprechens.

> **Lösung**
>
> Das BGB verlangt für die Rechtswirksamkeit des Schenkungsversprechens eine notarielle Beurkundung (§ 518 BGB). Da das Schenkungsversprechen jedoch mündlich erfolgte, liegt in der Tat ein Formmangel vor, sodass nach § 125 BGB Formnichtigkeit die Rechtsfolge wäre. Nun hat die Formvorschrift des § 518 BGB ganz eindeutig eine Warnfunktion: Dadurch soll demjenigen, der eine Schenkung verspricht, eindeutig vor Augen geführt werden, welche Bedeutung sein Versprechen hat. Diese Warnung ist aber dann nicht mehr notwendig, wenn der Gegenstand vom Schenker auf den Beschenkten übergegangen ist. Hier spätestens hat der Schenker um die Bedeutung seines vorangegangenen Versprechens gewusst. Es wäre nun treuwidrig (und dies wird durch das Gesetz auch nicht gedeckt), wenn Pepi nun die nicht mehr erforderliche Warnfunktion dieser Formvorschrift dahingehend missbrauchen könnte, um einen wirtschaftlichen Vorteil zu Lasten Pablos zu erzielen. Man sagt, der Formmangel ist durch die tatsächliche Übung (hier: die Übergabe des Pkw) geheilt (vgl. auch § 518 Abs. 2 BGB).

3.2.1.4 Verstoß gegen ein gesetzliches Verbot (§ 134 BGB)

Die Vertragsfreiheit geht nicht so weit, dass sie sich über gesetzliche Verbote hinwegsetzen kann. § 134 BGB besagt, dass ein Rechtsgeschäft, das von der Rechtsordnung missbilligt wird, nicht durch Parteiwille als rechtswirksam behandelt werden kann. Die Wirkung des Parteiwillens ist demnach beschränkt auf die von der Rechtsordnung gebilligten Folgen, sodass es zwangsläufig ist, dass Rechtsgeschäfte, die gegen ein gesetzliches Verbot verstoßen, nichtig sind. Im Einzelnen die gesetzlichen Verbote aufzuzählen, ist aufgrund der Vielzahl der Verbote nicht möglich.

Auch diese Nichtigkeit ist nicht absolut zu sehen, maßgebend ist nämlich der Sinn und Zweck der jeweiligen Verbotsvorschrift. So verstößt z.B. ein Kaufmann gegen ein gesetzliches Verbot, wenn er nach Ladenschluss Verkäufe vornimmt, dennoch ist der nach den offiziellen Ladenschlusszeiten getätigte Kaufvertrag gültig. Der Sinn des Verbotes besteht nicht darin, den Warenverkauf grundsätzlich zu verbieten, verboten ist lediglich der Verkauf nach Ladenschluss, sodass es hier – bei Gültigkeit des Kaufvertrages –

lediglich zu einer Strafe kommt. Anders verhält es sich z.B. bei einem Diebstahl. Der Sinn und Zweck dieser Verbotsvorschrift besteht doch darin, die Tat generell zu verbieten (und nicht nur für eine bestimmte Tageszeit). Dadurch wird ein Rechtsgeschäft, das einen Diebstahl zum Gegenstand hat, von der Rechtsordnung missbilligt. Das Rechtsgeschäft ist deshalb nach § 134 BGB nichtig.

Beispiel

Blum beauftragt den Gärtnermeister Knoll, an einem gesetzlichen Feiertag seinen Garten anzulegen.

Lösung

Hier handelt es sich um ein Rechtsgeschäft, das gegen ein gesetzliches Verbot verstößt (Verbot der Feiertagsarbeit). Dennoch ist das Rechtsgeschäft nicht nach § 134 BGB nichtig. Es handelt sich nämlich um eine Strafnorm, nicht um ein generelles Verbot; denn die Übertragung von Gartenbauarbeiten auf einen Gärtner ist erlaubt, lediglich die Sonntagsarbeit wird bestraft. Das Rechtsgeschäft ist nicht nichtig.

Fallmodifikation

Anders wäre die Situation, wenn Blum den Gärtnermeister Knoll damit beauftragen würde, den Garten seines Nachbarn mit giftigen Chemikalien zu verseuchen. Die Verbotsnorm ist in diesem Fall absolut, denn dies wird von der Rechtsordnung überhaupt nicht gebilligt, unabhängig davon, ob es werktags oder sonntags geschieht. Die entsprechenden Willenserklärungen und damit der gesamte Vertrag sind nichtig.

Weitere Beispiele

Aus dem BGB: Verbot von Zinseszinsen (§ 248 BGB), Vertrag über künftiges Vermögen (§ 311 b Abs. 2 BGB), Verzicht auf Unterhalt (§ 1614 BGB).

Aus dem StGB: Sachhehlerei (§ 259 StGB), Gewerbsmäßige Hehlerei (§ 260 StGB), Betrug (§ 263 StGB), Zuhälterei (§ 181a StGB).

Aus sonstigen Rechtsgebieten: Waffenhandel nach dem Kriegswaffenkontrollgesetz.

3.2.1.5 Sittenwidrigkeit (§ 138 BGB)

Das BGB hat an verschiedenen Stellen den Tatbestand der Sittenwidrigkeit aufgegriffen und Rechtsfolgen daran geknüpft. Von besonderer Bedeutung ist der § 138 BGB, wonach Rechtsgeschäfte nichtig sind, wenn sie gegen die guten Sitten verstoßen. Ähnlich wie bei der Nichtigkeit wegen des Verstoßes gegen ein gesetzliches Verbot (§ 134 BGB) wird durch diese Vorschrift die Vertragsfreiheit eingeschränkt. Niemand soll sich Vorteile dadurch verschaffen können, dass er Rechtsgeschäfte abschließt, die in den Augen der überwiegenden Mehrheit als unsittlich gelten.

Obwohl § 138 BGB eine Generalnorm enthält (Verstoß gegen die guten Sitten, § 138 Abs. 1 BGB), wurde ein Tatbestand besonders herausgestellt, nämlich der Wucher (§ 138 Abs. 2 BGB).

Sittenwidrigkeit nach § 138 BGB	
generelle Tatbestände § 138 Abs. 1	**spezieller Tatbestand § 138 Abs. 2**

• Ausnutzen einer Abhängigkeitsbeziehung aufgrund
  – intellektueller oder
  – wirtschaftlicher Überlegenheit
   (z.B. Knebelung);
• Verstoß gegen die Interessen der Allgemeinheit oder Dritter (sog. gemeinschaftswidrige Abmachungen);
• Rechtsgeschäfte, in denen jemand zum Treubruch veranlasst wird (z.B. gegen Arbeitgeber oder gegen andere Vertragspartner).
	• Wucher
	  – Leistung und Gegenleistung stehen in einem auffälligen Missverhältnis;
	  – Entweder Unerfahrenheit oder Notlage oder Leichtsinn seitens des Benachteiligten muss gegeben sein;
	  – diese subjektiven Verhältnisse muss der andere Partner bewusst ausnützen.

Beispiele

Für **Generalnorm:**

Der Fußballtorwart des FC Hack erhält vom Manager des gegnerischen Vereins SV Trüb 5 000,00 € dafür, dass er den Sieg des SV Trüb ermöglicht.

Für **Spezialnorm** (Wucher):

Vermieter Vies verlangt vom gerade aus Taschkent neu zugezogenen und sprachlich ungeübten Arthur Zündel eine Wohnraummiete, die 30 % über der Vergleichsmiete liegt.

(Hinweis: Neben Mietwucher sind noch Preiswucher und Zinswucher zu erwähnen.)

■ Übungsaufgaben:

1. Was versteht man unter Nichtigkeit?

2. Nennen Sie im BGB enthaltene Nichtigkeitsgründe.

3. Wodurch unterscheidet sich ein Scheingeschäft (§ 117 BGB) vom geheimen Vorbehalt (§ 116 BGB)?

4. Grenzen Sie Scheingeschäft und Scherzerklärung voneinander ab.

5. Welche Konsequenzen können sich aus einer Scherzerklärung ergeben?

6. Welche Funktionen haben die gesetzlichen Formvorschriften?

7. Nennen Sie die Arten von Formvorschriften und erläutern Sie diese.

8. Nennen Sie die Besonderheiten der Formnichtigkeit und nennen Sie die Voraussetzungen dafür, dass ein Rechtsgeschäft trotz bestehenden Formmangels nicht nichtig ist.

9. Wann sind Rechtsgeschäfte, die gegen ein gesetzliches Verbot verstoßen, nicht nichtig?

10. Wann verstößt ein Rechtsgeschäft gegen die guten Sitten?

11. Nennen Sie generelle Tatbestände der Sittenwidrigkeit.

12. Welche Voraussetzungen müssen vorliegen, um den Wuchertatbestand zu erfüllen?

Prüfen Sie, ob bei den folgenden Rechtsgeschäften ein Verstoß gegen die guten Sitten gegeben ist.

1. Sude besitzt eine Brauerei. Als Kneip, einem Gastwirt, die Inneneinrichtung seiner Gaststätte durch Brand zerstört wurde, bietet ihm Sude folgende Hilfe an:

   Kneip erhält ein Darlehen über 50 000,00 € zur Renovierung und Neueinrichtung seines Lokals. Das Darlehen ist zinslos, dafür soll sich Kneip verpflichten, 50 Jahre lang ausschließlich das Bier Sudes in seinem Gasthaus zu vertreiben.

2. Die Versandhändlerin Fuchs bezieht von Hase, Inhaber einer kleinen Fabrik, zunächst wenige Elektrogeräte. Diese Produkte erweisen sich als wirkliche Verkaufsschlager, sodass Fuchs größere Mengen bei Hase bestellt, der daraufhin sein eigenes Vertriebssystem aufgibt und ausschließlich an Fuchs liefert. Die Geschäfte werden einige Jahre zur vollen Zufriedenheit beider Parteien abgewickelt. Eines Tages jedoch informiert Fuchs den Hase darüber, dass sie in Ostasien einen Lieferanten ausfindig machen konnte, der bereit sei, das von Hase hergestellte Produkt um die Hälfte billiger zu liefern, sodass sie sich gezwungen sehe, den Lieferungsvertrag zu lösen, falls Hase ihr keine entsprechenden Preiszugeständnisse mache.

3. Dick ist Angestellter in der Unternehmung von Gerda mit einem Bruttogehalt von monatlich 2 200,00 €. Eines Tages überrascht ihn Gerda mit der Nachricht, dass sie ihn entlassen müsse, es sei denn, Dick wäre bereit, sich am Unternehmensverlust zu beteiligen.

4. Bankier Bull lässt sich von seinem Kunden Henry dessen sämtliche Forderungen abtreten. Dadurch gerät Henry in Zahlungsschwierigkeiten den übrigen Gläubigern gegenüber.

5. Bankier Monk kennt die ungünstigen wirtschaftlichen Verhältnisse seines Kunden Vogel sehr genau. Dadurch weiß er, dass Vogel in absehbarer Zeit einen Insolvenzantrag stellen muss. Um seine Position gegenüber den übrigen Gläubigern Vogels zu verbessern, lässt er auf den Grundstücken Vogels Hypotheken zu seinen Gunsten eintragen.

6. Speck, Lieferantin von Büromöbeln, veranlasst Maul, den Einkäufer der Unternehmung von Ross, dazu, bei ihr die Büromöbel zu kaufen und die Angebote ihrer Konkurrenten zu ignorieren. Speck zahlt Maul für diesen „Dienst" 600,00 €.

7. Junggeselle Froh besitzt ein stattliches Vermögen. In seinem Testament verfügt er, dass seine Nichte Kitty Alleinerbin sein solle, wenn sie Eric, den Sohn seiner langjährigen Freundin, heiratet.

Prüfen Sie, ob in den nachfolgenden Fällen Merkmale des Wuchertatbestandes erfüllt sind.

1. Beil ist voll geschäftsfähig. Er kommt von der Arbeit und verspürt einen riesigen Durst. Deshalb betritt er das Gasthaus des Brand, der auch bereit ist, ihm ein Bier auszuschenken. Allerdings verlangt Brand dafür 8,00 €. Ein Bier dieser Qualität und Quantität wird normalerweise für 2,30 € verkauft.

2. Dahn ist voll geschäftsfähig. Er bestellt bei Daume für seine kranke, bettlägerige Frau ein Fernsehgerät. Daume wird gleichzeitig beauftragt, das Gerät so aufzustellen, dass die Ehefrau Dahns mühelos fernsehen kann. Für das Gerät verlangt Daume den normalen Preis. Für die zusätzliche Installation aber berechnet er Dahn 1 300,00 €. Daume hat hierfür 4 Arbeitsstunden und einen Materialaufwand von 200,00 € benötigt.

3. Vita verkauft an einem Baggersee Speiseeis. Sie hat zwei Sorten Eis. Den einen Becher verkauft sie für 6,00 € und den anderen für 9,00 €. Dieses Eis wird normalerweise für 2,00 € bzw. für 3,00 € verkauft.

4. Der unerfahrene Sepp gibt sich betont weltmännisch. Er betritt die Bar Pedros, um sich zu amüsieren. Pedro ist bei Kennern der Szene dafür bekannt, dass er seinen Gästen wenig zu bieten hat, aber dafür hohe Preise berechnet. Vor allem sind die Preise in 10-€-Einheiten auf der Getränkekarte ausgewiesen, d.h., wenn bei einem Getränk 8,50 € ausgewiesen ist, dass der Gast 85,00 € zu zahlen hat. Diese Art der Preisangabe hat Pedro – kleingedruckt – auf der Karte vermerkt. Sepp schaut nur kurz auf die Karte und bestellt ein Getränk für 18,70 € (laut Karte). Er ist nicht wenig erstaunt, als Pedro von ihm 187,00 € verlangt.

5. Der steinreiche Hamm hat sich bei einer Skiwanderung verlaufen. Völlig erschöpft und ausgehungert erreicht er das Gasthaus der Gundi. Diese sieht den erbärmlichen Zustand ihres Gastes und schließt zu Recht, dass Hamm aufgrund seines derzeitigen Zustandes nicht mehr in der Lage ist, die nächste Herberge (etwa 10 km entfernt) zu erreichen. Gundi ist bereit, Hamm zu bewirten und zu beherbergen. Sie berechnet aber Hamm das 5fache des ansonsten üblichen Preises.

6. Ranks Sohn erleidet einen schweren Sturz in einem Einödgebiet. Rank läuft zum nächsten Gehöft, das Rohde gehört, um einen Krankenwagen herbeizurufen. Rank sagt dem Rohde nur, dass er telefonieren müsse. Rohde freut sich über die unverhoffte Einnahmequelle und verlangt von Rank 20,00 € für das Telefonat. Rank hat für das Gespräch fünf Telefoneinheiten benötigt.

3.2.2 Die Anfechtung

Es wurde bereits gezeigt, dass eine Willenserklärung wirksam geworden ist, wenn sie dem Empfänger zugegangen ist, es sei denn, dass spätestens gleichzeitig ein Widerruf dieser Erklärung beim Empfänger eintrifft (§ 130 Abs. 1 BGB). Nimmt bei einem Vertrag der Empfänger den Antrag rechtzeitig an, ist ein Vertrag rechtswirksam zustandegekommen. Für Verträge gilt aber nun einmal der alte Grundsatz, dass sie von beiden Seiten eingehalten werden müssen (pacta servanda sunt).

Das BGB kennt aber nun die Möglichkeit, ein bereits zustandegekommenes Rechtsgeschäft, also z.B. einen Vertrag, rückwirkend zu zerstören. Dieses Instrument, das unter bestimmten Voraussetzungen einem der Vertragspartner (oder bei einem einseitigen Rechtsgeschäft dem Erklärenden) zusteht, nennt man Anfechtung.

> Die Anfechtung zerstört ein Rechtsgeschäft rückwirkend (§ 142 BGB), d.h., obwohl das Rechtsgeschäft zunächst rechtswirksam geworden ist, wird es durch die Anfechtung rückwirkend vernichtet.

Ehe die Anfechtungsgründe näher erläutert werden, soll zunächst der Unterschied zwischen Anfechtbarkeit und Nichtigkeit eines Rechtsgeschäftes deutlich gemacht werden.

Merkmale der Nichtigkeit:

– Ein Rechtsgeschäft kommt überhaupt nicht zustande. Das aufgrund nichtiger Rechtsgeschäfte bestehende Rechtsverhältnis ist grundsätzlich juristisch bedeutungslos.
– Die Nichtigkeit tritt unabhängig von einer Nichtigkeitserklärung ein.

Merkmale der Anfechtbarkeit:

– Ein Rechtsgeschäft ist zunächst rechtswirksam zustandegekommen; die einzelnen Verpflichtungen müssten also, wenn es nicht zu einer Anfechtung kommt, entsprechend erfüllt werden.
– Durch die Anfechtungserklärung (formloses Gestaltungsrecht des Anfechtungsberechtigten; § 143 BGB) wird das Rechtsgeschäft rückwirkend zerstört. Die Zeit, in der das Rechtsgeschäft zunächst wirksam war, also die Zeit vor der Anfechtung, wird so behandelt, als hätte kein Rechtsgeschäft bestanden.

Zum Zwecke der Rechtssicherheit ist es jedoch unerlässlich, dass ein wichtiger Grund vorliegen muss, damit man von seinen freiwillig übernommenen Verpflichtungen durch Anfechtung loskommen kann.

Anfechtungsgründe:

Der Gesetzgeber sieht für die meisten Rechtsgeschäfte die Anfechtbarkeit vor, wenn die Tatbestände

– Irrtum (§§ 119, 120 BGB),
– arglistige Täuschung oder
– widerrechtliche Drohung (§ 123 BGB)

gegeben sind.

3.2.2.1 Irrtum

Irrtum ist ebenso wie der geheime Vorbehalt oder das Scheingeschäft ein Willensmangel, allerdings mit dem Unterschied, dass die Nichtübereinstimmung zwischen innerem und äußerem Tatbestand beim Irrtum unbewusst ist. Das BGB nennt in den §§ 119, 120 BGB folgende Irrtumsfälle:

– Inhaltsirrtum,
– Erklärungsirrtum,
– Eigenschaftsirrtum,
– Übermittlungsirrtum.

a) Inhaltsirrtum

Der Erklärende befand sich über den Inhalt der Willenserklärung im Irrtum. Z.B. liest jemand auf der Getränkekarte „kalte Ente" und meint, es würde sich hierbei um kalten Entenbraten handeln (in Wirklichkeit handelt es sich dabei aber um ein Getränk), dann ist er einem Inhaltsirrtum unterlegen, ebenso wie derjenige, der in seinen Anzeigen Autos zu verleihen vorgibt, diese jedoch vermieten möchte.

Konkurrenz zwischen Anfechtung wegen Inhaltsirrtum und Auslegung:

Für die praktische Falllösung ist wichtig: Die Auslegung hat Vorrang vor der Anfechtung. Kann der Empfänger einer Willenserklärung aus den äußeren Umständen erkennen, dass sich der Erklärende geirrt hat, dann braucht diese Willenserklärung nicht angefochten zu werden. Die Übereinstimmung zwischen innerem und äußerem Willen kann dann über die Auslegung erfolgen. Achten Sie im folgenden Beispiel vor allem auf die Vorgehensweise bei der Lösung.

Beispiele

Rost möchte sich einen neuen Wagen zulegen. Er geht zum Autohändler Roser, um sich einige Modelle anzusehen. Rost ist begeistert vom „Gamma GTI". Roser erklärt Rost, während beide an dem Vorführwagen stehen, die besonderen Vorzüge dieses Wagens. Rost sagt Roser, dass dieser Wagen ihm am besten gefallen würde. Dem ebenfalls ausgestellten „Goli GTI" schenkt Rost keinerlei Beachtung. Nach der Besichtigung vereinbaren beide eine Bedenkzeit von drei Tagen, weil Rost den Kauf noch mit seiner Frau Elvira bereden möchte. Elvira ist Rosts Meinung, sodass er am folgenden Tag an Roser folgenden Brief schreibt: „Hiermit bestelle ich den Wagen ‚Goli GTI', den ich gestern bei Ihnen angesehen habe."

Handelt es sich hierbei um eine auslegungsbedürftige oder anfechtbare Willenserklärung Rosts?

Der innere Wille Rosts ist es doch, den „Gamma GTI" zu erwerben. Rost wollte keinen anderen Wagen; dies war sein objektiver Geschäftswille. Roser gegenüber hat er aber in seinem Brief erklärt, den „Goli GTI" zu kaufen. Innerer und äußerer Tatbestand weichen voneinander ab. Rost hat eindeutig einen Inhaltsirrtum begangen, indem er die beiden Wagentypen verwechselt hat.

Den Erklärungswert dieser Bestellung kann Roser nicht dadurch ermitteln, dass er sich buchstabengetreu an das Schreiben Rosts hält. Aus den gesamten, erkennbaren äußeren Umständen (Besichtigung des „Gamma GTI", Aussagen während der Besichtigung, Nichtbeachtung des „Goli GTI", Hinweis im Schreiben auf die Besichtigung) muss Roser klar sein, dass Rost den „Gamma GTI" in seiner Bestellung gemeint haben muss.

Damit ist die Willenserklärung Rosts auslegungsbedürftig. Roser braucht also nicht anzufechten, wenn er seinen Irrtum bemerken sollte.

Anders wäre die Sachlage, wenn Rost den Wagen „Goli GTI" schriftlich bestellt hätte, ohne vorher das Gespräch mit Roser zu führen und die Besichtigung des „Gamma GTI" vorzunehmen.

Wiederum wäre zunächst der konkrete Geschäftswillen Rosts zu erforschen. Er will den „Gamma GTI" kaufen. Erklärt hat er aber, den „Goli GTI" kaufen zu wollen. Der objektive Erklärungswert dieser Willensäußerung ergibt sich für Roser nun ausschließlich aus dem Schreiben Rosts, d.h., er hat keine Anhaltspunkte dafür, dass sich Rost im Inhaltsirrtum befand. Rost bliebe nur noch die Möglichkeit der Anfechtung, denn die bloße Auslegung führt nicht zu einer Beseitigung der Nichtübereinstimmung zwischen innerem und äußerem Willen.

b) Erklärungsirrtum

Erklärungsirrtum liegt vor, wenn der Erklärende etwas anderes ausdrückt, als er wirklich meint. Anders als beim Inhaltsirrtum, bei dem der Erklärende den genauen Inhalt seiner Äußerung nicht kennt, beruht diese unbewusste Abweichung zwischen objektivem Geschäftswillen und erklärtem Willen auf Tippfehlern, Versprechen usw. Beim Erklärungsirrtum weiß also der Erklärende um die Bedeutung seiner Äußerung. Die Unterscheidung zwischen Inhalts- und Erklärungsirrtum ist im praktischen Rechtsleben nicht immer eindeutig. Bezeichnet z.B. jemand einen Dalmatiner mit dem Begriff „deutscher Schäferhund", kann ein Erklärungs- oder ein Inhaltsirrtum die Ursache für diese Fehlleistung sein.

Beim Erklärungsirrtum ist dem Erklärenden der Unterschied zwischen einem Dalmatiner und einem deutschen Schäferhund sehr wohl bekannt; er hat sich eben versprochen. Beim Inhaltsirrtum dagegen kennt er die fraglichen Hunderassen nicht, und er nimmt an, dass es sich bei einem Dalmatiner um einen deutschen Schäferhund handeln würde.

Für die Rechtspraxis ist die Unterscheidung zwischen Inhalts- und Erklärungsirrtum deshalb weniger problematisch, als das BGB an beide Fälle dieselbe Rechtsfolge geknüpft hat: Die Willenserklärung ist vom Erklärenden anfechtbar.

c) Eigenschaftsirrtum – Motivirrtum

Im Allgemeinen geht das Gesetz nicht auf die Motive ein, die ein Rechtssubjekt bewogen haben, eine Willenserklärung abzugeben. Kauft z.B. jemand Aktien in der Erwartung, dass diese hinterher im Kurs steigen würden und trifft die Erwartung nicht ein, kann er nicht mit der Irrtumsbegründung den Vertrag anfechten.

Grundsätzlich gilt: Ein Irrtum im Motiv stellt keinen zur Anfechtung einer Willenserklärung berechtigten Tatbestand dar.

Bauunternehmer Luft unterbreitet Knosp ein Festangebot zur Erstellung eines Einfamilienhauses über 400 000 €. Bei der Kalkulation ging Luft davon aus, dass ihm der Baustoffgroßhändler Wurm die Baustoffe zum bisherigen Preis liefern könne und dass er von Wurm den bisher üblichen Rabattsatz von 20 % bekommen würde. Außerdem hat er dem Angebot die derzeitigen Tariflöhne zu Grunde gelegt. Knosp nimmt das Angebot Lufts rechtzeitig an.

Doch als Luft mit den Bauarbeiten beginnt und bei Wurm die Baustoffe bestellt, muss er erfahren, dass sich die Preise drastisch erhöht haben und dass Wurm nicht mehr bereit ist, den Rabatt von 20% zu gewähren. Außerdem sind die Tariflöhne um 10% gestiegen. Kann Luft seine Willenserklärung anfechten?

Die Motive, die Luft veranlasst haben, die Willenserklärung abzugeben, sind juristisch völlig bedeutungslos. Die Tatsache, dass sich durch bestimmte, von ihm nicht berücksichtigte Ereignisse seine Kalkulationsbasis verändert hat, ist ausschließlich sein Risiko, d.h., er kann seine Willenserklärung wegen der genannten Gründe nicht anfechten. Er muss den Vertrag erfüllen.

Das Ergebnis befriedigt insofern, als es der Rechtssicherheit dient. Man stelle sich die Flut von Anfechtungserklärungen vor, die allein auf dem Tatbestand des **Motivirrtums** basieren und die einseitig zu Lasten des jeweiligen Vertragspartners gehen würden. Dieser wiederum ist doch nicht dafür verantwortlich, dass sich die (geheimen) Wünsche seines Partners durch das Rechtsgeschäft nicht erfüllt haben.

Allerdings gibt es eine wichtige Ausnahme von dieser Regelung, und dies ist der **Eigenschaftsirrtum (§ 119 Abs. 2 BGB)**. Hat nämlich der Erklärende über eine Person oder über eine Sache bestimmte Vorstellungen hinsichtlich deren Eigenschaften, dann liefert die Abweichung zwischen den erwarteten und den tatsächlichen Eigenschaften einen Anfechtungsgrund. Dieser Eigenschaftsirrtum soll am nachfolgenden Beispiel verdeutlicht werden.

Blos ist Bankier und sucht für seinen Bankbetrieb einen Kassierer. Frust meldet sich auf das Stellenangebot Blos' und wird entgegen den Erwartungen seiner Bekannten auch eingestellt. Frust ist nämlich aufgrund seines bisherigen Lebenswandels nicht das „Musterexemplar" eines Bankkassierers: Er ist leidenschaftlicher Spieler und hat sich bei seinen bisherigen Arbeitgebern Unterschlagungen zuschulden kommen lassen. Außerdem ist er in seinem Freundeskreis dafür bekannt, dass er betriebsinterne Informationen bedenkenlos ausplaudert. Noch bevor Frust seine Stelle bei Blos antreten kann, erfährt dieser von Frusts bisherigem Verhalten. Blos ficht daraufhin den Vertrag an. Liefert der Eigenschaftsirrtum Blos' einen Anfechtungsgrund?

An den Irrtum über die Eigenschaften einer Person (oder einer Sache), soweit sie nach objektiver Betrachtung („im Verkehr") als wesentlich anzusehen sind, wird dieselbe Rechtsfolge geknüpft wie an den Inhalts- oder Erklärungsirrtum, nämlich Anfechtbarkeit. Es ist für den vorliegenden Fall jetzt nur noch zu klären, ob Blos sich über Eigenschaften Frusts geirrt hat, die objektiv und unter Berücksichtigung der gegebenen Umstände als wesentlich anzusehen sind. In diesem Zusammenhang ist auf die besondere Bedeutung einer Bank ebenso wie auf die des Kassierers einzugehen. Banken verwalten u.a. Gelder ihrer Kundschaft. Voraussetzung dafür, dass Personen einen Teil ihres Vermögens einer Bank anvertrauen, ist die absolute Zuverlässigkeit des Instituts. Eine Bank aber, in der Unterschlagungen in der Öffentlichkeit bekannt werden, verliert auch dann an Vertrauen, wenn Kunden dadurch keinerlei Schaden entsteht. Außerdem verlassen sich die Bankkunden auch auf das Bankgeheimnis. Wenn also Frust mit den bankinternen Informationen (z.B. Kredithöhe, Einlagenhöhe von Kunden) in eine mehr oder weniger große Öffentlichkeit geht, ist die Vertrauenswürdigkeit des betreffenden Bankhauses untergraben. Die Eigenschaften, bezüglich derer sich Blos geirrt hat, sind also objektiv gesehen wesentlich. Die Rechtsfolge ergibt sich dann aus § 119 Abs. 2 BGB iVm § 119 Abs. 1 BGB: Blos kann die Willenserklärung und damit den Dienstvertrag mit Frust anfechten.

d) Übermittlungsirrtum

Hier liegt keine Abweichung zwischen dem objektiven Geschäftswillen und dem erklärten Willen vor. Die Abweichung zwischen der Erklärung, die dem Empfänger zugeht, und derjenigen, die der Erklärende abgegeben hat, wird auf dem Übermittlungsweg verursacht. Solche Abweichungsursachen können sein:

- Ein Bote wird vom Erklärenden beauftragt, dem Empfänger seine Willenserklärung mündlich zu überbringen, wobei der Bote die Willenserklärung nicht so ausrichtet wie sie ihm vom Erklärenden aufgetragen war.
- Beim Telefongespräch zwischen dem Erklärenden und dem Empfänger treten Leitungsschwierigkeiten auf, sodass der Empfänger etwas anderes versteht, als der Erklärende ausgesprochen hat.

§ 120 BGB hat den Übermittlungsirrtum zum Anfechtungsgrund erklärt, d.h., der Erklärende kann die Willenserklärung durch die Anfechtung rückwirkend zerstören, ebenso wie beim Inhalts-, Erklärungs- und Eigenschaftsirrtum.

e) Anfechtungsfrist

Durch die Anfechtung werden rechtswirksame Abmachungen rückwirkend zunichte gemacht. Beim Anfechtungsgrund Irrtum hat der Empfänger der Willenserklärung die Anfechtungsursache nicht zu vertreten, da diese eindeutig im Bereich des Erklärenden liegt. Der Empfänger hat doch zunächst auf die Gültigkeit vertraut und eventuell schon mit der Abwicklung seiner Leistungsverpflichtungen begonnen. Es käme doch einer Bestrafung gleich, wenn der Erklärende

- weder eine Frist für seine Anfechtungserklärung zu beachten, noch
- den Aufwand zu ersetzen hätte, den der Partner dadurch gehabt hat, dass er auf die Gültigkeit der Willenserklärung vertraut hat.

Um diese unzumutbaren Nachteile für den Empfänger einer wegen Irrtums des Erklärenden anfechtbaren Willenserklärung zu beseitigen, hat das BGB sowohl

- eine Anfechtungsfrist (§ 121 BGB) als auch
- einen Schadensersatzanspruch des Empfängers (§ 122 BGB)

vorgesehen.

Nach § 121 BGB muss der Erklärende die Anfechtung wegen Irrtums unverzüglich, d.h. ohne schuldhaftes Zögern, erklären, nachdem er den Irrtum entdeckt hat. Liegen aber zwischen der Entdeckung des Irrtums und der Abgabe der Willenserklärung mehr als zehn Jahre, dann ist die Anfechtung ausgeschlossen (§ 121 Abs. 2 BGB).

Der § 121 Abs.1 BGB hat über den Tatbestand der Anfechtungsfrist hinausreichende Bedeutung. In einigen Vorschriften gebraucht der Gesetzgeber das Wort „unverzüglich". An dieser Stelle hat der Gesetzgeber festgelegt, was er mit der Zeitbestimmung „unverzüglich" meint (Legaldefinition):

Er versteht darunter, dass derjenige, der eine Handlung unverzüglich vorzunehmen hat, nicht schuldhaft zögern darf, d.h., ist eine Verzögerung gegeben, dann ist dies noch kein Verstoß gegen eine unverzügliche Abwicklung; erst wenn die Verzögerung schuldhaft, also durch Vorsatz oder Fahrlässigkeit, verursacht wurde, ist die Abwicklung der Handlung nicht mehr unverzüglich.

3.2.2.2 Widerrechtliche Drohung

Jede Willenserklärung soll auf einer freien Willensentscheidung beruhen, d.h. ohne jeden psychischen Druck oder Zwang seitens eines Dritten, auch nicht von demjenigen, dem gegenüber die Willenserklärung abzugeben ist. Die Realisierung dieses Grundsatzes verlangt nun aber, dass derjenige, der eine Willenserklärung nur wegen des psychischen Zwangs abgegeben hat, die Möglichkeit haben muss, seinen wirklichen und freiwilligen Willensentschluss durchzusetzen, sobald der äußere Druck beseitigt ist. Genau dies ist mit dem § 123 BGB geschehen: Kommt ein Rechtsgeschäft nur dadurch zustande, dass der Erklärende durch widerrechtliche Drohung zur Abgabe einer Willenserklärung veranlasst wurde, kann der Bedrohte dieses Rechtsgeschäft anfechten, d.h., es rückwirkend vernichten. Um den Tatbestand der widerrechtlichen Drohung zu erfüllen, sind drei Tatbestandsmerkmale erforderlich:

– Der Erklärende muss durch eine Drohung zum Abschluss des Rechtsgeschäfts veranlasst worden sein.
– Der Täter muss die Drohung bewusst eingesetzt haben, um sein Ziel zu erreichen. Das Ziel besteht in der Willensbeeinflussung des Bedrohten.
– Die Drohung muss widerrechtlich sein.

Erstes Tatbestandsmerkmal:

Eine Drohung ist dann gegeben, wenn dem Bedrohten gegenüber psychischer Druck oder Zwang ausgeübt wird. Ziel einer Drohung ist es, Angst- und Schreckensgefühle zu erzeugen. Die Drohung kann strafrechtlich verschiedenen Delikten zugeordnet werden: Nötigung, Erpressung, Bedrohung mit einem Verbrechen usw. Die Drohung in diesem Sinne ist von der bloßen Warnung zu unterscheiden, obwohl es bei der letzteren ebenfalls zur Ankündigung eines Übels kommen kann.

Zweites Tatbestandsmerkmal:

Die Drohung als solche ist zwar notwendig, aber nicht hinreichend, um den im § 123 BGB genannten Tatbestand zu erfüllen. Der Täter muss bewusst die Drohung eingesetzt haben mit dem Ziel, den Willen des Bedrohten zu beeinflussen. Zumindest soll der Bedrohte eine Willenserklärung im Sinne des Bedrohten abgeben, auch wenn sein objektiver Geschäftswille davon abweicht. Eine Drohung, der die Absicht der Willensbeeinflussung fehlt, fällt nicht unter den Tatbestand des § 123 BGB.

Drittes Tatbestandsmerkmal:

Die Einengung des Entscheidungsfreiraumes muss widerrechtlich sein. Widerrechtlich ist eine Handlung dann, wenn der Handelnde keinen rechtlichen Grund für sein Tun hat. Hier ist zu beachten, dass die Willensbeeinflussung widerrechtlich sein muss und nicht die Drohung. Ist nämlich die Drohung selbst widerrechtlich, wird also ein strafrechtlicher Tatbestand erfüllt (z.B. Erpressung), dann wäre das Rechtsgeschäft nichtig nach § 134 BGB.

Die Widerrechtlichkeit liegt dann vor, wenn

– der Drohende kein Recht hat, eine bestimmte Willenserklärung zu verlangen oder
– er zwar ein Recht auf eine bestimmte Willenserklärung hat, aber die Abgabe durch unerlaubte Mittel zu erzwingen sucht.

3.2.2.3 Arglistige Täuschung

Die Willenserklärung des Getäuschten beruht in diesem Fall darauf, dass ihm arglistig

– falsche Tatsachen vorgespiegelt oder
– wahre Tatsachen verschwiegen wurden.

Falsche Tatsachen vorspiegeln bedeutet z.B., dass jemand einem Gegenstand Eigenschaften zuordnet, die dieser nicht hat. Während beim Unterdrücken wahrer Tatbestände es z.B. jemand verschweigt, dass ein Gegenstand einen bestimmten Mangel hat.

Die Täuschungshandlung muss nach § 123 BGB arglistig sein. Der Täuschende muss sich demnach bewusst sein, dass der Getäuschte ohne die Täuschung die Willenserklärung nicht in der Weise abgegeben hätte. Bei einer entsprechenden Falllösung ist stets zu überprüfen:

– Liegt eine Täuschungshandlung vor (Vorspiegelung falscher oder Unterdrückung wahrer Tatsachen)?
– War die Täuschungshandlung ursächlich für die Abgabe der Willenserklärung?
– Ging der Täuschende davon aus, dass ohne seine Täuschungshandlung die betreffende Willenserklärung nicht abgegeben worden wäre?

Werden alle drei Fragen bejaht, liegt arglistige Täuschung vor, und der Getäuschte hat nach § 123 BGB ein Anfechtungsrecht.

Beispiel

Jung möchte bei Alt, einem Gebrauchtwagenhändler, ein Auto kaufen. Zu Beginn ihrer Unterredung erwähnt Jung, dass er vor allem Wert darauf lege, einen unfallfreien Wagen zu erhalten. Auf dem Hof bleiben dann beide vor einem „Goli GTI" stehen. Jung ist begeistert, wozu Alt noch beiträgt, indem er meint, dass dieser Wagen Jungs Anforderungen voll entsprechen würde. Jung kauft daraufhin den Wagen. Nach einiger Zeit erfährt er, dass Alt diesen Wagen schwer unfallbeschädigt erworben und ihn selbst repariert habe. Kann Jung wegen arglistiger Täuschung das Rechtsgeschäft anfechten?

Lösung

Die Frage, ob eine Täuschungshandlung vorliegt, kann bejaht werden. Alt hat nämlich gewusst, dass Jung einen unfallfreien Wagen sucht und dass der „Goli GTI" einen erheblichen Unfallschaden hatte.

Durch seine Äußerung, dass dieser Wagen den Anforderungen Jungs gerecht werde, hat er bei Jung den Eindruck erweckt, der „Goli GTI" sei unfallfrei. Er hat – wenn auch nicht direkt – eine nicht vorhandene Eigenschaft als tatsächlich gegeben vorgespiegelt. Jedenfalls hat er einen Mangel verschwiegen, er hat also eine wahre Tatsache unterdrückt.

Da Alt nicht verpflichtet ist, sämtliche Kenntnisse, die er über den „Goli GTI" hat, dem Jung mitzuteilen, ist zu prüfen, ob Alt seine Aufklärungspflicht verletzt hat. Diese Informationspflicht ist nicht unbeschränkt, so braucht er Jung nicht zu sagen, zu welchen Bedingungen er den Wagen gekauft hat. Auch braucht er ihn nicht darüber zu informieren, dass sein Konkurrent einen vergleichbaren „Goli GTI" billiger anbietet. Wesentliche Eigenschaften aber sind nach Treu und Glauben dem Partner aufzuzeigen. Hierzu gehört bei einem Gebrauchtwagen die Tatsache, dass es sich um einen Unfallwagen handelt, zumal Jung selbst diesem Umstand große Bedeutung beigemessen hat.

Die zweite Frage, ob die Täuschungshandlung ursächlich war für die Willenserklärung Jungs, den Wagen zu kaufen, muss ebenfalls bejaht werden. Da Jung die Unfallfreiheit als ein äußerst wichtiges Entscheidungsmerkmal genannt hat, ist kaum anzunehmen, dass er den Wagen gekauft hätte, wenn ihn Alt aufgeklärt hätte. Selbst wenn man von der Tatsache ausgeht, dass Jung von dem „Goli GTI" begeistert war, ist es mehr als fraglich, ob das Maß der Begeisterung ausgereicht hätte, seinem Auswahlgesichtspunkt untreu zu werden. Um die dritte Frage zu beantworten, muss das Motiv der Täuschungshandlung beim Täuschenden untersucht werden. Hierbei kommt es darauf an nachzuweisen, dass Alt eindeutig mit seiner Handlung bezweckt hat, die Kauferklärung Jungs zu erhalten. Dem Fall kann man einige Fakten entnehmen, die eine Bejahung der Frage stützen. Alt kannte den wichtigsten Auswahlgesichtspunkt Jungs. Er wusste also, dass er nicht mit einem Kaufvertrag rechnen könne, wenn dieser um den Unfallschaden wüsste. Während des Verkaufsgesprächs hat er Jung erklärt, der „Goli GTI" entspräche seinen Vorstellungen, also wollte er verkaufen. Beide Fakten zusammengenommen ergeben folgendes Bild:

Er wollte Jung den Wagen verkaufen; dem allerdings stand entgegen, dass der Wagen einen erheblichen Unfall hatte. Also musste er diese wahre Tatsache unterdrücken und Jung die falsche Tatsache der Unfallfreiheit des Wagens vorspiegeln.

Ergebnis: Alt hat Jung arglistig getäuscht. Jung kann das Rechtsgeschäft nach § 123 BGB anfechten.

Prüfen Sie in allen Fällen, die Sie zu bearbeiten haben, ob alle drei Tatbestandsmerkmale im Sachverhalt auch vorliegen. Erst wenn diese Merkmale erfüllt sind, liegt arglistige Täuschung vor, und erst dann kann die Rechtsfolge des § 123 BGB eintreten: Anfechtbarkeit des Rechtsgeschäfts wegen arglistiger Täuschung.

■ Anfechtungsfrist bei widerrechtlicher Drohung und arglistiger Täuschung

Beim Irrtum besagt § 121 BGB, dass der Anfechtungsberechtigte die Anfechtung unverzüglich vorzunehmen hat. Dies wird damit begründet, dass das Motiv für die Anfechtung beim Anfechtungsberechtigten liegt, denn er hat sich schließlich geirrt, und somit verdient der Partner des Rechtsgeschäfts einen gewissen Schutz.

Anders verhält es sich bei den Anfechtungsgründen widerrechtliche Drohung und arglistige Täuschung. In diesen Fällen hat der Anfechtungsgegner einen entsprechenden Schutz nicht verdient, denn schließlich war er es ja, der den Anfechtungsgrund in Form von arglistiger Täuschung oder widerrechtlicher Drohung geliefert hat.

§ 124 BGB gewährt dem Anfechtungsberechtigten eine Anfechtungsfrist von einem Jahr. Die Frist beginnt erst in dem Zeitpunkt zu laufen, in dem

– der Getäuschte die arglistige Täuschung entdeckt

oder

– bei der widerrechtlichen Drohung die Zwangslage des Anfechtungsberechtigten aufhört (§ 124 Abs. 2 BGB).

Die Anfechtung ist ausgeschlossen, wenn seit der Abgabe der Willenserklärung mehr als zehn Jahre verstrichen sind (§ 124 Abs. 3 BGB).

■ Folgen der Anfechtung

Es wurde mehrfach schon auf den § 142 BGB verwiesen, wonach die Anfechtungserklärung ein Rechtsgeschäft rückwirkend zerstört, d.h., die Partner eines angefochtenen Rechtsgeschäfts werden durch die Anfechtung so gestellt, als ob es zwischen ihnen eine Rechtsbeziehung überhaupt nicht gegeben hätte. Daraus resultiert auch, dass die gegenseitigen Verpflichtungen aus dem angefochtenen Rechtsgeschäft weggefallen sind. Wären aber nun keinerlei Ansprüche mehr durchsetzbar, ginge diese Regelung eindeutig zu Lasten des Empfängers der irrtumsbehafteten Willenserklärung, obwohl gerade dieser dem Irrtum nicht unterlegen ist.

§ 122 BGB sorgt für einen Ausgleich, indem dem Anfechtungsgegner ein Schadensersatzanspruch zugestanden wird. Maßgebend für die Höhe dieses Anspruchs ist der Ausgleich jenes Schadens, den der Empfänger (oder ein Dritter) dadurch erlitten hat, dass er auf die Gültigkeit der Erklärung vertraut hat (sog. negatives Interesse), höchstens jedoch das Erfüllungsinteresse (sog. positives Interesse).

Die Unterscheidung zwischen negativem Interesse (Vertrauensschaden) und dem positiven Interesse (Erfüllungsinteresse) besteht darin:

– beim Ausgleich des negativen Interesses soll der Partner bezüglich seiner Vermögensverhältnisse so gestellt sein, wie er vor dem betreffenden Rechtsgeschäft gestellt war;

– beim Ausgleich des positiven Interesses soll der Schadensersatzberechtigte vermögensmäßig so gestellt werden, wie er gestanden hätte, wenn das Rechtsgeschäft ordnungsgemäß abgewickelt worden wäre.

Möbelfabrikant Baum bietet Möbelhändler Stuhl schriftlich eine Ledergarnitur für 2 300,00 € (Mitnahmepreis) an. Stuhl erscheint das Angebot äußerst günstig, sodass er rechtzeitig fünf dieser Ledergarnituren bestellt. Da sein Lager aber bereits voll ist und er erst nach etwa einem Monat Raum in seinem Lager haben wird, schließt er mit dem Verwahrer Wach einen entgeltlichen Verwahrungsvertrag ab. Außerdem beauftragt er den Frachtführer Blitz mit dem Transport der bestellten Möbel. Nachdem die Ledergarnituren von Blitz bei Baum abgeholt und bei Wach schon eingelagert worden sind, bemerkt Baum, dass er sich bei der Abgabe der Willenserklärung vertippt hatte: Statt 2 300,00 € hätte es 3 200,00 € lauten müssen. Baum ficht den Vertrag unverzüglich an. Stuhl aber sind folgende Kosten entstanden:

– für Fracht 300,00 € und

– für die Verwahrung 100,00 €.

Außerdem hätte er die Möbel für 4 000,00 € je Garnitur verkaufen können, wobei ihm bis zum Verkauf noch etwa 500,00 € Kosten entstanden wären.

Wie hoch ist

a) das negative Interesse,

b) das positive Interesse Stuhls?

c) Welchen Betrag kann Stuhl von Baum als Schadensersatz fordern?

Lösung

a) Wäre dieses Rechtsgeschäft nicht zustande gekommen, hätte Stuhl weder die Frachtkosten (300,00 €) noch die Verwahrungskosten (100,00 €) zahlen müssen. Diese Aufwendungen hat Stuhl doch nur deshalb gemacht, weil er auf die Gültigkeit der Willenserklärung Baums vertraut hat. Vor Abschluss des Rechtsgeschäfts hatte er zwar die Möbelstücke nicht (die hat er nach Abwicklung des angefochtenen Rechtsgeschäfts übrigens auch nicht mehr, sodass sich, was die Möbelstücke betrifft, die Vermögenssituationen vor dem Rechtsgeschäft und nachher gleichen). Aber vor dem Rechtsgeschäft hat Stuhl 400,00 € mehr gehabt als nachher. Also ergibt sich bei ihm eine Vermögensminderung von 400,00 € gegenüber dem Zustand vor dem Rechtsgeschäft. Diese Vermögensminderung ist das negative Interesse.

b) Bei der Berechnung des Erfüllungsinteresses geht man von der Annahme aus, dass das Rechtsgeschäft ordnungsgemäß abgewickelt wird, und vergleicht das Vermögen vor dem Rechtsgeschäft mit dem Vermögen, das sich ergeben hätte, wenn das Rechtsgeschäft zustandegekommen wäre. Das positive Interesse entspricht genau diesem Vermögenszuwachs.

Vermögenszuwachs bei Stuhl:

zusätzliche Einnahmen (Umsatz)		5 x 4000 € = 20 000,00 €
zusätzliche Ausgaben:		
Kaufpreis	5 x 2300 € = 11 500,00 €	
Transport	300,00 €	
Lagerung	100,00 €	
sonstige Kosten	500,00 €	12 400,00 €

Einnahmen von 20 000,00 € stehen Ausgaben von 12 400,00 € gegenüber, sodass bei ordnungsmäßiger Abwicklung des Rechtsgeschäfts der Vermögenszuwachs 7 600,00 € betragen hätte. Das positive Interesse Stuhls ist also 7 600,00 €.

c) § 122 BGB sieht als Schadensersatzanspruch das negative Interesse vor, allerdings nur bis zur Höhe des positiven Interesses. Das negative Interesse beläuft sich auf 400,00 €, das positive Interesse aber auf 7 600,00 €. Die Begrenzung des negativen Interesses auf die Höhe des positiven Interesses kommt hier jedoch nicht in Betracht, weil das negative Interesse niedriger ist als das positive Interesse. Demnach kann Stuhl von Baum die Zahlung von 400,00 € verlangen.

Zusammenfassung:

1. Nichtigkeit bedeutet die Unwirksamkeit eines Rechtsgeschäfts von Anfang an. Liegt einer der nachfolgenden Gründe vor, ist ein Rechtsgeschäft nichtig.

   Nichtigkeitsgründe sind u.a.:
   – Scheingeschäft (§ 117 BGB)
   – Scherzerklärung (§ 118 BGB)
   – Formmangel (§ 125 BGB)
   – Verstoß gegen ein gesetzliches Verbot (§ 134 BGB)
   – Sittenwidrigkeit eines Rechtsgeschäfts (§ 138 BGB).

2. Die Anfechtung ist eine einseitige Willenserklärung, die ein Rechtsgeschäft rückwirkend zerstört. Dabei wird die Zeit, in der das Rechtsgeschäft zunächst rechtswirksam war, so behandelt, als hätte kein Rechtsgeschäft bestanden (§ 142 BGB). Das BGB kennt die folgenden Anfechtungsgründe:
   – Irrtum (§§ 119, 120 BGB)
   – arglistige Täuschung und
   – widerrechtliche Drohung (§ 123 BGB).

   Die Anfechtungserklärung ist
   – bei Irrtum unverzüglich nach Entdeckung des Irrtums,
   – bei arglistiger Täuschung und widerrechtlicher Drohung innerhalb eines Jahres nach Entdeckung der arglistigen Täuschung bzw. nach Beendigung der widerrechtlichen Drohung (§ 124 Abs. 2 BGB)
   abzugeben.

Die Anfechtung ist ausgeschlossen, wenn seit Abgabe der Willenserklärung mehr als zehn Jahre verstrichen sind (§ 121 Abs. 2 bzw. § 124 Abs. 3 BGB).

■ **Übungsaufgaben:**

3/11

1. Nennen Sie die Merkmale der Anfechtung nach § 142 BGB.
2. Worin unterscheidet sich Nichtigkeit von der Anfechtbarkeit?
3. Nennen Sie Anfechtungsgründe.
4. Warum ist Irrtum ebenso wie das Scheingeschäft und der geheime Vorbehalt ein Willensmangel?
5. Worauf beruht beim Irrtum die Abweichung zwischen innerem und äußerem Tatbestand der Willenserklärung?
6. Was versteht man unter Übermittlungsirrtum und wodurch (oder durch wen) kann er ausgelöst werden?
7. Nennen Sie die Anfechtungsfristen bei Vorliegen eines Irrtums.
8. Erläutern Sie die Legaldefinition für „unverzüglich".
9. Was könnte den Gesetzgeber veranlasst haben, die Anfechtungsfrist bei Irrtum gemäß § 121 BGB festzulegen?

10. Erläutern Sie die Gesetzesvorschrift des § 122 BGB.

11. Erklären Sie den Unterschied zwischen positivem und negativem Interesse.

12. Nennen und beschreiben Sie die Merkmale der widerrechtlichen Drohung.

13. Nennen und beschreiben Sie die Merkmale der arglistigen Täuschung.

14. Warum ist die Anfechtungsfrist bei widerrechtlicher Drohung und arglistiger Täuschung im BGB anders geregelt als beim Irrtum?

Überprüfen Sie, ob in den folgenden Fällen eine Anfechtung möglich ist. 3/12

1. Wolf kauft sich bei Tiger Aktien zu einem Kurs von 120,00 €/St. Er geht beim Kauf von der Überlegung aus, dass diese Aktien in den nächsten Monaten im Kurs steigen werden. Zwei Monate nach Vertragsabschluss ist der Kurs auf 80,00 €/St. gefallen. Wolf erklärt Tiger, dass er sich beim Kauf geirrt habe.

2. Lamm macht dubiose Geschäfte im internationalen Waffenhandel. Sein Freund Spatz weiß davon und droht ihm mit einer Anzeige, wenn

   a) er nicht damit aufhört;

   b) er nicht den Gebrauchtwagen Spatz' für 10 000,00 € kauft (Verkehrswert des Autos 10 000,00 €);

   c) er ihn nicht an den lukrativen Geschäften teilhaben lässt.

3. Halif hat einen Teppich zu verkaufen, für den sich Lott interessiert. Bei den Vertragsverhandlungen erklärt Lott, den Teppich zu kaufen, wenn Halif ein Gutachten über Herkunft, Echtheit und Qualität des Teppichs beibringen könne. Halif geht zu einem befreundeten Teppichhändler, der ihm auch das gewünschte Gutachten erstellt, obschon es sich bei dem Teppich um eine billige Imitation handelt.

4. Frau Pelz stellt Trunk als Fernfahrer ein. Pelz weiß bei Vertragsabschluss aber noch nicht, das Trunk ein notorischer Trinker ist. Erst Wochen nach Vertragsabschluss erfährt Pelz davon.

5. Ulme stellt Eiche als Buchhalter ein. Die Zeugnisse seines bisherigen Arbeitgebers, die Eiche vorliegt, sind ausgezeichnet. Nach wenigen Wochen stellt Ulme fest, dass er sich mit Eiche einen „Faulpelz" zugelegt hat, der die ihm aufgetragenen Arbeiten zwar sachlich richtig, jedoch äußerst schleppend erledigt.

6. Numi ist Fachmann für alte Münzen. Er hat bei Reich eine beachtliche Münzsammlung entdeckt, die er für sich kaufen möchte. Er bittet Reich, ob er die Münzen begutachten könne. Reich sagt zu, und Numi eröffnet ihm dann wahrheitswidrig, dass es sich um eine fast wertlose Anhäufung von Imitaten handele. Numi bietet Reich daraufhin ein Zehntel des wahren Wertes. Reich geht darauf ein und verkauft die Münzen an Numi.

7. Der Student Hans erscheint am 13. April auf ein entsprechendes Inserat bei der Zimmerwirtin Fanny. Fanny vermietet Hans ein Zimmer ab dem 1. Mai. Als Hans am 1. Mai das Zimmer belegen möchte, erklärt ihm Fanny, dass Folgendes passiert sei: Stumm, ein anderer Student, sei bereits am 5. März bei ihr gewesen und habe das Zimmer gemietet. Sie war jedoch in der irrigen Annahme, Stumm würde ab dem 1. April einziehen. Da er aber bis zum 10. April noch nicht aufgetaucht war, ist sie davon ausgegangen, dass er kein Interesse mehr an dem Zimmer habe, und deshalb hat sie noch einmal inseriert. Erst durch Stumms Anruf am 30. April hat sie ihren Irrtum bemerkt.

8. Der Student Georg hat einem Zeitungsinserat entnommen, dass die Zimmerwirtin Frigga zwar ein Zimmer zu vermieten habe, aber unter keinen Umständen an einen Studenten. Georg geht dennoch zu Frigga und erklärt ihr, dass er freier Mitarbeiter eines Zeitungsverlages sei. Als ihn Frigga vorsichtshalber fragt, ob er nicht doch Student sei, antwortet Georg ausweichend, dass ihn seine Beschäftigung voll in Anspruch nehme. Tatsächlich hat Georg gelegentlich für eine Zeitung Berichte gegen ein kleines Honorar verfasst. Frigga vermietet das Zimmer an Georg.

9. Der Student Hoff bemüht sich um ein Zimmer bei Olga, die bisher immer an Studenten vermietet hatte. Als Olga ihn fragt, ob er denn Student sei, verneint Hoff vorsichtshalber, da er die positive Einstellung Olgas Studenten gegenüber nicht kannte. Olga sagt darauf, dass es ihr nichts ausmache, das Zimmer auch einmal an einen Nichtstudenten zu vermieten, und überlässt Hoff das betreffende Zimmer.

10. Hai vermietet einige seiner Zimmer an Studenten zu stark überhöhten Preisen. Mit seinem Nachbar Aal verträgt er sich nur sehr schlecht. Als ihm Aal anlässlich einer Auseinandersetzung mit einer Anzeige wegen Mietwuchers droht, senkt Hai seine Mietforderungen um die Hälfte, damit er den Vorwurf des Mietwuchers durch die aktuellen Fakten entkräften könne. Nach einigen Wochen söhnen sich die beiden miteinander aus. Kann Hai seine Willenserklärung (Mietsenkung) anfechten?

3/13 Bei einer Holzversteigerung hat der Sägewerksbesitzer Zahn alle Mitbietenden überboten und auch den Zuschlag erhalten. Er hatte sich nämlich zuvor mit vier Glas Wein Mut angetrunken. Als er am nächsten Tag wieder nüchtern ist, kommt ihm zu Bewusstsein, dass er sich übernommen hat.

Er betreibt daher die Anfechtung wegen Irrtums. Rechtslage?

3/14 Das Textilhaus C & B hat für die zu erwartende Sommersaison eine sehr große Bestellung hinsichtlich Bademoden aufgegeben. Der Sommer jedoch wird regnerisch und kalt. C & B will nun den Vertrag wegen Irrtums anfechten. Rechtslage?

3/15 Der Bauunternehmer Schnell hat in einer Angebotskalkulation einen schweren Fehler gemacht, indem er nachweislich eine Kostengröße vergessen hatte. Kann er die hierauf beruhende Willenserklärung wegen Irrtums anfechten?

3/16 Der Jungkaufmann Fritz Windig hat sich unter Vortäuschung besonderer Kenntnisse bei Klemm & Tochter eine Bilanzbuchhalterstelle erschlichen. Sehr bald zeigt sich, dass Windig keineswegs bilanzsicher und auch in steuerlichen Fragen unwissend ist. Klemm & Tochter wollen deshalb das Arbeitsverhältnis lösen. Rechtslage?

3/17 Nur weil während der Verkaufsverhandlungen vom Verkäufer ausdrücklich versichert worden war, dass die Computeranlage ohne eine Reparatur bisher einwandfrei gearbeitet habe, kauften Klemm & Tochter die Maschine für 8 000,00 €. Schon nach 14 Tagen aber streikte das Gerät. Nach Feststellung des Fachmannes sind mehrere, vom bisherigen Eigentümer laienhaft vorgenommene Reparaturen und das Auswechseln von Maschinenteilen für das Versagen der Maschine verantwortlich. Was würden Sie Klemm & Tochter raten?

3.2.3 Allgemeine Geschäftsbedingungen

Problemeinführendes Beispiel

Versandhändler Linde hat täglich etwa 10000 Kundenaufträge zu bearbeiten. Dabei hilft ihm eine leistungsfähige EDV-Anlage mit den entsprechenden Programmen. Dies setzt allerdings voraus, dass die Vertragsinhalte mit den Kunden nicht individuell ausgehandelt werden, sondern dass die Verträge vereinheitlicht sind, ja sogar ein Formularzwang für die Kunden besteht (z.B. ausschließliche Verwendung der von Linde den Katalogen beigefügten Bestellscheine und der den Warensendungen beigefügten Überweisungsformulare).

Linde hat deshalb am Schluss seiner Kataloge (in Kleinschrift) die Bedingungen abdrucken lassen, unter denen er ausschließlich gewillt ist, Verträge mit seinen Kunden abzuschließen. Damit soll jeder Kunde wissen, dass diese Bedingungen Vertragsinhalt geworden sind, und es bleibt ihm dann lediglich die Wahl, diese Bedingungen zu akzeptieren oder auf einen Kauf bei Linde zu verzichten. Wettbewerbsnachteile fürchtet Linde deswegen nicht, weil seine Mitkonkurrenten im Versandhandel fast gleich lautende Geschäftsbedingungen ihren Kunden zumuten.

Welche Gründe könnten Linde bewogen haben, auf das individuelle Aushandeln von Verträgen mit seinen Kunden zu verzichten?

a) Gründe für das Entstehen der Allgemeinen Geschäftsbedingungen (AGB)

Massengeschäfte und der Zwang zur Rationalisierung verlangen eine Typisierung und Vereinheitlichung der Vertragsinhalte. In den meisten Wirtschaftsbranchen sind solche Rationalisierungen auch im Verwaltungsbereich unerlässlich. Die Bearbeitungszeit eines Auftrags soll so gering wie möglich gehalten werden: Dies beginnt bei den Vertragsverhandlungen, erstreckt sich auf die eigentliche Auftragsbearbeitung und endet bei der Abwicklung des Zahlungseingangs und der Gewährleistungsansprüche. Alle diese einzelnen Tätigkeiten würden bei kundenindividueller Ausgestaltung der Verträge wesentlich mehr Zeit in Anspruch nehmen als bei einer Standardisierung der Vertragsbedingungen.

Ein weiterer Vorteil für beide Vertragspartner ist die Rechtssicherheit, denn beide kennen von vornherein die Inhalte des Vertrages, also ihre Rechte und Pflichten. Hinzu kommt, dass vor allem für denjenigen, der die Allgemeinen Geschäftsbedingungen (AGB) aufstellt, den Verwender also, sich eine Risikobegrenzung ergibt, denn er kann in den AGB seine Pflichten, vor allem im Bereich der Gewährleistung, erheblich reduzieren. Auf diese einseitige Vorteilsverteilung wird später noch eingegangen werden.

Das BGB geht im Schuldrecht vom Grundsatz der Vertragsfreiheit aus, d.h., hinsichtlich der Form und des Inhalts der Verträge sowie der Wahl der Vertragspartner haben die Beteiligten grundsätzlich Gestaltungsfreiheit, und nur in wenigen Ausnahmefällen sind im Schuldrecht zwingende Rechtsvorschriften vorgesehen. Dabei handelt es sich vorwiegend um

– Vorschriften zum Schutz des Rechtsverkehrs (z.B. Formvorschriften)

   oder

– Vorschriften zum Schutz bestimmter Personenkreise (z.B. Schutz des sozial Schwächeren).

Der Grundsatz der Vertragsfreiheit kommt der Erstellung der AGB zustatten. Durch die AGB hat sich die Wirtschaft gewissermaßen ein eigenes Recht geschaffen. Die Nachteile der AGB wurden bereits angesprochen. Nicht selten hat derjenige, der die AGB aufgestellt hat, sich einseitig Vorteile zugeschrieben und die Pflichten (und Risiken) auf den anderen Vertragspartner abgewälzt. Die Ausgangsposition des BGB, dass die Vertragspartner gleich mächtig seien und deshalb jeder seine Interessen verfolgen könne, erwies sich spätestens bei der Analyse der AGB unter dem Gesichtspunkt der Vorteilsverteilung als unhaltbar und wirklichkeitsfremd. Die wirtschaftliche Ungleichheit zwischen den Vertragspartnern zusammen mit dem Grundsatz der Vertragsfreiheit sind Wegbereiter wirtschaftlicher Unterdrückung, zumindest der einseitigen Vorteilsverlagerung zugunsten der wirtschaftlich Stärkeren. Demgegenüber waren die Freiheitsspielräume der Kunden gering, denn auf der anderen Vertragsseite standen Anbieter, die nicht selten eine monopolähnliche Stellung innehatten. Dies wurde verstärkt dadurch, dass selbst dann, wenn eine Auswahlmöglichkeit zwischen Anbietern gegeben war, sich die AGB der einzelnen Anbieter kaum unterschieden (s. hierzu das problemeinführende Beispiel).

Außerdem erkannten viele Kunden den wahren Inhalt des AGB erst im Streitfall, da sie das sog. „Kleingedruckte" nicht gelesen hatten und selbst dann, wenn sie sich dieser Mühe unterzogen, den wahren Inhalt dieses kunstvollen Klauselwerks nicht immer verstanden haben. Die Rechtsprechung ging in Streitfällen vom Grundsatz aus, dass sich der Kunde durch seine Vertragsunterschrift freiwillig den AGB unterworfen habe.

Tendenziell neigte die Rechtsprechung sogar dahin, dass die AGB selbst dann als vertraglich vereinbart anzusehen seien, wenn

– der Verwender auf die AGB verwiesen hat, ohne dass

– die Bedingungen im Einzelnen bekannt zu sein brauchten.

Der Kunde musste sich sogar dann, wenn er bei den Vertragsverhandlungen auf den Hinweis des Verwenders auf die AGB geschwiegen hat, so behandeln lassen, als hätte er durch eine auf einem freien Willen beruhende Willenserklärung sich diesen AGB unterworfen.

Um Missbräuche zu verhindern und eine Klarstellung im Rechtsverkehr zu erreichen, wurden 1976 Vorschriften zur Regelung des Rechts der Allgemeinen Geschäftsbedingungen verabschiedet. Sie traten am 1.4.1977 in Kraft.

b) Inhalt der AGB-Vorschriften

Nach § 305 BGB sind Allgemeine Geschäftsbedingungen alle für eine Vielzahl von Verträgen

– vorformulierten Vertragsbedingungen, die eine Vertragspartei (Verwender) der anderen Vertragspartei bei Abschluss des Vertrages stellt.

– Gleichgültig ist,
  – ob die AGB einen äußerlich gesonderten Bestandteil des Vertrages (z.B. eine Broschüre oder ein Blatt) bilden oder in die Vertragsurkunde aufgenommen werden,
  – welchen Umfang sie haben,
  – in welcher Schriftart sie verfasst sind und
  – welche Form der Vertrag hat.

Die Vorschriften haben eine sozialpolitische Zielsetzung, indem sie versuchen,

– den verbreiteten Missbräuchen bei den AGB entgegenzutreten, also eine Benachteiligung der sozial Schwachen zu verhindern,

– einen Ausgleich der beiderseitigen Interessen zu bewirken (Prinzip der Vertragsgerechtigkeit).

Durch die AGB soll der Grundsatz der Vertragsfreiheit nicht aufgehoben werden, vielmehr soll der Grundgedanke des BGB, nämlich die Vorstellung gleichmächtiger Vertragspartner, die freiwillig Vertragsverpflichtungen eingehen und aufgrund ihrer Machtposition auch interessewahrend gestalten können, wiederhergestellt werden.

§ 305 Abs. 2 BGB will sicherstellen, dass die AGB nur dann Vertragsbestandteil werden,

1. wenn der Verwender den Vertragspartner auf die AGB hinweist und

2. wenn der Verwender dem Vertragspartner die Möglichkeit verschafft, von den AGB in zumutbarer Weise Kenntnis zu nehmen und

3. wenn die andere Vertragspartei mit ihrer Geltung einverstanden ist.

Damit ist z.B. ausgeschlossen,

– dass die AGB ohne Vereinbarung Vertragsbestandteil werden können und

– dass die AGB Vertragsbestandteile werden können, ohne dass der Kunde Gelegenheit erhält, von den AGB Kenntnis zu nehmen.

Diese Vorschrift bedeutet:

Ein Vertrag kommt dann und nur dann zustande, wenn die Vertragsparteien im Zeitpunkt des Vertragsabschlusses ihre Bedingungen so vollständig offengelegt haben, dass die andere Vertragsseite durch eine bloße Annahme den Vertrag zustandebringen kann. Damit ist eindeutig geklärt, dass die AGB nicht allein schon dadurch Vertragsbestandteil werden können, wenn der Vertragspartner hätte wissen können, dass solche AGB existieren.

Beispiel

List, Händler antiker Möbel in Stuttgart, macht Lasch in Karlsruhe ein Angebot hinsichtlich eines besonders kostbaren Möbelstückes. In seinem Angebot verweist List auf die von ihm erstellten AGB, die er in seinen Geschäftsräumen in Stuttgart aushängen hat. In diesen AGB ist die Möglichkeit vorgesehen, dass List ohne Angabe von Gründen bis zwei Tage vor dem vereinbarten Liefertermin vom Vertrag zurücktreten kann.

Lasch möchte das angebotene Möbelstück kaufen und nimmt am gleichen Tag, an dem er das Angebot erhalten hat, telefonisch mit List Kontakt auf (12. März). Der Vertrag kommt zu Stande, und beide vereinbaren als Liefertermin den 25. März. Lasch ist selbstständiger Versicherungsvertreter, und das Möbelstück soll in seinem Kundenempfangsraum zu Repräsentationszwecken aufgestellt werden. Am 22. März trifft bei Lasch ein Schreiben ein, in dem List seinen Rücktritt vom Vertrag erklärt.

Lösung

Zwischen List und Lasch ist nach §§ 311 Abs. 1, 145 ff., 433 BGB ein Kaufvertrag zu Stande gekommen. Lasch hat demnach (§ 433 Abs. 1 BGB) einen Anspruch auf Lieferung und Übereignung des betreffenden Möbelstückes. List hat einen Anspruch auf Zahlung und Annahme gegenüber Lasch erworben.

Die Anspruchsgrundlage, also der Vertrag, kann durch eine wirksame Rücktrittserklärung zerstört werden. Dadurch wären auch die beiderseitigen Ansprüche nicht mehr existent.

Nur wenn alle Voraussetzungen des § 305 Abs. 2 erfüllt sind, werden die AGB Vertragsbestandteil.

List hat durch den Hinweis in seinem Antrag auf die Existenz der AGB hingewiesen und auch auf seine Absicht, die AGB zum Vertragsbestandteil zu machen. Allerdings hat er die zweite Bedingung des § 305 Abs. 2 BGB nicht erfüllt: Er hat Lasch nicht in zumutbarer Weise die Möglichkeit verschafft, von den AGB Kenntnis zu nehmen; denn List kann nicht erwarten, dass Lasch von Karlsruhe nach Stuttgart fährt, um in den Geschäftsräumen Lists die AGB einzusehen. List hätte dieser Bedingung Genüge getan, wenn er seinem Angebot die AGB beigefügt hätte. Dies hat er versäumt.

Ob Lasch nun mit der Geltung der AGB einverstanden war oder nicht, ist in diesem Fall unerheblich. Er hat jedenfalls seinen Anspruch auf Lieferung und Eigentumsübertragung aus dem nach wie vor gültigen Kaufzwang behalten, denn die AGB sind nicht Vertragsbestandteil geworden.

Überraschende Klauseln:

Problemeinführendes Beispiel

Just kauft bei Jocus recht preisgünstig einen Gebrauchtwagen. Nach § 305 Abs. 2 BGB sind die AGB des Jocus Vertragsbestandteil geworden. Nach einiger Zeit erhält Just ein Schreiben einer ihm bis dahin unbekannten Versicherungsgesellschaft, aus dem hervorgeht, dass er rechtswirksam neben einer Hausratsversicherung und einer Lebensversicherung auch noch eine Tierseuchenversicherung abgeschlossen hat. Als Just sich daraufhin die AGB des Jocus genauer ansieht, stellt er fest, dass diese tatsächlich eine Klausel enthalten, wonach der Käufer eines Gebrauchtwagens gleichzeitig einen Versicherungsantrag hinsichtlich der oben genannten Versicherungen bei der betreffenden Versicherungsgesellschaft stellt.

Lösung

Zur Lösung dieses Falles ist § 305 c BGB heranzuziehen. Dort heißt es, dass einzelne Bestimmungen in den AGB dann nicht Vertragsbestandteil werden, wenn sie nach den Umständen, insbesondere nach dem Erscheinungsbild des Vertrages, so ungewöhnlich sind, dass der Vertragspartner mit ihnen nicht zu rechnen braucht. Der Fall ist damit eindeutig lösbar: Als Gebrauchtwagenkäufer braucht Just nicht damit zu rechnen, dass er mit dem Kaufvertrag über einen Gebrauchtwagen auch noch gleichzeitig einen (oder mehrere) Versicherungsanträge stellt. Dies ist mit dem Erscheinungsbild eines Kaufvertrages bezüglich eines Gebrauchtwagens nicht zu vereinbaren. Die die Versicherungsanträge betreffenden Klauseln sind demnach nicht Vertragsbestandteil geworden.

Ein ähnlich gelagerter Sachverhalt liegt vor, wenn ein Verwender, der in seiner Werbung einen besonderen Gegenstand anpreist, in seinen AGB die Klausel aufgenommen hat, dass mit dem Kaufvertrag über den in der Werbung herausgestellten Gegenstand gleichzeitig die Abnahmepflicht anderer Sachen oder Leistungen übernommen werde.

Beispiel

Dorn verkauft Schreibmaschinen. In seinem Geschäft hängen die AGB, in denen u.a. steht, dass sich der Käufer einer Schreibmaschine verpflichtet, an einem Schreibmaschinenkurs gegen Entgelt teilzunehmen. Es ist mit den Umständen, die üblicherweise mit einem Kaufvertrag über eine Schreibmaschine zusammenhängen, unvereinbar, dass man gleichzeitig auch noch eine Verpflichtung übernimmt, an einem Kurs teilzunehmen.

Bestehende Zweifel beim Auslegen der Allgemeinen Geschäftsbedingungen gehen zu Lasten des Verwenders (§ 305 c Abs. 2 BGB).

Unwirksame Klauseln:

Durch die Schaffung der AGB kann der Verwender die Vertragsfreiheit soweit ausnützen, dass von einem beiderseitigen Interessenausgleich nach Treu und Glauben nicht mehr gesprochen werden kann. Um solche Missbräuche zu verhindern, ist im § 307 Abs. 2 BGB eine Generalklausel aufgenommen worden: Danach sind Bestimmungen in AGB unwirksam, wenn sie den Vertragspartner nach den Geboten von Treu und Glauben unangemessen benachteiligen.

In den §§ 308 und 309 BGB ist diese Generalklausel konkretisiert worden.

Die im § 308 BGB als unwirksam aufgeführten Klauseln enthalten alle unbestimmte Begriffe wie „unangemessen lange", „sachlich gerechtfertigt", „von besonderer Bedeutung" usw. Diese Begriffe beinhalten einen mehr oder weniger großen **Ermessensspielraum**, man spricht daher von **Wertungsmöglichkeit**. Kein Ermessensspielraum, also keine Wertungsmöglichkeit, besteht bei den in § 309 BGB als unwirksam zu behandelnden Klauseln. Sie sind in der folgenden Übersicht dargestellt und kurz erläutert:

Wichtig ist, dass nur die Klauseln unwirksam sind, welche in den Allgemeinen Geschäftsbedingungen enthalten sind. Werden die entsprechenden Vertragsbedingungen außerhalb der AGB vereinbart, steht selbstverständlich ihrer Wirksamkeit nichts entgegen.

Klauselverbote (exemplarisch)

Mit Wertungsmöglichkeit (§ 308 BGB)

- Der Verwender behält sich eine unangemessen lange (oder nicht hinreichend bestimmte)
  - Frist für die Annahme oder Ablehnung eines Angebots oder der Erbringung einer Leistung vor;
  - Nachfrist für die von ihm zu erbringende Leistung vor;

- Verwender behält sich das Recht vor,
  - ohne sachlich gerechtfertigten Grund sich von seiner Vertragspflicht zu lösen;
  - bei Kündigung (oder Rücktritt) des Partners einen unangemessenen hohen Aufwandersatz zu verlangen.

Ohne Wertungsmöglichkeit (§ 309 BGB))

- Preiserhöhungen innerhalb von vier Monaten nach Vertragsabschluss;

- Entzug des Leistungsverweigerungsrechts nach § 320 BGB;

- Pauschalierung von Schadensersatzansprüchen durch den Verwender, wenn die Pauschale den zu erwartenden Schaden übersteigt;

- Haftungsausschluss bei grob fahrlässigem Verschulden des Verwenders;

- Ausschluss der Gewährleistungsansprüche.

Die Aufzählung ist nicht vollständig (vgl. §§ 308, 309 BGB).

Anwendungsbereich der AGB-Bestimmungen:

Im § 310 BGB ist der Anwendungsbereich dieses Gesetzes einmal in einen **sachlichen Anwendungsbereich (§ 310 Abs. 1, 2 u. 3 BGB)** und in einen **persönlichen Anwendungsbereich (§ 310 Abs. 4)** unterteilt. Die Vorschriften über den sachlichen Anwendungsbereich schließen jene Rechtsbereiche aus, für die die AGB-Vorschriften nicht gelten sollen. Nach § 310 Abs. 4 BGB sind von den Vorschriften ausgeschlossen:

- Arbeits-,
- Erb-,
- Familien- und
- Gesellschaftsrecht.

§ 310 Abs. 1 BGB besagt dagegen, dass die §§ 305 Abs. 2 und 308, 309 BGB keine Anwendung finden auf AGB,

- die gegenüber Kaufleuten verwendet werden, wenn der Vertrag zum Betriebe seines Handelsgewerbes gehört oder
- die gegenüber einer juristischen Person des öffentlichen Rechts oder einem öffentlichrechtlichen Sondervermögen verwendet werden.

Vor allem durch § 310 Abs. 1 BGB wird der Grundgedanke deutlich:

Geschützt werden soll in erster Linie jener Personenkreis, bei dem man geschäftliche Erfahrungen nicht ohne weiteres voraussetzen kann. Dies trifft bei den im § 310 Abs. 1 BGB genannten Personenkreis nicht zu; sie sind für den Gesetzgeber daher nicht schutzbedürftig.

3/18 a) Nennen Sie Vertragsbereiche, die hauptsächlich durch die AGB geregelt werden.

b) Welcher Zusammenhang besteht zwischen dem Grundsatz der Vertragsfreiheit und den AGB?

c) Nennen Sie Gründe, die den Gesetzgeber bewogen haben, die AGB-Vorschriften zu erlassen.

d) Was versteht man unter den AGB?

e) Welche Voraussetzungen müssen gegeben sein, damit die AGB als Ganzes Vertragsbestandteil werden?

f) Was versteht man unter überraschenden Klauseln?

g) Nach welchem Gesichtspunkt haben die AGB-Regelungen die Klauselverbote eingeteilt?

3/19 Versandhändler Verdemann hat die AGB auf den letzten Seiten seines Katalogs abgedruckt. Darin weist er darauf hin, dass er bei Bestellungen unter einem Wert von 2 000,00 € einen Kleinmengenzuschlag von 20 % auf die Katalogpreise berechnet. Rechtslage?

3/20 Schubarth kauft beim Autohaus Blech einen neuen Pkw; Kaufpreis 30 000,00 €. Dem Vertrag werden die AGB Blechs zugrunde gelegt. Für den betreffenden Pkw besteht eine Lieferfrist von drei Monaten. Als Schubarth nach drei Monaten den Pkw abholen möchte, erklärt Blech, dass sich der Kaufpreis um 10 % auf 33 000,00 € erhöht habe. Wie ist die Rechtslage, wenn

a) in den AGB Blechs auf eine mögliche Preiserhöhung hingewiesen wird?

b) Blech bei den Vertragsverhandlungen mit Schubarth auf eine mögliche Preiserhöhung hingewiesen hat?

3.3 Arten und Rechtswirkung der Vertretung

Problemeinführung

Überprüfen Sie die nachfolgenden **problemeinführenden Fälle** unter folgenden Gesichtspunkten:

1. Wie groß ist die Freiheit des Vertreters, seinen eigenen Rechtswillen durchzusetzen?

2. Wird der Rahmen der gewährten Vertretungsmacht eingehalten?

3. In welcher Weise erfolgt die Erteilung der Vollmacht?

a) Kurz ist bei der Weinhändlerin Rebe als Einkäufer angestellt. Rebe hat allen ihren Lieferanten mitgeteilt, dass ihr Angestellter Kurz in ihrem Namen berechtigt ist, Kaufverträge über Weine abzuschließen. Kurz kauft beim Lieferanten Aqua einen größeren Posten algerischen Landwein, den Rebe in ihrem Sortiment bisher noch nicht geführt hat.

b) Uli, ein 8-jähriger Junge, wird von seiner Mutter beauftragt, 500 g Kaffee, gemahlen, Marke Anko, supermild, zum Angebotspreis von 5,95 € beim Kaufmann Rauch zu kaufen.

c) Salm ist beim Kaufmann Grob als Einkäufer angestellt. Grob hat Salm gegenüber die Vollmacht erteilt, alle betriebsnotwendigen Kaufverträge in seinem Namen abschließen zu dürfen. Da Salm aber überfordert ist, diese Aufgabe zu bewältigen, überträgt Grob dem Salm leichte Büroarbeiten. Die Vollmacht wird Salm entzogen. Schuh, ein Lieferant Grobs, kommt, um Vertragsverhandlungen zu führen und gegebenenfalls einen Vertrag abzuschließen. Schuh trifft auf Salm und auf Grob. Da Schuh vorher schon etliche Male mit Salm Verträge abgeschlossen hat, verhandelt er nichtsahnend mit Salm. Grob hat überdies auch keine Einwendungen geltend gemacht, als Salm in seiner Anwesenheit zu Schuh sagte: „Kommen Sie nur, wir werden schon miteinander ins Reine kommen."

d) A erhält von B den Auftrag, eine alte Holzfigur für ihn zu kaufen. A geht zur Antiquitätenhändlerin C, gibt sich dort als Vertreter B's zu erkennen und kauft neben der alten Holzfigur noch zehn Zinnkrüge.

e) Die Eltern des 7-jährigen Rudi legen das Geld, das dieser von seinem Großvater geerbt hat, in mündelsicheren Wertpapieren an.

f) Der Vorstand der Maschinenfabrik Mannheim AG kauft im Namen der Aktiengesellschaft eine komplette Fertigungsanlage für 4 Mio. €.

g) A ist zum Betreuer für den geisteskranken B bestellt worden. Er mietet für ihn eine Wohnung.

Die für eine Stellvertretung notwendige Vertretungsmacht kann auf **zwei verschiedenen Grundlagen** bestehen:

1. Die Vertretungsmacht des Vertreters gründet sich auf eine Vollmachtserteilung durch den Vertretenen (Fälle a), c) und d) der Problemeinführung).

2. Die Vertretungsmacht des Vertreters beruht auf einer gesetzlichen Grundlage (Fälle e), f) und g) der Problemeinführung).

Beim Fall b) der Problemeinführung ist keine Stellvertretung gegeben, da Uli nur Bote seiner Mutter ist. Er übermittelt lediglich den Willen seiner Mutter; eine eigene Willenserklärung kann er nicht abgeben.

Die nachfolgende Übersicht demonstriert die beiden Grundlagen der Vertretungsmacht:

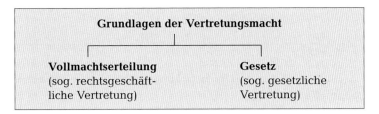

3.3.1 Rechtsgeschäftliche Vertretung

Die Vielfalt der Aufgaben, z.B. in einer Unternehmung, bringt es mit sich, dass der Eigentümer nicht alle Rechtsgeschäfte selbst abschließen kann. Er braucht demnach Angestellte, die in seinem Namen Willenserklärungen abgeben oder empfangen, z.B. im Ein- und Verkauf. Die Rechtsgeschäfte, die die hierzu berechtigten Mitarbeiter abschließen, müssen aber die gleiche rechtliche Wirkung haben, wie wenn sie der Eigentümer selbst abgeschlossen hätte, d.h., sie müssen in seinem Namen und für seine Rechnung vorgenommen worden sein. Verkauft in einem Textilgeschäft z.B. eine Verkäuferin einer Kundin eine Bluse, dann ist nicht die Verkäuferin Vertragspartnerin der Kundin, sondern das Unternehmen, das sie bevollmächtigt hat, entsprechende Verträge abzuschließen. Sowohl die Leistung als auch die Gegenleistung betrifft die Verkäuferin nicht; denn die Leistung hat das Textilhaus zu erbringen, und ebenso hat das Textilhaus Anspruch auf die Gegenleistung in Form des von der Kundin bezahlten Kaufpreises.

Der Stellvertreter handelt also in fremdem Namen und für fremde Rechnung.

Erforderlich ist, dass der Vertreter vom Vertretenen hierzu bevollmächtigt wurde. Im Rahmen dieser Vertretungsmacht kann der Vertreter Rechtsgeschäfte mit Dritten vornehmen, die den Vertretenen so verpflichten, als hätte er selbst die Willenserklärung abgegeben.

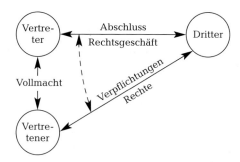

Die gesetzlichen Grundlagen sind im § 164 BGB geregelt; demnach ist die Stellvertretung an folgende Voraussetzungen geknüpft:

> – Bestehen einer Vertretungsmacht (Vollmacht),
> – Abgabe oder Empfang einer Willenserklärung,
> – Handeln des Vertreters im fremden Namen (also im Namen des Vertretenen).

(1) Bestehen einer Vertretungsmacht

Dem Vertreter muss vom Vertretenen eine entsprechende Vollmacht erteilt worden sein. Bei der Vollmachtserteilung hat der Vertretene zwei Möglichkeiten:

– Er kann die Erklärung dem Vertreter gegenüber oder

– dem Dritten gegenüber abgeben, gegen den die Vertretung gelten soll (§ 167 BGB).

Die Vollmachtserteilung beeinflusst die bereits bestehende Rechtsbeziehung zwischen Vertreter und Vertretenem nicht, sie ist abstrakt.

Beispiel

Zoff ist als Einkäufer bei Stoll angestellt und hat im Rahmen seiner Tätigkeit Vertretungsmacht. Es bestehen also **zwei Rechtsbeziehungen** zwischen Zoff und Stoll:

– Dienstvertrag (Zoff ist Angestellter) und

– Vertretungsverhältnis (durch die Bevollmächtigung).

Wird Zoff die Vertretungsmacht entzogen, braucht dies keine Wirkung auf den Dienstvertrag zu haben. §§ 167, 168 BGB machen dies deutlich: Die Vollmacht muss gesondert erteilt und widerrufen werden.

---

(2) Empfang oder Abgabe einer Willenserklärung

Der Vertreter muss einen Handlungs- und vor allem einen Entscheidungsspielraum haben. Vertreter ist also nicht, wer eine vorformulierte Willenserklärung eines anderen transportiert. Dadurch unterscheidet sich der Stellvertreter von einem Boten, der lediglich die Willenserklärung eines Dritten weiterleitet.

Beispiele

1. Bart wird von Flaum beauftragt, in der Buchhandlung Runes das Taschenbuch „BGB-Gesetzestext", Bestell-Nr. 432 x 3, zum Preis von 7,00 € zu kaufen. Bart ist in diesem Fall eindeutig Bote, da er lediglich als Sprachrohr von Flaum auftritt.

2. Sorge beauftragt Elch, ihm für seine Frau ein Weihnachtsgeschenk zu kaufen. Sorge denkt an ein Buch oder an eine Vase für etwa 100,00 €. Elch geht zum Buchhändler Benz und kauft einen Bildband über Irland für 85,00 €. Benz gegenüber erklärt er, dass er das Buch für Sorge kaufen wolle.

   In diesem Fall ist Elch Stellvertreter; denn er hatte die Entscheidungsfreiheit darüber, ob er ein Buch oder eine Vase kauft; außerdem darüber, welches Buch (oder gegebenenfalls welche Vase) er in welchem Geschäft zu welchem Preis (bis zur Grenze von 100,00 €) kauft.

---

(3) Handeln im fremden Namen

Ein Vertreterverhältnis nach § 164 BGB liegt nur dann vor, wenn auch diese Voraussetzung erfüllt ist. Der Partner des Vertreters muss entweder

- durch eine entsprechende Erklärung oder

- aus den äußerlich erkennbaren Umständen

ableiten können, dass sein Gegenüber im fremden Namen aktiv ist. Ist der Wille, im
fremden Namen zu handeln, für den Dritten nicht erkennbar, kommt ein Rechtsgeschäft
zwischen dem Vertreter und dem Dritten zustande. Dies gilt auch dann, wenn der Vertreter den inneren Willen hatte, nicht im eigenen Namen die Willenserklärung abgeben
zu wollen (§ 164 Abs. 2 BGB).

Beispiel

Suhm beauftragt Weich, für ihn bei der Versandhändlerin Kolle ein Fahrrad zu
bestellen. Suhm erklärt Weich lediglich, dass es sich um ein Herrenfahrrad bis zu einem Preis von 250,00 € handeln solle. Ansonsten überlässt er es Weich, die endgültige Auswahl zu treffen. Weich bestellt das Fahrrad auf Rechnung mit einem Bestell-
formular, auf dem sein Name und seine Kundennummer steht. Als das Fahrrad
ausgeliefert wird, übergibt es Weich dem Suhm mit der Bitte, den Rechnungsbetrag
zu überweisen. Nach einigen Wochen erhält Weich von Kolle eine Mahnung.

Lösung

Suhm hat Weich einen Auftrag erteilt, ein Herrenfahrrad zu bestellen. Verbunden mit
dieser Auftragserteilung war eine Vollmacht; Weich nämlich konnte im Rahmen der
Vertretungsmacht das Fahrrad aus dem Katalog aussuchen. Weich erklärte Kolle seinen Willen. Dieser Willenserklärung aber kann Kolle nicht entnehmen, dass Weich
die Willenserklärung im fremden Namen (also in Suhms Namen) abgegeben hat,
denn Weich hat dies weder ausdrücklich geäußert, noch konnte Kolle dies aus den ihr
vorliegenden äußeren Umständen erkennen. Demnach ist ein Kaufvertrag zwischen
Weich und Kolle zustandegekommen. Daraus ergeben sich für Weich selbstverständlich auch Verpflichtungen, u.a. die, den Kaufpreis an Kolle zu entrichten.

Die Voraussetzung, im fremden Namen zu handeln, ist die wichtigste im Rahmen der
Stellvertretung. Ohne sie kann es niemals zu einem Rechtsgeschäft zwischen dem Vertretenen und dem Dritten kommen. Ansonsten entsteht ein Rechtsgeschäft zwischen
dem Vertreter und dem Dritten.

Abgrenzung: Stellvertretung – Auftrag – Geschäftsbesorgungsvertrag

Der Auftrag nach § 662 BGB ist durch folgende Merkmale gekennzeichnet:

Er ist ein schuldrechtlicher Vertrag, in dem sich
- einer der Vertragspartner (der Beauftragte) verpflichtet, für den anderen Partner
  (den Auftraggeber)
- unentgeltlich
- ein Geschäft zu besorgen.

Unerheblich ist dabei, ob es sich bei dem zu besorgenden Geschäft um ein Rechtsgeschäft oder um die Ausführung einer tatsächlichen Handlung handelt.

1. Wagner bittet Willi, mit der Motorhacke durch seine Erdbeerreihen zu fahren (Auftrag iSv § 662 BGB).

2. Hart bittet den Kfz-Meister Lack, für ihn einen gebrauchten Pkw zu kaufen.

   Auch in diesem Fall liegt ein Auftragsvertrag vor, dem allerdings eine Vollmacht zugeordnet ist. Demnach sind in diesem Beispiel zwei getrennte Rechtsbeziehungen zu unterscheiden, nämlich

   – ein Auftragsvertrag und

   – eine Vollmachtserteilung.

Die Vollmacht kann durchaus den Charakter einer Stellvertretung haben.

Die Pflichten des Beauftragten sind (§ 667 BGB):

– sorgfältige Ausführung der übertragenen Geschäfte;

– Weitergabe all dessen, was er im Rahmen der Geschäftsbesorgung erhalten hat, an den Auftraggeber;

– Herausgabe dessen, was er vom Auftraggeber zur Ausführung des Auftrages erhalten hat, soweit es nicht verbraucht ist.

Der Auftraggeber ist verpflichtet (§ 670 BGB):

– dem Beauftragten die Aufwendungen zu ersetzen, die diesem zum Zwecke der Auftragsausführung entstanden sind. Maßgebend für den Umfang und die Höhe der Aufwendungen ist die Beurteilung des Beauftragten.

Mecki beauftragt Überall, bei seinem Kunden Nau ein Treppengeländer anzubringen. Überall nimmt den Auftrag an und erhält von Mecki eine Bohrmaschine, die entsprechenden Bohrer, die sonstigen Werkzeuge und die Befestigungsmaterialien. Überall hat den Auftrag unentgeltlich übernommen. Bei Nau stellt Überall fest, dass er mit der Bohrmaschine Meckis nur unter erheblichem Aufwand die notwendigen Löcher in die Betontreppe bohren könnte. Überall mietet deshalb von Brech einen pneumatischen Bohrhammer und zahlt die Miete von 80,00 €. Als Überall mit der Arbeit fertig ist, übergibt ihm Nau als Anzahlung 200,00 € mit der Bitte, diese an Mecki weiterzuleiten.

Überall ist nach § 667 BGB neben der sorgfältigen Ausführung des Auftrages verpflichtet

– die von Nau erhaltenen 200,00 € an Mecki weiterzuleiten und

– die von Mecki mitgegebenen Gerätschaften, Materialien usw., soweit er diese nicht bei der Auftragsausführung verbraucht hat, an Mecki herauszugeben.

Kommt es nun hinsichtlich der Notwendigkeit, einen pneumatischen Bohrhammer einzusetzen, zwischen Mecki und Überall zu Meinungsverschiedenheiten, dann ist entscheidend, ob der Beauftragte (hier: Überall) dies den gegebenen Umständen nach für erforderlich gehalten hat, d.h., die Beurteilung Meckis ist in diesem Fall unerheblich. Mecki muss Überall nach § 670 BGB den entstandenen Aufwand von 80,00 € für die Miete des Bohrhammers ersetzen.

Anders als der Auftragsvertrag ist der **Geschäftsbesorgungsvertrag (§ 675 BGB)** nicht an das Merkmal „Unentgeltlichkeit" geknüpft. Es handelt sich hier um einen Dienst- oder Werkvertrag, der eine selbständige Tätigkeit, eine Geschäftsbesorgung zum Gegenstand hat.

Geschäftsbesorgungsverträge sind u.a.:

- Vermögensverwaltungsverträge (z.B. Managerverträge bei Berufssportlern);
- Kreditvermittlungsverträge;
- Giroverträge zwischen Bank und Bankkunde;
- Depotverträge (Verträge über Aufbewahrung und Verwaltung, idR von Wertpapieren);
- Abwicklung von Kauf- oder Verkaufsverträgen von Wertpapieren an der Börse durch Banken für ihre Kunden.

> **Zusammenfassung:**
>
> Rechtsgeschäftliche Stellvertretung im Sinne von §§ 164 ff. liegt vor, wenn
> - der Vertretene dem Stellvertreter Vertretungsmacht (Vollmacht) eingeräumt hat
> - durch Erklärung dem Vertreter oder
> - durch Erklärung dem Dritten gegenüber;
> - es sich um Willenserklärungen handelt, die Dritten gegenüber abzugeben oder von Dritten zu empfangen sind;
> - der Vertreter für den Dritten erkennbar im fremden Namen handelt.
>
> Stellvertretung ist von Botengeschäften abzugrenzen. Bote ist, wer nur die Willenserklärung seines Auftraggebers transportiert, wohingegen der Vertreter Machtbefugnisse hat, seinen eigenen Willen – selbstverständlich nur im Rahmen seiner Vertretungsmacht – zu erklären.
>
> Boten können auch Geschäftsunfähige sein; dagegen setzt die Stellvertretung zumindest die beschränkte Geschäftsfähigkeit voraus.

Rechtsscheinvollmacht:

Wurde eine Vollmacht weder dem Vertreter noch dem betreffenden Dritten gegenüber erklärt, ergibt sich aber aus den äußeren Umständen für den Dritten der Anschein, es würde eine Vollmacht existieren, wird nach der Rechtsprechung derjenige geschützt, der sich auf den Rechtsschein verlassen und die Existenz einer Vertretung angenommen hat (Grundsatz der Rechtsscheinvollmacht).

Vertreter ohne Vertretungsmacht:

Von der Rechtsscheinvollmacht, bei der gutgläubigen Dritten gegenüber der Rechtsschein erweckt wird, es bestehe eine Vertretungsmacht, unterscheidet sich die Vertretung ohne Vertretungsmacht dadurch, dass für den Dritten ein solcher Rechtsschein nicht
zu erkennen ist.

Das BGB unterscheidet bei der Vertretung ohne entsprechende Vertretungsmacht zwei
Fälle:

- Der Vertreter hat überhaupt keine Vollmacht erhalten (es liegen auch keine Merkmale
  vor, aus denen der Dritte das Bestehen einer Vollmacht ableiten könnte).
- Der Vertreter besitzt zwar eine Vertretungsmacht, jedoch überschreitet er bei der
  Abgabe der Willenserklärung den ihm durch die Vollmachtserteilung abgesteckten
  Rahmen.

§ 177 BGB besagt, dass ein Vertrag, den jemand – ohne eine entsprechende Vertretungsmacht zu haben – abschließt, von der Genehmigung des Vertretenen abhängt. Ein
solches Rechtsgeschäft ist zunächst schwebend unwirksam. Der Vertretene hat ein
Gestaltungsrecht: Er kann in das Vertragsverhältnis einsteigen oder das Rechtsgeschäft
ablehnen. Der Dritte hat – ähnlich wie der Vertragspartner von Minderjährigen (vgl.
§ 108 BGB) – die Möglichkeit, den Vertretenen zur Abgabe einer Genehmigung aufzu-
fordern. Diese Genehmigung kann nur dem Dritten, also nicht dem Vertreter gegenüber,
erteilt werden. Sie kann nun binnen zwei Wochen nach der Aufforderung abgegeben
werden; Stillschweigen gilt dabei als Verweigerung (§ 177 Abs. 2 BGB).

Die Rechtslage ist eindeutig, wenn der Vertretene nach § 177 BGB die Genehmigung erteilt: Er übernimmt sämtliche Rechte und Pflichten aus dem Rechtsgeschäft.

Anders ist die Lage, wenn eine Genehmigung nicht erteilt wird. Jetzt stellt sich die Frage
nach der Bedeutung des abgeschlossenen Vertrages. § 179 BGB beantwortet diese Frage
und gibt dem Dritten ein Gestaltungsrecht. Er kann nämlich nach seiner Wahl vom Vertreter ohne Vertretungsmacht

- Erfüllung des Vertrages oder
- Schadensersatz

verlangen.

Der Umfang des Schadensersatzanspruchs ist in § 179 Abs. 1 BGB nicht geregelt. Darüber gibt § 179 Abs. 2 BGB Aufschluss: Hat der Vertreter nicht gewusst, dass er zur Vornahme des betreffenden Rechtsgeschäfts keine Vertretungsmacht besitzt, dann hat er
dem Dritten nur den Vertrauensschaden (negatives Interesse) zu ersetzen. Daraus ist zu
schließen, dass der Vertreter zu Schadensersatz wegen Nichterfüllung (positives Interesse) verpflichtet ist, wenn er wusste, dass ihm eine entsprechende Vertretungsmacht
nicht zusteht.

Die Haftung des Vertreters ohne Vertretungsmacht ist dann ausgeschlossen, wenn sein
Partner, also der Dritte, das Fehlen der Vertretungsmacht kannte oder kennen musste
(§ 179 Abs. 3 BGB). Außerdem ist die Haftung des Vertreters ohne Vertretungsmacht
ausgeschlossen, wenn er beschränkt geschäftsfähig ist, es sei denn, dass er mit Zustimmung seines gesetzlichen Vertreters gehandelt hat.

Insichgeschäfte:

Darunter versteht man Rechtsgeschäfte, bei denen der Vertreter im Namen seines Auftraggebers mit sich selbst ein Rechtsgeschäft abschließt. Solche Insichgeschäfte kann ein
Vertreter nicht abschließen, es sei denn, dass

- sie ihm gestattet wurden oder
- sie ausschließlich in der Erfüllung einer Verbindlichkeit bestehen (§ 181 BGB).

Pfad zur Interpretation des § 179 BGB

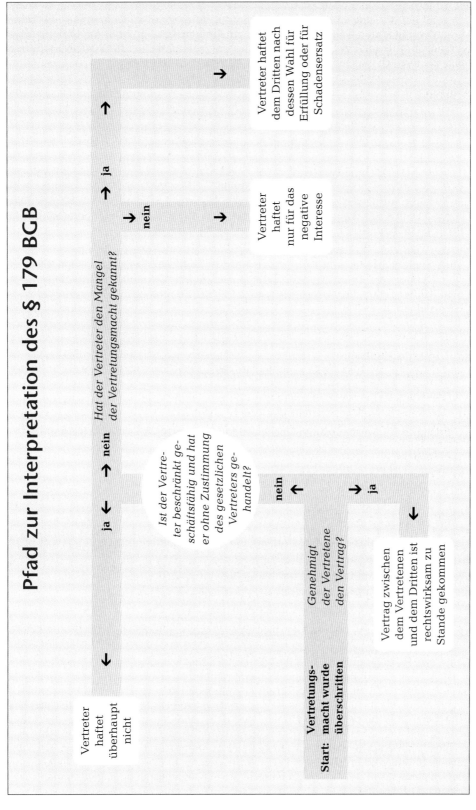

Start: Vertretungsmacht wurde überschritten

Genehmigt der Vertretene den Vertrag?

ja → Vertrag zwischen dem Vertretenen und dem Dritten ist rechtswirksam zu Stande gekommen

nein ←

Ist der Vertreter beschränkt geschäftsfähig und hat er ohne Zustimmung des gesetzlichen Vertreters gehandelt?

ja ↓ Vertreter haftet überhaupt nicht

nein →

Hat der Vertreter den Mangel der Vertretungsmacht gekannt?

ja → Vertreter haftet dem Dritten nach dessen Wahl für Erfüllung oder für Schadensersatz

nein → Vertreter haftet nur für das negative Interesse

Solche Insichgeschäfte beinhalten nämlich die Gefahr der Interessenkollision. Der Vertreter hat auf der einen Seite die Interessen des Vertretenen zu wahren, also bei einer Verkaufsverhandlung einen günstigen (hohen) Preis zu erzielen. Ist dieser Vertreter aber nun gleichzeitig auch der Käufer, hat er das entgegengesetzte Interesse: er möchte so billig wie möglich einkaufen.

Beispiel

Atze ist Gebrauchtwagenverkäufer bei Argus. Er kann nach der ihm erteilten Vollmacht jeden Gebrauchtwagen verkaufen, ohne mit Argus Rücksprache nehmen zu müssen. Ihm wurde lediglich aufgetragen, die Verhandlungen so zu führen, dass die Interessen Argus' gewahrt werden. Atze hat Interesse an einem „Goli GTI", einem sehr gefragten Gebrauchtwagentyp. Einen solchen Wagen hat Argus von einem Kunden gekauft. Der Wagen ist sehr gepflegt und wird in der Gebrauchtwagenliste mit 16 000,00 € ausgewiesen. Atze, der Vertreter des Argus, schließt nun im Namen des Argus mit sich selbst einen Vertrag, wonach sich Argus verpflichtet, den „Goli GTI" für 4 000,00 € an Atze zu verkaufen.

Wenn Atze keine Ermächtigung hat, Insichgeschäfte abschließen zu dürfen, ist der oben abgeschlossene Kaufvertrag schwebend unwirksam. Atze hat nämlich seine Vertretungsmacht überschritten und als Vertreter ohne Vertretungsmacht gehandelt. Sein Auftraggeber, also Argus, hat nach § 177 BGB die Möglichkeit, in den Vertrag einzusteigen.

▓ Übungsaufgaben:

3/21

1. Welche juristische Stellung hat der Stellvertreter?

2. Nennen Sie die Voraussetzungen der Stellvertretung.

3. Wie kann die Vollmacht erteilt werden?

4. Erläutern Sie, weshalb die Vollmachtserteilung ein abstraktes Rechtsgeschäft ist.

5. Wodurch unterscheidet sich der Stellvertreter vom Boten?

6. Wodurch ist der Auftrag (§ 662 BGB) gekennzeichnet?

7. Nennen Sie die Pflichten
   a) des Beauftragten
   b) des Auftraggebers.

8. Grenzen Sie Auftrag (§§ 662 ff. BGB) und Geschäftsbesorgungsvertrag (§ 675 BGB) voneinander ab.

9. Was versteht man unter Rechtsscheinvollmacht?

10. Wann spricht man von einem Vertreter ohne Vertretungsmacht?

11. Was versteht man unter einem Insichgeschäft?

12. Warum hat der Gesetzgeber das Insichgeschäft grundsätzlich verboten?

3/22

In der Sparkasse Nirgendwo sind die Herren Max und Moritz an den beiden Kassen beschäftigt. Der Auszubildende Mups ist beauftragt, im Kassenraum von Max regelmäßig die Kassenbelege abzuholen. Dabei hilft er – entgegen den bankinternen Vorschriften – bei der Kundenbedienung, ohne dass Max etwas dagegen unternimmt. Kunde Geldreich zahlt 3 000,00 € auf sein Konto ein und wird dabei von dem gerade anwesenden Mups bedient, der das Geld unterschlägt. Als einige Tage danach Geldreich auf der Sparkasse erscheint, um über den Verbleib seiner Bareinzahlung Auskunft zu erhalten, wird der Sachverhalt aufgeklärt. Die Sparkasse erklärt Geldreich, dass er sich ausschließlich an Mups halten müsse, da Mups nicht berechtigt war, Geldeinzahlungen von Kunden anzunehmen. Rechtslage?

Voll beauftragt den 14-jährigen Halbe, ihm ein Geburtstagsgeschenk für seine Frau zu besorgen. Halbe kauft im Namen Volls in der Boutique Flavia eine hochmoderne, für die Frau Volls jedoch völlig ungeeignete Bluse. Als Voll die Rechnung von Flavia erhält, weigert er sich zu bezahlen mit der Begründung,

a) Halbe sei nur beschränkt geschäftsfähig und daher der Vertrag schwebend unwirksam;

b) Halbe habe keine Vertretungsmacht gehabt, bei Flavia einzukaufen.

Rechtslage!

Otto Ochs beauftragt Sigismund, ihm bei der Antiquitätenhändlerin Wurst einen Wohnzimmerschrank zu kaufen. Sigismund erklärt Wurst, dass er für Ochs den Vertrag abschließen möchte. Wurst hat einen enorm preisgünstigen Wohnzimmerschrank (1 700,00 €) und eine dazu passende, ebenfalls preiswerte Sitzgruppe (1 900,00 €) vorrätig. Sigismund kauft beides in der Annahme, Otto Ochs habe ihn beauftragt, eine Wohnzimmereinrichtung zu kaufen. Otto Ochs ist nicht bereit, die Sitzgruppe anzunehmen und zu bezahlen.

a) Welche Ansprüche hat Wurst gegen Ochs?

b) Welche Ansprüche hat Wurst gegen Sigismund, wenn er nachweisen kann, dass ein anderer Kunde bereit war, die Sitzgruppe für 2 100,00 € zu kaufen, nachdem er mit Sigismund den Kaufvertrag abgeschlossen hatte?

c) Wie wäre die Rechtslage (Fall b), wenn Sigismund genau gewusst hätte, dass er keine Vertretungsmacht zum Kauf der Sitzgruppe hatte?

Klaus Werner ist als Vertreter für den Möbelfabrikanten Ernst Jung tätig. Er hat Vollmacht, Einkäufe bis zu 6 000,00 € abzuschließen. Obwohl der Holzgroßhändler Holz von dieser Vollmachtseinschränkung nachweislich Kenntnis hat, schließt er über Klaus Werner einen Kaufvertrag über eine Holzlieferung in Höhe von 10 000,00 € ab. Der Vertretene Ernst Jung weigert sich, den Vertrag zu erfüllen.

Hat der Holzgroßhändler dennoch irgendwelche Ansprüche an Ernst Jung beziehungsweise Klaus Werner?

3.3.2 Gesetzliche Vertretung

Problemeinführende Beispiele

a) Das junge Ehepaar Veronika und Rainer Sölle kann keine leiblichen Kinder bekommen, wie sich aufgrund mehrerer ärztlicher Untersuchungen ergab. Da sie beide sehr kinderlieb sind, wollen sie ein vietnamesisches Zwillingspaar **an Kindes Statt** annehmen. Besteht hierzu die Möglichkeit?

b) Die 23-jährige Ingrid ist infolge eines Verkehrsunfalles geistig und körperlich schwer behindert und in ihrer **rechtlichen Bewegungsfreiheit erheblich beeinträchtigt.** Bislang wurde sie von ihrer Mutter versorgt, nachdem der Vater schon vor Jahren verstorben ist. Nun stirbt auch die Mutter, sie hinterlässt ihr neben einem beträchtlichen Geldvermögen auch zwei Mehrfamilienhäuser.

Wie kann nun Ingrid persönlich versorgt werden und wie werden ihre Vermögensverhältnisse geregelt?

Die Befugnis, eine andere Person zu vertreten, wird unmittelbar aus dem Gesetz abgeleitet.

Die **leiblichen Eltern** haben das Recht und die Pflicht, für das minderjährige Kind zu sorgen (§ 1626 BGB);

die **Adoptiveltern** vertreten das minderjährige Kind (§§ 1741–1772 BGB);

ein **Vormund** vertritt das minderjährige Kind (§ 1773 BGB), (vgl. Kap. 6.6);

ein **OHG-Gesellschafter** vertritt die Quasi-juristische Person OHG (§ 125 HGB);

ein **Komplementär einer KG** vertritt die Quasi-juristische Person KG (§ 161 iVm § 125 HGB);

der **Vorstand einer AG** vertritt die Aktiengesellschaft;

der **Vorstand einer eG** vertritt die Genossenschaft.

Im Rahmen des Familienrechts werden die verwandtschaftlichen Beziehungen behandelt, die aufgrund von Abstammung, also Blutsverwandtschaft, entstehen. Daneben können sich weitere Beziehungen entwickeln, die familienähnlichen Charakter aufweisen und für die im Familienrecht sowie in weiteren Gesetzen entsprechende Regelungen getroffen werden.

Es sind dies **Adoption** und **Betreuung**.

1. Adoption (Annahme an Kindes Statt) (§§ 1741–1772 BGB)

Grundsatz: Die Adoption ist zulässig, wenn sie dem Wohle des Kindes dient und zu erwarten ist, dass zwischen Annehmenden und Kind ein Eltern-Kind-Verhältnis entsteht.

Merkmale der Adoption:

- Der Annehmende muss unbeschränkt geschäftsfähig und mindestens 25 Jahre alt sein (bei annehmenden Ehegatten muss der andere Ehegatte mindestens 21 Jahre alt sein).
- Die Adoption bedarf, soweit dies möglich ist, der Einwilligung des Kindes und gegebenenfalls des gesetzlichen Vertreters.
- Die Einwilligung bedarf der notariellen Beurkundung und darf weder bedingt noch befristet sein und ist unwiderruflich.
- Eine Adoption kann erst erteilt werden, wenn das Kind mindestens acht Wochen alt ist.

Wirkungen der Adoption:

- Das adoptierte Kind erlangt die volle rechtliche Stellung eines ehelichen Kindes.
- Es untersteht folglich der elterlichen Sorge **(Personen- und Vermögenssorge)**.
- Es besteht gegenseitige Unterhaltspflicht und gesetzliche Erbfolge.
- Das Kind erlangt die Staatsangehörigkeit des Adoptierenden.
- Der Familienname des Annehmenden wird Name des Kindes.
- Die leibliche Mutter (auch der Vater) verliert die elterliche Sorge über das Kind; auch der persönliche Verkehr darf nicht mehr ausgeübt werden.

Lösung des problemeinführenden Beispiels a):

Unterstellt man, dass bei den Annehmenden, Veronika und Rainer Sölle, die Bedingungen bezüglich des Alters gegeben sind, so stehen einer Adoption grundsätzlich keine Hinderungsgründe entgegen. Dass es sich um ausländische Kinder handelt, spielt für die Adoption keine Rolle.

2. Betreuung (Betreuungsgesetz – BtG und §§ 1896–1908i BGB)

(vgl. dazu Abschnitt 6.5)

3.4 Nebenbestimmungen von Rechtsgeschäften

Problemeinführendes Beispiel

a) Studienrat Klein besitzt eine Computeranlage. Er erhält von seinem Freund Drewitz ein Angebot über eine gebrauchte, weitaus leistungsstärkere Anlage. Da Klein für eine zweite Anlage keine Verwendung hat, ihn aber das Angebot seines Freundes reizt, vereinbart er mit ihm, das Gerät zu kaufen, wenn es ihm gelingt, seine alte zu veräußern.

b) Gleicher Sachverhalt wie in a) mit folgender Änderung:

Klein und Drewitz schließen einen Kaufvertrag ab mit dem Zusatz, dass der Vertrag unwirksam werden soll, wenn Klein seine Anlage nicht veräußern kann.

c) Gottlieb möchte seiner Mutter zu Weihnachten ein Jahresabonnement für eine Wochenzeitschrift schenken. Er schließt daher mit dem Zeitschriftenverlag am 13. Okt. 01 einen Vertrag, in dem u.a. vereinbart wird, dass der Zeitschriftenverlag zum 24. Dez. 01 eine Benachrichtigung an die Mutter Gottliebs senden und mit dem 1. Jan. 02 mit der Zustellung der Zeitschrift beginnen solle. Am Ende des Jahres 02 soll die Lieferung eingestellt werden.

d) Zu ihrem Hochzeitstag, am 4. März, bestellen die Brautleute Beate und Bernd beim Konditormeister Süßbrot eine Hochzeitstorte.

In der Praxis sind Nebenbestimmungen bei den verschiedensten Rechtsgeschäften häufig anzutreffen. Diese können in der Form von Bedingungen, Befristungen oder der Festlegung von Terminen formuliert sein. In den Fällen a) und b) liegen Bedingungen, im Fall c) Terminabsprachen und Befristungen und im Fall d) eine Terminabsprache vor.

3.4.1 Bedingungen

Durch die Übernahme einer Bedingung in eine Willenserklärung wird die Wirksamkeit des betreffenden Rechtsgeschäfts von dem Eintritt bzw. Nichteintritt eines künftigen, im Zeitpunkt der Erklärung jedoch ungewissen Ereignisses abhängig gemacht.

Eine Bedingung ist die einem Rechtsgeschäft beigefügte Nebenbestimmung, durch welche die Wirksamkeit des betreffenden Rechtsgeschäfts von dem Eintritt (Nichteintritt) eines künftigen, noch ungewissen Ereignisses abhängig gemacht wird.

Die Bedingung kann auf zwei verschiedene Arten formuliert werden:

(1) Tritt das fragliche Ereignis ein, dann soll dadurch das betreffende Rechtsgeschäft erst wirksam werden (sog. **aufschiebende Bedingung**).

(2) Das Rechtsgeschäft wird zunächst wirksam abgeschlossen; tritt das fragliche Ereignis später dann ein, verliert das Rechtsgeschäft seine Gültigkeit (sog. **auflösende Bedingung**).

Gleichgültig, ob eine aufschiebende Bedingung (§ 158 Abs. 1 BGB) oder eine auflösende Bedingung (§ 158 Abs. 2 BGB) vereinbart ist, wird ein Schwebezustand geschaffen.

3.4.1.1 Aufschiebende Bedingung

Bei der aufschiebenden Bedingung ist das Rechtsgeschäft bis zum Eintritt der aufschiebenden Bedingung überhaupt nicht rechtswirksam; es ist also schwebend unwirksam. Dieser Schwebezustand wird durch den Eintritt bzw. Nichteintritt des als aufschiebende Bedingung formulierten Ereignisses beendet:

- Der Eintritt des Ereignisses begründet die Wirksamkeit des Rechtsgeschäfts; aus dem schwebend unwirksamen Rechtsgeschäft wird also ein voll wirksames.

  Kann Klein im Fall a) der Problemeinführung seine alte Computeranlage verkaufen, wird aus dem schwebend unwirksamen Kaufvertrag ein rechtswirksamer Kaufvertrag (§ 158 Abs. 1 BGB).

- Der Nichteintritt des als aufschiebende Bedingung formulierten Ereignisses führt dagegen zur endgültigen Unwirksamkeit des Rechtsgeschäfts; der alte vor dem Abschluss des Rechtsgeschäfts liegende Rechtszustand wird wieder hergestellt: Aus der schwebenden Unwirksamkeit wird eine endgültige Unwirksamkeit.

  Kann Klein im Fall a) der Problemeinführung seine Computeranlage nicht veräußern, ist die mit Drewitz getroffene Vereinbarung unwirksam geworden.

3.4.1.2 Auflösende Bedingung

In diesem Fall ist das Rechtsgeschäft zunächst rechtswirksam abgeschlossen worden. Durch das Eintreten des als auflösende Bedingung formulierten Ereignisses wird die Wirksamkeit jedoch zerstört und der ursprüngliche Rechtszustand wird wieder hergestellt (§ 158 Abs. 2 BGB). Eine auflösende Bedingung lässt ein schwebend wirksames Rechtsgeschäft entstehen. War bei der aufschiebenden Bedingung für die Unwirksamkeit des Rechtsgeschäfts ein Schwebezustand gegeben, so ist es bei der auflösenden Bedingung die Wirksamkeit des Rechtsgeschäfts, die sich in einem Schwebezustand befindet.

Der Schwebezustand wird bei der auflösenden Bedingung folgendermaßen beendet:

- Tritt das als auflösende Bedingung formulierte Ereignis ein, wird die Wirksamkeit des Rechtsgeschäfts zerstört, der frühere Rechtszustand wird wieder hergestellt (§ 158 Abs. 2 BGB).

  Kann Klein im Fall b) der Problemeinführung die alte Computeranlage nicht verkaufen (Nichtveräußerung war auflösendes Ereignis), wird die Wirksamkeit des Kaufvertrages zerstört. Die Vereinbarungen zwischen Klein und Drewitz sind unwirksam geworden.

- Tritt das betreffende Ereignis aber nicht ein, wird aus der schwebenden Wirksamkeit die endgültige Wirksamkeit des Rechtsgeschäfts.

  Kann Klein im Fall b) der Problemeinführung seine Computeranlage verkaufen (Nichteintritt der als auflösende Bedingung formulierten Nichtveräußerung), ist der Kaufvertrag zwischen ihm und Drewitz voll rechtswirksam geworden.

3.4.1.3 Befristete Verträge

Abzugrenzen ist das unter einer Bedingung abgeschlossene Rechtsgeschäft von dem befristeten Rechtsgeschäft, bei dem die Nebenbestimmung in einer Befristung besteht.

Eine Befristung ist eine Nebenabsprache, bei der die Wirksamkeit des Rechtsgeschäfts an ein zukünftiges, aber sicheres Ereignis, nämlich an einen bestimmten Termin geknüpft ist. Anstelle einer Terminangabe kann auch der Ablauf einer bestimmten Frist vereinbart werden.

Grundsätzlich werden Rechtsgeschäfte im Zeitpunkt ihres Abschlusses wirksam, d.h., die entsprechenden Rechtsfolgen treten unmittelbar nach ihrem Abschluss ein. In der Rechtspraxis hat es sich jedoch als zweckmäßig erwiesen, Rechtsgeschäfte abzuschließen, deren Rechtsfolgen erst nach Ablauf einer bestimmten Zeit bzw. an einem genau bestimmten Zeitpunkt eintreten sollen (vgl. Fälle c) und d) der Problemeinführung). Für die befristeten Rechtsgeschäfte gelten die Gesetzesbestimmungen über die aufschiebende und auflösende Bedingung entsprechend (§ 163 BGB).

3.4.1.4 Bedingungsfeindliche Rechtsgeschäfte

Eine Reihe von Rechtsgeschäften ist vom Gesetzgeber zu bedingungsfeindlichen Rechtsgeschäften erklärt worden, d.h., diese Rechtsgeschäfte dürfen nicht mit einer Bedingung versehen werden. Gründe für die Bedingungsfeindlichkeit können sein:

- Allgemeines und öffentliches Interesse
- Gründe der Sittlichkeit
- Interesse des Vertragspartners, dem die in einer Bedingung enthaltene Ungewissheit nicht zugemutet werden kann.

Gesetzlich besteht beispielsweise ein Bedingungsverbot (meistens gekoppelt mit einem Befristungsverbot) bei den meisten Rechtsgeschäften des Familienrechts, aber auch bei der Auflassung (§ 925 BGB) sowie bei der Annahme bzw. der Ausschlagung einer Erbschaft (§ 1947 BGB).

Eine andere Gruppe von Rechtsgeschäften verträgt auch ohne ausdrückliche Gesetzesbestimmung aufgrund ihrer Natur keinerlei Bedingung: Es sind dies besondere einseitige Rechtsgeschäfte, bei denen der Empfänger kein Gestaltungsrecht hat, z.B. Kündigung, Anfechtung, Rücktritt oder Widerruf.

3.4.2 Fristen und Termine

Die Zeit spielt im Rechtsleben eine wichtige Rolle, denn in sehr vielen Gesetzesvorschriften, in gerichtlichen Verfügungen oder in Verwaltungsakten, aber auch in Rechtsgeschäften sind Zeitangaben enthalten, vor allem in Form von Fristangaben.

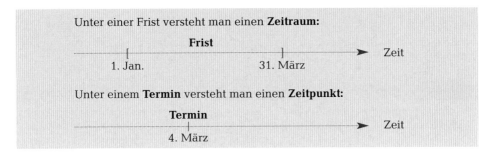

Da im Zivilrecht i.d.R. die kleinste Zeiteinheit ein Kalendertag ist, ist auch der zivilrechtliche Zeitpunkt streng genommen ein Zeitraum.

Kleinere Zeiteinheiten als ein Kalendertag werden z.B. beim Grundbuchamt berücksichtigt, da für die Reihenfolge der Eintragungen der genaue Zeitpunkt des Antrages maßgebend ist.

Für den gesamten Rechtsverkehr hat das BGB für die Frist- und Terminbestimmungen Auslegungsregeln aufgestellt (§§ 186 ff. BGB).

1. Beginn der Frist

Ist für den Beginn einer Frist ein Ereignis maßgebend (sog. **Ereignisfrist**), wird der Ereignistag im Normalfall nicht mitgezählt. Der erste Tag der Frist ist der auf den Ereignistag folgende Kalendertag (§ 187 Abs. 1 BGB).

Beispiel

Die Vertragspartner vereinbaren, dass die Zahlung vierzehn Tage nach der Lieferung erfolgen soll. Liefertermin ist der 19. März.

Der erste Tag der 14-Tage-Frist ist der 20. März; denn der Tag der Lieferung (Ereignistag) wird nicht mitgezählt. Durch Abzählen erhält man den letzten Tag der Frist: 2. April (24:00 Uhr).

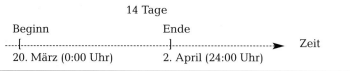

Ist dagegen der Beginn eines Tages der für den Anfang einer Frist maßgebende Zeitpunkt (sog. **Beginnfrist**, z.B. bei Mietverträgen), wird dieser Tag mitgezählt. Das Gleiche gilt für den Tag der Geburt, der ebenfalls mitgezählt wird.

Beispiele

1. Mietet jemand am 2. April, 14 Uhr, einen Pkw für 10 Tage, muss er den Wagen spätestens am 11. April zurückbringen, wenn keine andere Vereinbarung getroffen wurde. Der 2. April zählt in diesem Fall nämlich voll mit.

2. Uli ist am 23. Sept. 1971 (13.20 Uhr) geboren. Er vollendet sein 18. Lebensjahr am 22. Sept. 1989 (24:00 Uhr); denn auch in diesem Fall wird der Tag seiner Geburt voll mitgezählt.

---

2. Berechnung der Frist

Wie bereits erwähnt, ermittelt man das Ende einer Frist durch Abzählen. Mit Ablauf des letzten Tages, also um Mitternacht, endet die Frist. Dabei werden alle dazwischenliegenden Tage mitgezählt, auch die Sonn- und Feiertage.

Wird eine Frist nach Wochen, Monaten oder Jahren bestimmt, so ist ihr Ende im Falle der Ereignisfrist an dem Tag, der durch seine **Benennung oder seine Zahl dem Ereignistag** entspricht (§ 188 Abs. 2 BGB).

Beispiele

1. Karl hat einen amtlichen Bescheid erhalten, gegen den er gemäß der beigefügten Rechtsmittelbelehrung innerhalb eines Monats nach dem Zugang Widerspruch erheben kann. Der Bescheid ist ihm am **Dienstag**, 12. Mai, zugegangen. Die Widerspruchsfrist ist am **Freitag**, 12. Juni (24:00 Uhr), abgelaufen.

2. Jan hat sich beim Kauf eines Grundstückes vertraglich verpflichtet, den Kaufpreis in Höhe von 145 000,00 € vier Monate nach Vertragsabschluss zu zahlen. Der Kaufvertrag wurde am 17. Dezember abgeschlossen. Der Kaufpreis ist demnach fällig am 17. April des nächsten Jahres.

Handelt es sich dagegen um eine Beginnfrist und ist sie nach Wochen, Monaten oder Jahren bestimmt, dann endet sie mit dem Ablauf des Tages, welcher dem Tage vorgeht, der durch seine Benennung oder seine Zahl dem Anfangstage entspricht (§ 188 Abs. 2 BGB).

Beispiele

1. Die Konservenfabrik Kohl & Rübe GmbH hat für sechs Wochen einen Lagerraum gemietet. Beginn der Mietzeit ist der **Freitag**, 12. August. Die Mietzeit läuft in diesem Fall am **Donnerstag**, 22. September (24:00 Uhr), ab.

2. Die Familie Grün hat für ihren Sommerurlaub für drei Wochen ein Ferienhaus gemietet. Beginn der Mietzeit ist **Samstag**, 22. Juli. Die Mietzeit endet am **Freitag**, 11. August, um Mitternacht.

3. Der am 5. Jan. 07 geborene Andreas vollendet am 4. Jan. 08 um Mitternacht sein erstes Lebensjahr.

Außerdem ist zu berücksichtigen, dass im BGB anders als manchmal in der kaufmännischen Praxis die effektiven Kalendertage zu erfassen sind, d.h., ein Jahr wird mit 365 Kalendertagen (ein Schaltjahr selbstverständlich mit 366 Tagen) und die Monate werden mit ihren effektiven Tagen angesetzt. Eine Ausnahme bildet § 191 BGB: Handelt es sich um nicht zusammenhängende Zeiträume, wird das Jahr stets zu 365 Tagen und jeder Monat zu 30 Tagen angesetzt.

Beispiel

Ein selbständiger Außendienstmitarbeiter hat sich vertraglich verpflichtet, jährlich zehneinhalb Monate für seinen Vertragspartner tätig zu sein. Er hat seinen Vertrag erfüllt, wenn er jährlich an 315 Tagen arbeitet.

---

3. Besonderheiten der Fristberechnung

Fehlt bei einer nach Monaten bestimmten Frist im letzten Monat der für den Ablauf maßgebende Tag, so endet die Frist mit dem Ablauf des letzten Tages dieses Monats (§ 188 Abs. 3 BGB). Diese Regelung ist dann von Bedeutung, wenn der Ereignistag für den Fristbeginn am 31. eines Monats liegt und der Ereignistag selbst nicht mitgezählt wird (Normalfall) und die Fristangabe in Monaten ausgedrückt ist. Von Wichtigkeit kann diese Bestimmung auch dann werden, wenn der Endzeitpunkt rein rechnerisch auf den 29., 30. oder 31. Februar fällt.

Beispiele

1. Eine drei Monate nach dem Lieferungstag (31. Aug.) fällige Schuld ist demnach am 30. Nov. zu begleichen, da es den 31. Nov. im Kalender ja nicht gibt.

2. Jemand mietet für drei Monate am 30. Nov. einen Lkw. Die Mietzeit endet am 28. Febr. des nächsten Jahres, es sei denn, es würde sich um ein Schaltjahr handeln, dann wäre die Mietzeit am 29. Febr. abgelaufen.

Weitere Auslegungsregeln finden sich in den §§ 189–193 BGB:

- Unter einem halben Jahr wird eine Frist von sechs Monaten, unter einem Vierteljahr eine Frist von drei Monaten und unter einem halben Monat eine Frist von 15 Tagen verstanden (§ 189 Abs. 1 BGB).

- Unter Anfang des Monats wird der erste, unter Mitte des Monats der fünfzehnte und unter Ende des Monats der letzte Tag des Monats verstanden (§ 192 BGB).

- Ist am Ende einer Frist eine Willenserklärung abzugeben oder eine Leistung zu bewirken und fällt das **Fristende** (nicht der Fristbeginn!) auf einen Samstag oder Sonntag oder einen staatlich anerkannten Feiertag, so tritt an deren Stelle der nächste Werktag, d.h., es tritt eine Fristverlängerung um mindestens einen Tag ein (§ 193 BGB).

Zusammenfassung:

- In der Rechtspraxis werden häufig Nebenbestimmungen vereinbart. Hauptsächlich handelt es sich dabei um **Bedingungen** oder **Befristungen** (Frist- oder Termin-absprachen).

- Eine **Bedingung** (§ 158 BGB) ist eine Nebenbestimmung, durch die die Wirksamkeit des betreffenden Rechtsgeschäfts von dem Eintritt (Nichteintritt) eines künftigen, noch ungewissen Ereignisses abhängt.

Bedingungen

aufschiebende Bedingung (§ 158 Abs. 1 BGB)	**auflösende Bedingung** (§ 158 Abs. 2 BGB)
Bei Eintreten des Ereignisses wird das Rechtsgeschäft erst wirksam, vorher war das Rechts-geschäft unwirksam.	Ein bereits wirksam abge-schlossenes Rechtsgeschäft verliert mit Eintreten des Ereignisses seine Wirksamkeit.

- Eine **Befristung** (§ 163 BGB) ist eine Nebenbestimmung, bei der die Wirksamkeit eines Rechtsgeschäfts von einem zukünftigen, aber sicheren Ereignis (späterer Termin oder Ablauf einer angegebenen Frist) abhängt.

- Die kleinste Zeiteinheit im Zivilrecht ist grundsätzlich ein Tag. Für Frist- und Terminbestimmungen hat das BGB Auslegungsregeln vorgesehen:

§ 187 Abs. 1:	Ist ein Ereignis für den Beginn einer Frist maßgebend (Ereignis-frist), wird der Ereignistag nicht mitgezählt.
§ 188 Abs. 2:	In diesem Fall ist das Ende der nach Wochen, Monaten oder Jahren festgelegten Frist an dem Tag, der durch seine Benen-nung oder seine Zahl dem Ereignistag entspricht.

§ 187 Abs. 2:	Ist dagegen der Beginn eines Tages der für den Anfang einer Frist maßgebende Zeitpunkt (Beginnfrist), wird dieser Tag mit-gezählt.
§ 188 Abs. 2:	In diesem Fall endet die Frist mit Ablauf des Tages, welcher dem Tage vorgeht, der durch seine Benennung oder seine Zahl dem Anfangstage entspricht.

Weitere Auslegungsregeln: vgl. §§ 188–193 BGB.

- Für zahlreiche Rechtsgeschäfte sind Bedingungen oder Befristungen nicht zulässig (sog. **bedingungsfeindliche Rechtsgeschäfte**):

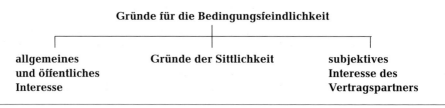

■ Übungsaufgaben:

1. Nennen Sie die Unterschiede zwischen einer aufschiebenden und einer auflösenden Bedingung. Bilden Sie für beide Bedingungsarten je zwei Beispiele. 3/26

2. Nennen Sie Gründe dafür, dass einige Rechtsgeschäfte bedingungsfeindlich sind.

3. Wodurch unterscheiden sich Ereignis- und Beginnfristen?

1. Jemand mietet am 12.12.01 eine Garage für sechs Monate. Als Mietbeginn wird der 15.12.01 vereinbart. Ermitteln Sie das Ende des Mietvertrages. 3/27

2. Knut ist am 13.2.01 geboren. An welchem Tag hat Knut

   a)   das 7. Lebensjahr vollendet,

   b)   das 18. Lebensjahr vollendet?

Heiko mietet von seinem Kollegen ein Ferienhaus für 35 Tage. Beide haben den 15.6. als Mietbeginn vereinbart. Wann spätestens muss Heiko das Ferienhaus geräumt haben? 3/28

3.5   Verjährung

3.5.1 Verjährung von Ansprüchen

Ein Anspruch kann statt erlöschen auch verjähren. So bestimmt §194 BGB: „Das Recht, von einem anderen ein Tun oder Unterlassen zu verlangen (Anspruch), unterliegt der Verjährung." Nur Ansprüche können durch Zeitablauf verjähren. Zu beachten ist, dass ein verjährter Anspruch nicht untergegangen oder erloschen ist, es steht ihm lediglich ein Leistungsverweigerungsrecht des Anspruchsgegners gegenüber. Bestimmte Ansprüche können kraft Gesetz nicht verjähren (§§194 Abs. 2, 758, 898, 902, 924 usw. BGB).

> Verjährung ist eine Berechtigung des Schuldners, die Leistung zu verweigern (§222 Abs. 1 BGB).

Da der verjährte Anspruch nicht untergeht oder erlischt, kann der Schuldner seine Leistungspflicht dennoch erfüllen oder anerkennen. Erfüllt beispielsweise ein Schuldner trotz der Verjährung des Anspruchs, kann das Geleistete auch dann nicht zurückgefordert werden, wenn die Leistung in Unkenntnis der Verjährung bewirkt worden ist (§222 Abs. 2 BGB). *§ 214 I BGB*

Wird im Prozess die Verjährung vom Schuldner erklärt, muss die Klage abgewiesen werden. Dieses Leistungsverweigerungsrecht nennt man Einrede.

Ein Schuldner kann dann die Verjährung nicht als Einrede geltend machen, wenn das Berufen auf Verjährung rechtsmissbräuchlich ist, d.h. gegen Treu und Glauben nach §242 BGB verstößt. Dies ist stets dann der Fall, wenn der Schuldner durch sein Verhalten den Gläubiger an der rechtzeitigen Geltendmachung seines Anspruchs gehindert hat. Dies kann ein Schuldner durch häufigen Wohnungswechsel, falsche polizeiliche Anmeldung oder Vergleichsverhandlungen erreichen.

Beispiel

Der freiberufliche Anlageberater Ferdi Fies schuldet dem Gläubiger Gernot Groß 100.000,00 €.

Unmittelbar vor Ablauf der Verjährungsfrist verzieht Fies mit unbekanntem Ziel. Während der polizeilichen Nachforschungen läuft die Verjährungsfrist ab. Ferdi Fies meldet sich nach Ablauf der Verjährungsfrist wieder und beruft sich auf die Verjährung. Die Einrede der Verjährung ist in diesem Fall rechtsmissbräuchlich und unzulässig, da sie gegen das Gebot von Treu und Glauben nach §242 BGB verstößt.

Die Verjährung hat im Wesentlichen folgende Wirkungen:

1. Nichterzwingbarkeit des Anspruchs (§ 194 BGB),

2. mit dem Hauptanspruch verjähren auch die Nebenleistungen (z.B. Zinsen, Kosten) (§ 217 BGB),

3. trotz der Verjährung kann sich der Anspruchsberechtigte aus den bestellten Pfändern befriedigen (§ 216 BGB).

Die Verjährungsfristen sind je nach Anspruch unterschiedlich.

a) Verjährungsfristen

> Unter einer **Frist** versteht man abgegrenzte, bestimmbare Zeiträume, vor deren Ablauf eine Handlung oder ein Ereignis wirksam werden muss, um fristgerecht zu sein.
>
> **Termine** sind bestimmte Zeitpunkte, an denen etwas geschehen soll oder an denen eine Wirkung eintritt.

(1.) Regelmäßige Verjährungsfrist: (§ 195 BGB)

Die regelmäßige Verjährungsfrist beträgt drei Jahre.

(2.) Besondere Verjährungsfrist von 10 Jahren (§ 196 BGB)

Hierzu zählen Rechte an Grundstücken (z. B. die Übertragung bzw. Einräumung von bestimmten dinglichen Rechten an Grundstücken) sowie Ansprüche auf Gegenleistung (d. h. Zahlung) bei Grundstücken.

(3.) Besondere Verjährung von 30 Jahren (§ 200 f. BGB)

Diese gelten für

- **Herausgabeansprüche aus Eigentum und anderen dinglichen Rechten (z. B. Pfandrecht);** der Beginn der Verjährung geht einher mit der Entstehung des Anspruchs,

- **Familien- und erbrechtliche Ansprüche**[1]; auch hier liegt der Beginn der Verjährung in der Entstehung des Anspruchs,

- **rechtskräftig festgestellte Ansprüche (aufgrund eines Urteils)**[1]; der Beginn der Verjährung ist identisch mit der Rechtskraft der Entscheidung,

- **Ansprüche aus vollstreckbaren Vergleichen bzw. Urkunden (Vollstreckungsbescheid)**[1]; Beginn der Verjährung erfolgt mit der Errichtung des vollstreckbaren Titels,

- **vollstreckbare Ansprüche aus Insolvenzen**[1]; Beginn der Verjährung ist die Feststellung im Insolvenzverfahren.

---

[1] sofern es sich hier um **regelmäßig wiederkehrende Leistungen** handelt, gilt auch hier die Verjährungsfrist von drei Jahren.

Bei der Frage des Verjährungs*ablaufs* verschiebt sich die Tendenz von der – nunmehr »Neubeginn« genannten – Unterbrechung der Verjährung hin zu Hemmungstatbeständen.

b) Beginn und Ende der Verjährungsfristen

(1.) Regelmäßige Verjährung (§ 195 BGB)

● **Beginn der Verjährungsfrist**

– Voraussetzungen:

   1. Entstehung des Anspruches (z. B. Fälligkeit einer Lieferrechnung)

   und

   2. Kenntnis oder grob fahrlässige Unkenntnis des Gläubigers hinsichtlich

     ● der Entstehungsgründe (z. B. Kaufvertrag) sowie

     ● der Person des Schuldners

– Im **Regelfall** besteht zwischen den beiden Voraussetzungen keine zeitliche Differenz:

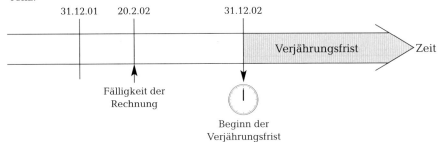

– Zwischen der Entstehung des Anspruchs und der Kenntnisnahme hinsichtlich der Umstände der Anspruchsentstehung und des Schuldners besteht eine zeitliche Differenz.

Beispiel

Anton schuldet Bert 10.000 €, fällig am 31.3.01. Bevor Anton leistet, stirbt Bert. Berts Erbe, Großneffe Carl, ist seit einigen Jahren in Australien. Er erfährt vom Tod seines Großonkels und der Erbschaft erst am 10.1.02. Da Berts Unterlagen unvollständig und ungeordnet sind, stößt Carl erst zu Beginn des Jahres 03 auf die Forderung gegen Anton.

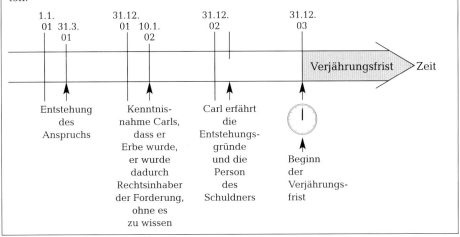

● **Höchstfrist**

– Sind seit der **Entstehung des Anspruchs** zehn Jahre vergangen, ist der Anspruch verjährt (§ 199 Abs. 4 BGB).

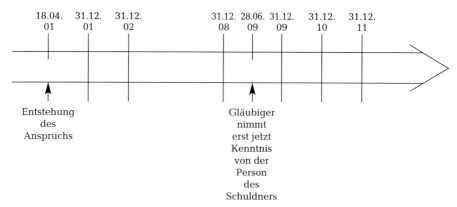

Kommentar:

Nach § 199 Abs. 1 BGB beginnt die Verjährungsfrist am 31.12.09 und würde demnach am 31.12.12 enden. Dagegen aber sieht § 199 Abs. 4 BGB vor, dass zehn Jahre nach der Entstehung, also am **18.04.11,** die Verjährung eingetreten ist.

– Ausnahmen: Höchstfristen bei Schadensersatzansprüchen (§ 199 Abs. 2 und Abs. 3 BGB).

*) Schadensersatzansprüche, die auf Verletzung des Lebens, des Körpers, der Gesundheit oder der Freiheit beruhen

Normalerweise unterliegen diese Ansprüche der regelmäßigen Verjährung und sind demnach nach Ablauf von drei Jahren verjährt.

Hat aber der Geschädigte die in § 199 Abs. 1 BGB genannten Kenntnisse nicht, ist die Verjährung **nach Ablauf von 30 Jahren ab der schädigenden Handlung** eingetreten.

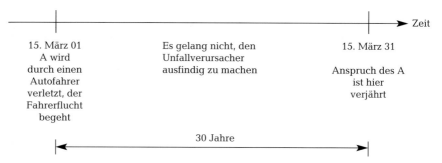

*) übrige Schadensersatzansprüche (§ 199 Abs. 3 BGB)

Auch diese Ansprüche unterliegen der regelmäßigen Verjährung und sind demnach normalerweise nach drei Jahren verjährt.

**) der Geschädigte hat keine Kenntnis hinsichtlich der Entstehungsursache und/ oder hinsichtlich der Person des Verursachers

> Verjährung ist nach 30 Jahren ab der Entstehung des Anspruchs eingetreten.

**) der Geschädigte hat zusätzlich keine Information über die Entstehung des Anspruchs.

> Verjährung ist nach 30 Jahren ab der Entstehung des Anspruchs eingetreten.

WICHTIG:
Die früher endende Frist löst die Verjährung aus.

(2.) Beginn und Ende bei den besonderen Verjährungsfristen

– 10-jährige Verjährungsfrist

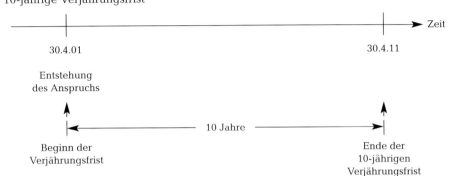

– 30-jährige Verjährungsfrist

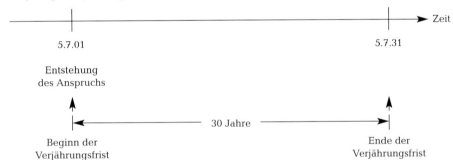

Zusammenfassung: Verjährungsfristen

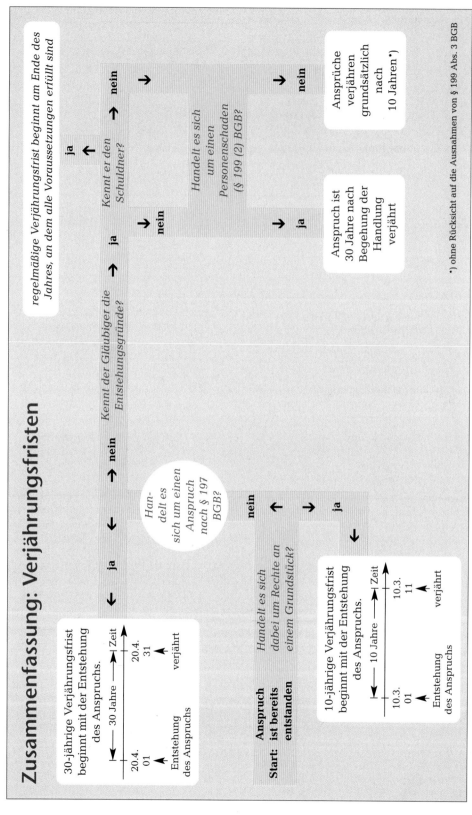

30-jährige Verjährungsfrist beginnt mit der Entstehung des Anspruchs.

regelmäßige Verjährungsfrist beginnt am Ende des Jahres, an dem alle Voraussetzungen erfüllt sind

Kennt der Gläubiger die Entstehungsgründe?

Kennt er den Schuldner?

Handelt es sich um einen Personenschaden (§ 199 (2) BGB?

Ansprüche verjähren grundsätzlich nach 10 Jahren*)

Anspruch ist 30 Jahre nach Begehung der Handlung verjährt

Handelt es sich um einen Anspruch nach § 197 BGB?

Anspruch ist bereits entstanden

Start:

Handelt es sich dabei um Rechte an einem Grundstück?

10-jährige Verjährungsfrist beginnt mit der Entstehung des Anspruchs.

ja — nein — ja — nein — ja — nein — ja — nein

*) ohne Rücksicht auf die Ausnahmen von § 199 Abs. 3 BGB

c) Hemmung der Verjährung

(1.) Wirkung der Hemmung (§ 209 BGB)

Die Hemmung bewirkt, dass die Verjährung während des Zeitraums der Hemmung angehalten wird.

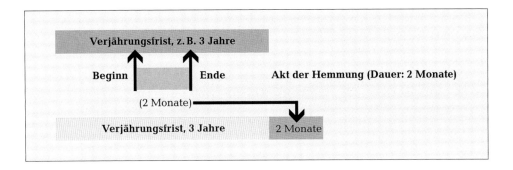

(2.) Hemmungsgründe (§§ 203 ff. BGB)

- **Hemmung der Verjährung bei Verhandlung zwischen dem Schuldner und dem Gläubiger über den Anspruch (§ 203 BGB).**

Solange über einen Anspruch zwischen den Parteien verhandelt wird, ist die Verjährung gehemmt (§ 203 BGB). Die Aufnahme der Verhandlungen markiert den Beginn der Hemmung; diese dauert solange, bis eine der beiden Parteien die Verhandlungen abbricht. Die Verjährung tritt in diesem Fall frühestens drei Monate nach dem Ende der Hemmung ein.

Beispiel

A fordert am 12.11.04 von B die Zahlung von 2.000 €. Anspruchsgrundlage ist ein Kaufvertrag zwischen den beiden. A hat B am 17.12.01 Waren für 6.000 € geliefert. B hat aufgrund nachgewiesener Sachmängel nur 4.000 € an A überwiesen. Unmittelbar nach der Überweisung hat A die Restzahlung zwar angefordert, aber danach die Angelegenheit aus irgendwelchen Gründen ruhen lassen.

Erst kurz vor Ablauf der Verjährungsfrist kommt A auf die ausstehenden Forderungen zurück. B verharrt auf seinem bisherigen Standpunkt, erklärt sich aber am 20.11.04 bereit, mit A in Verhandlungen zu treten. Beide verteidigen kompromisslos ihre jeweilige Position. Am 15.12.04 erklärt B, dass es keinen Sinn mehr mache, weiter zu verhandeln. Wann ist die Forderung verjährt?

Lösung

Die Verjährungsfrist beginnt am 31.12.01 und wäre am 31.12.04 beendet (§ 195 iVm § 199 BGB). Die Aufnahme von Verhandlungen am 20.11.04 zwischen A und B löst die Hemmung aus, die mit deren Abbruch am 15.12.04 beendet wird, also ist die Verjährungsfrist 25 Tage gehemmt. Um eben diese 25 Tage wird die Verjährung verschoben, d.h., die Forderung wäre erst am 25.1.05 verjährt. Da aber zwischen dem Abbruch und dem Eintritt der Verjährung mindestens drei Monate liegen müssen (§ 203 BGB), tritt die Verjährung erst am 15.3.05 ein.

● **Hemmung der Verjährung durch Rechtsverfolgung (204 BGB).**

DieVerjährung wird auch gehemmt dadurch, dass u. a.

- Klage erhoben wird oder

- ein Mahnbescheid zugestellt wird oder

- der Anspruch im Insolvenzverfahren angemeldet wird.

In diesen Fällen endet die Hemmung sechs Monate nach der rechtskräftigen Entscheidung oder der anderweitigen Beendung des eingeleiteten Verfahrens.

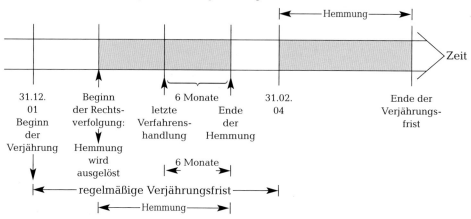

Beispiel

Sarah hat gegen Knut eine am 12.5.01 fällige Forderung mit regelmäßiger Verjährungsfrist über 2.000 €. Knut leistet nicht. Daher lässt Sarah ihm am 23.4.03 einen Mahnbescheid zustellen. Dagegen erhebt Knut am 2.5.03 Widerspruch. Das Gericht fordert Sarah danach am 5.6.03 auf, ihren Anspruch zu begründen. Sarah unternimmt daraufhin nichts.

Lösung

Es handelt sich um eine regelmäßige Verjährung, deren Frist am 31.12.01 beginnt und bei der am 31.12.04 die Verjährung eingetreten wäre. Die Zustellung des Mahnbescheides am 23.4.03 stoppt die Verjährungsfrist (Hemmung nach § 204 BGB). Da Sarah das Mahnverfahren nicht weiter betreibt, ist die letzte Vertragsverhandlung maßgebend für die Ermittlung des Endes der Hemmung. Die Hemmung endet nach § 204 Abs. 2 BGB sechs Monate nach dem Schreiben des Gerichts vom 5.6.03 (letzte Verfahrenshandlung), also am 5.12.03. Demnach war die Verjährung vom 23.4.03 bis 5.12.03 gehemmt (226 Tage). Um diese 226 Tage wird das Verjährungsende hinausgeschoben, d.h., die Verjährung tritt demnach erst am 14.8.05 ein. Ist das Jahr 04 ein Schaltjahr, ist die Forderung bereits am 13.8.05 verjährt.

● **Hemmung der Verjährung bei Leistungsverweigerungsrecht (205 BGB).**

Solange der Schuldner aus irgendeinem Grund berechtigt ist, den Anspruch des Gläubigers vorübergend zu verweigern, ist die Verjährung gehemmt.

Beispiel

Rebecca hat eine am 19.11.01 fällige Forderung (regelmäßige Verjährung) gegen ihre Freundin Claudia. Da Claudia unmittelbar zu Beginn des Jahres 02 eine unvorhersehbare, große Ausgabe hat, bietet ihr Rebecca am 20.1.02 an, die Forderung zehn Monate lang zu stunden. Wann ist die Forderung Rebeccas verjährt?

Die Verjährung beginnt am 31.12.01. Die Verjährung wäre am 31.12.04 eingetreten. Die Einlassung Rebeccas am 20.1.02, die Forderung zehn Monate lang zu stunden, löst eine Hemmung der Verjährung aus, deren Ende nach dem Ablauf der zehn Monate, also am 20.11.02, liegt. Um diese zehn Monate wird das Verjährungsende hinausgeschoben, also ist diese Forderung erst am 31.10.05 verjährt.

Hinweis: Es sei unterstellt, dass mit der Gewährung der Stundung kein Neubeginn der Verjährung iSv. § 212 BGB eingetreten ist.

● **Hemmung durch höhere Gewalt**

Eine Hemmung ist auch dann gegeben, wenn der Gläubiger während der letzten sechs Monate der Verjährungsfrist für eine bestimmte Zeit durch höhere Gewalt gehindert ist, seine Ansprüche durch Rechtsverfolgung durchzusetzen.

Georg hat am 23.11.01 seinem Freund Kurt einen Pkw für 10.000 € verkauft. Kurt bleibt die Zahlung schuldig. Beide wohnen in einer Stadt am Rhein.

Georg wagt es lange nicht, gegen seinen Freund energisch vorzugehen. Am 25.6.04 kommt es zu einem Jahrhunderthochwasser. Die Stadt muss vollkommen evakuiert werden. Alle Behörden müssen wegen der Überschwemmung geschlossen werden. Erst nachdem sich das Hochwasser zurückgezogen hat und die gröbsten Aufräumarbeiten beendet sind, normalisiert sich das Leben in dieser Stadt wieder. Am 4.8.04 öffnen alle Behörden der Stadt. Wann ist die Forderung Georgs verjährt?

Es handelt sich um eine regelmäßige Verjährungsfrist, die mit dem 31.12.01 beginnt und mit dem 31.12.04 endet. Da aber Georg für eine bestimmte Zeit an der Rechtsverfolgung durch das Hochwasser gehindert ist, ist ein Hemmungsgrund dann gegeben, wenn die betreffende Zeit innerhalb der letzten sechs Monate der Verjährungsfrist liegt.

Das Hochwasser setzt am 25.6.04 ein, aber erst die Zeit nach dem 30.6. liegt innerhalb der letzten sechs Monate der Verjährungsfrist, sodass erst damit die Hemmung beginnt, die dann am 4.8.04 endet. Die Hemmung währt also 35 Tage, sodass die Verjährung erst am 4.2.05 eintritt.

● **Weitere Hemmungsgründe**

– § 207 BGB: Hemmung der Verjährung aus familiären und ähnlichen Gründen

– § 208 BGB: Hemmung der Verjährung bei Ansprüchen wegen Verletzung der sexuellen Selbstbestimmung.

Auf diese Hemmungsgründe soll hier nicht näher eingegangen werden.

d) Neubeginn der Verjährung (= Unterbrechung, § 212 BGB)

Ab dem Zeitpunkt der Unterbrechung beginnt die Verjährungsfrist neu zu laufen. Die folgenden aufgeführten Ereignisse führen zum Abbruch der Verjährung und dem Neubeginn der Verjährungsfrist:

- **Von Seiten des Schuldners:** durch **Schuldanerkenntnis** (Teilzahlung, Zinszahlung, Bitte um Stundung, Stellung einer Sicherheitsleistung, Anerkennung von Mangelansprüchen durch Mangelbeseitigung z. B. Nachbesserung)

- **Von Seiten des Gläubigers:** durch Antrag oder Vornahme einer gerichtlichen oder behördlichen Vollstreckungshandlung

Während bei der Hemmung die Verjährungsfrist um die Zeitspanne der Hemmung verlängert wird, beginnt in diesem Fall die Verjährungsfrist von neuem. Die Zeit vor der Unterbrechung wird also nicht gezählt.

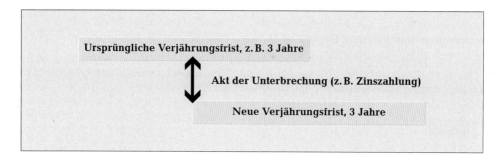

a) Beispiel bei Hemmung

Eine Forderung des Klempnermeisters Karl Kropp wegen erbrachter Reparaturleistungen an dem Privathaus des Gärtnermeisters Martin Meier wurde am 20.12.03 fällig. Trotz mehrmaliger Mahnungen zahlte Meier nicht. Knopp bediente sich hierbei nicht des gerichtlichen Mahnverfahrens (Mahnbescheid).

Den Herbsturlaub 06 verbrachte Karl Kropp auf einer sonnigen Südseeinsel. Auf dem Rückflug wurde das Flugzeug am 01.10.06 von Terroristen entführt. Karl Kropp wurde als Geisel festgehalten und erst nach zwei Monaten ausgetauscht. Wann sind Beginn und Ende der Verjährungsfrist?

Die Forderung war am 20.12.03 fällig. Sie unterliegt nach § 199 BGB der regelmäßigen Verjährungsfrist von drei Jahren. Der Beginn der Verjährungsfrist war nach § 199 BGB am 31.12.03 (24:00 Uhr). Infolge der Entführung war Kropp für zwei Monate an der Verfolgung seiner Rechte verhindert. Denn nach § 206 BGB liegt höhere Gewalt stets dann vor, wenn die Verhinderung auf Ereignissen beruht, die auch durch äußerste, billigerweise zu erwartende Sorgfalt nicht vorausgesehen und verhütet werden konnte. Da diese Hemmung innerhalb der letzten sechs Monate der Verjährungsfrist lag (normales Ende der Verjährungsfrist war 31.12.06), verlängert sich nunmehr die Verjährungsfrist bis zum 28.2.07 (vgl. § 188 Abs. 3 BGB: Fehlt bei einer nach Monaten bestimmten Frist in dem letzten Monat der für ihren Ablauf maßgebende Tag, so endigt die Frist mit dem Ablauf des letzten Tages dieses Monats).

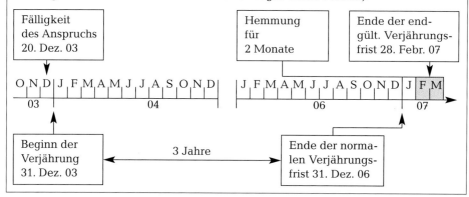

Bei der Stundung als Hemmungsgrund ist Folgendes zu beachten: Eine Stundung i. S. des § 205 BGB ist eine nach dem Verjährungsbeginn getroffene Vereinbarung der Leistungspartner, durch die die Fälligkeit des Anspruchs hinausgeschoben wird. Wird die Stundung schon beim Vertragsabschluss vereinbart, so beginnt die Verjährung erst nach Ablauf der Stundungsfrist. Ein einseitiges Stundungsangebot hemmt nicht, erforderlich ist stets eine vertragliche Abrede. Die Stundungsvereinbarung führt aber gleichzeitig zu einem Neubeginn, da sie ein Anerkenntnis i. S. des § 212 BGB beinhaltet. Nach Ende der Stundungszeit beginnt die Verjährung neu zu laufen.

---

b) Beispiel bei Stundung (Hemmung und Unterbrechung)

Die WIDROLA GmbH hat gegen Paul Dinger eine Forderung in Höhe von 1.250,00 € aus Warenlieferungen, fällig am 13.11.07.

Am 1.3.08 bat Dinger um eine Stundung von einem Monat. Die WIDROLA GmbH als Gläubigerin zeigte sich mit der Stundung bis zum 1.4.08 einverstanden. Wann beginnt und endet die Verjährungsfrist?

Nach § 199 Abs. 1 BGB ist für die Forderung der WIDROLA GmbH die dreijährige Verjährungsfrist maßgebend. Die Verjährung beginnt nach § 199 BGB am 31.12.07 (24:00 Uhr) und endet grundsätzlich am 31.12.10 (24:00 Uhr). Die Stundung von einem Monat stellt eine Hemmung i.S. von § 205 BGB und gleichzeitig einen Neubeginn i.S. von § 212 BGB dar. Die Verjährung beginnt am 01.4.08 neu zu laufen und endet demnach grundsätzlich am 31.3.11 (Priorität der Unterbrechung vor der Hemmung).

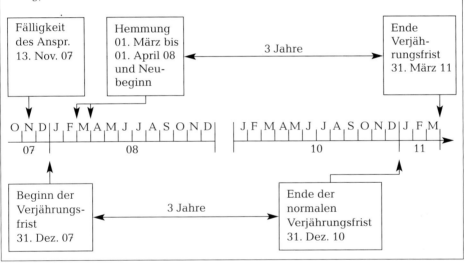

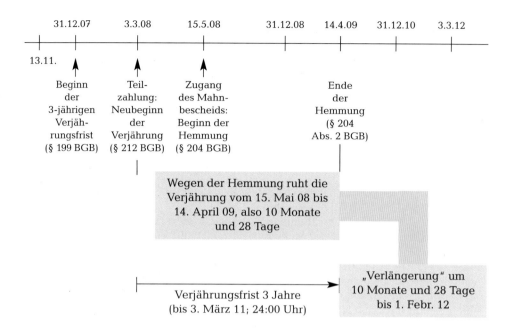

| 31.12.07 | 3.3.08 | 15.5.08 | 31.12.08 | 14.4.09 | 31.12.10 | 3.3.12 |

13.11.

Beginn der 3-jährigen Verjährungsfrist (§ 199 BGB)

Teilzahlung: Neubeginn der Verjährung (§ 212 BGB)

Zugang des Mahnbescheids: Beginn der Hemmung (§ 204 BGB)

Ende der Hemmung (§ 204 Abs. 2 BGB)

Wegen der Hemmung ruht die Verjährung vom 15. Mai 08 bis 14. April 09, also 10 Monate und 28 Tage

Verjährungsfrist 3 Jahre (bis 3. März 11; 24:00 Uhr)

„Verlängerung" um 10 Monate und 28 Tage bis 1. Febr. 12

■ Übungsaufgaben: Bürgerlich-rechtliche Verjährung

3/29 Wann sind Beginn und Ende der Verjährung in den folgenden Fällen?

a) Ein Student verkauft seinem Sportsfreund sein gebrauchtes Surfbrett am 15.5.01.

b) Der kaufmännische Angestellte Anton Flitz kauft am 2.5.01 im Zweiradgeschäft Hardy Kist ein Rennrad für 3.000,00 € auf Ziel; Zahlungsziel 1 Monat.

c) Anton Flitz (Fall b) kann bei dem von ihm bestrittenen Amateurrennen keine erheblichen Siegprämien herausfahren. Folglich kann er die Rennmaschine nicht bezahlen. Hardy Kist schickt ihm am 1.7.01 eine schriftliche Mahnung.

d) Am 15.1.02 bittet Flitz um eine Stundung bis zu seinem Geburtstag am 15.2.02, denn dann kann er mit dem zu erwartenden Geldsegen seiner Patentante die Schuld begleichen. Kist stimmt zu.

e) Als Flitz auch nach seinem Geburtstag noch nicht bezahlt hat, beantragt Kist einen Mahnbescheid, der Flitz am 11.11.02 zugestellt wird; Flitz legt Widerspruch ein.

3/30 Die Möbelfabrik Manfred Muffler hat gegenüber dem Möbelhaus Möbel-Knacke eine Forderung lt. Rechnung vom 1.10.01 über 28.000,00 €, Zahlungsziel 30 Tage, bei Zahlung innerhalb 14 Tagen mit Abzug von 3 % Skonto. Am 15.11.01 bittet Möbel-Knacke um Stundung für 6 Monate bei Stundungszinsen von 12 % p.a.

Die Fa. Manfred Muffler erklärt sich mit dem Antrag einverstanden.

Wann sind Beginn und Ende der Verjährung?

3.5.2 Fristen bei öffentlich-rechtlichen Abgaben

Die Berechnung der Fristen bei öffentlichen Abgaben ist in der Abgabenordnung (AO) geregelt. Im § 108 Abs. 1 AO ist in diesem Zusammenhang auf die Vorschriften im BGB verwiesen.

Die meisten steuerlichen Fristen sind sog. Ereignisfristen (§ 187 Abs. 1 BGB), d. h., der Ereignistag wird bei der Fristberechnung nicht mitgezählt. Die Frist beginnt also erst mit dem auf das Ereignis folgenden Tag. Da nicht alle Verwaltungsakte der Steuerbehörde förmlich (z.B. durch Einschreiben) zugestellt werden und daher der Zeitpunkt der Zustellung nicht nachweisbar ist, ist in der Abgabenordnung die sog. **Bekanntgabefiktion** (§ 122 Abs. 2 AO) enthalten, nach der unterstellt wird, dass der Verwaltungsakt am dritten Tag nach seiner Aufgabe bei der Post dem Empfänger zugeht. Dabei ist es unerheblich, auf welchen Wochentag dieser Tag fällt.

Beispiel

Im Tarifvertrag wurde vereinbart, dass für die Geltendmachung von Lohn- und Gehaltsansprüchen eine Ausschlussfrist von drei Monaten gelten soll. Dem Angestellten Klug wurde bereits für die Monate Januar bis einschließlich April kein Gehalt mehr ausbezahlt. Gehaltsansprüche verjähren zwar nach § 196 Abs. 1, Ziff. 8 BGB, nach zwei Jahren. Die im Tarifvertrag enthaltene Ausschlussfrist besagt aber, dass der Anspruch des Angestellten Klug nach drei Monaten nicht nur nicht mehr durchsetzbar, sondern sogar endgültig erloschen ist, wenn sich der Arbeitgeber auf diese Ausschlussfrist beruft.

Die obigen Ausführungen gelten grundsätzlich für alle von einer Behörde gesetzten oder gewährten Fristen.

Für die Berechnung des Fristendes gelten die Vorschriften des § 188 Abs. 1 BGB, d. h., eine Frist endet um Mitternacht des letzten Tages der Frist. Eine gegenüber der Behörde abgegebene Erklärung muss also bis um 24:00 Uhr des letzten Tages der Frist (Ausnahme: der letzte Tag ist ein Samstag, Sonntag oder ein staatlich anerkannter Feiertag) in die Machtsphäre der Behörde gelangt sein. In diesem Zusammenhang muss auf folgende Besonderheit eingegangen werden:

Hat die Behörde einen normalen Briefkasten, kann sie nicht entscheiden, ob die Post vor oder nach 24:00 Uhr eingeworfen wurde. Daher wird die gesamte „Nachtpost" so behandelt, als sei sie am Vortage zugegangen.

Hat die Behörde aber einen besonders gekennzeichneten Nachtbriefkasten, wird die eingeworfene Post genau dem Tag zugeordnet, an dem der Einwurf auch erfolgt.

Beispiel

Der Steuerpflichtige hatte nach der auf dem Steuerbescheid angebrachten Rechtsmittelbelehrung eine Einspruchsfrist von einem Monat. Der Steuerbescheid wurde am Freitag, 1.6., vom Finanzamt zur Post gegeben.

a) Der Steuerpflichtige wirft seine Einspruchserklärung in der Nacht vom 4. auf den 5.7. in den „normalen" Briefkasten der Behörde um 2:30 Uhr ein.

b) Er wirft seine Einspruchserklärung ebenfalls in der Nacht vom 4. auf den 5.7. um 0:30 Uhr in den Nachtbriefkasten ein.

Lösung

Der Steuerbescheid galt aufgrund der Bekanntgabefiktion als am Montag, 04.6., dem Steuerpflichtigen zugegangen (Ereignistag). Die Einspruchsfrist beginnt am Dienstag,

05.6. (00:00 Uhr) und endet am Mittwoch, 4.7. (24:00 Uhr). Der Steuerpflichtige kann also seinen Einspruch bis um Mitternacht des 4.7. geltend machen, indem er bis zu diesem Zeitpunkt seinen Einspruch in den Machtbereich des Finanzamtes gelangen lässt.

a) Der Steuerpflichtige wirft sein Schreiben in den normalen Briefkasten des Finanzamtes am Donnerstag, 5.7., ein. Da es für das Finanzamt unmöglich ist festzustellen, ob das Schreiben vor Mitternacht, also noch am 4.7. oder nach Mitternacht, also schon am 5.7. in seinen Machtbereich gelangte, gilt das Schreiben als vor Mitternacht, also noch am 4.7., eingeworfen. Die Einspruchserklärung ist also rechtzeitig abgegeben worden.

b) Wirft er sein Einspruchschreiben in den besonders gekennzeichneten Nachtbriefkasten des Finanzamtes, muss er darauf achten, dass er es am 4.7. bis 24:00 Uhr eingeworfen hat, weil es ansonsten am 5.7. zugegangen ist. Da der Steuerpflichtige sein Schreiben erst nach Mitternacht (um 0:30 Uhr) in den Nachtbriefkasten warf, ist das Schreiben am 5.7. zugegangen, d.h., der Einspruch ist nicht rechtzeitig erklärt worden.

Hinsichtlich Wochen- und Monatsfristen gelten die allgemeinen Regeln des BGB (§ 188 BGB), ebenso die besonderen Auslegungsregeln der §§ 189–193 BGB. § 108 Abs. 3 AO erweitert die Bestimmung des § 193 BGB auch auf Verjährungsfristen.

Das Finanzamt kann behördliche Fristen nach § 109 Abs. 1 AO nach freiem Ermessen verlängern. Dagegen sind die gesetzlichen Ausschlussfristen grundsätzlich nicht verlängerbar (z. B. Rechtsbehelfsfristen, Angebotsfristen). Bedeutung haben die Ausschlussfristen als Angebotsfristen im Verwaltungsbereich vor allem bei der Abgabe von Angeboten, die nach VOB ausgeschrieben waren. Die Ausschlussfrist läuft mit Öffnung der Angebote am Eröffnungstermin ab (Submission).

Wirkungen der Verjährungsfrist bei öffentlichen Abgaben:

Nach der Abgabenordnung werden folgende Verjährungsfristen unterschieden:

- Festsetzungsverjährung (§§ 169 ff. AO)
- Zahlungsverjährung (§§ 228 ff. AO)

Die **Festsetzungsverjährung** bedeutet, dass eine Steuerfestsetzung sowie ihre Aufhebung oder Änderung nicht mehr zulässig sind, wenn die Festsetzungsfrist abgelaufen ist. Die entsprechenden Fristen sind nach § 169 AO:

- Ein Jahr: für Zölle, Verbrauchsteuern, Zollvergütung und Verbrauchsteuervergütungen
- Vier Jahre: für andere Steuern und Steuervergütungen
- Fünf Jahre: bei leichtfertiger Steuerverkürzung
- Zehn Jahre: bei Steuerhinterziehung

Die **Zahlungsverjährung** bedeutet, dass Ansprüche aus dem Steuerschuldverhältnis verjähren. Die Frist beträgt fünf Jahre. Die Verjährung beginnt mit dem Ablauf des Kalenderjahres, in dem der Anspruch erstmals fällig geworden ist (§ 229 AO).

3.5.3 Abgrenzung der Verjährung zu der Befristung

Durch die **Ausschlussfrist** (Befristung) wird einem Recht von vornherein eine zeitliche Grenze gesetzt. Es handelt sich bei den befristeten Rechten i. d. R. um **einseitige Gestaltungsrechte,** d. h. um Rechte, bei denen ohne Mitwirkung des anderen Vertragspartners einseitig in das Rechtsgeschäft eingegriffen werden kann. Aus Gründen der

Rechtssicherheit, aber auch aus Sittlichkeitsgründen, wurden in das BGB solche Ausschlussfristen aufgenommen, z.B. für Anfechtungs-, Rücktritts- oder Kündigungsrechte (z.B. § 121 Abs. 1, § 124 Abs. 1, § 148, § 250, § 281, § 354, § 651g, § 973 Abs. 1, § 981, § 1056 Abs. 3, § 1594, § 1600f, § 1600h, § 1600i, § 1740e, § 1762 Abs. 2, § 1934d, § 1944, § 1954, § 1996 Abs. 2 BGB). Diese Aufzählung beinhaltet gleichermaßen gesetzlich festgelegte, aber auch dem Parteiwillen unterworfene Ausschlussfristen für einseitige Gestaltungsrechte. Nur in relativ wenigen Ausnahmefällen sind Ausschlussfristen für Ansprüche gesetzlich fixiert worden: § 561 Abs. 2, § 801 Abs. 1, § 864 BGB.

Beispiel

Im Tarifvertrag wurde vereinbart, dass für die Geltendmachung von Lohn- und Gehaltsansprüchen eine Ausschlussfrist von drei Monaten gelten soll. Dem Angestellten Klug wurde bereits für die Monate Januar bis einschließlich April kein Gehalt mehr ausbezahlt. Gehaltsansprüche verjähren zwar nach § 196 Abs. 1, Ziff. 8 BGB, nach zwei Jahren. Die im Tarifvertrag enthaltene Ausschlussfrist besagt aber, dass der Anspruch des Angestellten Klug nach drei Monaten nicht nur nicht mehr durchsetzbar, sondern sogar endgültig erloschen ist, wenn sich der Arbeitgeber auf diese Ausschlussfrist beruft.

Vorschriften über Hemmung und Unterbrechung sind bei Ausschlussfristen grundsätzlich nicht anwendbar, da das betreffende Recht von vornherein zeitlich begrenzt ist. Im Gegensatz zur Verjährung, bei der lediglich die Geltendmachung eines Anspruchs weggefallen ist, der Anspruch aber nach wie vor weiterbesteht, erlischt bei den Ausschlussfristen das Recht selbst.

Beispiel

Der Arbeitgeber des Angestellten Klug (s. vorangegangenes Beispiel) hat diesem das gesamte rückständige Gehalt am 6. Mai ausbezahlt. Es wurde vertraglich vereinbart, dass die Gehaltszahlung am Monatsende für den vorangegangenen Monat zu erfolgen habe. Kurz danach fordert der Arbeitgeber Klugs das Gehalt für den Monat Januar zurück.

Lösung

Der Arbeitgeber begründet seinen Anspruch auf Herausgabe des Januargehaltes damit, dass er nicht mehr verpflichtet sei, nach Ablauf der Ausschlussfrist die Gehaltszahlung zu leisten. Da in der Tat die Forderung des Angestellten Klug erloschen ist, also ein Anspruch Klugs nicht mehr besteht, kann der Arbeitgeber das Januargehalt nach Maßgabe der ungerechtfertigten Bereicherung §§ 812 ff. BGB zurückverlangen.

Im Privatrecht hat die Verjährung zur Folge, dass der Schuldner die Leistung verweigern kann, was er durch die Einrede der Verjährung geltend machen muss (§ 214 BGB). Dies bedeutet, dass der Anspruch rechtlich zwar bestehen bleibt, aber nicht mehr einklagbar ist. Grundsätzlich gilt dies auch für die Abgaben des öffentlichen Rechts (vgl. § 45 Abs. 2 SGB I). Es gibt im öffentlichen Recht jedoch wichtige Sondervorschriften, wonach die Verjährung zum Erlöschen des Anspruchs führt (vgl. § 232 AO, § 13 Staatshaftungsgesetz für Entschädigungs- und Folgenbeseitigungsansprüche).

4 Recht der Schuldverhältnisse

Schuldverhältnisse entstehen durch **Rechtsgeschäft** oder durch **Gesetz**. Kraft des Schuldverhältnisses ist der Gläubiger berechtigt, vom Schuldner eine in einem Tun oder Unterlassen bestehende Leistung zu fordern, der Schuldner verpflichtet, diese Leistung zu
erbringen (§ 241 BGB). An einem Schuldverhältnis können durchaus mehrere Gläubiger
oder Schuldner beteiligt sein (z.B. § 705 BGB Gesellschaftsvertrag). Zu beachten ist, dass
das Forderungsrecht des Gläubigers ein **relatives** (kein absolutes), d.h., nur zwischen
Gläubiger und Schuldner wirksames Recht ist. Allein der Schuldner kann dieses Recht
verletzen, indem er seine Leistungspflicht nicht erfüllt. Das Forderungsrecht ist somit
nicht als „sonstiges Recht" i.S. des § 823 Abs. 1 BGB geschützt.

1. Rechtsgeschäftlich begründete Schuldverhältnisse. Sie beruhen auf Vertrag (§ 311
BGB). Das bedeutet, dass das BGB den Grundsatz der **Vertragsnotwendigkeit** vertritt.
Daneben herrscht der Grundsatz der **Vertragsfreiheit**, d.h., die Parteien sind nicht an
irgendwelche Vertragstypen des zweiten Buchs des BGB gebunden. Vielmehr kann ein
Schuldverhältnis beliebigen Inhalts durch Vertrag begründet oder abgeändert werden
(z.B. Leasing-Verträge).

Vertraglich begründete Schuldverhältnisse resultieren u.a. aus:

– Kaufvertrag (§ 433 BGB)

– Mietvertrag (§ 535 BGB)

– Haftung für Erfüllungsgehilfen (§ 278 BGB).

Ausnahmsweise können rechtsgeschäftlich begründete Schuldverhältnisse nur in folgenden Fällen durch einseitiges Rechtsgeschäft entstehen:

– Auslobung (§ 657 BGB)

– Stiftung (§ 80 BGB)

– Testament (§ 2064 BGB).

2. Gesetzlich begründete Schuldverhältnisse. Diese entstehen unmittelbar kraft Gesetzes. Das Gesetz lässt hier aufgrund eines bestimmten Tatbestandes eine Verpflichtung
folgen. Zu den gesetzlichen Schuldverhältnissen gehören unter anderem Schuldverhältnisse aus:

– unerlaubten Handlungen (§§ 823 ff. BGB)

– Haftung für Verrichtungsgehilfen (§ 831 BGB)

– Gefährdungshaftung (z.B. § 833 BGB)

- ungerechtfertigter Bereicherung (§§ 812, 816, 822 BGB)
- Geschäftsführung ohne Auftrag (§§ 677 ff. BGB)
- Haftung des Vertreters ohne Vertretungsmacht (§ 179 BGB).

Das Entstehen von Schuldverhältnissen aufgrund von Rechtsgeschäften soll im Folgenden dargestellt werden am Beispiel des Kaufvertrages und der Haftung für den Erfüllungsgehilfen.

4.1 Schuldverhältnisse durch Kaufvertrag

4.1.1 Zustandekommen (Antrag und Annahme)

Untersuchen Sie die folgenden **problemeinführenden Fälle** unter den Gesichtspunkten:

1. Wurde die Willenserklärung unter Anwesenden oder unter Abwesenden abgegeben?

2. Ist die entsprechende Äußerung einer bestimmten Person gegenüber abgegeben worden mit der Absicht, sich rechtswirksam verpflichten zu wollen, oder war es lediglich eine an eine unbestimmte Zielgruppe gerichtete Einladung, eine rechtswirksame Willenserklärung abzugeben?

3. War die auf die erste Äußerung folgende zweite Erklärung inhaltlich übereinstimmend mit der ersten Erklärung?

a) Kurt erhält mit der Tageszeitung einen Werbeprospekt Peters, in dem dieser das Angebot des Tages: „24 Paar Herrensocken für 40,00 €" bekanntmacht. Kurt bestellt am darauffolgenden Tag mit dem beigefügten Bestellschein für seine große Familie 4 mal 24 Paar Herrensocken für insgesamt 160,00 €.

b) Wolf kommt auf dem Wochenmarkt am Stand von Franz vorbei. Dieser spricht ihn an und erklärt, dass er Speisekartoffeln für 10,00 €/Ztr. zu verkaufen habe. Wolf geht weiter, ohne eine Antwort zu geben. Nach seinem Rundgang über den Markt kommt er zu Franz zurück und erklärt nun seinerseits, dass er bereit sei, Speisekartoffeln für 5,00 €/dz zu kaufen.

c) Landwirt Faißt ruft beim Studienrat Roll an und erklärt, dass er Kartoffeln aus seiner Ernte verkaufen möchte, und zwar zu 9,00 €/Ztr. Roll, der Kartoffeln nicht mag, erklärt, dass er keinen Bedarf habe. Am Abend erzählt Roll seiner Frau Meta vom Anruf Faißts. Meta hält den Preis für äußerst günstig, zumal die Kartoffeln von sehr guter Qualität sind. Sie überredet Roll dazu, bei Faißt anzurufen und 3 Ztr. Kartoffeln zu 9,00 €/Ztr. zu kaufen.

d) Toni inseriert in der Tageszeitung unter der Überschrift „Topangebot des Jahres" einen PC für 999 €. Alois geht sofort nach der Zeitungslektüre in Tonis Geschäft, um den betreffenden Computer für 999 € zu kaufen.

Der Vertrag besteht aus zwei, sich inhaltlich entsprechenden Willenserklärungen, nämlich

- dem Antrag und
- der Annahme des Antrags.

> Der Antrag für sich betrachtet ist eine einseitige, empfangsbedürftige Willenserklärung, in der der Antragende seinen Rechtswillen einer bestimmten Person gegenüber zu verstehen gibt, mit eben dieser Person einen Vertrag unter bestimmten Bedingungen abschließen zu wollen.

Inhaltlich kann eine Willenserklärung nur dann als Antrag angesehen werden, wenn sie so vollständig ist, dass der Empfänger durch eine einfache Erklärung, seine Annahmeerklärung nämlich, den Vertrag zu Stande bringen kann. Wichtig ist aber auch, dass die Willenserklärung, wenn es sich juristisch um einen Antrag handeln soll, an eine bestimmte Person gerichtet sein muss. Daher stellt die Zusendung des Kataloges oder einer Preisliste ebensowenig einen Antrag dar, wie es die Schaufensterauslagen oder die Auslage von Speisekarten in einem Restaurant sind. **In den genannten Fällen handelt es sich lediglich um die Einladung des Betreffenden an die Empfänger, Passanten bzw. Gäste, ihrerseits einen Antrag auf Vertragsabschluss abzugeben.**

Rechtlich bedeutsam können diese Einladungen allerdings dann werden, wenn es darum geht, einen bestimmten Vertragsinhalt auszulegen.

Eine weitere Abgrenzung ist notwendig. Gefälligkeitsäußerungen im gesellschaftlich-sozialen Bereich sind im juristischen Sinne ebenfalls kein Antrag. Wenn z.B. jemand seinem Freund anträgt, ihn bei sich einige Tage aufzunehmen, so ist dies eine Gefälligkeit, der der innere Tatbestand, nämlich die auf einen Rechtserfolg gerichtete Bindungsabsicht, fehlt.

Zusammenfassung:

Ein Antrag ist eine
- inhaltlich vollständige,
- an eine bestimmte Person gerichtete,
- empfangsbedürftige

Willenserklärung mit der verbindlichen Absicht, mit dieser Person einen Vertrag abzuschließen.

Keinen Antrag im juristischen Sinne stellen
- Schaufensterauslagen,
- Prospekt- und Katalogzusendung,
- Zeitungsinserate,
- Speisekartenaushang oder -auslage

dar.

Da der Antrag eine empfangsbedürftige Willenserklärung ist, wird er erst rechtswirksam, wenn er dem Partner zugegangen ist, d.h., in seine Machtsphäre gelangt ist. Da der Antrag aber gleichzeitig auch verbindlich ist, ist der Antragende an den Inhalt seines Antrages gebunden. Dazu gibt es allerdings die in der Praxis nicht unbedeutende Ausnahme: Der Antragende kann durch eine entsprechende **Freizeichnungsklausel** in seinem Antrag (z.B. „freibleibend", „ohne Obligo") die Gebundenheit ausschließen (§ 145 BGB).

Die Bindung des Antragenden an seinen Antrag ist jedoch zeitlich nicht unbegrenzt. Ein nicht allzu realitätsnahes Beispiel soll dies erläutern:

Beispiel

Winzer Sauer hat im Jahre 04 dem Weinhändler Weber einen größeren Posten Tafelwein „Sauerblut" zu 1,20 €/Flasche angeboten. Der Preis war deshalb so niedrig, weil Sauer wegen der überaus großen Weinernte einen außergewöhnlich großen Vorrat hatte. Weber entschließt sich 07, das Angebot Sauers aus dem Jahre 04 anzunehmen. Wenn Sauer an seinen Antrag noch gebunden wäre, müsste er Weber drei Jahre nach seinem Antrag den Wein zu den genannten Bedingungen noch liefern. Dies würde voraussetzen, dass Sauer über drei Jahre hinweg noch dafür Sorge tragen müsste, lieferbereit zu sein für den Fall, dass Weber sich zur Annahme seines Antrages entschließt. Eine solch lange Bindungsdauer würde von dem Antragenden überaus große Opfer verlangen, denn er müsste auf eine Weiterverwendung der Ware solange verzichten, wie ein noch unbeantworteter Antrag aussteht.

Die Bindung an den Antrag dauert nur solange, bis der Antragsempfänger den Antrag abgelehnt hat. Wenn also der Empfänger eines Antrages dem Antragenden gegenüber erklärt, den Antrag nicht annehmen zu wollen, erlischt die rechtliche Bindung des Antragenden an seinen Antragsinhalt (§ 146 BGB).

Der Ablehnende muss demnach wissen, dass er sich nach seiner ausdrücklichen Ablehnung nicht mehr auf den Antragsinhalt berufen kann. Ihm kann der Antragende dann entgegnen, dass er nicht mehr leisten könne oder nur zu anderen Bedingungen.

Aber auch für den Fall, dass der Empfänger des Antrags nicht ausdrücklich ablehnt, ist die Bindung an den Antrag nicht unbegrenzt. Man muss hier allerdings zwei Fälle unterscheiden, nämlich

– den Antrag unter Anwesenden

 und

– den Antrag unter Abwesenden.

Unter Anwesenden kann ein Antrag nur sofort angenommen werden (§ 147 Abs. 1 BGB), d.h., wenn der Antrag einem unmittelbaren Gesprächspartner oder einem Gesprächspartner am Telefon gemacht worden ist. Die Konsequenz ist eindeutig: Nimmt also bei einem Antrag unter Anwesenden der Empfänger des Antrags nicht sofort an, ist der Antragende an seinen Antrag nicht mehr gebunden.

Beispiel

Auf dem Pferdemarkt bietet Pfaff sein Reitpferd „Andra" Teufel für 8 000,00 € zum Kauf an. Teufel geht weiter und überlegt, weil ihm einerseits „Andra" gut gefällt, ihm aber andererseits 8 000,00 € eine zu große Geldausgabe darstellt. Nach einigen Minuten des inneren Kampfes obsiegt bei Teufel die Pferdeleidenschaft und er entschließt sich, „Andra" von Pfaff für 8 000,00 € zu kaufen. Als er zurückkommt, erklärt ihm Pfaff, dass er „Andra" nicht mehr unter 10 000,00 € herzugeben gewillt sei. Rechtslage?

Lösung

Die Willenserklärung Pfaffs stellt einen Antrag dar: Sie ist inhaltlich vollständig, sie ist an eine bestimmte Person gerichtet und sie enthält auch den inneren Tatbestand, nämlich den Willen, sich durch diese Erklärung binden zu wollen, da Pfaff die Gebundenheit nach § 145 BGB nicht ausgeschlossen hat. Pfaff ist demnach laut § 145 BGB an seinen Antrag gebunden. Auch hat Teufel den Antrag nicht ausdrücklich abgelehnt, denn er ging einfach weiter, sodass der Antrag auch nicht nach § 146 BGB erloschen ist. Aber § 147 Abs. 1 BGB besagt, dass ein Antrag unter Anwesenden nur sofort angenommen werden kann. Der Antrag Pfaffs wurde unter Anwesenden abgegeben. Dadurch, dass Teufel geschwiegen hat, ist die Bindung Pfaffs an seinen Antrag erloschen. Teufel kann nun nicht mehr von Pfaff verlangen, dass er ihm „Andra" für 8 000,00 € überlässt.

Zusammenfassung:

- Ein unter Anwesenden (direkte Gesprächspartner oder telefonisch verbundene Gesprächspartner) gemachter Antrag hat lediglich eine augenblickliche Bindungsdauer für den Antragenden zur Folge.
- Äußert sich also der Antragsempfänger nicht sofort, ist der Antragende von der Bindung an seinen Antrag befreit.

Nicht ganz so eindeutig ist die Bindungsdauer bei einem Antrag unter Abwesenden. Nach § 147 Abs. 2 BGB ist der Antragende nur bis zu dem Zeitpunkt an seinen Antrag gebunden, bis zu dem er den Eingang der Annahme unter regelmäßigen (postalischen) Umständen erwarten kann. Da der Gesetzgeber eine genaue Terminierung nicht vorgenommen hat (dies im Übrigen auch nicht konnte), geht man von folgender Zeitfixierung aus (bei einem Normalbrief):

2 Tage Postweg für den Antrag,

1–2 Tage Bearbeitungszeit für die Annahme,

2 Tage Postweg für die Annahmeerklärung.

Der Gesetzgeber betrachtet im § 147 Abs. 2 BGB die Bindungsfrist (Rechtzeitigkeit der Annahme) vom Blickwinkel des Antragenden aus. Der Empfänger des Antrags kann sich also nicht darauf berufen, dass er so schnell wie möglich die Annahme des Antrags versandt hat. Bedeutsam ist nach § 147 Abs. 2 BGB das rechtzeitige Eintreffen der Annahme beim Antragenden; der Annehmende trägt das volle Risiko für eine Verzögerung auf dem Postweg.

Der Antragende kann selbstverständlich, unabhängig von den bisherigen Ausführungen, auch selbst festlegen, wie lange der Partner annehmen kann (§ 148 BGB). Damit hat er gleichzeitig auch ausgedrückt, für welchen Zeitraum er an seinen Antrag gebunden ist.

Beispiel

Knecht macht Huber einen Antrag dahingehend, dass er den Traktor von Huber für 10 000,00 € kaufen möchte. Wie lange ist Knecht an seinen Antrag, der in diesem Fall vom Käufer ausgeht, gebunden, wenn

a) Knecht mittels Telefonanruf Huber unterrichtet hat?

b) Knecht seinen Antrag schriftlich Huber unterbreitet und eine Annahmefrist nicht festgelegt hat?

c) Knecht seinen Antrag schriftlich Huber unterbreitet und eine Annahmefrist bis zum 31. des laufenden Monats bestimmt hat?

Lösung

a) Knecht und Huber telefonieren miteinander. Sie werden nach § 147 Abs. 1 BGB so gestellt, als wäre es ein Gespräch unter Anwesenden. Diese Gleichstellung ist auch einleuchtend, da ebenso wie beim Gespräch unter direkt Anwesenden beim Telefongespräch die Abgabe der Willenserklärung und der Zugang der Willenserklärung zeitlich zusammenfallen. § 147 Abs. 1 BGB legt fest, dass Huber nur sofort annehmen kann. Anders wäre die Situation, wenn Huber während des Gesprächs sich von Knecht eine Bedenkzeit gewähren ließe, dann würde § 148 BGB gelten, wonach Knecht bis zum Ablauf der vereinbarten Bedenkzeit gebunden wäre.

b) Da in diesem Fall Abgabe der Willenserklärung (Schreiben des Briefes) und Zugang der Willenserklärung (Einwurf des Briefes in Hubers Briefkasten) zeitlich auseinander fallen, handelt es sich um einen Antrag unter Abwesenden. Nach § 147 Abs. 2 BGB ist Knecht jetzt solange an seinen Antrag gebunden, wie er unter regelmäßigen Umständen mit einer Antwort rechnen kann (nach obiger Betrachtungsweise also fünf bis sechs Tage nach Absendung des Antrages).

c) Die Voraussetzungen sind in diesem Fall dieselben wie im Fall b). Der Antrag Knechts wurde unter Abwesenden gemacht. Allerdings wird hier § 147 Abs. 2 BGB ersetzt durch § 148 BGB. Huber kann den Antrag bis zum 31. des laufenden Monats annehmen, d.h., Knecht ist bis zu dem genannten Termin an seinen Antrag gebunden.

■ Übungsaufgaben:

(Soweit möglich sind die Antworten anhand des Gesetzestextes zu begründen)

4/1

1. Nennen Sie die beiden Willenserklärungen, die erforderlich sind, um einen Vertrag entstehen zu lassen.
2. Welche Bedingungen müssen erfüllt sein, damit eine Willenserklärung als ein Antrag im juristischen Sinne betrachtet werden kann?
3. Warum sind Speisekarten in einem Restaurant kein Antrag im juristischen Sinne? Welche Bedeutung kommt den Speisekarten (Schaufensterauslagen, Katalogzusendungen usw.) zu?
4. Wann wird ein Antrag rechtswirksam?
5. Wie lange ist jemand an seinen Antrag gebunden?
6. Welche Bedeutung kommt dem Widerruf zu?

Hein Heller bietet schriftlich Kuno Kurzweg 50 Herrenmäntel zu je 180,00 €/St. an. Kuno Kurzweg nimmt den Antrag an.

4/2

Ist ein Vertrag zu Stande gekommen, wenn

a) der Antwortbrief Kurzwegs sich durch Verschulden der Post um eine Woche verzögerte und Heller dies bemerkte, aber Kurzweg darüber nicht unterrichtete?
b) wie Fall a), jedoch Heller umgehend Kurzweg von dem verspäteten Posteingang benachrichtigte?
c) Hein Heller die Herrenmäntel auch dem Leo Lex anbot und dieser telefonisch angenommen hat, sodass er die rechtzeitig eingetroffene Bestellung Hellers nicht mehr berücksichtigen kann?
d) die schriftliche Bestellung Kurzwegs von Heller versehentlich verlegt wurde und er vierzehn Tage nach seiner Offerte an Kurzweg die Herrenmäntel Leo Lex anbietet, der telefonisch annimmt?

Antiquitätenhändler Knut Kniesel erhält ein telefonisches Angebot von Manni Mandel bezüglich eines Biedermeierschrankes zu 4 000,00 €. Kniesel lehnt ab, weil er für dieses Objekt keine Verkaufschancen sieht. Am nächsten Tag erscheint Studienrat Bernd Behrens bei Kniesel und fragt nach einem Biedermeierschrank. Kniesel erklärt, dass er einen solchen besorgen könne, und vereinbart mit Behrens einen Preis von 4 800,00 €. Als Kniesel daraufhin bei Mandel anruft, teilt ihm dieser mit, dass er den fraglichen Schrank bereits an Olaf Ohlsen verkauft habe.

4/3

a) Ist Mandel an seinen Antrag Kniesel gegenüber gebunden?
b) Ist ein Vertag zwischen Kniesel und Behrens zu Stande gekommen?
c) Welche Rechtsfolgen ergeben sich für Kniesel?

Der 18-jährige Schüler Benno Benz kauft sich jeden Morgen beim Hausmeister Sokrates Sturz eine Brezel. Er legt 0,60 € hin und nimmt sich eine Brezel aus dem Korb.

4/4

a) Liegen Willenserklärungen von Benz und Sturz vor?
b) Kommt es zu einem Vertrag zwischen Benz und Sturz?

4/5 Ferdi Ferner bietet Gabi Gans eine CD der aktuellen Musikgruppe „Eardestruction" zum Preis von 15,00 € an. Gabi nimmt das Angebot sofort an. Als Ferdi wenig später Hanjo Hassel trifft und ihm von seinem Geschäft mit Gabi erzählt, bemerkt Hanjo Hassel, dass er für diese CD 18,00 € bezahlen würde. Gleichzeitig klärt er Ferdi Ferner darüber auf, dass es juristisch möglich sei, vom Vertrag mit Gabi loszukommen, indem Ferdi seinen Antrag widerruft. Ferdi Ferner leuchtet dies ein. Er verkauft die CD daraufhin an Hanjo.

a) Wie beurteilen Sie den juristischen Rat Hanjo Hassels?

b) Welche Bedeutung hat der Widerruf Ferdi Ferners?

4/6 Ist durch die Bestellung Kurts im problemeinführenden Beispiel a) ein Vertrag mit Peter zu Stande gekommen?

4/7 Prüfen Sie die Rechtslage zwischen Wolf und Franz im problemeinführenden Beispiel b).

4/8 Nehmen Sie an, Studienrat Roll (problemeinführendes Beispiel c)) geht auf den Vorschlag seiner Frau Meta ein und ruft bei Faißt an, um 3 Ztr. Kartoffeln zu 9,00 €/Ztr. zu bestellen.

a) Ist Faißt an seinen Antag noch gebunden?

b) Welche Bedeutung kommt der Bestellung Rolls zu?

4/9 Nehmen Sie an, Toni erklärt Alois im problemeinführenden Beispiel d), dass er keine Computer für 999 € verkaufen könne, da er von seinem Lieferanten im Stich gelassen wurde. Rechtslage?

4.1.2 Inhalt des Kaufvertrages

Käufer und Verkäufer müssen sich einigen, damit ein Kaufvertrag zu Stande kommt, d.h., sie müssen Einigung erzielt haben über

- den Kaufgegenstand,
- den Preis,
- die Lieferzeit,
- die weiteren Lieferungs- und Zahlungsbedingungen,
- Erfüllungsort und Gerichtsstand.

4.1.2.1 Kaufgegenstand

Das BGB unterscheidet (§ 91 BGB) Gegenstände und Sachen:

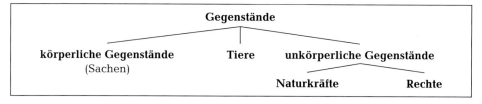

Gegenstände sind stets unpersönlich. § 433 BGB nennt als Kaufgegenstand ausschließlich Sachen, allerdings werden im § 453 BGB auch Rechte als Kaufgegenstände angeführt, sodass man sagen kann, Sachen und Rechte können Kaufgegenstände sein.

Problematisch wird diese Beschränkung hinsichtlich einiger (weniger) Naturkräfte (z.B. elektrischer Strom), die nach dem strengen Wortlaut des BGB (§ 90 BGB) niemals Kaufgegenstand werden können. Diese Schwierigkeit ergibt sich aus dem eng gefassten Sachbegriff: Elektrischer Strom ist demnach zwar keine Sache, doch ist er im Gegensatz zu anderen Naturkräften vom Menschen beherrschbar, sodass eine entsprechende Ausdehnung des Sachbegriffs zweckmäßig erscheint.

Die Sachen können nach verschiedenen Gesichtspunkten eingeteilt werden. In diesem Zusammenhang ist die Einteilung in Gattungs- und Speziessache von erheblicher Bedeutung.

a) Stückschuld (Speziesschuld)

Bei der Stückschuld wird eine Leistung einmaliger Art geschuldet, d.h., eine ganz spezielle Sache, z.B. ein bestimmtes Bild, ein Maßanzug, ein gebrauchtes Mofa des Opas.

Entscheidend ist, dass die Stückschuld nach individuellen Merkmalen konkret bestimmbar ist.

b) Gattungsschuld

Wer eine nur der Gattung nach bestimmte Sache schuldet, hat eine Sache von mittlerer Art und Güte zu leisten (§ 243 BGB). Hier wird der Gegenstand der Leistung lediglich nach bestimmten einheitlichen Merkmalen umrissen, z.B. 5 t Mais, 100 Eier, 10 l Orangensaft.
Durch die Konkretisierung nach § 243 Abs. 2 BGB wird aus einer Gattungsschuld eine Stückschuld.

> Unter Konkretisierung versteht man die Tatsache, dass der Schuldner das zur Leistung seinerseits Erforderliche getan hat, d.h., dass er seine Leistungspflicht so vollständig erfüllt hat, dass der Gläubiger nur noch „zugreifen" muss. Dies bedeutet, dass er eine Bringschuldleistung dem Gläubiger erbracht und angeboten hat, eine Schickschuldleistung auf den Weg gebracht oder eine Holschuldleistung zum Abholen bereitgestellt hat. Mit dieser Konkretisierung des Leistungsgegenstandes hat sich die Gattungsschuld in eine Stückschuld verwandelt. Der Schuldner schuldet nur noch **diese** Sache.

Beispiel

Ein Speiserestaurant hat bei einem Kartoffelhändler telefonisch 15 Ztr. Salatkartoffeln bestellt; der Händler sagte vereinbarungsgemäß eine Bereitstellung in seinem Lager für den Freitag, 13. April, zu. Am Freitagmorgen sackte er diese 15 Ztr. Salatkartoffeln ab und stellte sie auf einer Laderampe zur Abholung bereit. Um 13 Uhr brach in dem Lagerhaus zufällig ein Brand aus, bei dem sämtliche Vorräte zerstört wurden.

Sobald die 15 Ztr. Kartoffeln abgesackt und bereitgestellt waren, lag eine Speziesschuld nach erfolgter Konkretisierung vor.

4.1.2.2 Lieferzeit

Zur Bestimmung der Leistungszeit können folgende Einflussgrößen bedeutsam sein:

a) Vertragliche Vorschriften

Wenn die Leistungszeit vertraglich bestimmt ist, kann der Gläubiger sie vor der Fälligkeit nicht fordern, während der Schuldner sie im Zweifel vor Fälligkeit erbringen darf (§ 271 Abs. 2 BGB).

Beispiel

Eine am 3. Nov. fällige Kaufpreisschuld kann der Käufer bereits am 1. Nov. begleichen.

In der Betriebswirtschaftslehre kann man den Kaufvertrag nach der Lieferzeit (Leistungszeit) wie folgt einteilen:

– **Sofortkauf**

Die Lieferung hat sofort nach der Bestellung zu erfolgen. Die kaufmännische Klausel lautet: „Lieferung sofort."

– **Terminkauf**

Die Lieferung hat zu einem vertraglich vereinbarten Termin oder innerhalb der vereinbarten Frist zu erfolgen. Die Klauseln lauten z.B.: „Lieferung innerhalb eines Monats", „Lieferung innerhalb der Zeit vom 15. bis 25. September", „Lieferung Anfang Januar".

Die Bedeutung des Terminkaufs zeigt sich am Beispiel des Lieferungsverzugs: Der Schuldner kommt nach § 284 Abs. 2 BGB auch ohne Mahnung in Verzug.

– **Fixkauf**

Sowohl beim bürgerlich-rechtlichen Fixkauf (§ 361 BGB) als auch beim handelsrechtlichen Fixkauf (§ 376 HGB) hat die Lieferung an oder bis zu einem genau bestimmten Zeitpunkt zu erfolgen. Die Klauseln lauten: „Lieferung bis 15. November fix", „Lieferung genau am 5. Mai", „Lieferung am 10. Mai fest". Die Bedeutung des Fixkaufs zeigt sich am Beispiel der Leistungsstörungen. So wird wie beim Terminkauf der Lieferungsverzug auch ohne Mahnung nach § 284 Abs. 2 BGB herbeigeführt; darüber hinaus ergeben sich beim handelsrechtlichen Fixkauf nach § 376 HGB spezielle Rechtsfolgen beim Lieferungsverzug.

– **Kauf auf Abruf**

Bei dieser Kaufvertragsart wird der Lieferungszeitpunkt in das Ermessen des Käufers gestellt. Die Klausel lautet „... auf Abruf".

b) Besondere Umstände

Besondere Umstände, die in der Natur des Schuldverhältnisses liegen, bestimmen den Zeitpunkt der Fälligkeit.

Beispiel

Bernhard Groll bestellt für das bevorstehende Kommunionfest seiner Tochter Tina beim Bäcker Bäuerle drei Kirschtorten.

---

c) Gesetzliche Vorschriften

Ist für die Leistung eine Zeit weder durch Vertrag bestimmt noch aus den besonderen Umständen zu entnehmen, so ist die Leistung nach § 271 BGB sofort fällig. Der Gläubiger kann sie sofort fordern, der Schuldner kann sie sofort erbringen.

4.1.2.3 Lieferungs- und Zahlungsbedingungen

Unter den Lieferungsbedingungen versteht man die zwischen dem Käufer und Verkäufer vereinbarten Einzelheiten hinsichtlich des Transports, der Verpackung und Art der Auslieferung der Kaufgegenstände.

Zahlungsbedingungen sind Absprachen zwischen Käufer und Verkäufer hinsichtlich der Zahlungsmodalitäten (Art und Zeitpunkt der Zahlung). In diesem Zusammenhang kann z.B. vereinbart weden, in welcher Währung, in wie viel Raten oder an welchem Zeitpunkt die Zahlung zu leisten ist.

4.1.2.4 Erfüllungsort und Gerichtsstand

Unter Erfüllungsort (Leistungsort) versteht man nach § 269 BGB den Ort, an dem die Leistung zu bewirken ist, d.h., beim Kaufvertrag an dem Ort, an dem der Warenschuldner die Ware zu liefern und der Geldschuldner den vereinbarten Kaufpreis zu entrichten hat.

a) Bedeutung des Erfüllungsortes (Leistungsort)

Der Leistungsort hat Bedeutung für:
- Übergang der Transportgefahr,
- Gerichtsstand und
- Beschaffenheit der Ware.

1. Übergang der Transportgefahr

   Hier sind zwei Fälle zu unterscheiden:

   Geht bei einem Kaufvertrag der Kaufgegenstand durch ein Verschulden (§ 276 BGB) eines Vertragspartners unter oder wird er beschädigt, so muss der schuldige Partner den Schaden tragen.

   Geht bei einem Kaufvertrag der Kaufgegenstand zufällig unter oder wird er beschädigt, so muss derjenige den Schaden tragen, der die Gefahr trägt.

   Der Gefahrenübergang auf den Käufer tritt ein:
   - mit der Übergabe der Ware an den Käufer oder seinen Erfüllungsgehilfen (§ 278 BGB) ohne Rücksicht auf den Erfüllungsort (§ 446 BGB);
   - mit der Übergabe der Ware an den Spediteur oder Frachtführer, wenn die Ware auf Verlangen des Käufers an einen anderen Ort als den Erfüllungsort versendet wird (Versendungskauf § 447 BGB).

2. Gerichtsstand

   Der Schuldner kann an dem für den Leistungsort zuständigen Gericht auf Leistung verklagt werden (§ 29 ZPO). Zu unterscheiden sind die Begriffe:
   - sachliche (institutionelle) Zuständigkeit

     Darunter versteht man die Gerichtsart, die für den Streitfall zuständig ist. Für einen Streitwert bis zu 5 000 € ist das Amtsgericht, für einen Streitwert über 5 000 € ist das Landgericht zuständig.
   - örtliche Zuständigkeit

     Darunter versteht man den regionalen Ort, an dem zu klagen ist. Es bedeutet eine erhebliche Ersparnis an Zeit und Geld, wenn man die Möglichkeit hat, im eigenen Gerichtsbezirk zu klagen.

     Vertraglicher Gerichtsstand:

     Kaufleute und juristische Personen des öffentlichen Rechts haben nach §§ 38 ff. ZPO und § 29 Abs. 2 ZPO die Möglichkeit, den Gerichtsstand vertraglich (eventuell in den Allgemeinen Geschäftsbedingungen) frei zu vereinbaren.

Beispiel

Die Karlsruher Druck GmbH verkaufte einen gebrauchten Bürocomputer an die Oser OHG in Offenburg: „... Erfüllungsort für beide Teile ist Karlsruhe ...". Diese Vertragsklausel ist rechtlich wirksam.

Wäre der Käufer der Privatmann Paul Posser, wäre die Vereinbarung des Erfüllungsortes, nicht aber die Vereinbarung über den Gerichtsstand wegen sogenannter wirtschaftlicher Knebelung rechtswirksam.

Gesetzlicher Gerichtsstand:

Der **allgemeine Gerichtsstand** ist nach § 13 ZPO der Sitz des Gerichts, an dem der Beklagte seinen Wohnsitz hat.

Ein **besonderer Gerichtsstand** ist nach § 29 ZPO der Gerichtsstand des Erfüllungsortes. Der Schuldner kann beim Gericht des gesetzlichen Erfüllungsortes verklagt werden (§ 29 Abs. 1 ZPO).

3. Beschaffenheit der Ware

Die Beschaffenheit und das Gewicht der Ware werden beurteilt nach ihrem Zustand am Erfüllungsort.

b) Arten des Erfüllungsortes

Nach der Bedeutung des Erfüllungsortes werden nunmehr die Arten des Erfüllungsortes dargestellt. Zu unterscheiden sind:

1. Gesetzlicher Erfüllungsort

Darunter versteht man nach § 269 BGB den Wohnsitz bzw. die gewerbliche Niederlassung des Schuldners zum Zeitpunkt des Vertragsabschlusses. Er gilt erst dann, wenn weder ein vertraglicher Erfüllungsort vereinbart wurde, noch aus den Umständen ein Erfüllungsort zu entnehmen ist. Bezogen auf das Beispiel eines Kaufvertrages bedeutet dies, dass der Erfüllungsort für Warenschulden am Wohnsitz des Warenschuldners und der Erfüllungsort für Geldschulden am Wohnsitz des Geldschuldners ist.

> Beim Kaufvertrag:
> Erfüllungsort für Warenschulden ist der Wohnsitz des Warenschuldners. Erfüllungsort für Geldschulden ist der Wohnsitz des Geldschuldners.

Aus dem Umstand allein, dass der Warenschuldner die Kosten der Versendung übernommen hat, ist nicht zu entnehmen, dass der Ort, nach welchem die Versendung zu erfolgen hat, der Leistungsort sein soll (§ 269 Abs. 3 BGB).

> **Beispiel**
>
> Verkäufer Voss aus Villingen verkauft eine Druckmaschine an den Kunden Klotz aus Kehl. Als Kaufpreis wurden 15 000,00 € „frei Haus" vereinbart. Sonstige vertragliche Absprachen wurden nicht vorgenommen.
>
> Der Erfüllungsort für die Warenlieferung bleibt Villingen (§ 269 Abs. 3 BGB), während der Erfüllungsort für die Geldschulden Kehl ist.

Ein Geldschuldner hat beim Vorliegen des gesetzlichen Erfüllungsortes dann zwar bezahlt, wenn er das Geld von seinem Wohnsitz aus zum Geldgläubiger „in Bewegung gebracht" hat; nach § 270 BGB hat der Geldschuldner jedoch erst dann erfüllt, wenn der Gläubiger das Geld erhalten hat.

> **Beispiel**
>
> Der Sachverhalt des obigen Beispiels sei gegeben. Zusätzlich wurde Folgendes vereinbart: „Liefertermin der Druckmaschine 5. Mai fix; Zahlungstermin 10 Tage nach Lieferung ohne Abzüge ...". Am 15. Mai bringt Klotz den entsprechenden Überweisungsauftrag zu seiner Bank in Kehl, Voss erhält die Gutschrift am 19. Mai. Am 15. Mai hat Klotz zwar gezahlt, seine Vertragspflicht hat er jedoch erst am 19. Mai voll erfüllt (§ 270 BGB). Der Erfüllungsort für Warenschulden war Villingen, der Erfüllungsort für Geldschulden war Kehl; darüber hinaus trägt der Geldschuldner das Versendungsrisiko und die Kosten.

> **Merksatz:**
> Warenschulden sind Holschulden (§ 269 BGB),
> Geldschulden sind Schickschulden (§ 270 BGB).

2. Vertraglicher Erfüllungsort

Der vertragliche Erfüllungsort ist vom jeweiligen Schuldner und Gläubiger (beim Kaufvertrag: Käufer und Verkäufer) im Gegensatz zum Gerichtsstand frei vereinbar.

3. Natürlicher Erfüllungsort

Mangels besonderer Vereinbarung ist der Leistungsort der durch die Natur des Schuldverhältnisses bestimmte Ort.

Beispiele

Eine Blinddarmoperation kann der Chirurg nur in der Klinik ausführen.

Der mit der Reparatur eines auf der Autobahn liegengebliebenen Fahrzeugs beauftragte Kfz-Betrieb kann die Leistung an diesem natürlichen Erfüllungsort erbringen.

Der Hauseigentümer Hurrle bestellt 5000 l Heizöl beim Händler Feuerspei. Der Erfüllungsort ist aus der Natur des Schuldverhältnisses ersichtlich.

4.1.3 Widerrufsrecht und Rückgaberecht bei Verbraucherverträgen

Im Folgenden werden das Widerrufsrecht und das Rückgaberecht dargestellt.

a) Widerrufsrecht bei Verbraucherverträgen nach § 355 BGB

Wenn durch ein Verbraucherschutzgesetz ein Widerrufsrecht eingeräumt wird, dann ist der Vertrag nach Abschluss für den Verbraucher erst wirksam, wenn er nicht innerhalb einer Frist von zwei Wochen widerruft.

Beispiel

Eine Lehrerin bestellt am 1. November über das Internet ein Buch bei dem Internetunternehmen www.Riogrande.de, oder eine Lehrerin schließt am 1. November zu Hause im Rahmen eines Haustürgeschäftes eine Abo-Vertrag über die Zeitschrift „Glückliches Leben".

Zeitpunkt des Vertragsabschlusses	Mi. 01. November
Die Widerrufsfrist beträgt zwei Wochen.	
Fall (a) Die Verbraucherin widerruft innerhalb der Frist.	
Ende der Widerrufsfrist	15. November
Fall (b) Die Verbraucherin widerruft am 16. Nov., also nicht innerhalb der Frist.	

Im Fall (a) kommt kein Vertrag zu Stande, im Fall (b) kommt ein Vertrag zu Stande.

Form des Widerrufs:

– Der Widerruf muss schriftlich oder auf einem anderen dauerhaften Datenträger oder
  durch Rücksendung der Ware erfolgen.
– Der Widerruf muss keine Begründung enthalten.

Fristberechnung:

Eine Frist wird durch Fristbeginn, Fristdauer und Fristende bestimmt:

Fristbeginn:

Die Frist beginnt mit dem Zeitpunkt, zu dem dem Verbraucher eine deutlich gestaltete Belehrung über sein Widerrufsrecht auf einem dauerhaften Datenträger zur Verfügung gestellt wird (§ 355 Abs. 2 BGB). Die Belehrung muss den Verbraucher über seine Rechte aufklären und auch Namen und Anschrift des Widerrufsempfängers enthalten. Sie ist vom Verbraucher zu unterschreiben oder mit einer qualifizierten digitalen Signatur (digitale Unterschrift) zu versehen.

Es handelt sich hierbei um eine Ereignisfrist i.S. von § 187 (1) BGB, sodass der Tag, in welchen das Ereignis (hier: Belehrung) fällt, nicht mitgezählt wird.

Fristdauer:

Die Widerrufsfrist beträgt nach § 355 Abs. 1 BGB 2 Wochen.

Fristende:

Das Fristende bestimmt sich nach § 188 (2) BGB. Da es sich um eine 2-Wochenfrist handelt, endigt die Frist mit **Ablauf des Tages der Woche,** welcher durch seine **Benennung** dem Tag entspricht, in den das Ereignis, d.h. die Belehrung fällt.

Beispiel

Am 16. März erhält ein Verbraucher die nach § 355 BGB notwendige Belehrung über sein Widerrufsrecht bei einem Haustürwiderrufsgeschäft. Wann endet die Widerrufsfrist?

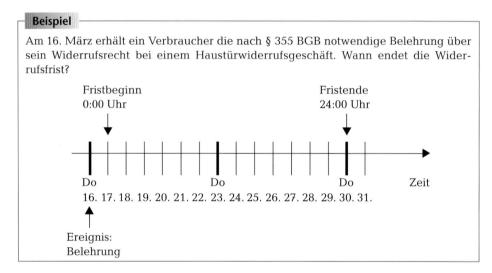

Kosten der Rücksendung:

Im Falle eines Widerrufs ist der Verbraucher verpflichtet, auf Kosten und Gefahr des Unternehmers (z. B. Verkäufers) die Ware zurückzusenden. Dem Verbraucher dürfen bei einer Bestellung bis zu einem Betrag von 40 € (§ 357 Abs. 2 BGB) die Kosten der Rücksendung auferlegt werden, es sei denn, dass die gelieferte Ware nicht der bestellten entspricht.

b) Rückgaberecht nach § 356 BGB

Das Widerrufsrecht nach § 355 BGB kann in den in gesetzlich erlaubten Fällen (z. B. durch das FernAG) beim Vertragsabschluss auf Grund eines Verkaufsprospektes im Vertrag durch ein Rückgaberecht ersetzt werden. Voraussetzung hierfür ist, dass

– im Verkaufsprospekt eine Belehrung über das Rückgaberecht enthalten ist,

– der Verbraucher den Verkaufsprospekt in Abwesenheit des Unternehmers zur Kenntnis nehmen konnte und

– dem Verbraucher auf einem dauerhaften Datenträger das Rückgaberecht eingeräumt wird.

Die Rückgabe erfolgt durch Rücksendung der Ware auf Kosten und Gefahr des Unternehmers. Eine Begründung des Verbrauchers ist für die Rückgabe nicht erforderlich.

Ein Unternehmen muss sich für das Widerrufsrecht oder das Rückgaberecht eines Verbrauchers entscheiden. Die wichtigsten Vor- und Nachteile werden in der folgenden Tabelle aufgezeigt.

Zusammenfassung:	
Widerrufsrecht § 355 BGB	**Rückgaberecht § 356 BGB**
Vorteile für einen Unternehmer:	**Vorteil(e) für einen Unternehmer:**
– Anwendbar bei allen Vertriebsformen – Bei einer Bestellung bis 40 € kann der Unternehmer die regelmäßigen Rücksendekosten dem Verbraucher aufbürden.	– Rücksendung der Ware ist notwendig, eine Erklärung allein reicht nicht aus.
Nachteil(e) für einen Unternehmer:	**Nachteile für einen Unternehmer:**
Widerruf ist leicht möglich.	– Nur bei Vertragsschluss auf Grund eines Verkaufsprospektes möglich. – Kosten und Gefahr trägt stets der Unternehmer.

4.1.4 Erlöschen von Schuldverhältnissen

4.1.4.1 Erfüllung

Problemeinführende Beispiele

a) Franz Glut hat am 30. Juni Claudio Caesar eine Kiste Bier, Marke „Bayernstolz" zu liefern. Am 30. Juni fährt er Claudio die vertraglich vereinbarte Kiste Bier zu.

b) Schuldner Säumig hat dem Darlehensgläubiger Guido Gold am 29. Juni 3 000,00 € zu zahlen. Säumig überweist den Betrag so rechtzeitig auf das Bankkonto Golds, dass dieser die Gutschrift am 29. Juni erhält.

---

a) Erfüllung

Durch die Erfüllungshandlung wird die geschuldete Leistung erbracht (§ 362 BGB). Voraussetzung für die Erfüllung ist, dass
– der richtige Schuldner
– dem richtigen Gläubiger
– die richtige Leistung
– am richtigen Ort
– zur richtigen Zeit
erbringt.

1. Der richtige Schuldner

Grundsätzlich ist es nach § 267 BGB möglich, dass ein Dritter die dem Schuldner obliegende Leistung erbringen kann. Eine Einwilligung des Gläubigers ist nicht erforderlich.

Beispiel

Pick schuldet dem Bankier Gnom 10 000,00 €, fällig am 1. Juli. Da Pick seine Verbindlichkeit nicht zurückzahlen kann, überweist Vater Puck 10 000,00 € an Gnom.

Damit hat Pick seine Leistung Gnom gegenüber erfüllt. Dass Puck für Pick bezahlt hat, ist für Gnom unerheblich. Eine Einwilligung Gnoms ist hier nicht erforderlich.

Anders verhält es sich bei **Leistungen persönlicher Art,** wie bei einem

- Dienst-
- Werk- oder
- Verwahrungsvertrag.

In diesen Fällen kann es dem Gläubiger nicht gleichgültig sein, wer die Leistung erbringt. Vielmehr dürfte er die Auswahl seines Vertragspartners nicht zuletzt auch nach Leistungsgesichtspunkten vorgenommen haben.

Beispiel

Kapp beauftragt für seinen Neubau die Bauunternehmerin Stein, die den Auftrag annimmt. Nachträglich merkt Stein, dass sie den Auftrag wegen anderweitiger Verpflichtungen nicht termingerecht ausführen kann. Sie überträgt deshalb den Auftrag Kapps dem befreundeten Bauunternehmer Sand, ohne die Einwilligung Kapps zu haben.

Lösung

Kapp hat sich sicherlich vorher über die Art und Weise der Bauleistungen verschiedener Bauunternehmer informiert, sodass er seine Gründe gehabt haben dürfte, warum er Stein den Auftrag erteilte. Es kann ihm demzufolge nicht gleichgültig sein, welcher Bauunternehmer seinen Auftrag ausführt, d.h., ohne Einwilligung Kapps kann ein Schuldnerwechsel nicht vorgenommen werden.

---

2. Der richtige Gläubiger

Grundsätzlich ist an den jeweiligen Vertragspartner zu leisten und nicht an einen Dritten (§ 362 Abs. 1 BGB).

Ein Schuldner kann aber auch an einen Dritten schuldbefreiend leisten, wenn

- der Dritte vom Gläubiger bevollmächtigt ist, die Leistung anzunehmen, z.B. durch Vorlage einer Quittung (§ 370 BGB);
- der Gläubiger nachträglich nach § 185 BGB die Annahme genehmigt (§ 362 Abs. 2 BGB);
- bei einer Geldschuld die Zahlung durch Überweisung erfolgt, wobei der Gläubiger ebenfalls damit einverstanden sein muss. Durch die Angabe eines Bankkontos, z.B. auf Rechnungen, gibt der Gläubiger zu verstehen, dass er die Überweisung auf das genannte Konto als Erfüllung betrachtet.

3. Die richtige Leistung

Der Schuldner ist von der ihm obliegenden Leistungspflicht erst dann befreit, wenn er die geschuldete Leistung erbracht hat. Der Leistungsgegenstand kann dabei

- durch Gesetz (z.B. §§ 249 ff. BGB) oder
- durch Vertrag

bestimmt sein.

Der Leistungsgegenstand kann sowohl eine Gattungs- als auch eine Speziessache sein.

Ob nun der Schuldner erfüllt hat, kann anhand eines Vergleichs ermittelt werden:

- Was hat der Schuldner leisten sollen und
- was hat er tatsächlich geleistet?

Beispiel

Schuldet ein Gastwirt ein Glas Bier, Maibock, und er bringt ein Glas Bier, Pilsener, dann hat er nicht erfüllt.

Der Gläubiger kann eine andere als die geschuldete Leistung an Erfüllungs statt annehmen, d.h., der Gläubiger erklärt sich bereit, diesen anderen Leistungsgegenstand als Erfüllung anzusehen. Damit erlischt das Schuldverhältnis ebenfalls (§ 364 BGB). Erklärt sich der Gast im obigen Beispiel bereit, das Glas Pilsener als Erfüllungsgegenstand für das geschuldete Glas Maibock anzunehmen, wird der Gastwirt von seiner Schuld nach § 364 BGB frei.

> Die Leistung an **Erfüllungs statt** ist zu unterscheiden von der Leistung, die **erfüllungshalber** erfolgt. Beiden ist gemeinsam, dass eine andere als die geschuldete Leistung erbracht wird. Während aber bei der Leistung an Erfüllungs statt das Schuldverhältnis erlischt, bleibt bei der Leistung erfüllungshalber das Schuldverhältnis nach wie vor bestehen, der Gläubiger soll durch die Verwertung des ihm erfüllungshalber übergebenen Leistungsgegenstandes befriedigt werden.

Beispiel

Benjamin Klein schuldet seinem Freund Ferdi Farm 10 000,00 €. Da er nicht zahlen kann, überträgt er Ferdi seinen Pkw „Omega cl" erfüllungshalber. Ist damit das Schuldverhältnis erloschen?

Lösung

Benjamin schuldet 10 000,00 €. Er leistet erfüllungshalber mit der Übertragung seines Pkws. Er hat also einen anderen als den geschuldeten Gegenstand geleistet, und zwar erfüllungshalber. Ferdi wird nun versuchen, den Pkw zu verwerten, ihn also zu verkaufen. Erhält er z.B. 8 000,00 €, so kann er weiterhin 2 000,00 € von Benjamin fordern, da die Schuld durch die Übertragung des Pkws nicht erloschen ist. (Einen evtl. Mehrerlös müsste er andererseits Klein zurückgeben.) Anders wäre die Rechtslage, wenn Ferdi den Pkw an Erfüllungs statt angenommen hätte. Dann wäre nämlich die Schuld Kleins erloschen. Beiderseitige Ansprüche (Farm wegen eines Mindererlöses bzw. Klein wegen eines Mehrerlöses) hätten dann keine Anspruchsgrundlage mehr.

Der Gläubiger ist verpflichtet, die vom Schuldner geschuldete und ihm richtig angebotene Leistung anzunehmen. Auf Verlangen des Schuldners hat er den Empfänger der Leistung zu quittieren (§ 368 BGB).

4.1.4.2 Hinterlegung

Nach § 372 BGB kann ein Schuldner **hinterlegungsfähige Seiten** (Geld, Wertpapiere und sonstige Urkunden sowie Kostbarkeiten) beim Amtsgericht des Erfüllungsortes hinterlegen und sich dadurch von seiner Leistungspflicht befreien,
– wenn der Gläubiger im Annahmeverzug ist
  oder
– wenn der Schuldner schuldlos über die Person des Gläubigers in Ungewissheit ist.

Bei **hinterlegungsunfähigen Sachen** kann sich der Schuldner im Fall des Gläubigerverzugs durch eine Versteigerung am Erfüllungsort befreien (§ 383 BGB).

Bei **Handelsgeschäften nach § 373 HGB** hat der Schuldner im Fall des Gläubigerverzugs folgende Möglichkeiten:
– Hinterlegung in einem öffentlichen Lagerhaus oder sonst in sicherer Weise
– Öffentliche Versteigerung nach vorheriger Androhung
  – Selbsthilfeverkauf;
  – freihändiger Verkauf nach vorheriger Androhung, wenn die Ware einen Börsen- oder Marktpreis hat.

4.1.4.3 Aufrechnung

Die Aufrechnung ist die Tilgung zweier einander gegenüberstehender Forderungen durch eine einseitige, empfangsbedürftige Willenserklärung.

Voraussetzungen für eine wirksame Aufrechnung:
- Gleichartigkeit der beiden Forderungen (§ 387 BGB);
- wechselseitige Forderungen der beiden Aufrechnungspartner (§ 387 BGB).
- Die Forderung desjenigen, der aufrechnen will (die Gegenforderung) muss
  - fällig (§ 387 BGB) und
  - einredefrei, d.h. erzwingbar (§ 390 BGB)
  sein;
- die Aufrechnung muss erklärt werden (§ 388 BGB).

Die Aufrechnungserklärung setzt die volle Geschäftsfähigkeit voraus, denn der Aufrechnende verliert seine Gegenforderung; er erlangt also nicht nur einen rechtlichen Vorteil.

Aus den genannten Voraussetzungen wird deutlich, dass nur Gattungsschulden aufrechenbar sind. Allerdings brauchen die gegenseitigen Forderungen nicht aus demselben Rechtsverhältnis herzurühren. Darin unterscheidet sich die Aufrechnung vom Zurückbehaltungsrecht nach § 273 BGB.

Wichtig ist:
- Beide Forderungen müssen wirksam sein, d.h., Nichtigkeit einer der beiden Forderungen wegen Sittenwidrigkeit oder Formmangels schließt die Aufrechnung aus.
- An die beiden Forderungen werden unterschiedliche Voraussetzungen geknüpft:
  - die Forderung des Aufrechnenden (die Gegenforderung) muss einredefrei, d.h. erzwingbar sein (§ 390 BGB);
  - die Hauptforderung (die Forderung des Aufrechnungspartners) muss lediglich wirksam sein: Fälligkeit und Erzwingbarkeit sind hierfür nicht erforderlich (Umkehrschluss aus § 387 BGB bzw. § 390 BGB); die Hauptforderung könnte demnach eine nicht erzwingbare Spielschuld oder eine bereits verjährte Schuld sein.

Beispiel

Ludmilla Ludens gewinnt bei einem Skatabend gegen den Metzgermeister Bruno Blut 200,00 €. Ludens schuldet Blut aus verschiedenen Fleischbestellungen 300,00 €. Ludens möchte aufrechnen und lediglich den Differenzbetrag von 100,00 € bezahlen. Blut hält dagegen, dass Spielschulden uneinklagbare Ehrenschulden seien. Rechtslage?

Lösung

Die Forderung Ludens' ist die Gegenforderung, die gegen die Hauptforderung Bluts aufgerechnet werden soll. Die Gegenforderung Ludens' ist nicht einredefrei; denn Blut kann zu Recht auf die Nichteinklagbarkeit dieser Forderung verweisen. Die Aufrechnung Ludens' ist nach § 390 BGB nicht rechtswirksam.

Fallmodifikation

Anders wäre die Situation, wenn der Metzgermeister Blut eine Erklärung auf Aufrechnung Ludens gegenüber abgeben würde. Bluts Forderung ist nun die Gegenforderung. Diese Forderung ist einredefrei, es sei denn, sie wäre bereits verjährt. Auf die Einredefreiheit der Hauptforderung (in diesem Fall die nicht erzwingbare Spielschuldforderung Ludens') kommt es nicht an.

4.1.4.4 Erlass

Bei dem Erlass (Schuldverzicht) handelt es sich um einen Vertrag, nicht um eine einseitige Willenserklärung des Gläubigers, wodurch die Forderung des Gläubigers gegen den Schuldner aufgehoben wird (§ 397 BGB).

Beispiel

A schuldet B aus verschiedenen Lieferungen 2 000,00 €. Da B weiß, dass A in momentanen Zahlungsschwierigkeiten steckt, und er ihn als Kunden auch nicht verlieren möchte, verzichtet er auf seine Forderung. Den Erlass teilt er A schriftlich mit.

Wie ist die Rechtslage, wenn

a) A sich in seinem Antwortschreiben für die großzügige Geste B's bedankt?

b) A in seinem Antwortschreiben erklärt, dass er in absehbarer Zeit Zahlungseingänge erwartet und dann seine Schuld B gegenüber begleichen möchte?

Lösung

a) § 397 BGB setzt für das Erlöschen eines Schuldverhältnisses durch Erlass einen Vertrag zwischen A und B voraus, d.h., ein Erlassvertrag kann nur durch zwei übereinstimmende Willenserklärungen zu Stande kommen. A hat durch sein Antwortschreiben, in dem er sich bei B bedankt, zu verstehen gegeben, dass er mit der Willenserklärung B's einverstanden ist. Damit ist der Verzichtsvertrag zu Stande gekommen. Das Schuldverhältnis zwischen A und B ist durch Erlass erloschen.

b) Die Willenserklärung A's kann in diesem Fall nicht als Zustimmung aufgefasst werden; denn er betrachtet nach wie vor die Forderung B's als existent, da er darauf besteht, sie in absehbarer Zeit zu erfüllen. Das Schuldverhältnis ist also nicht erloschen: Ein Erlassvertrag ist nicht zu Stande gekommen.

Hätte A auf den Brief B's nicht reagiert, also geschwiegen, dann wäre das Stillschweigen A's als Zustimmung zu werten. Das Schuldverhältnis wäre erloschen.

Zusammenfassung:			
Erfüllung	**Hinterlegung**	**Aufrechnung**	**Erlass**
• Erfüllungshandlung (§ 362 BGB) • Erfüllungs statt (§ 364 BGB) • Erfüllungshalber (hier bleibt das Schuldverhältnis noch bestehen)	• bei hinterlegungsfähigen Sachen beim AG (§ 383 BGB) • hinterlegungsunfähige Sachen durch öffentliche Versteigerung (§ 383 BGB) • bei Handelsgeschäften (§ 373 HGB) Hinterlegung in einem öffentlichen Lagerhaus	• Gegenforderung muss einredefrei und fällig sein (§ 398 BGB)	• Erlass ist ein Vertrag, in dem der Gläubiger dem Schuldner die Schuld erlässt (§ 397 BGB)

■ Übungsaufgaben:

1. Unter welchen Voraussetzungen ist eine geschuldete Leistung erfüllt?

2. Was versteht man unter persönlicher Leistungspflicht und bei welchen Schuldverhältnissen ist sie gegeben?

3. Unter welchen Voraussetzungen kann schuldbefreiend an einen anderen als den Gläubiger geleistet werden?

4. Wodurch unterscheidet sich die Leistung an Erfüllungs statt von der Leistung erfüllungshalber?

5. Was versteht man unter Gegen- bzw. Hauptforderung bei der Aufrechnung?

6. Welche Anforderungen werden an die Haupt- bzw. Gegenforderung gestellt, wenn die Aufrechnung wirksam sein soll?

7. Wodurch wird die Erfüllung einer Schuld durch Aufrechnung ausgelöst?

8. Wodurch unterscheidet sich u.a. die Aufrechnung vom Zurückbehaltungsrecht?

Kahl hat eine bereits verjährte Forderung über 5 000,00 € gegen Jens. Als Jens ihm einen Gebrauchtwagen für 8 000,00 € verkauft, möchte Kahl aufrechnen und lediglich den Differenzbetrag über 3 000,00 € bezahlen. Rechtslage?

Kamil ist ein leidenschaftlicher Spieler. Er verliert an einem Abend beim Skatspiel 500,00 € an Flick. Da Kamil von Flick 400,00 € aus dem Verkauf eines Fahrrades zu bekommen hat, möchte Kamil seine Spielschuld gegen die Forderung aus dem Fahrradverkauf aufrechnen und Flick nur den Differenzbetrag über 100,00 € bezahlen.

a) Kann Kamil aufrechnen?

b) Wie wäre die Situation, wenn Flick aufrechnen wollte?

Sommer schuldet Tief 15 000,00 €, fällig am 10. Juli. Außerdem hat Sommer eine Forderung gegen den Bruder Tiefs über 20 000,00 €, fällig am 1. Juli des gleichen Jahres. Sommer möchte aufrechnen. Rechtslage?

Werner Wenig schuldet Waldemar Waas am 25. Juli 20 000,00 € aus einem Darlehen. Wenig liefert Waas eine Büromaschine für 45 000,00 €. Der Rechnungsbetrag ist am 20. Juni desselben Jahres fällig.

a) Kann Waas am 20. Juni aufrechnen?

b) Kann Wenig am 20. Juni aufrechnen?

Viel schuldet seinem Lieferanten Heiß 10 000,00 €. Heiß erfährt, dass Viel einen enormen Forderungsausfall gegen einen seiner Großkunden hat hinnehmen müssen und dadurch in Zahlungsschwierigkeiten steckt. Um Viel zu helfen, erlässt er ihm die Schuld.

Ist die Schuld erloschen, wenn

a) Viel sich für das Entgegenkommen bedankt und sich bereit erklärt, diese Großzügigkeit künftig zu honorieren?

b) Viel auf das Schreiben schweigt?

c) Viel sich bedankt, aber erklärt, dass seine Hausbank ihm mit einem Überbrückungskredit geholfen hat, sodass er alle seine aktuellen Zahlungsverpflichtungen erfüllen kann?

4.2 Leistungsstörungen

4.2.1 Einführung

Jedes Schuldverhältnis besteht aus zwei Parteien: Die eine ist verpflichtet, der jeweils anderen eine bestimmte Leistung zu erbringen. Man nennt diejenige Partei, die leisten muss, Schuldner und die andere Partei Gläubiger. Bei einem gegenseitig verpflichtenden Schuldverhältnis (z. B. Mietvertrag) sind beide Parteien gleichzeitig Schuldner und Gläubiger.

Beispiel Kaufvertrag (§ 433 BGB)

Der Käufer kann vom Verkäufer verlangen, dass dieser ihm den Kaufgegenstand mangelfrei übereignet, d. h., die Schuld des Verkäufers besteht darin, dem Käufer die Kaufsache mangelfrei zu übergeben und ihm das Eigentum an dieser Sache zu verschaffen (§ 433 (1) BGB).

Der Käufer seinerseits muss dem Verkäufer den vereinbarten Kaufpreis zahlen und den Kaufgegenstand annehmen, d. h., der Käufer ist hierbei Schuldner. Dies bedeutet aber auch, dass der Verkäufer von Käufer die Zahlung und die Abnahme verlangen kann, d. h. in dieser Hinsicht ist der Verkäufer Gläubiger (§ 433 (2) BGB).

---

§ 241 BGB bietet eine allgemeine (für alle Schuldverhältnisse anwendbare) Anspruchsgrundlage: Der Gläubiger aus einem bestehenden Schuldverhältnis kann vom Schuldner eine Leistung fordern. Dabei ist der Begriff der Leistung sehr weit zu verstehen: § 241 (1) BGB versteht darunter sowohl ein Tun als auch ein Unterlassen.

Beispiel

A ist Angestellter bei B. Aufgrund des Dienstvertrages ist A verpflichtet, die ihm aufgetragenen Arbeiten zu erledigen, d. h., B kann von A ein Tun verlangen. Andererseits ist A auch gehalten, Geschäftsgeheimnisse für sich zu behalten. Plaudert nun A bei seinen Freunden hemmungslos betriebliche Informationen aus, kann B verlangen, dass er dies unterlässt.

---

§ 241 (2) BGB verpflichtete außerdem jeden Partner eines Schuldverhältnisses, auf die Rechte und Interessen des anderen Teils Rücksicht zu nehmen. Man spricht in diesem Fall von **Verhaltenspflichten** oder nicht leistungsbezogenen Nebenpflichten. Diese Vorschrift regelt in erster Linie zwei Bereiche: Zum einen die Situation vor und während der Vertragsanbahnung (culpa in contrahendo; cic, vgl. hierzu auch § 311 (2) BGB und zum anderen die Erfüllung von nicht leistungsbezogenen Nebenpflichten.

Generell kann man die Pflichten des Schuldners einteilen in:

1. Leistungspflicht unterteilt in

    – Hauptleistungspflichten (prägend für die Eigenart des Schuldverhältnisses) und

    – leistungsbezogene Nebenpflichten (relevant für die Vorbereitung, Durchführung und Sicherung der Hauptleistungspflichten)

2. Verhaltenspflichten (nicht leistungsbezogene Nebenpflichten, z. B. Schutz-, Aufklärungs-, Rücksichtspflichten).

4.2.2 Grundkonzeption des Leistungsstörungsrechts

4.2.2.1 Tatbestand: Pflichtverletzung

Der zentrale Tatbestand für fast alle möglichen Leistungsstörungen ist die **„Pflichtverletzung" des Schuldners (§ 280 (1) BGB)**. Alle Ansprüche des Gläubigers wegen Pflichtverletzung des Schuldners sind deshalb über den § 280 (1) abzuwickeln. Fast alle Schadensersatzansprüche wegen Leistungsstörungen setzen eine Pflichtverletzung voraus. Dies gilt auch für ergänzende Spezialvorschriften (z. B. Verzug, Haftung für Mängel bei Kaufsachen). Bei gegenseitigen Verträgen steht dem Gläubiger ein Rücktrittsrecht nur dann zu, wenn der Schuldner eine Pflicht verletzt hat.

Grundsätzlich spielt es keine Rolle, ob die Pflichtverletzung bei der Erfüllung eines gegenseitigen Vertrages, bei einem einseitigen Rechtsgeschäft oder bei einem gesetzlichen Schuldverhältnis begangen wird.

Auf § 280 (1) BGB basieren grundsätzlich alle anderen zum Schadenersatz verpflichtenden Vorschriften des Leistungsstörungsrechts; diese Vorschrift ist der einheitliche Haftungstatbestand. Die einzige hierzu bestehende Ausnahme ist § 311 a BGB, der bei anfänglicher Unmöglichkeit und bei anfänglichen Leistungserschwernissen nach § 275 (2) und (3) BGB die Schadensersatzansprüche regelt.

Eine Pflichtverletzung setzt Verschulden nicht unbedingt voraus. Das BGB benutzt den Begriff „Pflichtverletzung" auch schon dann, wenn der Schuldner sie nicht zu vertreten hat. Es muss bereits hier auf eine besondere, für die weiteren Darlegungen fundamentale Begriffsbestimmung eingegangen werden. Eine Pflichtverletzung kann der Schuldner

- im Sinne von § 276 BGB vertreten müssen oder

- nicht vertreten müssen.

Kategorien der Pflichtverletzung

Man unterscheidet drei Typen der Pflichtverletzung:

- Nichterfüllung einer Leistungspflicht

- Schlechterfüllung

- Verletzung von Nebenpflichten

Erfüllt ein Schuldner nicht **(Nichterfüllung)**, kann der Gläubiger zunächst nur verlangen, dass der Schuldner erfüllt. Nur dann, wenn zusätzliche Bedingungen gegeben sind, entstehen Schadensersatzansprüche aus der Nichterfüllung, z. B. Verzug, Unmöglichkeit, Sachmängel.

Die **Schlechterfüllung** (Erfüllung „nicht wie geschuldet"; § 281 (1) BGB) stellt eine selbstständige Anspruchsgrundlage für Schadensersatz dar. Eine Schlechtleistung liegt dann vor, wenn eine vertragliche Leistung mangelhaft ausgeführt wird. Dabei kann es sich um die **Hauptleistungspflicht** handeln, die dem Schuldverhältnis typisch ist, oder um leistungsbezogene Nebenpflichten. Grundsätzlich gehören zu den **leistungsbezogenen Nebenpflichten** Aufklärungs-, Beratungs-, Verpackungspflichten.

Nicht leistungsbezogene Nebenpflichten sind Treue-, Schutz-, Mitwirkungspflichten. Beispiele für die Verletzung nicht leistungsbezogener Nebenpflichten: Kündigung durch den Vermieter wegen eines angeblichen, aber nicht existierenden Eigenbedarfs; Lieferant verlangt Barzahlung, obwohl Zahlung auf Ziel vereinbart war; Friseur schneidet dem Kunden ins Ohr; Verstoß gegen die Geheimhaltungspflicht bei Banken; Befüllen eines Tankes mit Diesel statt mit Superbenzin.

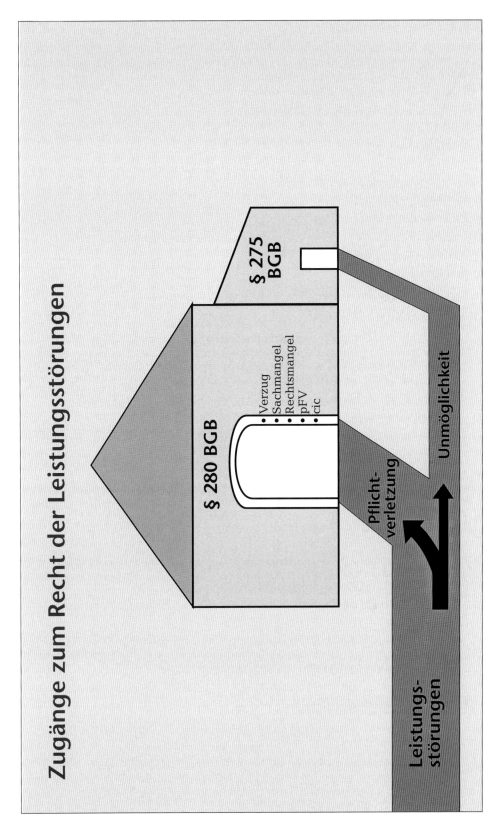

Zugänge zum Recht der Leistungsstörungen

§ 280 BGB

- Verzug
- Sachmangel
- Rechtsmangel
- pFV
- cic

§ 275 BGB

Pflicht-
verletzung

Unmöglichkeit

Leistungs-
störungen

4.2.2.2 Vertretenmüssen

Verletzt ein Schuldner eine seiner Pflichten, muss er Schadensersatz leisten (§ 280 (1) BGB). **Wenn er allerdings die Pflichtverletzung nicht zu vertreten hat, geht der Anspruch des Gläubigers ins Leere.** Vertretenmüssen heißt, dass ihm Verschulden im Sinne von § 276 BGB nachgewiesen werden kann.

§ 276 BGB nennt zwei **verschuldensabhängige Tatbestandsmerkmale:**

● Vorsatz und

● Fahrlässigkeit.

Das jeweilige Schuldverhältnis kann die Haftung des Schuldners mildern oder verschärfen. Angesprochen sind dabei besonders

● Übernahme einer Garantie und

● Übernahme des Beschaffungsrisikos.

Die beiden zuletzt Genannten lösen eine **verschuldensunabhängige** Haftung des Schuldners aus. Dies kann der Fall sein

a) bei Geldschulden

b) bei Gattungsschulden (Übernahme eines Beschaffungsrisikos)

c) bei Übernahme einer Garantie

ad a) Der Geldschuldner hat immer seine finanzielle Leistungsunfähigkeit zu vertreten. Er hat auch dann seiner Verpflichtung nachzukommen, wenn es zwischenzeitlich zu Währungsumstellung gekommen ist, d. h., dass die geschuldeten Geldeinheiten nicht mehr gültig sind.

ad b) Die Übernahme eines Beschaffungsrisikos löst die verschuldensunabhängige Haftung aus. Dies kann bei Gattungsschulden bedeutsam werden:

Ist der Leistungsgegenstand in einem Schuldverhältnis nur der Gattung nach bestimmt, trägt der Schuldner selbstverständlich das Beschaffungsrisiko, d. h., er muss leisten, solange Exemplare dieser Gattung noch vorhanden sind.

ad c) Der Schuldner hat ein Garantieversprechen abgegeben, z. B. dadurch, dass er für bestimmte Eigenschaften einer Kaufsachen haften will. Man unterscheidet dabei

● unselbstständige und
● selbstständige Garantie

Bei der so genannten **„unselbstständigen Garantie"** gesteht der Schuldner (z. B. Verkäufer) dem Gläubiger (z. B. Käufer) eine Erweiterung der gesetzlichen Sachmängelhaftung zu, z. B. ein Autohersteller erklärt sich bereit, innerhalb einer bestimmten Frist auch für Sachmängel zu haften, die nach dem Gefahrübergang entstanden sind.

Übernimmt der Schuldner (Garantiegeber) eine **„selbstständige Garantie",** haftet er weit über die reine Sachmängelhaftung hinaus für künftige Schäden, die verschuldensunabhängig, ja sogar zufällig eintreten können.

Beispiel für selbstständige Garantie

Der Autohersteller AUHE bietet gegen einen zusätzlichen Preis von 250 € folgende Garantie an:

Dem Garantienehmer wird zugesagt, dass er vom Garantiegeber, der AUHE, den Kaufpreis des neu gekauften Autos zurückerhält, wenn das Auto während der ersten 10 Jahre durch höhere Gewalt zerstört, gestohlen oder durch Kollision mit jagdbaren Wildtieren beschädigt wird.

■ Übungsaufgaben:

4/16

Kaufmann Müller e.K. verkauft am Montag, dem 9. Mai 01, dem Gastwirt Franz 400 Eier. Die Auslieferung erfolgt am Freitag, dem 13. Mai 01. Müller bezieht die Eier vom Geflügelhof Hahn, dessen Fahrer aber an diesem Freitag die Herrschaft über den Lieferwagen verliert und dabei sämtliche Eier zu Bruch gehen. Müller kann daher Franz die 400 Eier nicht liefern. Hat Müller sein momentanes Leistungsvermögen zu vertreten?

4/17

Die Schreinerei Span hat sich verpflichtet, der Familie Kühn eine Küche nach Maß anzufertigen und einzubauen. Als Lieferungs- und Einbautermin wird der 7. Februar 01 vereinbart. Auf dem Weg zum Wohnhaus Kühns kollidiert am vereinbarten Termin ein Lkw, dessen Fahrer auf der abschüssigen und eisglatten Straße die Kontrolle über sein Gefährt verliert, mit Spans Lieferwagen. Dadurch wurden die für Kühn bestimmten Möbel zerstört. Hat Span sein Leistungsunvermögen zu vertreten?

4.2.3 Unmöglichkeit der Leistung

4.2.3.1 „Echte" Unmöglichkeit

Bei der so genannten „echten" Unmöglichkeit kann weder der betreffende Schuldner (subjektive Unmöglichkeit) noch überhaupt jemand (objektive Unmöglichkeit) die geschuldete Leistung erbringen, d. h., **es liegt ein nicht behebbares Leistungshindernis** vor. Zur Unterscheidung in anfängliche oder nachträgliche Unmöglichkeit muss geklärt werden, ob das Ereignis, das dazu geführt hat, dass die Leistung unmöglich wurde, vor dem Vertragsabschluss (anfängliche Unmöglichkeit) oder nach dem Vertragsabschluss (nachträgliche Unmöglichkeit) eingetreten ist.

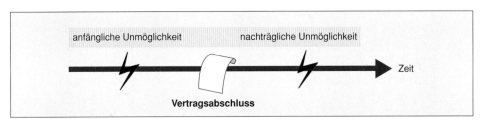

Der Schuldner wird in allen Fällen der Unmöglichkeit (anfänglich, nachträglich) von seiner Primärleistungspflicht befreit (§ 275 (1) BGB).

Da der Schuldner ja die Leistung nicht mehr erbringen kann, wäre eine andere Regelung wenig sinnvoll.

Damit ist allerdings noch nicht beantwortet, ob dem Gläubiger andere Ansprüche zustehen (z. B. Schadensersatzansprüche), denn die befreiende Wirkung des § 275 (1) BGB bezieht sich nur auf die Primärleistungspflicht. Der Schuldner kann nämlich immer noch verpflichtet sein, Schadensersatz zu leisten (so genannte Sekundärleistungspflicht). Um dies zu klären, ist eine Trennung in anfängliche und nachträgliche Unmöglichkeit deswegen zwingend, weil sich die Anspruchsgrundlagen unterscheiden.

1. Gläubigeransprüche bei anfänglicher Unmöglichkeit

Kann der Schuldner schon vor Vertragsabschluss seiner Leistungspflicht nicht nachkommen, kann er logischerweise auch keine Pflichtverletzung bei der Leistungserfüllung begehen, d. h., § 280 (1) BGB kann darum nicht angewandt werden. Deswegen hat der Gesetzgeber mit dem § 311 a BGB eine eigenständige, nicht mit § 280 (1) BGB zu verknüpfende Anspruchsgrundlage für den Gläubiger geschaffen. Die Ansprüche des Gläubigers bei anfänglicher Unmöglichkeit werden an einem Entscheidungspfad und danach an einem Fall dargestellt.

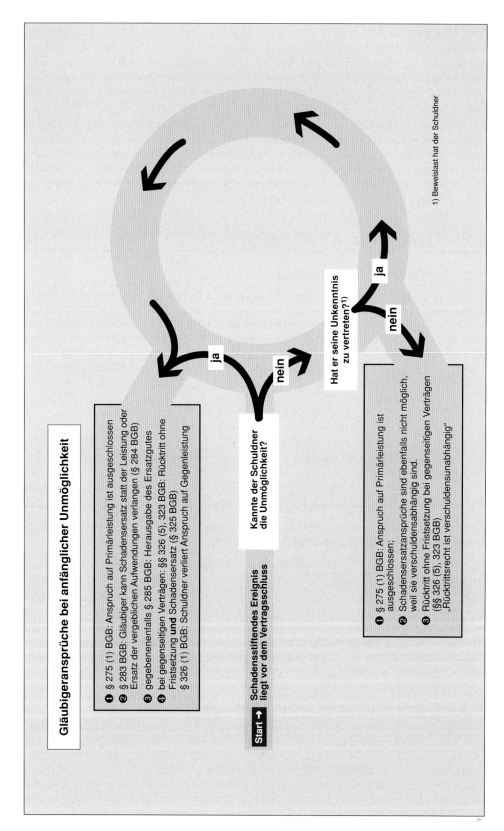

Gläubigeransprüche bei anfänglicher Unmöglichkeit

Start → Schadensstiftendes Ereignis liegt vor dem Vertragsschluss

Kannte der Schuldner die Unmöglichkeit?

ja

❶ § 275 (1) BGB: Anspruch auf Primärleistung ist ausgeschlossen
❷ § 283 BGB: Gläubiger kann Schadensersatz statt der Leistung oder Ersatz der vergeblichen Aufwendungen verlangen (§ 284 BGB)
❸ gegebenenenfalls § 285 BGB: Herausgabe des Ersatzgutes
❹ bei gegenseitigen Verträgen: §§ 326 (5), 323 BGB: Rücktritt ohne Fristsetzung **und** Schadensersatz (§ 325 BGB) § 326 (1) BGB: Schuldner verliert Anspruch auf Gegenleistung

nein

Hat er seine Unkenntnis zu vertreten?[1]

ja

nein

❶ § 275 (1) BGB: Anspruch auf Primärleistung ist ausgeschlossen;
❷ Schadensersatzansprüche sind ebenfalls nicht möglich, weil sie verschuldensabhängig sind.
❸ Rücktritt ohne Fristsetzung bei gegenseitigen Verträgen (§§ 326 (5), 323 BGB) „Rücktrittsrecht ist verschuldensunabhängig"

1) Beweislast hat der Schuldner

140

Baron von Wasserfels (BvW) aus Hannover besitzt ein großes Gestüt. Er wickelt seine Geschäfte grundsätzlich nach folgender unveränderbarer Vorgehensweise ab: Kaufinteressenten teilen ihm ihre Vorstellungen über die gewünschten Pferde (Alter, Geschlecht, Ausbildungsstand, Leistungsvermögen) mit. Daraufhin sendet BvW ihnen Videokassetten mit Filmaufnahmen von den in Frage kommenden Pferden. Die Kaufverhandlungen führt dann BvW mit dem Käufer an dessen Wohnsitz. BvW möchte sich vor Ort informieren, wie seine Pferde künftig untergebracht sind.

BvW verkauft am 27. Juli 02 gegen 15:00 Uhr – anlässlich der Rückreise von einem Kurzurlaub in Österreich – in Stuttgart das Reitpferd Hektor für 20 000 € an Egon Müllerle. Es wird vereinbart, dass Müllerle am 8. August 02 das Pferd in Hannover abholen wird. Müllerle übergibt BvW unmittelbar nach Vertragsabschluss 5000 € als Anzahlung auf den Kaufpreis.

Im Autoradio hat BvW am Abend des 25. Juli 02 vernommen, dass über Hannover ein schweres Gewitter niederging und dass in einem Gestüt sechs Pferde verbrannt sind. Sein Handy hat er während seines Kurzurlaubs ausgeschaltet gelassen.

Als BvW am 28. Juli nach Hannover zurückkehrt, muss man ihm die traurige Mitteilung machen, dass am 25. Juli 02 durch Blitzeinschlag ein Pferdestall abgebrannt und dabei sechs Pferde, darunter auch Hektor, umgekommen sind.

Die Analyse des Sachverhalts ergibt:

1. Hektor ist vor dem Vertragsabschluss verendet, d. h., es handelt sich um **anfängliche Unmöglichkeit,** da weder BvW noch sonst jemand Hektor lebend übergeben kann.
2. Das Pferd Hektor ist nach § 90 a BGB ein Tier, das durch besondere Gesetze geschützt ist. Auf Tiere sind die für Sachen geltenden Vorschriften entsprechend anzuwenden, d. h. Hektor ist als **Speziessache** zu behandeln.
3. BvW hat sein Handy ausgeschaltet, d. h., **seine Angehörigen oder Mitarbeiter aus Hannover können ihn nicht erreichen, und er weiß dies.**
4. **BvW hört im Radio vom Unwetter über Hannover und vom Brand in einem Gestüt.**
5. **BvW ruft nicht in Hannover an,** um zu fragen, ob sein Gestüt von dem Schadensfall betroffen ist.

Daraus ergibt sich, wenn man den „Lösungspfad" abarbeitet, folgende Lösung:

Die Leistung ist subjektiv und objektiv unmöglich. Der Anspruch Müllerles auf Übergabe von Hektor ist somit ausgeschlossen (§ 275 (1) BGB). BvW ist von der Primärleistungspflicht befreit. Es gilt nun zu klären, ob Müllerle einen Sekundäranspruch in Form von Schadensersatzansprüchen gegen BvW hat. § 311 a BGB regelt die anfängliche Unmöglichkeit. Fest steht, dass der Vertrag auf jeden Fall wirksam ist (§ 311 a (1) BGB). Es muss nunmehr geprüft werden, ob der Schuldner bei Vertragsabschluss bereits wusste, dass es Hektor nicht mehr gibt. Eine Schadensersatzpflicht trifft BvW nur bei **gesetzlich vermuteter Kenntnis oder fahrlässiger Unkenntnis des Leistungshindernisses.** Der positiven Kenntnis des Leistungshindernisses ist demnach die schuldhafte Unkenntnis gleich gestellt. Der Gläubiger Müllerle kann dann in beiden Fällen

- Schadensersatz statt Leistung (verschuldensabhängige Haftung auf positives Interesse) **oder**
- Ersatz seiner vergeblichen Aufwendungen nach § 284 BGB

fordern (§ 311 a (2) BGB).

Dem Sachverhalt ist zu entnehmen, dass BvW nicht wusste, dass Hektor tot ist. Hat er seine Unkenntnis zu vertreten? Die Frage ist zu bejahen, denn er hätte sich nach der Radiosendung informieren müssen, ob es sich um sein eigenes Gestüt handelt und gegebenenfalls, welche Pferde umgekommen sind. Dies hat er unterlassen und muss sich nunmehr so stellen lassen, als hätte er die Unmöglichkeit gekannt.

Welchen konkreten Anspruch Müllerle geltend machen wird, kann anhand des Sachverhalts nicht entschieden werden. Wollte er z. B. das Pferd mit Gewinn weiterverkaufen, wird er Schadensersatz statt Leistung verlangen. Denn dann ist ihm ein Gewinn entgangen, den er gehabt hätte, wenn BvW vertragsgemäß (positives Interesse) geleistet hätte. Wollte er das Pferd als „Familiengaul" nutzen, dann ist der Anspruch auf Schadensersatz statt der Leistung für Müllerle praktisch bedeutungslos. Hat er jedoch Aufwendungen nach § 284 BGB gehabt, z. B. Aufwand für einen Spezialtransporter, den er zwar nun nicht mehr benötigt, für den er aber dem Vermieter eine Geldleistung hat erbringen müssen, wird er Ersatz dieser vergeblichen („frustrierten") Aufwendungen nach § 284 BGB verlangen.

Müllerle seinerseits kann die Anzahlung von 5000 € von BvW nach dem Rücktrittsrecht (§ 326 (4) BGB) zurückverlangen. Nach § 346 (1) BGB sind bei einem vertraglichen oder wie in diesem Falle gesetzlichen Rücktrittsrecht die empfangenen Leistungen zurückzugewähren.

Zusammenfassung:

Voraussetzung: Anfängliche (objektive oder subjektive) Unmöglichkeit ist gegeben.

Rechtsfolgen:

- Der Anspruch auf die unmögliche Leistung (Primärleistung) ist erloschen (§ 275 (1) BGB), obwohl der Vertrag selbst immer noch wirksam ist (§ 311 a (1) BGB).
- Der Gläubiger kann entweder Schadensersatz statt der Leistung (positives Interesse) oder Ersatz der vergeblichen (frustrierten) Aufwendungen verlangen, wenn der Schuldner bei Vertragsabschluss die Unmöglichkeit kannte oder schuldhaft nicht kannte (§ 311 a (2) BGB). § 284 BGB wird der Gläubiger nur dann anwenden, wenn er mit dem Rechtsgeschäft keine Gewinnabsicht verfolgt.
- Hat der Schuldner wegen der Unmöglichkeit Ersatz für den geschuldeten Gegenstand erhalten (z. B. durch eine Versicherung), kann der Gläubiger nach § 285 BGB die Herausgabe des Ersatzgutes verlangen (stellvertretendes commodum).
- Hat der Schuldner bereits teilweise erfüllt (im Pfad nicht dargestellt), kann der Gläubiger nur dann Schadensersatz statt der ganzen Leistung fordern, wenn er an der Teilleistung kein Interesse hat (§ 311 a (2) iVm. § 281 (1) BGB); ist dies der Fall, kann der Schuldner die bereits erbrachte Teilleistung nach den Bestimmungen des Rücktritts §§ 346 bis 348 BGB zurückverlangen (§ 311 a (2) iVm. § 281 (5) BGB).
- Bei einem gegenseitigen Vertrag:
  - Gläubiger kann ohne Fristsetzung vom Vertrag zurücktreten (§ 326 (5) iVm. § 323 BGB). **Der Rücktritt schließt nicht aus, dass der Gläubiger Schadensersatz geltend machen kann (§ 325 BGB).**
  - Schuldner verliert Anspruch auf die Gegenleistung (§ 326 (1) BGB).

Beispiel

Sven hat ein handgeschnitztes Schachspiel aus Elfenbein. Monika, einer Bekannten, hat er von diesem Spiel mit seinen außergewöhnlichen Figuren erzählt. Monika ist nicht nur eine leidenschaftliche Schachspielerin, sondern sammelt auch Schachspiele. Da Sven nicht abgeneigt ist, das Spiel zu einem angemessenen Preis zu verkaufen, verabreden sie sich am 23. Mai 01, 18:00 Uhr in Monikas Wohnung. Sven will unmittelbar von seinem Arbeitsplatz zu Monika fahren. Deshalb nimmt er bereits morgens für die Vertragsverhandlungen von jeder Spielfarbe den König, die Königin, je einen Läufer, Springer, Turm und Bauer zur Ansicht mit. Die restlichen Figuren und das Schachbrett lässt er in seiner Wohnung zurück. Beide werden sich einig, und Sven lässt die mitgebrachten Figuren bei Monika. Die restlichen Figuren und das Brett soll er am kommenden Wochenende Monika übergeben. Er konnte nicht wissen, dass am frühen Nachmittag gegen 13:00 Uhr durch einen Kurzschluss in der Nachbarwohnung ein Brand ausgebrochen ist, der das gesamte Wohnhaus zerstörte, sodass u.a. auch die restlichen Schachfiguren und das Brett zerstört worden sind. Rechtslage?

Lösung

Es handelt sich um eine anfängliche Unmöglichkeit, denn der Brand und damit die Zerstörung der geschuldeten Leistung lag zeitlich vor dem Vertragsabschluss. Der Anspruch auf Primärleistung ist erloschen (§ 275 (1) BGB). Da Sven die Umstände, die zur Unmöglichkeit führten, weder kannte noch kennen musste, hat Monika auch keine Sekundäransprüche (§ 311 a Abs. 2).

Es handelt sich um einen gegenseitigen Vertrag, daher hat Monika nach § 326 (5) iVm. § 323 (5) BGB ein Rücktrittsrecht nur dann, wenn die bereits erbrachte Teilleistung für sie kein Interesse hat. Der Interessenfortfall ist in diesem Fall offensichtlich. Die Schachfiguren, die Sven bei Monika zurückgelassen hat, mögen noch so originell und künstlerisch wertvoll sein, für eine Schachspielerin und Sammlerin von Schachspielen sind die wenigen Figuren fast wertlos.

Für den Rücktritt gelten die §§ 346 bis 348 BGB. Demnach sind nach § 346 (1) BGB die empfangenen Leistungen zurückzugeben, d. h., Monika muss die bereits erhaltenen Figuren an Sven zurückgeben.

■ Übungsaufgabe:

Knut hat ein Ferienhaus in den Savoyen. Am Abend des 14. Mai 01 hört Knut, dass im Gebiet, in dem sein Ferienhaus steht, mehrere hundert Häuser durch ein Erdbeben zum Teil stark beschädigt worden sind. Als am 16. Mai 01 seine Arbeitskollegin Eva bei ihm anfragt, ob sie das betreffende Ferienhaus über die Pfingstfeiertage mieten könne, sagt ihr Knut zu. Sie vereinbaren einen Mietpreis von 120 €.

Knut erhält am 19. Mai 01 ein Schreiben der zuständigen französischen Behörde, in dem man ihm mitteilt, dass sein Haus stark beschädigt worden sei. Auf den beigefügten Fotos kann Knut erkennen, dass vor allem die Küche nicht mehr benutzt werden kann. Auch das Dach ist stark beschädigt. Aufgrund der bis Pfingsten noch verbleibenden zu kurzen Zeitspanne, in der eine Reparatur nicht möglich ist, muss Knut Eva absagen. Rechtslage?

2. Gläubigeransprüche bei „echter" nachträglicher Unmöglichkeit

Echte nachträgliche Unmöglichkeit liegt vor, wenn ein nicht behebbares Leistungshindernis besteht, das erst nach dem Vertragsschluss eingetreten ist.

§ 275 (1) BGB schließt die nachträgliche Unmöglichkeit mit ein, d. h., der Anspruch auf die Primärleistung erlischt. Ob und in welchem Umfang Sekundärleistungspflichten an die Stelle der Primärleistungspflicht treten, ist im nachfolgenden Entscheidungspfad dargestellt.

Gläubigeransprüche bei nachträglicher Unmöglichkeit

Start → Schadensstiftendes Ereignis liegt nach Vertragsschluss

Wer hat die Unmöglichkeit zu vertreten?

keiner von beiden | **der Gläubiger** | **der Schuldner**

der Schuldner
❶ § 275 (1) BGB: Anspruch auf Primärleistung erlischt.
❷ § 280 (1) iVm. § 283 BGB: Gläubiger kann Schadensersatz statt der Leistung (s. auch ❻) verlangen oder § 284 BGB: Ersatz der vergeblichen Aufwendungen
❸ § 285 BGB: Gläubiger kann gegebenenfalls das stellvertretende commodum verlangen
Bei gegenseitigen Verträgen:
❹ Schuldner verliert Anspruch auf die Gegenleistung (§ 326 (1) BGB)
❺ Rücktritt vom Vertrag ohne Fristsetzung (§ 326 (5) iVm. § 323 BGB)

keiner von beiden
❶ § 275 (1) BGB: Anspruch auf Primärleistung erlischt.
❷ § 285 BGB: Gläubiger kann gegebenenfalls das Ersatzwirtschaftsgut (stellvertretendes commodum) verlangen.
Bei gegenseitigen Verträgen:
❸ §§ 326 (5), 323 BGB: Rücktritt vom Vertrag ohne Fristsetzung.
❹ § 326 (1) BGB: Schuldner verliert Anspruch auf die Gegenleistung.

der Gläubiger
❶ § 275 (1) BGB: Anspruch auf Primärleistung erlischt.
❷ § 326 (1) BGB (bei gegenseitigen Verträgen): Schuldner behält Anspruch auf die Gegenleistung.
❸ Gläubiger kann gegebenenfalls das stellvertretende commodum verlangen (§ 285 BGB).

Beispiel

Baron von Wasserfels (BvW) aus Hannover besitzt ein großes Gestüt. Er wickelt seine Geschäfte grundsätzlich nach folgender unveränderlicher Vorgehensweise ab: Kaufinteressenten teilen ihm ihre Vorstellungen über die gewünschten Pferde (Alter, Geschlecht, Ausbildungsstand, Leistungsvermögen) mit. Daraufhin sendet BvW ihnen Videokassetten mit Filmaufnahmen von den in Frage kommenden Pferden. Die Kaufverhandlungen führt dann BvW mit dem Käufer an dessen Wohnsitz. BvW möchte sich vor Ort informieren, wie seine Pferde künftig untergebracht sind.

BvW verkauft am 27. Juli 02 gegen 15:00 Uhr – anlässlich der Rückreise von einem Kurzurlaub in Österreich – in Stuttgart das Reitpferd Hektor für 20 000 € an Egon Müllerle. Es wird vereinbart, dass Müllerle am 8. August 02 das Pferd in Hannover abholen wird. Müllerle übergibt BvW unmittelbar nach Vertragsabschluss 5000 € als Anzahlung auf den Kaufpreis.

1. Fall

Durch einen Blitzschlag in der Nacht vom 27. auf den 28. Juli 02 wurde der Stall, in dem »Hektor« untergebracht war, eingeäschert. Das Pferd ist also nach Vertragsabschluss umgekommen. Die Versicherung erstattet BvW für Hektor 25 000,00 €.

2. Fall

BvW ist ein gefürchteter, hemmungsloser Reiter. Als er am 28. Juli nach Hannover zurückkehrt, lässt er sich Hektor satteln und reitet mit ihm aus. Er hetzt das Tier so stark, bis es tot umfällt.

3. Fall

Am 7. August 02 kommt Müllerle in Hannover an, um Hektor am 8. August abzuholen. Er bittet BvW am Abend des 7. August, Hektor einmal ausreiten zu dürfen. BvW hat nichts dagegen, aber macht ihn darauf aufmerksam, dass der Reitplatz witterungsbedingt eine für das Pferd gefährliche Stelle hat. Müllerle schlägt diese Warnung in den Wind, treibt Hektor an dieser Stelle noch besonders an. Das Pferd stürzt und muss eingeschläfert werden.

Lösung

1. Fall

a) Die geschuldete Leistung, also Hektor zu übergeben, ist erst nach Vertragsabschluss unmöglich geworden, d. h., es handelt sich um eine nachträgliche Unmöglichkeit. Daraus ergibt sich nach § 275 (1) BGB, dass der Anspruch Müllerles, von BvW das Pferd Hektor zu erhalten, ausgeschlossen ist.

b) Nunmehr muss geprüft werden, ob Sekundäransprüche für Müllerle bestehen. Dies ist nur dann der Fall, wenn der Schuldner BvW die Unmöglichkeit zu vertreten hat.

Schadensersatzansprüche, also Sekundäransprüche, sind immer verschuldensabhängig.

Für den Blitzeinschlag und den dadurch ausgelösten Brand ist BvW nicht verantwortlich, d. h., ein Verschulden des Schuldners liegt nicht vor. Daraus ergibt sich, dass §§ 283 iVm. 280 (1) BGB wegen ihrer Verschuldensabhängigkeit nicht in Betracht kommen.

c) Nach § 285 BGB hat Müllerle Anspruch auf das sog. stellvertretende commodum, d. h., Müllerle kann verlangen, dass ihm BvW statt des Pferdes das herausgibt, was BvW als Ersatz für das Pferd (in diesem Fall von der Versicherung) erhalten hat, d. h. 25 000,00 €. Diese Versicherungsleistung ist das in § 285 (1) BGB angesprochene Ersatzgut (stellvertretendes commodum), auf das der Gläubiger Müllerle einen Anspruch hat. **Dieser Anspruch ist ebenso wie das Rücktrittsrecht verschuldensun-**

abhängig. Müllerle wird dann das stellvertretende commodum beanspruchen, wenn dies günstig für ihn ist, d. h., wenn es im Wert höher ist als die von ihm geschuldete Leistung. Dies ist hier der Fall. Müllerle erhält statt Hektor das Ersatzgut, also die 25 000,00 €. Selbstverständlich wird BvW in diesem Fall die Gegenleistung verlangen. In der Praxis dürfte aber aufgerechnet werden: BvW zahlt den Differenzbetrag (5000 €) an Müllerle.

d) Außerdem kann Müllerle nach § 326 (5) BGB ohne Fristsetzung zurücktreten. **Dieses Rücktrittsrecht ist verschuldensunabhängig.** Die Rückabwicklung vor allem der Anspruch Müllerles auf Rückerstattung seiner Anzahlung, erfolgt über §§ 326 (4) iVm. § 346 (1) BGB.

e) Da es sich um einen gegenseitigen Vertrag handelt, braucht Müllerle, da ihn auch kein Verschulden an der Unmöglichkeit trifft, die Gegenleistung nicht zu erbringen (§ 326 (1) BGB).

2. Fall (Abwicklung anhand des Lösungspfades)

a) Es handelt sich um eine nachträgliche Unmöglichkeit, weil das schadensstiftende Ereignis, der Todesritt nämlich, nach dem Vertragsabschluss lag.

b) Die Primärleistung kann BvW nicht mehr erbringen; er wird daher von dieser Leistung befreit (§ 275 (1) BGB). Sekundäransprüche kann Müllerle nur dann geltend machen, wenn nach § 280 (3), § 283 iVm. § 280 (1) BGB die Voraussetzungen des § 280 (1) BGB erfüllt sind, d. h., BvW schuldhaft die Unmöglichkeit herbeigeführt hat (verschuldensabhängige Haftung). BvW hat die Unmöglichkeit verschuldet; er hat zwar nicht vorsätzlich, aber zumindest fahrlässig gehandelt (§ 276 BGB). Als Pferdekenner sollte er die Leistungsfähigkeit eines Pferdes kennen.

Nach § 283 iVm. § 280 (1) BGB kann Müllerle Schadensersatz statt der Leistung (Umwandlung des Leistungsanspruchs in einem Schadensersatzanspruch) verlangen oder Ersatz der vergeblichen Aufwendungen (§ 284 BGB). Welche Wahl er in diesem Zusammenhang trifft, hängt davon ab, welche Absichten er mit dem Kauf verknüpft hat. Hat er Gewinnabsicht, wird er Schadensersatz statt der Leistung fordern, ansonsten – soweit er welche gehabt hat – Ersatz der frustrierten Aufwendungen.

c) Müllerle kann das stellvertretende commodum nach § 285 (1) BGB fordern (s. Lösung zu 1. Fall).

d) Da es sich um einen gegenseitigen Vertrag handelt, verliert BvW den Anspruch auf die Gegenleistung (§ 326 (1) BGB), es sei denn, Müllerle verlangt das stellvertretende commodum.

e) Außerdem hat Müllerle ein verschuldensunabhängiges Rücktrittsrecht (s. Lösung zu 1. Fall).

3. Fall (Abwicklung nach Lösungspfad)

a) Es handelt sich hier wiederum um eine nachträgliche Unmöglichkeit, denn das Ereignis, das Hektor den Tod brachte, ist erst nach Vertragsabschluss eingetreten.

b) BvW wird von seiner Primärleistungspflicht, die nicht mehr erbracht werden kann, nach § 275 (1) BGB befreit. BvW hat diese Unmöglichkeit nicht zu vertreten, d. h., der Gläubiger Müllerle hat keine Schadensersatzansprüche gegen BvW, da diese stets verschuldensabhängig sind. Vielmehr hat das Leistungshindernis hier der Gläubiger Müllerle zu vertreten.

c) Da es sich um einen gegenseitigen Vertrag handelt, behält BvW nach § 326 (2) BGB den Anspruch auf die Gegenleistung, d. h., Müllerle muss die 20 000,00 € an BvW zahlen, unter Berücksichtigung der bereits geleisteten 5000 € noch 15 000 €.

d) Müllerle kann seinerseits das stellvertretende commodum nach § 285 BGB beanspruchen.

4.2.3.2 Faktische (praktische) und psychische Unmöglichkeit

1. Tatbestandsmerkmale

Bei beiden Formen der Unmöglichkeit handelt es sich **um behebbare Leistungshindernisse,** also nicht um Unmöglichkeit im eigentlichen Sinne. Die Vorschriften sind zum Schutz des Schuldners geschaffen worden und geben ihm ein **Leistungsverweigerungsrecht,** wenn

a) ein grobes Missverhältnis zwischen Anstrengungen, die er aufbringen müsste, um zu erfüllen, und dem **Leistungsinteresse** des Gläubigers besteht (faktische oder praktische Unmöglichkeit (§ 275 (2) BGB) oder

b) ein Leistungshindernis dergestalt besteht, dass dem Schuldner, der persönlich (z. B. bei Dienst-, Arbeits-, Werkverträgen) zu erfüllen hat, nicht zugemutet werden kann – unter Berücksichtigung des Leistungsinteresses des Gläubigers – die Leistung zu erbringen (§ 275 (3) BGB).

Beide Vorschriften enthalten wertungsbedürftige Begriffe wie „grobes Missverhältnis", „zuzumutende Anstrengungen", „Unzumutbarkeit", „Leistungsinteresse des Gläubigers" usw. Sie können daher nur als eine Art Generalklausel betrachtet werden.

Der Schuldner kann durch eine Einrede seine Primärleistungspflichten gemäß § 275 Abs. 2 und 3 BGB ausschließen. Er hat also ein Gestaltungsrecht dahingehend, dass er sich durch die Einrede befreien oder durch überaus große Anstrengungen seiner Primärleistungspflicht nachkommen kann. Gründe für seine überobligatorischen Bemühungen können einerseits die Gegenleistung sein, auf die er nicht verzichten will, oder die gegen ihn gerichteten Sekundärleistungsansprüche des Gläubigers, die er vermeiden will.

Allerdings hat der Schuldner das Einrederecht des § 275 Abs. 2 und 3 nur, wenn ihm die Leistung nicht zugemutet werden kann.

Zunächst soll die Unzumutbarkeit nach § 275 Abs. 2 BGB erörtert werden.

In einem Sachverhalt ist demnach zu prüfen:

1. Was muss der Schuldner aufwenden, um seine Primärleistung zu erbringen?

2. Wie hoch ist das Leistungsinteresse des Gläubigers?

3. Besteht zwischen diesen beiden Größen ein grobes Missverhältnis?

   Dabei soll außerdem noch berücksichtigt werden, ob der Schuldner das Leistungshindernis zu vertreten hat.

   Da es augenblicklich noch zu wenige Urteile hierzu gibt, soll eine mehr oder weniger willkürliche Angabe bezüglich des groben Missverhältnisses gemacht werden (unverbindlicher Vorschlag):

   Für den Schuldner soll es demnach unzumutbar sein, wenn der für ihn erforderliche Aufwand

   – 110 % des Leistungsinteresses des Gläubigers übersteigt und er das Leistungshindernis nicht zu vertreten hat;

   – 120 % des Leistungsinteresses des Gläubigers übersteigt, wenn er das Leistungshindernis zwar zu vertreten hat, ihn aber kein Verschulden trifft;

   – 130 % des Leistungsinteresses des Gläubigers übersteigt und er das Leistungshindernis aufgrund leichter Fahrlässigkeit zu vertreten hat;

   – 140 % des Leistungsinteresses des Gläubigers übersteigt und er das Leistungshindernis aufgrund grober Fahrlässigkeit zu vertreten hat;

   – 150 % des Leistungsinteresses des Gläubigers übersteigt und er das Leistungshindernis vorsätzlich herbeigeführt hat.

Beispiel

Klaus kauft am 17. April 01 von Gerd für seine Sammlung einen Lanz-Bulldog Baujahr 1937 für 15 000 €. Beide vereinbaren, dass diese Rarität am 24. April 01 übergeben werden solle. Der Schlepper ist im Originalzustand, also „unverbastelt", und sowohl technisch als auch optisch in einem überaus guten Zustand.

Gerd hat zu Beginn des Jahres 01 von Franz ein altes Bauernhaus gekauft und in der Scheune diesen Lanz-Bulldog vorgefunden. Franz hat Gerd während der Kaufverhandlungen erzählt, dass dieser Traktor Fred gehöre, der die Scheune gemietet habe. Fred sei aber vor einigen Wochen verstorben.

Da sich bis April kein Erbe gemeldet hat, glaubt Gerd, den Oldtimer verkaufen zu können. Noch bevor Klaus den Traktor abholen konnte, meldet sich Lutz, der den Bulldog geerbt hat. Lutz erklärt sich bereit, besagten Traktor für 25 000 € an Gerd zu verkaufen.

Für Klaus stellt dieser Oldtimer-Bulldog einschließlich eines Liebhaberwertes 18 000 € dar. Kann Gerd die Einrede nach § 275 Abs. 2 BGB geltend machen, um sich damit von seiner Leistungspflicht zu befreien?

Lösung

Das maßgebende Leistungsinteresse von Klaus liegt bei 18 000 €. Gerd müsste 25 000 € aufwenden, um zu erfüllen. Die Frage ist nunmehr, ob ein grobes Missverhältnis zwischen dem Aufwand, den Gerd erbringen muss, und dem Leistungsinteresse von Klaus besteht. Herauszuziehen ist der Inhalt des Schuldverhältnisses. Außerdem spielt auch eine Rolle, ob der Schuldner das Leistungshindernis zu vertreten hat.

Gerd wusste, dass ihm der Lanz-Bulldog nicht gehört, sondern den Erben Freds, d. h., dass er wusste, dass er das Eigentum an dem Traktor nicht übertragen könne, da er es überhaupt nicht hat. Sein Verhalten ist vorsätzlich, d. h., nach dem obigen „Katalog" läge ein grobes Missverhältnis, das eine Einrede im Sinne von § 275 Abs. 2 BGB erst dann vor, wenn Gerd mehr als 27 000 € (150 % von 18 000 €) an Lutz zahlen müsste. Dies ist hier jedoch nicht der Fall. Gerd muss Lutz den Lanz-Bulldog für 25 000 € abkaufen, um ihn für 15 000 € an Klaus zu verkaufen; Gerd hat also kein Leistungsverweigerungsrecht nach § 275 Abs. 2 BGB.

Bei der Unzumutbarkeit der Leistung nach § 275 Abs. 3 BGB sind weniger strenge Voraussetzungen zu beachten als bei der des § 275 Abs. 2 BGB.

Voraussetzung für die Anwendung des § 275 Abs. 3 BGB ist, dass der Schuldner **persönlich** leisten muss. Dagegen ist nicht mehr zu prüfen, ob der Schuldner das Leistungshindernis zu vertreten hat. Maßgebend ist primär die Zumutbarkeit für den Schuldner, wohingegen das Leistungsinteresse des Gläubigers in den Hintergrund tritt.

Beispiel für faktische Unmöglichkeit

Claudia verkauft ihrer Freundin Anna ein einfaches, silbernes Armkettchen für 15 €. Claudia möchte es aber während des bereits geplanten Wochenendausflugs, bei dem sie mit ihrem Freund auf dem Titisee Boot fahren möchte, noch einmal tragen. Claudia verspricht Anna, ihr das Kettchen im Laufe der folgenden Woche auszuhändigen. Ein vergleichbares Kettchen kostet 20 €.

Während der Bootsfahrt erzählt Claudia ihrem Freund, dass sie das Kettchen, das sie gerade trägt, Anna verkauft habe. Sie hält daher ihren Arm hoch, sodass ihr Freund es auch sehen kann. Claudia hält danach ihre Hand ins Wasser, um dessen Frische spüren und genießen zu können. Als sie einige Minuten später ihre Hand aus dem Wasser nimmt, fehlt das Kettchen. Offensichtlich hat sich der Verschluss gelöst.

Sind die Voraussetzungen des § 275 (2) BGB erfüllt und hat Claudia deshalb ein Leistungsverweigerungsrecht?

Es muss zunächst geprüft werden, ob die Leistung noch möglich ist. Dies ist zu bejahen, da das Kettchen mit Sicherheit auf dem Grund des Titisees liegt. Eine „echte" Unmöglichkeit im Sinne von § 275 (1) BGB liegt also nicht vor.

Danach ist zu prüfen, ob ein grobes Missverhältnis besteht zwischen

- dem Leistungsinteresse Annas und
- den Anstrengungen, die Claudia unternehmen müsste, um sich das Kettchen wieder zu beschaffen.

Beides – Aufwand des Schuldners und Gläubigerinteresse – müssen miteinander verglichen werden.

Diese Prüfung hat sich nach § 275 (1) BGB am Inhalt des Schuldverhältnisses (hier am Vertragsinhalt) und am Grundsatz von Treu und Glauben zu orientieren.

Da es sich um ein einfaches Silberkettchen handelt, kann davon ausgegangen werden, dass ein vergleichbares Exemplar mühelos beschaffbar ist. Es ist ja nicht ein wertvolles Unikat. Das Leistungsinteresse Annas liegt bei 20 €. Auf der anderen Seite wären die Anstrengungen Claudias, das Kettchen aus dem Titisee zu bergen, enorm, d. h., das grobe Missverhältnis zwischen dem „Kettchen"-Interesse Annas (20 €) und den Anstrengungen, die Claudia aufbringen müsste, besteht.

Fazit: Claudia hat ein Leistungsverweigerungsrecht nach § 275 (2) BGB, d. h., der Anspruch Annas erlischt nicht automatisch, sondern erst die Einrede Claudias, dass sie nach § 275 (2) BGB die Leistung verweigere, führt zum Erlöschen des Anspruchs.

Beispiel für psychische Unmöglichkeit

Der Fußballprofi und Nationalspieler Marco Klosmann hat sich dem Sporthaus Kühne gegenüber verpflichtet, am Mittwoch, dem 28. Juni 01 von 14:00 bis 16:00 Uhr den Kühne-Kunden Autogramme zu geben. Am 26. Juni verunglückt seine Frau in Italien. Sie wird in einem äußerst kritischen Zustand in ein Krankenhaus in Rom eingeliefert.

Hat Marco Klosmann ein Leistungsverweigerungsrecht nach § 275 (3) BGB?

Die Schlüsselfrage lautet: Kann Klosmann zugemutet werden, seine vertraglich zugesagte Verpflichtung unter diesen Umständen zu erfüllen?

Die Frage muss verneint werden. Einerseits hat Kühne sicherlich bereits die Autogrammstunde mit Klosmann werbemäßig angekündigt und sich außerdem aus dieser Werbemaßnahmen einen ökonomischen Erfolg (Umsatzsteigerung, Steigerung des Bekanntheitsgrades) versprochen. Aus all dem muss gefolgert werden, dass Kühne Wert darauf legt, dass der Vertrag erfüllt wird. Aber sein Leistungsinteresse tritt hinter das persönliche »Opfer« des Schuldners zurück.

Andererseits wird Klosmann, statt Autogramme zu geben, lieber bei seiner Frau sein. Ihr Zustand ist kritisch und das heißt, dass sie mit dem Tode ringt. Man stelle sich vor, Klosmann erfüllt den Vertrag und gibt Autogramme. Er setzt sich damit der Situation aus, von fremden Menschen unangenehm nach dem Befinden seiner Frau gefragt zu werden. Man kann sich auch vorstellen, dass manche dieser Autogrammjäger in voyeuristischer Absicht kommen. Diese Gefahr vergrößert das Leistungshindernis zusätzlich. Das »Opfer«, das Klosmann bringen müsste, übersteigt die Zumutbarkeitsgrenze.

Fazit: Marco Klosmann steht ein Leistungsverweigerungsrecht nach § 275 (3) BGB zu, d. h., wenn er die Einrede, die Leistung nach § 275 (3) BGB zu verweigern, macht, ist der Anspruch Kühnes erloschen.

Anders als bei der echten Unmöglichkeit, für die § 275 (1) BGB den Anspruch auf die Primärleistung ausschließt, besteht für die faktische und psychische Unmöglichkeit nach § 275 (2) und (3) BGB lediglich ein Leistungsverweigerungsrecht, d. h., in beiden Fällen muss der Schuldner von dieser Einrede Gebrauch machen, um von der Leistungspflicht befreit zu werden.

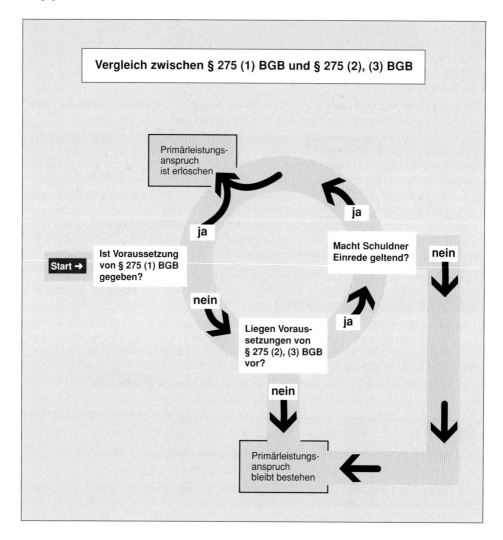

2. Gläubigerrechte bei faktischer und psychischer Unmöglichkeit

Die bei der „echten" Unmöglichkeit dargestellten Gläubigerrechte gelten auch hier.

Handelt es sich um eine **anfängliche faktische bzw. psychische Unmöglichkeit,** ist zu prüfen, ob der Schuldner die Leistungserschwerung kannte oder sie fahrlässigerweise nicht kannte. **Ist dies bejaht,** hat der Gläubiger die Wahl:

1. Schadensersatz statt der Leistung (verschuldensabhängiger Anspruch auf das positive Interesse) nach § 311 a (2) BGB) (s. auch 3. oder Ersatz der vergeblichen Aufwendungen nach § 284 iVm. § 311 a (2) BGB)

2. Verschuldensunabhängiger Anspruch des Gläubigers auf das stellvertretende commodum (§ 285 (1) BGB)

3. (Verschuldensunabhängiges) Rücktrittsrecht ohne Fristsetzung bei gegenseitigen Verträgen (§ 323 BGB iVm. § 326 (5) BGB); Rückabwicklung nach §§ 346 ff. BGB. Der Rücktritt schließt **Schadensersatzansprüche** nicht aus (§ 325 BGB) (s. auch 1.)

4. Der Schuldner verliert – bei einem gegenseitigen Vertrag – den Anspruch auf die Gegenleistung (§ 326 (1) BGB)

Hat der Schuldner bereits eine Teilleistung erbracht und macht er danach von seinem Leistungsverweigerungsrecht Gebrauch, dann kann der Gläubiger nur dann Schadensersatz statt der ganzen Leistung verlangen, wenn diese Teilleistung für ihn ohne Interesse ist (§ 311 a (2) iVm. § 281 (1) BGB. Die Rechtsfolgen unterscheiden sich also nicht von denen bei der „echten" anfänglichen Unmöglichkeit.

Handelt es sich um **eine nachträgliche faktische oder psychische Unmöglichkeit,** ist zu prüfen, ob eine Pflichtverletzung des Schuldners im Sinne des § 280 (1) BGB vorliegt oder nicht, denn Schadensersatzansprüche des Gläubigers setzen grundsätzlich ein Verschulden des Schuldners voraus. § 280 (3) iVm. § 283 BGB gesteht dem Gläubiger Schadensersatz statt der Leistung zu, wenn der Schuldner die Leistungserschwerung zu vertreten hat. Nach § 284 BGB kann der Gläubiger an Stelle des Schadensersatzes statt der Leistung Aufwendungsersatz verlangen.

Beispiele für faktische Unmöglichkeit

1. Katja kauft am 17. März 01 von Peter eine so genannte Gangsterlimousine, den Citroën Traction Avant, Baujahr 1938 für 20 000 €. Das Auto, das in einem optisch und technisch einwandfreien Zustand ist, soll am 1. April 01 übergeben werden. Als am 26. März Klaus seinen Freund Peter besucht und das Auto sieht, bietet er Peter 25 000 €. Kurz entschlossen verkauft Peter das Auto an Klaus. Der Citroën wird am gleiche Tag noch überschrieben und auf Klaus zugelassen. Katja könnte einen vergleichbaren Citroën für 24 000 € kaufen.

   Peter ist es damit „unmöglich" geworden, den Vertrag mit Katja zu erfüllen. Klaus seinerseits ist nur gegen ein beträchtliches Aufgeld (5000 €) bereit, den Wagen an Peter zurückzugeben. Hat Peter das Leistungsverweigerungsrecht nach § 275 (2) BGB?

2. A verkauft dem B eine gebrauchte Taschenuhr für 30,00 E. Bevor A erfüllen kann, fällt ihm die Taschenuhr von einer Brücke in den Rhein. Daraus ergibt sich die folgende Situation: Die Uhr könnte geborgen und gereinigt werden, um sie wieder gangbar zu machen. Für A wäre dies eine aufwändige Angelegenheit. Es muss aber beachtet werden, dass es nicht auf eine rein wirtschaftliche Betrachtung des von A zu leistenden Aufwandes ankommt, sondern als Maßstab ist das Gläubigerinteresse zu berücksichtigen, das bei 50 € liegt.

Lösungen

1. Eine „echte" Unmöglichkeit im Sinne von § 275 (1) BGB liegt hier nicht vor, denn besagter Citroën kann noch geleistet werden. Peter kann noch erfüllen, wenn er das Auto von Klaus zurückkauft. Allerdings muss er einiges aufwenden, um dieses Leistungshindernis zu beseitigen. Das grundlegende Prinzip, wonach Verträge zu halten sind (pacta servanda sunt) würde von Peter dieses Opfer verlangen. Obschon dieses Prinzip dem § 275 (2) BGB zugrunde liegt, soll der Fall zunächst ohne diesen Grundsatz gelöst werden. Zunächst ist das Leistungsinteresse Katjas zu umschreiben. Bei dem Auto handelt es sich um ein seltenes Sammlerstück. Auch wenn es noch einige Exemplare dieses Modells geben wird, ist es schwierig, ein anderes Exemplar zu finden, da die meisten Autos dieser Baureihe in den Garagen von Sammlern stehen werden, sodass sie auf die einzige Alternative (29 000 €) zurückgreifen müsste. Auch der Preis scheint angemessen, da das Auto laut Sachverhalt in gutem Zustand ist.

   Peter hat das Leistungshindernis selbst verschuldet, sodass ihm schon erhebliche Anstrengungen (bis zu 150 % des Leistungsinteresses Katjas, d. h. bis 36 000 €) zu-

zumuten sind (§ 275 (2) BGB. Die „Opfergrenze", bei der man Peter das Leistungsverweigerungsrecht zubilligen könnte, liegt jedenfalls jenseits von 5 000,00 €.

Fazit: Peter steht kein Leistungsverweigerungsrecht nach § 275 (2) BGB zu, da von
ihm erwartet werden kann, das Auto von Klaus zurückzukaufen, um Katja gegenüber leisten zu können.

2. Das Interesse von B erstreckt sich auf den Erwerb einer gebrauchten Taschenuhr.
   Man kann davon ausgehen, dass B eine (beliebige) Taschenuhr erwerben wollte
   und nicht speziell diese (einzigartige) Taschenuhr. Dafür spricht in erster Linie der
   vereinbarte Kaufpreis von 30,00 €. Der von A dagegen notwendige Aufwand, um
   die Uhr in einem funktionstüchtigen Zustand an B auszuliefern, ist enorm. Es fällt
   B sicherlich nicht schwer, sich eine adäquate Uhr zu beschaffen, nämlich für 50 €.
   Somit steht fest, dass ein grobes Missverhältnis zwischen dem erforderlichen Aufwand des Schuldners A und dem Leistungsinteresse des Gläubigers B besteht. A
   hat nach § 275 (2) BGB ein Leistungsverweigerungsrecht.

Beispiel für psychische Unmöglichkeit

Sorglos hat zu seinem 50. Geburtstag eine große Feier organisiert. So hat er zu seinem Gala-Abend einen berühmten Gesangssolisten verpflichten können. Zwei Tage
vor der großen Feier stirbt die Frau des Sängers.

In Anbetracht der persönlichen Situation kann es dem Sänger nicht zugemutet werden, am Geburtstag Sorglos' aufzutreten. Sicher hat Sorglos ein Interesse an der Mitwirkung des Gesangskünstlers, aber diese Gläubigerinteressen müssen hinter dem
Leistungshindernis des Schuldners zurücktreten, d. h., der Sänger hat ein Leistungsverweigerungsrecht nach § 275 (3) BGB.

4.2.3.3 Unmöglichkeit bei Gattungsschulden

Grundsätzlich ist davon auszugehen, dass es Unmöglichkeit bei Gattungsschulden nicht
gibt. Der Schuldner, der freiwillig eine Gattungsschuld übernimmt, gibt doch seinem Gläubiger zu verstehen, dass er auf jeden Fall leistungsbereit sein wird. Er hat nach § 276 (1)
BGB ein Beschaffungsrisiko übernommen, ohne dass dies ausdrücklich erwähnt zu werden braucht. Kann er aus irgendwelchen Gründen nicht leisten, hat er sein Unvermögen
zu vertreten, d. h., der Gläubiger kann so lange auf Erfüllung bestehen, solange es noch irgendwo Exemplare aus der Gattung gibt.

Beispiel

Der bereits bekannte BvW (Gestütsbesitzer und Pferdehändler aus Hannover, s. Beispiel
S. 145) trifft am gleichen Tag Fritz Müllerle, den Bruder von Egon, der zufällig seinen
Bruder besucht, als BvW anwesend ist. Fritz ist auch ein Pferdeliebhaber und erzählt
BvW, dass ihm besonderes Haflingerpferde gefielen und er gerne einen dreijährigen
Haflingerhengst kaufen würde. BvW erwidert darauf, dass es kein Problem sei, ein sol-
ches Pferd zu beschaffen. BvW besitzt vier dreijährige Haflinger. Er beabsichtigt – ohne
es Fritz gegenüber zu erwähnen – einen davon Fritz zu verkaufen. Unter den sechs ver-
endeten Pferden befanden sich auch die vier dreijährigen Haflingerhengste.

Lösung

Es handelt sich um eine Gattungsschuld, denn BvW schuldet Fritz Müllerle die Lieferung irgendeines dreijährigen Haflingerhengstes. BvW hat deshalb zu leisten, solange
es noch irgendwo dreijährige Haflingerhengste gibt. Dies ergibt sich zunächst aus
dem allgemeinen Grundsatz, nach dem Verträge zu halten sind. Zum anderen ist eine

solche harte Verpflichtung des Schuldners auch aus § 276 (1) BGB zu entnehmen. Lässt sich ein Schuldner auf eine Gattungsschuld ein, zeigt er damit doch, dass er auf alle Fälle leistungsbereit sein wird. Er hat damit das Beschaffungsrisiko übernommen, zumal er während des Gesprächs erklärt hat, dass es keinerlei Schwierigkeiten mache, ein solches Pferd zu besorgen.

BvW wird sich also anderweitig einen dreijährigen Haflingerhengst besorgen müssen, um seiner Leistungspflicht Fritz gegenüber nachzukommen. Denn seine Einlassungen während der Vertragsverhandlungen, wonach es unproblematisch sein wird, das gewünschte Tier zu besorgen, sind Beleg dafür, dass er leistungsbereit ist. Er hat nicht die Gattung auf seine vier Haflingerhengste eingrenzen wollen. z. B. hätte er erwähnen können, dass er vier solche Tiere habe und er eines davon verkaufen wolle.

Zusammenfassung:
Übersicht über die Rechtsfolgen bei Unmöglichkeit der Leistung

„Echte" Unmöglichkeit   Faktische oder psychische Unmöglichkeit
(§ 275 (1) BGB)   (§ 275 (2) BGB)

und

Schuldner verweigert die Leistung

❶ Primärleistungspflicht ist erloschen

❷ Sekundärleistungspflichten   Sekundärleistungspflichten

2.1 bei anfänglicher Unmöglichkeit
- Schuldner kannte die Unmöglichkeit nicht **und** hat seine Unkenntnis auch nicht zu vertreten
  - bei gegenseitigen Verträgen:
    - Rücktritt vom Vertrag ohne Fristsetzung (§§ 326 (5); 323 BGB)
    - Schuldner verliert Anspruch auf Gegenleistung (§ 326 (1) BGB)
    - Herausgabe des Ersatzgutes (§ 285 BGB)
- Schuldner kannte die Unmöglichkeit **oder** hat seine Unkenntnis zu vertreten
  zusätzlich zu oben:
  - Schadensersatz **statt** der Leistung (§ 283 iVm § 280 (1) BGB)
    oder
  - Ersatz der vergeblichen Aufwendungen

2.2 bei nachträglicher Unmöglichkeit
- Schuldner hat die Unmöglichkeit zu vertreten
  - Schadensersatz statt der Leistung (§§ 283 iVm § 280 (1) BGB)
    oder
  - Ersatz der vergeblichen Aufwendungen
  - Herausgabeanspruch hinsichtlich des Ersatzgutes
  - bei gegenseitigen Verträgen
    - Schuldner verliert Anspruch auf Gegenleistung (§ 326 (1) BGB)
    - Rücktritt vom Vertrag ohne Fristsetzung (§ 326 (5) iVm § 323 BGB)
- Gläubiger hat Unmöglichkeit zu vertreten
  - Herausgabeanspruch des Ersatzgutes (§ 285 BGB)
  - bei gegenseitigen Verträgen Schuldner behält Anspruch auf Gegenleistung (§ 326 (1) BGB)
- keiner hat Unmöglichkeit zu vertreten
  - Herausgabeanspruch des Ersatzgutes (§ 285 BGB)
  - bei gegenseitigen Verträgen
    - Rücktritt ohne Fristsetzung (§§ 326 (5), 323 BGB)
    - Schuldner verliert Anspruch auf Gegenleistung (§ 326 (1) BGB)

4.2.4 Leistungsverzug

4.2.4.1 Voraussetzungen

Die Forderung eines Gläubigers ist fällig und der Schuldner leistet nicht. Damit liegt auf jeden Fall eine Pflichtverletzung im Sinne von § 280 (1) BGB vor. § 280 (2) BGB verlangt allerdings noch weitere Voraussetzungen, um den Tatbestand „Verzug" zu erfüllen (§ 280 (2) iVm. § 286 BGB). Danach sind folgende Voraussetzungen für den Schuldnerverzug zu beachten:

1. die Leistung muss fällig sein (§ 286 (1) BGB),

2. der Schuldner muss nach der Fälligkeit gemahnt worden sein (§ 286 (1) BGB),

3. der Schuldner muss die Verzögerung zu vertreten haben (§ 286) (4) BGB).

ad 1. Fälligkeit beschreibt den Zeitpunkt, von dem ab der Gläubiger die Leistung vom Schuldner verlangen kann (s. § 271 BGB).

ad 2. Mahnung

Die Mahnung ist eine eindeutige, nicht formgebundene, empfangsbedürftige Aufforderung an den Schuldner, die Leistung zu erbringen. Es handelt sich dabei um eine geschäftsähnliche Handlung, da die Rechtsfolgen auch dann eintreten, wenn der Erklärende dies gar nicht wollte.

Nachdem der Schuldner die Mahnung erhalten hat, muss er grundsätzlich unmittelbar danach die Leistung ausführen, um nicht in Verzug zu geraten. Leistet er innerhalb dieses relativ kurzen Zeitraumes nicht, kommt er bereits mit dem Zugang der Mahnung in Verzug.

Beispiel

Sandra hat Möbelschreiner Kleinholz beauftragt, eine Küche nach Maß zu fertigen. Kleinholz legt sich hinsichtlich der Lieferung nicht fest. Er nimmt am Mittwoch, dem 10. März 01, die Maße und bespricht mit Sandra noch einige Details. Dabei erwähnt er, dass er spätestens in der übernächsten Woche mit der Fertigung beginnen und auf jeden Fall nicht mehr als drei Arbeitstage dazu benötigen werde. Außerdem sagt er zu, dass er am Tag vorher die Anlieferung ankündigen werde.

Als am Montag, dem 5. April 01, Kleinholz noch immer nichts von sich hat hören lassen, ruft Sandra am späten Nachmittag an und fordert Kleinholz auf, die Küche doch nun endlich zu liefern. Kleinholz erklärt, dass er bereits alle erforderlichen Maßnahmen ergriffen habe, um gleich am nächsten Tag mit der Anfertigung beginnen zu können, sodass er am Montag, dem 12. April, die Küche aufstellen könne. Kommt Kleinholz in Verzug und gegebenenfalls wann?

Lösung

Die Leistung ist nach § 271 BGB am 5. April (Tag der Mahnung) mit Sicherheit fällig, denn Kleinholz versprach, den Auftrag im Verlauf der Woche zu beginnen, die mit Montag, dem 22. März, beginnt und mit dem Freitag, dem 26. März, endet. Selbst wenn er erst am Freitag, dem 26. März, damit anfängt, muss er die Küche aufgrund seiner eigenen Vorgaben am Dienstag, dem 30. März, vollendet haben, d. h., spätestens zu diesem Zeitpunkt ist die Leistung fällig.

Da keine der in § 286 Abs. 2 BGB angegebenen Voraussetzungen (s. unten) vorliegen, ist die Mahnung notwendig, um Kleinholz in Verzug zu setzen. Diese Mahnung aber räumt ihm keine neue Zeit zur Fertigung ein, da er bereits ab der Fälligkeit, also ab dem 29. März 01, leistungsbereit sein muss. Er käme nur dann nicht in Verzug, wenn er am folgenden Tag (6. April) die Küche bei Sandra aufstellen könnte. Es kann nämlich nicht von ihm erwartet werden, dass er am späten Nachmittag des 5. April noch damit beginnt. Da dies nicht der Fall ist, löst das Telefongespräch bereits den Verzug aus.

Eine Mahnung ist nicht notwendig,

- wenn die Leistung kalendermäßig festgelegt wurde (z. B. Lieferung am 4.3.01; Leistung Ende Mai 06),
- wenn ein Ereignis vorauszugehen hat und eine angemessene Zeit für die Leistung so bestimmt ist, dass die Zeit vom Ereignis an kalendermäßig berechenbar ist.

Beispiel

- Es wurde vereinbart, dass der Schuldner innerhalb von drei Wochen nach Empfang der Auftragsbestätigung zu leisten habe. Das im Gesetzestext angesprochene Ereignis ist der Empfang der Auftragsbestätigung. Damit beginnt die Frist von drei Wochen zu laufen. Mit dem Empfangsdatum und einem aktuellen Kalender kann man nun den Verzugseintritt bestimmen:

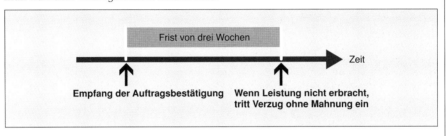

Dabei wird unterstellt, dass in diesem Falle die Zeit von drei Wochen für die Leistungserbringung angemessen ist.

Eine Mahnung ist weiterhin nicht erforderlich, wenn

- der Schuldner ernsthaft und endgültig erklärt, dass er nicht leisten werde,
- besondere Gründe vorliegen, sodass es für beide – Schuldner und Gläubiger – günstiger ist, auf eine Mahnung zu verzichten; das ist vor allem dann der Fall, wenn es sich um saisonale Produkte wie Saatgut, Dünger usw. handelt und eine Mahnung einen unnötigen Zeitverzug bedeuten würde.

ad 3. Verschulden des Schuldners

Diese Voraussetzung gilt uneingeschränkt bei Speziesschulden. Bei Gattungsschulden dagegen kann der Schuldner auch ohne sein Verschulden verantwortlich gemacht werden (§ 276 (1) BGB). Der Gattungsschuldner hat nämlich bei Vertragsabschluss seinem Partner zu verstehen gegeben, dass er auf jeden Fall leistungsbereit ist. Er hat das Beschaffungsrisiko übernommen (s. hierzu auch Unmöglichkeit bei Gattungsschulden). Die garantierte Leistungsbereitschaft schließt die rechtzeitige Leistung ein. **Der Gattungsschuldner gerät deshalb auch ohne eigenes Verschulden in Verzug.**

Beispiel

1. Dachdeckermeister (D) hat dem Bauherrn (B) zugesagt, dass er innerhalb von zwei Wochen, nachdem der Zimmermann (Z) die Dachstuhlarbeiten am Neubau von B vollendet hat, mit dem Eindecken des Daches beginnen werde. B teilt D am Montag, dem 4. Mai 01 gegen 16:30 Uhr mit, dass Z soeben mit seinen Arbeiten fertig geworden ist. Am Montag, dem 18. Mai 01, erklärt D, dass es ihm nicht möglich war, mit den Arbeiten bei B zu beginnen, weil er so viele Aufträge habe noch vorher erledigen müssen. Wann gerät D in Verzug?
2. Die Landmaschinenwerkstatt Winni Bohleb hat Hanjo Kühn im Juni 01 zugesagt, dessen Porsche-Traktor zu restaurieren. Er legt sich zeitlich nicht fest, da es für den über vierzig Jahre alten Schlepper für das eine oder andere Ersatzteil Lieferproble-

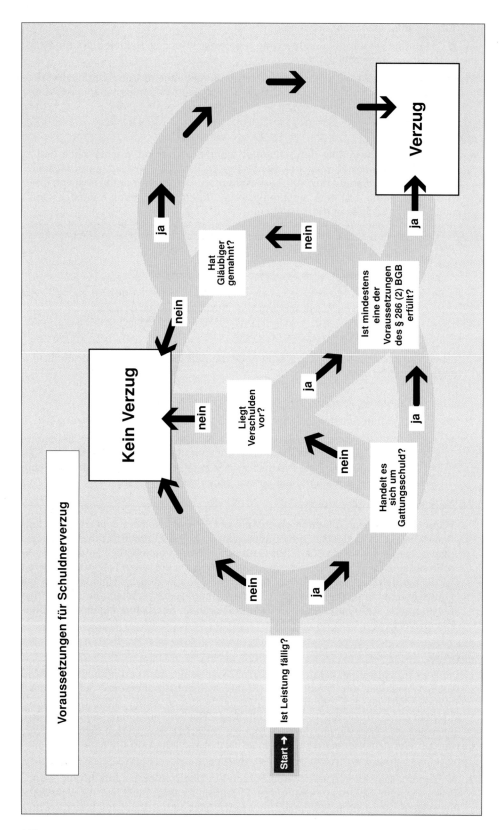

Voraussetzungen für Schuldnerverzug

Ist Leistung fällig?

Start →

Handelt es sich um Gattungsschuld?

Liegt Verschulden vor?

Ist mindestens eine der Voraussetzungen des § 286 (2) BGB erfüllt?

Hat Gläubiger gemahnt?

Kein Verzug

Verzug

ja

nein

ja

nein

ja

ja

nein

nein

ja

me geben könne. Als groben Zeitrahmen für die Restaurierung gibt er dennoch Ende des Jahres 01, spätestens Ende Februar 02, an. Winni hat keine Mitarbeiter. Am Sonntag, dem 4. März 02 begegnen sich Hanjo und Winni zufällig auf dem Fußballplatz. In der Halbzeitpause ruft Hanjo scherzhaft Winni zu, ob er den Porsche-Traktor in seiner Werkstatt bislang übersehen habe. Winni erklärt, dass er wegen eines Bandscheibenvorfalles im Herbst 01 mehrere Wochen überhaupt nicht arbeiten und auch in den Wochen danach sich kaum belasten konnte. Ist Winni in Verzug?

Lösungen (nach dem folgenden Lösungspfad)

1. Die Leistung D's wurde nach § 271 (2) BGB mit Ablauf der zwei Wochen fällig, d. h. spätestens mit Ablauf des 18. Mai 01. Die Leistung ist eine Speziesschuld. Die Frage, ob D die Verzögerung zu vertreten hat, muss eindeutig bejaht werden. Niemand hat D gezwungen, sich so mit Aufträgen zu überladen, dass er die B gegenüber versprochene Leistungszeit nicht einhalten konnte. Er muss abschätzen können, welche Zeit er etwa für die einzelnen Aufträge benötigt. Sein Zeitmissmanagement hat er allein zu vertreten. Es geht nicht an, dass D so ziemlich jeden sich bietenden Auftrag annimmt, um sich dann einzelnen Kunden gegenüber mit der Ausrede, er sei überlastet, exkulpieren zu können.

   B hat laut Sachverhalt nicht gemahnt. Dies ist in diesem Fall nach § 286 (2) BGB auch nicht erforderlich, denn das Ereignis (Fertigstellung des Dachstuhls durch Z) ist eingetreten und ihm bekannt gemacht worden und die Zeit von zwei Wochen ist angemessen. Zumal er innerhalb der zwei Wochen die Leistung nicht schon erbracht haben, sondern nur mit der Leistungserfüllung begonnen haben sollte.

   Fazit: D befindet sich ab dem 19. Mai 01 in Leistungsverzug.

2. Die Leistung ist auf jeden Fall fällig. Beide haben die Leistungszeit nicht so vereinbart, dass sie eindeutig anhand eines Kalenders bestimmbar gewesen wäre, d. h., eine Mahnung Hanjos ist notwendig, um Verzug auszulösen. Vor dem 4. März 02 hat Hanjo nicht gemahnt. Sein scherzhafter Zuruf stellt jedoch eine Mahnung dar.

   Es handelt sich in diesem Fall um eine Speziesschuld, sodass auf jeden Fall geprüft werden muss, ob der Schuldner die Verzögerung zu vertreten hat (§ 266 (4) BGB). Winni konnte wochenlang krankheitsbedingt nicht in seiner Werkstatt arbeiten – auch nicht an der Restaurierung des Porsche-Traktors. Hanjo wusste, dass Winni keine Mitarbeiter beschäftigt und dass daher eine Krankheit den Leistungsablauf verzögern kann.

   Fazit: Die Leistung ist zwar fällig und Hanjo hat am 4. März 02 auch gemahnt, aber Winni hat die Verzögerung nicht zu vertreten. Wie lange sich Winni noch damit exkulpieren kann, hängt von der Dauer der Krankheit ab.

4.2.4.2 Rechtsfolgen des Verzugs

1. Haftungserweiterung

Befindet sich der Schuldner in Verzug, haftet er auch für Zufall. Dies ist für den Schuldner vor allem dann unangenehm, wenn ein Ereignis eintritt, das zur Unmöglichkeit führt.

Beispiel

Schreinermeister Lehmann ist mit der Herstellung von Einbauschränken für das Arbeitszimmer der Oberstudienrätin Ina in Verzug. Noch bevor er die bereits fertig gestellten Schränke ausliefern und einbauen kann, wird seine Werkstatt und damit auch die fertigen Einbauschränke durch Blitzschlag eingeäschert.

Folgen des Schuldner-Verzugs (ohne Zahlungsverzug)

Start → Schuldner ist in Verzug

Ist die Leistung nach dem Eintritt des Verzugs unmöglich geworden?

— ja →

Wer hat die Unmöglichkeit zu vertreten? (2)

→ **Gläubiger**

❶ § 275 (1) BGB: Anspruch auf Primärleistung erlischt.
❷ § 326 (2) BGB: Schuldner behält Anspruch auf Gegenleistung bei gegenseitigen Verträgen.
❸ Gläubiger kann gegebenenfalls stellvertretendes commodum verlangen.

→ **Keiner von beiden**

❶ § 275 (1) BGB: Anspruch auf Primärleistung ist erloschen.
❷ § 285 BGB: Gläubiger kann evtl. stellvertretendes commodum verlangen. Bei gegenseitigen Verträgen:
❸ § 326 (1) BGB: Schuldner verliert Anspruch auf Gegenleistung.
❹ Rücktritt vom Vertrag ohne Schadensersatzanspruch.

→ **Schuldner**

❶ § 275 (1) BGB: Anspruch auf Primärleistung erlischt.
❷ § 280 (1) iVm. § 283 BGB: Gläubiger kann Schadensersatz statt der Leistung verlangen oder § 284 BGB: Ersatz der vergeblichen Aufwendungen.
❸ § 285 BGB: Gläubiger kann gegebenenfalls das stellvertretende commodum verlangen.
❹ § 326 (1) BGB: Schuldner verliert Anspruch auf Gegenleistung.
❺ § 326 (5) iVm. § 323 BGB: Rücktritt vom Vertrag ohne Fristsetzung mit oder ohne ❷

— nein →

Hat Gläubiger erfolglos eine Nachfrist gesetzt?

— ja →

❶ § 287 BGB: Haftungserweiterung
❷ § 288 BGB: Verzugszinsanspruch
❸ § 280 (2) iVm. § 286 (1) BGB: Verzögerungsschaden
❹ § 281 (1) BGB[1]: „großer Schadensersatz" oder § 284 BGB: Ersatz der vergeblichen Aufwendungen
❺ § 323 BGB: Rücktritt vom Vertrag und (evtl.) Schadensersatz (§ 325 BGB)

— nein →

Ist eine in § 281 (2), § 323 (2) BGB genannte Voraussetzung erfüllt?

— ja → (siehe Box ❶–❺ oben)

— nein →

❶ § 287 BGB: Haftungserweiterung
❷ § 288 BGB: Verzugszinsanspruch
❸ § 280 (2) iVm. § 286 (1) BGB: Verzögerungsschaden

---

1) Bei Verzug ist bei Schadensersatz statt der Leistung immer § 280 (3) iVm. § 281 (1) BGB die entsprechende Anspruchsgrundlage, weil die nach § 280 (3) BGB zusätzlich angegebenen Anspruchsgrundlagen spezielle Störungsursachen nennen:
§ 282 BGB: Störungsursache ist die Verletzung einer Verhaltenspflicht nach § 241 (2) BGB
§ 283 BGB: Störungsursache ist eine vom Schuldner zu vertretende Unmöglichkeit nach § 275 (1), (2), (3) BGB

2) Es ist zu beachten, dass der Schuldner nunmehr auch für Zufall haftet (§ 287 BGB) und daher der Pfad „Keiner von beiden" fast bedeutungslos wird.

Es handelt sich um eine Speziesschuld, die Lehmann zu erfüllen hat. Der Brand, der die Unmöglichkeit auslöste, trat nach Vertragsabschluss ein. Es handelt sich demnach um eine nachträgliche Unmöglichkeit, die weder Ina noch Lehmann zu vertreten hat. Da sich Lehmann aber im Leistungsverzug befindet, wird er nach § 287 BGB so behandelt, als hätte er die Unmöglichkeit verschuldet:

1. Der Schuldner, Schreinermeister Lehmann, wird nach § 275 (1) BGB von seiner Primärleistung frei. Er sieht sich allerdings Sekundärleistungsansprüchen Inas ausgesetzt.

2. Da die Leistung unmöglich geworden ist, kann Ina ohne Fristsetzung Schadensersatz statt der Leistung (verschuldensabhängiger Anspruch auf das positive Interesse) oder alternativ Ersatz der vergeblichen Aufwendungen (§ 284 BGB) fordern. Dieser Anspruch dürfte für Ina deshalb bedeutungslos sein, weil sie die Einbauschränke ja nicht mit Gewinn verkaufen, sondern sie in ihrem Arbeitszimmer nutzen wollte.

3. Nach § 285 BGB kann Ina die Herausgabe des stellvertretenden commodums verlangen (z. B. Versicherungsleistung). In diesem Fall muss Ina selbstverständlich die Gegenleistung erbringen (§ 326 (3) BGB).

4. Da es sich um einen gegenseitigen Vertrag handelt, verliert Lehmann den Anspruch auf die Gegenleistung (§ 326 (1) BGB).

5. Ina hat auch noch die Möglichkeit, nach § 326 (5) BGB iVm. § 323 BGB, vom Vertrag ohne Fristsetzung zurückzutreten. Sie verliert dadurch nicht ihre Schadensersatzansprüche (§ 325 BGB). Dann wird der Vertrag in einen Rückabwicklungsvertrag im Sinne der §§ 346 ff. BGB umgewandelt.

2. Schadensersatz nach § 280 (2) BGB und Verzugszinsen nach § 288 BGB

Sind die Verzugsvoraussetzungen des § 286 BGB erfüllt, kann der Gläubiger nach § 280 (2) BGB Schadensersatz verlangen. Der Gläubiger fordert vom Schuldner nach wie vor die Erfüllung. Der Erfüllungsanspruch bleibt also bestehen. **Dieser Schadensersatzanspruch tritt neben den Erfüllungsanspruch.** Er orientiert sich grundsätzlich am positiven Interesse, d. h., der Schuldner muss den Gläubiger vermögensmäßig so stellen, wie dieser bei ordnungsmäßiger Erfüllung gestanden hätte. Eine Geldschuld ist ab dem Verzugseintritt zu verzinsen (§ 288 Abs. 1 BGB). Der anzuwendende Zinssatz liegt 8 % über dem Basiszinssatz. Dieser beträgt zurzeit 1,17 % (Stand Juli 2005) und verändert sich zum 1. Januar und 1. Juli eines jeden Jahres um die Prozentpunkte, um welche die Bezugsgröße seit der letzten Veränderung des Basiszinssatzes gestiegen oder gefallen ist. Die Bezugsgröße ist der marginale Satz der jüngsten Hauptrefinanzierungsoperation der EZB.

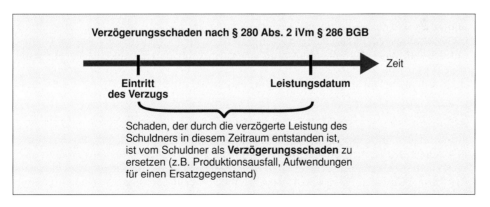

3. Schadensersatz statt der Leistung oder Ersatz der vergeblichen Aufwendungen

Die in § 281 (1) angesprochenen Tatbestände sind

- Leistungsverzögerung (Nicht-Erbringung)

- Schlechtleistung (Nicht-wie-geschuldet-Erbringung)

Ziel des Gläubigers ist es, den **Leistungsanspruch in einen Schadensersatzanspruch** umzuwandeln. Bei Verzug geht es um die verschuldensabhängige Leistungsverzögerung, da die Voraussetzungen des § 280 (1) BGB gegeben sein müssen. Da Verzug stets Verschulden – oder im Falle von Gattungsschulden auch verschuldensunabhängiges Verantwortenmüssen – voraussetzt, sind die Tatbestandsmerkmale von § 280 (1) BGB erfüllt.

Der Gläubiger muss dem Schuldner allerdings eine angemessene Nachfrist setzen. Die Nachfrist gibt dem Schuldner die letzte Möglichkeit, den Vertrag zu erfüllen. Angemessen bedeutet, dass die Frist so zu bemessen ist, dass der Schuldner eine bereits angefangene Leistung noch vollenden kann. Verstreicht diese Nachfrist, ohne dass der Schuldner geleistet hat, kann der Gläubiger Schadensersatz statt der Leistung verlangen (verschuldensabhängiger Anspruch auf das positive Interesse). Der Gläubiger wird vor allem dann dafür optieren, wenn er z. B. durch einen Weiterverkauf Gewinnabsicht hatte oder einen Deckungskauf vornehmen will. Alternativ hierzu (also unter den gleichen Voraussetzungen) kann der Gläubiger nach § 284 BGB Ersatz der vergeblichen Aufwendungen verlangen.

§ 286 (2) BGB nennt Ausnahmen, für die keine Nachfrist gesetzt werden muss:

1. Schuldner verweigert ernsthaft und endgültig die Leistung. Dieser Ausnahmefall braucht deshalb nicht besonders erläutert zu werden, weil es einfach unsinnig ist, einem Schuldner eine nochmalige Frist zu setzen, der bereits klipp und klar erklärt hat, dass er auf keinen Fall leisten werde.

2. Es liegen Umstände vor, unter denen es für beide Parteien vorteilhafter ist, sofort Schadensersatz statt der Leistung zu verlangen. Dies ist dann der Fall, wenn ein Gut nur kurze Zeit verkauft werden kann.

Beispiel

Um das Dach eines Mehrfamilienhauses der Wohnbaugesellschaft Schöner Wohnen GmbH einzudecken, hat Dachdeckermeister Obenauf die erforderliche Menge Ziegel bei dem Hersteller Braus GmbH bestellt. Gegenüber der Wohnbaugesellschaft hat sich Obenauf u. a. verpflichtet, eine Vertragsstrafe von 1000 € täglich zu zahlen, wenn er den ihm vorgegebenen Termin (25. Okt. 01) überschreitet. Braus hat Obenauf die Lieferung der Dachziegel für den 20. Okt. 01 verbindlich zugesagt. Obenauf will am 21. Okt. mit den Arbeiten beginnen, sodass er am 23. Okt. 01 auf jeden Fall fertig sein wird. Als Braus am 21. Okt. 01 nicht liefert, ruft Obenauf am 22. Okt. dort an und erfährt, dass sein Auftrag schlicht vergessen worden sei und erst am 31. 10., einem Freitagnachmittag, ausgeführt werden könne. Nach einigen Überlegungen bestellt Obenauf bei dem Baustoffgroßhändler Stolz die entsprechenden Ziegel, die dieser sofort leisten kann, die allerdings um 800 € teurer sind als bei Braus. Obenauf verlangt von Braus Schadensersatz statt der Leistung in Höhe der Mehrkosten von 800 €. Rechtslage?

Lösung

Grundsätzlich muss der Gläubiger dem Schuldner nach § 281 Abs. 1 BGB eine angemessene Nachfrist einräumen, um ihm eine letzte Chance zur Nacherfüllung zu geben, ehe der Leistungsanspruch in einen Schadensersatzanspruch umgewandelt werden kann. In diesem Fall ist eine der Ausnahmen erfüllt, denn der Verzicht auf eine

Nachfrist liegt auch im Interesse des Schuldners. Würde Obenauf eine Nachfrist setzen (z. B. zwei Tage), kämen die Dachziegel ohnehin erst am 31. 10., d. h., auf Braus käme ein Verzögerungsschaden von mehreren Tausend € zu. Da Obenauf aber auf die Lieferung verzichtet und bei Stolz kauft, beträgt der von Braus zu erstattende Schadensersatz statt der Leistung nur 800 €.

Beansprucht der Gläubiger Schadensersatz statt der Leistung, ist der Erfüllungsanspruch erloschen (§ 281 (4) BGB).

4. Rücktritt vom Vertrag

§ 323 BGB umfasst – wie § 281 (1) BGB – die beiden Tatbestände:

- Leistungsverzögerung und

- Schlechtleistung

bei gegenseitigen Verträgen. **Im Gegensatz zu § 281 BGB handelt es sich bei § 323 BGB um eine verschuldensunabhängige Rechtsfolge. Es muss also nicht geprüft werden, ob Verzug vorliegt; die bloße Leistungsverzögerung gibt dem Gläubiger die Möglichkeit des Rücktritts.**

Grundsätzlich muss auch hier der Gläubiger eine Nachfrist setzen (Ausnahmen: § 323 (2) BGB).

Verstreicht die Nachfrist erfolglos, kann der Gläubiger den Rücktritt erklären. Mit dieser Rücktrittserklärung (§ 349 BGB) ist der Anspruch auf die Leistung ausgeschlossen. Hat der Schuldner teilweise bereits geleistet, dann kann der Gläubiger nur zurücktreten, wenn die erhaltene Teilleistung ohne Interesse für ihn ist (§ 323 (5) BGB).

Da dem Gläubiger das Rücktrittsrecht selbst dann zusteht, wenn der Schuldner die Verzögerung nicht zu vertreten hat, kann sich dies stark zum Nachteil des Schuldners auswirken. Der folgende Fall soll dies verdeutlichen:

Beispiel

Ein Installationsbetrieb (Handwerksbetrieb) hat sich vertraglich festgelegt, das Bad in einem Neubau einzurichten. Er hat kein Lager, sondern bestellt die erforderlichen Gegenstände nach Bedarf nach Wahl des Kunden beim jeweiligen Hersteller. Außer der Badewanne sind die übrigen Gegenstände rechtzeitig geliefert worden, die vom Installationsbetrieb bereits teilweise installiert worden sind. Die Herstellerfirma konnte deshalb die Badewanne nicht rechtzeitig ausliefern, weil es unvorhergesehene Produktionsschwierigkeiten gab. Der Bauherr seinerseits setzt dem Installationsbetrieb eine angemessene Nachfrist. Da auch diese verstreicht, ohne dass die Badewanne geliefert werden konnte, tritt der Bauherr vom ganzen Vertrag zurück (§ 323 (1) BGB). Der Handwerksbetrieb hat den Schaden (z. B. Ausbau der eingebauten Teile), ohne dass er die Verzögerung verschuldet hat.

Zusammenfassendes Beispiel für Schuldnerverzug und die möglichen Rechtsbehelfe des Gläubigers

Petra will eine neue Wohnung beziehen. Ihre bisherigen Gardinen passen nicht für die Fenster in der neuen Wohnung. Deshalb bittet sie den Raumausstatter Krause, die alten Gardinen passend für die neue Wohnung abzuändern und dort aufzuhängen. Krause sagt zu, dies in den nächsten drei Wochen zu erledigen. Nachdem die drei Wochen vorbei und die Gardinen immer noch nicht aufgehängt sind, fragt Petra telefonisch nach, weswegen der Auftrag noch nicht erledigt sei. Krause klagt über seine enorme Arbeitsbelastung. Petra gibt eine letzte Frist von zwei Wochen, den Auftrag zu erledigen.

Die Pflichtverletzung des Raumausstatters Krause besteht offensichtlich darin, dass er die von ihm übernommene Verpflichtung nicht rechtzeitig ausführt. Ob die Voraussetzungen des Schuldnerverzugs erfüllt sind, muss allerdings noch überprüft werden. Diese Voraussetzungen enthält § 286 BGB:

1. Die geschuldete Leistung muss fällig sein.

2. Der Schuldner muss danach erfolglos gemahnt haben.

   Einer Mahnung bedarf es nach § 286 (2) BGB nur dann nicht, wenn die Leistung u. a. kalendermäßig bestimmt ist (dies interpellat pro homine).

Außerdem muss der Schuldner

3. schuldhaft die Leistung verzögert haben. Da § 276 BGB auch die an sich verschuldensunabhängigen Tatbestandsmerkmale „Übernahme einer Garantie oder eines Beschaffungsrisikos" zur Verantwortlichkeit des Schuldners zählt, ist die Verschuldensvoraussetzung nur bei Speziesschulden zu prüfen. Bei Gattungsschulden trägt der Schuldner das Beschaffungsrisiko, d. h. dass er in jedem Fall die Verzögerung zu vertreten hat.

ad 1.   Die von Krause zugesagte Leistung ist fällig (§ 271 Abs. 2 BGB): Petra kann mit Ablauf der drei Wochen die Leistung verlangen, d. h., mit Ablauf der vereinbarten Drei-Wochen-Frist ist die Leistung fällig geworden.

ad 2.   Die Leistung war nicht kalendermäßig bestimmt. Dafür wäre eine präzise Zeitangabe notwendig gewesen, z. B. Datumsangabe, Ende, Anfang oder Mitte eines Monats (§ 192 BGB). Petra muss Krause mahnen. Eine Mahnung unterliegt keinen Formvorschriften und es ist nicht erforderlich, dass das Wort „Mahnung" in der Erklärung des Gläubigers enthalten ist. Der Telefonanruf Petras ist demnach eine Mahnung.

ad 3.   Krause schuldet eine Speziesleistung. Es muss also geprüft werden, ob er schuldhaft in Verzug geraten ist. Dies ist zu bejahen. Er muss nämlich wissen, welche Aufträge er erledigen kann. Seine Arbeitsüberlastung, die ursächlich für die nicht temingerechte Erfüllung war, hat er sich selbst „eingebrockt". Er hätte eben den einen oder anderen Auftrag nicht annehmen dürfen oder aber sich längere Erfüllungszeiträume ausbedingen müssen.

Fazit: Krause befindet sich nach § 286 BGB in Schuldnerverzug. § 286 BGB öffnet den Zugang zu § 280 Abs. 2 BGB: Petra kann von Krause auf jeden Fall Ersatz des Verzögerungsschadens verlangen (§ 280 Abs. 2 BGB), weil Krause seine Vertragspflicht verletzt hat. Die Pflichtverletzung hat er zu vertreten. Selbstverständlich bleibt Petra noch der Erfüllungsanspruch gegen Krause.

Fallmodifikation: Die von Petra bestimmte, angemessene Nachfrist verstreicht, ohne dass Krause die Leistung erfüllt. Petra kann jetzt **Schadensersatz statt der Leistung** verlangen (§ 280 Abs. 3 iVm. § 281 Abs. 1 BGB, d. h., Krause muss Petra so stellen, als hätte er erfüllt (sog. „großer Schadensersatz"). Das könnte für Petra bedeutsam werden, wenn sie einen anderen Raumausstatter beauftragen muss, der die gleichen Arbeiten zu einem höheren Preis erledigt.

Anstelle des Schadensersatzes statt der Leistung kann Petra nach § 284 BGB sich von Krause die vergeblichen Aufwendungen ersetzen lassen. Hat sie nämlich Aufwendungen gemacht, die sich nunmehr als unnötig erweisen, dann kann sie von Krause den Ersatz dieser Aufwendungen verlangen. Aus dem Sachverhalt kann nicht entnommen werden, ob solche frustrierten Aufwendungen entstanden sind (z. B. Verdienstausfall, weil sie zu Hause blieb, um Krause Anweisungen geben zu können).

4.2.4.3 Zahlungsverzug

Da die Zahlung bei den meisten Schuldverhältnissen Leistungsgegenstand ist, erstreckt sich der Schuldnerverzug auch auf die Zahlung. Nach § 286 (3) BGB kommt ein Zahlungsschuldner in Verzug, wenn er nicht innerhalb von 30 Tagen nach Fälligkeit und Zugang einer Rechnung (oder gleichwertige Zahlungsaufstellungen) gezahlt hat.

Ist der Zahlungsschuldner ein Verbraucher, ist für den Verzugseintritt außerdem noch erforderlich, dass der Schuldner mit der Rechnung besonders darauf hingewiesen wird. Eine solche Erklärung könnte lauten: „Um zu vermeiden, dass Sie in Verzug geraten, bezahlen Sie diese Rechnung innerhalb von 30 Tagen nach Rechnungsdatum."

Selbstverständlich kann auch schon vor Ablauf der 30-Tage-Frist der Zahlungsschuldner in Verzug gesetzt werden. Die Fristenregelung des § 286 (3) BGB ist eine zusätzliche und keineswegs vorrangige Verzugsregelung.

Verschulden braucht bei Geldschulden nie geprüft werden, da es sich um Wertschulden handelt, d. h., Geldschulden ähneln Gattungsschulden, jedoch mit dem Unterschied, dass Geldschulden auch dann zurückbezahlt werden müssen, wenn die betreffende Währung nicht mehr existiert. So kann z. B. kein Zahlungsschuldner, der vor einiger Zeit eine DM-Verpflichtung eingegangen ist, die jetzt zurückzuzahlen ist, mit Erfolg einwenden, er brauche nicht zu leisten, weil es keine DM mehr gibt. Seine DM-Schuld wird in eine €-Schuld umgerechnet.

Beispiele

1. Karl hat bei Fachhändler GAMÖ Gartenmöbel für 1350 E gekauft, die ihm am 23. Mai 02 zugefahren werden. Er erhält am 25. Mai 02 die Rechnung mit dem Hinweis: „zahlbar ohne Abzug bis 10. Juni 02". Wann tritt Zahlungsverzug ein?

2. Wie Beispiel 1, jedoch mit dem Unterschied, dass die Rechnung überhaupt keine Angaben hinsichtlich der Zahlung enthält.

Lösungen

1. Laut Sachverhalt hat GAMÖ eine Zahlungsfrist bis zum 10. Juni 02 bestimmt. Nach § 271 (2) BGB gilt die Vermutung, dass GAMÖ die Zahlung nicht vor diesem Datum verlangen, Karl sie aber vorher schon bewirken kann. Die Zahlung ist also am 10. Juni 02 fällig.

   Einer Mahnung bedarf es nach § 286 (2) BGB nicht, da die Zahlung kalendermäßig bestimmt ist. Da bei Geldschulden Verschulden nie zu prüfen ist, kommt Karl mit dem 10. Juni 02 in Verzug.

2. In diesem Fall ist die Zahlung nicht kalendermäßig bestimmt. Nach § 271 (1) BGB kann GAMÖ die Zahlung sofort verlangen, d. h., sie ist am 25. Mai 02 fällig (Zugang der Rechnung). Da Karl Verbraucher im Sinne von § 13 BGB ist, beginnt die 30-Tage-Frist nur, wenn GAMÖ auf der Rechnung auf den Verzugseintritt nach Ablauf dieser Frist hinweist. Dies ist nicht der Fall, d. h., Karl kann nur durch eine zusätzliche Mahnung von GAMÖ in Verzug geraten (§ 286 (1) BGB).

■ Übungsaufgaben:

4/19

1. Nennen Sie die Voraussetzungen des Lieferungsverzugs.

2. Nennen Sie die Rechte des Gläubigers im Falle des Lieferungsverzugs.

3. Nennen Sie die Voraussetzungen des Zahlungsverzugs.

4. Nennen Sie die Rechte des Gläubigers im Falle des Zahlungsverzugs.

4/20

Die Taxiunternehmerin Trude Tross bestellte am 3. Februar beim Autohaus Brumm einen Pkw des Typs MB 300 D in einer bestimmten Ausführung.

Brumm sagte die Auslieferung des Fahrzeugs für Mitte Juni desselben Jahres zu.

Ende Juni meldet sich Trude Tross bei Brumm und kündigt an, dass sie vom 15. Juni an mit dem bestellten Fahrzeug ihren Fuhrpark habe ausweiten wollen; durch den Lieferungsverzug von Brumm sei ihr dies unmöglich geworden. Sie mache nun einen Gewinnausfall von täglich 300,00 € geltend.

a) Brumm weist darauf hin, dass er sich nicht in Lieferungsverzug befinde, da der Hersteller des Pkw infolge eines Streiks 10 Wochen Produktionsausfall gehabt habe. Rechtslage?

b) Brumm weist darauf hin, dass infolge eines innerbetrieblichen Fehlers die Bestellung des Fahrzeugs beim Hersteller versäumt wurde, er sich aber dennoch nicht in Schuldnerverzug befinde, da kein Fixkauf vorliege. Rechtslage?

4/21

Wempe bestellt beim Baustoffhändler Ziegler 1 000 Bausteine einer bestimmten Sorte. Da Ziegler die Steine nicht vorrätig hat, erklärt er sich bereit, diese zu bestellen; Lieferung innerhalb drei Wochen.

Als nach vier Wochen Ziegler noch nicht geliefert hat, mahnt Wempe.

a) Ziegler erklärt, dass sein Lieferant wegen der relativ geringen Menge den Transport nicht übernommen hat und er selbst noch keine Gelegenheit hatte, mit einem seiner Fahrzeuge den Transport durchzuführen.

Liegt Lieferverzug vor?

b) Wie a), jedoch hat Wempe auf die vertragliche Abmachung vertraut. Ihm entstanden Kosten in Höhe von 300,00 €.

Kann er diese geltend machen?

c) Unmittelbar nach der Mahnung ist Wempe so verärgert, dass er sich die Steine beim Baustoffhändler Zoff besorgt (Mehrpreis: 400,00 €). Wempe verlangt daraufhin von Ziegler den Ersatz der Mehrkosten. Rechtslage?

d) Wie c), jedoch liefert Ziegler die Steine aus. Wempe erklärt, dass er nun kein Interesse mehr an der Lieferung habe, da er die Steine mittlerweile von Zoff erhalten habe. Rechtslage?

4/22

Franz kauft am 20. Januar 2003 beim Autohaus Blech und Schrott (BuS) einen gebrauchten VW Passat, Baujahr 1999, Tachostand 123 400 km für 7 000 €. Da das Auto vor der Auslieferung an Franz noch einen „neuen" TÜV bekommen soll, wird als Übergabetermin der 4. Februar 2003 vereinbart.

Als Franz an diesem Tag den Pkw bei BuS abholen will, sagt man ihm, dass sich die Arbeiten am Passat verzögert haben, weil sich ein Mitarbeiter beim Skifahren mehrere (fast alle!) Knochen gebrochen habe und deshalb nicht hatte arbeiten können. Außerdem hat sich erst jetzt herausgestellt, dass für den TÜV doch erheblich mehr zu reparieren ist, als zunächst anzunehmen war. BuS glaubt, den Wagen in der übernächsten Woche (zwischen dem 17. und 21. Februar 2003) zum TÜV bringen zu können. Bei BuS arbeiten insgesamt 20 Kfz-Mechaniker.

Um seinen Urlaubsanspruch seinem Arbeitgeber gegenüber nicht verfallen zu lassen, hat sich Franz ab dem 10. Februar 2003 Urlaub genommen und ab dem 11. Februar eine zweiwöchige Urlaubsreise mit dem eigenen Pkw durch Irland (bed and breakfast) gebucht. Die Tickets für die Überfahrt mit der Fähre St. Patrick (einschl. Pkw-Transport) hat er bereits erhalten und bezahlt. Ab 1. März bis Ende Juli besteht für Franz betriebsbedingt Urlaubssperre. Da er die Reise unbedingt antreten möchte, ist er bemüht, einen Mietwagen zu bekommen. Das Reisebüro bietet ihm einen recht kleinen Mietwagen (in der Polo-Klasse) pauschal für 1000 € ab Fähre Rosslair/Irland an. Um an den Fährhafen Cherbourg (Frankreich) zu gelangen, müsste er 550 € aufbringen (einschl. Rückfahrt). Allerdings wäre dies für Franz und seine Begleiterin Franziska eine erhebliche Belastung (Schleppen des schweren Gepäcks). Die Betreibergesellschaft der Fähre ist nicht bereit, den Pkw-Anteil an den Überfahrtkosten zurückzuerstatten. Eine deutsche Autovermietung verlangt für einen dem Passat vergleichbaren Mietwagen in der fraglichen Zeit 1 200 €. Allerdings belaufen sich die Fahrtkosten (Benzin und Autobahngebühren) zwischen seinem Heimatort und dem Fährhafen (und zurück) auf 600 €.

Franz sieht noch eine weitere Alternative. Das Autohaus Hurtig und Schnell (HuS) bietet einen vergleichbaren, sofort einsatzbereiten Pkw für 8000 € an.

Franz möchte von Ihnen folgende Fragen beantwortet haben:

a) Kann er am 4. Februar 2003 vom Vertrag zurücktreten und Schadensersatz statt der Leistung verlangen?

b) Franz möchte aber doch den bei BuS gekauften Passat haben. Kann er von BuS Verzögerungsschaden verlangen und gegebenenfalls welchen?

Karl kauft am 28. Sept. 2002 beim Autohaus Beule und Lack (BuL) einen neuen Pkw für 25 000 €. BuL machen Karl darauf aufmerksam, dass er sich wegen der recht großen Nachfrage auf eine längere Lieferzeit einstellen müsse. Einen möglichen Auslieferungszeitpunkt wollen BuL aber nicht angeben. Karl hat aber anderweitig mitbekommen, dass man mit etwa zehn bis zwölf Wochen rechnen müsse.

Kurz vor Weihnachten 2002 erkundigt sich Karl telefonisch bei BuL, ob er denn noch im Jahr 2002 mit dem Wagen rechnen könne. Er macht dabei deutlich, dass er das Auto dringend benötige.

BuL verneinen und sind auch nicht bereit, einen möglichen Liefertermin zu nennen. Sie bleiben in dieser Hinsicht äußerst unverbindlich.

Zu Beginn des Jahres 2003 setzt Karl BuL eine Nachfrist von drei Wochen bis einschließlich 24. Jan. 2003. Am 22. Jan. 2003 melden sich BuL mit mitleidsheischender Stimme bei Karl, dass sein Auto beim Abladen durch den Spediteur durch das gerade vorherrschende Glatteis vom Lkw gerutscht und kopfüber auf den Hof gefallen sei. BuL weisen Karl dabei darauf hin, dass sie nach § 275 (1) BGB nicht mehr leisten müssen. Sie sind aber bereit, mit ihm einen neuen Kaufvertrag abzuschließen. Allerdings ist das Auto zwischenzeitlich um 1200 € teurer geworden.

Karl möchte vom Vertrag zurücktreten und Schadensersatz statt der Leistung von BuL verlangen. Da Karl im Vertrauen auf die Auslieferung des neuen Pkw seinen alten bereits am 20. Okt. 2002 verkauft hat, musste er sich einen Mietwagen nehmen, der ihn täglich 30 € gekostet hat.

a) Befinden sich BuL in Lieferungsverzug und gegebenenfalls ab wann?

b) Kann Karl vom Vertrag zurücktreten und Schadensersatz statt der Leistung verlangen?

c) Karl möchte nun wissen, ob er die Pkw-Miete als Verzögerungsschaden von BuL erstattet bekommen kann. Prüfen Sie dabei auch, wann der Verzug endet, wenn Karl am 25. Jan. 2003 BuL gegenüber seinen Rücktritt erklärt.

4.2.5 Gläubigerverzug

Bei jedem Vertrag gibt es Schuldner und Gläubiger. Wenn beim **Schuldnerverzug** der Schuldner nicht leistet, liegt entweder **Lieferungsverzug** oder **Zahlungsverzug** vor.

Gläubigerverzug bzw. Annahmeverzug liegt dann vor, wenn ein Gläubiger die vom Schuldner angebotene Leistung nicht annimmt (§ 293 BGB).

Voraussetzungen des Gläubigerverzugs	
	Schlüsselfragen:
1. **Leistungsangebot** (§ 293 BGB)	Wird die richtige Leistung am richtigen Ort zur richtigen Zeit
• **tatsächliches Angebot (§ 294 BGB)**	tatsächlich angeboten?
ausnahmsweise	
• wörtliches Angebot (§ 295 BGB)	Hat der Gläubiger erklärt, dass er nicht annehmen wird?
oder	
• entbehrliches Angebot	Ist die Leistungszeit kalendermäßig bestimmt?
2. **Nichtannahme durch den Gläubiger**	Nimmt der Gläubiger die Leistung an?

Eine Mahnung durch den Schuldner oder ein Verschulden des Gläubigers ist nicht erforderlich!

Rechtsfolgen des Gläubigerverzugs	
1. **Haftungserleichterung (§ 300 Abs. 1 BGB)**	Die Haftung des Schuldners wird eingeschränkt, er haftet nur noch für Vorsatz oder grobe Fahrlässigkeit.
2. **Ersatz von Mehraufwendungen (§ 304 BGB)**	Der Schuldner kann die anfallenden Mehrkosten (z. B. Aufbewahrungskosten, Telefonkosten, Transportkosten) verlangen.
3. **Keine Zinspflicht bei Geldschulden (§ 301 BGB)**	Der Geldschuldner hat ab dem Verzugszeitpunkt des Gläubigers keine Zinsen mehr zu entrichten.
4. **Übergang der Preisgefahr auf den Gläubiger (§§ 275, 326 Abs. 2 BGB)**	Durch den Gläubigerverzug trägt der Gläubiger die Preisgefahr, wenn die Leistung infolge einer nachträglichen, vom Gläubiger zu vertretenden Unmöglichkeit untergeht, d. h., der Gläubiger muss den Preis bezahlen; Sachgefahr, d. h., bei einem zufälligen Untergang der geschuldeten Leistung wird der Schuldner von seiner Leistungspflicht frei.
5. **Hinterlegungsrecht (§ 372 BGB)**	Der Schuldner kann Wertpapiere, sonstige Urkunden sowie Kostbarkeiten bei einer öffentlichen Hinterlegungsstelle hinterlegen.
6. **Recht zur Versteigerung hinterlegungsunfähiger Sachen (§ 383 BGB)** • **Recht zum freihändigen (Not-)Verkauf**	Der Schuldner kann hinterlegungsunfähige Sachen versteigern lassen. Hat die hinterlegungsunfähige Sache einen Börsen- oder Marktpreis, dann kann der Verkauf aus freier Hand erfolgen. Leicht verderbliche Waren können ebenso freihändig verkauft werden.

Zu 1) (Rechtsfolgen des Gläubigerverzugs) Haftungserleichterung des Schuldners

Haftung des Schuldners	Verschulden			Zufall	höhere Gewalt
	Vorsatz	grobe Fahrlässigkeit	leichte Fahrlässigkeit		
im Allgemeinen § 276 BGB	x	x	x		
im Schuldnerverzug § 287 BGB	x	x	x	x	
im Gläubigerverzug § 300 Abs. 1 BGB	x	x			

Beispiel

Anne bestellt sich bei einem Pizza-Service eine Pizza. Man verspricht ihr, die Pizza in etwa 20 Minuten vorbeizubringen. Unmittelbar nach der Bestellung ruft ihr Freund an, sie möge ihn im Nachbardorf abholen kommen, weil er in einen Unfall verwickelt worden sei. Sein Auto ist erheblich beschädigt, sodass er unbedingt ihre Hilfe benötige. Vor lauter Aufregung vergisst Anne die bestellte Pizza und fährt in den Nachbarort. Als der Pizza-Service abliefern will, ist Anne nicht anwesend.

Lösung

Aufgrund des Kaufvertrages ist Anne verpflichtet, die Pizza zu bezahlen und sie abzunehmen (§ 433 Abs. 2 BGB). Sie ist jedoch nicht anwesend, als der Pizza-Service die bestellte Sache abgeben will. Es ist nunmehr zu prüfen, ob und gegebenenfalls welche Pflicht Anne dadurch verletzt hat.

Die erste Frage ist relativ einfach zu beantworten: Da sie nicht abnimmt, verletzt sie eine ihr nach § 433 Abs. 2 BGB obliegende Pflicht. Wendet man das allgemeine Recht der Leistungsstörungen an (§§ 280 ff. BGB) müsste man prüfen, ob Anne diese Pflichtverletzung zu vertreten hat. Das muss in diesem Fall bejaht werden.

Für den Verzug des Gläubigers gelten die §§ 293 ff. BGB. Danach kommt ein Gläubiger in Verzug, wenn er die ihm vom Schuldner rechtmäßig angebotene Leistung nicht annimmt (§§ 293, 294 BGB). Diese Voraussetzung ist hier gegeben: Der Pizza-Service bietet die bestellte Pizza, so wie diese zu liefern war (z. B. ofenfrisch, warm, mit dem richtigen Belag, in der vereinbarten Größe), Anne an. Dieses Realangebot nimmt Anne nicht an. Dabei kommt es auf den Grund der Nichtannahme zunächst überhaupt nicht an. Nur für den Fall, dass bei einer unbestimmten Lieferzeit eine vorübergehende Annahmeverhinderung vorliegt, kommt es nicht zum Gläubigerverzug.

■ **Übungsaufgaben:**

1. Nennen Sie die Voraussetzungen des Gläubigerverzugs.

2. Nennen Sie Beispiele, in denen der Schuldner von der Pflicht befreit ist, die geschuldete Leistung dem Gläubiger anzubieten, um ihn in Gläubigerverzug zu bringen.

3. Nennen Sie die grundsätzlichen Rechtsfolgen des Gläubigerverzugs.

4. Was versteht man unter Sachgefahr?

5. Was versteht man unter Preisgefahr?

6. Was versteht man unter Selbsthilfeverkauf?

7. Was versteht man unter Notverkauf?

4/24

Schulz kauft sich beim Landwirt Kroke ein Pferd; sie vereinbaren, dass Kroke das Pferd in den nächsten Tagen bei Schulz vorbeibringen und Schulz bei Übergabe den Kaufpreis (8 000,00 €) zahlen solle. Am darauffolgenden Tag bringt Kroke das Pferd zu Schulz. Da aber dieser nicht anwesend ist, nimmt Kroke das Pferd wieder mit.

a) Auf dem Rückweg scheut das Pferd, als Kroke an einem Kinderspielplatz vorbeireitet, wirft Kroke ab und galoppiert davon. Das Tier verletzt sich dabei und muss von einem Tierarzt behandelt werden (Kosten: 300,00 €). Rechtslage?

b) Wie wäre die Rechtslage, wenn das Pferd auf dem Rückweg deshalb scheute, weil Kroke das Tier übermäßig angetrieben hat; sonst wie a)?

Emil Kunze aus Weilheim besucht am 15. Februar das Antiquitätengeschäft Vorbeck in Stuttgart, wo er vom Verkäufer Hösel bedient wird. Nach langem Überlegen entscheidet er sich für eine mit schönen Einlegearbeiten versehene Kommode für 8 500,00 €. Er vereinbart mit Hösel, dass die Kommode am 18. Februar mit einem Fahrzeug von Vorbeck kostenlos nach Weilheim gebracht und dort übergeben wird. Am 17. Februar wird Kunze von seinem Chef auf eine fünftägige Geschäftsreise nach Spanien geschickt. Deshalb öffnet niemand die Tür, als Vorbecks Fahrer am 18. Februar die Kommode bei Kunze abliefern will. Auf der Rückkehr nach Stuttgart unterläuft Fuchs ein leichter Fahrfehler. Sein Pkw-Anhänger gerät ins Schleudern und prallt an einen Brückenpfeiler. Die Kommode fällt auf die Straße und wird völlig zerstört.

a) Untersuchen Sie, zwischen welchen Personen ein Kaufvertrag zu Stande gekommen ist.

b) Prüfen Sie, ob sich Kunze im Annahmeverzug befindet.

c) Vorbeck verlangt am 25. Februar von Kunze Zahlung der 8 500,00 €. Dieser weigert sich zu leisten, weil er ja die Kommode nicht erhalten habe und für seine Abwesenheit am 18. Februar nicht verantwortlich sei. Er fordert von Vorbeck vielmehr die Lieferung einer gleichwertigen Kommode.

1. Kann Kunze Nachlieferung verlangen?

2. Kann Vorbeck Zahlung verlangen?

Leicht kauft beim Möbelhändler Muff eine Schrankwand. Im Vertrag wird u.a. ausgemacht, dass Leicht die genauen Maße bis zum 31. August mitzuteilen habe. Leicht hat jedoch bei seiner Urlaubsreise ins Ausland einen Verkehrsunfall und wird deshalb festgenommen, sodass er erst am 15. September zurückkommt. Befindet sich Leicht in Gläubigerverzug?

4.2.6 Positive Vertragsverletzug (pVV) oder positive Forderungsverletzung (pFV)

Verletzt der Schuldner weder eine im Gesetz noch im Vertrag geregelte Pflicht, idR. eine Nebenleistungspflicht (Sorgfalts- oder Aufklärungspflicht), spricht man von positiver Vertrags- oder positiver Forderungsverletzung (pVV bzw. pFV). Damit dem Gläubiger aus dieser Leistungsstörung Schadensersatzansprüche zustehen, müssen die folgenden Tatbestandsmerkmale erfüllt sein:

1. Existenz eines Schuldverhältnisses

2. eine Pflichtverletzung durch den Schuldner, die

   a) weder gesetzlich noch vertraglich geregelt ist (Regelungslücke)

   b) eine leistungsbezogene Nebenpflicht oder

   c) eine nicht leistungsbezogene Nebenpflicht darstellt

3. Rechtswidrigkeit der Vertragsverletzung

4. Verschulden des Schuldners

Elektromeister Kurz hat in den Stallungen des Bauern Anton die Elektroinstallation erneuert. Die Arbeiten schienen äußerst professionell erledigt zu sein. Als aber Anton am Morgen nach den Installationsarbeiten seinen Stall betritt, muss er zwei tote Kühe entdecken, die eindeutig durch einen Stromschlag über die Selbsttränke getötet wurden. Kurz hat den Fehler insofern verursacht, als er ein altes Kabel, das in der Wand verlief und bislang keinen Strom führte, versehentlich unter Strom setzte.

Lösung

Kurz hat seine Hauptleistungspflicht ordnungsgemäß erfüllt. Dem Sachverhalt liegt zwar keine Regelungslücke zugrunde, sondern eher die Verletzung einer leistungsbezogenen Nebenpflicht (Sorgfalts- und Prüfpflicht, also auch pVV). Kurz hätte prüfen müssen, ob es nicht noch Kabel aus der alten Installation gibt, die durch seine Arbeiten unter Strom gesetzt werden können. Anton hat gemäß § 280 BGB Schadensersatzansprüche („kleiner" Schadensersatz neben dem Erfüllungsanspruch) gegen Kurz.

Beispiel für eine nicht leistungsbezogene Nebenpflicht

Steuerberaterin Katja besucht ihren Mandanten Lebfromm in dessen Betrieb, um mit ihm einige offene Fragen in Zusammenhang mit seiner Steuererklärung zu erörtern. Lebfromm hat um diesen Termin bei Katja nachgesucht. Um in Lebfromms Büro zu gelangen, muss Katja durch das Treppenhaus gehen, in dem gerade Malerarbeiten durchgeführt werden. Als Katja einem Gerüstpfosten ausweichen muss, streift sie mit der Jacke die frisch gestrichenen Wand. Der Zwischenraum zwischen Pfosten und Wand misst etwa 60 cm.

Lösung

Lebfromm will, dass Katja ihn in seinem Büro besucht. Seine Pflicht ist es, den Zugang zu seinem Büro so zu gestalten, dass man schadlos dorthin gelangen kann, zumal er sich mit Katja entsprechend verabredet hat. Ein Abstand von 60 cm zwischen Gerüstpfosten und einer frisch gestrichenen Wand ist unstrittig zu gering. Lebfromm hätte dafür sorgen müssen, dass der Gerüstpfosten in einem größeren Abstand von der Wand aufgestellt wird. Konnte oder wollte er das nicht, muss er das Treppenhaus sperren, solange Malerarbeiten durchgeführt werden, oder einen anderen Treffpunkt vorschlagen.

Die Pflichtverletzung Lebfromms gehört allerdings nicht zu seinen leistungsbezogenen Pflichten, vielmehr handelt es sich um eine nicht leistungsbezogene Nebenpflicht im Sinne von § 241 Abs. 2 BGB. Katja hat nach § 280 Abs. 1 Schadensersatzanspruch auf Reinigung der Jacke oder, wenn dies nicht möglich sein sollte, auf Ersatz der Jacke.

Verletzt der Schuldner eine Verhaltenspflicht nach § 241 Abs. 2 BGB, dann kann der Gläubiger nach § 282 BGB Schadensersatz statt der Leistung nur unter der Voraussetzung verlangen, dass ihm die Leistung durch den Schuldner nicht mehr zugemutet werden kann.

Beispiel

Der SC Sand mietet für sein Jahresfest (16. bis 18. Juni 01) von Krumm einen Backofen für Rahmkuchen. Üblicherweise bedient Krumm selbst diesen Spezialofen. Da er aber an diesem Wochenende abwesend ist, wird sein 18-jähriger Sohn Theo den Ofen bedienen. Krumm berechnet dem SC Sand einen Pauschalbetrag von insgesamt 2 500 €.

Anlässlich dieses Jahresfestes finden Fußballspiele statt, an denen neben den Fußballmannschaften der umliegenden Dörfer auch Damenfußballmannschaften der ersten Bundesliga teilnehmen. Die ersten Spiele werden am Samstag ab 10:00 Uhr ausgetragen. Der Rahmkuchenverkauf soll etwa um die gleiche Zeit einsetzen. Theo ist auch rechtzeitig mit dem Ofen anwesend und er bedient den Ofen perfekt. Jedoch verhält er sich den Gästen und vor allem den jungen Damen gegenüber ungebührlich. Er pöbelt sie an und lässt äußerst obszöne Bemerkungen fallen. Die Verantwortlichen des SC Sand stellen ihn deshalb zur Rede und drohen ihm mit Platzverbot, wenn er sich weiterhin so verhalte. Theo lacht die Verantwortlichen aus und verweist auf seine bedeutsame Funktion, indem er ihnen klar macht, dass ohne ihn der Rahmkuchenverkauf eingestellt werden müsste.

Als dann gegen 10:40 Uhr die Herrenmannschaft aus einem Nachbardorf eintrifft, werden die Spieler von Theo mit wüsten Beschimpfungen begrüßt. Da die angegriffenen Spieler entsprechend reagieren, droht die Auseinandersetzung zu eskalieren. Mitglieder des SC Sand haben alle Hände voll zu tun, den Streit zu schlichten. Im Übrigen hat sich Theos Verhalten den übrigen Gästen gegenüber nicht gebessert, sodass die Veranstaltungsleitung ihre Drohung wahr macht. Er wird daher aufgefordert, den Platz umgehend zu räumen und den Ofen mitzunehmen.

Dem SC Sand gelingt es danach recht schnell, einen Ersatzofen von Karl zu beschaffen. Karl verlangt für den Ofen 1 000 €/Tag, also insgesamt 3000 €. Außerdem ist der für die Bedienung notwendige Mitarbeiter zusätzlich mit 200 €/Tag zu bezahlen, sodass der SC Sand insgesamt 3 600 € an Karl zu entrichten hat. Rechtslage?

Lösung

Zuerst muss geprüft werden, ob eine und gegebenenfalls welche Pflichtverletzung vorliegt. Krumm hat sich verpflichtet, den „Rahmenkuchenstand" beim SC Sand zu führen. Dieser Verpflichtung ist Krumm auf jeden Fall nachgekommen. Sein Sohn Theo hat die leistungsbezogenen Pflichten voll und ganz erfüllt. Der von ihm gebackene Rahmkuchen gab keinerlei Anlass zur Kritik. Sein Verhalten den Gästen gegenüber war jedoch unzumutbar, damit hat er gegen eine **nicht leistungsbezogene Nebenpflicht** verstoßen. Krumm, dessen Erfüllungsgehilfe sein Sohn Theo war, verletzt eine **Verhaltenspflicht** im Sinne des § 241 Abs. 2 BGB, die der Vermieter Krumm zu vertreten hat. Damit sind auch die Voraussetzungen des § 280 Abs. 1 BGB erfüllt. Die Zumutbarkeitsgrenze (§ 282 BGB) ist überschritten. Niemand kann von einem Veranstalter erwarten, dass er es hinnimmt, dass die Gäste brüskiert und beleidigt werden. Außerdem stehen auch ökonomische Interessen auf dem Spiel, denn Theos Verhalten trägt mit Bestimmtheit nicht zu einem hohen Rahmkuchenverkauf bei.

Fazit: Der SC Sand kann nach § 282 BGB iVm. § 241 Abs. 2 BGB den „großen" Schadensersatz verlangen. Das bedeutet, dass Krumm die dem SC Sand entstandenen Mehrkosten in Höhe von 1 100 € (= 3 600 – 2 500) ersetzen muss.

4.2.7 cic (culpa in contrahendo)

Gegenseitige Rücksicht-, Obhuts- und Sorgfaltspflichten entstehen nicht erst mit dem Vertragsabschluss. § 311 (2) BGB dehnt diese Nebenpflichten im Sinne von § 241 Abs. 2 BGB schon auf Vorverhandlungen aus. Verletzt einer der Partner eine solche Pflicht, liegt eine Pflichtverletzung nach § 280 Abs. 1 BGB vor. Solange es ihm nicht gelingt, das Gegenteil zu beweisen, unterstellt das Gesetz, dass er diese Pflichtübung auch zu vertreten hat.

Dem Gläubiger steht in diesem Fall der „kleine" Schadensersatz zu. Da ein Vertrag in diesem Falle (noch) nicht abgeschlossen worden ist, kann der Gläubiger weder Schadensersatz statt der Leistung („großer" Schadensersatz im Sinne von § 282 BGB) verlangen, noch vom Vertrag zurücktreten.

Eine andere Lösung wäre absurd. Wie soll man von einem noch nicht existierenden Vertrag zurücktreten können? Eine Leistungspflicht besteht auch noch nicht, folglich kann der Gläubiger auch keine Leistung fordern.

4.2.8 Dritthaftung (§ 311 Abs. 3 BGB)

Wird von einer der Parteien ein Dritter z. B. als Berater hinzugezogen, entsteht zwischen diesem Dritten und der ihn beauftragten Vertragspartei ein Schuldverhältnis nach § 241 Abs. 2 BGB. Verletzt der Dritte schuldhaft eine der dort aufgezählten Pflichten, haftet er nach § 280 Abs. 1 BGB im Rahmen des „kleinen" Schadensersatzes.

Beispiele für cic und Dritthaftung

Die Jungunternehmerin Anne will sich für betriebliche Zwecke ein gebrauchtes Auto kaufen. Sie hat sich deshalb bereits bei verschiedenen Autohändlern umgesehen. Sie hat an zwei Autos beim Autohändler Wolf Gefallen gefunden, weil diese hinsichtlich Größe, Preis, Farbe und äußerem Zustand ihren Vorstellungen in etwa entsprechen, vor allem die Preise scheinen ihr enorm günstig. Wolf erklärt ihr, dass er deshalb diese beiden Autos so preisgünstig anbieten könne, weil er für diese beiden keine Garantie gebe und sie in dem Zustand verkaufe, wie sie ihm von seinen Neuwagenkunden in Zahlung gegeben wurden. Allerdings habe er für das eine Auto, das gelbe Cabrio, ein Gutachten des Sachverständigen Luchs. Der Vorbesitzer des Cabrios hat das Gutachten kurz vor der Inzahlunggabe anfertigen lassen. Aus diesem Gutachten geht hervor, dass der Wagen technisch vollkommen in Ordnung ist.

1. Autohändler Wolf begleitet Anne am vereinbarten Termin zu den im Hof abgestellten Autos. Anne rutscht auf einer Ölpfütze aus und verstaucht sich einen Knöchel. Das Öl hat Wolf tags zuvor versehentlich verschüttet, als er bei einem der Gebrauchtwagen Öl nachfüllen wollte. Kann Anne den ihr entstandenen Schaden von Wolf verlangen?

2. Anne verlässt sich auf das Gutachten und kauft das besagte Cabrio. Zwei Tage danach tritt sie mit ihrem Freund in dem Cabrio ihre Reise zu einer Fachmesse in Brest (Bretagne) an. Beide haben dort in einem Hotel ein Doppelzimmer für vier Nächte (Sonntag bis Donnerstag) gemietet. Es ist Sonntagmorgen, als sie aufbrechen. Das Auto läuft hervorragend und es macht den beiden einen riesigen Spaß, den Fahrtwind bei offenem Verdeck zu spüren. Kurz vor Paris leuchtet eine Kontrolllampe auf. Wenig später begleitet die beiden ein blechernes, unangenehmes Geräusch, dessen Quelle beide am rechten Vorderrad ausmachen. Ein freundlicher Tankwart erklärt, dass es sich aller Voraussicht nach um eine abgenutzte Bremsplakette handeln könne. Mehr könne er nicht sagen. Er rät den beiden, das Auto stehen zu lassen, sich ein Hotel zu suchen und abzuwarten, was die Fachleute der Werkstatt am Montagmorgen herausfinden. Anne und ihr Freund folgen diesem Rat.

   Die Werkstatt stellt tatsächlich fest, dass die Bremsplaketten total abgenutzt sind und erneuern sie. Kann Anne den entstandenen Schaden von Luchs verlangen?

Lösungen für cic und Dritthaftung

1. Zwischen Anne und dem Autohändler besteht im Zeitpunkt des Unfalls noch kein Vertrag. Es sind lediglich eine Vorbesprechung, vorvertragliche Verhandlungen im Gange, um evtl. später Vertragsverhandlungen aufzunehmen.

   Der Autohändler ist verpflichtet, die Zugänge zu den ausgestellten Autos so zu gestalten, dass Interessenten unbeschadet die Autos begutachten können. Er hat eine **Sorgfalts- und Obhutspflicht auch schon vor Vertragsabschluss** (§ 241 Abs. 2 iVm. § 311 Abs. 2 BGB). Man nennt diese Form der Leistungsstörung auch cic (culpa in contrahendo).

   Diese Pflicht hat der Autohändler verletzt. Es ist nunmehr nur noch zu prüfen, ob die Voraussetzungen des § 280 Abs. 1 BGB erfüllt sind. Dies muss in diesem Fall bejaht werden. Es gehört zu den Verhaltenspflichten eines Autohändlers, dass die Zufahrtswege so beschaffen sind, dass alle Interessenten gefahrlos zu den ausgestellten Autos gelangen können. Der Autohändler hat daher für den Anne entstandenen Schaden einzustehen.

2. Anne hat den Wagen gekauft, weil der Sachverständige Luchs den Wagen begutachtet und keinen Mangel gefunden hat. Ein Sachverständiger genießt Vertrauen und nimmt auch Sachkenntnis für sich in Anspruch, d. h., die Voraussetzungen des § 311 Abs. 2 BGB sind erfüllt.

Der Sachverständige hat die ihm nach § 241 BGB obliegende Leistung nicht erbracht, sodass Anne nach § 280 Abs. 1 BGB Schadensersatz verlangen kann. Es wird dem Sachverständigen kaum gelingen, sich nach § 280 Abs. 1 BGB zu exkulpieren.

4.2.9 Wegfall der Geschäftsgrundlage

Die Vertragsparteien gehen bei Vertragsabschluss von mehr oder weniger bestimmten Vorstellungen und Gegebenheiten aus, die dann die Grundlage des Vertrages bilden. Vor allem bei Dauerschuldverhältnissen (z. B. Pacht-, Miet-, Arbeits- und Darlehensverträgen) können sich im Laufe der Zeit erhebliche Veränderungen einstellen.

Sind die Veränderungen so gravierend, dass die Vertragsparteien den Vertrag entweder

- überhaupt nicht oder
- nur mit einem völlig anderen Inhalt

geschlossen hätten, kann eine Vertragsanpassung verlangt werden (§ 313 Abs. 1 BGB). Voraussetzung ist allerdings, dass alle Umstände des Einzelfalls, vor allem die Risikoverteilung, zu beurteilen sind. Ist es nach Abwägen aller Gesichtspunkte für einen Partner unzumutbar, am Vertrag in der bisherigen Form festzuhalten, kann die benachteiligte Partei

- eine Vertragsänderung verlangen (§ 313 Abs. 1 BGB) oder, wenn dies nicht möglich ist,
- vom Vertrag zurücktreten oder (bei Dauerschuldverhältnissen) kündigen.

Stellen sich wesentliche Vorstellungen, die Vertragsgrundlage wurden, hinterher als falsch heraus, hat die benachteiligte Partei die gleichen Möglichkeiten (Vertragsanpassung verlangen bzw. Rücktritt/Kündigung des Vertrages; § 313 Abs. 2 BGB).

Beispiele

1. Hein möchte mit seiner Familie in entspannter Atmosphäre den alljährlich stattfindenden Blumenkorso ansehen. Da seine Wohnung aber weit ab des Umzugsweges liegt, mietet er für 20 € von seinem Arbeitskollegen Klaus einen Balkon, von dem aus er und seine Familie auf bequemen Sitzen bei Speis und Trank den Umzug genießen können. Zwei Tage vor dem geplanten Korso wird die Stadt von einem verheerenden Unwetter heimgesucht. Da die Aufräumarbeiten nicht rechtzeitig beendet werden konnten, musste der Blumenkorso abgesagt werden. Muss Hein den vereinbarten Mietzins entrichten?

2. Pech pachtet die bei einem Stadion eingerichtete Gaststätte „zum treuen Fan" für die Dauer von zehn Jahren zu einem ortsüblichen Pachtzins, d. h., die Stadionnähe hat die Höhe der Pacht nicht beeinflusst. Nach zwei Jahren wird das Stadiongelände an die Stadt verkauft. Das neue Stadion befindet sich nun in einem anderen Stadtteil. Kann Pech den Pachtvertrag wegen Wegfalls der Geschäftsgrundlage kündigen?

3. Der Schausteller Zeiger mietete für das Stadtfest in Oberndorf eine Standfläche auf dem Festplatz. Wie ist die Rechtslage, wenn Zeiger die Mietpreisforderung verweigert, weil

   a) er zur gleichen Zeit in Niederndorf seinen Stand beim dortigen Sportfest aufgeschlagen und deswegen den angemieteten Platz überhaupt nicht beansprucht hat?

   b) das Stadtfest in Oberndorf wegen erfolgreichen Einspruchs der Anwohner abgesagt wurde?

1. Hein und Klaus gingen bei Vertragsabschluss von der Vorstellung aus, dass an besagtem Termin der Blumenkorso stattfindet. Diese Vorstellung war die Vertragsgrundlage, die sich nachher als falsch erweist. Hein hätte sicherlich den Mietvertrag nicht abgeschlossen, wenn er gewusst hätte, dass der Umzug nicht stattfindet.

   Die Voraussetzung des § 313 Abs. 2 BGB sind erfüllt. Eine Vertragsanpassung ist hier ausgeschlossen, sodass der benachteiligte Hein ein Rücktrittsrecht nach § 313 Abs. 3 BGB hat.

2. Gegenstand des Pachtvertrages ist das Lokal „zum treuen Fan", das in der Nähe des Stadions liegt. Pächter Pech wird versuchen, sich über § 313 BGB (Wegfall der Geschäftsgrundlage) aus dem Vertrag zu lösen, nachdem das Stadion in einen anderen Stadtteil verlegt worden ist. Auf der Grundlage dieses Tatbestandes ist zu prüfen, ob durch die Stadionsverlegung für Pech die Geschäftsgrundlage weggefallen ist.

   Pech muss bei Vertragsabschluss offenbar davon ausgegangen sein, dass das Stadion während der Pachtzeit nicht stillgelegt wird. Diese Vorstellung hat sich als falsch erwiesen. Konnte der Verpächter bei Vertragsabschluss diese Vorstellung Pechs erkennen? Diese Frage muss verneint werden, denn sonst hätte sich dieser Umstand in der Höhe der Pacht niedergeschlagen. Im Sachverhalt ist ausdrücklich erwähnt, dass die besondere Lage des Lokals bei der Pachthöhe überhaupt keine Rolle spielte. Die dem § 313 Abs. 1 BGB zu Grunde liegende clausula rebus sic stantibus ist nicht erfüllt, d. h., der scheinbar benachteiligte Pech kann aufgrund § 313 Abs. 1 BGB nicht kündigen.

   Die darüber hinaus noch zu prüfende Risikoverteilung schließt sich dieser Argumentation an: Der Verpächter kann auf jeden Fall noch erfüllen. Pech kann aber auch noch die Gaststätte betreiben. Er könnte durch Anpassung an die veränderten Umstände die „Störung" ausgleichen, z. B. könnte er aus der Gaststätte ein Spezialitätenrestaurant machen. Eine solche Anpassung kann man unter Berücksichtigung der Risikoverteilung zwischen dem Verpächter und dem Pächter Pech zumuten.

3. a) Die Stadt Oberndorf hat offensichtlich ihre Leistungspflicht erfüllt (oder ist zumindest bereit, ihre Verpflichtung zu erfüllen). Zeiger hat demnach kein vertraglich begründetes Leistungsverweigerungsrecht. Die einzige Möglichkeit, aus seiner übernommenen Verpflichtung zu kommen, wäre über den Tatbestand des Wegfalls der Geschäftsgrundlage (§ 313 BGB). Dies ist aber nicht möglich, denn die Grundlagen des Vertrages haben sich nicht verändert (§ 313 Abs. 1 BGB), noch haben sich grundlegende Vorstellungen als falsch erwiesen (§ 313 Abs. 2 BGB). Die Entscheidung Zeigers, in Niederndorf einen Stand aufzuschlagen, bedeutet nicht, dass der Vertragserfüllung in Oberndorf die Grundlage entzogen ist.

   b) In diesem Fall ist es nicht mehr möglich, dass Zeiger seinen Stand in Oberndorf aufschlägt. Er könnte zwar theoretisch seinen Anspruch auf Gebrauchsüberlassung geltend machen. Grundlage des Mietvertrages war sicherlich, dass das Stadtfest stattfindet. Diese Vorstellung hat sich nachträglich als falsch herausgestellt. Eine anderweitige Nutzung des Platzes war weder von Zeiger noch von der Stadt Oberndorf bei Vertragsabschluss beabsichtigt. Zeiger kann vom Vertrag zurücktreten (§ 313 BGB).

4.2.10 Sachmängelhaftung

Aufgrund des § 433 Abs. 1 BGB ist der Verkäufer verpflichtet, dem Käufer die Sache zu übergeben und ihm das Eigentum an der Sache zu verschaffen. Der Verkäufer hat aber erst dann erfüllt, wenn die Sache frei von Sach- und Rechtsmängeln ist.

4.2.10.1 Fehlerbegriff iSv. § 434 BGB

Um entscheiden zu können, ob der Verkäufer seine Pflicht, die gekaufte Sache frei von Sachmängeln zu übergeben, erfüllt hat, muss in folgenden Schritten vorgegangen werden:

1. Schritt: Prüfung, ob der Mangel schon beim Gefahrübergang vorlag

War die Sache zum Zeitpunkt des Gefahrübergangs mangelfrei, hat der Verkäufer seine Pflicht erfüllt. War dagegen die Sache im Zeitpunkt des Gefahrübergangs mit Fehlern behaftet, hat der Verkäufer die ihm nach § 433 Abs. 1 BGB obliegende Pflicht verletzt, d. h., es liegt dann eine Pflichtverletzung nach § 280 Abs. 1 BGB vor, unabhängig davon, ob der Verkäufer sie zu vertreten hat.

2. Schritt: Untersuchung hinsichtlich der Fehlerkategorie (§ 434 BGB)

a) Sache hat nicht die vereinbarte Beschaffenheit (subjektiver Fehler)

Gemäß § 434 Abs. 1 BGB muss die verkaufte Sache so beschaffen sein, wie es zwischen Käufer und Verkäufer vereinbart wurde.

Beispiel

Karla sucht in einem Secondhandshop ein Abendkleid. Beim Gespräch mit der Inhaberin Claudia erklärt Karla, dass das Kleid aus reiner Naturseide sein solle. Claudia zeigt ihr daraufhin ein Kleid, das Karla so gut gefällt, dass sie es sofort kauft.

Claudia hat nur dann erfüllt, wenn das Kleid aus Naturseide ist. Dadurch, dass sie auf die Bemerkung Karlas, das Kleid solle aus Naturseide sein, ihr das betreffende Kleid zeigte, war die Beschaffenheit der Kaufsache durch konkludentes Handeln vereinbart.

Ist das Kleid dagegen nicht aus reiner Naturseide, hat das Kleid einen Sachmangel, denn es ist nicht so beschaffen, wie es vereinbart war.

---

b) Sache eignet sich nicht zu dem vertraglich vorausgesetzten Zweck (subjektiver Fehler)

Haben Käufer und Verkäufer keine Vereinbarungen hinsichtlich der Beschaffenheit getroffen, wohl aber über den Verwendungszweck der Kaufsache, muss die Sache geeignet sein, den vereinbarten Zweck zu erfüllen.

Beispiel

Graf bestellt beim Schreiner Latte Holzkisten für seinen bevorstehenden Umzug. Vereinbarungen über deren Beschaffenheit treffen die beiden nicht, so dass nur über den Verwendungszweck gesprochen wurde.

Die Holzkisten sind mangelfrei, wenn sie „umzugstauglich" sind, d. h. für den Transport u. a. von Geschirr, Büchern, Geräten geeignet sind. Die Kisten müssen daher stabiler und belastbarer als gewöhnliche Holzkisten sein.

---

c) Sache eignet sich nicht für den gewöhnlichen Verwendungszweck (objektiver Fehler)

Haben sich Käufer und Verkäufer weder über eine (besondere) Beschaffenheit noch über einen bestimmten Verwendungszweck verständigt, muss die Kaufsache

1. für den gewöhnlichen Zweck verwendbar sein und

2. so beschaffen sein, wie dies bei Sachen dieser Art üblich ist und daher vom Käufer auch erwartet werden kann.

Ulrike kauft in einer Drogerie eine Hautcreme für 5,00 €. Beim Verkaufsgespräch wurde weder über eine besondere Beschaffenheit noch über einen bestimmten Verwendungszweck dieser Hautcreme gesprochen. Die Drogerie hat ihre Pflicht erfüllt, wenn die gekaufte Hautcreme diejenigen Bestandteile aufweist, die andere vergleichbare Hautcremes für eine normale Hautpflege haben. Etwas anderes kann auch Ulrike nicht erwarten.

Die unter a) bis c) aufgeführten Sachmängelkategorien müssen genau in der hier dargestellten Abfolge überprüft werden.

d) Sachmängelhaftung bei öffentlichen Äußerungen insbesondere Werbeaussagen

Hat der Verkäufer, der Hersteller (§ 4 ProdHaftG) oder seine Gehilfe sich über Eigenschaften der Sache öffentlich geäußert, dann ist die Kaufsache nur mangelfrei, wenn sie diese Eigenschaften auch hat. In der Werbung behauptete Eigenschaften kann der Käufer also erwarten, d. h., der Verkäufer erfüllt seine Pflicht nach § 433 Abs. 1 BGB nur, wenn die Kaufsache die Eigenschaften hat, die in der Werbung oder in einer anderen Veröffentlichung des angesprochenen Personenkreises genannt worden sind. Der Verkäufer haftet also auch dann, wenn nicht nur er selbst, sondern der Hersteller oder dessen Gehilfen entsprechende öffentliche Aussagen machen. „Gehilfe" ist in diesem Zusammenhang nicht gleichzusetzen mit „Vertreter" oder „Erfüllungsgehilfe". Gehilfe ist in diesem Sinne auch z. B. ein Vertragshändler, Gutachter, Sachverständiger, soweit diese einvernehmlich mit dem Hersteller diese Aussagen machen.

Der Autohersteller AUVAG wirbt in verschiedenen Zeitschriften und im Fernsehen damit, dass sein Modell K13 nicht mehr als 4,5 l/100 km Benzin verbrauche. Händler Max vertreibt die Automobile von AUVAG, u. a. auch Modell K13.

Verkauft Max ein Modell K13, so hat er nur dann eine mangelfreie Sache im Sinne von § 434 Abs. 1 BGB geleistet, wenn das betreffende Auto auch tatsächlich unter dem angegebenen Verbrauch bleibt. Max muss demnach seinen Kunden gegenüber für etwas gerade stehen, das eigentlich nicht er, sondern der Hersteller AUVAG zu vertreten hat.

Der Verkäufer kann sich nur dann exkulpieren, wenn

1. er die Äußerung nicht kannte und auch nicht kennen musste oder
2. die Äußerung in gleichwertiger Weise widerrufen wurde oder
3. die öffentliche Äußerung die Entscheidung des Käufers nicht beeinflusst hat, sie also für dessen Kaufentscheidung nicht kausal war.

Der Verkäufer trägt dafür die Beweislast.

Die KÜMA-AG, Herstellerin von Küchenmaschinen, hat in mehreren Fernsehwerbesendungen zwischen Februar 01 und April 01 behauptet, dass die Saftpresse SAPRE 2000 einen Ausbeutegrad von mindestens 97 % erreiche.

a) Claudia, die in ihrem Garten einige Beerensträucher hat, kauft aufgrund dieser Werbeaussage am 27. Mai 01 das Modell SAPRE 2000 im Supermarkt MERKATOR. Claudia kann aber zweifelsfrei nachweisen, dass SAPRE 2000 weniger als 97 % Ausbeute schafft.

Als Claudia ihre Ansprüche bei MERKATOR anmeldet, erwidert man ihr, dass man die Werbeaussage der KÜMA-AG nicht kenne.

b) wie a) mit folgender Änderung: Gegen Ende der bundesweit ausgestrahlten Werbebotschaft hat ein unabhängiges Institut nach einem umfangreichen Test festgestellt, dass der tatsächliche Ausbeutegrad von SAPRE 2000 wesentlich niedriger ist (etwa 75%) und offensichtlich ein Messfehler zu dieser unkorrekten Prozentangabe geführt hat. Daraufhin stoppt die KÜMA-AG ihre Fernsehwerbung und lässt in einigen wenigen Tageszeitungen in Form von Kleinanzeigen ihre ursprüngliche Aussage berichtigen. Hat MERKATOR seine Pflicht nach § 433 Abs. 1 BGB erfüllt?

c) wie b) mit folgender Änderung: Claudia hatte keine Gelegenheit, die Werbung der KÜMA-AG zu sehen und hatte auch sonst nichts von dieser angeblich sehr hohen Leistungsfähigkeit der SAPRE 2000 gehört. MERKATOR hatte zwischen Februar und April Prospekte ausliegen, die die Überlegenheit von SAPRE 2000 rühmten. Auf Anweisung der KÜMA-AG hat MERKATOR diese Prospekte Ende April entfernt. Claudia lässt sich mehrere Saftpressen zeigen und betont dabei mehrfach, dass die funktionalen Eigenschaften des Geräts von untergeordneter Bedeutung sind, weil es ihr nur auf die Form ankomme. Claudia kauft dann SAPRE 2000 wegen ihres auffallenden Designs. Als Katja, eine Freundin Claudias, die SAPRE 2000 bei ihr sieht, erzählt sie Claudia von der ursprünglich behaupteten Effizienz. Claudia möchte wissen, ob MERKATOR ihr eine mangelfreie Saftpresse im Sinne von § 434 Abs. 1 iVm. § 433 Abs. 1 BGB verkauft hat.

Lösungen

ad a): Der Supermarkt MERKATOR muss nach § 433 Abs. 1 BGB die Saftpresse frei von Mängeln liefern. Hinsichtlich der Beschaffenheit der SAPRE 2000 wurde zwischen Claudia und MERKATOR nichts Besonderes vereinbart. Auch gab es keine spezielle Absprache bezüglich einer besonderen Verwendung, d. h., die Saftpresse weist keine subjektiven Mängel aus. Da die von Claudia gekaufte SAPRE 2000 offensichtlich eine Saftpresse wie jede andere ist, kann sie auch wie jede andere Saftpresse verwendet werden, d. h., auch ein objektiver Mangel liegt nicht vor.

Zu der Beschaffenheit zählen aber auch jene Eigenschaften, die der Hersteller, die KÜMA-AG, in seiner Werbebotschaft behauptet hat. Im Produkthaftungsgesetz (§ 4 ProdHaftG) ist der Begriff Hersteller umschrieben. Die KÜMA-AG hat die SAPRE 2000 als ein „Presswunder" angepriesen, das mindestens 97% des Saftgehaltes aus dem jeweiligen Obst herausholt. Die Äußerung ist als Werbung eindeutig an die Öffentlichkeit gerichtet, also öffentlich.

Der Exkulpationsversuch des Supermarktes MERKATOR kann nicht gelingen, denn selbst wenn die Werbebotschaft dort nicht bekannt ist, beruht diese Unkenntnis auf (grober) Fahrlässigkeit, also musste MERKATOR die Botschaft kennen.

Auch die zweite Exkulpationsmöglichkeit ist im Sachverhalt nicht gegeben: Die KÜMA-AG hat bis zum 27. Mai 01 die Aussage nicht berichtigt.

Die Werbeaussage hat Claudia „verführt", SAPRE 2000 zu kaufen, also war diese öffentliche Äußerung kausal für die Kaufentscheidung.

Fazit: Die SAPRE 2000, die Claudia gekauft hat, ist gemäß § 434 Abs. 1 BGB nicht mangelfrei und damit hat MERKATOR nach § 433 Abs. 1 BGB eine ihm obliegende Pflicht verletzt; eine Exkulpation ist nicht möglich.

ad b) Was die vereinbarte Beschaffenheit sowie den Verwendungszweck anlangt, erfüllt die von Claudia gekaufte SAPRE 2000 die Erwartungen. Dies ist allerdings nicht der Fall, wenn man die in der Werbung behauptete Leistungsfähigkeit mit der tatsächlichen vergleicht. Die Kaufsache hat nach § 434 BGB demnach einen Fehler in der öffentlich behaupteten Beschaffenheit. Wenn sich MERKATOR nicht exkulpieren kann, hat er seine in § 433 Abs. 1 BGB umschriebene Verpflichtung nicht erfüllt.

Erste Exkulpationsmöglichkeit: MERKATOR hat die Werbeaussage nicht gekannt und musste sie auch nicht kennen. Dieser Nachweis gelingt MERKATOR mit Bestimmtheit nicht (s. hierzu auch Lösung zu a)).

Zweite Exkulpationsmöglichkeit: MERKATOR kann sich darauf berufen, dass die KÜMA-AG die ursprüngliche falsche Werbeaussage mittlerweile berichtigt habe. Die KÜMA-AG hat in der Tat öffentlich kundgetan, dass die ursprüngliche Angabe über den Leistungsgrad von SAPRE 2000 nicht stimmt. Allerdings verlangt § 434 Abs. 1 BGB, dass die Berichtigung **in gleichwertiger Weise** zu erfolgen habe wie die ursprüngliche Werbebotschaft. Um zu erreichen, dass die Händler, die SAPRE 2000 verkaufen, sich erfolgreich exkulpieren können, hätte die KÜMA-AG bundesweit im Werbefernsehen der betreffenden Sendeanstalten die Berichtigung verbreiten müssen. Die in einigen Tageszeitungen veröffentlichten Berichtigungen erfüllen das Tatbestandsmerkmal „in gleichwertiger Weise" eindeutig nicht.

Außerdem war die in der Werbung angepriesene Pressqualität der SAPRE 2000 für Claudia das Kaufmotiv, d. h., also kausal für die Kaufentscheidung.

Fazit: MERKATOR hat Claudia keine mangelfreie Saftpresse verkauft und demnach seine Pflicht nach § 433 Abs. 1 BGB verletzt.

ad c) Die Begründungskette kann analog zu den zwei vorausgegangenen Fällen gebildet werden: Die von Claudia erworbene SAPRE 2000 ist zunächst einmal geeignet, wie jede andere Saftpresse verwendet zu werden. Denn es wurde weder eine besondere Beschaffenheit zwischen Claudia und MERKATOR noch ein spezieller Verwendungszweck vereinbart. Andererseits gilt jede in der Öffentlichkeit behauptete Produkteigenschaft als Beschaffenheitsvoraussetzung, ohne dass dies zwischen Käufer und Verkäufer vereinbart werden muss. Da der öffentlich behauptete Ausbeutegrad nicht erreicht wird, liegt zunächst ein Beschaffenheitsfehler vor. Allerdings hat der Verkäufer insgesamt drei Exkulpationsmöglichkeiten. In diesem Fall führen die beiden zuerst Genannten ins Leere. Denn erstens kannte MERKATOR die Werbebotschaft der KÜMA-AG (zumindest musste er sie kennen) und zweitens wurde die „Falschwerbung" nicht in gleichwertiger Weise berichtigt. Die dritte Exkulpationsmöglichkeit allerdings ist erfolgreich: Claudia hat ihre Entscheidung getroffen, ohne die Werbebotschaft gekannt zu haben. Die in der Werbung behauptete Eigenschaft ist für Claudia völlig irrelevant. Sie wurde also nicht „verführt", die SAPRE 2000 wegen ihrer Leistungsstärke zu erwerben. Vielmehr war eindeutig das Design von SAPRE 2000 für die Kaufentscheidung ausschlaggebend. MERKATOR hat keine Schwierigkeit in diesem sicherlich seltenen Fall, den Beweis dafür anzutreten, da Claudia während des Verkaufsgesprächs betont hat, wie wichtig ihr das Design und wie irrelevant ihr die übrigen Eigenschaften der Saftpresse sind.

Fazit: Die Werbung der KÜMA-AG war nicht kausal für die Entscheidung Claudias, d. h., MERKATOR kann sich nach § 434 Abs. 1 BGB exkulpieren, d. h., obwohl die SAPRE 2000 nicht das leistet, was die Werbung behauptet, hat MERKATOR nach § 433 Abs. 1 BGB voll erfüllt.

e) Montagefehler als Sachmangel (§ 434 Abs. 2 BGB)

Ein Sachmangel liegt auch dann vor, wenn die zur Erfüllung gehörende Montage unsachgemäß durchgeführt wurde.

Beispiel

Bauherrin Sandra hat bei der Torfabrik TOBA-AG ein Garagentor bestellt. Die TOBA-AG hat sich verpflichtet, das Tor maßgerecht zu fertigen, es an die Baustelle zu transportieren und dort einzubauen. Die Mitarbeiter der TOBA-AG, die das Tor einzubauen hatten, haben sich sehr ungeschickt verhalten, sodass sich das Tor nur mit enormen Anstrengungen öffnen und schließen lässt. Das Tor selbst entsprach voll den Erwartungen Sandras.

Da zum Leistungsumfang der TOBA-AG auch der Einbau des Tores gehört und die Montage nicht sachgemäß vorgenommen wurde, liegt ein Sachmangel im Sinne von § 434 Abs. 2 BGB vor, d. h., die TOBA hat die ihr durch § 433 Abs. 1 BGB obliegende Pflicht verletzt.

f) Die so genannte „IKEA-Klausel"

Wird eine Sache so verkauft, dass der Käufer sie noch zusammenbauen muss, ist ein Sachmangel auch dann gegeben, wenn nur die Montageanleitung fehlerhaft ist. Dieser Sachmangel kann allerdings „geheilt" werden, wenn es dem Käufer trotz der mangelhaften Beschreibung gelingt, den Gegenstand sachgerecht zu montieren (§ 434 Abs. 2 BGB).

Beispiel

Petra kauft sich bei dem tierischen Möbelhändler OKEO eine Regalwand, die sie selbst zu Hause nach einer mitgelieferten Montageanleitung zusammenbauen muss. Petra versucht, nach dieser Beschreibung vorzugehen. Sie muss nach mehreren Versuchen feststellen, dass die Beschreibung lückenhaft und sehr unklar abgefasst ist. Beim Versuch, zwei Teile mit „leichter" Gewaltanwendung zusammenzufügen, zerbricht eines davon.

Lösung

Es handelt sich um einen Kaufvertrag. § 433 BGB legt die Pflichten von Käufer und Verkäufer fest:

Pflichten des Verkäufers:

1. Er muss dem Käufer die Sache übergeben (Besitzverschaffung);

2. er muss dem Käufer das Eigentum an der Sache verschaffen;

3. die Kaufsache muss frei von Sachmängeln und Rechtsmängeln sein.

Pflichten des Käufers:

1. Er muss dem Verkäufer den vereinbarten Kaufpreis zahlen;

2. er muss die Sache abnehmen.

Das gekaufte Regal hat weder einen Sach- noch einen Rechtsmangel. § 434 Abs. 2 BGB wertet aber eine mangelhafte Montageanleitung wie einen Sachmangel (sog. Ikea-Klausel), wenn die Sache deswegen nicht fehlerfrei montiert worden ist.

Der Mangel wäre „geheilt", wenn die Sache trotz der fehlerhaften Montageanleitung fehlerfrei montiert worden wäre.

Dies ist in dem Fall aber nicht gegeben. Petra konnte die Regalwand nicht ohne Fehler (Bruch eines Einzelteiles) zusammensetzen, also hat OKEO nach § 433 BGB iVm. § 280 BGB eine Leistungspflicht verletzt. Auf die weiteren Rechtsfolgen kann hier noch nicht eingegangen werden.

g) Aliud- oder Minderlieferung (§ 434 Abs. 3 BGB)

Liefert der Verkäufer statt der bestellten eine andere Kaufsache (Aliud-Lieferung) gilt die Sache nach § 434 Abs. 3 BGB als mangelhaft. Das Gleiche gilt, wenn der Lieferer weniger liefert, als er nach Vertrag liefern müsste.

Bei der Aliud-Lieferung muss zwischen

- dem Identitäts-Aliud (z. B. statt eines gebrauchten Cabrios wird ein gebrauchter Kombi geliefert) und dem

- Qualitäts-Aliud (z. B. statt Spargel erster Wahl wird Spargel zweiter Wahl geliefert)

unterschieden werden.

Beim Identitäts-Aliud ist der Nacherfüllungsanspruch (§ 275 (1) BGB) ausgeschlossen, beim Qualitäts-Aliud dagegen ist eine Nacherfüllung grundsätzlich möglich.

Prüfen Sie für die folgenden Fälle, ob und gegebenenfalls welche Sachmängel nach § 434 BGB vorliegen.

a) Ina kauft einen Rassehund, den sie zum Wachhund ausbilden lassen möchte. Jedoch schlagen alle fachmännischen Bemühungen fehl: Der Hund freut sich über jeden Besuch, vor allem von ihm fremden Menschen. Er bellt nicht, sondern wedelt lustvoll und freundlich mit seinem Schwanz.

b) Karl möchte vom Hundezüchter Max einen Hund kaufen. Karl betont während der Kaufverhandlungen mit Max mehrfach, dass er den Hund auf seinem Betriebsgelände als Wachhund einsetzen wolle. Max verkauft ihm daraufhin Obelix, einen zwei Jahre alten Schäferhund. Obelix erweist sich jedoch als ein ausgemachter Angsthase. Nähert sich eine Person dem Betriebsgelände, verkriecht er sich lautlos in der hintersten Ecke.

c) Sarah bestellt bei Konditor Sauer für ihre Verlobungsfeier eine Schokoladentorte. Als Grundsubstanz soll Sauer eine bestimmte, hochwertige belgische Schokolade verwenden. Sauer aber nimmt seine übliche deutsche Schokoladenmasse, da er der Meinung ist, dass diese qualitativ vergleichbar mit der belgischen Schokolade sei.

d) Sepp kauft am 17. Mai 01 vom Viehhändler Untier für seinen landwirtschaftlichen Betrieb zwei Kühe. Untier übergibt ihm noch am gleichen Tag die beiden Tiere. Am 25. Juni 01 bemerkt Sepp an einer der beiden Kühe Symptome einer gefährlichen Seuche. Der herbeigerufene Veterinär bestätigt die Befürchtungen Sepps. Das Tier ist also durch Erreger infiziert worden. Die Inkubationszeit liegt bei dieser Seuche zwischen zwei und allerhöchstens vier Wochen.

e) Der Patentfix stellt Ultraschallgeräte zum Verjagen von Hausmäusen her. Er behauptet in seiner Werbung, dass sein Gerät „Antimäuschen" Mäuse im Umkreis von zehn Metern vertreiben würde. Hans kauft vom Händler Katz, der in seinem Verkaufsraum ein Werbeplakat von Antimäuschen mit der Wirkungsangabe aufgehängt hat, fünf dieser Geräte und installiert sie in seinem Schuppen, aus dem er die Mäuse vertreiben möchte, in der Weise, dass sich zwischen zwei Geräten höchstens ein Abstand von zwanzig Metern befindet. Einige Wochen danach hat sich die Mäusebevölkerung in seinem Schuppen eher noch vermehrt, auf jeden Fall nicht vermindert.

f) Mick kauft am 19. Mai 01 gegen 9.30 Uhr in Hamburg vom Fischhändler Barsch drei Lachsfilets. Er legt die Filets, die Barsch in einem Frischhaltebeutel verpackt hat, auf den Rücksitz seines Wagens. Mick verbringt den ganzen Tag in Hamburg und begibt sich erst gegen 22.00 Uhr auf den Heimweg nach München. Als er kurz nach Mitternacht müde wird, beschließt er, in einer Autobahnraststätte zu übernachten. In Frankfurt besucht er dann am 20. Mai 01 noch einen Bekannten, sodass er erst gegen 17.00 Uhr in seiner Wohnung eintrifft. Er freut sich schon während der letzten Kilometer auf ein zünftiges Fischgericht. Daraus wird allerdings nichts, denn die Filets sind verdorben. Über Mitteleuropa herrscht während dieser beiden Tagen eine schwül warme Witterung.

g) Klein bestellt beim Buchversand Liberex ein BGB. Er erhält ein AktG.

Prüfen Sie, ob es sich bei den folgenden Fällen um Sachmängel nach § 434 BGB handelt, und begründen Sie Ihre Entscheidung.

a) Lenz kauft beim Metzger Taube eine 200-g-Dose Leberwurst. Die Dose trug u.a. die Aufschrift „garantiert frische Landwurst". Unmittelbar nach dem Kauf verzehrt Lenz die Wurst. Folge: Lenz muss mit einer Lebensmittelvergiftung in das Krankenhaus eingeliefert werden. Vergiftungsursache war eindeutig die Leberwurst.

b) Rain kauft bei Sonne einen Regenmantel. Auf die Frage Rains, ob denn das Etikett des Herstellers „garantiert wasserdicht" seine Berechtigung habe, bestätigt dies Sonne. Beim ersten Gebrauch des Regenmantels stellt sich allerdings heraus, dass er eben nicht wasserdicht ist. Rains Anzug, den er unter dem Regenmantel trug, ist vollkommen durchnässt. Außerdem war der Regenmantel nicht farbecht, sodass der Anzug auch noch verfärbt ist.

c) Der Gebrauchtwagenhändler Nova verkauft Avus den Pkw „Gamma GTI". Nova erwähnt im Verkaufsgespräch nicht, dass der Wagen infolge eines Unfalls des Vorbesitzers erheblich beschädigt wurde, weil er annimmt, dass Avus dann den Wagen nicht kaufen würde. Nova kennt den Schadensumfang sehr genau, da der Wagen in seiner Werkstatt repariert wurde.

Während des Verkaufsgesprächs fragt Avus mehrfach, ob denn der Wagen unfallfrei sei: Doch Nova weicht diesen Fragen geschickt aus.

d) Kalt kauft bei dem Heizölhändler Opech 4 000 l Heizöl. Kalt muss wenig später seine gesamte Brenneranlage reinigen und das Heizöl abpumpen lassen. Ursache war eine starke Verunreinigung des von Opech gelieferten Heizöls.

e) Asta kauft beim Lebensmittelhändler Eggs 10 Landeier. Auf der Packung steht u.a. „Landfrieden-Eier, garantiert frisch". Asta muss noch am gleichen Tag feststellen, dass die Eier eben nicht frisch sind.

f) Burg bestellt beim Versandhändler Fluss ein Porzellanservice, das ihm mit einem Postpaket zugestellt wird. Als Erfüllungsort war der Geschäftssitz des Versandhändlers Fluss vereinbart worden. Als der Paketzusteller Burg das Paket aushändigt, stellt Burg fest, dass das Paket auf einer Seite stark beschädigt ist. In Anwesenheit des Zustellers öffnet er das Paket. Das Service ist fast vollkommen zu Bruch gegangen.

4.2.10.2 Haftungsbefreiung des Verkäufers

Grundsätzlich kann im Individualvertrag die Haftung für Mängel der Kaufsache ausgeschlossen werden. Dies gilt allerdings nicht für den Verbrauchsgüterkauf (§ 474 ff. BGB). Partner des Verbrauchsgüterkaufs (s. unten) sind ein Verbraucher (§ 13 BGB) als Käufer und ein Unternehmer (§ 14 BGB) als Verkäufer. Demnach kann in den folgenden Vertragskategorien die Haftung für Sachmängel ganz oder teilweise ausgeschlossen werden:

● Privat kauft von Privat

● Unternehmer kauft von Privat

● Unternehmer kauft von Unternehmer.

Nicht unter den Verbrauchsgüterkauf zählen nach § 474 Abs. 1 BGB auch gebrauchte Sachen, die auf einer öffentlichen Versteigerung, an welcher der Verbraucher auch persönlich teilnehmen kann, verkauft werden.

Nach § 442 BGB hat der Käufer auch dann seine Rechte verwirkt, wenn er den Mangel bei Vertragsabschluss bereits kennt. Es wäre auch absurd, einen Verkäufer haften zu lassen, wenn der Käufer bei Vertragsabschluss weiß, dass die Sache fehlerhaft ist, sie kauft und dann hinterher auf Mangelfreiheit besteht. Ein Käufer aber, der aus grober Fahrlässigkeit einen Mangel nicht erkennt, kann den Verkäufer auch nicht haftbar machen. Allerdings leben in diesem Fall die Rechte des Käufers wieder auf, wenn

● der Verkäufer den Mangel arglistig verschwiegen hat oder

● der Verkäufer eine Garantie für die Beschaffenheit der Sache übernommen hat.

Beispiel

Alexander, ein junger Mann von 20 Jahren, kauft von seinem Nachbarn Knut einen gebrauchten, acht Jahre alten Pkw. Alexander hat schon seit langem eine Schwäche für die äußere Aufmachung dieses Autos, vor allem machen die exklusiven Sportfelgen und die überdimensionalen Spoiler vorn und hinten mächtigen Eindruck auf ihn. Obwohl seit geraumer Zeit auffallend starker Rauch aus dem Auspuff des Autos quillt, kauft Alexander das Auto für 8 000 €. Wenige Tage nach dem Kauf bleibt das Auto mit Motorschaden liegen. Die Werkstatt stellt fest, dass für den Schaden eine schon seit langem schadhafte Dichtung verantwortlich ist. Eine Vereinbarung, die einen Haftungsausschluss Knuts zum Inhalt hat, wird nicht getroffen. Alexander möchte wissen, welche Rechte er gegen Knut geltend machen kann.

Lösung

Zwischen Knut und Alexander kam ein Kaufvertrag zu Stande. Danach ist Knut nach § 433 Abs. 1 BGB verpflichtet, Alexander das Auto mangelfrei zu übergeben und ihm das Eigentum daran zu verschaffen.

Laut Gutachten der Werkstatt war das Auto zum Zeitpunkt des Gefahrübergangs mangelbehaftet, denn die fragliche Dichtung war bereits in diesem Zeitpunkt schadhaft. Das Auto hatte also einen objektiven Mangel, weil es sich nicht für die gewöhnliche Verwendung eignete (§ 434 Abs. 1 BGB). Fest steht, dass Alexander diesen Mangel bei Vertragsabschluss nicht kannte. Er war in Unkenntnis. Kann man ihm aber entgegenhalten, dass seine Unkenntnis auf Fahrlässigkeit beruhte? Er hat – wie jeder andere auch – die Rauchwolken gesehen, die das Auto hinter sich herzog. Jedermann, besonders derjenige mit wenig „Autosachverstand", fragt nach der Ursache. Viele Möglichkeiten gibt es nicht; Alexander kannte auch das Alter des Autos. Er muss sich vorhalten lassen, dass er grob fahrlässig gehandelt hat, ein relativ altes Auto ohne zusätzliche Prüfung für 8 000 € zu kaufen. Ferner wird man ihm sagen, dass es bei gebrauchten Autos nicht so sehr auf Äußerlichkeiten ankommt, sondern eher auf andere Bestandteile, wie Motor, Getriebe, Fahrwerk usw. Wenn nun nicht mindestens eine der beiden Ausnahmen des § 442 Abs. 1 BGB gegeben ist, hat Alexander seine Rechte gegen Knut verwirkt. Eine Garantie hat Knut laut Sachverhalt nicht gegeben. Bleibt also nur noch zu prüfen, ob Knut den Mangel arglistig verschwiegen hat. Zwar hat er Alexander nicht auf den Mangel aufmerksam gemacht, aber dies allein bedeutet nicht zwangsläufig, dass Knut den Mangel auch **arglistig** verschwiegen hat. Der Mangel war doch für alle offensichtlich. Einen für jedermann erkennbaren Mangel kann man gar nicht „verschweigen".

4.2.10.3 Rechtsfolgen bei Sachmängeln

1. Anspruch auf Nacherfüllung

Da der Verkäufer nach § 433 Abs. 1 BGB verpflichtet ist, die Sache dem Käufer frei von Sach- und Rechtsmängeln zu übergeben, stellt eine mangelhafte Kaufsache eine Pflichtverletzung iSv. § 280 Abs. 1 BGB dar. Der Käufer kann also als Erfüllung eine mangelfreie Sache beanspruchen. In dieser Hinsicht ist der Käufer dem Besteller in einem Werkvertrag gleichgestellt. Wenngleich die Ansprüche des Käufers in das allgemeine Leistungstörungsrecht eingebettet sind, bestehen doch für das Kaufrecht typische Rechte des Käufers, nämlich

- das Recht auf Nacherfüllung (§ 439 BGB) sowie
- das Recht, den Kaufpreis zu mindern (§ 441 BGB).

Nach § 439 BGB hat der Käufer den vorrangigen Anspruch auf Nacherfüllung. Dieser Anspruch kann entweder in

- Lieferung einer mangelfreien Sache oder
- Nachbesserung

bestehen. Der Käufer kann zwischen diesen beiden Möglichkeiten wählen. Bei einem Gattungskauf besteht die Wahlmöglichkeit auf jeden Fall. Bei einem Spezieskauf wird sich der Anspruch grundsätzlich auf die Nachbesserung beschränken. Allerdings muss man davon ausgehen, dass nur derjenige Verkäufer eine Nachbesserung vornehmen kann, der auch die technischen Möglichkeiten dazu hat, z. B. eine Werkstatt.

Nicole verkauft Ria, einer Freundin, ihren gebrauchten Pkw für 6 500 €. Nicole lässt unmittelbar vor der Übergabe noch die so genannte Hauptuntersuchung durchführen. Als Ria am Tag nach der Übergabe den Wagen starten will, springt er nicht an. Die Werkstatt stellt fest, dass die Einspritzpumpe defekt ist und dies schon seit Wochen. Es grenze an ein Wunder, so der Werkstattmeister, dass das Auto nicht schon vorher „gestreikt" habe. Ein Haftungsausschluss Nicoles war nicht vereinbart. Kann Ria von Nicole Nacherfüllung verlangen?

Aufgrund des Kaufvertrages ist Nicole verpflichtet, Ria ein mangelfreies Auto zu übergeben (§ 433 Abs. 1 BGB). Das Werkstattgutachten belegt, dass der Mangel bereits bei Gefahrübergang vorlag. Ein subjektiver Mangel ist es nicht, denn Nicole und Ria haben sich weder über eine besondere Beschaffenheit des Autos noch über einen speziellen Verwendungszweck verständigt. Von einem Auto muss man aber erwarten können, dass es anspringt. Ist dies nicht der Fall, eignet es sich nicht für die gewöhnliche Verwendung; daher liegt hier ein objektiver Mangel im Sinne von § 434 BGB vor. Vorrangiger Rechtsbehelf des Käufers ist nach § 439 BGB die Nacherfüllung. Die Lieferung einer mangelfreien Sache scheidet aus, weil das gebrauchte Auto eine Speziessache darstellt, d. h., der Anspruch auf Neulieferung ist nach § 275 Abs. 1 BGB ausgeschlossen. Auch die Nachbesserung ist unmöglich, da Nicole weder die notwendigen Fachkenntnisse noch die technisch-organisatorischen Voraussetzungen hat. Ria hat demnach keinen Nacherfüllungsanspruch gegen Nicole.

2. Rücktritt und Minderung

Beide Rechtsbehelfe des Käufers – Rücktritt und Minderung des Kaufpreises – sind Gestaltungsrechte. Sie sind **verschuldensunabhängig.**

Nach §§ 437, 323 BGB setzt der Rücktritt grundsätzlich voraus, dass der Käufer dem Verkäufer eine Nachfrist für die Nacherfüllung setzte. Hat der Verkäufer die Nachfrist erfolglos verstreichen lassen, kann der Käufer vom Vertrag zurücktreten. **Der Rücktritt ist ausgeschlossen, wenn der Mangel unerheblich ist (§ 323 Abs. 5 BGB).** Die Unerheblichkeitsklausel gilt nur für den Rücktritt, für die anderen Käuferrechte dagegen nicht.

Eine Fristsetzung ist dagegen nicht erforderlich, wenn

- die Nacherfüllung unmöglich ist (§ 275 Abs. 1 BGB) oder
- der Verkäufer die Nacherfüllung nach § 275 Abs. 2 oder Abs. 3 BGB verweigert hat oder
- der Verkäufer die Nacherfüllung nach § 439 Abs. 3 BGB verweigert hat oder
- die Nachbesserung fehlgeschlagen ist (§ 440 BGB).

Fritz kauft einen gebrauchten Fernseher für 150 € beim Fernsehhändler Kunz. Kunz verspricht, das gewünschte Gerät noch auf seine Funktionsfähigkeit zu überprüfen und es zwei Tage danach bei Fritz abzuliefern. Kunz stellt das Geräte bei Fritz auf. Der Fernseher liefert ein gestochen scharfes Bild, aber statt des erhofften Tons kam nur ein unangenehmes Rauschen. Kunz nimmt das Gerät wieder mit und vereinbart mit Fritz, es nach einer Woche wieder zu bringen.

Eine Woche später gibt das Gerät weder Ton noch Bild von sich. Kunz kommentiert die Situation knapp mit den Worten, er sei mit seinen Kenntnissen am Ende. Rechtslage?

Kunz war nach § 433 Abs. 1 BGB verpflichtet, das Gerät fehlerfrei bei Fritz abzuliefern. Der Fernseher war im Gefahrübergang mit einem Fehler behaftet (Tonstörung). Da Fritz und Kunz sich vorher weder über die besondere Beschaffenheit noch über einen speziellen Verwendungszweck (subjektiver Fehlerbegriff) verständigt haben, kommt nur der objektive Mangel in Betracht: Das Gerät eignet sich nicht für die gewöhnliche Verwendung, denn Fritz kann erwarten, dass der Fernseher neben einem guten Bild auch noch den dazu gehörenden Ton liefert (§ 434 Abs. 1 BGB).

Da es sich um ein gebrauchtes Gerät, also um eine Speziessache, handelt, scheidet Ersatzlieferung als Nacherfüllungsalternative aus. Deshalb hat Fritz laut Sachverhalt ja auch die Nachbesserung – Beseitigung der Tonstörung – gewählt. Er hat Kunz dafür eine Woche Zeit gegeben. Die Nachbesserung ist eindeutig fehlgeschlagen und da Kunz auch noch erklärt, dass er nun nicht mehr weiter wisse, ist ein zweiter Versuch überflüssig.

Fritz kann nunmehr ohne Fristsetzung nach §§ 440, 323 BGB vom Vertrag zurücktreten, denn dieser Mangel ist bei einem Fernsehgerät nicht unerheblich. Inwieweit ihm noch andere Rechte zustehen, soll hier (noch) nicht geprüft werden.

Nach § 441 BGB ist die **Minderung des Kaufpreises** eine Alternative zum Rücktritt: „Statt zurückzutreten, kann der Käufer den Kaufpreis durch Erklärung gegenüber dem Verkäufer mindern." In dieser Formulierung (… **der Käufer kann** …) wird auch deutlich, dass der Käufer ein Gestaltungsrecht hat. Beide Gestaltungsrechte sind gleichgestellt und setzen voraus, dass der Käufer eine Nachfrist setzt. Ist diese Frist erfolglos verstrichen, kann er die Minderung des Kaufpreises durchsetzen. Aus genau den gleichen Gründen wie beim Rücktritt (s. oben) ist eine Nachfrist nicht erforderlich. Die Minderung ist auch dann möglich, wenn der Mangel unerheblich ist.

Susanne, eine Rechtsanwältin, kauft für ihre Praxis vom Autohändler Franzke einen gebrauchten Pkw für 4 000 €. Der Wagen wird ihr ordnungsmäß ausgeliefert. Einige Wochen nach dem Kauf gerät sie bei der Fahrt zu einem Gerichtstermin in einen schweren Regenguss. Ein bisschen Regenwasser tropft auf das Armaturenbrett. Der obere Rand der Windschutzscheibe ist etwas wasserdurchlässig. Als sie tags darauf den Wagen zu Franzke in die Werkstatt bringt, spielt dieser den Mangel herunter und erklärt ihr, dass der Schaden in spätestens zwei Stunden behoben sei und sie das Auto wieder abholen könne. Wenige Tage danach tritt eine vergleichbare Situation ein: Regenwasser – noch weniger als beim ersten Mal – dringt über den oberen Rand der Windschutzscheibe ins Wageninnere. Als sie deshalb wieder in die Werkstatt fährt, erklärt ihr Franzke, dass er den Fehler nicht beheben könne. Kann Susanne, die ansonsten mit dem Auto zufrieden ist und sich durch die paar Tropfen Regenwasser nicht sonderlich gestört fühlt, sofort Minderung verlangen?

Der gebrauchte Wagen ist eine Speziessache, die im Gefahrübergang mit einem Mangel behaftet ist. Susanne hat den vorrangigen Anspruch auf Nacherfüllung (§ 439 BGB). Lieferung einer mangelfreien Sache ist unmöglich und scheidet somit nach § 275 Abs. 1 BGB aus. Die Nachbesserung, die bei einem mangelhaften Auto die Regel sein dürfte, schlägt zumindest beim ersten Versuch fehl. Nach § 440 BGB wird unterstellt, dass eine Nachbesserung nach dem zweiten erfolglosen Versuch als fehlgeschlagen zu gelten habe. Diese Vermutung ist widerlegbar, z. B. dann, wenn sich beide – Susanne und Franzke – darauf verständigt hätten. In diesem Fall verzichtet Franzke auf seine zweite „Chance", d. h., die Nacherfüllung ist fehlgeschlagen. Nach § 440 BGB iVm. § 441 BGB kann Susanne ohne Fristsetzung eine Minderung des Kaufpreises verlangen. Die Höhe der Minderung dürfte in diesem Fall durch Schätzung (§ 441 Abs. 3 BGB) bestimmt werden.

3. Schadensersatzansprüche

Ist die Nacherfüllung unmöglich geworden, fehlgeschlagen oder hat sie der Verkäufer verweigert, besteht der Nacherfüllungsanspruch nicht mehr. Die Unmöglichkeit der Primärleistung führt im allgemeinen Leistungsstörungsrecht dazu, dass der Schuldner nach § 275 Abs. 1 BGB frei wird. Das Gleiche gilt, wenn der Verkäufer nach §§ 439 Abs. 3, 275 Abs. 2 oder 275 Abs. 3 BGB die Nachbesserung verweigert. Nach den Vorschriften des allgemeinen Leistungsstörungsrechts verliert der Gläubiger dann auch den Anspruch auf die Gegenleistung (§ 326 Abs. 1 BGB). Im Kaufrecht tritt diese Rechtsfolge jedoch nicht ein, denn es bestehen Sekundäransprüche in Form von Schadensersatzforderungen. Eine mögliche Folge ist bereits dargestellt worden: Rücktritt oder Minderung (ohne **Fristsetzung**).

> Wichtig ist hier die Unterscheidung zwischen den aus § 280 Abs. 1 einerseits und den aus §§ 281, 282, 283 BGB resultierenden Schadensersatzansprüchen. § 280 BGB stellt den Schadensersatzanspruch neben den noch bestehenden Erfüllungsanspruch des Gläubigers. Darunter fallen alle Schäden, die durch Nacherfüllung nicht beseitigt werden konnten. Bei den §§ 281 ff. BGB, die sich nur hinsichtlich Störungsursache unterscheiden, geht es dagegen darum, einen Erfüllungsanspruch in einen Schadensersatzanspruch umzuwandeln.

Dieser Anspruch ersetzt den Primäranspruch. Beide Anspruchsgrundlagen zusammen – § 280 BGB einerseits und §§ 281, 283 BGB andererseits – ergeben für den Käufer einen vollständigen Schadensausgleich.

Mangelschäden (Aufwendungen für Ersatzbeschaffung, Reparatur oder Minderwert) werden über §§ 281, 283 BGB abgewickelt mit dem Erfolg, Schadensersatz statt der Leistung oder Ersatz der frustrierten Aufwendungen zu erreichen.

Den „großen" Schadensersatz (Schadensersatz statt der Leistung) kann der Käufer verlangen, wenn

- die vom Verkäufer verschuldete Mangelhaftigkeit wegen einer groben Pflichtverletzung eingetreten ist (argumentum e contrario, § 281 Abs. 1 BGB), der Käufer deshalb dem Verkäufer die Sache zur Verfügung stellt und den Erfüllungsanspruch in einen Schadensersatzanspruch umwandelt, deshalb die Bezeichnung „Schadensersatz statt Leistung".

- der Käufer einen Deckungskauf nach vollzogenem Rücktritt vornimmt; auch in diesem Fall ist es offensichtlich, dass der Anspruch auf Erfüllung in eine Schadensersatzforderung verwandelt wird.

- der Käufer statt des Nacherfüllungsanspruchs die Kaufsache reparieren lässt; in diesem Fall wird der Nacherfüllungsanspruch in einen Schadensersatzanspruch umgewandelt.

Mangelfolgeschäden entstehen durch die Kaufsache an anderen Rechtsgütern des Käufers (Schaden an einem anderen Gegenstand, aber auch Schaden an Gesundheit und Körper). Für diese Schäden ist § 280 Abs. 1 BGB die Anspruchsgrundlage.

Beispiel

Anton kauft einen Neuwagen beim Autohaus Nobel und Edel GmbH (NE-GmbH) und gibt seinen gebrauchten Wagen in Zahlung. Die NE-GmbH überprüft Antons Wagen und man einigt sich auf 5 000 €. Danach – vor der Übergabe des Autos an die NE-GmbH – bemerkt Anton, dass die Bremse nur schwach funktioniert, und er gießt Altöl statt der erforderlichen Bremsflüssigkeit nach. Anton hatte kaum das Auto auf dem Hof bei der NE-GmbH abgestellt, als sich jemand lebhaft für dieses Auto interessiert und als er den Preis (6 200 €) erfährt, spontan bereit ist, das Auto zu kaufen. Der Meister von NE-GmbH fährt mit dem Kunden Probe und muss dabei ein merkwürdiges Bremsverhalten feststellen. Trotz aller Vorsicht rammt der Meister mit dem Auto ein anderes auf dem Hof abgestelltes Auto (Schaden 1 000 €).

Der Meister kann recht schnell die Ursache finden. Das Bremssystem des Autos ist fast funktionsuntüchtig. Welche Ansprüche hat die NE-GmbH gegen Anton?

Lösung

Mangelschaden: Aufgrund des Kaufvertrages ist Anton nach § 433 Abs. 1 BGB verpflichtet, ein mangelfreies Auto zu übergeben. Weil Anton nach Begutachtung und Bewertung das Bremssystem ruiniert hat, besitzt das Auto nicht mehr die vereinbarte Beschaffenheit, also einen Fehler nach § 434 Abs. 1 BGB.

Die NE-GmbH kann nunmehr vorrangig nach § 439 Abs. 1 BGB Nacherfüllung verlangen. Eine Nachlieferung ist aber ausgeschlossen, da es sich bei dem gebrauchten Pkw Antons um eine Speziessache handelt, d. h., die Nachlieferung ist nach § 275 Abs. 1 BGB auch nicht geschuldet. Eine Nachbesserung scheidet auch deshalb aus, weil Anton nicht in der Lage ist, den Mangel zu beseitigen, da er nicht über die erforderlichen Voraussetzungen verfügt (Sachkenntnis, Werkstatt). Die Nacherfüllung scheidet also aus.

Die Käuferin (NE-GmbH) hat nun grundsätzlich zwei Möglichkeiten:

1. Sie könnte Minderung des Kaufpreises verlangen oder

2. sie kann den Erfüllungsanspruch in einen Schadensersatzanspruch umwandeln, dies kann sich auch auf den Anspruch auf Nacherfüllung beziehen.

ad 1. Da die Nacherfüllung unmöglich ist (§ 275 Abs. 1 BGB), braucht die NE-GmbH auch keine Frist setzen, um die Minderung des Kaufpreises zu verlangen (analoge Anwendung § 326 Abs. 5 BGB).

ad 2. Variante 1: Die NE-GmbH verlangt statt Erfüllung hinsichtlich **des Autos** Schadensersatz:

Ohne Fristsetzung kann die NE-GmbH vom Vertrag zurücktreten (§ 440 iVm. § 323 BGB) und nach §§ 325, 281 Abs. 1 BGB Schadensersatz statt der Leistung verlangen. Die Voraussetzungen sind erfüllt:

- Anton hat die Leistung nicht wie geschuldet erbracht (§ 281 Abs. 1 BGB)
- Die Pflichtverletzung ist von Anton zu vertreten (§ 280 Abs. 1 BGB)
- Die Pflichtverletzung ist erheblich (§ 281 Abs. 1 BGB).

Anstelle von Schadensersatzes statt der Leistung könnte die NE-GmbH nach § 284 BGB auch Ersatz der vergeblichen Aufwendungen verlangen. Das dürfte in diesem Fall wohl eher ausscheiden. Nach § 281 Abs. 5 BGB muss dann die NE-GmbH den Gebrauchtwagen an Anton zurückgeben.

Variante 2: Der Anspruch auf Nacherfüllung wird in eine Schadensersatzforderung verwandelt. Da die Nacherfüllung für den Schuldner Anton nachträglich unmöglich wurde, ist der Erfüllungsanspruch ausgeschlossen (§ 275 Abs. 1 BGB). Die NE-GmbH repariert nun das Bremssystem (oder lässt es reparieren) und fordert den „großen" Schadensersatz nach § 280 Abs. 3, § 283 BGB.

Mangelfolgeschaden: Die Beschädigung des anderen Autos ist ein Mangelfolgeschaden (dies träfe gleichermaßen auch auf eine etwaige Beschädigung für Antons Wagen zu). Da dieser Schaden durch eine von Anton zu vertretende Pflichtverletzung entstanden ist, hat er nach § 280 Abs. 1 BGB der NE-GmbH den Sachschaden zu ersetzen.

Zusammenfassung der Sachmängelhaftung anhand eines Entscheidungspfades: siehe nächste Seite

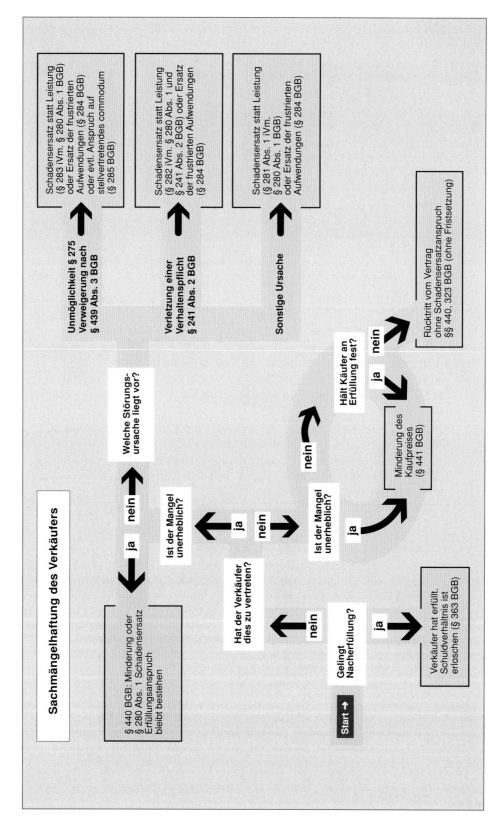

Sachmängelhaftung des Verkäufers

Start →

Gelingt Nacherfüllung?

ja → Verkäufer hat erfüllt. Schuldverhältnis ist erloschen (§ 363 BGB)

nein → Hat der Verkäufer dies zu vertreten?

ja → Ist der Mangel unerheblich?

nein → Ist der Mangel unerheblich?

ja → Minderung des Kaufpreises (§ 441 BGB)

ja → Hält Käufer an Erfüllung fest?

nein → Welche Störungsursache liegt vor?

ja → § 440 BGB: Minderung oder § 280 Abs. 1 Schadensersatz Erfüllungsanspruch bleibt bestehen

ja / nein (Hält Käufer an Erfüllung fest?) **nein →** Rücktritt vom Vertrag ohne Schadensersatzanspruch §§ 440, 323 BGB (ohne Fristsetzung)

Unmöglichkeit § 275 Verweigerung nach § 439 Abs. 3 BGB → Schadensersatz statt Leistung (§ 283 iVm. § 280 Abs. 1 BGB) oder Ersatz der frustrierten Aufwendungen (§ 284 BGB) oder evtl. Anspruch auf stellvertretendes commodum (§ 285 BGB)

Verletzung einer Verhaltenspflicht § 241 Abs. 2 BGB → Schadensersatz statt Leistung (§ 282 iVm. § 280 Abs. 1 und § 241 Abs. 2 BGB) oder Ersatz der frustrierten Aufwendungen (§ 284 BGB)

Sonstige Ursache → Schadensersatz statt Leistung (§ 281 Abs. 1 iVm. § 280 Abs. 1 BGB) oder Ersatz der frustrierten Aufwendungen (§ 284 BGB)

4. Beweislast

Liegt ein Mangel vor, dann hat dies grundsätzlich der Käufer zu beweisen, sodass sich die Beweislastverteilung nach § 363 BGB regelt. Die Tatsache, dass es eine Pflicht des Verkäufers ist, die Kaufsache mangelfrei zu übergeben, heißt nicht, dass er Mangelfreiheit auch beweisen muss. Das geht schon daraus hervor, dass in allen dem Käufer zustehenden Rechten die mangelhafte Kaufsache die rechtliche Grundlage darstellt, also hat der Käufer die Mangelhaftigkeit nachzuweisen.

4.2.11 Rechtsmangel

§ 435 BGB umschreibt die Rechtsmangelfreiheit einer Kaufsache. Demnach ist eine Kaufsache frei von Rechtsmängeln, wenn Dritte

- entweder überhaupt keine Rechte oder
- nur die im Vertrag übernommenen Rechte an der Sache

geltend machen können.

Im Übrigen hat ein Käufer bei einem Rechtsmangel die gleichen Rechte wie bei einem Sachmangel, da § 437 BGB keinen Unterschied zwischen Sach- und Rechtsmangel macht.

Beispiel

Xenia ist Inhaberin eines sehr edlen Secondhandshops, in dem grundsätzlich nur gebrauchte Kleider, die zuvor von prominenten Frauen (z. B. Sängerinnen, Schauspielerinnen) getragen wurden, verkauft werden. Lydia, eine bekannte Fernsehjournalistin, kauft bei Xenia ein Kleid für 4 000 €, das zuvor der Sängerin Miranta gehörte. Miranta hat es als Modellkleid erworben und es nur einmal getragen.

Anlässlich eines Presseballs, bei dem Lydia aus beruflichen Gründen anwesend ist, trägt sie besagtes Kleid. Gleich zu Beginn der Veranstaltung kam es vor laufenden Kameras zum Eklat: Mirko, ein naher Freund Mirantas, erkennt das Kleid, das – wie er wahrheitsgemäß behauptet – Miranta gestohlen wurde. Lydia gerät sogar in den Verdacht, das Kleid entwendet zu haben. Es ist ihr unter diesen Umständen nicht möglich, die Sendung fortzuführen. Aufgrund dieses Vorfalls darf Lydia einige bereits geplante Sendungen nicht moderieren. Ihr Sender „verbannt" sie für sechs Wochen vom Bildschirm. Es entsteht ihr dadurch ein Schaden von 8 000 €.

Xenia hat das Kleid von einem unbekannten Mann für 1 000 € erworben. Sie betrachtet den Kauf als ein „Schnäppchen" und hatte auch keine Bedenken, obwohl wenige Zeit vorher von einem Einbruch in der Villa Mirantas berichtet wurde. Xenia hat die Zeitungsberichte über den Einbruch sogar archiviert. Rechtslage?

Lösung

Aufgrund des Kaufvertrages ist Xenia verpflichtet, das Kleid frei von Sach- und Rechtsmängeln zu übergeben (§ 433 Abs. 1 BGB). Das Kleid hat laut Sachverhalt keinen Sachmangel. Vielmehr ist Miranta noch Eigentümerin des Kleides, d. h., das Kleid ist noch mit dem Eigentumsrecht Mirantas belastet und daraus ergibt sich, dass Miranta ein Herausgaberecht (§§ 985 iVm. § 935 Abs. 1 BGB) gegen Lydia hat. Damit ist der Tatbestand des § 435 BGB erfüllt: Das Kleid ist mit einem Rechtsmangel behaftet. Eine Nacherfüllung scheidet aus, es sei denn, Miranta genehmigt die Eigentumsübertragung. Dies geht aber aus dem Sachverhalt nicht hervor.

Das Leistungshindernis besteht schon bei Vertragsabschluss, also vorherige Unmöglichkeit (§ 311 a BGB). Nach dieser Vorschrift ist der Vertrag noch wirksam. Aber davon unabhängig kann Lydia nach § 311 a Abs. 2 BGB Schadensersatz statt der Leistung verlangen oder nach § 284 BGB Ersatz der frustrierten Aufwendungen. Xenia kann sich nur exkulpieren, wenn sie nachweisen kann, dass sie den Rechtsmangel nicht kannte oder ihre Unkenntnis nicht zu vertreten hat. Diese Exkulpation dürfte ihr nach den Angaben des Sachverhalts wohl kaum gelingen.

Die Anspruchsgrundlage (§ 311 a BGB) hilft Lydia aber nicht viel. Sie hatte mit dem Kleid ja keine Erwerbsabsicht verbunden und ein Deckungskauf ist ausgeschlossen. Sie wollte es ja nicht mit Gewinn verkaufen, sondern es lediglich zu bestimmten beruflichen oder privaten Anlässen tragen. Der Verdienstausfall Lydias ist ein Mangelfolgeschaden, der über § 280 Abs. 1 BGB abzuwickeln ist. Die Voraussetzungen sind erfüllt. Xenia muss sich nämlich bei diesen Käufen vorher erkundigen, ob besagtes Kleid zum Diebesgut gehörte. Sie hat eine Nebenpflicht nach § 241 BGB verletzt (Unterlassung einer Aufklärungspflicht über die Verkaufsabsicht der Eigentümerin). Dieser Verpflichtung muss Xenia eigentlich bei jedem Kleidungsstück, das sie kauft, nachkommen. Sie muss sicher sein, wer die bisherige, berühmte Eigentümerin ist und ob diese es auch verkaufen will. Diese Nachforschungsaufgabe bleibt ihr erst recht, wenn sie weiß, dass bei der bisherigen Eigentümerin eingebrochen wurde und ihr eine fremde Person das Kleidungsstück anbietet. Aus dieser Pflichtverletzung muss sie nach § 280 Abs. 1 BGB für den Schaden, der auch den Folgeschaden umfasst (§§ 249, 252 BGB), haften.

4/30 Josef Hundle besucht seinen Freund und Winzer Erich Bumber in der Pfalz. Wie schon häufig, nimmt er auch bei diesem Besuch 50 l Fasswein „Portugieser Rotwein" mit. Zu Hause angekommen, will er seiner Familie zum Abendessen von dem erworbenen Wein einen Krug voll vorsetzen. Mit Schrecken stellt man fest, dass der Wein ungenießbar ist. Beurteilen Sie die Rechtslage, wenn der Wein

a) bereits bei Bumber verdorben in das Fass gefüllt wurde,

b) in einwandfreiem Zustand in ein von Bumber gestelltes Fass gefüllt wurde, dieses jedoch nicht gereinigt war,

c) in einwandfreiem Zustand in das von Hundle mitgebrachte, jedoch ungereinigte Fass eingefüllt wurde,

d) in einwandfreiem Zustand eingefüllt wurde, jedoch aufgrund einer Pause Hundles längere Zeit der prallen Sonne ausgesetzt war und dabei ungenießbar wurde.

4/31 Liesl Bayer hat kürzlich den Führerschein erworben und ist nun auf der Suche nach einem Gebrauchtwagen. Auf eine Zeitungsanzeige der Pepi Ries hin kauft sie dessen 10 Jahre alten Pkw zum Preis von 1 200,00 €. Bei den Kaufverhandlungen ist auch die Rede von divesen Schäden, die maßgebend für den niedrigen Preis sind. Liesl bezahlt die 1200,00 € und fährt voller Freude nach Hause.

a) Wenige Tage nach dem Kauf tritt sie wie gewohnt auf das Gaspedal. Dieses gibt funktionsgerecht nach; zugleich gibt auch das durchgerostete Bodenblech nach, sodass Liesl mit dem Fuß ins Freie tritt.

b) Auf der Fahrt zu ihrem Freund kommt sie ins Schleudern, der Pkw „geht in die Knie" und bleibt auf der gebrochenen Vorderachse liegen. Liesl entdeckt an der gebrochenen Achse eine dünne Schweißnaht.

Pepi Ries lehnt jegliche Ansprüche ab mit dem Hinweis, er habe die Käuferin auf Schäden hingewiesen, und schließlich sei auch der niedrige Verkaufspreis darauf zurückzuführen.

Untersuchen Sie an den beiden Fällen, ob Liesl Rechte gegenüber dem Verkäufer geltend machen kann.

4/32

Secondhandhändler Jakob kauft von Lora, einer 25-jährigen arbeitslosen Juristin, die gelegentlich als Putzhilfe arbeitet, ein Paar alte, äußerst wertvolle Ohrringe für 200 €. Die Ohrringe selbst sind Handarbeit und repräsentieren einen Wert von 15 000 €. Jakob verkauft für 20 000 € die Ohrringe an Mara, der momentanen Lebensgefährtin einer alternden Showbiz-Größe. Als Mara während einer Gala-Veranstaltung die kostbaren Ohrringe ausführt, erkennt Lucia, die Frau eines bekannten Fernsehmoderators, die Ohrringe, die ihr einige Wochen vorher gestohlen worden waren. Lucia verlangt laut schreiend und unter Androhung einer kräftigen Prügelei, dass Mara ihr auf der Stelle die Ohrringe zurückzugeben habe.

Wie sich danach herausstellt, hat Lucia Lora, die für kurze Zeit als Putzhilfe bei Lucia angestellt war, verdächtigt, den Diebstahl begangen zu haben. Die Polizei konnte Lora aber nichts nachweisen. Jedenfalls war der Vorfall für einige Wochen Stadtgespräch und auch Jakob hatte davon gehört. Rechtslage?

4/33

Siggi verkauft am Freitag, dem 13. Mai 01, die Milchkuh Maiblume für 2 500 € an Fred. Maiblume wird am 20. Mai 01 übergeben. Siggi vesichert mehrfach, dass sein Rinderbestand frei von Rinderkrankheiten ist. Seine Tiere sind kerngesund. Maul- und Klauenseuche sowie auch Rinderwahnsinn sind bei seinem Viehbestand völlig ausgeschlossen, da dieser unter regelmäßiger veterinärischer Überwachung steht.

Am 28. Mai entdeckt Fred Krankheitssymptome bei Maiblume. Der sofort hinzugezogene Tierarzt Fifi stellt Maul- und Klauenseuche fest, deren Inkubationszeit zwischen 18 und 25 Tagen liegt.

Maiblume muss getötet werden und außer ihr noch weitere 18 von ihr infizierte (namenlose) Kühe aus Freds Herde. Rechtslage?

4/34

Schnupp (Abiturient, 19 Jahre) kauft von seinem Nachbarn Fieslich (Studienrat mit den Fächern Englisch und Sport, 35 Jahre) dessen gebrauchten Pkw für 12 000 €. Wenige Tage nach der Übergabe bleibt der Pkw mit einem lauten Knall um 22.30 Uhr auf der Autobahn stehen. Der herbeigerufene Abschleppdienst erkennt sofort die Ursache in Gestalt einer geplatzten Ölleitung, die nur sehr dilettantisch von Fieslich unmittelbar vor dem Verkauf geflickt worden war. Der Monteur vom Abschleppdienst unkt, dass der Motor wohl nicht mehr repariert werden könne. In der Werkstatt stellt sich dann heraus, dass die schlimmen Befürchtungen sich realisierten.

Schnupp entstanden dadurch Aufwendungen für das Abschleppen und für eine Hotelübernachtung (insgesamt 480 €). Da Schnupp das Auto auf jeden Fall behalten möchte, lässt er für 4 200 € eine Austauschmaschine einbauen.

Fieslich erwähnte bei den Verkaufsverhandlungen mehrfach, dass das Auto regelmäßig in der Vertragswerkstatt gewartet wurde. Er legte Schnupp das lückenlos ausgefüllte Kundendienstheft vor. Im Vertrag wurde die Sachmängelhaftung Fieslichs nicht ausgeschlossen. Rechtslage?

4.2.12 Verjährung der Ansprüche des Käufers

Jeder Anspruch unterliegt der Verjährung (§ 194 BGB). Dementsprechend sind auch die Ansprüche des Käufers wegen einer mangelhaften Kaufsache nach Ablauf einer bestimmten Frist nicht mehr durchsetzbar, d. h., sie sind verjährt.

Grundsätzlich verjähren die Ansprüche des Käufers auf Nacherfüllung und auf Schadensersatz nach **zwei Jahren** (§ 438 Abs. 1 BGB). Längere Verjährungsfristen gelten für bestimmte Rechtsmängel (30 Jahre) und für Mängel an Bauwerken (5 Jahre). Die Verjährung beginnt bei Grundstücken mit der Übergabe, ansonsten bei Ablieferung der Sache (§ 438 Abs. 1 BGB).

Hat der Verkäufer den Mangel arglistig verschwiegen, dann verjähren die Ansprüche des Käufers nach § 438 Abs. 3 BGB gemäß der regelmäßigen Verjährungsfrist in drei Jahren (§ 195 BGB). In diesem Falle beginnt die Verjährungsfrist mit dem Ende des Jahres, in dem der Käufer von den arglistigen Verhalten des Käufers Kenntnis erlangt hat. Diese für den Käufer günstigere Verjährungsfrist gilt selbstverständlich uneingeschränkt nur für die zweijährige Verjährung.

Bei den Ansprüchen, die erst nach fünf Jahren verjähren, kann die Verjährung nicht vor dem Ablauf von fünf Jahren erfolgen. Für die 30-jährige Verjährungsfrist gilt § 438 Abs. 3 BGB überhaupt nicht.

§ 438 Abs. 1 BGB gilt nicht für die beiden Gestaltungsrechte des Käufers, nämlich Rücktritt und Minderung des Kaufpreises. Nach § 438 Abs. 4 und 5 BGB gilt in diesen beiden Fällen § 281 BGB. Danach ist Rücktritt bzw. Minderung ausgeschlossen, wenn der Erfüllungsanspruch (einschl. des Anspruchs auf Nacherfüllung) verjährt ist.

Beispiele

1. Peter kauft von Kurt am 27. Juli 02 ein zwanzig Jahre altes Haus für 250 000 €. Kurt hat bei den Vertragsverhandlungen bewusst verschwiegen, dass in den Dachbalken Holzwürmer bereits beträchtlichen Schaden angerichtet haben. Kurt hat kurz vor dem Verkauf das Dachgeschoss komfortabel und aufwändig ausgebaut und so die befallenen Balken „versteckt". Kurt muss damit rechnen, dass Peter das Haus nicht gekauft hätte, vor allem nicht zu dem Preis, wenn ihm der Schaden bekannt gewesen wäre. Peter hat mehrfach nach einem möglichen Holzwurmbefall gefragt. Kurt hat es jedes Mal verneint. Die Übergabe des Grundstücks erfolgt am 15. August 02. Als nach einem Sturm im April 05 ein Teil des Daches neu eingedeckt werden muss, bemerkt man den Schaden. Ein von Peter beauftragter Gutachter stellt fest, dass der Holzwurmbefall im Zeitpunkt des Ausbaus erkennbar vorhanden war. Wann sind die Peter nach § 437 BGB zustehenden Ansprüche verjährt?

2. Helga kauft von ihrer Freundin Lisa deren gebrauchten Pkw für 5 000 €. Lisa verschweigt, dass es sich dabei um einen Unfallwagen handelt. Der Kaufvertrag wurde am 22. Mai 03 geschlossen und der Wagen am 29. Mai übergeben. Lisa wusste, dass Helga den Wagen nicht gekauft hätte, wenn sie ihr die Wahrheit gesagt hätte. Am 1. Mai 05 kam es mit diesem zu einem Unfall. Bei der Reparatur wurde dann der vorangegangene erhebliche Unfallschaden festgestellt. Von Helga daraufhin angesprochen, rückt Lisa mit der Wahrheit heraus. Wann sind die Ansprüche Helgas verjährt?

Lösung

1. Fest steht, dass das Haus bereits im Zeitpunkt des Gefahrüberganges mangelbehaftet war, sodass Kurt die ihm nach § 433 Abs. 1 BGB obliegende Pflicht, das Haus mangelfrei zu übergeben, nicht erfüllt hat. Peter kann deshalb die ihm nach § 437 BGB zustehenden Rechte geltend machen. Nacherfüllung dürfte laut Sachverhalt ausgeschlossen sein, sodass nur Rücktritt oder Minderung oder Schadensersatzansprüche in Betracht kommen. Die Verjährungsfrist beträgt bei Bauwerken nach § 438 Abs. 1 BGB fünf Jahre. Die Frist beginnt mit der Übergabe, d. h., am 15. August 02 (24:00 Uhr) und endet demnach am 15. August 07 (24:00 Uhr). Es han-

delt sich hier um eine Ereignisfrist nach § 187 Abs. 1 BGB, bei welcher der Ereignistag (Übergabetag) nicht mitgezählt wird.

Da aber Kurt den Mangel arglistig verschwiegen hat, gilt nach § 438 Abs. 3 BGB die regelmäßige, dreijährige Verjährungsfrist. Diese beginnt nach § 199 Abs. 1 BGB am Ende des Jahres, in dem Peter Kenntnis erlangt, dass Kurt den Mangel arglistig verschwiegen hat. Die Verjährungsfrist beginnt also am 31. Dezember 05 (24:00 Uhr) und endet demnach am 31. Dezember 08 (24:00 Uhr).

Zu prüfen ist noch, ob Peter grob fahrlässig war, dass er erst nach dem Sturm entdeckt hat, dass Kurt den Mangel arglistig verschwiegen hat. Die Antwort auf diese Frage reduziert sich darauf, ob derjenige grob fahrlässig handelt, der sich bei einem Hauskauf auf die Aussagen des Verkäufers verlässt und selbst keine Nachprüfungen vornimmt oder vornehmen lässt. Grundsätzlich muss diese Frage bejaht werden. In diesem Fall aber war das Dach kurz vorher aufwändig ausgebaut worden. Man kann vernünftigerweise annehmen, dass dabei auch die befallenen Dachbalken erneuert oder zumindest gegen Wurmbefall behandelt werden, d. h., Peter war nicht grob fahrlässig.

Fallmodifikation: Der Holzwurmbefall wurde im Dezember 02 entdeckt, also wenige Monate nach Übergabe. Nach § 438 Abs. 3 BGB iVm. § 199 Abs. 1 BGB beginnt die Verjährungsfrist am 31.12.02 (24:00 Uhr) und endet demnach am 31. Dezember 05. Da aber die Verjährungsfrist bei Bauwerken fünf Jahre beträgt (§ 438 Abs. 1 BGB) und nicht unterschritten werden darf, sind die Ansprüche Peters am 15. August 07 (24:00 Uhr) verjährt.

2. Es steht fest, dass der Wagen im Zeitpunkt des Gefahrübergangs mit einem Schaden behaftet war. Nach § 438 Abs. 1 BGB verjähren die Ansprüche Helgas in zwei Jahren beginnend mit der Ablieferung des Autos, d. h. am 29. Mai 03. Es handelt sich um eine Ereignisfrist (§ 187 Abs. 1 BGB), sodass Helga noch bis zum 29. Mai 05 ihre Ansprüche geltend machen kann.

Allerdings hatte der Wagen im Zeitpunkt der Ablieferung einen Mangel, den Lisa arglistig verschwiegen hat. Sie muss zu Recht annehmen, dass Helga das Auto nicht, zumindest nicht zu dem Preis, kauft, wenn sie weiß, dass es sich um einen Unfallwagen handelt. Demnach gilt nach § 438 Abs. 3 BGB die regelmäßige dreijährige Verjährungsfrist, die nach § 199 Abs. 1 BGB am Ende des Jahres 05 beginnt und demnach am 31. Dezember 08 endet.

Gegenüberstellung: Verjährung von Ansprüchen und Garantievereinbarungen (§ 443 BGB)

In dem vorangegangenen Abschnitt geht es um die Frage, wann die Ansprüche des Käufers beim Kauf einer mangelhaften Sache verjähren. Das bedeutet, dass Mängel bereits beim Gefahrübergang vorhanden sein müssen.

Anders verhält es sich, wenn der Verkäufer eine so genannte „unselbstständige Garantie" übernimmt. In einer solchen Garantieerklärung verspricht der Verkäufer, für alle Mängel zu haften, die während der Garantiezeit (z. B. innerhalb von zwei Jahren) oder bis zu einer Benutzungsangabe (z. B. bis zu 200 000 km bei einem Auto) auftreten. In diesem Fall muss der Käufer nicht nachweisen, dass der Mangel bereits im Zeitpunkt des Gefahrübergangs vorhanden war. Für den Garantiegläubiger bildet die Garantie (Beschaffenheits- oder Haltbarkeitsgarantie) eine eigenständige Anspruchsgrundlage.

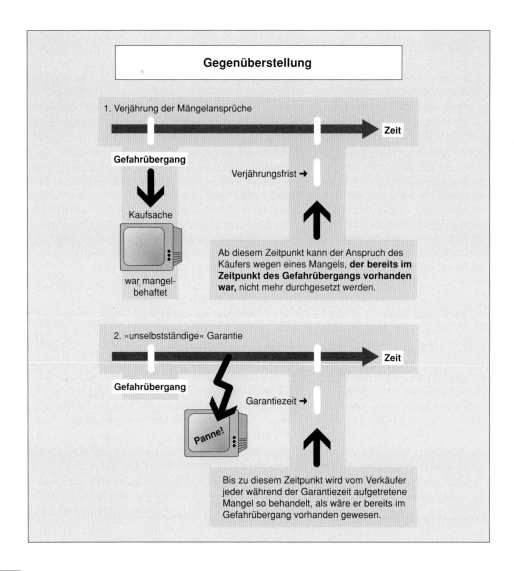

Gegenüberstellung

1. Verjährung der Mängelansprüche

Zeit

Gefahrübergang

Verjährungsfrist →

Kaufsache

war mangel-
behaftet

Ab diesem Zeitpunkt kann der Anspruch des
Käufers wegen eines Mangels, **der bereits im
Zeitpunkt des Gefahrübergangs vorhanden
war,** nicht mehr durchgesetzt werden.

2. »unselbstständige« Garantie

Zeit

Gefahrübergang

Garantiezeit →

Panne!

Bis zu diesem Zeitpunkt wird vom Verkäufer
jeder während der Garantiezeit aufgetretene
Mangel so behandelt, als wäre er bereits im
Gefahrübergang vorhanden gewesen.

4/35

A kauft am 6. Dezember 02 von seinem Arbeitskollegen B einen zwei Jahre alten Pkw
für 12 000 €. B verschweigt arglistig, dass er mit dem Pkw einen schweren Unfall hatte.
Die Unfallschäden wurden fachgerecht beseitigt.

Bei einer gründlichen Inspektion stellt die Werkstatt am 17. Juli 03 den von B verschwie-
genen Sachverhalt fest. Wann sind die Ansprüche A's gegenüber B verjährt?

4.2.13 Sonderregelung für Verbrauchsgüterkauf (§§ 474 ff. BGB)

4.2.13.1 Begriffsbestimmungen

Kauft ein Verbraucher (§ 13 BGB) von einem Unternehmer (§ 14 BGB) eine bewegliche
Sache, liegt ein **Verbrauchsgüterkauf** im Sinne von § 474 Abs. 1 BGB vor.

Verbraucher kann nach § 13 BGB nur eine natürliche Person sein, die ein Rechtsgeschäft
(hier: Kaufvertrag) abschließt, das weder zu ihrem gewerblichen noch selbstständigen
beruflichen Bereich gehört.

Unternehmer kann eine natürliche oder juristische Person oder eine rechtsfähige Personengesellschaft sein, die ein Rechtsgeschäft (hier: Kaufvertrag) innerhalb ihrer gewerblichen oder selbstständigen beruflichen Tätigkeit abschließt (§ 14 BGB).

Beispiele

a) Lehrer Anton kauft in der Bäckerei Müller (Einzelunternehmer) zwei Brötchen und in der Buchhandlung Fuchs GmbH ein BGB für seine Unterrichtstätigkeit. Handelt es sich dabei um Verbrauchsgüterkäufe?

Brötchenkauf: Lehrer Anton ist eine natürliche Person. Die Brötchen fallen unter bewegliche Sachen. Der Kauf gehört eindeutig in seine Privatsphäre. Bäcker Müller ist eine natürliche Person und der Brötchenverkauf gehört eindeutig zu seinem Gewerbebetrieb.

Fazit: Die Voraussetzungen der §§ 13, 14, 474 Abs. 1 BGB sind erfüllt: Es handelt sich um einen Verbrauchsgüterkauf.

BGB-Kauf: Lehrer Anton ist eine natürliche Person. Das Gesetzbuch ist eine bewegliche Sache. Zwar gehört das BGB zu seiner beruflichen Tätigkeit, aber diese ist nicht selbstständig. Die Buchhandlung Fuchs GmbH ist eine juristische Person und der Verkauf des BGB gehört zu deren Gewerbebetrieb.

Fazit: Die Voraussetzungen der §§ 13, 14, 474 Abs. 1 BGB sind erfüllt: Es handelt sich um einen Verbrauchsgüterkauf.

b) Lehrer Anton kauft von seinem Kollegen Fritz dessen gebrauchten Pkw.

Lehrer Anton ist eine natürliche Person. Das Auto ist eine bewegliche Sache. Der Kauf gehört eindeutig in seine Privatsphäre. Kollege Fritz ist eine natürliche Person und der Autoverkauf ist allerdings für Lehrer Fritz eine private Angelegenheit.

Fazit: Die Voraussetzungen des § 14 BGB sind nicht erfüllt. Verkäufer Fritz ist kein Unternehmer, d. h., es liegt kein Verbrauchsgüterkauf vor.

Kaufverträge zwischen zwei Privatpersonen zählen nie zu den Verbrauchsgüterkäufen.

c) Boutiquenbesitzer Sven kauft für die Tochter Alice zum Geburtstag bei dem Konkurrenzunternehmen Maya OHG eine Bluse.

Boutiquenbesitzer Sven ist eine natürliche Person, der Kauf gehört in die Privatsphäre (Geschenk für Tochter Alice) und die Bluse ist eine bewegliche Sache.

Die Maya OHG ist eine rechtsfähige Personengesellschaft und der Blusenverkauf gehört zu ihrem gewerblichen Bereich, d. h., § 14 BGB ist erfüllt.

Fazit: Die Voraussetzungen der §§ 13, 14, 474 Abs. 1 BGB sind erfüllt: Es handelt sich um einen Verbrauchsgüterkauf.

Zu den Verbrauchsgütern gehören grundsätzlich auch gebrauchte Sachen. Nicht dazu zählen aber jene gebrauchten Sachen, die auf einer öffentlichen Versteigerung verkauft werden, an der der Verbraucher persönlich teilnehmen kann (§ 474 Abs. 1 BGB).

4.2.13.2 Verbraucherschutz

Ziel dieser Sonderregelung ist der Verbraucherschutz.

a) Dazu dient zunächst § 474 Abs. 2 BGB, der bestimmt, dass

- § 445 BGB: Haftungsbegrenzung bei öffentlichen Versteigerungen und

- § 447 BGB: Gefahrübergang beim Versendungskauf

beim Verbrauchsgüterkauf nicht anwendbar sind.

Die Aufhebung des § 445 BGB hat zur Folge, dass bei öffentlichen Pfandversteigerungen der Verkäufer für Sachmängel haftbar ist, und nicht nur dann, wenn er den Mangel arglistig verschwiegen hat.

Die Aufhebung des § 447 BGB bewirkt, dass auch beim Versendungskauf die Gefahr erst bei der Übergabe der Sache an den Verbraucher übergeht (§ 446 BGB), d. h., der Unternehmer trägt das Versandrisiko des zufälligen Untergangs. Diese Regelung ist deshalb gerechtfertigt, weil der Unternehmer Gestaltungsfreiheit bezüglich der Beförderung (z. B. Art des Transports, Transportweg) hat und eine Transportversicherung abschließen kann, so dass dieses zusätzliche Risiko kalkulierbar bleibt.

b) Ferner dürfen beim Versendungskauf die §§ 434 bis 435, 437, 439 bis 443 BGB **vor Mitteilung eines Mangels an den Unternehmer** nicht zuungunsten des Käufers abgeändert werden (§ 475 Abs. 1 BGB). Das Gleiche gilt für die Verjährung der Ansprüche des Käufers nach § 437 BGB: Vor Mitteilung eines Mangels an den Unternehmer kann die Verjährungsfrist nicht durch Rechtsgeschäfte verkürzt werden, wenn dies zu einer Verjährung

– unter zwei Jahren bei neuen Sachen oder

– unter einem Jahr bei gebrauchten Sachen

führt (§ 474 Abs. 2 BGB).

Eine Vereinbarung, welche die Schadensersatzansprüche des Käufers ausschließt oder einschränkt, ist davon ausdrücklich ausgenommen (§ 475 Abs. 3 BGB). Diese dürfen demnach auch vor der Mitteilung eines Mangels sowohl beschränkt als auch ausgeschlossen werden.

4.2.13.3 Beweislastumkehr

Nach § 363 BGB ist es die Pflicht des Käufers nachzuweisen, dass die Kaufsache bereits bei Gefahrübergang mit dem Mangel behaftet war. § 476 BGB kehrt die Beweislast um. **Beim Verbrauchsgüterkauf wird also vermutet, dass der innerhalb einer Frist von sechs Monaten nach Gefahrübergang aufgetretene Mangel bereits im Zeitpunkt des Gefahrübergangs der Kaufsache anhaftete.** Um die Ansprüche des Käufers abzuwehren, muss nunmehr der Verkäufer beweisen, dass die Sache bei Gefahrübergang mangelfrei war. Der Verkäufer wird von dieser Verpflichtung nur befreit, wenn die Vermutung mit der Art der Sache oder des Mangels unvereinbar ist.

Beispiel

Doris, eine 20-jährige Bürofkauffrau, kauft für 4 000 € vom Autohaus Alex GmbH einen fünf Jahre alten Pkw (Kilometerstand 108 000 km). Doris wird das Auto am 17. Juli 02 übergeben. Kurz vor Weihnachten 02 zeigt eine Warnleuchte den Verschleiß der Bremsplaketten an. Kann Doris nach § 476 iVm. §§ 434, 437 BGB Rechte gegen das Autohaus Alex geltend machen?

Lösung

Der Kaufvertrag zwischen Doris und dem Autohaus Alex GmbH fällt unter § 474 BGB. Käuferin Doris ist eine natürliche Person. Der Kauf des Pkw ist für sie rein privat veranlasst, also weder gewerblich noch selbstständig beruflich bedingt (§ 13 BGB). Das Autohaus Alex GmbH als Verkäufer ist Unternehmer im Sinne von § 14 BGB (juristische Person; Verkauf gehört zum Gewerbebetrieb). Ferner ist der Pkw eine bewegliche Sache.

Der Mangel, Verschleiß der Bremsplaketten, stellt sich innerhalb der Frist von sechs Monaten nach Gefahrübergang ein. Nach § 476 BGB könnte man also vermuten, dass

---

die Bremsplaketten schon im Gefahrübergang verschlissen waren. Das Autohaus Alex GmbH kann in diesem Fall zu Recht argumentieren, dass es sich um einen „Verschleißmangel" handelt, der sich erst nach über vier Monaten Benutzung gezeigt hat, d. h., die im § 476 BGB angesprochene Vermutung ist hier mit der Art des Mangels unvereinbar.

Die Beweislast dient zwar eindeutig dem Verbraucherschutz. Ihrer Bedeutung wegen wurde ihr aber ein eigener Abschnitt gewidmet.

4.2.13.4 Gestaltung der Garantieerklärung

§ 477 BGB ist eher von untergeordneter Bedeutung, da er lediglich Vorschriften für die Gestaltung einer Garantieerklärung enthält:

- einfacher, verständlicher Text;
- Hinweis auf die gesetzlichen Rechte des Verbrauchers und darauf, dass die Garantie diese Rechte nicht einschränkt;
- Angabe aller für die Geltendmachung der Garantie erforderlichen Informationen (Dauer und räumlicher Gestaltungsbereich der Garantie, Name und Anschrift des Garantiegebers);
- Recht des Käufers, die Garantie in Textform zu erhalten.

Fehlt eine der genannten Bedingungen, ist die Garantieverpflichtung des Verkäufers dennoch wirksam.

4.2.13.5 Rückgriff des Unternehmers

Ein Unternehmer, der an einen Verbraucher eine bewegliche Sache verkauft, sieht sich heute durch die Sonderregelungen des Verbrauchsgüterkaufs einer erweiterten Handlung ausgesetzt. Um diese zusätzliche Belastung auf die „Vordermänner" der Lieferkette zu verteilen, hat der Gesetzgeber in den §§ 478, 479 BGB dem Unternehmer erweiterte Rückgriffsmöglichkeiten geschaffen.

1. Nach § 478 BGB kann ein Unternehmer, wenn der Verbraucher vom Vertrag zurückgetreten ist oder eine Minderung des Kaufpreises verlangt hat, die ihm nach § 437 BGB zustehenden Rechte ohne Fristsetzung von seinem Lieferanten verlangen.

2. Handelt es sich um eine neue Sache, und hat der Unternehmer eine Nachbesserung vornehmen müssen, dann kann er die hierzu notwendigen Aufwendungen vom Lieferanten verlangen, soweit der Mangel bereits beim Gefahrübergang auf den Unternehmer vorhanden war (§ 478 Abs. 2 BGB).

Für den Unternehmer gilt – wie für den Verbraucher – die Beweislastumkehr nach § 476 BGB (§ 478 Abs. 3 BGB). Für die beiden Fälle gilt auch für den Unternehmer die Vermutung des § 476 BGB.

Beispiel

Verwaltungsbeamter Knut kauft am 17. April 02 eine neue Waschmaschine im Fachgeschäft Maier GmbH. Die Maier GmbH hat diese Waschmaschine beim Hersteller WAMAS-AG gekauft. Als Kurt die sachgemäß installierte Maschine am 30. April 02 benutzen will, macht sich ein Fehler bei der Programmierung bemerkbar. Die Maier GmbH bessert den Schaden aus. Dabei entstehen ihr Aufwendungen von nachweislich 130 €.

Kann die Maier GmbH von der WAMAS-AG Ersatz dieser Aufwendungen verlangen?

Es handelt sich um einen Verbrauchsgüterkauf nach § 474 BGB:

- Knut ist Verbraucher im Sinne von § 13 BGB und

- das Fachgeschäft Maier GmbH ist Unternehmer im Sinne von § 14 BGB und

- die Waschmaschine ist eine bewegliche Sache.

Da der objektive Sachmangel – Waschmaschine eignet sich nicht für die gewöhnliche Verwendung – innerhalb der ersten sechs Monate nach Gefahrübergang auftrat, wird nach § 476 BGB vermutet, dass der Mangel bereits beim Gefahrübergang, also am 17. April 02, vorhanden war. Der Maier GmbH dürfte es wohl nicht gelingen, diese Vermutung zu widerlegen. Knut hat sich laut Sachverhalt für die Nachbesserung entschieden. Die Maier GmbH hat die Waschmaschine kostenlos repariert (§ 439 Abs. 2 BGB) und kann gemäß § 478 Abs. 2 BGB von der WAMAS-AG Ersatz der Aufwendungen verlangen.

§ 478 BGB baut die Rechtsposition des Unternehmers gegen seinen Lieferanten weiter aus. Die Struktur dieses Gesetzestextes soll anhand eines Beispiels dargestellt werden.

Lieferant L verkauft am 1. August 02 einen neuen Monitor an das Computerfachgeschäft U. U verkauft diesen am 20. September 02 an den 18-jährigen Schüler V. Als V den Monitor an seinen Computer anschließt, stellt er fest, dass sich die Bildhelligkeit nicht regulieren lässt. V bringt am 30. September 02 den Monitor zu U zurück und erhält dafür einen anderen Monitor. Am 13. April 02 hat L mit U vereinbart, dass im Falle eines Mangels L nur bis höchstens 200 € Schadensersatz leisten werde und ein Rücktritt seitens des U völlig ausgeschlossen sei. Welche Rechte hat U gegen L?

1. Schritt: Sind die Voraussetzungen des § 474 Abs. 1 BGB erfüllt?

   - V ist Verbraucher im Sinne von § 13 BGB

   - Fachhändler U ist Unternehmer im Sinne von § 14 BGB

   - der Monitor ist eine bewegliche Sache.

   Es handelt sich also um einen Verbrauchsgüterkauf nach § 474 Abs. 1 BGB.

2. Schritt: Sind die Voraussetzungen des § 478 Abs. 1 BGB erfüllt?

   - Der Monitor ist eine neu hergestellte Sache und

   - U muss den Monitor wegen seiner Mangelhaftigkeit zurücknehmen.

   Die Voraussetzungen des § 478 Abs. 1 BGB sind also erfüllt.

3. Schritt: War der Mangel bereits im Zeitpunkt des Gefahrübergangs auf den Unternehmer U vorhanden?

   Der Mangel ist beim Verbraucher V innerhalb der ersten sechs Monate nach der Ablieferung (20. September 02) aufgetreten, deshalb gilt die Vermutung des § 476 BGB, wonach der Mangel bereits im Zeitpunkt des Gefahrübergangs vorlag. Diese Vermutung kann U nicht widerlegen. Nun braucht U seinerseits im Verhältnis zu L den Nachweis nicht zu erbringen, dass der Monitor bereits am 1. August 02 (Gefahrübergang von L nach U) defekt war, weil er über § 478 Abs. 3 BGB die Vermutung des § 476 BGB in Anspruch nehmen kann. L wiederum wird diese Vermutung nicht widerlegen können.

4. Schritt: Rechte des U gegen L (zunächst ohne Berücksichtigung der Einschränkung vom 13. April 02)?

   - L hat nach § 433 Abs. 1 BGB seine Pflicht verletzt,

- der Monitor eignet sich bereits im Zeitpunkt des Gefahrübergangs nicht für die gewöhnliche Verwendung (objektiver Mangel),

- U hat die Rechte aus § 437 BGB, die auch noch nicht verjährt sind.

5. Schritt: Welche Wirkung hat die Vereinbarung vom 13. April 02?

Diese Vereinbarung schränkt die Rechte des U gegenüber V in zweierlei Hinsicht ein:

- Schadensersatzansprüche des U werden auf 200 € beschränkt und

- das Rücktrittsrecht des U ist ausgeschlossen und einen gleichwertigen Ausgleich hat U von L nicht erhalten.

Die Vereinbarung wurde am 13. April 02 geschlossen, also bevor U dem L von der mangelhaften Kaufsache berichten kann. Eine solche Mitteilung kann U laut Sachverhalt erst nach dem 30. September 02 dem L zukommen lassen. Daher kann sich L nach § 478 Abs. 4 BGB nicht darauf berufen, dass das Rücktrittsrecht ausgeschlossen sei. Das Rücktrittsrecht steht U auf jeden Fall nach § 478 Abs. 4 iVm. § 437 BGB zu. Die Schadensersatzbegrenzung bleibt erhalten. § 478 Abs. 4 lässt – ebenso wie § 475 Abs. 3 BGB – eine Begrenzung der Schadensersatzansprüche zu.

Ist die Lieferkette länger, z. B. Hersteller – Großhändler I – Großhändler II – Einzelhändler – Verbraucher, dann gelten nach § 478 Abs. 5 BGB für jeden Unternehmer in der Lieferkette § 478 Abs. 1 bis 4 BGB.

Da es sich bei dem Unternehmer und dem in der Lieferkette vorausgehenden Vertragspartner grundsätzlich um Kaufleute handelt, gilt § 377 HGB. Danach hat bei einem Handelskauf der Käufer eine Untersuchungs- und Rügepflicht, die durch § 478 BGB nicht beeinträchtigt wird.

4.2.13.6 Verjährung der Regressansprüche

Damit der Unternehmer seine Ansprüche gegen seinen Lieferanten bei einem Verbrauchsgüterkauf von neuen Sachen auch durchsetzen kann, bedarf es einer besonderen Regelung der Verjährung.

Beispiel

Hersteller H verkauft am 1. Februar 02 an den Fachgroßhändler L eine Waschmaschine, die dieser am 20. September 03 an das Fachgeschäft U verkauft. Verbraucher V kauft am 23. Dezember 03 diese Waschmaschine von U. Am 4. Mai 04 fällt die Programmierung aus. V verlangt von U Nachbesserung nach § 437 Abs. 1 BGB. U ersetzt am 14. Mai 04 das entsprechende Teil. Seine Aufwendungen belaufen sich auf 140 €. Wann verjähren die Ansprüche

a) V gegen U?   b) U gegen L?   c) L gegen H?

Lösung

a) V gegen U:

Die Ansprüche von U gegen V verjähren nach § 438 Abs. 1 BGB in zwei Jahren. Da die Verjährung am 23. Dezember 03 (24:00 Uhr) beginnt, kann V bis einschließlich 23. Dezember 05 (24:00 Uhr) seine Ansprüche gegen U geltend machen.

b) U gegen L:

Es handelt sich um Aufwendungen nach § 478 Abs. 2 BGB.

Begründung: Die Waschmaschine ist eine neu hergestellte Sache. Der Mangel tritt innerhalb der ersten sechs Monate nach Ablieferung von U zum V auf, sodass § 478 Abs. 3 iVm. § 476 BGB gilt, d. h., zu Gunsten von U wird vermutet, dass der Mangel bereits beim Gefahrübergang am 20. September 03 vorhanden war.

Nach § 479 Abs. 1 BGB beträgt in diesem Fall die Verjährungsfrist zwei Jahre ab Ablieferung der Sache, d. h., am 20. September 05 (24:00 Uhr) sind die Ansprüche des U gegen L verjährt. Die in § 479 Abs. 2 BGB angesprochene Ablaufhemmung ist in diesem Fall bedeutungslos.

c) L gegen H:

Es handelt sich um Aufwendungen im Sinne von § 478 Abs. 2 BGB (s. oben). Der Mangel tritt innerhalb der ersten sechs Monate nach der Ablieferung von U nach V auf, sodass die Voraussetzungen der §§ 478 Abs. 5, 476 BGB erfüllt sind, d. h., zu Gunsten von L wird vermutet, dass der Mangel bereits am 1. Februar 02 vorhanden war. Einen Gegenbeweis kann H kaum führen. Die Verjährung beginnt mit Ablauf des 1. Februar 02, d. h., nach § 479 Abs. 1 BGB wäre der Anspruch von L gegen H bereits verjährt, also bevor U den Mangel an der Waschmaschine beseitigt hat. Um zu vermeiden, dass die Ansprüche eines Käufers gegen seinen Lieferanten verjährt sind, bevor ihn sein Kunde haftbar macht, sieht § 479 Abs. 2, 3 BGB eine Ablaufhemmung vor: Die Ansprüche von L gegen H verjähren frühestens zwei Monate nach dem Zeitpunkt, in dem L die Ansprüche des U erfüllt hat. Angenommen L hat am 23. Juni 04 den Aufwendungsersatz an U überwiesen, tritt die Verjährung am 23. August 04 ein.

■ Übungsaufgaben:

4/36 Fredi, ein 20-jähriger Abiturient, kauft beim Fachhändler Charly einen neuen PC. Als er diesen daheim auspackt und aufstellt, stellt er fest, dass sich das DVD-Fach nicht öffnen lässt. Prüfen Sie seine Ansprüche gegen Charly.

4/37 Mira, eine selbstbewusste junge Dame von 20 Jahren, richtet sich ihre erste eigene Wohnung ein. Sie kauft beim Kult-Möbelhaus AEKI einige Möbelstücke, die sie allerdings selbst zusammenbauen muss. Mit einem Bücherschrank hat sie allerdings besondere Schwierigkeiten: Die Montageanleitung ist in arabischer Sprache abgefasst. Auf einem Anruf bei AEKI erfährt sie, dass sie nicht die Einzige sei, die das festgestellt hat, aber leider sei es nicht möglich, eine deutsche Montageanleitung zu bekommen, und einen Kundendienst, der sich um die Montage kümmern könne, gibt es nicht. Mira weiß sich zu helfen: Sie bittet den ihr bekannten Möbelschreiner Holzig, den Schrank zusammenzubauen. Holzig schimpft zwar, dass man die Möbel nicht bei ihm, sondern bei einem ausländischen Billiganbieter kauft, stellt aber dennoch einwandfrei in zwei Stunden den Schrank auf. Allerdings verlangt er von Mira 75,00 €. Rechtslage?

4/38 Mirco, ein 32-jähriger, nicht sonderlich erfolgreicher Student, kauft sich beim Autohändler Protz & Teuer ein neues Cabrio, um wenigstens damit seine Misserfolge auf dem Felde der Wissenschaft durch ein gehobenes Konsumverhalten zu kompensieren. Seinen alten Wagen gibt er für 2 000 € in Zahlung. Protz & Teuer haben den Gebrauchtwagen äußerst gründlich geprüft, bevor sie ihn für diese 2 000 € ankauften. Vor der Übergabe, aber nach der Untersuchung durch Protz & Teuer, hat Mirco mit seinem alten Wagen noch einige schwere Gegenstände transportiert. Dabei haben sich starke Risse in der Vorderachse gebildet. Nach der Übergabe des alten Autos an Protz & Teuer macht ein Kaufinteressent mit diesem Wagen eine Probefahrt. Dabei brach die Vorderachse – noch auf dem Betriebsgelände von Protz & Teuer – an den besagten Rissen. Es kam dadurch zu einem Unfall, bei dem zwei abgestellte Kundenfahrzeuge beschädigt wurden (Schaden 5 600 €). Der Blechschaden beim ehemaligen Auto von Mirco beläuft sich auf 50 €, die Reparatur der Vorderachse wird auf 1 000 € geschätzt. Rechtslage?

4.3 Übersicht über weitere Vertragstypen

Untersuchen Sie die folgenden **problemeinführenden Beispiele** unter der Fragestellung:

Welches sind die vertraglich bedungenen Leistungen der Vertragspartner?

a) Blau erhält am Samstagabend gegen 20:00 Uhr überraschend Besuch. Da er keine Getränke vorrätig hat, geht er zu seinem Wohnungsnachbarn Zille und bittet ihn, ihm 10 Flaschen Bier zu überlassen. Gleichzeitig verspricht Blau, Zille am kommenden Montag 10 Flaschen Bier der gleichen Marke zurückzugeben.

b) Kumm fragt bei Klose an, ob er dessen gebrauchten Pkw „Gamma GTI" für 12 000,00 € erwerben könne. Als Klose bejaht, vereinbaren sie die Übergabe des Pkw und die Bezahlung für den darauffolgenden Tag (Zug-um-Zug-Geschäft).

c) Grün sucht eine Wohnung. Er stößt bei der Zeitungslektüre auf ein Inserat Georgs, in dem dieser eine Wohnung für monatlich 800,00 € zur Vermietung anbietet. Grün ruft sofort bei Georg an, und beide werden sich einig, dass Grün ab dem 1. Mai die Wohnung zu den genannten Bedingungen haben könne.

d) A hat sich aus ihrem Englandurlaub englisches Tuch mitgebracht. Sie geht zum Schneider B und bittet ihn, ihr aus dem englischen Tuch ein Kleid zu fertigen. B erklärt sich dazu bereit.

e) Sepp möchte sich als Landwirt selbständig machen. Da er selbst aber wenig landwirtschaftliche Nutzfläche besitzt, fragt er bei Franz an, ob er dessen Grundstück gegen Entgelt bewirtschaften dürfte. Als Franz bejaht, werden sie sich schnell auch über das von Sepp jährlich zu zahlende Entgelt einig.

f) Holz ist Schreiner. Er schließt mit Hobel, dem Inhaber einer Schreinerwerkstatt, einen Vertrag folgenden Inhalts: Holz wird in Hobels Werkstatt zur Erledigung von Arbeiten, die ihm von Hobel aufgetragen werden, angestellt. Dafür erhält Holz von Hobel ein monatlich zu zahlendes Entgelt.

g) Arno bestellt bei Bäckerin Alt zu seinem Geburtstag eine Torte, die Alt herzustellen verspricht. Alt liefert die Zutaten selbst.

h) Berti möchte den Familienschmuck in Sicherheit bringen. Er geht deshalb zu seiner Bank und fragt an, ob diese willens sei, den Schmuck in ihrem Tresor aufzubewahren. Die Bank erklärt sich dazu gegen Zahlung eines jährlichen Entgelts bereit.

i) Kuhns Wagen ist in Reparatur. Da er unbedingt eine Besorgung in der Stadt machen muss, geht er zu seinem Freund Molle und bittet ihn, ihm seinen Wagen für etwa vier Stunden zur Verfügung zu stellen. Molle ist dazu bereit.

Übersicht über die Vertragstypen:		
Vertragstyp	**gesetzliche Grundlagen**	**Wesensmerkmale des Vertragstyps**
1. Kaufvertrag	§§ 433–507 BGB	Entgeltlicher Erwerb einer Sache oder eines Rechts (Sach- bzw. Rechtskauf).
		Der **Verkäufer** verpflichtet sich, dem Käufer die Sache frei von Sach- und Rechtsmängeln zu übergeben und ihm das Eigentum daran zu verschaffen.
		Der **Käufer** verpflichtet sich, die Sache zu bezahlen und die Sache anzunehmen (§ 433 BGB).

2. Miete	§§ 535–580a BGB	Entgeltliche Überlassung einer Sache zum Gebrauch. Der **Vermieter** verpflichtet sich (§ 535 BGB), dem Mieter das Mietobjekt zum Gebrauch zu überlassen. Der **Mieter** ist verpflichtet, dem Vermieter das Entgelt, also den vereinbarten Mietzins, zu entrichten (§ 535 BGB) und die gemietete Sache nach der Beendigung des Mietverhältnisses zurückzugeben (§ 556 Abs. 1 BGB).
3. Pacht	§§ 581–597 BGB	Entgeltliche Überlassung einer Sache zum Gebrauch und zur Fruchtziehung. Der **Verpächter** ist verpflichtet, dem **Pächter** die Pachtsache zum Gebrauch zu überlassen und außerdem ihm die Fruchtziehung aus der Pachtsache zu gestatten (dem Pächter steht der „Genuss der Früchte, soweit sie nach den Regeln einer ordnungsgemäßen Wirtschaft als Ertrag anzusehen sind", zu: § 581 BGB). Der **Pächter** ist verpflichtet, den vereinbarten Pachtzins zu zahlen (§ 581 BGB) und die Pachtsache zurückzugeben (§ 581 iVm § 556 BGB).
4. Leihe	§§ 598–606 BGB	Unentgeltliche Gebrauchsüberlassung einer Sache. Der **Verleiher** ist verpflichtet, dem Entleiher die Sache unentgeltlich zum Gebrauch zu überlassen (§ 598 BGB). Der **Entleiher** hat nur einige Nebenpflichten (z.B. Rückgabepflicht) übernommen (unvollkommen zweiseitiger Vertrag); vgl. §§ 601, 603, 604 BGB.
5. Darlehen	§§ 488–498 BGB	Überlassung von Geld oder anderen vertretbaren Sachen mit der Rückerstattung des Empfangenen in Sachen von gleicher Art, Güte und Menge, d.h., die Sachen werden nicht nur zum Gebrauch, sondern zum Verbrauch überlassen. Der **Darlehensschuldner** braucht nicht die dieselben Sachen zurückzugeben, sondern lediglich Sachen in der gleichen Menge und der gleichen Beschaffenheit. Der **Darleiher (Darlehensgeber)** ist verpflichtet, dem Darlehensnehmer die im Darlehensvertrag geschuldete Sache zu übergeben. Der **Darlehensnehmer** verpflichtet sich, das Empfangene in Sachen gleicher Art, Güte und Menge zurückzugeben (§ 607 BGB), gegebenenfalls ist der Darlehensempfänger verpflichtet, Zinsen zu zahlen (§ 608 BGB).
6. Dienstvertrag	§§ 611–630 BGB	Vertragsgegenstand ist die entgeltliche Leistung von Diensten (Arbeits- oder Dienstleistungen). Der **Dienstberechtigte** ist nach § 611 Abs. 1 BGB verpflichtet, die vereinbarte Vergütung zu zahlen. Der **Dienstverpflichtete** ist verpflichtet, die geschuldeten Arbeits- und Dienstleistungen zu erbringen (§ 611 Abs. 2 BGB).

7. Werkvertrag	§§ 631–650 BGB	Gegenstand des Vertrages ist die entgeltliche Herstellung eines Werkes. Der Begriff „Werk" ist in diesem Zusammenhang weit zu fassen. Dazu gehört:
		– die Herstellung einer Sache (z.B. Fertigen eines Anzuges),
		– die Veränderung einer Sache (z.B. Ausbessern eines Kleidungsstückes).
		– Herbeiführung eines Erfolgs durch Arbeit oder Dienstleistung (z.B. Auftrag an eine Taxe, den Kunden zum Bahnhof zu bringen).
		Der **Unternehmer** ist verpflichtet, das Werk herzustellen: ist dabei Material notwendig, dann wird es vom Besteller zur Verfügung gestellt (§ 631 BGB).
		Der **Besteller** ist verpflichtet, das Werk zu bezahlen und abzunehmen (§ 631 BGB).
8. Werkliefe-rungsvertrag	§ 651 BGB	Gegenstand des Vertrages ist die Herstellung eines Werkes aus Materialien, die vom **Unternehmer** geliefert werden.
		Vom Werkvertrag unterscheidet sich der Werklieferungsvertrag allein dadurch, dass der Stoff, aus dem das Werk zu erstellen ist, vom Unternehmer bereitgestellt wird.
9. Reisevertrag	§§ 651a–651m BGB	Gegenstand ist das entgeltliche Erbringen von Reiseleistungen.
		Der **Reiseveranstalter** ist verpflichtet, dem Reisenden eine Gesamtheit von Reiseleistungen zu erbringen (§ 651 a BGB).
		Der **Reisende** ist verpflichtet, dem Reiseveranstalter den vereinbarten Reisepreis zu zahlen (§ 651 a BGB).
10. Bürgschaft	§§ 765–778 BGB	Gegenstand des Bürgschaftsvertrages ist die einseitige Verpflichtung des Bürgen dem Gläubiger eines Dritten (Hauptschuldner) gegenüber, für die Erfüllung einer Verbindlichkeit des Hauptschuldners dem Gläubiger gegenüber einzustehen.
		Die Vertragspartner sind der **Bürge** und der Gläubiger des Hauptschuldners. Der Bürge verpflichtet sich zu leisten, wenn der Hauptschuldner dem Gläubiger gegenüber nicht leisten kann oder will. Der Gläubiger übernimmt durch den Bürgschaftsvertrag keine Verpflichtungen.
		Der Bürgschaftsvertrag muss schriftlich abgeschlossen werden (Ausnahme: § 350 HGB).

11. Schenkungs-vertrag	§§ 516 ff. BGB	Gegenstand ist die unentgeltliche Zuwendung (Geschenk) aus dem Vermögen des **Schenkers.** Der Schenkungsvertrag ist ebenso wie der Bürgschaftsvertrag einseitig verpflichtend. Der **Schenker** verpflichtet sich zu einer unentgeltlichen Zuwendung zugunsten des **Beschenkten.** Der Beschenkte übernimmt durch den Schenkungsvertrag keine Gegenleistungspflicht. Die sofort vollzogene Schenkung (Handschenkung) ist formfrei. Für das Schenkungsversprechen dagegen ist notarielle Beurkundung vorgeschrieben.

Wegen der Bedeutung wird zusätzlich auf den **Dienstvertrag** und auf die Abgrenzung **Dienstvertrag – Werkvertrag** eingegangen. Die folgende tabellarische Übersicht zeigt die Strukturen auf:

Vertragsart	Werkvertrag (§§ 631 ff. BGB)	Dienstvertrag (§§ 611 ff. BGB)	
Inhalt	Der Unternehmer verpflichtet sich, durch seine Arbeits- und Dienstleistungen den gewünschten Erfolg herbeizuführen.	Der Dienstverpflichtete muss die versprochenen Dienste erbringen, d.h. er schuldet nur Dienste, aber nicht den sich aus den Diensten ergebenden Erfolg.	
Abgrenzungs-kriterien	WV ist **erfolgsbestimmt**, d.h. der Besteller muss die vereinbarte Vergütung nur dann entrichten, wenn der gewünschte Erfolg eingetreten ist.	DV ist **zeitbestimmt**, d.h. der Dienstberechtigte muss die vereinbarte Vergütung auch dann entrichten, wenn der gewünschte Erfolg nicht eingetreten ist.	
Beispiele	Werkverträge mit selbstständigen Handwerkern	Dienstverträge mit selbstständigen Rechtsanwälten, Steuerberatern, Ärzten usw. oder Dienstverträge (Arbeitsverträge) zwischen Arbeitnehmern und Arbeitgebern.	
Unterarten mit Beispielen		Dienstvertrag höherer Art zwischen Arzt und Patient, zwischen Rechtsanwalt und Mandant	Arbeitsvertrag zwischen Arbeitgeber und Arbeitnehmer

4.4 Gesetzliche Schuldverhältnisse

4.4.1 Entstehen von Schuldverhältnissen durch unerlaubte Handlung (§ 823 BGB)

Problemeinführende Beispiele

a) In einem Lebensmittelsupermarkt stößt die Kundin Kurz infolge Unachtsamkeit zwei Cognac-Flaschen im Wert von 30,00 € um. Sie verweigert die Bezahlung.

b) Auf dem Weg in ein Fußballstadion beschädigt ein Fan eine Fußgängerampel. Infolge des Ampelausfalls kommt es zu einem Verkehrsunfall, bei dem ein Fußgänger durch einen Pkw-Fahrer verletzt wird.

Wer unerlaubt in einem fremden Rechtskreis eingreift, hat den Schaden, der daraus entsteht, wiedergutzumachen, wenn die fünf Voraussetzungen des § 823 BGB vorliegen.

Voraussetzungen des § 823 BGB

1) Vorliegen des objektiven Tatbestandes

2) Vorliegen des subjektiven Tatbestandes

3) Kausalität zwischen Handlung und Schaden

4) Schaden

5) Widerrechtlichkeit

zu 1) Es muss ein **absolutes Recht** verletzt worden sein, d.h., eines der vier im Gesetz aufgezählten Persönlichkeitsrechte (Leben, Körper, Gesundheit, Freiheit), das Eigentum oder ein „sonstiges Recht". Auch die „sonstigen Rechte" sind nur absolute (gegen jedermann wirkende) Rechte, wie z.B. alle dinglichen Rechte, Namensrechte, Patentrechte, Warenzeichen- und Gebrauchsmusterrechte, Urheberrechte.

Bloße Vermögensverletzungen, welche nicht gleichzeitig Eigentumsverletzungen darstellen (z.B. unberechtigtes Einziehen fremder Forderungen), fallen nicht unter § 823 Abs.1 BGB, führen aber in der Regel zu Schadensersatz wegen Betrug nach § 823 Abs. 2 BGB.

zu 2) Der subjektive Tatbestand ist im **Verschulden** zu sehen. Maßstab für das Verschulden ist § 276 BGB. Der subjektive Tatbestand ist dann gegeben, wenn die schädigende Handlung vorsätzlich oder fahrlässig begangen wurde.

Zu beachten ist, dass das Verschulden durch das Vorliegen eines Schuldausschließungsgrundes aufgehoben wird. Derartige Schuldausschließungsgründe können durch § 827 bzw. § 828 BGB vorliegen.

zu 3) Für diesen Zusammenhang zwischen Handlung und Schaden gibt es zwei Theorien:

a) Äquivalenztheorie

Jede Bedingung ist Ursache, die nicht hinweggedacht werden kann, ohne dass dieser Erfolg eingetreten wäre.

b) Adäquanztheorie

Nur diejenige Bedingung ist Ursache, die nach der allgemeinen Lebenserfahrung zu derartigen Folgen führt.

Im BGB gilt die Adäquanztheorie.

> **Beispiel**
>
> Peter Pech will mit einer Steinschleuder in seinem Garten einen Spatzenschwarm aus seinem Kirschbaum verjagen. Durch einen Schuss erschreckt fliegen die Spatzen in die Höhe, ein Vogel wurde jedoch getroffen und stürzt außerhalb des Gartens auf einen Pkw, der auf einer öffentlichen Straße vorbeifährt. Der Pkw-Fahrer erschrickt durch den Aufprall des Vogels auf die Frontscheibe und prallt gegen ein Brückengeländer.
>
> Nach der Äquivalenztheorie ist Peter Pechs Steinschleuderschuss Ursache für die Beschädigung des Brückengeländers.
>
> Nach der **Adäquanztheorie** jedoch führt ein Steinschleuderschuss auf einen Spatzenschwarm im Kirschbaum nicht zu einer Beschädigung eines Brückengeländers. Der Eigentümer des Brückengeländers (z.B. Gemeinde, Land) kann Peter Pech nicht über § 823 BGB haftbar machen.

zu 4) Wenn kein Schaden entstanden ist, kann ein Anspruch aus § 823 BGB nicht hergeleitet werden.

> **Beispiel**
>
> Rudi Raser rast mit seinem Pkw gegen das leerstehende Haus des Willi Wuchtig, das am kommenden Tag abgerissen werden wird. Durch den Aufprall des Pkw auf das Haus werden beim Haus einige Mauersteine herausgerissen. Da die Mauersteine nicht wiederverwendbar waren, hatte Willi Wuchtig den Abbruchunternehmer Bert Brumm mit Abbruch und Abfuhr des anfallenden Materials beauftragt. Infolgedessen entstand durch Rudi Raser kein Schaden.

zu 5) Die Widerrechtlichkeit wird aufgehoben, wenn Rechtfertigungsgründe vorliegen. Solche Gründe können sein:

– Notwehr (§ 227 BGB)

– Notstand (§ 228, § 904 BGB)

– Selbsthilfe (§ 229 BGB)

– u.a.

■ Übungsaufgaben:

4/39 Überprüfen Sie das Vorliegen einer unerlaubten Handlung für das problemeinführende Beispiel a).

4/40 Überprüfen Sie, ob der Fußgänger den Fußballfan wegen seiner Verletzung über § 823 BGB belangen kann (problemeinführendes Beispiel b)).

4/41 Anton Amsel (5 Jahre) beschädigt mit seinem Rad den parkenden Pkw des Paul Pullinger. Prüfen Sie die Ansprüche Paul Pullingers gegen Anton Amsel.

Victor Vies stellt einer Bildagentur 10 Aufnahmen seiner Freundin Frieda ohne deren 4/42 Wissen für Werbezwecke zur Verfügung. Frieda fühlt sich von Victor geschädigt, da die Aufnahmen bei einer Werbekampagne Verwendung finden. Ansprüche Friedas gegen Victor Vies?

Rudi Raser fährt auf dem Skihang Vroni fahrlässig an. Vroni erleidet einen komplizierten 4/43 Beckenbruch und wird für mehrere Monate arbeitsunfähig. Ihr Arbeitgeber Alfred Alfs muss für Vroni eine Ersatzarbeitskraft einstellen (Kosten 10 000,00 €).

a) Ansprüche Vronis gegen Raser?

b) Ansprüche Alfs gegen Raser?

Siggi Schlack besucht seinen Onkel Otto. Infolge seiner Unachtsamkeit wirft Siggi einen 4/44 Besitzwechsel seines Onkels in den offenen Kamin. Liegt eine Verletzung des objektiven Tatbestandes vor?

Reichmann hat vor Jahren von Altmann dessen Haus auf Rentenbasis erworben: Reich- 4/45 mann soll Altmann lebenslänglich „in Alter und Krankheit" versorgen. Altmann, der wegen eines Unfalls querschnittsgelähmt wurde, wird seit Wochen von Reichmann nicht ordnungsgemäß gepflegt und ernährt, sodass Altmann schwere Gesundheitsschäden erleidet.

a) Vertragliche Ansprüche des Altmann?

b) Gesetzliche Ansprüche des Altmann?

4.4.2 Entstehen von Schuldverhältnissen durch Gefährdungshaftung

Das Bürgerliche Recht enthält im Rahmen der unerlaubten Handlungen keinen allgemeinen Tatbestand für die Gefährdungshaftung. Die Gefährdungshaftung basiert auf der Überlegung, dass derjenige, der eine gefährliche Tätigkeit ausübt, für die daraus entstehenden Schäden haften muss.

> Unter der Gefährdungshaftung versteht man eine Haftung für eine Tätigkeit, die für die Allgemeinheit gefährlich, aber nicht rechtswidrig ist.

Eine unerlaubte Handlung liegt somit nicht vor, wie sie die Verschuldungshaftung (= widerrechtlicher und verschuldeter Eingriff in ein fremdes Rechtsgut) vorsieht. Folglich setzt die **Gefährdungshaftung auch kein Verschulden i.S. von § 276 BGB** voraus. Schon das BGB hat um die Jahrhundertwende die Gefährdungshaftung als Haftung ohne Verschulden kodifiziert (z.B. § 833 BGB). Die technisch-industrielle Weiterentwicklung führte zu weiteren allgemeinen Gefahrenquellen für die Allgemeinheit; der Gesetzgeber hat sodann weitere Gesetze erlassen, die eine Gefährdungshaftung begründen (z.B. Immissionsschutzgesetz).

a) Die Tierhalterhaftung (§ 833 BGB)

Hier wird ein vermutetes Eigenverschulden unterstellt, allerdings besteht die Möglichkeit des Entlastungsbeweises.

> **Beispiel**
>
> Der kaufmännische Angestellte Ams hält sich als Tierfreund zwei Schäferhunde. Die Hunde werden in einem sicheren Zwinger gehalten. Aus Jux werden von dem Unbekannten U die Eisengitter des Zwingers aufgebrochen, die Hunde fallen den Nachbarn N an.

Obwohl den Tierhalter kein Verschulden trifft, muss er nach § 833 BGB über vermutetes Eigenverschulden für den Schaden aufkommen.

Wäre in dem obigen Beispiel der Hundehalter kein kaufmännischer Angestellter, sondern ein selbständiger Objektschützer (Leibwächter) gewesen und würde er die Hunde beruflich nutzen, könnte er sich von der Haftpflicht befreien (§ 833 S. 2 BGB).

b) Die Tierhüterhaftung (§ 834 BGB)

Nach dieser Vorschrift haftet ein Tierhüter grundsätzlich, es sei denn, er hat bei der Führung der Aufsicht die im Verkehr erforderliche Sorgfalt beachtet oder der Schaden wäre auch bei Anwendung dieser Sorgfalt entstanden.

c) Haftung des Eisenbahnunternehmers

Der Unternehmer einer schienengebundenen Eisenbahn (z.B. Seilbahn, Straßenbahn, Zahnradbahn) haftet für die beim Bahnbetrieb entstandenen Personen- oder Sachschäden (HaftpflG von 1871/1943).

Die Personenhaftung ist allerdings bei höherer Gewalt (z.B. Bergrutsch) und bei eigenem Verschulden des Verletzten oder Getöteten ausgeschlossen.

d) Haftung des Kraftfahrzeughalters

Der Halter eines Kraftfahrzeuges haftet für den beim Betrieb des Kraftfahrzeugs verursachten Personen- und Sachschaden (§ 7 StVG).

Halter ist nach dieser Vorschrift, wer das Kraftfahrzeug zum eigenen Vorteil und auf eigene Kosten gebraucht und die tatsächliche Verfügungsgewalt darüber hat. (Der Schwarzfahrer haftet anstelle des Halters (§ 7 Abs. 3 StVG).

e) Haftung des Luftfahrzeughalters (LuftVG)

f) Haftung für Kernenergieschäden (AtomG von 1959)

g) Haftung des Inhabers von Leitungsanlagen für Elektrizität und Gas (HaftpflG § 1a)

Es gibt neben diesen genannten Haftungstatbeständen auch noch Sondertatbestände, in denen ebenso eine Schadensersatzpflicht ohne Rücksicht auf ein Verschulden entsteht. Die Rechtsprechung spricht hier von einer **Verletzung allgemeiner Verkehrssicherungspflichten**, z.B. muss jemand, der Grundstücke und andere Sachen dem Verkehr eröffnet, für die Verkehrssicherheit Sorge tragen (z.B. Treppenbeleuchtung, Bodenbeläge, Putzmittel für Bodenbeläge, Sicherungen durch Geländer).

■ Übungsaufgaben:

4/46 Der Kaufmann Kurz nimmt eine 19-jährige Anhalterin in seinem Auto mit. Er handelte mit ihr einen Fahrpreis von 25,00 € pro 100 km aus. Bei einer anregenden Unterhaltung kommt es plötzlich zu einem Verkehrsunfall durch einen geplatzten Vorderreifen. Dabei wird die Anhalterin verletzt. Ermittlungen ergeben, dass das Fahrzeug (einschließlich Reifen) in technisch einwandfreiem Zustand war.

a) Welche Ansprüche kann die Anhalterin gegen Kurz geltend machen?

b) Wie wäre der Fall zu beurteilen, wenn es sich um eine unentgeltliche Mitnahme handeln würde?

4/47 Ein unbekannter Täter entwendet den unverschlossen auf dem Bürgersteig abgestellten Pkw des Paul Pech für eine „Schwarzfahrt". Dabei wird die Passantin Paula verletzt;

sie macht einen Sachschaden (Kleider) in Höhe von 400,00 €, Arztkosten in Höhe von 150,00 € sowie Schmerzensgeld in Höhe von 200,00 € gegen den Kfz-Halter Paul Pech geltend.

a) Prüfen Sie die Ansprüche der Passantin Paula.

b) Wie wäre der Fall zu entscheiden, wenn der Täter nachts in die Wohnung des Paul Pech eingedrungen wäre, die Autoschlüssel an sich genommen und damit den Pkw aus der Garage entwendet hätte?

Albert hatte in einem Radio- und Fernsehfachgeschäft eine Videokamera auf Ziel im Wert von 1 500,00 € gekauft. Es wurde bis zur vollständigen Bezahlung Eigentumsvorbehalt vereinbart. Albert wollte gerade im Vorgarten seines Hauses Filmaufnahmen machen, als das Fahrzeug des Hans Haltermann ohne Verschulden des Fahrers Franz Fromme in den Vorgarten geschleudert wurde. Dabei wurde die noch nicht bezahlte Kamera zerstört. Albert erlitt kleinere Verletzungen.

a) Muss Albert die Kamera bezahlen?

b) Welche Ansprüche hat Albert gegenüber Hans Haltermann?

c) Welche Ansprüche hat Albert gegenüber Franz Fromme?

4.4.3 Amtspflichtverletzung

Problemeinführung

Der Verwaltungsbeamte Kurz hat versehentlich einen Antrag des Bürgers Streit nicht rechtzeitig weitergegeben, sodass durch die Fristenüberschreitung Streit ein erheblicher Schaden entstanden ist. Streit verlangt von Kurz Schadensersatz.

4.4.3.1 Beamtenhaftung nach § 839 BGB

Verletzt ein Beamter schuldhaft, also vorsätzlich oder fahrlässig, die ihm einem Dritten gegenüber obliegende Amtspflicht, so hat er diesem den daraus entstandenen Schaden zu ersetzen (§ 839 Abs. 1 BGB). Der § 839 BGB stellt eine **Sonderregelung** dar, d.h., aus Amtspflichtverletzungen kann ein Beamter nur nach den Grundsätzen dieser Gesetzesvorschrift zu Schadensersatzleistungen herangezogen werden. Die übrigen deliktorischen Haftungstatbestände (§ 823 oder § 826 BGB) dürfen nicht herangezogen werden.

Für die Haftung eines Beamten aus Amtspflichtverletzungen sind folgende Tatbestandsmerkmale relevant:

Die Beamtenhaftung gemäß § 839 BGB tritt ein, wenn

● einem Dritten ein objektiver **Schaden**

● durch die **schuldhafte**

● **Amtspflichtverletzung**

● eines **Beamten** im Sinne des Beamtenrechts

entstanden ist.

Gegenüber dem § 823 BGB bedeutet die Beamtenhaftung gemä8 § 839 BGB insoweit eine Erweiterung, als auch Unrechtstatbestände, die im § 823 BGB nicht enthalten sind, zur Beamtenhaftung führen können.

Beispiel

Kurz hat im problemeinführenden Fall kein Rechtsgut des Streit im Sinne des § 823 BGB verletzt. Dennoch wird er aufgrund der Bestimmungen des § 839 BGB Streit gegenüber schadensersatzpflichtig, da alle Tatbestandsmerkmale der Beamtenhaftung erfüllt sind.

Andererseits bedeutet die Beamtenhaftung des § 839 BGB auch eine Haftungseinschränkung gegenüber der allgemeinen deliktorischen Haftung. Der § 839 BGB ist, wie bereits erwähnt, eine Sonderregelung, die der allgemeinen deliktorischen Haftung vorgeht, sodass ein Beamter selbst dann, wenn ein Unrechtstatbestand des § 823 BGB erfüllt ist, die Haftungseinschränkungen des § 839 BGB geltend machen kann.

Diese Einschränkungen sind

- bei **allen Beamten:**

  Hat er nicht vorsätzlich, sondern nur fahrlässig gehandelt, haftet er nur, wenn der Geschädigte nicht anderweitig Ersatz erlangen kann (§ 839 Abs.1 BGB).

  Der Beamte haftet auch nicht, wenn der Geschädigte es schuldhaft unterlassen hat, den Schaden durch Gebrauch eines Rechtsmittels abzuwenden (§ 839 Abs. 3 BGB).

- bei **Richtern:**

  Sie haften nur, wenn die Amtspflichtverletzung in einer **Straftat** besteht (§ 839 Abs. 2 BGB).

4.4.3.2 Haftungsübernahme durch den Staat

In vielen Fällen ist für den Schaden, den ein Dritter durch die Amtspflichtverletzung eines Beamten erleidet, der Staat oder die öffentliche Körperschaft verantwortlich, in deren Dienst der Beamte steht (Artikel 34 Grundgesetz): „Verletzt jemand in Ausübung eines ihm anvertrauten öffentlichen Amtes die ihm einen Dritten gegenüber obliegende Amtspflicht, so trifft die Verantwortlichkeit grundsätzlich den Staat oder die Körperschaft, in deren Dienst er steht. Bei Vorsatz oder grober Fahrlässigkeit bleibt der Rückgriff vorbehalten. Für den Anspruch auf Schadensersatz und für den Rückgriff darf der ordentliche Rechtsweg nicht ausgeschlossen werden."

4.4.4 Verrichtungs- und Erfüllungsgehilfe

a) Schuldverhältnisse durch Haftung für Erfüllungsgehilfen (§ 278 BGB)

Der vertraglich verpflichtete Schuldner kann sich bei der Erfüllung seiner Verbindlichkeiten eines Dritten bedienen. Dadurch kann aber der Schuldner nicht besser gestellt sein, als wenn er selbst die Erfüllung vornehmen würde, denn der Schuldner haftet nach § 276 BGB für Vorsatz und Fahrlässigkeit. Folglich bestimmt § 278 BGB eine Haftung für fremdes Verschulden: **Der Schuldner hat ein Verschulden seines gesetzlichen Vertreters und der Personen, deren er sich zur Erfüllung seiner Verbindlichkeit bedient, in gleichem Umfang zu vertreten wie eigenes Verschulden.**

Gesetzlicher Vertreter ist, wer Kraft Gesetzes den Schuldner vertreten kann: z.B. Eltern, Vormund, Testamentsvollstrecker, Insolvenzverwalter.

Erfüllungsgehilfe ist der, dessen sich der Schuldner bei der Erfüllung seiner Verbindlichkeit bedient, d.h., derjenige, der anstelle des Schuldners die Leistung tatsächlich erbringt.

Beispiel

Hauseigentümer Haumann beauftragt über einen Werkvertrag nach § 631 BGB den selbständigen Dachdeckermeister Deckel, das Dach auszubessern. Deckel schickt seinen Gesellen Geiger, der die notwendigen Arbeiten vornehmen soll. Infolge Unachtsamkeit Geigers rutscht ein Stapel Dachziegel auf die Terrasse und zertrümmert dabei eine wertvolle Vitrine des Haumann.

Haumann kann Deckel nach § 278 BGB iVm § 631 BGB in Anspruch nehmen.

Eine Haftung nach § 278 BGB hat folgende Voraussetzungen:

1. Bestehen eines Vertragsverhältnisses zwischen dem Geschädigten und dem Anspruchsgegner.
2. Verschulden des Erfüllungsgehilfen (Maßstab ist § 276 BGB).
3. Schädigende Handlung muss in Erfüllung der vertraglichen Verbindlichkeit oder bei Vertragsanbahnung erfolgt sein.

Beispiele

Beispiel 2:

Sachverhalt wie Beispiel 1; der Geselle Geiger stiehlt in der Wohnung des Haumann eine wertvolle Uhr.

Da die schädigende Handlung des Geiger nur **bei Gelegenheit und nicht bei Erfüllung der Verbindlichkeit** begangen wurde, muss Deckel nicht für den Diebstahl des Geiger nach § 278 BGB aufkommen. Es fehlt die dritte Voraussetzung.

Beispiel 3:

Sachverhalt wie Beispiel 1; da Geiger mit den Reparaturarbeiten im Laufe des Vormittags nicht fertig wird, macht er die ihm zustehende Mittagspause. In dieser Pausenzeit spielt er mit einigen Nachbarjungen Fußball. Unglücklicherweise schießt Geiger mit dem Ball eine Scheibe am Haus des Haumann ein.

Auch hier muss Deckel nicht für die schädigende Handlung des Geiger gegenüber Haumann aufkommen, da der Schaden nicht bei Erfüllung, sondern nur gelegentlich der Erfüllung begangen wurde.

Beispiel 4:

Der Vermieter Vies und der Mieter Muff haben einen Mietvertrag nach § 535 BGB geschlossen. Vies ist somit verpflichtet, Muff den Gebrauch der Mietsache zu gewähren (Vies ist vertraglicher Schuldner). Muff verlangt vom Vermieter (und Hauseigentümer) Vies die Reparatur eines undichten Dachflächenfensters.

Vies beauftragt mit der Reparatur des Dachflächenfensters den selbstständigen Glasermeister Glotz. Infolge Unachtsamkeit von Glotz fällt die Stehleiter in eine wertvolle Vitrine des Mieters Muff.

Muff kann Vies wegen Schadensersatz nach § 278 BGB iVm § 535 BGB in Anspruch nehmen: Als vertraglicher Schuldner muss Vies für ein Verschulden seines Erfüllungsgehilfen Glotz einstehen.

Zu beachten ist, dass die Haftung des Schuldners für Verschulden des Erfüllungshilfen vertraglich ausgeschlossen oder beschränkt werden kann (§ 278 S. 2 BGB).

b) Entstehen von Schuldverhältnissen durch Haftung für den Verrichtungsgehilfen (§ 831 BGB)

Problemeinführendes Beispiel

Der Geselle Gustel des Dachdeckermeisters Ziegel arbeitet auf dem Gerüst, um an dem Haus des Hausmann neue Dachrinnen anzubringen. Plötzlich rutscht Gustel ein schwerer Hammer aus der Hand und verletzt den Passanten Paul.

Wer einen anderen zu einer Verrichtung bestellt, ist zum Ersatze des Schadens verpflichtet, den der andere in Ausführung der Verrichtung einem Dritten widerrechtlich zufügt (§ 831 BGB). Somit gibt es neben der Haftung für fremdes Handeln aus vertraglichem

Schuldverhältnis eine Haftung, für fremdes Handeln aus deliktsrechtlichem Schuldverhältnis. Die folgende Übersicht zeigt mögliche Haftungsgrundlagen:

Haftungsgrundlagen für	
eigenes Handeln:	fremdes Handeln:
1. vertragliche Ansprüche (vertragliches Schuldverhältnis) § 276 BGB Haftung für eigenes Verschulden	1. vertragliche Ansprüche (vertragliches Schuldverhältnis) § 278 BGB Haftung für Verschulden des Erfüllungsgehilfen
2. deliktsrechtliche Ansprüche (gesetzliches Schuldverhältnis) §§ 823, 826 BGB Haftung für eigene unerl. Handlung	2. deliktsrechtliche Ansprüche (gesetzliches Schuldverhältnis) § 831 BGB Haftung für Verrichtungsgehilfen

§ 831 BGB hat folgende Voraussetzungen:

1. Der Täter muss den objektiven Tatbestand eines der in §§ 823 ff. BGB geschützten Rechtsgüter verletzt haben,

2. der Täter muss Verrichtungsgehilfe sein, d.h., er muss **weisungsgebunden** zu der Verrichtung bestellt sein und

3. der Täter muss in Ausführung der Verrichtung die schädigende Handlung begangen haben.

Im Gegensatz zu der Haftung für Erfüllungsgehilfen ist bei der Haftung für den Verrichtungsgehilfen kein Verschulden notwendig.

Im Gegensatz zu der Haftung für Erfüllungsgehilfen ist bei der Haftung für den Verrichtungsgehilfen nur eine Haftung für den **weisungsgebundenen** Verrichtungsgehilfen möglich.

Beispiel

Die Gemeinde (Körperschaft des öffentlichen Rechts) Gernsbach beauftragt die Bauunternehmung Bauer GmbH mit der Verlegung neuer Kanalisationsrohre. Bei den Baggerarbeiten beschädigt der Baggerführer Dinger die Gartenmauer des Hauseigentümers Lausmann.

Der geschädigte Lausmann verlangt Schadensersatz:

a) Vertragliche Ansprüche

Zwischen Lausmann und Bauer GmbH bestehen keine vertraglichen Beziehungen, also sind auch keine Ansprüche aus Vertrag denkbar.

Zwischen Lausmann und der Gemeinde Gernsbach bestehen keine vertraglichen Beziehungen, folglich sind keine vertraglichen Ansprüche denkbar.

b) Gesetzliche (deliktsrechtliche) Ansprüche

Anspruchsgrundlagen für Lausmann gegen die Kommune Gernsbach gibt es nicht, da die Bauer GmbH als selbständiger Unternehmer eigenverantwortlich und nicht weisungsgebunden handelte.

Anspruchsgrundlage für Lausmann gegen Bauer GmbH könnte § 823 BGB iVm § 831 BGB sein:

Die GmbH haftet, wenn eine ihrer Hilfspersonen (Verrichtungsgehilfen) einem Dritten widerrechtlich Schaden zufügt. Es ist nicht erforderlich, dass der Verrichtungsgehilfe (Dinger) schuldhaft gehandelt hat.

Der Gesetzgeber setzt beim Verrichtungsgehilfen kein Verschulden voraus, d.h., der Geschäftsherr haftet auch ohne Verschulden seines Verrichtungsgehilfen. Dem Geschäftsherrn wird jedoch im **§ 831 BGB die Möglichkeit der Exkulpation (Entlastung)** eingeräumt; normalerweise genügt für diesen Entlastungsbeweis (Haftungsbefreiung), wenn die ordnungsgemäße Auswahl, Unterweisung und Überwachung der Hilfspersonen sowie die Zurverfügungstellung ordnungsgemäßer Vorrichtungen und Gerätschaften bewiesen wird.

!

§§ 278 und 831 BGB stellen keine selbständigen Anspruchsgrundlagen dar, sie füllen nur das Merkmal „Vertreten müssen" in einem gegebenen Haftungstatbestand aus. Sie können nebeneinander geltend gemacht werden. Sinnvollerweise wird vom Kläger der Anspruch geltend gemacht, der am besten realisiert werden kann.

Beispiel

In der Privatklinik Dr. Wiegert entfernt der angestellte Assistenzarzt Dr. Schoch einem Patienten anstelle des kranken Fußzehs den Zeh des anderen Beins, da er versehentlich die Beine verwechselte. Anspruchsgrundlagen des Geschädigten:

a) Vertragliche Ansprüche: Patient gegen Dr. Wiegert

Dr. Wiegert haftet für seinen Erfüllungsgehilfen Dr. Schoch, da ein Verschulden bei der Operation vorliegt (§ 278 BGB iVm § 611 BGB).

Der Schadensersatzumfang richtet sich nach §§ 249 ff. BGB. Da hier eine Pflichtverletzung vorliegt (§ 280 iVm § 278 BGB), kann der Patient Schmerzensgeld nach § 253 Abs. 2 BGB verlangen, denn es wurde das eines der in § 253 Abs. 2 BGB genannten Rechtsgüter (Körperverletzung) verletzt.

b) Deliktsrechtliche Ansprüche (Gesetzliche Ansprüche)

ba) Patient gegen Dr. Wiegert

Dr. Wiegert haftet für seinen Verrichtungsgehilfen Dr. Schoch nach § 823 BGB iVm § 831 BGB auch ohne Verschulden von Dr. Schoch. Der Schadensersatzumfang richtet sich nach §§ 249 ff. und § 253 Abs. 2 BGB.

Die Dr. Wiegert nach § 831 BGB zustehende Exkulpationsmöglichkeit wird in dem Fall nicht gelingen; denn nach dem neuen Schadensrecht (ab 1. August 2002) wird das Verschulden des Gehilfen dem § 278 BGB zugerechnet. Damit kann der Patient auch über § 831 iVm § 253 Abs. 2 BGB Schmerzensgeld beanspruchen.

bb) Patient gegen Dr. Schoch

Der Anspruch müsste hier mit § 823 BGB begründet werden. Da die Voraussetzungen des § 823 BGB erfüllt sind, ist der Anspruch realisierbar. Der Schadensersatz ergibt sich aus §§ 249 ff. sowie § 253 Abs. 2 BGB.

Die Tafel 4/2 zeigt eine Gegenüberstellung zwischen den Ansprüchen nach § 278 und § 831 BGB.

Zusammenfassung:		
Kriterien:	**Erfüllungsgehilfe** **§ 278 BGB**	**Verrichtungsgehilfe** **§ 831 BGB**
Entstehen des Schuldverhältnisses	durch Vertragsverletzung	durch unerlaubte Handlung
Voraussetzungen	1. Vertrag zwischen Geschädigten und dem Anspruchsgegner (Schuldner). 2. Schädiger muss **nicht** dem Schuldner gegenüber weisungsgebunden sein; Erfüllungshilfe kann sein: – selbst. Unternehmer – selbst. Freiberufler – nicht selbst. Arbeitnehmer – nicht selbst. Beauftragter. 3. Schädigende Handlung muss in Erfüllung der Verbindlichkeit oder bei Vertragsanbahnung erfolgt sein. 4. Verschulden des Erfüllungsgehilfen (§ 276 BGB).	1. Vertrag zwischen Geschädigtem und Anspruchsgegner ist **keine** Voraussetzung 2. Schädiger **muss** dem Anspruchsgegner gegenüber weisungsgebunden sein. Verrichtungsgehilfe kann sein: – nicht selbst. Arbeitnehmer – nicht selbst. Beauftragter. 3. Schädigende Handlung muss in Ausführung der Verrichtung erfolgt sein. 4. Verschulden ist nicht nötig.
Haftungsbefreiung	Keine Exkulpationsmöglichkeit	Exkulpationsmöglichkeit; bei Verschulden jedoch § 278 BGB
Umfang der Haftung	§§ 249 ff. BGB; Schmerzensgeld nach § 253 Abs. 2BGB	§§ 249 ff. BGB und zusätzlich Schmerzensgeld nach § 253 Abs. 2 BGB
Verjährung	3 Jahre (§§ 195, 199 BGB)	10 Jahre (§ 852 BGB)

Tafel 4/2

■ Übungsaufgaben:

4/49 Überprüfen Sie die Anspruchsmöglichkeiten des geschädigten Paul nach Gesetz (problemeinführendes Beispiel).

4/50 In dem Mehrfamilienhaus des Merling kommt die Mieterin Maulberg zu Fall und verletzt sich, weil der Hausmeister Halberg die defekte Flurbeleuchtung seit Wochen nicht repariert hat.

a) Vertragliche Ansprüche Maulberg gegen Merling?

b) Gesetzliche Ansprüche Maulberg gegen Halberg?

4/51 A erteilt dem Malermeister M den Auftrag, sein Wohnzimmer anzustreichen. M schickt den Gesellen G. In einem unbewachten Augenblick geht G in das Schlafzimmer des A und stiehlt eine Halskette.

Kann A, nachdem er von G, der spurlos verschwunden ist, die Halskette nicht zurückbekommen kann, von M Schadensersatz verlangen?

4/52
Das Haus der Familie Braun soll einen neuen Außenanstrich bekommen. Malermeister Bunt, Inhaber eines Malergeschäfts, soll den Auftrag ausführen. Herr Bunt schickt seine drei Gesellen Rot, Grün und Blau.

a) Beim Aufstellen des Gerüsts zertrümmert Blau mit einer Stange eine Fensterscheibe im Wert von 300,00 €.
   Kann die Familie Braun von dem
   (1.) Gesellen Blau
   (2.) Malermeister Bunt
   Schadensersatz verlangen?

b) Rot schüttet, als er auf dem Gerüst steht, aus Versehen einen Eimer Farbe um. Frau Klecks, die gerade auf dem Gehweg vorbeikommt, wird von oben bis unten übergossen. Kleidung, Schuhe und Perücke sind völlig unbrauchbar.
   Kann Frau Klecks von dem
   (1.) Gesellen Rot
   (2.) Malermeister Bunt
   Schadensersatz verlangen?

c) Grün entwendet durch ein offenes Fenster aus dem Haus der Familie Braun eine wertvolle Uhr.
   Kann die Familie Braun von dem Malermeister Bunt Schadensersatz fordern?

d) In der Mittagspause spielen die drei Gesellen vor dem Haus der Familie Braun Fußball. Dabei schießt Rot bei Brauns Nachbarn Fischer eine Fensterscheibe ein.
   Kann Fischer von dem Malermeister Bunt Schadensersatz fordern?

4/53
K. Erler, Inhaber eines Elektrohauses, hat im Damenmodehaus Kirsch einen Decken-Kronleuchter zu installieren. Da gerade kein Elektriker frei ist, beauftragt er hiermit seinen Kontoristen Knopp.
Der von diesem unsachgemäß befestigte Kronleuchter fällt am nächsten Tag von der Decke, zerschlägt einen antiken französischen Spiegeltisch im Wert von 8 000,00 € und verletzt die bekannte Schauspielerin Melloni, eine Kundin des Kirsch. Ihr bleibt nach zwei Schönheitsoperationen eine Stirnnarbe, die sich nur mühsam überschminken lässt.

a) Kirsch will Schadensersatz für den zerstörten Spiegeltisch.
   Prüfen Sie seinen **Ersatzanspruch aus Vertrag** gegen K. Erler, den Inhaber des Elektrohauses!

b) Die Schauspielerin Melloni will Ersatz ihrer **Arzt- und Krankenhauskosten** sowie **Schmerzensgeld.**
   Wie wird sie ihre Ansprüche begründen:
   a) gegen den Kontoristen **Knopp**?
   b) gegen **K. Erler**, den Inhaber des Elektrohauses?

4/54
Der Hauseigentümer Hausmann beauftragt den Klempnermeister Klumpp, in seinem Haus notwendige Sanitärreparaturen vorzunehmen. Klumpp schickt den Gesellen Grau. Grau versucht den tropfenden Wasserhahn abzudichten und stößt dabei mit der Rohrzange in einen Spiegel. Auf dem Balkon sollte Grau die Dachrinne schweißen. Unglücklicherweise rutscht ihm dabei ein schweres Werkzeug aus der Hand und verletzt die auf dem Gehweg vorbeigehende Passantin Paula. Kurz vor Beendigung der Arbeiten entwendet Grau eine wertvolle Vase aus der Vitrine im Wohnzimmer.

a) Ansprüche Hausmann gegen Klumpp wegen Spiegel?

b) Ansprüche Hausmann gegen Grau wegen Spiegel?

c) Ansprüche Hausmann gegen Klumpp wegen Vase?

d) Ansprüche Hausmann gegen Grau wegen Vase?

e) Ansprüche Paula gegen Klumpp?

f) Ansprüche Paula gegen Grau?

Die Filmschauspielerin Alexa Montana begibt sich zur Behandlung eines Hautleidens in die Privatklinik des Dr. Sabel.

a) Welche Vertragsart liegt vor?

In der Klinik wird sie von der neu eingestellten Schwester Anne, die gute Arbeitszeugnisse vorgelegt hat, nicht mit der von Dr. Sabel vorgeschriebenen Schwefelsalbe, sondern mit einer stark giftigen Chromsalbe eingerieben. Die Schwester hat die ähnlich aussehenden Medikamente verwechselt. Trotz der starken Schmerzen, die die Anwendung der Salbe verursacht, setzt die Schwester die Behandlung fort, ohne den Arzt zu verständigen.

Die Schauspielerin erleidet erhebliche Entstellungen und kann zwei Jahre lang nicht filmen. Deshalb verlangt sie Ersatz des Verdienstausfalls und Schmerzensgeld.

b) Prüfen Sie, ob und wenn ja, in welchem Umfang die Schauspielerin aus dem mit der Privatklinik abgeschlossenen Vertrag Ansprüche ableiten kann.

c) Klären Sie, ob auch eine andere Anspruchsgrundlage für die Schadensersatzansprüche gegenüber der Klinik gegeben ist.

d) Die Schauspielerin überprüft, ob nicht auch Schwester Anne ersatzpflichtig ist. Klären Sie, ob solche Ansprüche bestehen.

Schließlich stellt sich heraus, dass Dr. Sabel keine Anweisungen zur Beschriftung der Salbengefäße sowie zur getrennten Aufbewahrung gefährlicher Medikamente gegeben hat.

e) Untersuchen Sie, ob unter diesen Umständen die Privatklinik Dr. Sabel auch Schmerzensgeld zahlen muss.

Um die Auseinandersetzung mit der Schauspielerin in Güte beizulegen, sucht Dr. Sabel sie in ihrer Villa auf. Dort wird er von dem frei umherlaufenden Schäferhund der Schauspielerin angefallen und verletzt.

f) Schadensersatzansprüche des Arztes lehnt Frau Montana mit dem Hinweis ab, der Hund habe sich bisher immer friedfertig verhalten. Klären Sie die Sachlage.

4.4.5 Ungerechtfertigte Bereicherung

> **Problemeinführende Beispiele**
>
> a) Der 5-jährige Thomas nimmt aus seinem Sparschwein 2,00 € und kauft in einer benachbarten Eisdiele dafür eine Portion Eis.
>
> b) Zwischen Victor und Karl wurde ein Kaufvertrag über eine gebrauchte Kamera geschlossen. Der Kaufpreis wurde vereinbarungsgemäß vom Käufer Karl in Höhe von 150,00 € bei Übereignung entrichtet. Nachdem Karl den Kaufvertrag wegen § 119 BGB erfolgreich angefochten hat, will Victor den Betrag von 150,00 € nicht mehr herausgeben.

Die ungerechtfertigte Bereicherung entsteht als gesetzliches Schuldverhältnis, wenn bestimmte, im Gesetz genau bezeichnete Tatbestände erfüllt sind.

Diesen Tatbeständen sind folgende **Voraussetzungen** gemeinsam:

Es muss

- eine Bereicherung einer Person
- und eine Entreicherung einer anderen Person,
- durch eine Leistung oder in sonstiger Weise
- ohne rechtlichen Grund

vorliegen.

Die Bereicherung stellt einen Vermögensvorteil dar; sie kann durchaus auch in einem Schulderlass bestehen oder dadurch entstehen, dass Aufwendungen erspart werden.

Beispiel

In einer Bar trinkt ein Gast G versehentlich einen Whiskey seiner Nachbarin N. G ist um die ersparten Aufwendungen bereichert und muss N den Wert ersetzen.

Die Entreicherung bedeutet, dass ein anderer die entsprechende Vermögensminderung erfahren hat. Diese Vermögensverschiebung vom Entreicherten hin zum Bereicherten muss „ohne rechtlichen Grund" erfolgt sein. Diese letzte Voraussetzung ist vom Gesetzgeber in verschiedenen Paragraphen des BGB gesetzlich definiert worden.

a) Art der ungerechtfertigten Bereicherung

1. Ungerechtfertigte Bereicherung nach § 812 BGB

Hier wurden im Gesetz drei Einzelfälle einer Vermögensverschiebung „ohne rechtlichen Grund" kodifiziert:

– Der Rechtsgrund fehlt von vornherein (§ 812 Abs. 1, S. 1 BGB)

Beispiel

Der 5-jährige Mathias kauft mit Hilfe seines geschlachteten Sparschweins ein Spielzeugauto im Wert von 12,00 €. Da der 5-jährige Mathias nach § 104 BGB geschäftsunfähig ist, kommt kein Kaufvertrag zu Stande. Folglich ist der Verkäufer um den Kaufpreis, Mathias um das Spielzeugauto ungerechtfertigt bereichert.

– Der Rechtsgrund fällt im Nachhinein weg (§ 812 Abs. 1, S. 2 BGB)

Beispiel

Ein Motorrad wird vom Verkäufer V an den Käufer K bar verkauft und übereignet. V ficht den Kaufvertrag nach § 119 BGB erfolgreich an; das Verpflichtungsgeschäft wird nach § 142 BGB nichtig. Somit ist V um den Kaufpreis, K um das Motorrad ungerechtfertigt bereichert.

– Der bezweckte Erfolg tritt nicht ein (§ 812 Abs. 1, S. 2 BGB)

Beispiel

Der Hauseigentümer H gibt heute 50,00 € dafür, dass R für ihn seinen Rasen in der kommenden Woche mäht. R kann den Rasen nicht schneiden, da er sich im Training die Achillessehne gerissen hat. R ist ungerechtfertigt bereichert.

---

2. Ungerechtfertigte Bereicherung nach § 813 BGB

Ein Leistungserwerb ist ungerechtfertigt, wenn zwischen Gläubiger und Schuldner zwar ein Rechtsverhältnis bestand, aber dem einen Anspruch eine dauernde Einrede entgegensteht.

Beispiele

Beispiel 1:
Ein Käufer kann den bereits gezahlten Kaufpreis insoweit vom Verkäufer zurückverlangen, als ihm nach §§ 437, 441 BGB ein Minderungsanspruch zusteht.
Beispiel 2:
Ein Mieter kann vom Vermieter die versehentlich doppelt bezahlten anteiligen Straßenreinigungsgebühren zurückverlangen.

---

3. Ungerechtfertigte Bereicherung nach § 816 BGB

Hier wurden im Gesetz zwei Einzelfälle einer Vermögensverschiebung „ohne rechtlichen Grund" kodifiziert:

– Verfügung eines Nichtberechtigten (§ 816 Abs. 1 BGB)

Die Verfügung eines Nichtberechtigten über einen Gegenstand, die dem Berechtigten gegenüber wirksam wird, stellt einen Eingriffserwerb dar. Der Nichtberechtigte hat das durch die Verfügung Erlangte herauszugeben.

Beispiel

Hertha leiht sich für die Zeit einer Klassenarbeit von Gerd dessen Armbanduhr aus. Anstatt sie nach der Pause vereinbarungsgemäß zurückzugeben, verkauft und übereignet sie die Uhr an den gutgläubigen Dieter.

Dieter hat nach § 932 BGB das Eigentum an der Uhr erworben, Gerd hat es verloren. Die Nichtberechtigte Hertha hat somit das durch die Verfügung erlangte (Kaufpreis) herauszugeben.

Der Nichtberechtigte hat nur den Erlös herauszugeben; falls der Wert des verfügten Gegenstandes höher als der Erlös ist, muss der Nichtberechtigte den Differenzbetrag nur bei unerlaubter Handlung nach § 823 BGB ersetzen. Falls der Wert des verfügten Gegenstandes niedriger als der Erlös war, muss der Nichtberechtigte auch den Mehrerlös herausgeben.

Wenn der Nichtberechtigte unentgeltlich über den Gegenstand verfügt hat, kann sich der Entreicherte (= Berechtigte) nach § 816 Abs. 1 S. 2 unmittelbar an den Erwerber halten.

Beispiel

Franz verschenkt die von Jochen entliehene Stoppuhr seinem Freund Fritz zu dessen Geburtstag.

Jochen kann sich unmittelbar an Fritz halten und von ihm die Stoppuhr herausverlangen.

– Leistungen an einen Nichtberechtigten (§ 816 Abs. 2 BGB)

Wird an einen Nichtberechtigten eine Leistung bewirkt, die dem Berechtigten gegenüber wirksam ist, so ist der Nichtberechtigte dem Berechtigten zur Herausgabe des Geleisteten verpflichtet.

Beispiel

Die Großhändlerin Groß hat ihre Forderung gegenüber dem Einzelhändler Emsig an den Lieferanten Ludwig abgetreten, ohne es dem Emsig mitzuteilen (Stille Zession). Am Fälligkeitstag bezahlt Emsig an Groß mit befreiender Wirkung nach § 407 BGB. Ludwig kann aber von Groß nach § 816 Abs. 2 BGB Herausgabe der Zahlung beanspruchen.

---

4. Ungerechtfertigte Bereicherung nach § 817 BGB

War der Zweck einer Leistung in der Art bestimmt, dass der Empfänger durch die Annahme gegen ein gesetzliches Verbot oder gegen die guten Sitten verstoßen hat, so ist der Empfänger zur Herausgabe verpflichtet.

Die Automobilhändlerin Mobilia „schenkt" dem Einkäufer eines Transportunternehmens ein Fahrzeug im Wert von 20 000,00 €. Mobilia kann das Fahrzeug nach § 817 BGB zurückfordern, da der zuständige Einkäufer gegen ein gesetzliches Verbot bzw. gegen die guten Sitten verstößt (Ausnahme: § 817 Abs. 2 BGB).

5. Ungerechtfertigte Bereicherung nach § 822 BGB

Der Empfänger einer ungerechtfertigten Bereicherung haftet anstelle des zunächst Bereicherten auf Herausgabe, wenn er sie unentgeltlich erworben hat.

V hat dem K für 120,00 € seinen gebrauchten PC verkauft und am 3. Mai übereignet. K schenkte und übereignete dieses Gerät am 4. Mai seinem programmierfreudigen Freund F.

Wenn der Kaufvertrag nunmehr am 5. Mai von V rechtswirksam angefochten wird, ist F dem V zur Herausgabe verpflichtet, wie wenn F die Zuwendung ohne rechtlichen Grund von V erhalten hätte.

b) Umfang des Bereicherungsanspruchs (§ 818 BGB)

Der Umfang der Rückgabepflicht aufgrund der Anspruchsgrundlagen (z.B. §§ 812, 816, 822 BGB) erstreckt sich auf den

– Gegenstand der Bereicherung einschließlich

– gezogener Nutzungen und eventuell auf

– Ersatzgegenstände (§ 818 Abs. 1 BGB).

Ist die Herausgabe des Gegenstandes nicht möglich, so ist der Wert zu ersetzen (§ 818 Abs. 2 BGB). Die Rückgabepflicht entfällt, wenn der Empfänger nicht mehr bereichert ist (§ 818 Abs. 3 BGB).

Beispiel:

Die aufgrund eines angefochtenen Kaufvertrages erworbene Milchkuh ist mit der Milch, die zwischen Übereignung der Kuh und Anfechtung gemolken wurde, herauszugeben (§ 818 Abs. 1 BGB).

Beispiel:

V hatte dem K einen Lkw verkauft und übereignet. D beschädigt den Lkw des K.

Wenn nun V den Kaufvertrag erfolgreich anficht, muss K den Schadensersatzanspruch gegenüber D an V abtreten (§ 818 Abs. 1 BGB).

Beispiel:

Der Antiquitätenhändler Alt hatte dem Landwirt Lipp einen alten Bauernschrank für 500,00 € abgekauft. Alt verkaufte und übereignete den Schrank am 1.6. für 1 800,00 € an den Kunden Klumpp; der Schrank hatte einen gutachterlichen Schätzwert von 1 600,00 €.

Wenn nunmehr Lipp den Kaufvertrag erfolgreich anficht, muss Alt den Wert (= 1 600,00 €) des Schrankes ersetzen. Den erzielten Mehrerlös (Gewinn) von 200,00 € darf Alt nach § 818 Abs. 2 behalten.

Beispiel:

Klara gab sich wahrheitswidrig in dem Friseursalon von der angestellten Friseuse Frieda als Schwiegermutter des Inhabers aus: „Mein Schwiegersohn hat mir eine kostenlose neue Frisur versprochen."

Klara ist anschließend ungerechtfertigt bereichert. Da eine Unmöglichkeit der Herausgabe vorliegt, muss Klara den gemeinen Wert der Bereicherung im Zeitpunkt des Erwerbs ersetzen (§ 818 Abs. 2 BGB).

Beispiel:

Ein Geldschuldner hat mit Geld, das er ohne rechtlichen Grund erlangt hatte, seinen Gläubiger bezahlt.

Der Geldschuldner ist immer noch bereichert, da er Ausgaben (Aufwendungen) aus eigenem Vermögen erspart hat (§ 818 Abs. 3 BGB).

Beispiel:

Ludwig hat von Claudia eine CD-Sammlung im Wert von 200,00 € entliehen und mit nach Hause genommen. Ludwig verkaufte für 80,00 € die Sammlung an den gutgläubigen Gerd; es erfolgte ein Eigentumserwerb nach § 932 BGB. Claudia kann von Ludwig, der nach § 816 BGB bereichert ist, das Erlangte zurückverlangen. Der Umfang des Herausgabeanspruchs ergibt sich aus § 818 Abs. 3 BGB: Ludwig muss den Erlös in Höhe von 80,00 € herausgeben, da er nur insoweit bereichert ist.

■ **Übungsaufgaben:**

4/56 Überprüfen Sie, ob beim einführenden Beispiel a) eine ungerechtfertigte Bereicherung vorliegt. Wenn ja, geben Sie den Umfang des Herausgabeanspruchs an.

4/57 Stellen Sie fest, ob im Fall des einführenden Beispiels b) Victor zur Herausgabe von 150,00 € verpflichtet ist.

4/58 Der Arbeitgeber A zahlt an den Hilfsarbeiter H den Tageslohn in Höhe von 80,00 € irrtümlich doppelt aus. Da der geleistete Arbeitstag bereits 3 Monate zurücklag, waren beide der Ansicht, das der Betrag noch geschuldet sei.

H erwirbt mit dem Geldbetrag ein Lotterielos und gewinnt einen Campingbus im Wert von 50 000,00 €.

Als A nunmehr feststellt, dass der Lohn doppelt bezahlt wurde, verlangt er den Campingbus. Mit Recht?

4/59 Daniel Dittel benötigt dringend für einen Pkw-Kauf ein Darlehen. In seiner Not geht er zu einem Kreditvermittler, der ihm gegen Vorlage des Personalausweises ein Darlehen über 20 000,00 € bei einem Zins von 5 % pro Monat überlässt; die vereinbarte Laufzeit beträgt 24 Monate. Daniel Dittel kann der monatlichen Zinsbelastung nicht nachkommen und stellt seine Zinszahlung ein.

Der Kreditvermittler verlangt daraufhin das Darlehen nebst Zinsen zurück. Mit Recht?

4/60 Der Gebrauchtwagenhändler Gross verkauft und übereignet dem Käufer Knopf für 20 000,00 € einen gebrauchten Sportwagen. Nach zwei Tagen erhält Knopf einen Brief von Gross: „... hiermit fechte ich den Kaufvertrag an, da das Fahrzeug falsch ausgezeichnet war; der Preis beträgt 26 000,00 €. Ich bitte Sie nunmehr um Rückgabe des Fahrzeugs."

Wie ist die Rechtslage, wenn das Fahrzeug bereits am ersten Tag dem Knopf von unbekannten Dieben entwendet wurde?

4.4.6 Schadensersatz (Exkurs)

Schadensersatz soll den an seinen Rechtsgütern (Leben, Gesundheit, Eigentum oder einem sonstigen Recht) Geschädigten entschädigen, wenn er eine unberechtigte Einbuße erlitten hat. Bei der Prüfung des Schadensersatzes sollte man stets folgende Reihenfolge beachten:

a) Feststellung des Schadens,

b) Feststellung der Anspruchsgrundlage(n),

c) Feststellung des Umfangs vom Schadensersatz.

a) Schäden

Das deutsche Recht unterscheidet zwischen materiellem und immateriellem Schaden.

(1.) Materieller Schaden

Hierbei handelt es sich um einen rechnerisch feststellbaren Vermögensschaden. Dieser Vermögensschaden kann in einer Verminderung vorhandener Vermögenswerte bestehen (z.B. Sachbeschädigung) oder im Ausbleiben eines erwarteten Vermögenszuwachses (z.B. entgangener Gewinn) begründet sein.

(2.) Immaterieller Schaden

Einen immateriellen Schaden muss der Schädiger nur ersetzen, wenn dies im Gesetz ausdrücklich vorgesehen ist (§ 253 Abs. 1 BGB). Eine Ausnahme hierzu bildet der allgemeine Schmerzensgeldanspruch (§ 253 Abs. 2 BGB). Wird eines der genannten Rechtsgüter

– Körper,
– Gesundheit,
– Freiheit oder
– sexuelle Selbstbestimmung

verletzt, kann der Geschädigte Schmerzensgeld verlangen. Dabei ist es unerheblich, ob der Schädiger schuldhaft gehandelt hat oder nicht.

§ 253 Abs. 2 BGB stellt allerdings keine eigenständige Anspruchsgrundlage dar. Diese kann begründet sein
– durch eine Vertragsverletzung oder
– durch Gefährdungshaftung oder
– durch eine unerlaubte Handlung.

Beispiel

Kleinsinn leidet unter seiner zu großen Nase. Um diese auf ein für ihn ansehnliches Maß zu reduzieren, begibt er sich in die Spezialklinik von Dr. Faber. Dessen Chefchirurg Dr. Schnellbeil operiert Kleinsinn mit dem Ergebnis, dass die Nase zwar angemessen klein geworden ist, er aber nicht mehr lachen kann, ohne höllische Schmerzen zu erleiden. Dr. Faber bittet Kleinsinn zunächst um Geduld. Als aber nach etwa sechs Wochen die Schmerzen noch immer nicht nachlassen, lässt sich Kleinsinn ein zweites Mal operieren, um die Folgen der ersten Operation zu beseitigen. Rechtslage?

Lösung

Zwischen Kleinsinn und Dr. Faber besteht ein Werkvertrag. Grundsätzlich schließen Ärzte und Patienten zwar Dienstverträge, Schönheitschirurgen jedoch schulden den Erfolg, d.h., es handelt sich hier um einen Werkvertrag (§§ 631 ff. BGB).

Nach § 631 Abs. 2 BGB schuldet Faber die „Regulierung" der Nase von Kleinsinn, d.h. einen durch Arbeits- oder Dienstleistung herbeizuführenden Erfolg.

Der „Primärerfolg" – Verkürzung der Nase – ist eingetreten. Kleinsinn kann aber erwarten, dass er nach der Operation schmerzfrei lachen kann. Dem Erfüllungsgehilfen Fabers, Dr. Schnellbeil, ist offensichtlich ein Kunstfehler unterlaufen, d.h., Schnellbeil hat zumindest fahrlässig die „Lachunfähigkeit" verursacht. Kleinsinn kann nach § 634 BGB iVm. §§ 276, 278, 280 Abs. 1 BGB Schadensersatz von Faber verlangen. Da es sich dabei um ein in § 253 Abs. 2 BGB genanntes Rechtsgut handelt (Verletzung des Körpers), steht Kleinsinn – neben dem Vermögensschaden, z.B. Kosten für

die zweite Operation, für Medikamente, Verdienstausfall, auch Schmerzensgeld zu. Für die Bemessung des Schmerzensgeldes können
- die Genugtuungsfunktion,
- die Ausgleichsfunktion,
- die Präventionsfunktion
berücksichtigt werden.

Exkurs

b) Anspruchsgrundlage

Anspruchsgrundlage ist ein Verpflichtungsgrund; dieser kann sich – **aus Vertrag** (z.B. Unmöglichkeit, Sachmängelhaftung) oder **aus Gesetz** (z.B. unerlaubter Handlung) ergeben.

c) Umfang des Schadensersatzes

Das BGB kennt zwei Arten des Schadensersatzes: Naturalersatz (Naturalrestitution) und Geldersatz.

(1.) Naturalersatz

Naturalrestitution durch den Schädiger. Nach § 249 BGB soll der Grundsatz der Naturalherstellung gelten, d.h., es soll der Zustand wieder hergestellt werden, der ohne das schädigende Ereignis bestehen würde (§ 249 S. 1 BGB). In folgenden Fällen ist die Naturalherstellung anwendbar:

- Sachbeschädigungen

  (z.B. Ausbesserung des kleinen Lochs im Anzug durch eine Kunststopferei, Lackieren eines Kratzers im Autolack),

- Zerstörung vertretbarer Sachen

  (z.B. für zerbrochene Eier müssen andere Eier gleicher Qualität geliefert werden, Ersatzlieferung für zerbrochene Weihnachtskugeln),

- Diebstahl

  (z.B. die gestohlene Sache ist zurückzugeben),

- Ehrverletzung

  (z.B. Wiedergutmachung der Ehrenkränkung durch öffentlichen Widerruf),

- Verletzung allgemeiner Persönlichkeitsrechte

  (z.B. Vernichtung einer heimlich gemachten Bild- oder Tonaufnahme).

Ersatz des zur Naturalrestitution erforderlichen Geldbetrages (§ 249 Satz 2 BGB)

Darunter ist eine Wiedergutmachung durch Geldzahlung zu verstehen; der Gläubiger kann den zur Naturalherstellung erforderlichen Geldbetrag verlangen, wenn ein Naturalersatz nicht zumutbar bzw. nicht möglich ist. Das Gesetz nennt drei Fälle:

- Geldersatz bei Personenverletzungen oder Sachbeschädigung (§ 249 S. 2 BGB)

Der Gläubiger (Geschädigter) muss sich nicht auf Naturalherstellung durch den Schuldner einlassen.

Beispiel

Der bei einem Autounfall von T verletzte V kann Arzt und Kfz-Werkstatt frei wählen und von T die Begleichung der entsprechenden Rechnungsbeträge verlangen.

Exkurs

(2.) Wertersatz

- Geldersatz anstelle Herstellung (§ 251 Abs. 1 BGB)

Geldersatz ist dann zu leisten, wenn die Herstellung nicht möglich ist oder zur Entschädigung des Gläubigers nicht genügend ist.

Beispiele

Beispiel:

D verursacht durch Brandstiftung die Vernichtung eines Gemäldes.

Beispiel:

E verursacht durch ein Attentat ein Versengen des Anzugs des Bundesministers B. B kann nicht zugemutet werden, mit einem ausgebesserten Anzug zu repräsentieren.

Beispiel:

F verursacht einen Verkehrsunfall. Dabei wird der Pkw des P beschädigt. Durch den Unfall gilt der Pkw des P als sog. Unfallwagen; er erfährt trotz sachgerechter Reparatur einen merkantilen Minderwert. Dieser Minderwert ist von F im Rahmen des Geldersatzes zu ersetzen.

– Geldersatz bei unverhältnismäßig hohem Herstellungsaufwand (§ 251 Abs. 2 BGB)

Der Schädiger kann statt Naturalherstellung Schadensersatz in Geld leisten, wenn die Herstellung unverhältnismäßig aufwendig wäre.

Beispiel

G verursacht einen Verkehrsunfall. Dabei wird das Fahrzeug des K erheblich beschädigt. Das Fahrzeug des K hat einen Schätzwert (= Verkehrswert) von 2 000,00 €. Die Reparaturkosten würden sich nach verschiedenen Kostenvoranschlägen auf 5 000,00 € belaufen. G muss nur den Wert des Fahrzeugs in Höhe von 2 000,00 € ersetzen.

Zu beachten ist, dass die aus der Heilbehandlung eines verletzten Tieres entstandenen Aufwendungen nicht bereits dann unverhältnismäßig sind, wenn sie dessen Wert erheblich übersteigen (§ 251 Abs. 2 S. 2 BGB). Durch diese Rechtsvorschrift wird erreicht, dass die Behandlungskosten eines Tieres nicht mehr generell auf den Wert, den das behandelte Tier im Geschäftsverkehr hat, begrenzt wird. Es wird folglich ein spezifisches Verhältnis zwischen dem geschädigten Eigentümer und dem verletzten Tier anerkannt; die Höhe des letztlich zu ersetzenden Schadens wird von dem Grundsatz der Verhältnismäßigkeit (§ 242 BGB) abhängig gemacht; der Gesetzgeber überlässt dies bewusst der richterlichen Einzelfallentscheidung.

Beim Geldersatz wird grundsätzlich der objektive Wert (= Wert, den das Rechtsobjekt für jedermann hat) erstattet. Ausnahmsweise kann der subjektive Wert (= Wert, den das Rechtsobjekt für den Geschädigten hat) ersetzt werden (z.B. Wertminderung einer Sammlung, wenn gerade ein Stück der Sammlung fehlt; der Wert der Sammlung ist größer als der addierte Wert der einzelnen Sammlungsstücke). Niemals jedoch wird der persönliche Liebhaber- oder Erinnerungswert durch Geld ersetzt.

Der immaterielle Schaden wird nur in den oben genannten Fällen entschädigt. Zu beachten ist, dass der Schadensersatz sich aus unmittelbarem Schaden und mittelbarem Schaden zusammensetzt:

– unmittelbarer Schaden: Schaden an der Person oder Sache selbst (z.B. Arztkosten, Heilungskosten, Pkw-Reparaturkosten).

– mittelbarer Schaden: Schaden, der als Folgeschaden eintritt (z.B. Lohn-/Gehaltsausfall, entgangener Gewinn, Kosten für Mietwagen, entgangene Mieteinnahme bei mangelhafter Heizungsreparatur).

Nach § 252 BGB umfasst der Schadensersatz auch den entgangenen Gewinn. In vielen Allgemeinen Geschäftsbedingungen wird der Schadensersatz auf den unmittelbaren Schaden begrenzt.

Der Umfang des Schadensersatzes wird in vielen Fällen vom BGB begrenzt. Zwei inhaltliche Grenzen sind zu beachten:

- positives Interesse (= positiver Schaden, Erfüllungsinteresse)
- negatives Interesse (= Vertrauensschaden)

Positives Interesse (positiver Schaden) oder Schadensersatz statt der Leistung:

Der Geschädigte kann verlangen, so gestellt zu werden, wie er gestanden hätte, wenn der Schuldner richtig erfüllt hätte.

Beispiel

Klara kauft von Victor eine Taschenuhr im Wert von 250,00 € zu einem Preis von 220,00 €. Klara verkauft sofort die Uhr an Dieter für 260,00 € weiter. Victor kann die Uhr nach dem Kaufvertrag nicht liefern, da er sie (nach Vertragsschluss) mutwillig zerstörte.

Klara kann von V das Erfüllungsinteresse in Höhe von 40,00 € verlangen, da sie insoweit eine Vermögenseinbuße erlitten hat.

Bei vertraglichen Anspruchsgrundlagen ist der Schadensersatzanspruch verschuldensabhängig (§ 280 Abs. 1 BGB). Schadensersatz statt der Leistung ist nach § 280 Abs. 1 BGB nur möglich, wenn die Voraussetzungen des § 281, des § 282 oder des § 283 BGB vorliegen.

Negatives Interesse (Vertrauensschaden):

Der Geschädigte kann den Schaden ersetzt verlangen, den er dadurch erleidet, dass er zu Unrecht auf die Gültigkeit einer Willenserklärung, insbesondere eines Vertrages vertraute.

Beispiel

Klaus kaufte bei Vroni Waren im Wert von 50,00 € für 30,00 €. Vroni ficht wegen Irrtum nach § 119 BGB an. Es kommt nicht zur Erfüllung. Hätte Klaus nicht der Willenserklärung von Vroni vertraut, hätte er die Ware am gleichen Tag von Dieter für 50,00 € gekauft. Nunmehr ist der Preis gestiegen, und so muss Klaus für 68,00 € kaufen. Folglich muss Klaus 18,00 € mehr bezahlen; diesen Vertrauensschaden muss ihm Vroni nach § 122 BGB ersetzen. Klaus kann jedoch nicht das positive Interesse verlangen.

Bei gesetzlichen (deliktsrechtlichen) Anspruchsgrundlagen sowie bei nichtigen Verträgen wird grundsätzlich das negative Interesse ersetzt (vgl. §§ 122, 284 BGB). In den meisten Fällen wird das positive Interesse größer als das negative Interesse sein. Zu beachten ist jedoch, dass das negative Interesse durch das positive Interesse begrenzt wird; § 122 BGB besagt für diesen Fall des negativen Interesses, dass der Schadensersatz nicht über den Betrag des Interesses hinausgehen darf, „welches der andere oder der Dritte an der Gültigkeit der Erklärung hat".

Zusammenfassung: Schadensersatz bei § 122 BGB		
positives Interesse	> negatives Interesse	▶ Schadensersatz in Höhe des negativen Interesses
negatives Interesse	> positives Interesse	▶ Schadensersatz in Höhe des positiven Interesses

■ Übungsaufgaben:

4/61

Der Gebrauchtwagenhändler Geiger hat dem Schüler Stefan (19 Jahre) telefonisch einen gebrauchten Golf für 14 000,00 € angeboten; Stefan verstand 13 000,00 € und stimmte dem Angebot zu. Die Übereignung wurde für den kommenden Tag, den 3. Mai, vereinbart. Kurz vor Geschäftsschluss meldete sich bei Geiger ein Sportsfreund aus der Altherrenmannschaft und bot Geiger für denselben Golf 14 500,00 €. Geiger lehnte diesen Antrag jedoch mit der Begründung ab, der Wagen sei bereits leider für nur 14 000,00 € verkauft.

Am 3. Mai stellte sich heraus, dass sich Stefan geirrt hatte; Stefan ficht den Vertrag an.

Nennen Sie die Beträge für das positive und negative Interesse und geben Sie Anspruchsgrundlage und Höhe des Schadensersatzes für Geiger an; der Einstandspreis für Geiger betrug 13 000,00 €.

4/62

Peter Pilz leidet seit einigen Tagen an starken Bauchschmerzen. Schließlich entschließt er sich, zu seinem Hausarzt zu gehen. Dieser untersucht ihn und überweist ihn sofort in die Privatklinik Dr. Skalpmann. Dort wird ihm durch den Assistenzarzt Dr. Messerle der Blinddarm entfernt. Peter Pilz erhält nach einigen Wochen eine Liquidation (Rechnung) des Hausarztes sowie des Chefarztes Dr. Skalpmann.

a) Was ist die Rechtsgrundlage für diese Rechnungen?

b) Nach einiger Zeit stellt sich heraus, dass Dr. Messerle den Blinddarm nicht ordnungsgemäß entfernt hat, sodass eine erneute – mit Schmerzen verbundene – Operation notwendig wird. Diese Operation wird schließlich von Dr. Skalpmann erfolgreich durchgeführt.

Peter Pilz ist selbständiger Handelsvertreter, er erleidet durch die zweite notwendige Operation einen Einkommensausfall von 10 000,00 €.

ba) Welche Ansprüche hat Peter Pilz gegen Dr. Messerle?

bb) Welche Ansprüche hat Peter Pilz gegen Dr. Skalpmann?

4.5 Entstehen von Schuldverhältnissen im Rahmen von Selbsthilfe bei verbotener Eigenmacht, Notwehr, Notstand und Selbsthilfe

> **Problemeinführende Beispiele**
>
> a) Frauke Kleinlich beobachtet, wie der 5-jährige Nachbarsohn Felix auf ihrem Grundstück Nüsse aufhebt, die von ihrem Nussbaum heruntergefallen sind. Frauke schleicht sich an Felix heran und stürzt sich sodann auf ihn. Felix versucht, nach Überwindung seines Schocks abzuhauen. Frauke stellt ihm gekonnt das Bein. Der kleine Felix stürzt. Frauke öffnet dem weinend am Boden liegenden Jungen gewaltsam die Hände und entreißt ihm die Beute von insgesamt acht Nüssen.
>
> b) Paul Pillmann wird von einem offensichtlich angetrunkenen jungen Mann angerempelt und angegriffen. Paul Pillmann „wehrt" sich gegen diesen Angriff auch noch, als der junge Mann bereits wehrlos am Boden liegt.
>
> c) Der Wirt des Lokals „Zur Sonne" will den Gast, der ohne Bezahlung der Rechnung verschwinden wollte, festhalten. Dabei wird die Jacke des Gastes zerrissen.

Notwehr, Notstand und Selbsthilfe sind Rechtfertigungsgründe, die die Widerrechtlichkeit i.S. des § 823 BGB aufheben.

4.5.1 Selbsthilfe gegen verbotene Eigenmacht

Verbotene Eigenmacht übt derjenige aus, der dem Besitzer ohne dessen Willen den Besitz entzieht oder ihn im Besitz durch Maßnahmen physischer oder psychischer Art stört (§ 858 BGB). Verbotene Eigenmacht ist widerrechtlich, es sei denn, dass das Gesetz die Besitzentziehung bzw. -störung gestattet.

Da die verbotene Eigenmacht ein Realakt einer Person ist, braucht Verschulden des Täters nicht vorzuliegen, d.h., das Selbsthilferecht kann auch gegen Kinder und Geisteskranke ausgeübt werden. Verbotene Eigenmacht liegt auch dann vor, wenn der Täter gutgläubig ist, d.h., wenn er entweder annimmt, er handelt nicht gegen den Willen des Besitzers oder er sei selbst Besitzer.

Beispiele

1. Horner beobachtet während mehrerer Wochen, wie sich der Hund Leo seiner Nachbarin Steiner während deren beruflicher Abwesenheit im Hof langweilt. Deshalb holt er ihn und macht mit ihm ausgedehnte Spaziergänge. Er geht davon aus, dass seine Maßnahme auch im Interesse von Frau Steiner sei.

   Horner übt nach § 858 BGB verbotene Eigenmacht aus, wenn Frau Steiner der Ansicht ist, der Hund Leo habe während ihrer Abwesenheit im Hof zu bleiben.

2. Knut hat Georg für zwei Wochen einen Pkw vermietet. Als nach Ablauf von zwei Wochen Georg den Wagen noch nicht zurückgebracht hat, nimmt ihm Knut gewaltsam die Wagenschlüssel ab und holt sich seinen Pkw. Knut ist der Ansicht, dass er nach Ablauf der Mietzeit als Eigentümer wieder automatisch Besitzer des Pkw geworden sei.

   Georg ist aber Besitzer des Pkw auch noch nach Ablauf der Mietzeit. Knut entzieht ihm gewaltsam den Besitz und erfüllt somit den Tatbestand der verbotenen Eigenmacht (§ 858 BGB).

Dem Besitzer stehen nach § 859 BGB die folgenden Selbsthilfemaßnahmen zu:

Allgemeiner Grundsatz (§ 859 Abs. 1 BGB):

Abwehr der verbotenen Eigenmacht auch mittels Gewaltanwendung gegen den Täter.

Spezielle Selbsthilfemaßnahmen:

(1.) bei beweglichen Sachen (§ 859 Abs. 2 BGB):

Gewaltsame Wegnahme der Sache, wenn der Besitzer den Täter auf frischer Tat ertappt oder wenn er ihn danach verfolgt und gestellt hat.

(2.) bei Grundstücken (§ 859 Abs. 3 BGB):

Der Besitzer darf unmittelbar nach der Besitzentziehung den Störenfried auch mittels Gewalt vertreiben (Entsetzung des Täters), um sich des Besitzes wieder zu bemächtigen.

Wichtig ist, dass die Selbsthilferechte des Besitzers gegen verbotene Eigenmacht nur dann nicht widerrechtlich sind, wenn die entsprechenden Maßnahmen eine unmittelbare Reaktion auf die verbotene Eigenmacht darstellen.

Die dem Besitzer zustehenden Selbsthilferechte kann auch der Besitzdiener zum Schutz des Besitzes ausüben (§ 860 BGB).

4.5.2 Notwehr (§ 227 BGB)

> Nach § 227 BGB bzw. § 32 StGB ist Notwehr **diejenige Verteidigung,** welche **notwendig** ist, um einen **gegenwärtigen rechtswidrigen** Angriff von sich oder einem anderen abzuwenden.

– Der Angriff kann sich gegen die Person selbst oder gegen ein Rechtsgut richten (z.B. auf eine andere Person, Körper, Freiheit, Eigentum, Ehre, Vermögen, Besitz).

Der Angriff kann durchaus auch in einem Unterlassen bestehen (z.B. Mieter steckte in Selbstmordabsichten die Wohnung in Brand. Er ermöglicht dem Vermieter und der Feuerwehr nicht den Zutritt).

– Der Angriff muss rechtswidrig sein, d.h., muss gegen ein gesetzliches Gebot oder Verbot verstoßen (z.B. Züchtigung durch Lehrer).

– Der Angriff muss gegenwärtig sein, d.h., er muss bereits begonnen haben und darf noch nicht beendet sein (z.B. liegt keine Notwehrhandlung vor: Schüsse auf einen bereits fliehenden Angreifer).

– Die notwendige Verteidigungshandlung setzt voraus, dass sie zur Abwehr des Angriffs erforderlich ist (z.B. darf ein Profiboxer den Angriff einer untrainierten Taschendiebin nicht mit Schlägen aus seinem Schlagrepertoire beantworten).

Eine unerlaubte Handlung entsteht jedoch im Falle des **Notwehrexzeses** (§ 230 Abs. 1 BGB) oder der **Putativnotwehr.**

Notwehrexzess (Notwehrüberschreitung) liegt dann vor, wenn das erforderliche Maß der Abwehr überschritten wird. Die Notwehrüberschreitung selbst ist ein rechtswidriges Handeln i.S. des § 823 BGB und führt zu Schadensersatzansprüchen, wenn die übrigen vier Voraussetzungen des § 823 BGB gegeben sind.

Beispiel

Ein angegriffener Passant hat durch einen gezielten Schlag den Angreifer kampfunfähig gemacht und schlägt jedoch weiterhin auf ihn ein.

Eine Flucht ist dem Angegriffenen durchaus zumutbar, wenn dies ohne Opferung wesentlicher Interessen erfolgen kann (z.B. ein offensichtlich gehbehinderter Geistesgestörter greift ohne ersichtlichen Grund einen Passanten an).

Putativnotwehr (vermeintliche Notwehr) liegt dann vor, wenn der Täter irrtümlicherweise annahm, dass ein Angriff auf sich oder einen anderen vorliege.

Beispiel

In der Dunkelheit bemerkt Manfred Müller, dass er von zwei Männern „verfolgt" wurde. Als er einen Schuss hörte, schoss er dem einen „Verfolger" mit der Gaspistole in die Augen und verletzte ihn.

Es stellte sich jedoch heraus, dass es sich um seine Skatbrüder handelte, die ihm einen Schrecken einjagen wollten.

Müller wird auch dann schadensersatzpflichtig, auch wenn sein Irrtum nicht auf Fahrlässigkeit beruhte (§ 231 BGB).

4.5.3 Notstand (§ 228, § 904 BGB)

> Notstand ist ein Zustand drohender Gefahr, der nur dadurch beseitigt werden kann, dass man fremde Rechtsgüter verletzt.

Unterschieden werden muss:

1. Verteidigungsnotstand (defensiver Notstand) § 228 BGB

Verteidigungsnotstand ist dann gegeben, wenn jemand eine fremde Sache beschädigt oder zerstört, weil von ihr eine drohende Gefahr ausgeht. Die schädigende Handlung ist nicht widerrechtlich, wenn das notwendige Maß der Verteidigung gewahrt wird, um die drohende Gefahr von sich oder einem anderen abzuwenden.

Beispiele

1. Auf dem Nachhauseweg wird der Schüler Siegfried von einer großen Dogge angefallen. Siegfried sticht mit seinem Zirkel dem wertvollen Tier beide Augen aus, damit die Dogge kampfunfähig wird. Die Handlung Siegfrieds ist nicht widerrechtlich.

2. Otto sieht auf einem Autobahnrastplatz einen Tanklastwagen mit einem kleinen Leck. Damit das Grundwasser nicht verschmutzt wird, steckt er das Fahrzeug in Brand.

   Die schädigende Handlung Ottos ist widerrechtlich, da die Zerstörung des Tanklastwagens nicht zur Abwendung der Gefahr erforderlich gewesen wäre.

2. Angriffsnotstand (aggressiver Notstand) § 904 BGB

> Angriffsnotstand ist dann gegeben, wenn eine fremde neutrale Sache, von der selbst keine Gefahr droht, beschädigt oder zerstört wird, um ein anderes höherwertiges Rechtsgut zu schützen.

Beispiele

1. Emma geht im Schlosspark spazieren, plötzlich wird sie von einem Schäferhund angefallen. In ihrer Not entreißt sie der Passantin Paula die Einkaufstasche, um den Angriff abzuwehren. Nach heftiger Gegenwehr lässt der Hund schließlich von seinem Angriff ab. Emma sieht sich nun wilden Protesten der Passantin Paula gegenüber, die für die zerbissene Einkaufstasche und den zerstörten Inhalt Schadensersatz verlangt.

   Emma hat mit Recht der Passantin die Tasche entrissen. Paula hatte eine Duldungspflicht. Die geschädigte Passantin kann allerdings von Emma Ersatz des entstandenen Schadens verlangen. Emma kann sich wiederum an den Hundehalter halten.

2. Um bei Hochwassergefahr einen drohenden Dammbruch zu verhindern, verwendete Norbert Nass Bausteine, Bretter sowie sonstige Baumaterialien von der Baustelle des Bernd Bauer. Durch das schnellentschlossene Eingreifen von Nass wurde die Überflutung eines großen Wohngebietes verhindert.

   Bauer muss die Einwirkung auf sein Eigentum (Baumaterialien) dulden, da der drohende Schaden gegenüber dem aus der Einwirkung entstehenden Schaden unverhältnismäßig groß gewesen wäre.

3. Peter Pille hat einen teuren Sportwagen erworben. Voller Stolz führt er ihn seinem Sportsfreund Siggi Simmel vor. Beide bewundern gerade das Fahrzeug, als sie be-

obachten, wie sich auf der abschüssigen Straße ein geparkter schwerer Lkw-An-
hänger selbstständig macht. Der Hänger droht in einen tiefer gelegenen alten
Geräteschuppen zu rasen. Siggi Simmel will dies verhindern: er will den Sportwagen als Prellbock vor den Schuppen stellen.

Der Eigentümer des Sportwagens, Peter Pille, kann hier mit Recht die Einwirkung
von Siggi Simmel auf seine Sache (Sportwagen) verbieten, da der drohende Schaden (Zerstörung des Schuppens) gegenüber dem aus der Einwirkung drohenden
Schaden nicht unverhältnismäßig groß ist. Würde es sich statt eines alten Geräte-
schuppens um einen gut besuchten Spielplatz handeln, könnte Peter Pille die Einwirkung nicht verhindern, er hätte eine Duldungspflicht (Duldungspflicht bei ag-
gressivem Notstand).

4.5.4 Selbsthilfe (§ 229 BGB)

Selbsthilfe ist dann gegeben, wenn man einen eigenen Anspruch durch persönliches
Vorgehen durchsetzt oder sichert.

Nach dem Grundsatz der Rechtssicherheit ist Selbsthilfe nur in Ausnahmefällen zulässig
und nicht widerrechtlich. Es muss nämlich
- eine Gefahr drohen und
- obrigkeitliche Hilfe nicht rechtzeitig zu erlangen sein, damit
- ein bestehender Anspruch nicht verlorengeht.

Beispiele

1. Ein Gastwirt erwischt einen Gast, der – ohne zu bezahlen – durch das Toiletten-
   fenster entwischen will, und sperrt ihn ein, bis die Polizei eintrifft.

   Die Selbsthilfe stellt hier privaten Arrest und keine private Vollstreckung dar. Die
   Festnahme bis zum Eintreffen der Polizei ist nicht widerrechtlich.
2. Ein Juwelier ertappt einen Dieb, der gerade zwei wertvolle Uhren entwendet hat.
   Der Juwelier schließt den Dieb im Kellertresor für drei Tage ein. Hier liegt kein pri-
   vater Arrest, sondern eine private widerrechtliche Vollstreckung vor.

Zu beachten ist, dass die Selbsthilfe nicht weitergehen darf, als zur Abwendung der
Gefahr erforderlich ist (§ 230 BGB).

Beispiel

Ein Teppichhändler hat gegenüber einem Kunden eine Forderung von 20 000,00 €.
Alle außergerichtlichen Maßnahmen des Teppichhändlers waren bisher erfolglos.
Kurz vor Abgabe des Antrags auf gerichtlichen Mahnbescheid erfährt er, dass der
Kunde sich durch Flucht über die Grenze absetzen will. Der Teppichhändler stellt
ihn kurz vor der Grenze, er zwingt den gehbehinderten Schuldner in der Nacht zum
Verlassen des Fahrzeugs und nimmt ihm zur Sicherung seiner Ansprüche auch per-
sönliche Kleidungsstücke und das Auto weg. Der Schuldner erleidet körperlichen
Schaden.

Diese Handlung des Gläubigers stellt somit nach § 230 BGB einen Selbsthilfeexzess
dar und ist widerrechtlich.

Selbsthilfeexzess (§ 230 BGB) und Putativselbsthilfe (§ 231 BGB) führen zur Schadensersatzpflicht des Ausübenden.

Ein Gastwirt sieht, wie ein Gast – ohne zu bezahlen – das Lokal verlassen möchte. Er will ihn am Mantelärmel festhalten, dabei entsteht ein Schaden. Wie sich nunmehr herausstellt, hatte der Gast bereits der Ehefrau des Gastwirts bei der Bestellung bezahlt.

Der Gast hat wegen Irrtum über die Voraussetzungen der Selbsthilfe einen Schadensersatzspruch nach § 231 BGB.

■ Übungsaufgaben:

4/63 Überprüfen Sie das Entstehen von Schuldverhältnissen bei den problemeinführenden Beispielen.

4/64 Ein Landwirt beobachtet, wie sich der wertvolle Rassehund des Spaziergängers Seifert losreißt und sich auf den Hof des Landwirts auf eine Gans stürzt. Der Landwirt, der gerade mit einem Gewehr auf Rattenjagd ist, schießt den Hund nieder. Seifert verlangt Schadensersatz. Zu Recht?

4/65 Egon reizt aus Spaß den Hund des Nachbarn. Dieser greift Egon plötzlich an und zerreißt Egon die Anzughose. Der Hund lässt nicht ab, sodass Egon das Tier mit einem schweren Stein stark verletzt. Egon verlangt vom Nachbarn als Eigentümer Schadensersatz. Zu Recht?

4/66 Dieter Moser geht abends im Stadtpark spazieren. Plötzlich kommt ein Passant auf ihn zu, um ihn nach der Uhrzeit zu fragen. Dieter Moser nimmt aber an, dass der Passant ihn angreifen will, und schlägt auf ihn ein. Dabei wird die Kleidung des Passanten beschädigt (Schaden: 150,00 €). Kann Dieter Moser die Schadensersatzansprüche des Passanten zurückweisen?

4/67 Der angetrunkene A geht auf B los und will ihm einen Fußtritt versetzen. B verteidigt sich mit dem kostbaren Elfenbeinstock des C. Dabei wird A am Knie verletzt, und der Stock des C geht in die Brüche.

a) Kann A Ersatz der Krankheitskosten für sein verletztes Knie von B verlangen?

b) Kann C Ersatz des zerbrochenen Elfenbeinstocks von B verlangen?

c) Spielt es eine Rolle, ob B selbst angegriffen wurde oder nur dem angegriffenen D zu Hilfe kam?

d) Wie wäre die Rechtslage zu beurteilen, wenn B dem A mit dem Stock mehrmals auf den Kopf geschlagen und ihn dadurch schwer verletzt hätte?

e) Angesichts der schweren Verletzungen des A flieht B. C, der fürchtet, für den zerbrochenen Stock keinen Ersatz zu bekommen, verfolgt den fliehenden B und verwechselt diesen in der Dunkelheit mit dem Passanten P. Beim Versuch, diesen festzuhalten, zerreißt C den Mantel des P. Kann P von C Schadensersatz verlangen?

4/68 Klaus Müller will die Zeche prellen und schleicht aus dem Lokal. Der Wirt bemerkt dies und fordert Klaus auf, an die Theke zu kommen und seine Rechnung zu bezahlen. Klaus will daraufhin Reißaus nehmen, aber der Wirt ist schneller und hält ihn mit Gewalt zurück. Dabei zerreißt er beim Festhalten die Jacke des Klaus.

Kann Klaus Schadensersatz verlangen?

5 Sachenrecht

5.1 Besitz und Eigentum

5.1.1 Besitz

Im Sachenrecht des BGB werden die Verhältnisse einer Person zu einer Sache geregelt. An den Sachen als körperlichen Gegenständen können Rechtssubjekte Besitzrechte und/oder Eigentumsrechte geltend machen. Im BGB gibt es keine Legaldefinition für den Besitz; aus den §§ 854 bis 856 BGB kann Besitz als das tatsächliche Herrschaftsverhältnis einer Person über eine Sache definiert werden.

> **Besitz** ist das **tatsächliche Herrschaftsverhältnis** einer Person über eine Sache (§ 854 BGB).
>
> **Eigentum** ist das **rechtliche Herrschaftsverhältnis** über eine Sache (§ 903 BGB).

Je nachdem, ob der Besitzer die Sache als ihm gehörend besitzt oder nicht, unterscheidet man **Eigenbesitz** und **Fremdbesitz** (§ 872 BGB). Entscheidend hierbei ist, dass ein Fremdbesitzer das Recht des Eigentümers anerkennt. Deshalb ist auch ein Dieb Eigenbesitzer.

Je nachdem, ob der Besitzer die Sache unmittelbar besitzt, d.h. die tatsächliche Herrschaftsgewalt ausübt, oder mittelbar, d.h. durch einen Besitzmittler, unterscheidet man **unmittelbaren Besitz** und **mittelbaren Besitz**.

Das folgende Struktogramm zeigt diese Begriffe nach der jeweiligen Schlüsselfrage auf unter Verwendung der Personen Abel und Bebel:

Übt Abel die tatsächliche Gewalt über eine Sache aus?			
Ja		Nein	
Übt Abel die tatsächliche Gewalt für einen anderen aus?		Hat Abel die tatsächliche Gewalt Bebel auf Zeit überlassen?	
Ja	Nein	Ja	Nein
Abel ist nicht Besitzer, sondern **Besitzdiener** § 855 BGB	Abel ist **unmittelbarer Besitzer** § 854 BGB	Abel ist **mittelbarer Besitzer** § 868 BGB, Bebel ist **unmittelbarer Besitzer**	–

Beispiel

a) Der Schüler Egon bittet seinen Freund Fredo, er möge ihm für den nächsten Schultag seinen Taschenrechner leihen. Fredo kommt dem Wunsch nach und übergibt den Rechner.

Egon wird durch die Erlangung der tatsächlichen Gewalt nach § 854 BGB unmittelbarer Besitzer, Fredo ist nach § 868 BGB mittelbarer Besitzer.

b) Ein Nießbraucher vermittelt den Besitz (§ 1306 BGB) i.d.R. dem Eigentümer, ein Pfandgläubiger vermittelt den Besitz dem Verpfänder (§§ 1205 ff. BGB), ein Entleiher vermittelt den Besitz dem Verleiher (§ 598 BGB).

Die Unterscheidung zwischen Besitzer und Besitzdiener ist auch für das Strafrecht wichtig:

Nach § 246 StGB begeht eine **Unterschlagung**, wer als **Besitzer** eine fremde bewegliche Sache sich rechtswidrig zueignet.

Beispiel

M mietet eine Videokamera und lässt diese in seinem Ferienort Maisach „verschwinden".

Nach § 242 StGB begeht einen **Diebstahl**, wer eine fremde bewegliche Sache einem anderen in der Absicht wegnimmt, dieselbe sich rechtswidrig zuzueignen.

Beispiel

Hausmeister H entwendet widerrechtlich aus der Schule eine Videokamera und lässt sie in seinem Ferienort „verschwinden".

Erwerb und Verlust des Besitzes:

Der unmittelbare Besitz wird durch Erlangung der tatsächlichen Gewalt erworben. (Es ist gleichgültig, ob rechtmäßig oder nicht.)

Der Verlust des Besitzes besteht in dem Verlust der tatsächlichen Gewalt. (Es ist gleichgültig, ob rechtmäßig oder nicht, ob absichtlich oder nicht.)

Nach § 854 BGB wird der Besitz durch die Erlangung der tatsächlichen Gewalt über eine Sache erworben. Diese Besitzgründung als solche ist keine Willenserklärung im rechtsgeschäftlichen Sinn, sondern eine Tathandlung (= Realakt). Demnach sind zum Besitzerwerb zwei Voraussetzungen notwendig:

- **Erlangung der tatsächlichen Gewalt und**
- **Besitzgründungswille.**

Für den Besitzerwerb ist deshalb auch keine Geschäftsfähigkeit erforderlich. Die Erlangung der tatsächlichen Gewalt braucht auch nicht rechtmäßig zu sein, sogar ein Dieb erlangt Besitz an der gestohlenen Sache. Die tatsächliche Gewalt setzt eine gewisse Dauer der Beziehung zur Sache voraus, d.h., der Besitzerwerber muss sich der sog. Bereitschaftslage bewusst sein, für bestimmte Zeit die Herrschaft an der Sache auszuüben. Ein nur flüchtiges Sachberühren oder ein bloßes Mitbenutzen einer Sache stellen noch keinen Besitz bzw. Mitbesitz dar.

Beispiele

1. Ein Schüler trägt einem Lehrer, der sich bei einer Sportveranstaltung die Achillessehne angerissen hat, aus Gefälligkeit die Tasche in das Lehrerzimmer.

   Der Schüler wird nicht Besitzer der Tasche, da der Wille zur tatsächlichen Beherrschung der Sache auf Dauer fehlte.

2. Rudi Ruß leiht bei Victor Vegetari einen Gartengrill für das kommende Wochenende aus.

   Der Verleiher ist mittelbarer Besitzer, Rudi Ruß wird unmittelbarer Besitzer.

5.1.2 Besitzschutz

Unter Besitzschutz versteht man den Schutz, der von der Rechtsordnung dem tatsächlichen Herrscher gegen unrechtmäßige Entziehung und Störung gewährt wird. Der Gesetzgeber schützt den Besitzer gegen **verbotene Eigenmacht** nach § 858 BGB. Verbotene Eigenmacht stellen alle Handlungen dar, die den Besitz in Form von **Besitzentziehung** oder **Besitzstörung** beeinträchtigen.

Beispiele

Dieter Diebisch stiehlt Ludwig Leidung eine Uhr, die dieser von seinem Freund Friedrich Fröhlich ausgeliehen hatte. Der Dieb entzieht Ludwig Leidung als unmittelbarem Besitzer und Friedrich Fröhlich als mittelbarem Besitzer ihren Besitz durch verbotene Eigenmacht (§ 858, § 868, § 869 BGB).

Der Hauseigentümer Hans Hass hat zu seinem Mieter Manfred Muff seit Monaten ein sehr gespanntes Verhältnis. Hans Mass bläst als Hobbyjazzer leidenschaftlich gern Trompete. Durch sein unzeitgemäßes Musizieren bis 23 Uhr wird der Mieter Muff in seinen Besitzrechten gestört.

Unter **Besitzentziehung** versteht man die Beseitigung der Sachherrschaft, unter **Besitzstörung** jede Beeinträchtigung des Besitzes in der Weise, dass ein ruhiger, friedlicher und wirtschaftlich sinnvoller Besitz unmöglich gemacht wird; diese Beeinträchtigung kann durch körperliche und/oder psychische Einwirkung verursacht werden.

Gegen verbotene Eigenmacht hat das BGB dem Besitzer bzw. Besitzdiener folgende wichtige Rechte eingeräumt.

a. § 859 BGB Selbsthilferecht des Besitzers,

b. § 860 BGB Selbsthilferecht des Besitzdieners,

c. § 861 BGB Anspruch wegen Besitzentziehung und

d. § 862 BGB Anspruch wegen Besitzstörung.

a) Selbsthilferecht des Besitzers (§ 859 BGB)

Das Selbsthilferecht umfasst sowohl das Recht auf **Besitzwehr** (§ 859 Abs. 1 BGB) als auch das Recht auf **Besitzkehr** (§ 859 Abs. 2 BGB).

Beispiel

1. Der Eigentümer und Besitzer eines Kraftfahrzeuges Karl Kraft wurde von dem Unbekannten U gezwungen, die Kfz-Schlüssel herauszugeben, als er gerade nach einem Theaterbesuch nach Hause fahren wollte. Karl Kraft wehrte sich gegen den Diebstahl, indem er U niederschlug. U hat als Verletzter keine Ansprüche gegen Karl Kraft, da dieser als Besitzer ein Verteidigungsrecht nach § 859 Abs. 1 BGB hatte. Dieses Abwehrrecht geht sogar noch weiter als das Notwehrrecht oder Selbsthilferecht nach §§ 227 bzw. 229 BGB.

2. Rosa Rüstig wurde nachmittags von einem angeblichen Gasableser aufgesucht. Ahnungslos öffnete sie die Wohnungstür. Der Unbekannte U entwendete eine wertvolle Kaminuhr und flüchtete zu Fuß. Rosa Rüstig nahm mit ihrem Rad die Verfolgung auf und überwältigte den Unbekannten. Dabei wurde dieser verletzt.

   In diesem Fall hatte Rosa Rüstig als Besitzer ein Selbsthilferecht (Recht auf Besitzkehr) nach § 859 Abs. 2 BGB.

---

b) Selbsthilferecht des Besitzdieners (§ 860 BGB)

Das Selbsthilferecht des Besitzdieners stellt die Befugnis zur Ausübung des dem Besitzherrn zustehenden Selbsthilferechts dar.

Auf den Kiosk des Eigentümers und Besitzers Bernd Buss wurde ein Überfall verübt. Das Vorhaben misslang durch das entschlossene Eingreifen der Angestellten Anita. Kurzentschlossen schlug sie den Räuber nieder, der bereits die Tageskasse an sich gebracht hatte. Anita handelte als Besitzdiener in Selbsthilfe des Besitzherrn Bernd Buss nach § 860 BGB nicht rechtswidrig.

c) Anspruch wegen Besitzentziehung (§ 861 BGB)

Gegen verbotene Eigenmacht wird durch das Gesetz ein einklagbarer Anspruch auf Wiedereinräumung des Besitzes gewährt. Anspruchsberechtigt sind sowohl der unmittelbare als auch der mittelbare Besitzer. Anspruchsgegner ist der gegenwärtige fehlerhafte Besitzer.

d) Anspruch wegen Besitzstörung (§ 862 BGB)

Gegen verbotene Eigenmacht durch Besitzstörung räumt das Gesetz einen einklagbaren Anspruch auf Beseitigung der Störung ein. Dieser Besitzstörungsanspruch richtet sich auf die Herstellung des vor der Störung bestehenden Zustandes und stellt keinen Schadensersatzanspruch dar.

Beispiel

In einem Mehrfamilienwohnhaus kommt es zwischen zwei Mietern zu einem Streit. Mieter Meier räuchert auf seinem Balkon tagelang selbstgemachte Würste; durch die damit verbundene erhebliche Rauch- und Geruchsbelästigung fühlt sich der Mieter Mauer in seinen Besitzrechten gestört. Mauer kann gegen den Hausgenossen wegen dieser Immission Ansprüche wegen Besitzstörung nach § 862 BGB geltend machen.

5.1.3 Eigentum

Auch für Eigentum gibt es im BGB keine Legaldefinition. Aus § 903 BGB versteht sich Eigentum als ein rechtliches Herrschaftsverhältnis einer Person über eine Sache. Das Eigentum ist das umfassende Recht zur tatsächlichen Herrschaft (z.B. Gebrauch, Verbrauch) und zur rechtlichen Herrschaft (z.B. Veräußerung, Belastung, Vernichtung) einer beweglichen oder unbeweglichen Sache. **Nach § 903 BGB können nur Sachen Inhalt des Eigentums sein, nicht aber Forderungen und sonstige Rechte.** Insofern ist der Eigentumsbegriff des Grundgesetzes (Art. 14 GG) umfassender als der bürgerlich-rechtliche, weil sich jener auch auf Rechte erstreckt.

Das BGB geht von einem sog. totalen Herrschaftsbegriff aus, d.h. Einschränkungen des Herrschaftsrechts durch Gesetz oder Rechte Dritter stellen keine Ausnahme dar; vielmehr wird die zeitweise Übertragung von Eigentümerbefugnissen auf Dritte als Belastungen des ungeteilten Eigentums mit einem beschränkt dinglichen Recht angesehen.

Der Eigentümer kann mit der Sache „nach Belieben" verfahren. „Das Belieben" wird jedoch begrenzt durch
– gesetzliche Einschränkungen (z.B. § 226 BGB, Tierschutzgesetz, Sozialbindung Art. 14 GG, Denkmalschutzgesetz, Bundesbaugesetz, Naturschutzgesetz) und
– Rechte Dritter (z.B. Grundschuldrechte, Hypothekenrechte, Nachbarrechte).

Eigentum ist das rechtliche Herrschaftsverhältnis über eine Sache (§ 903 BGB).

Nach dem Verhältnis von Rechtssubjekten zu Sachen unterscheidet man im BGB
– Alleineigentum;
– Miteigentum (Miteigentum nach Bruchteilen);
– Gesamthandseigentum;
– Treuhandeigentum.

1. Alleineigentum

Ein Auto steht im alleinigen Eigentum einer natürlichen oder juristischen Person.

2. Miteigentum (Bruchteilseigentum) (§§ 1008 ff. BGB)

A, B, C und D haben gemeinsam ein Haus gebaut. Sie bilden eine Gemeinschaft (§ 741 BGB).

Das Eigentum an einer Sache (hier Haus) steht mehreren Miteigentümern je zu einem Bruchteil zu.

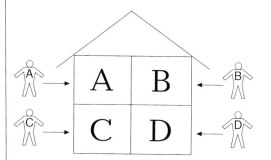

Abteilung 1 des Grundbuches
Eigentümer am Grundstück sind:
A zu 25/100
B zu 25/100
C zu 25/100
D zu 25/100
A hat Sondereigentum an seiner Wohnung
B hat ...

Jedem Miteigentümer steht ein ideeller Anteil an dem Grundstück (Grund, Boden und Gebäude) zu. Über diesen Anteil kann jeder Miteigentümer rechtlich selbständig verfügen (z.B. durch Kaufvertrag, Mietvertrag).

3. Gesamthandseigentum (§ 719 BGB)

Otto Ohlsen und Hugo Hubmann betreiben eine Papierwarengroßhandlung in der Rechtsform einer OHG. Der betriebliche Fuhrpark steht im Eigentum der OHG.

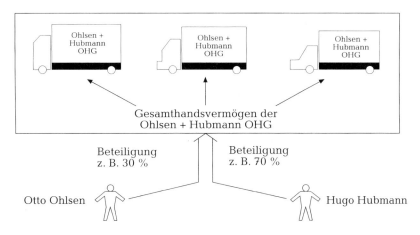

Der einzelne Gesellschafter kann **nicht** über seinen Anteil am **einzelnen Gegenstand** verfügen: Jeder ist Eigentümer der ganzen Sache, jedoch beschränkt durch die Mitberechtigung des anderen Gesellschafters.

4. Treuhandeigentum

> **Beispiel**
>
> K hat dem N einen Kredit gewährt. N übereignet K zur Sicherheit die neuwertige EDV-Anlage, damit sich K, falls er aus dem Kreditvertrag Schaden erleiden sollte, daraus entschädige.

5.1.4 Eigentumsschutz

Unter Eigentumsschutz versteht man den Schutz, der von der Rechtsordnung dem Eigentümer als rechtlichem Herrscher gewährt wird. Da das Eigentum ein durch § 823 BGB geschütztes Rechtsgut darstellt, werden bei Eigentumsverletzungen auch deliktsrechtliche Ansprüche nach § 823 BGB realisierbar. Ebenso wird dem Eigentümer die Möglichkeit geboten, sich im Rahmen der ungerechtfertigten Bereicherung (§§ 812, 816, 822 BGB) Recht zu verschaffen.

Folgende wichtige sachenrechtliche Ansprüche hat der Gesetzgeber dem Eigentümer eingeräumt.

a. § 985 BGB Herausgabeanspruch,

b. § 987 BGB Herausgabeanspruch auf Nutzungen,

c. § 1004 BGB Beseitigungs- und Unterlassungsanspruch,

d. § 989 BGB Schadensersatzansprüche nach Rechtshängigkeit,

e. § 990 BGB Schadensersatzansprüche gegen bösgläubigen Besitzer und

f. § 992 BGB Schadensersatzansprüche gegen deliktischen Besitzer.

a) Herausgabeanspruch des Eigentümers (§ 985 BGB)

Der Eigentümer kann vom unrechtmäßigen Besitzer die Herausgabe der Sache verlangen. Es handelt sich hierbei um einen nicht abtretbaren dinglichen Anspruch. Anspruchsberechtigter ist der Eigentümer, Anspruchsverpflichteter ist der Besitzer. § 985 BGB beinhaltet nur die Herausgabe der Sache, nicht jedoch einen Wertersatz.

> **Beispiel**
>
> 1. Der Lehrer Ludwig Lustig hat seinem Schüler Egon Eifrig sein Lösungsbuch ausgeliehen. Egon seinerseits verlieh es seinem Freund Fritz Fischer. Lustig kann als Eigentümer von Entleiher Egon und von Fritz Herausgabe des Lösungsbuchs verlangen; eventuell müssen die Einwendungen des mittelbaren Besitzers Egon nach § 986 BGB berücksichtigt werden.
>
> 2. Sportsfreund Stefan Spurt hat für die Zeit einer großen Sportveranstaltung in einem Elektrogeschäft ein Videogerät gemietet, um die nächtlichen Übertragungen als „Konserven" tagsüber genießen zu können. Ein unbekannter Dieb entwendet Stefan Spurt das Videogerät. Nach § 985 BGB kann das Elektrogeschäft als Eigentümer lediglich die Herausgabe (hier: Abtretung des Herausgabeanspruchs), aber keinen Wertersatz verlangen.

b) Herausgabeanspruch auf Nutzungen (§ 987, § 990 BGB)

Der bösgläubige Besitzer muss nach § 987 BGB auch die zwischenzeitlich gezogenen Nutzungen herausgeben.

> **Beispiel**
>
> Der minderjährige Baldur Bluff verpachtete seine Tankstelle an die Pächterin Paula Platz mit Wirkung ab 1. Juni. Der Vormund von Baldur Bluff genehmigte diesen Pacht-

vertrag nicht, als er am 5. Juni davon Kenntnis erhielt. Paula Platz muss nach § 987 BGB die zwischenzeitlich gezogenen Nutzungen nur dann an Baldur Bluff zurückgeben, wenn sie von der beschränkten Geschäftsfähigkeit Baldurs Kenntnis hatte, also bösgläubig war (§ 990 BGB).

c) Beseitigungs- und Unterlassungsanspruch (§ 1004 BGB)

Dieser Anspruch ergänzt die §§ 985, 1005 BGB insoweit, als dadurch vor solchen Beeinträchtigungen des Eigentums geschützt wird, die nicht in einer Besitzentziehung bestehen. Hauptanwendungsgebiete dieses Eigentumsanspruchs sind im Folgenden aufgezählt.

> **Beispiel**
>
> Lärmbelästigungen, Geruchsbelästigungen, Grundstücksbetretungsverbote, Hausverbote, Zugangsbehinderungen, Vertiefungen und Untergrabungen bei Grundstücken, Fotografieren außerhalb des Urheberrechtsgesetzes und gewerbliche Verbreitung der Aufnahmen, Samenflug vom Nachbargrundstück, Erschütterungen durch Maschinen.

Der Beseitigungs- und Unterlassungsanspruch ist nach § 1004 BGB dann nicht realisierbar, wenn der Eigentümer zur Duldung verpflichtet ist.

> **Beispiel**
>
> Hausverbote gelten nicht für Reporter bei Sportveranstaltungen, Grundstücksbetretungsverbote gelten nur eingeschränkt bei Testkäufern und Testbeobachtern.

d) Schadensersatzansprüche nach Rechtshängigkeit (§ 989 BGB)

Der Besitzer ist von dem Eintritt der Rechtshängigkeit an dem Eigentümer für den Schaden verantwortlich, der dadurch entsteht, dass infolge seines Verschuldens die Sache verschlechtert wird, untergeht oder aus einem anderen Grund nicht herausgegeben werden kann. Unter der Rechtshängigkeit versteht die Rechtsprechung hier die Zustellung einer begründeten Klage nach § 985 BGB oder § 894 BGB.

> **Beispiel**
>
> Der Eigentümer eines Pkw hatte den Besitzer des Fahrzeugs bereits auf Herausgabe nach § 985 BGB verklagt. Wenn nunmehr infolge Verschuldens des Besitzers der Pkw untergeht, wird der Besitzer nach § 989 BGB schadensersatzpflichtig.

Zu beachten ist, dass das Eigentümer-Besitzer-Verhältnis eine spezielle Rechtsnorm (lex specialis) gegenüber der unerlaubten Handlung (lex generalis, allgemeine Rechtsnorm) ist. Dies bedeutet, dass die §§ 823 ff. BGB im Rahmen des Eigentümer-Besitzer-Verhältnisses nur bei Vorliegen des § 992 BGB zur Anwendung kommen, eine spezielle Rechtsnorm ersetzt eine allgemeine Rechtsnorm.

e) Schadensersatzansprüche gegen bösgläubigen Besitzer (§ 990 BGB)

War der Besitzer bei dem Erwerb des Besitzes nicht im guten Glauben, so haftet er dem Eigentümer von der Zeit des Erwerbs an nach den Vorschriften der §§ 987, 989 BGB. Bösgläubiger Besitzer (unredlicher Besitzer) ist derjenige, welcher bei der Besitzergreifung den Mangel des Besitzrechts kennt oder grob fahrlässig nicht kennt. Den unredlichen Besitzer trifft also bei Vorliegen eines Verschuldens ebenfalls eine Schadensersatzpflicht. Auch diese spezielle Rechtsnorm des § 990 BGB hat Vorrang vor den Vorschriften der §§ 823 ff. BGB.

Listig hatte sich von Fies den Taschenrechner ausgeliehen, obwohl Listig wusste, dass Fies ihn von Ehmig gestohlen hatte. Wird nunmehr infolge Verschuldens des Listig der Taschenrechner beschädigt, so trifft ihn als unredlichen Besitzer nach § 990 BGB eine Schadensersatzpflicht.

f) Schadensersatzansprüche gegen deliktischen Besitzer (§ 992 BGB)

Hat sich der Besitzer durch verbotene Eigenmacht oder durch eine Straftat den Besitz verschafft, so haftet er dem Eigentümer nach den Vorschriften wegen unerlaubter Handlung. Die Schadensersatzpflicht trifft den Besitzer (gleichgültig ob redlich oder unredlich), der sich durch verbotene Eigenmacht oder strafbare Handlung (z.B. Diebstahl, Hehlerei, Erpressung) den Besitz verschafft hat. In aller Regel werden die Voraussetzungen des § 848 BGB gegeben sein, sodass für den Schadensersatzanspruch kein Verschulden notwendig ist.

Hugo Hurrle hat sich durch Hehlerei (= strafbare Handlung) in den Besitz von vier wertvollen Aluminiumfelgen gebracht. Hugo Hurrle fährt seinen mit diesen Aluminiumfelgen versehenen Sportwagen zu Schrott. Hugo Hurrle haftet dem Eigentümer der Aluminiumfelgen gegenüber auf Schadensersatz aus unerlaubter Handlung (§ 992 BGB iVm § 823 und § 848 BGB), auch wenn ihn an dem Unfall kein Verschulden trifft.

▓ Übungsaufgaben:

5/1 Otto Ohnemus ist an einer OHG beteiligt. Außerdem hat er auf seinen Namen für private Zwecke eine Eigentumswohnung in der Wohnanlage Seeblick gekauft und erworben. Da die Wohnung für ihn als Alleinstehenden zu groß ist, hat er ein möbliertes Zimmer an den Studenten Stefan Stutz vermietet. Als Mitunternehmer ist Ohnemus beruflich stark gefordert, er beschäftigt deshalb in seiner Eigentumswohnung halbtags die Hausangestellte Hanna Heimlich.

Ordnen Sie folgende Begriffe den jeweiligen Personen zu. Erläutern Sie dabei die zugeordneten Begriffe: Alleineigentum, Miteigentum, Gesamthandseigentum, unmittelbarer Besitzer, mittelbarer Besitzer, Besitzdiener.

5/2 Paula Pauli hat von Elfriede Eumel ein Obstbaumgrundstück gepachtet. Der Grundstücksnachbar Gustel Grimmig lagert stark riechende Abfälle aus seinem Handwerksbetrieb auf dem Grundstück.

Kann Paula Pauli als Pächter die Beseitigung der Abfälle verlangen?

5/3 Anton Aumann hat die Lust an Arbeit und Vermögen verloren, künftig will er sich der Jagd und Fallenstellerei in einem fernen Land zuwenden. Aumann will seinen Anteil an der Personengesellschaft Aumann & Bumann OHG verkaufen, seine Eigentumswohnung verschenken.

Kann er das, ohne dass seine Mitgesellschafter bzw. seine Miteigentümer zustimmen?

5/4 Der Hauseigentümer Max Mäker besitzt für seinen Rasen zwei Rasenmäher. Sein Nachbar Niki Nock bittet ihn, ihm einen Mäher für acht Tage leihweise zu überlassen, bis sein eigener Mäher wieder repariert ist. Max Mäker stimmt zu und übergibt das Gerät. Drei Tage vor Ablauf der Leihfrist verlangt Max Mäker als Eigentümer ohne Begründung seinen Mäher zurück. Muss Niki Nock ihn herausgeben?

5/5 Die Lehrerin Lucia Lindner sitzt über einem Stapel von schwierigen Prüfungskorrekturen. Auf dem Nachbargrundstück sägt der Grundstückseigentümer Nepomuk Neff seit Tagen Holz für seinen Hausbrand. Lucia Lindner wird in ihrer Arbeit gestört.

a) Welche Rechte könnte Lucia Lindner als Besitzer geltend machen?

b) Welche Rechte könnte Lucia Lindner als Eigentümer geltend machen?

Die Anlieger einer Tennisanlage fühlen sich durch den zunehmenden Spielbetrieb gestört. Welche rechtlichen Möglichkeiten sehen Sie für die lärmgestörten Eigentümer?

5.1.5   Schranken von Besitz und Eigentum

Beschränkungen des Besitzes und Eigentums finden sich in zahlreichen Einzelgesetzen. Die Schranken sind bedingt durch die Pflichtgebundenheit im Allgemeininteresse, sie lassen sich nach folgenden Bereichen systematisieren:

a. Schranken durch das Grundgesetz,

b. Schranken durch das Privatrecht und

c. Schranken durch das öffentliche Recht.

5.1.5.1 Schranken durch das Grundgesetz

Eigentum wird durch Art. 14 GG gewährleistet, gleichzeitig bestimmt Art. 14, dass Inhalt und Schranken durch die Gesetze geregelt werden, dass das Eigentum verpflichtet und dass eine Enteignung nur zum Wohl der Allgemeinheit zulässig ist.

5.1.5.2 Schranken durch das Privatrecht (hier BGB)

1. Notstand (§ 904 BGB)

Dieser Angriffsnotstand (aggressiver Notstand) ist dann gegeben, wenn eine fremde neutrale Sache, von der selbst keine Gefahr droht, beschädigt oder zerstört wird, um ein anderes höherwertiges Rechtsgut zu schützen.

Der Eigentümer einer (beweglichen oder unbeweglichen Sache) darf die Einwirkung eines anderen auf die Sache nicht verbieten, wenn ein Notstand vorliegt. § 904 BGB beschränkt das Eigentum einer Person durch die Auferlegung einer **Duldungspflicht**. § 904 BGB setzt voraus:

– gegenwärtige Gefahr;

– drohender Schaden muss gegenüber dem aus der Einwirkung unverhältnismäßig hoch sein.

Diese Duldungspflicht des Eigentümers, Besitzers, Besitzdieners und Nießbrauchers bedeutet, dass sie keine Rechte aus §§ 227, 859 BGB haben. Der Eingriff ist nicht widerrechtlich, wohl aber ein eventueller Widerstand dagegen.

2. Einwirkungen vom Nachbargrundstück (§ 906 BGB)

§ 906 BGB liegt der Gedanke zugrunde, dass jeder Eigentümer aus den nachbarlichen Lebensverhältnissen heraus bestimmte Störungen hinnehmen muss, wobei jedoch die Pflicht zur gegenseitigen Rücksichtnahme zu beachten ist. Somit wird eine Duldungspflicht von bestimmten Immissionen kodifiziert. § 906 BGB ist keine starre Rechtsnorm, vielmehr den Fortschritten der Technik, des Verkehrs und der Denkweise der beteiligten Personen unterworfen.

Beispiel für die Duldungspflicht, soweit die dadurch hervorgerufene Beeinträchtigung nicht wesentlich ist:

Kirchengeläut in Feriengebieten, Sportlärm, Fluglärm, Laub-, Nadel-, Blüten- und Samenflug, Rundfunk- und Fernsehempfangsstörung durch Maschinen, Landwirtschaftslärm, Landwirtschaftsgeruch bei Hühnerfarm.

3. Überhang (§ 910 BGB)

Der Eigentümer eines Grundstücks kann Wurzeln eines Baumes oder eines Strauches, die von einem Nachbargrundstück eingedrungen sind, abschneiden und behalten. Dasselbe gilt von überhängenden Zweigen, wenn der Eigentümer dem Besitzer des Nachbargrundstücks eine angemessene Frist bestimmt hatte.

4. Überbau (§ 912 BGB)

Der Eigentümer eines Grundstücks hat einen Überbau eines Nachbars, der nicht auf Vorsatz oder grobe Fahrlässigkeit zurückzuführen ist, zu dulden. Die Rechtsprechung ordnet ein Verschulden des Architekten dem Eigentümer zu.

Nach §§ 94, 946 BGB würde das Gebäude Eigentum des einen Grundstückseigentümers und teilweise des Nachbargrundstückseigentümers. Hat der Nachbar den Überbau zu dulden, verbleibt ihm das Eigentum am überbauten Grund und Boden, das Gebäude gehört aber nach § 95 Abs. 1 S. 2 BGB ganz dem Eigentümer des anderen Grundstücks.

5. Notwegerecht (§ 917 BGB)

Fehlt einem Grundstück die notwendige Verbindung mit einem öffentlichen Weg, so kann der Eigentümer von dem Nachbarn die befristete Benutzung einer Verbindung verlangen.

5.1.5.3 Schranken durch das öffentliche Recht

Dabei ist zu unterscheiden zwischen einer

* **Inhalts- und Schrankenbestimmung,**
* **Enteignung** und
* sonstigen Eingriffen wie
  - **enteignungsgleicher Eingriff,**
  - **enteignender Eingriff.**

Nach der Rechtsprechung des BVerfG liegt eine Inhalts- und Schrankenbestimmung dann vor, wenn der Gesetzgeber einen Sachverhalt generell-abstrakt regelt und damit die allgemeine Eigentumsordnung neu definiert.

> Die Inhalts- und Schrankenbestimmung ist eine **generell-abstrakte Neudefinition von Eigentümerbefugnissen.**

Die Inhaltsbestimmung ist zulässig, wenn sie einen gerechten Ausgleich zwischen der Eigentumsgarantie und der Sozialbindung des Eigentums (Art. 14 Abs. 2) erreicht. Dann muss grundsätzlich keine Entschädigung gewährt werden.

Beispiele

Eingeschränkte Nutzungsmöglichkeiten von eigenem Grund und Boden, Einschränkung von Vermieterbefugnissen, Bebauungspläne, Beschränkungen durch Denkmalschutzgesetz.

Wesensmerkmal der Enteignung ist der staatliche Zugriff auf das Eigentum des Einzelnen, dieser ist auf die vollständige oder teilweise Entziehung konkreter Eigentumspositionen zur Erfüllung bestimmter öffentlicher Aufgaben gerichtet.

> Die Enteignung ist **konkret,** trifft **individuell** und **entzieht zielgerichtet** das **Eigentum** dem Eigentümer.

Die Enteignung ist nur zum Wohl der Allgemeinheit zulässig, sie darf nur durch formelles Gesetz oder aufgrund eines Gesetzes erfolgen, das Art und Ausmaß der Entschädigung festlegt (Art. 14 Abs. 3 GG). Es muss eine Abwägung der Interessen der Allgemeinheit und des Eigentümers vorgenommen werden.

Keine Enteignung stellen die enteignungsgleichen und die enteignenden Eingriffe dar, obwohl sie konkret und individuell treffen. Deshalb kann hier das Bedürfnis einer Entschädigung gegeben sein.

Die Rechtsprechung definierte den enteignungsgleichen Eingriff wie folgt:

Enteignungsgleicher Eingriff liegt vor, wenn schuldhaft oder schuldlos **rechtswidrig** durch hoheitliche Maßnahmen in eine als Eigentum geschützte Rechtsposition unmittelbar eingegriffen wird und dadurch dem Berechtigten ein Sonderopfer für die Allgemeinheit auferlegt wird.

Der Bundesgerichtshof definierte den enteignenden Eingriff wie folgt:

Ein **enteignender Eingriff** liegt dann vor, wenn die nachteilige Einwirkung auf Vermögensrechte des Einzelnen die ungewollte Folge von handlungsbezogenem **rechtmäßigen** hoheitlichen Handeln ist.

5.2   Möglichkeiten des Eigentumserwerbs

Das Eigentum kann auf folgende Arten erworben werden:

Sachenrecht	**Eigentumserwerb an Mobilien durch Rechtsgeschäft:** (Übertragung des Eigentums §§ 929–936 BGB) **Eigentumserwerb an Mobilien kraft Gesetz:** 1. Ersitzung §§ 937–945 BGB 2. Verbindung von Sachen mit Grundstücken § 946 BGB 3. Verbindung beweglicher Sachen § 947 BGB 4. Vermischung beweglicher Sachen § 948 BGB 5. Verarbeitung § 950 BGB 6. Erwerb durch persönlich Berechtigten § 956 BGB 7. Aneignung § 958 – § 964 BGB 8. Fund § 965 – § 984 BGB **Eigentumserwerb an Immobilien:** Einigung und Eintragung ins Grundbuch § 873 BGB
sonstige Rechtsbereiche	**Eigentumserwerb durch Erbfolge:** §§ 1922 ff. BGB **Eigentumserwerb durch Ehevertrag (Gütergemeinschaft):** §§ 1408 ff. BGB **usw.**

5.2.1 Übertragung des Eigentums an beweglichen Sachen

Problemeinführende Beispiele

a) Der Baustoffhändler Bauer verkaufte an die private Bauherrin Busam eine Keramik-Duschwanne. Nach den zugrunde liegenden allgemeinen Geschäftsbedingungen bleibt der Lieferer bis zur vollständigen Bezahlung Eigentümer. Unmittelbar nach Lieferung der Duschwanne baut sie Busam in ihrem Neubau ein. Nach Fälligkeit der Rechnung bezahlt Busam trotz mehrfacher Mahnung nicht. Bauer will die Duschwanne wieder ausbauen, er begründet sein Vorhaben damit, dass er ja noch Eigentümer sei.

b) Bauherrin Busam stiehlt auf dem Nachbargrundstück Schamottsteine und baut sie in ihren offenen Kamin ein.

Nach dem Sachenrecht ist ein Eigentumserwerb an Mobilien entweder durch Rechtsgeschäft oder kraft Gesetzes möglich.

Eigentumserwerb an Mobilien durch Rechtsgeschäft

a) Übertragung des Eigentums durch den Berechtigten
   1. Einigung und Übergabe (§ 929 BGB)
   2. Einigung und Besitzkonstitut (§ 930 BGB)
   3. Einigung und Abtretung des Herausgabeanspruchs (§ 931 BGB)
b) Übertragung des Eigentums durch den Nichtberechtigten (§§ 932, 935 BGB)

Eigentumserwerb an Mobilien kraft Gesetzes

a) Ersitzung (§§ 937–945 BGB)
b) Verbindung, Vermischung, Verarbeitung (§§ 946–957 BGB)
c) Aneignung (§§ 958–964 BGB)
d) Fund (§§ 965–984 BGB)

5.2.1.1 Eigentumserwerb an Mobilien durch Rechtsgeschäft

a) Übertragung des Eigentums durch den Berechtigten

1. Übertragung des Eigentums durch Einigung und Übergabe (§ 929 BGB)

Der Eigentumsübergang nach § 929 BGB hat grundsätzlich zwei Voraussetzungen: Einigung und Übergabe. Der Veräußerer und der Erwerber müssen sich einig sein, dass das Eigentum übergehen soll. Die Einigung ist ein „verfügender Vertrag" (Mentalakt). Auf ihn finden alle Vorschriften über Willenserklärungen und Willensmängel Anwendung. Dagegen bedeutet die Übergabe die Verschaffung des unmittelbaren Besitzes (Realakt). Der Veräußerer muss den Besitz völlig verlieren; er darf auch nicht mittelbarer Besitzer bleiben oder werden, wohl aber Besitzdiener des Erwerbers.

Beispiel

Der 19-jährige Schüler Stefan verkauft an den 17-jährigen Schüler Kuno seinen gebrauchten Computer mit Software für 600,00 €. Im Kaufvertrag vereinbaren beide, dass Kuno am nächsten Tag den fälligen Kaufpreis entrichtet; Stefan übereignet dagegen sofort im Vertrauen auf die kommende Zahlung den Computer.

Voller Stolz erzählt Kuno seinen Eltern von dem Kauf, die Eltern verweigern die notwendige Genehmigung (§ 108 BGB). Somit ist das Verpflichtungsgeschäft nichtig. Das Erfüllungsgeschäft (Verfügungsgeschäft) wird durch die Nichtigkeit nicht beeinflusst: Die Eigentumsübertragung besteht aus Einigung und Übergabe. Die Einigung erfordert zwei übereinstimmende Willenserklärungen; die Willenserklärung, des min-

---

derjährigen (und beschränkt geschäftsfähigen) Kuno bringt ihm lediglich einen rechtlichen Vorteil, folglich ist sie gültig (§ 107 BGB). Aufgrund der Trennung des Verpflichtungsgeschäfts und des Erfüllungsgeschäfts (= Abstraktionsprinzip) wurde Kuno durch Einigung und Übergabe Eigentümer.

Die bloße Einigung genügt dann, wenn der Erwerber bereits Besitzer der Sache geworden ist (z.B. aufgrund von Miet-, Pacht- oder Leihvertrag).

Beispiel

Der 18-jährige Klassenkamerad Karl hatte von seinem volljährigen Mitschüler Michael einen Solarrechner ausgeliehen. Karl ist von dem Rechner derart begeistert, dass er ihn Michael abkaufen will. Wenn nun Michael (Verkäufer) dem Antrag des Karl (Käufer) zustimmt, kommt ein Kaufvertrag zustande. Die Übereignung benötigt nach § 929 S. 2 BGB nur noch die Einigung zwischen Veräußerer Michael und Erwerber Karl.

---

2. Übertragung des Eigentums durch Einigung und Besitzkonstitut (§ 930 BGB)

Ist der Eigentümer im Besitz der Sache, so kann die Übergabe dadurch ersetzt werden, dass zwischen ihm und dem Erwerber ein Rechtsverhältnis vereinbart wird, vermöge dessen der Erwerber den mittelbaren Besitz erlangt. Zu beachten ist, dass die Einigung (Mentalakt) für das Erfüllungsgeschäft notwendig ist, lediglich die Übergabe (Realakt) wird durch ein Besitzmittlungsverhältnis ersetzt. Die **Sicherungsübereignung** ist das Hauptanwendungsgebiet des § 930 BGB. Sie wurde von der Wirtschaftspraxis entwickelt, um Kredit durch solche Fahrnis (bewegliche Sache) zu sichern, deren Besitz der Kreditnehmer nicht entbehren und die er deswegen auch nicht verpfänden kann. Der Kreditgeber erhält nach außen hin das Eigentumsrecht, das mehr als ein Pfandrecht darstellt. Der Kreditgeber ist nur gegenüber dem Kreditnehmer beschränkt durch die Verpflichtung, das Eigentum nur zur Sicherung des gewährten Kredits zu verwerten und es nach dessen Rückzahlung auf den Kreditnehmer zurückzuübertragen.

Beispiel

Die Sanus GmbH ist in Liquiditätsschwierigkeiten geraten. Die Geschäftsführerin der GmbH bittet die Hausbank der GmbH, einen Überbrückungskredit zu gewähren. Als Sicherheit könnte sie zwei Lkw übereignen. Die Bank ist einverstanden, es kommt zum Abschluss des Kreditvertrages nach § 607 BGB sowie zur Sicherungsübereignung.

Durch Einigung und Besitzkonstitut (hier: Besitzüberlassung) geht das Eigentum an den Lkw auf die Bank (Erwerber) (= mittelbarer Besitzer) über. Die GmbH (Veräußerer) bleibt unmittelbarer Besitzer.

---

3. Übertragung des Eigentums durch Einigung und Abtretung des Herausgabeanspruchs (§ 931 BGB)

Ist ein Dritter (weder Veräußerer noch Erwerber) im Besitz der Sache, so kann die Übergabe dadurch ersetzt werden, dass der Eigentümer dem Erwerber den Anspruch auf Herausgabe der Sache abtritt.

Beispiel

Die Sanus GmbH hat einen Kleinbus an den langjährigen Mitarbeiter Manfred Menne ab 1. Juli für die Zeit von vier Wochen vermietet. Manfred Menne fuhr mit dem Fahrzeug in ein südliches Ferienland. Die Geschäftsführerin der Sanus GmbH erhielt am 3. Juli von dem Kfz-Händler Hubert Hanßmann einen Kaufantrag wegen Inzahlungnahme des gebrauchten Kleinbusses bei sofortiger Übereignung. Das Verpflichtungsgeschäft (Kaufvertrag) und das Erfüllungsgeschäft (Einigung und Abtretung des Herausgabeanspruchs) wurden vollzogen. Der Händler wurde Eigentümer des Fahrzeugs, obwohl die Übergabe noch nicht stattgefunden hatte.

b) Übertragung des Eigentums durch den Nichtberechtigten (§§ 932, 935 BGB)

Grundsätzlich kann nur ein Eigentümer Eigentum übertragen. Unter bestimmten Bedingungen ist es jedoch möglich, dass man auch von einem Nichteigentümer (Nichtberechtigten) Eigentum erwirbt. Die §§ 932 ff. BGB schützen den guten Glauben an das Eigentum des Veräußerers. Der gutgläubige Eigentumserwerb nach § 932 BGB hat folgende Voraussetzungen:

– der Veräußerer muss Besitzer der Sache sein,

– der Erwerber muss gutgläubig sein und

– die Sache darf nicht abhanden gekommen sein (Einzelheiten vgl. § 935 BGB).

Beispiele

1. Ludwig leiht von seinem Sportskameraden der Altherrenmannschaft ein Alu-Rad aus. Ludwig verkauft und übereignet dieses Rad an den gutgläubigen Cousin Christian für 500,00 €.

   Christian wird Eigentümer nach § 932 BGB.

2. Stefan stiehlt Martha ein Paar Wasserski, verkauft und übereignet sie an seinem Ferienort an den gutgläubigen Gerd.

   Gerd wird nach § 935 BGB nicht Eigentümer.

3. Im Schulhof verlor die 19-jährige BK-Schülerin Babsi Buss eine Halskette mit der Einprägung: *Babsi von Bubi*. Frieda, eine 20-jährige Mitschülerin, findet die Kette und schenkt sie der Mitschülerin Mary (20 Jahre). Mary nimmt die Handschenkung (§ 518 BGB) an. Mary wird jedoch nicht Eigentümerin, da sie aufgrund der Einprägung offensichtlich nicht gutgläubig sein konnte, denn auch Bubi ist in derselben Klasse; im Übrigen gibt es keinen gutgläubigen Erwerb nach § 935 BGB, da die Halskette verloren worden war.

4. In der Sporthalle verlegte der Hallenhandballfan Hans seine wertvolle Pelzjacke; der vergessliche Hans konnte sich jedoch an den Ort nicht mehr erinnern. Eine Woche, nachdem die Putzfrau Paula Putz die Jacke zum erstenmal gesehen hatte, lag die Jacke immer noch da; daraufhin nahm Paula die Jacke an sich. Paula verkaufte und übereignete die Jacke gegen einen Preis von 500,00 € an ihren Schwager Siegfried Schwahl.

   Einige Zeit später erkennt Hans an Siegfried Schwahl seine Jacke. Hans verlangt als rechtmäßiger Eigentümer die Herausgabe. Siegfried Schwahl kann sich nicht auf einen gutgläubigen Erwerb nach § 932 BGB berufen (§ 935 BGB).

Der Erwerber einer Sache vom Besitzer darf darauf vertrauen, dass er vom Eigentümer erwirbt. Dieser Grundsatz ist Ausfluss der Publizitätsfunktion des Besitzes. Dieser Eigentumserwerb tritt aber nur dann ein, wenn der Erwerber gutgläubig ist. Der gute Glaube wird vom Gesetz vermutet. Die Beweislast für den guten Glauben hat somit nicht der Erwerber. Derjenige, der den guten Glauben bestreitet, hat die Bösgläubigkeit zu beweisen.

5.2.1.2 Eigentumserwerb an Mobilien kraft Gesetzes

a) Ersitzung (§§ 937–945 BGB)

Wer eine bewegliche Sache zehn Jahre im Eigenbesitz hat, erwirbt das Eigentum (Ersitzung). Die Ersitzung ermöglicht einem gutgläubigen Erwerber (Eigenbesitzer) von beweglichen Sachen den Erwerb von Eigentum, obwohl er ansonsten trotz seines guten
Glaubens kein Eigentum erwerben würde. Der bisherige Eigentümer verliert sein Eigentum, der Ersitzende erwirbt Eigentum kraft Gesetz. Somit geschieht der Eigentumserwerb nicht durch einen Übertragungsakt, sondern durch einen „Ersitzungsakt".

b) Verbindung, Vermischung, Verarbeitung (§§ 946-957 BGB)

Verbindung, Vermischung und Verarbeitung stellen Realakte dar, die einen Eigentumserwerb ermöglichen. Durch diese Realakte wird die bisherige selbstständige Existenz
einer Sache aufgegeben.

Wer durch Vermischung, Verbindung oder Verarbeitung einen Rechtsverlust erleidet, kann
von demjenigen, zu dessen Gunsten die Rechtsänderung eintritt, eine Vergütung in Geld
verlangen. Die Wiederherstellung des früheren Zustandes kann nicht verlangt werden.

c) Aneignung (§§ 958–964 BGB)

Wer eine herrenlose bewegliche Sache in Eigenbesitz nimmt, erwirbt das Eigentum an der Sache. Herrenlos ist eine Sache dann, wenn **entweder noch nie Eigentum bestanden hat** (z.B. wilde Tiere § 960 BGB, Meereserzeugnisse, bergbaufreie Mineralien) oder **wenn das Eigentum aufgegeben wurde** (z.B. ausgebrauchte Möbel werden zum Sperrmüll gestellt § 959 BGB) oder wenn das Eigentum **sonst erloschen** ist (z.B. herrenloser Bienenschwarm § 961 BGB).

Auch die Aneignung ist kein rechtsgeschäftlicher Eigentumserwerb, also ist dazu ebenfalls keine Geschäftsfähigkeit nötig.

d) Fund (§§ 965–984 BGB sowie § 978 BGB)

Durch Fund einer verlorenen beweglichen Sache kann nach § 973 BGB Eigentum erworben werden. Durch diesen Fund entsteht ein gesetzliches Schuldverhältnis zwischen Finder und Empfangsberechtigten, auf das die Vorschriften von §§ 677 ff. BGB ergänzend angewendet werden. Dem Finder werden durch das Gesetz bestimmte Rechte und Pflichten zugewiesen (z.B. Verwahrungspflicht § 966 BGB, Ablieferungspflicht § 967 BGB, Recht zum Ersatz von Aufwendungen § 970 BGB, Finderlohn § 971 BGB). Nach Ablauf von sechs Monaten nach der Fundanzeige bei der zuständigen Behörde erwirbt der Finder das Eigentum an der Sache (§ 973 BGB).

Eine Besonderheit stellt der Schatzfund nach § 984 BGB dar. Die Hälfte des Eigentums erwirbt der Entdecker, die andere Hälfte der Eigentümer der Sache, in welcher der Schatz verborgen war.

Von gewichtiger Bedeutung ist der **Fund in einer öffentlichen Behörde oder in einer Verkehrsanstalt** (§ 978 BGB): Wer eine Sache in den Geschäftsräumen oder den Beförderungsmitteln einer öffentlichen Behörde oder einer dem öffentlichen Verkehr dienenden Verkehrsanstalt findet und an sich nimmt, hat die Sache unverzüglich abzuliefern. Ein Finderlohnanspruch besteht für gefundene Sachen über einen Wert von mindestens 50 €; der Finderlohn besteht in der Hälfte des Betrages, der für einen „normalen" Fund nach § 971 BGB berechnet wird, d.h., bei Sachwerten bis 500 € 2,5 % statt 5 %, vom Mehrwert 1,5 % statt 3 %, bei Tieren 1,5 % statt 3 %.

Kein Finderlohn steht den Bediensteten der Behörde oder der Verkehrsanstalt zu.

Die Behörde oder die Verkehrsanstalt kann die an sie abgelieferte Sache öffentlich versteigern lassen. Dabei kann die Versteigerung bei Bundes- und Länderbehörden durch einen ihrer Beamten vorgenommen werden (§ 979 BGB).

Sie ist erst zulässig, nachdem die Empfangsberechtigten in einer öffentlichen Bekanntmachung des Fundes zur Anmeldung ihrer Rechte unter Bestimmung einer Frist aufgefordert wurden, und die Frist verstrichen ist (§ 980 BGB). Sind seit dem Ablauf der in der öffentlichen Bekanntmachung bestimmten Frist drei Jahre vergangen, so fällt der Versteigerungserlös, wenn nicht ein Empfangsberechtigter sein Recht anmeldet, dem Staat zu (§ 981 BGB).

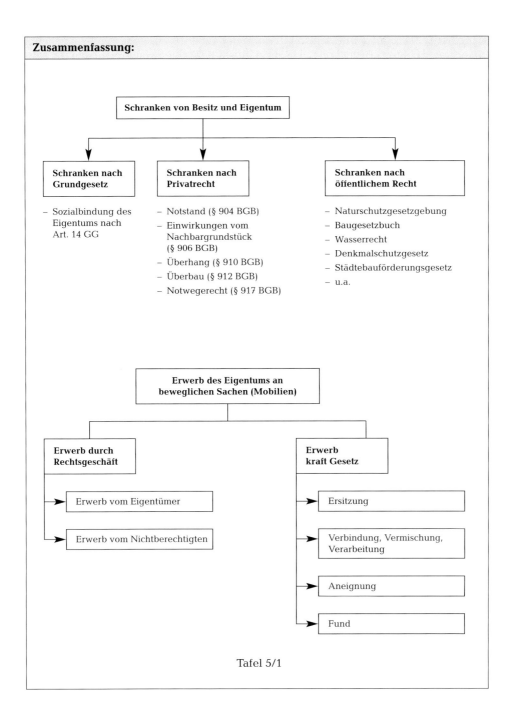

Zusammenfassung:

Schranken von Besitz und Eigentum

Schranken nach Grundgesetz	Schranken nach Privatrecht	Schranken nach öffentlichem Recht

– Sozialbindung des Eigentums nach Art. 14 GG

– Notstand (§ 904 BGB)
– Einwirkungen vom Nachbargrundstück (§ 906 BGB)
– Überhang (§ 910 BGB)
– Überbau (§ 912 BGB)
– Notwegerecht (§ 917 BGB)

– Naturschutzgesetzgebung
– Baugesetzbuch
– Wasserrecht
– Denkmalschutzgesetz
– Städtebauförderungsgesetz
– u.a.

Erwerb des Eigentums an beweglichen Sachen (Mobilien)

Erwerb durch Rechtsgeschäft

Erwerb vom Eigentümer

Erwerb vom Nichtberechtigten

Erwerb kraft Gesetz

Ersitzung

Verbindung, Vermischung, Verarbeitung

Aneignung

Fund

Tafel 5/1

■ **Übungsaufgaben:**

Definieren Sie die Begriffe Besitz und Eigentum. **5/7**

Nennen Sie die Schranken von Besitz und Eigentum nach dem Privatrecht. **5/8**

Nennen Sie die Möglichkeiten des Eigentumserwerbs an Mobilien im Rahmen des Sachenrechts und im Rahmen sonstiger Rechtsbereiche. **5/9**

5/10   Victor bietet Klaus ein gebrauchtes Surfbrett zum Kauf an. Klaus kommen beim näheren Betrachten des Bretts Bedenken, ob es nicht einem Bekannten von ihm gehöre. Er erinnert sich, dass vor wenigen Wochen am Baggersee Gifiz unter den Surfern Aufregung herrschte, da Bernds Brett spurlos verschwunden war. Klaus kaufte Victor das Brett sehr günstig ab; Victor begründete seinen günstigen Angebotspreis damit, dass er selbst ja nicht surfe. Klaus nahm das Brett gegen Barzahlung gleich mit; am Baggersee erkennt Bernd sein Eigentum. Klaus macht gegen Bernd geltend, dass das Gesetz den gutgläubigen Erwerber schützt und er somit Eigentümer ist. Rechtslage?

5/11   Manni Mont ist ein begabter Hobbybastler. Er baut in seinen Pkw einen gestohlenen Sportvergaser ein. Wer ist der Eigentümer des Sportvergasers nach dem Einbau?

5/12   Die Chemopup-GmbH erhält von der Heizölhändlerin Frieda Feuerspei eine Heizöllieferung im Wert von 9 000,00 € o. MwSt. (= 30 000 l). Die Lieferung erfolgte unter Eigentumsvorbehalt nach § 455 BGB am 14. Dez., Zahlungsziel 30 Tage. Die Heizöltanks der Chemopup-GmbH fassen insgesamt 50 000 l. Am 14. Dez. war noch ein Restbestand von 10 000 l vor der Lieferung Feuerspeis vorhanden. Wer ist am Jahresende Eigentümer von den noch vorhandenen 32 000 l Heizöl?

5/13   Rudi Raser entwendet aus der Garage des Hans Halter dessen Pkw und fährt ihn zu Schrott. Welche Ansprüche kann Hans Halter geltend machen?

5/14   Welche Anforderungen stellt das Grundgesetz an die Enteignung?

5.2.2 Übertragung des Eigentums an unbeweglichen Sachen

Problemeinführendes Beispiel

Ulla ist als Eigentümerin eines Grundstücks im Grundbuch eingetragen. Sie beauftragt den Grundstücksmakler Windig, den Verkauf des Grundstücks zu vermitteln. Windig veräußert das Grundstück an Furcht. Ulla interessiert sich dafür, wie die Übertragung des Eigentums vorgenommen wird.

Zur Eigentumsübertragung an beweglichen Sachen ist nach § 929 BGB die Übergabe der Sache und die Einigung zwischen Veräußerer und Erwerber darüber notwendig, dass das Eigentum an der Sache übergehen soll. Die Einigung ist hier an keine Form gebunden.

Bei Grundstücken dagegen sieht das BGB
– Einigung und
– Eintragung
zum Erwerb eines dinglichen Rechts vor.

Die Einigung zwischen den Beteiligten ist nach § 873 BGB notwendig bei
– Übertragung des Eigentums an einem Grundstück,
– Belastung des Grundstücks mit einem Recht,
– Übertragung der Belastung eines solchen Rechts.

Lediglich die Übertragung des Eigentums an einem Grundstück, also die Einigung darüber, dass das Eigentum übergeben soll, heißt Auflassung.

Die Auflassung ist die Einigung des Veräußerers und des Erwerbers über die Eigentumsübertragung an einem Grundstück (§ 925 BGB).

Über die Form der Einigung sagt § 873 BGB nichts aus, sodass sie auch formlos rechtswirksam abgegeben werden kann (Ausnahme: die Auflassung). Allerdings ist bis zur Eintragung keiner der Beteiligten an die Einigung gebunden.

Demnach gilt: Eine formlose Einigung ist zwar rechtswirksam, aber bis zur Eintragung nicht bindend. Normalerweise fallen Rechtswirksamkeit und Bindungswirkung zeitlich zusammen. § 873 bildet eine wichtige Ausnahme von diesem Grundsatz.

In der Rechtspraxis spielt die formlose Einigung aber eine untergeordnete Rolle, da in Anbetracht der mit Grundstücksrechten verbundenen Bedeutung keiner der Beteiligten ein entsprechendes Risiko eingehen möchte. Unter ganz bestimmten Voraussetzungen fallen jedoch Rechtswirksamkeit und Bindungswirkung zeitlich zusammen. § 873 BGB nennt diese Voraussetzungen:

- die Erklärungen werden gerichtlich oder notariell beurkundet oder
- die Erklärungen werden vor einem Grundbuchamt abgegeben oder
- die Erklärungen werden beim Grundbuchamt eingereicht oder
- der Berechtigte hat dem anderen Teil eine den Vorschriften der GBO entsprechende (§ 19 GBO) Eintragungsbewilligung ausgehändigt.

Die Auflassung, also die Einigung über den Eigentumswechsel an einem Grundstück, ist formgebunden (§ 925 BGB). § 873 Abs. 2 BGB wird für die Auflassung durch § 925 BGB außer Kraft gesetzt. Dies hat folgende Konsequenzen:

> Eine Auflassung, die nicht vor dem Grundbuchamt, vor dem Amtsgericht oder vor einem Notar bei gleichzeitiger Anwesenheit beider Teile erklärt wurde, ist nach § 125 BGB nichtig; der Eigentumswechsel ist nicht vollzogen. Eine Grundbucheintragung, die auf einer nicht formgerechten Auflassung beruht, kann diese Formnichtigkeit nicht heilen.

Wichtig ist, dass der schuldrechtliche Vertrag (Kaufvertrag hinsichtlich des Grundstücks) und die Auflassung zwei getrennte Verträge darstellen. Für die Form des Kausalgeschäfts (Kaufvertrag) gilt § 311 b BGB: Gerichtliche oder notarielle Beurkundung. Ein Verstoß gegen diese Formvorschrift bedeutet Nichtigkeit des Kaufvertrages (§ 311 b iVm § 125 BGB). Diese Formnichtigkeit kann allerdings durch eine formgerechte Auflassung und Eintragung in das Grundbuch geheilt werden (§ 311 b BGB). § 925a BGB sieht vor, dass die Auflassung nur entgegengenommen werden solle, wenn die nach § 311 b BGB erforderliche Urkunde vorliegt oder gleichzeitig errichtet wird. Damit soll gewährleistet werden, dass die Auflassung auf einem rechtswirksamen Kausalgeschäft beruht. Trotzdem ist die Trennung zwischen **dinglichem Vertrag (Auflassung)** und dem **schuldrechtlichen Kaufvertrag** juristisch bedeutsam. Die Auflassung ist nämlich rechtswirksam selbst dann, wenn der Kaufvertrag aus irgendeinem Grund unwirksam ist.

Zusammenfassung:

- Rechte an Grundstücken (Eigentumsrechte und beschränkt dingliche Rechte) können nur durch Einigung und Eintragung in das Grundbuch übertragen werden (§ 873 BGB).
- Die Einigung über den Eigentumswechsel hinsichtlich eines Grundstücks heißt Auflassung.
- Bezüglich der Einigung (Ausnahme: Auflassung) enthält § 873 Abs. 2 BGB eine atypische Konstruktion:
  - die Einigung ist formlos rechtswirksam,
  - sie wird aber erst bindend, wenn sie gerichtlich oder notariell beurkundet oder vor dem Grundbuchamt abgegeben oder bei diesem eingereicht wird oder wenn der Berechtigte dem anderen Partner eine Eintragungsbewilligung nach § 19 GBO ausgehändigt hat.

- Die Auflassung dagegen ist formgebunden. Folgende Vorschriften sind zur rechtswirksamen und bindenden Auflassung einzuhalten:
  - gleichzeitige Anwesenheit beider Teile (persönliche Anwesenheit ist nicht erforderlich) vor
  - dem Amtsgericht, dem Grundbuchamt oder dem Notar.
- Die Auflassung ist bedingungslos und befristungsfeindlich (§ 925 Abs. 2 BGB).

Übersicht: Kaufvertrag über ein Grundstück

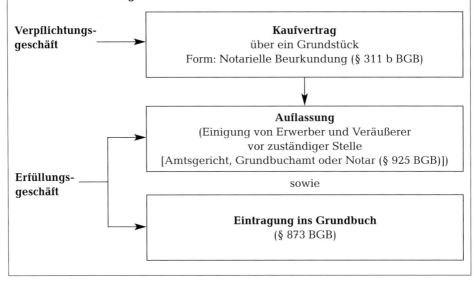

5.2.3 Das Grundbuch

Problemeinführendes Beispiel

Der Immobilienmakler Wim inseriert in der Tageszeitung: „Baugrundstück, 10 ar, beste Lage in Willstätt, zu verkaufen".

Max Imo beabsichtigt, dort ein Grundstück zu erwerben, um ein Einfamilienhaus zu bauen.

Max Imo möchte nun wissen, ob und gegebenenfalls wo er Informationen (genaue Größe, evtl. Baubeschränkungen, bisherige Eigentümer, Belastungen usw.) über dieses Grundstück einholen kann.

5.2.3.1 Zweck des Grundbuchs

Das Grundbuch ist ein staatliches Register, das zum Zwecke eingerichtet wurde, sichere Auskunft über Rechtsverhältnisse, die Grundstücke betreffen, zu geben.

Das **formelle Grundbuchrecht** ist in der Grundbuchordnung (GBO) geregelt, das **materielle Grundbuchrecht** ist im Sachenrecht (3. Buch des BGB) enthalten. Gegenstand des materiellen Grundbuchrechts ist die Regelung über das Entstehen und Erlöschen von Rechten an Grundstücken. In diesem Zusammenhang ist auf die Unterscheidung zwischen begrenzt dinglichen Rechten einerseits und Eigentumsrechten andererseits einzugehen.

Bei dem Eigentumsrecht handelt es sich um die Herrschaft über eine Sache als Ganzes, d.h., die verschiedenen Herrschaftsbeziehungen werden vom Eigentumsrecht umfasst.

Die begrenzt dinglichen Rechte dagegen erfassen nur einen Teil der möglichen Beziehungen (z.B. Grundpfandrechte).

Das formelle Grundbuchrecht umfasst einmal die bundeseinheitliche Grundbuchordnung, zum anderen die landesrechtlichen Ausführungsbestimmungen, die länderspezifische Eigenheiten berücksichtigen.

Nach § 1 GBO werden die Grundbücher von den Grundbuchämtern geführt. In fast allen Bundesländern sind die Grundbuchämter den Amtsgerichten zugeordnet. Baden-Württemberg bildet hierin eine Ausnahme. Hier werden die Grundbücher im Grundbuchamt der Gemeinden durch Notare geführt (mit der Bezeichnung „Grundbuchamt").

Grundsätzlich sind die Grundbuchämter für die in ihrem Bezirk gelegenen Grundstücke zuständig (§ 1 GBO). Jedes Grundstück erhält nach § 3 GBO ein Grundbuchblatt, das dem Grundbuch im Sinne des BGB entspricht (vgl. hierzu § 873 BGB). Jede Eintragung, die das materielle Grundbuchrecht des BGB vorsieht, ist auf diesem Blatt vorzunehmen. Da die Eintragungen zahlreich sein können, besteht oftmals das Grundbuchblatt eines Grundstücks aus mehreren Blättern. Wichtig ist auch, dass es nicht zu allen real existierenden Grundstücken ein Grundbuchblatt gibt. Man unterscheidet in diesem Zusammenhang zwischen

– buchungspflichtigen und

– buchungsfreien

Grundstücken. Buchungspflichtig sind solche Grundstücke, für die Buchungszwang besteht, für die also ein Grundbuchblatt einzurichten ist. Buchungsfrei sind nach § 3 GBO Grundstücke, die für sich allein nur von geringer wirtschaftlicher Bedeutung sind, aber den wirtschaftlichen Zwecken mehrerer anderer Grundstücke zu dienen bestimmt sind und im Miteigentum der Eigentümer dieser Grundstücke stehen. Es handelt sich bei den buchungsfreien Grundstücken i.d.R. um solche, die nicht selbständig veräußert oder belastet werden können. Dazu zählen in erster Linie Grundstücke, die den Körperschaften des öffentlichen Rechts gehören, z.B. Grundstücke des Bundes, der Länder oder der Gemeinden, soweit es sich um Grundstücke für öffentliche Straßen oder Gewässer handelt. Da diese Grundstücke im Grundbuch nicht gebucht sind, sind sie auch nicht Gegenstand des gewöhnlichen Grundstücksverkehrs.

Zusammenfassung:

– Das Grundbuch ist ein staatliches Register, in dem die Rechtsverhältnisse der buchungspflichtigen Grundstücke enthalten sind. Buchungsfrei sind solche Grundstücke der öffentlichen Hände, die mit anderen Grundstücken desselben Eigentümers eine wirtschaftliche Einheit bilden (öffentliche Straßen, Gewässer usw.).

– Man unterscheidet formelles und materielles Grundbuchrecht. Das formelle Grundbuchrecht ist Gegenstand der GBO; das materielle Grundbuchrecht ist im BGB enthalten (im Sachenrecht: 3. Buch des BGB).

– Das Grundbuch wird von den Grundbuchämtern geführt, die mit Ausnahme von Baden-Württemberg den Amtsgerichten zugeordnet sind. In Baden-Württemberg werden die Grundbücher bei den Gemeinden geführt.

5.2.3.2 Inhalt und Aufbau des Grundbuchs

Jedes Grundbuchblatt besteht aus mehreren, jedoch einheitlich geregelten Verzeichnissen:

- Bestandsverzeichnis
- Abteilung I
- Abteilung II
- Abteilung III

Das **Bestandsverzeichnis** enthält Angaben über die Lage, Größe, Bebauung und Kulturart (z.B. Wiese oder Wohnhaus mit Ökonomiegebäude und Hofreite). Dem Bestandsverzeichnis ist die Aufschrift vorangestellt, die z.B. die Nummer des Grundbuchblattes, die Bezeichnung des Amtsgerichts (Grundbuchamtes) enthält.

In der **Abteilung I** ist der Name des Eigentümers, der Erwerbsgrund und gegebenenfalls der Erwerbspreis festgehalten. In dieser Abteilung werden sämtliche Veränderungen in der Eigentumsbeziehung hinsichtlich des betreffenden Grundstücks eingetragen.

Abteilung II   Alle dinglichen Rechte, soweit sie nicht in der Abt. III eingetragen werden, z.B. Wegerechte, Erbbaurechte, Nießbrauchsrechte, Verfügungsbeschränkungen, die durch das Insolvenzverfahren oder durch Zwangsvollstreckungsmaßnahmen entstanden sind, mit den entsprechenden. Vormerkungen.

Abteilung III   Hypotheken-, Grund- und Rentenschulden

Die Grundpfandrechte sind im Abschnitt 5.3.2 behandelt. Unter Vormerkung versteht man eine vorläufige Eintragung in das Grundbuch zur Sicherung des Anspruchs auf eine Rechtsänderung (z.B. Aufhebung oder Einräumung eines Rechts). Die Eintragung einer Vormerkung hat nach § 883 BGB zur Folge, dass eine nach der Vormerkungseintragung getroffene Verfügung insoweit unwirksam ist, als sie den durch die Vormerkung gesicherten Anspruch beeinträchtigt. Das Grundbuch ist in deutlicher Schrift zu führen; Abkürzungen dürfen nicht verwendet werden. Auch Prägestempel sind verboten. Das Löschen von Grundbucheintragungen erfolgt durch Unterstreichen mit roter Farbe.

Zusammenfassung:

- Das Grundbuch ist formell in einzelne Verzeichnisse aufgeteilt.

- Bezeichnung und Inhalt der einzelnen Verzeichnisse:

Bezeichnung	Inhalt
Bestandsverzeichnis	Angaben über Lage, Größe, Bebauung und Kulturart des Grundstücks
Abteilung I	Name des Eigentümers, Erwerbsgrund und gegebenenfalls Erwerbspreis
Abteilung II	Alle dinglichen Rechte, soweit nicht in der Abteilung III enthalten (z.B. Wegerechte, Erbbaurechte, Nießbrauchrechte), Verfügungsbeschränkungen, die durch Insolvenz oder Zwangsvollstreckungsmaßnahmen entstanden sind; Vormerkungen.
Abteilung III	Hypotheken, Grund- und Rentenschulden

Amtsgerichtsbezirk **Achern** (Ortenaukreis)

Grundbuchamt **Lauf** (Baden)

Grundbuch

von

Lauf (Baden)

Nr. **0550**

Gefertigt am 12. Juli 01

Die im Grundbuch eingetragenen
Rötungen erscheinen in dieser
Fotokopie schwarz;

Grundbuch-Nr.
0550

Amtsgerichtsbezirk	Grundbuchamt	Grundbuch von		
Achern	Lauf	Lauf Blatt Nr. 0550		**Einlegeblatt**
			Bestandsverzeichnis	1

Laufende Nummer der Grundstücke	Bisherige laufende Nummer d. Grundstücke	Bezeichnung der Grundstücke und der mit dem Eigentum verbundenen Rechte			Größe		
		a) Gemarkung (Nur bei Abweichung v. Grundbuchbez.)		c) Wirtschaftsart und Lage	ha	a	qm
		b) Karte	Flurstück				
1	2	3			4		
1	–	128,48	140	Hof- und Gebäudefläche 15,84 a			
				Wald 7,98 a			
				Weg 0,63 a		24	45
				Gebäude- und Freifläche,			
				Verkehrsfläche,			
				Waldfläche,			
				Obere Rötelstraße 8			

Amtsgerichtsbezirk	Grundbuchamt	Grundbuch von	
Achern	Lauf	Lauf Blatt Nr. 0550	Einlegeblatt
		Bestandsverzeichnis	1 R

Bestand und Zuschreibungen		Abschreibungen	
Zur lfd. Nr. der Grund-stücke		Zur lfd. Nr. der Grund-stücke	
5	6	7	8
1	Aus Band 31 Heft 1 übertragen am 08. Juni 01. **Knauer**		
1	Grundstücksbeschreibung fortgeführt am 13. Mai 01 **Knauer**		

Amtsgerichtsbezirk	Grundbuchamt	Grundbuch von	
Achern	Lauf	Lauf Blatt Nr. 0550	Einlegeblatt
		Erste Abteilung	1

Zur lfd. Nr. der Eintra-gungen	Eigentümer	Lfd. Nr. der Grundstücke im Bestands-verzeichnis	Grundlage der Eintragung
1	2	3	4
1	Bernhard Martin Droll, Dipl.-Kaufmann in Lauf, geb. am 11.11.1946.	1	Das bisher in Band 31 Heft 1 ein-getragene Eigentum ohne Eigen-tumswechsel hierher übertragen am 08. Juni 1983 **Knauer**

Amtsgerichtsbezirk	Grundbuchamt	Grundbuch von	
Achern	Lauf	Lauf Blatt Nr. 0550	Einlegeblatt
		Zweite Abteilung	1

Lfd. Nr. der Eintra-gungen	Laufende Nummer der betroffenen Grundstücke im Bestandsverzeichnis	Lasten und Beschränkungen
1	2	3
1	1 = 140	Wohnungsrecht auf die Dauer des ledigen Standes für Werner Mustermann, geb. am 01.01.1980, wh. in Lauf. Gemäß Bewilligung vom 02. Februar 1980 eingetragen am 10. März 1980.
2	1 = 140	Wegrecht entlang der nördlichen Grenze zugunsten des jeweiligen Eigentümers von Flst. Nr. 139. Gemäß Bewilligung vom 01. Oktober 1950 eingetragen am 20. November 1950.

Amtsgerichtsbezirk	Grundbuchamt	Grundbuch von	
Achern	Lauf	Lauf Blatt Nr. 0550	Einlegeblatt
		Dritte Abteilung	1

Lfd. Nr. der Eintra-gungen	Laufende Nummer der betroffenen Grundstücke im Bestandsverzeichnis	Betrag	Hypotheken, Grundschulden, Rentenschulden
1	2	3	4
1	1 = 140	60.000,00 €	Sechzigtausend Euro Grundschuld nebst 15% Jahreszinsen sowie einer einmaligen Nebenleistung von 5 % des Grundschuldbetrages zugunsten der Volksbank Sasbach eG in Sasbach. Gemäß Bewilligung vom 13. Januar 01 eingetragen am 25. Jan. 01 **Knauer**

5.2.3.3 Grundsätze des formellen und materiellen Grundbuchrechts

a) Die Prinzipien des formellen Grundbuchrechts

Grundstücke sind häufig Gegenstände des Rechtsverkehrs (Eigentümerwechsel, Begründung dinglicher Rechte sowie deren Übertragung oder Beendigung). Aus Rechtssicherheitsgründen ist es erforderlich, den tatsächlichen Berechtigten zu kennen. Dieser Grundsatz betrifft zwar nicht nur das Grundstücksrecht, erlangt aber durch die relativ hohen Werte, die ein Grundstück repräsentiert, eine zusätzliche wirtschaftliche Bedeutung.

Beispiel

Schalk kauft von Selig ein Grundstück, das dem Emsig gehört. Schalk kannte die Eigentumsverhältnisse nicht. Ohne auf die gesetzlichen Vorschriften eingehen zu wollen, sind zwei entgegengesetzte Regelungsmöglichkeiten denkbar.

Möglichkeit 1:

Der gutgläubige Erwerb des Grundstücks ist nicht geschützt, d.h., Schalk muss das Grundstück an Selig zurückgeben: Emsig bleibt Eigentümer des Grundstücks, er hat also sein Eigentumsrecht nie verloren. Für Schalk bliebe unter diesen Voraussetzungen lediglich ein Bereicherungsanspruch gegen Selig.

Möglichkeit 2:

Der gutgläubige Erwerb des Grundstücks ist geschützt, d.h., Schalk wird Eigentümer, Emsig hat das Eigentumsrecht durch einen Vertrag, an dessen Zustandekommen er nicht beteiligt war, verloren. Emsig bleiben in diesem Fall nur Schadensersatzansprüche gegen Selig.

Bei der Möglichkeit 1 ist der tatsächliche Eigentümer geschützt: Es ist also danach nicht möglich, ein Grundstück ohne die Zustimmung des Eigentümers zu erwerben.

Die Möglichkeit 2 dagegen schützt den gutgläubigen Erwerber zu Lasten des tatsächlichen Eigentümers.

Die Rechtsordnung hat sich zugunsten der **Möglichkeit 1** entschieden, sodass gutgläubiger Erwerb an einem Grundstück ausgeschlossen ist. Dies kann aber nur dann im Rechtsverkehr durchgesetzt werden, wenn man dem Erwerber die Möglichkeit eröffnet, sich über die tatsächlichen Eigentumsverhältnisse hinsichtlich des Grundstücks zu informieren. Dies wiederum setzt voraus, dass das Grundbuch, das u.a. die Eigentumsverhältnisse beschreibt, einem potenziellen Erwerber zur Einsichtnahme offen steht. Außerdem muss sich der Kaufinteressent darauf verlassen können, dass die Eintragungen richtig sind. Um dies zu verwirklichen, enthält das formelle Grundbuchrecht entsprechende Prinzipien:

– Prinzip der Publizität,

– Antragsprinzip,

– formelles Konsensprinzip,

– Prinzip der Voreingetragenheit.

1. Prinzip der Publizität

Das Grundbuch steht jedem zur Einsicht offen, der ein berechtigtes Interesse nachweisen kann (§ 12 GBO). Das Gleiche gilt für Urkunden, auf die im Grundbuch Bezug genommen wird und die Ergänzungen zu Grundbucheintragungen darstellen (§ 12 GBO). Man bezeichnet dies als beschränkte Öffentlichkeit des Grundbuches.

Ist die Einsichtnahme zulässig, kann auch eine Grundbuchabschrift gefordert werden, die auf Verlangen zu beglaubigen ist.

2. Antragsprinzip

Grundsätzlich ist eine Eintragung in das Grundbuch nur möglich, wenn ein Antrag desjenigen, der durch die Eintragung betroffen wird, vorliegt (§§ 13, 14 GBO). Bei jedem Antrag hat das Grundbuchamt auf dem Antrag selbst den Zeitpunkt des Eingangs festzuhalten (§ 13 GBO).

3. Konsensprinzip

Das materielle Grundbuchrecht fordert neben der Eintragung grundsätzlich die Einigung zwischen demjenigen, der ein Recht an einem Grundstück aufgibt, und demjenigen, der das entsprechende Recht erwirbt (materielles Konsensprinzip).

Im formellen Grundbuchrecht wird dagegen nur gefordert, dass derjenige, der ein Recht an einem Grundstück aufgibt, eine Eintragungsbewilligung ausstellt (§ 19 GBO), sodass die Eintragung einer Rechtsänderung i.d.R. nur vollzogen werden kann, wenn

– ein Antrag und
– eine Eintragungsbewilligung des Passivberechtigten

vorliegen. Nicht zu prüfen ist beim formellen Grundbuchrecht, ob tatsächlich eine Einigung zwischen dem Antragsteller und demjenigen, der die Eintragungsbewilligung abgegeben hat, erreicht worden ist. Man geht im formellen Grundbuchrecht von der Einigungsvermutung aus.

4. Prinzip der Voreingetragenheit (§§ 39 ff. GBO)

Dieser Grundsatz besagt, dass das Grundbuch nicht nur die aktuellen Rechtsverhältnisse darstellen, sondern auch Aufschluss über deren Entwicklung geben soll. Konkret verlangt dieser Grundsatz, dass derjenige, der einen Antrag (oder eine Eintragungsbewilligung) auf eine Grundbucheintragung stellt, zuvor als Berechtigter einzutragen ist (§ 39 GBO).

Beispiel

Die Wohnbaugesellschaft Klein erwirbt von Alt ein Grundstück, auf dem Wohnhäuser gebaut werden sollen. Hierzu soll das Grundstück parzelliert und die Parzellen (einschließlich der gebauten Wohnhäuser) an die einzelnen Käufer übertragen werden. Die Wohnbaugesellschaft hat einen Antrag auf Eintragung beim zuständigen Grundbuchamt noch nicht gestellt, eine Eintragungsbewilligung Alts liegt vor.

Zwischenzeitlich hat Klein die einzelnen Grundstücke verkauft. Die Käufer stellen Anträge auf Änderung des Grundbuchs.

Lösung

Alt ist noch als Eigentümer des Grundstücks eingetragen; die Grundstücksteilung (Parzellierung) ist noch nicht im Grundbuch vermerkt. Ehe die Anträge der Käufer beim Grundbuchamt berücksichtigt werden können, muss die Wohnbaugesellschaft Klein als Eigentümer eingetragen werden (§ 39 GBO). Sie wird im Übrigen erst mit der Eintragung Eigentümer des Grundstücks (§ 873 BGB). Sie hat beim Katasteramt die Grundstücksteilung zu beantragen. Zwischen dem Katasteramt und dem Grundbuchamt besteht eine Verbindung dergestalt, dass das Katasteramt jenem alle die Grundstücke betreffenden Informationen mitzuteilen hat (z.B. Größe des Grundstücks aufgrund von Grundstücksaufteilung oder neuer Vermessungen). Damit wird eine Identifizierung der Grundstücke ermöglicht (Katasternummer).

Bezüglich der Grundstücksparzellen wird entsprechend der Katasteränderung zunächst die Wohnbaugesellschaft Klein als Eigentümerin in das Grundbuch eingetragen. Erst danach können die Käufer der Grundstücke als Eigentümer eingetragen werden.

b) Grundsätze des materiellen Grundbuchrechts

Wie bereits erwähnt, schützt das materielle Grundbuchrecht den Eigentümer des Grundstücks. Diese Rechtsposition gilt generell für jeden Rechtsinhaber, soweit es sich um ein dingliches Recht an einem Grundstück handelt. Damit auf der anderen Seite dem Rechtserwerber die Möglichkeit gegeben wird, sich vor evtl. Schaden zu schützen, muss er sich auf die Richtigkeit des Grundbuchs verlassen können.

1. Vermutung der Richtigkeit einer Eintragung

Nach § 891 BGB gilt die Vermutung, dass demjenigen das betreffende Grundstücksrecht auch tatsächlich zusteht, der im Grundbuch als Rechtsinhaber eingetragen ist. Außerdem gilt die Vermutung, dass ein im Grundbuch gelöschtes Recht auch tatsächlich nicht mehr besteht (§ 891 BGB). Damit wird aber auch die Einschränkung der Richtigkeitsvermutung offensichtlich: Es kann nicht vermutet werden, dass alle eintragungspflichtigen Rechtssachverhalte auch tatsächlich eingetragen sind, d.h., aus § 891 BGB kann die Vollständigkeitsvermutung nicht abgeleitet werden.

Unrichtige Eintragungen sind im Grundbuch zwar selten, doch nicht ganz auszuschließen. Zu unrichtigen Eintragungen kann es kommen, wenn

– dem Grundbuchamt Fehler unterlaufen sind (z.B. falscher Name, falscher Betrag),

– eine Rechtsänderung (mit dinglicher Wirkung) ohne Zutun des Grundbuchamtes wirksam wird (z.B. Erbfall: Der Erbe wird nämlich Eigentümer auch ohne Eintragung),

– das dingliche Rechtsgeschäft nichtig ist und die Eintragung aufgrund dieses nichtigen Rechtsgeschäfts erfolgte.

2. Der öffentliche Glaube

Während § 891 BGB lediglich die Vermutung der Richtigkeit des Grundbuches aufstellt, geht § 892 BGB einen wesentlichen Schritt weiter: Derjenige, der ein Recht an einem Grundstück (oder ein Recht an einem solchen Recht) durch Rechtsgeschäft erwirbt, kann sich auf die Grundbucheintragung berufen, d.h., das Grundbuch genießt eine Rechtsscheinwirkung bei Unrichtigkeit oder Unvollständigkeit. Die positive Kenntnis der Unrichtigkeit jedoch zerstört diesen guten Glauben (§ 892 BGB). Im Unterschied zu § 932 BGB (gutgläubiger Erwerb an beweglichen Sachen) ist nur die Kenntnis der Unrichtigkeit (oder die Eintragung eines entsprechenden Widerspruchs im Grundbuch) ausschlaggebend, nicht auch schon die Unkenntnis infolge grober Fahrlässigkeit; daher spricht man im Zusammenhang mit § 892 BGB auch von positiver Kenntnis.

Voraussetzung des öffentlichen Glaubens ist demnach

– rechtsgeschäftlicher Erwerb (gemeint ist das dingliche Rechtsgeschäft: Einigung und Eintragung); § 892 BGB kann nicht angewandt werden bei:

– Erwerb durch Erbfall und

– Erwerb nach § 928 Abs. 2 BGB.

– Grundbuchinhalt ist unrichtig;

– Erwerber ist gutgläubig, d.h. es ist kein Widerspruch eingetragen und der Erwerber kennt die Unrichtigkeit nicht.

Rechtsfolge des öffentlichen Glaubens:

Zum Zeitpunkt des Rechtserwerbs gilt der Inhalt des Grundbuchs als richtig. Die Rechtsordnung schützt in diesem Fall den gutgläubigen Erwerber.

Die Brüder Max und Moritz sind gesetzliche Erben (Erbengemeinschaft) ihres Vaters, der u.a. ein Grundstück hinterlässt. Beide beantragen die Berichtigung des Grundbuches (z.B. durch Vorlage des Erbscheines). In das Grundbuch wird versehentlich Moritz als Alleineigentümer eingetragen, der das Grundstück ohne Wissen und Zustimmung Maxens an Markus unter Beachtung der Formvorschriften (§§ 311 b, 925 BGB) veräußert. Markus hatte keine Kenntnis von den tatsächlichen Eigentumsverhältnissen.

Nach § 2032 BGB werden Max und Moritz Gsamthandseigentümer an dem Nachlass ihres Vaters. Dies gilt auch für das betreffende Grundstück. Demnach mussten beide in das Grundbuch als Eigentümer eingetragen werden. Da nur Moritz als Eigentümer eingetragen ist, besteht eine Abweichung zwischen Buchinhalt und tatsächlicher Rechtslage (Diskrepanz zwischen formeller und materieller Rechtslage). Moritz hat kraft der Richtigkeitsvermutung die Rechtsmacht, das Grundstück an Markus zu verkaufen. Markus hat das Grundstück also durch ein Rechtsgeschäft erworben. Damit sind die Voraussetzungen des § 892 BGB erfüllt. Daher treten auch die Rechtsfolgen ein: Markus ist Eigentümer des Grundstücks geworden und Max hat sein Eigentumsrecht verloren.

Nicht nur der Erwerber eines Grundstücks kann den öffentlichen Glauben des Grundbuchs in Anspruch nehmen, sondern jeder, der ein Recht an einem Grundstück oder ein Recht an einem solchen Recht durch Rechtsgeschäft erwirbt. Umstritten dagegen ist die Rechtsfolge bei gefälschten Eintragungen; die herrschende Meinung geht davon aus, dass dies durch den öffentlichen Glauben nicht abgedeckt ist.

Gegenüberstellung des gutgläubigen Erwerbs bei beweglichen und unbeweglichen Sachen:
– § 892 und § 932 BGB beinhalten den gutgläubigen Erwerb von Sachen:
  – § 932 BGB regelt den gutgläubigen Erwerb an beweglichen Sachen. Rechtsscheinbegründend ist hierbei der Besitz. Die Gutgläubigkeit wird zerstört, wenn der Erwerber die wahren Eigentumsverhältnisse kannte oder sie aufgrund grober Fahrlässigkeit nicht kannte.
  – § 892 BGB regelt den gutgläubigen Rechtserwerb an Grundstücken. Rechtsscheinbegründend ist hierbei die Grundbucheintragung. Die Gutgläubigkeit ist – im Gegensatz zu § 932 BGB – nur dann nicht mehr gegeben, wenn entweder ein Widerspruch eingetragen ist oder der Erwerber die Unrichtigkeit kannte (positive Kenntnis der Unrichtigkeit).
– Besteht eine Abweichung zwischen dem Inhalt des Grundbuchs und der Realsituation, kann sich derjenige, der ein Recht an einem Grundstück
  – durch Rechtsgeschäft und
  – im guten Glauben
  erwirbt, auf die Grundbucheintragung verlassen (öffentlicher Glaube).

3. Grundbuchberichtigungsanspruch

Durch den gutgläubigen Erwerb von Rechten an Grundstücken kann der wahre Berechtigte gefährdet werden, da ihm lediglich ein schuldrechtlicher Anspruch (ungerechtfertigte Bereicherung) gegen denjenigen zusteht, der durch die unrichtige Eintragung einen Vorteil erlangt. Deshalb ist es folgerichtig, dass der wahre Berechtigte einen dinglichen Anspruch auf Berichtigung der Grundbucheintragung hat (§ 894 BGB iVm §§ 19 ff. GBO; nach § 82 GBO besteht sogar ein Berichtigungszwang). Die Berichtigung kann folgendermaßen erfolgen:

(1) durch Nachweis der Unrichtigkeit gegenüber dem Grundbuchamt (§ 22 GBO); der Nachweis wird durch öffentliche Urkunden (z.B. Erbschein, Ehevertrag) erbracht; eine Bewilligung des Passivberechtigten ist nicht erforderlich;

(2) durch Zustimmung desjenigen, dessen Recht durch die Berichtigung betroffen wird (§ 894 BGB).

Dieser sog. Berichtigungsanspruch des wahren Berechtigten kann einmal durch die Zustimmung des zu Unrecht Begünstigten (iSv § 19 GBO) realisiert werden oder – anstelle der Zustimmung – durch ein rechtskräftiges Urteil. Im ersten Fall bedarf es eines Unrichtigkeitsnachweises nicht.

Trifft allerdings der durch die Grundbucheintragung zu Unrecht Begünstigte eine Verfügung zugunsten eines gutgläubigen Dritten, dann erlischt der Berichtigungsanspruch.

Beispiel

Im Grundbuch ist zu Lasten des Grundstücks von Trude Treu eine Grundschuld zugunsten des Kreditgebers Hecht eingetragen. Treu hat den Kredit bereits zurückgezahlt. Das Grundbuch wurde allerdings noch nicht berichtigt (z.B. durch Löschung der Grundschuld). Hecht tritt die Grundschuld an Klemm ab. Klemm ist iSv § 892 BGB gutgläubig. Treu hat damit ihren Berichtigungsanspruch verloren.

---

4. Widerspruch

Da das Verfahren zur Durchsetzung einer Grundbuchberichtigung zeitaufwändig sein kann, hat der Berechtigte nach § 899 BGB einen Anspruch, einen Widerspruch gegen die Richtigkeit der Grundbucheintragung eintragen zu lassen. Damit hat der Berechtigte eine Schutzmöglichkeit. Ist nämlich ein solcher Widerspruch im Grundbuch eingetragen, ist ein gutgläubiger Erwerb iSv § 892 BGB ausgeschlossen. Der eingetragene Widerspruch begründet selbst kein Recht am Grundstück, er ist lediglich eine Sicherung des Berichtigungsanspruchs aus § 894 BGB. Der Berechtigte kann den Widerspruch in Form einer einstweiligen Verfügung (§§ 933 ff. ZPO) oder aufgrund einer Bewilligung des vom Berichtigungsanspruch Betroffenen durchsetzen und eintragen lassen.

Zusammenfassung:

– Sowohl in der GBO als auch im Sachenrecht sind Grundbuchprinzipien aufgestellt worden.

– Das formelle Grundbuchrecht (GBO) verlangt die Einhaltung folgender Grundsätze:

- Prinzip der Publizität,
- Antragsprinzip,
- formelles Konsensprinzip,
- Prinzip der Voreingetragenheit.

– Das Publizitätsprinzip besagt, dass jeder, der ein berechtigtes Interesse nachweist, das Grundbuch einsehen und sich Abschriften anfertigen lassen kann (§ 12 GBO).

– Eine Eintragung in das Grundbuch kann nur vorgenommen werden, wenn derjenige, der durch die Eintragung betroffen wird, einen entsprechenden Antrag beim Grundbuchamt stellt (§ 13 GBO).

– Das formelle Konsensprinzip verlangt, dass derjenige, der ein Recht an einem Grundstück aufgibt (Passivberechtigter), eine Eintragungsbewilligung ausstellt (§ 19 GBO). Es ist dabei vom Grundbuchamt nicht zu prüfen, ob zwischen den Beteiligten eine Einigung auch tatsächlich stattgefunden hat.

– Das Prinzip der Voreingetragenheit verlangt, dass derjenige, der entweder einen Eintragungsantrag oder eine Eintragungsbewilligung stellt bzw. ausstellt, zuvor als Berechtigter einzutragen ist (§ 39 GBO).

– Das Sachenrecht (materielles Grundbuchrecht) beinhaltet folgende Grundsätze:

   – Richtigkeitsvermutung der Eintragungen,

   – öffentlicher Glaube des Grundbuches,

   – materielles Konsensprinzip,

   – Grundbuchberichtigungsanspruch.

– Der Rechtsverkehr kann von der Vermutung ausgehen, dass die Eintragungen und Löschungen im Grundbuch mit den tatsächlichen Gegebenheiten übereinstimmen, d.h. es wird unterstellt, dass der Buchinhalt identisch mit dem Sachinhalt ist (§ 891 BGB).

– Wird ein Recht an einem Grundstück durch ein Rechtsgeschäft erworben, kann sich der Erwerber auf die Grundbucheintragung berufen, d.h., das Grundbuch genießt eine Rechtsscheinwirkung. Lediglich die positive Kenntnis der Unrichtigkeit der Grundbucheintragung zerstört diesen guten Glauben (§ 892 BGB).

– Ist das Grundbuch unrichtig, hat der Berechtigte einen Berichtigungsanspruch (§ 894 iVm § 19 GBO), den er auch kurzfristig durch die Eintragung eines Widerspruchs geltend machen kann (§ 899 BGB).

– Das materielle Grundbuchrecht fordert grundsätzlich neben der Eintragung die Einigung zwischen dem Aktiv- und Passivberechtigten (materielles Konsensprinzip; § 873 BGB).

5.2.3.4 Die Eintragung

Im Verlauf des vorangegangenen Abschnittes war sehr häufig von den Eintragungen in das Grundbuch die Rede. Es handelt sich hierbei um einen Realakt des Grundbuchamtes, der nur unter bestimmten Voraussetzungen vorgenommen werden kann.

a) Eintragungsvoraussetzungen

1. Materielle Zulässigkeit der Eintragung

Der Umfang der eintragungsfähigen Tatsachen ist gesetzlich begrenzt, sodass für die Rechtssubjekte keine Gestaltungsfreiheit besteht. Deshalb ist eine Grundbucheintragung nur möglich, wenn sie ein gesetzlich zugelassenes Recht betrifft.

Zum Kreis der unzulässigen Eintragungen gehören u.a. Rechte oder Pflichten schuldrechtlicher Natur, auch wenn sie ein eingetragenes Grundstück betreffen (z.B. Miete oder Pacht). Lediglich dingliche Rechte sind eintragungsfähig.

2. Formelle Eintragungsvoraussetzungen

Die GBO regelt in diesem Zusammenhang die Voraussetzungen, unter denen das Grundbuchamt formell eine Eintragung vornimmt. Diese Voraussetzungen sind:

– Eintragungsantrag,

– Eintragungsbewilligung,

– Voreingetragenheit des Betroffenen.

b) Eintragungsantrag (§§ 13 ff. GBO)

Der Eintragungsantrag ist eine formlose, bedingungsfeindliche und unbefristete Erklärung gegenüber dem Grundbuchamt. Nach § 13 Abs. 2 GBO kann der Antrag von demjenigen gestellt werden,

– dessen Recht von der Eintragung betroffen wird (sog. Passivberechtigter) oder

– zu dessen Gunsten die Eintragung erfolgen soll (sog. Aktivberechtigter).

Daneben kann auch eine Eintragung von Amts wegen erfolgen, nämlich

– Löschen einer inhaltlich unzulässigen Eintragung (§ 53 Abs. 2 GBO),
– Eintragung aufgrund des Ersuchens einer Behörde, die gesetzlich dazu berechtigt ist, z.B. Insolvenz- oder Vollstreckungsgericht (§ 38 GBO),
– Eintragung eines Widerspruchs von Amts wegen iSv § 58 GBO.

c) Eintragungsbewilligung (§§ 19 ff. GBO)

Nach § 19 GBO kann die Eintragungsbewilligung lediglich der Passivberechtigte erteilen. Die Eintragungsbewilligung ist eine Erklärung an das Grundbuchamt, in welcher der Passivberechtigte ausdrückt, mit einer sein dingliches Recht beeinträchtigenden Eintragung einverstanden zu sein. Die Eintragungsbewilligung muss nach § 29 GBO folgenden Formvorschriften genügen:

– Die Erklärung ist vor dem Grundbuchamt zur Niederschrift abzugeben oder
– durch öffentliche (oder öffentlich beglaubigte) Urkunden nachzuweisen.

Eine Eintragung kann auch ohne Bewilligung vorgenommen werden bei

– Eintragung von Amts wegen,
– Nachweis der Unrichtigkeit des Grundbuchinhalts,
– Widerspruch durch einstweilige Verfügung.

5.2.3.5 Der Vorrang

Problemeinführendes Beispiel

Bodo Bohne hat sich ein Wohnhaus gebaut. Zur Finanzierung des Bauvorhabens hat er sich von verschiedenen Geldgebern Kredite geben lassen, die sich als Sicherheit dingliche Rechte am Grundstück haben einräumen lassen. So ist zu Gunsten der Bank A eine Hypothek über 180 000,00 € und zu Gunsten der Bausparkasse B eine Hypothek über 60 000,00 € eingetragen worden.

Als Bodo Bohne seinen Zahlungsverpflichtungen nicht mehr nachkommen kann, wird das Grundstück versteigert. Die Versteigerung bringt einen Erlös von 200 000,00 €.

Ein Grundstück kann grundsätzlich mit mehreren dinglichen Rechten belastet sein. Solange es nicht zu „Konfliktsituationen" kommt, spielt es keine Rolle, welches der bestehenden Rechte vorrangig behandelt wird. Im problemeinführenden Beispiel besteht aber ein solcher Konflikt: Durch den Versteigerungserlös können nicht beide Gläubiger voll befriedigt werden. Prinzipiell wären in diesem Zusammenhang zwei Regelungsalternativen denkbar:

– Es wird eine anteilmäßige Befriedigung der Gläubiger angestrebt (Quotenprinzip) oder
– Es wird eine Reihenfolge festgelegt (Rangprinzip).

Das Grundbuchrecht geht vom **Rangprinzip** aus, und zwar ist für die Bestimmung des Rangs die Reihenfolge der Eintragungen maßgebend (§ 879 BGB iVm § 45 GBO). Danach gilt:

– In ein und derselben Grundbuchabteilung ist die aus dem Grundbuchblatt zu entnehmende Reihenfolge für den Rang eines Rechts entscheidend, ohne dass es auf den Zeitpunkt der Eintragung ankommt.
– Handelt es sich um Rechte in verschiedenen Abteilungen des Grundbuchs, ist das Datum der Eintragung maßgebend; Rechte mit gleicher Datumsangabe haben denselben Rang.

Abweichend von § 879 BGB ist nach § 880 BGB eine Rangänderung möglich, wenn sich der zurücktretende und der vorrückende Berechtigte über die Rangänderung einig sind und diese Rangänderung im Grundbuch eingetragen wird. Sobald aber von der Rangänderung noch andere Berechtigte betroffen werden, ist deren Zustimmung erforderlich (vgl. § 876 BGB).

Rangvorbehalt:

§ 881 BGB gibt dem Eigentümer eines Grundstücks das Recht, für sich einen Teil seines Eigentumsrechts zurückzubehalten, indem er einen Rangvorbehalt bei der Belastung des Grundstücks eintragen lässt. Der Rangvorbehalt des Eigentümers ist für den Gläubiger eine Rechtsbeschränkung.

Beispiel

Die Hauseigentümerin Sarah nimmt bei ihrer Bank einen Kredit über 40 000,00 € auf. Als Sicherheit bietet sie der Bank eine grundpfandrechtliche Sicherung (Hypothek, Grundschuld) an. Das betreffende Grundstück ist bisher lastenfrei.

Da Sarah aber in absehbarer Zeit vorhat, einen größeren Umbau vorzunehmen und sie dazu einen Kredit von etwa 200 000,00 € benötigen wird, versucht sie, den ersten Rang für den späteren Kredit zu sichern; denn es ist eine Tatsache, dass je schlechter der Rang eines Rechts ist, umso schlechter sind für den Kreditsuchenden die Bedingungen. Deshalb lässt sie sich auf dem Grundstück einen Rangvorbehalt über 200 000,00 € eintragen. Das Grundpfandrecht zur Sicherung des aktuellen Kredits erhält damit den zweiten Rang, ihm geht eine Belastung von 200 000,00 € vor. Die Eigentümerin hat sich damit die Möglichkeit offen gelassen, einem nachfolgenden Kreditgeber eine erstrangige Sicherheit anbieten zu können.

5.3 Pfandrechte

5.3.1 Pfandrecht an beweglichen Sachen

Problemeinführende Beispiele

a) Die Unternehmerin Ulla Uhrig benötigt zur Überwindung eines Liquiditätsengpasses einen Zwischenkredit über 30 000,00 €. Ihrer Hausbank bietet sie als Sicherheit Wertpapiere in entsprechender Höhe als **vertragliches Pfandrecht** an.

b) Der Mieter Manni Muff ist beim Vermieter seiner Wohnung seit Monaten mit der Miete im Rückstand. Als Muff aus der Mietwohnung ausziehen will, macht der Vermieter sein **gesetzliches Pfandrecht** geltend.

c) Frieder Forsch hat gegen seinen Schuldner alle außergerichtlichen Möglichkeiten erfolglos ausgeschöpft. Seine Rechtsanwältin rät ihm, doch endlich die Zwangsvollstreckung in das bewegliche Vermögen des Schuldners zu betreiben und somit durch die Pfändung ein **Pfandrecht an den gepfändeten Gegenständen** zu erwerben.

Unter **Pfandrecht** versteht man ein zur Sicherung einer Forderung bestimmtes dingliches Recht an fremden beweglichen Sachen, kraft dessen der Gläubiger berechtigt ist, sich aus dem belasteten Gegenstand zu befriedigen (§ 1204 BGB).

Die Pfandrechte lassen sich wie folgt systematisieren.

Einteilung nach dem Gegenstand des Pfandrechts:

1. Pfandrecht an beweglichen Sachen (§§ 1204–1259 BGB);

2. Pfandrecht an Grundstücken (§§ 1113–1203 BGB) (= Grundpfandrechte);

3. Pfandrechte an Rechten und Forderungen (§§ 1273–1296 BGB).

Einteilung nach der Entstehung des Pfandrechts:

1. Vertragliches Pfandrecht (§ 1205 BGB);

2. Gesetzliches Pfandrecht (z.B. § 559 BGB, § 585 BGB, § 704 BGB);

3. Pfandrecht an gepfändeten Gegenständen (§ 804 ZPO).

Im Folgenden soll lediglich das Pfandrecht an beweglichen Sachen dargestellt werden. Das Pfandrecht ist durch folgende Grundsätze gekennzeichnet:

– **Grundsatz der Akzessorietät**
  Das Pfandrecht ist vom Bestehen der gesicherten Forderung abhängig. Es entsteht nicht ohne sie, ist ohne sie nicht übertragbar und erlischt mit ihr.

– **Grundsatz der Spezialität**
  Das Pfandrecht kann nur an Einzelgegenständen bestellt werden und nicht an Sachgesamtheiten (z.B. an Bagger, und nicht am Inventar oder Warenlager).

– **Grundsatz der Publizität**
  Das Pfandrecht muss äußerlich erkennbar sein.

– **Grundsatz der Priorität**
  Bestehen mehrere Pfandrechte an einer Sache, so richtet sich der Rang des Pfandrechts nach der zeitlichen Reihenfolge der Entstehung (§ 1209 BGB).

5.3.1.1 Vertragliches Pfandrecht an beweglichen Sachen (§ 1204 BGB)

Nach § 1204 BGB wird das Pfandrecht durch **Einigung** und **Übergabe** der Pfandsache bestellt. Somit muss der Gläubiger Besitzer der Sache werden (Faustpfand).

Beispiel

Zwischen Karl Grieß (Kreditgeber) und Konrad Naendrup (Kreditnehmer) wurde ein Kreditvertrag über 1 000,00 2 abgeschlossen (§ 607 BGB). Zur Sicherheit wurde eine antike Kaminuhr verpfändet (§ 1205 BGB).

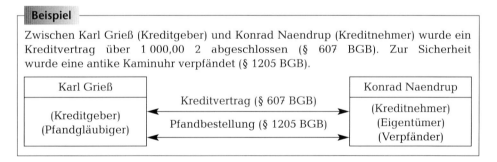

Der Pfandgläubiger nimmt nach dem BGB folgende Stellung ein:

Rechte des Pfandgläubigers:

– Recht auf Besitz der Pfandsache (§§ 1205, 1206 BGB)
  Wird dieses Besitzrecht des Pfandgläubigers verletzt, finden nach § 1227 BGB die Ansprüche aus dem Eigentum (§§ 985, 1004 BGB) entsprechende Anwendung.

– Verwertungsrecht (§ 1228 BGB)
  Die Befriedigung des Pfandgläubigers aus dem Pfand erfolgt durch Verkauf. Voraussetzung hierfür ist die sog. **Pfandreife**, d.h., die Forderung muss ganz oder zum Teil fällig sein (§ 1228 Abs. 2 BGB).

  Nach § 1234 BGB hat der Pfandgläubiger dem Eigentümer den Verkauf vorher anzudrohen; vor Verkauf muss eine Frist von einem Monat nach der **Androhung** abgewartet werden.

Der Verkauf des Pfandes ist im Wege öffentlicher Versteigerung zu bewirken (§ 1235 BGB). Ein freihändiger Verkauf ist nach § 1221 BGB nur bei Sachen möglich, die einen Börsen- oder Marktpreis haben.

Der Erlös aus dem Pfandverkauf steht dem Pfandgläubiger zur Befriedigung seiner Forderung zu (§ 1247 BGB), ein etwaiger Mehrerlös gehört dem Eigentümer.

Pflichten des Pfandgläubigers:

– Verwahrungspflicht (§ 1215 BGB)

– Rückgabepflicht des Pfandes nach Erlöschen des Pfandrechts (§ 1223 BGB)

– Anzeigepflicht bei drohendem Verderb der Pfandsache (§ 1218 Abs. 2 BGB)

Das Pfandrecht erlischt durch:

– Erlöschen der Forderung (Forderungswegfall) (§ 1252 BGB)

– Rückgabe des Pfandes (Pfandrückgabe) (§ 1254 BGB)

– Aufhebung des Pfandrechts (Verzicht des Pfandgläubigers) (§ 1255 BGB)

Sicherungsübereignung als Sonderform:

In der Praxis werden die Sachen, die als Pfand dienen sollen, als Besitz benötigt. Deshalb wurde die Sicherungsübereignung entwickelt. Hier wird jedoch nicht der Besitz, sondern das Eigentum übertragen.

Beispiel: Sicherungsübereignung

Bauunternehmer Buss benötigt dringend ein Darlehen seiner Hausbank. Als Sicherheit kann Buss einen Lkw anbieten, den er jedoch für seinen Betrieb dringend benötigt.

Zwischen Buss (Kreditnehmer) und der Bank (Kreditgeber) wird ein Kreditvertrag und ein Sicherungsübergangsvertrag abgeschlossen:

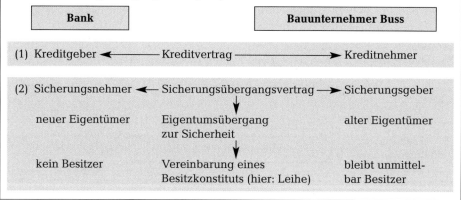

Zusammenfassung:

Eine bewegliche Sache kann mit einem Pfandrecht in der Weise belastet werden, dass ein Gläubiger (Pfandgläubiger) berechtigt ist, die bewegliche Sache zur Befriedigung seiner Forderung zu verwerten.

Notwendig ist ein Besitzübergang der beweglichen Sache (Faustpfand) auf den Gläubiger. Als Sicherheit für einen Kredit bzw. eine Forderung kommen somit nur solche Faustpfänder in Frage, die der Schuldner momentan nicht benötigt.

Oftmals jedoch werden die beweglichen Sachen als Besitz benötigt, deshalb hat die Wirtschaftspraxis die Sicherungsübereignung entwickelt.

5.3.1.2 Gesetzliches Pfandrecht an beweglichen Sachen

Gesetzliche Pfandrechte an beweglichen Sachen entstehen ohne vertragliche Vereinbarung allein aufgrund gesetzlicher Vorschriften. Exemplarisch werden folgende gesetzliche Pfandrechte herausgegriffen:

– **Vermieterpfandrecht:** Nach § 559 BGB hat der Vermieter eines Grundstücks für Forderungen aus dem Mietverhältnis ein Pfandrecht an den eingebrachten Sachen des Mieters.

– **Verpächterpfandrecht:** Nach § 585 BGB hat der Verpächter eines landwirtschaftlichen Grundstücks für den Pachtzins ein Pfandrecht.

– **Pächterpfandrecht:** Nach § 583 BGB steht dem Pächter eines Grundstücks gegen den Verpächter ein Pfandrecht bezüglich der Inventarforderungen zu.

– **Unternehmerpfandrecht:** Nach § 647 BGB hat der Unternehmer für Werkvertragsforderungen ein Pfandrecht an den von ihm hergestellten oder ausgebesserten beweglichen Sachen des Bestellers.

– **Gastwirtpfandrecht:** Nach § 704 BGB wird dem Gastwirt ein Pfandrecht an den eingebrachten Sachen des Gastes eingeräumt.

Für die gesetzlichen Pfandrechte finden die Vorschriften über das durch Rechtsgeschäft bestellte Pfandrecht nach § 1257 BGB entsprechende Anwendung. Die Rechtsstellung des Pfandgläubigers (Rechte und Pflichten) gilt entsprechend.

5.3.1.3 Pfandrecht an den gepfändeten Gegenständen (§ 804 ZPO)

Dieses Pfändungspfandrecht für die Pfändungen im Rahmen der Zwangsvollstreckung wird nach den Vorschriften der Zivilprozessordnung (ZPO) geregelt. Nach § 803 ZPO erfolgt die Zwangsvollstreckung in das bewegliche Vermögen durch Pfändung. Sie erfolgt i.d.R. durch Gerichtsvollzieher, die sie im Auftrag des Gläubigers vornehmen (§ 753 ZPO). Durch die Pfändung erwirbt der Gläubiger ein Pfandrecht an dem gepfändeten Gegenstand, das ihm im Verhältnis zu anderen Gläubigern dieselben Rechte wie ein durch Vertrag erworbenes Faustpfandrecht gewährt. Der Gerichtsvollzieher hat nach § 814 ZPO die Sachen öffentlich zu versteigern. Für die Versteigerung gelten die Vorschriften der ZPO (§§ 816 ff. ZPO).

Zusammenfassung:

Das Pfandrecht stellt eine Belastung einer Sache in der Weise dar, dass ein Gläubiger berechtigt ist, die Sache zur Befriedigung seiner Forderung zu verwerten.

Das Pfandrecht an einer beweglichen Sache (Faustpfand) erfordert einen Besitzübergang der Sache auf den Gläubiger.

Pfandrechte können entstehen:
– durch Vertrag (§ 1205 BGB);
– durch Gesetz;
– durch Pfändung im Rahmen der Zwangsvollstreckung.

■ **Übungsaufgaben:**

Erläutern Sie die Grundsätze des Pfandrechts einer beweglichen Sache.   `5/15`

Nennen Sie die drei Möglichkeiten der Entstehung von Pfandrechten an beweglichen   `5/16`
Sachen.

Nennen Sie die Rechte und Pflichten eines Pfandgläubigers.   `5/17`

5/18 Bauherr Buss hat vom Bauunternehmer Bald einen Betonrüttler für drei Tage gemietet. Buss verpfändet am dritten Tag die Maschine an Dold, statt sie an Bald zurückzugeben.

Bald will von Dold den Rüttler zurück, er macht seine Eigentümerstellung geltend; Dold hingegen macht sein Pfandrecht geltend. Rechtslage? (Hinweis: Verwenden Sie zur Lösungsfindung § 1207 BGB)

5/19 Roswitha Rassig stieg im Hotel „Rote Rose" ab. Nach drei Tagen bat sie einen Liftboy, ihren Koffer zum bereits wartenden Taxi zu tragen. Der Eigentümer des Hotels erkannte sofort den Grund der überhasteten Abreise: Roswitha Rassig hatte ihre Hotelrechnung nicht bezahlt. Welche Rechte standen dem Hotelier zu?

5/20 Der Kfz-Händler Karl Hotz hat gegen seinen säumigen Kunden Kuno eine überfällige Forderung wegen einer Reparatur an dessen Pkw. Hotz hat das Fahrzeug bis zur vollständigen Zahlung auf seinem Betriebsgelände zur Sicherheit einbehalten. Nach 6 Monaten bietet ein Dritter für diesen Pkw einen sehr günstigen Preis, Hotz sieht darin die einmalige Chance, zu seinem Geld zu kommen. Er verkauft und übergibt das Fahrzeug an den Dritten.

a) Begründen Sie, inwieweit Hotz sich weigern konnte, das Fahrzeug an Kuno herauszugeben.

b) Hotz behauptet, er konnte das Fahrzeug freihändig verkaufen. Begründen Sie Ihre Meinung.

c) Wer ist nach Übergabe des Fahrzeugs an den Dritten Eigentümer (mit Begründung)?

5.3.2 Grundpfandrechte

Problemeinführendes Beispiel

Claudia Klemm besitzt ein Baugrundstück, auf dem sie ein Einfamilienhaus errichten möchte. Dazu benötigt sie 410 000,00 €. Ihr Finanzierungsplan sieht folgendermaßen aus:

Eigenmittel (Sparbuch)	€ 80 000,00
Eigenleistung	€ 90 000,00
Kredit	€ 240 000,00

Die Bank ist bereit, den Kredit gegen entsprechende Sicherheiten zu gewähren, wobei in erster Linie an ein Pfandrecht an dem Grundstück gedacht ist.

Sicherheiten spielen bei der Kreditgewährung eine entscheidende Rolle. Neben dem Personalkredit, bei dem eine oder mehrere Personen die Haftung übernehmen, steht in diesem Zusammenhang der Realkredit, bei dem die Sicherheit im Wert eines Gegenstandes liegt. Selbstverständlich spielen auch beim Realkredit die Bonität und Zuverlässigkeit des Schuldners, also seine Kreditwürdigkeit, neben dem dinglichen Sicherheitsgut eine bedeutende Rolle.

Die folgende Übersicht enthält die Pfandrechte, insbesondere die Grundpfandrechte.

	Pfand-rechte an bewegl. Sachen	Pfandrechte an Grundstücken (Grundpfandrechte)		Pfand-rechte an Rechten
		Hypothek	**Grundschuld**	
Rechts-quelle	§§ 1204–1258 BGB	**§§ 1113–1190 BGB**	**§§ 1191–1198 BGB**	§§ 1273–1296 BGB
Begriff		Pfandrecht an einem Grundstück kraft dessen der Berechtigte die Zah-lung **einer Geldsumme aus dem Grundstück zur Befriedigung einer ihm zustehenden Forderung** verlangen darf.	Belastung eines Grundstücks kraft deren der Berechtigte die Zahlung **einer Geldsumme aus dem Grundstück** verlangen darf.	
Bedeutung		Für die Forderung haften der Schuldner persönlich und das Grundstück: **persönliche** und **dingliche Haftung.**	Dem Grund-schuldberechtigten haftet nur das Grundstück: **dingliche Haftung.**	
Verwert-barkeit für den Be-rechtigten		Eher umständlich, da der Berechtigte erst das Bestehen der Forderung nachweisen muss.	Schnell, da der Be-rechtigte keine For-derung nachweisen muss.	

5.3.2.1 Die Hypothek

a) Wesen der Hypothek

Die Hypothek ist neben der Grundschuld das traditionelle Sicherungsrecht für mittel- und langfristige Kredite.

> Nach § 1113 BGB hat die **Hypothek** folgende Merkmale:
> – sie ist ein beschränkt dingliches Recht an einem Grundstück;
> – an den Berechtigten ist eine bestimmte Geldsumme aus dem Grundstück zu zahlen;
> – der Berechtigte muss gleichzeitig Inhaber einer Forderung sein: die Hypothek ist also akzessorisch.

Vor allem aus dem letzten Merkmal wird die Akzessorietät der Hypothek deutlich: Die Existenz einer Forderung ist notwendig für das Wirksamwerden einer Hypothek, d.h., nur zugunsten desjenigen, der eine Forderung besitzt, kann eine Hypothek bestehen. Dies ist auch insofern von Bedeutung, als eine Hypothek niemals ohne die Forderung übertragen werden kann: Die Akzessorietät verlangt, dass Hypothekengläubiger und Forderungsgläubiger stets ein und dieselbe Person ist. In der praktischen Handhabung wird dieser Grundsatz folgendermaßen realisiert:

– Der Erwerb einer Hypothek ist ausgeschlossen, wenn die zugrunde liegende Forde-rung nicht besteht. Ist die Hypothek rechtmäßig bestellt, ohne dass eine Forderung existiert, dann steht diese Hypothek dem Grundstückseigentümer zu (§ 1163 BGB).

– Eine Trennung von Hypothek und Forderung in der Weise, dass nur die Hypothek (oder nur die Forderung) übertragen wird, ist unmöglich (§ 1153 Abs. 2 BGB). Mit dem

Forderungsübergang wird automatisch auch die Hypothek übertragen. Eine entgegenstehende Abrede ist nach § 1154 BGB nichtig.

b) Arten

Das BGB kennt verschiedene Hypothekenarten, die in der folgenden Übersicht zusammengestellt sind:

Hypothekenarten

Merkmal	Arten					
Zahl der belasteten Grundstücke	Belastung eines Grundstückes mit einer Hypothek zur Sicherung einer Forderung			Belastung mehrerer Grundstücke mit einer Hypothek zur Sicherung einer Forderung		
Stellung des Gläubigers	Verkehrs-hypothek		Sicherungs-hypothek	Verkehrs-hypothek		Sicherungs-hypothek
Form	Brief-hypothek	Buch-hypothek	nur Buch-hypothek	Brief-hypothek	Buch-hypothek	nur Buch-hypothek

Unabhängig davon, ob es sich um eine Verkehrs- oder Sicherungshypothek handelt, gelten folgende Vorschriften:

– In das Grundbuch sind
  – Gläubiger,
  – Geldbetrag der Forderung und
  – (bei verzinslichen Forderungen) der Zinssatz sowie
  – der Geldbetrag anderer Nebenleistungen
  einzutragen (§ 1115 BGB).

– Das Grundstück haftet neben der Forderung für die gesetzlichen Zinsen sowie für die Kosten der Kündigung und der mit der Grundstücksverwertung verbundenen Kosten (§ 1118 BGB).

– Neben dem Grundstück haften:
  – die vom Grundstück getrennten Erzeugnisse, soweit sie nicht in das Eigentum eines anderen als des Eigentümers übergegangen sind, sowie sonstige Bestandteile und Zubehör (§ 1120 BGB).

> **Beispiel**
>
> Das mit einer Hypothek belastete Grundstück ist verpachtet und noch nicht abgeerntet.
>
> Die Erzeugnisse haften in diesem Fall überhaupt nicht, da sie zum einen noch nicht vom Grundstück getrennt sind und zum anderen mit der Trennung in das Eigentum des Pächters übergehen.

  – Miet- und Pachtzinsen (§ 1123 BGB); hat allerdings der Pächter vor Beschlagnahme den Pachtzins bezahlt, unterliegt der Pachtzins nicht mehr der Hypothekenhaftung (§ 1124 BGB).
  – Gebäudeversicherungsansprüche (vgl. hierzu § 1128 BGB).
  – Forderungen gegen Versicherungsunternehmen wegen Schadensersatzansprüchen für Gegenstände, die der Hypothekenhaftung unterliegen (§ 1127 BGB).

– Sicherungsrechte des Hypothekengläubigers
  Recht auf Beseitigung einer eingetretenen Grundstücksverschlechterung innerhalb einer bestimmten Frist (§ 1133 BGB). Vgl. hierzu auch §§ 1134, 1135 BGB.

- Der Eigentümer kann durch Zahlung der Forderung den Gläubiger befriedigen (§ 1142 BGB). **Damit wird deutlich, dass mit der Hypothek allein eine Verpflichtung des Eigentümers zur Rückzahlung der Forderung nicht besteht, sondern dass ausschließlich das Grundstück für die Forderung haftet.**

- Ist der Eigentümer nicht der Schuldner des Hypothekengläubigers, bezahlt er aber dennoch die Forderung, um eine Zwangsvollstreckung in sein Grundstück zu verhindern (§ 1147 BGB), geht die Forderung – und damit auch die Hypothek – auf den Eigentümer über (Eigentümerhypothek: § 1143 iVm § 1153 BGB).

- Verzichtet der Gläubiger auf die Hypothek, erwirbt sie der Eigentümer (§ 1168 BGB).

1. Die Verkehrshypothek

Den Begriff „Verkehrshypothek" gibt es im BGB nicht; dennoch hat sich diese Bezeichnung für eine Hypothekenart im Rechtsleben durchgesetzt. Zusätzlich zu den bereits dargelegten allgemeinen Merkmalen zeichnet sich die Verkehrshypothek durch die folgenden Besonderheiten aus:

- Ausstellung eines Hypothekenbriefes,

- Art und Weise der Entstehung und Übertragung der Hypothek,

- öffentlicher Glaube in Verbindung mit dem Hypothekenbrief.

Das besondere Kennzeichen, das dieser Hypothekenart auch ihren Namen gegeben hat, ist die leichtere Übertragbarkeit auf einen anderen Gläubiger: Sie ist eher Gegenstand von Übertragungsgeschäften als die Sicherungshypothek; sie ist Gegenstand des Rechtsverkehrs. Damit dies in der Rechtspraxis auch realisiert werden kann, kommt bei ihr dem öffentlichen Glauben hinsichtlich Grundbuch und Hypothekenbrief eine besondere Bedeutung zu.

Ausstellung eines Hypothekenbriefes:

Nach dem BGB ist die Briefhypothek im Rahmen der Verkehrshypothek der Regelfall (§ 1116 BGB). Zuständig für die Ausstellung eines Hypothekenbriefes ist das Grundbuchamt (§ 56 GBO). Wesentliche Bestandteile des Hypothekenbriefes sind (§ 56 GBO):

- Bezeichnung der Urkunde als Hypothekenbrief,

- Geldbetrag der Hypothek,

- Angabe des belasteten Grundstücks,

- Unterschrift und Siegel.

Fehlt einer dieser wesentlichen Bestandteile, ist die Urkunde kein Hypothekenbrief. Die §§ 57, 58 GBO nennen noch weitere Bestandteile, deren Fehlen allerdings nicht zur Unwirksamkeit des Hypothekenbriefs führt. Im formellen Grundbuchrecht sind Vorschriften enthalten, die verhindern sollen, dass Hypothekenbrief und Grundbuch voneinander abweichen (vgl. hierzu §§ 41, 62, 63, 65 GBO).

Der Hypothekenbrief hat folgende juristische Bedeutung:

- Er ist eine öffentliche Urkunde (vgl. hierzu die wesentlichen Bestandteile des Hypothekenbriefes);

- er ist unerlässlich für

  - die Entstehung der Hypothek zugunsten des Gläubigers (§ 1117 Abs. 2 BGB);

  - die Übertragung der Hypothek auf einen neuen Gläubiger (§ 1154 BGB);

  - den gutgläubigen Erwerb einer Hypothek (§ 1155 BGB).

- Da auf ihm wesentliche Grundbucheintragungen übernommen werden, kann er partiell als Grundbuchersatz fungieren; dies gilt vor allem hinsichtlich der Übertragung der Hypothek, bei der eine Buchinhaltsänderung nicht vorgenommen werden muss.

- Im praktischen Rechtsleben hat er auch Beweisfunktion, da auf ihm z.B. Tilgungszahlungen (Quittungen) eingetragen werden können (§ 1145 BGB).

- Zwar ist ausschließlich das Grundbuch mit dem öffentlichen Glauben ausgestattet und gutgläubiger Erwerb kann sich ausschließlich auf Grundbucheintragungen berufen. Dennoch können mittels des Hypothekenbriefes Grundbuchberichtigungsansprüche bewiesen werden (§ 1140 BGB).

Entstehung und Übertragung der Hypothek:

Die Verkehrshypothek kann sowohl als Brief- als auch als Buchhypothek bestellt werden. Soll eine Buchhypothek begründet werden, müssen die Beteiligten sich darüber einigen, dass ein Hypothekenbrief nicht ausgestellt werden soll, und den Ausschluss der Brieferstellung in das Grundbuch eintragen lassen (§ 1116 Abs. 2 BGB).

Briefhypothek

Die Normalform ist also die Briefhypothek, sie soll daher in diesem Abschnitt vorrangig behandelt werden. Da die im Nachfolgenden noch darzustellende Sicherungshypothek ausschließlich als Buchhypothek existieren kann, werden dort die Merkmale der Buchhypothek, soweit sie im Rahmen der Verkehrshypothek von Bedeutung sind, angeführt.

Die Briefhypothek entsteht erst, wenn – nach Einigung und Eintragung – dem Gläubiger der Hypothekenbrief übergeben worden ist (§ 1117 BGB).

Sind bei einer Briefhypothek zwar die Einigung und die Eintragung erfolgt, aber ist der Gläubiger noch nicht im Besitz des Briefes, ist zwar eine Hypothek entstanden, die aber dem Eigentümer zusteht. Umgekehrt spricht, wenn der Gläubiger im Besitz des Briefes ist, dies für die Vermutung, dass zu seinen Gunsten eine Hypothek besteht (§ 1117 Abs. 3 BGB).

Bei der Übertragung einer Briefhypothek (§ 1154 BGB) sind die Forderungsübertragung (Abtretungserklärung: § 398 BGB) und die Übergabe des Hypothekenbriefes erforderlich. Anstelle der Schriftform hinsichtlich der Forderungsabtretung kann die Abtretung in das Grundbuch eingetragen werden (§ 1154 Abs. 2 BGB).

Der Geltendmachung der Hypothek durch den Gläubiger kann widersprochen werden, wenn er den Brief nicht vorlegt oder, falls er nicht der im Grundbuch eingetragene Gläubiger ist, sich nicht durch entsprechende Abtretungsurkunden legitimieren kann (§ 1160 BGB).

Öffentlicher Glaube des Grundbuches – Hypothekenbrief:

Nach § 892 BGB genießt das Grundbuch öffentlichen Glauben: Jeder, der ein Recht an einem Grundstück erwirbt, kann sich auf den Buchinhalt verlassen. Der öffentliche Glaube des Grundbuchs hat nur insofern Grenzen, als im Grundbuch ein Widerspruch eingetragen ist oder der Rechtserwerber positive Kenntnis von der Unrichtigkeit des Grundbuchs hat. Bei gutgläubigem Erwerb hat also der unrichtige Buchinhalt Vorrang von dem tatsächlichen Sachverhalt.

Besteht aber eine Diskrepanz zwischen den Eintragungen im Grundbuch und dem Inhalt eines Hypothekenbriefes, gehen die Grundbucheintragungen zunächst vor, d.h., der öffentliche Glauben gilt nur für das Grundbuch. Diese einseitige Unterordnung des Hypothekenbriefes unter die entsprechenden Grundbucheintragungen muss insofern relativiert werden, als der Inhalt des Hypothekenbriefes einen Nachweis für einen Grundbuchberichtigungsanspruch darstellen kann:

- Nach der Übertragung einer Hypothek (zusammen mit der Forderung) kann sich der neue Gläubiger eintragen lassen (Hypothekenbrief in Verbindung mit der Forderungsabtretungserklärung; §§ 82 ff. GBO).

- Änderung der Geldsumme im Grundbuch, wenn auf dem Hypothekenbrief Tilgungsbescheinigungen enthalten sind.

- Wird eine Hypothek übertragen, auf deren Brief Rückzahlungsbescheinigungen vermerkt sind, ist ein gutgläubiger Erwerb der Hypothek nur noch mit dem herabgesetzten Betrag möglich, auch wenn eine entsprechende Grundbuchberichtigung noch nicht stattgefunden hat.

- Ist auf dem Hypothekenbrief ein Widerspruch eingetragen, ist der öffentliche Glauben des Grundbuchs ebenso zerstört, als ob der Widerspruch im Grundbuch eingetragen worden wäre (§ 1140 BGB).

Grundsätzlich kann man festhalten:
- Ist der Hypothekenbrief unrichtig und das Grundbuch richtig, genießt stets die Grundbucheintragung Vorrang.
- Ist dagegen der Hypothekenbrief richtig, aber die Grundbucheintragung unrichtig, geht der Hypothekenbrief vor.

2. Die Sicherungshypothek

Die Sicherungshypothek kann nur als Buchhypothek entstehen (§ 1185 BGB). Damit wird die dieser Hypothekenart innewohnende „Bewegungsunfähigkeit" zusätzlich zum Ausdruck gebracht. Die Hauptunterschiede zwischen der Verkehrshypothek und der Sicherungshypothek beschränken sich mehr oder weniger stark auf dieses Merkmal: Die Sicherungshypothek besteht nämlich nur, wenn und soweit die Forderung besteht, d.h., ein gutgläubiger Erwerber einer Sicherungshypothek kann sich nicht auf die Höhe der eingetragenen Forderung verlassen, maßgebend ist die aktuelle, tatsächliche Forderungshöhe (§ 1184 BGB). Die Akzessorietät ist bei der Sicherungshypothek von einer strengeren Qualität als bei der Verkehrshypothek. Daraus resultiert ein weiterer wesentlicher Unterschied zur Verkehrshypothek: Da das Grundbuch hinsichtlich der Forderungshöhe keinen öffentlichen Glauben genießt und sich ein gutgläubiger Erwerber nicht auf die eingetragene Geldsumme berufen kann, obliegt es dem **Gläubiger**, die Höhe der Forderung zu beweisen. Aus diesen Merkmalen ergibt sich, dass sie für eine regelmäßige Übertragung ungeeignet ist, sodass der Ausschluss eines Hypothekenbriefes eher die Folge als die Ursache ihrer „Bewegungsunfähigkeit" ist.

Bei der Entstehung einer Sicherungshypothek muss der Wille der Parteien erkennbar sein, eine Sicherungshypothek zu begründen. Im Grundbuch ist die Sicherungshypothek als solche zu kennzeichnen (§ 1184 Abs. 2 BGB). Bei der Übertragung einer Sicherungshypothek gilt uneingeschränkt § 873 BGB: Es ist die Einigung und die Eintragung erforderlich. Diese Vorschrift muss auch bei Verkehrshypotheken eingehalten werden, bei denen ein Hypothekenbrief ausgeschlossen wurde.

Nach § 1186 BGB kann eine Sicherungshypothek in eine Verkehrshypothek und eine Verkehrshypothek in eine Sicherungshypothek umgewandelt werden.

Ein Sonderfall der Sicherungshypothek ist die Höchstbetragshypothek (§ 1190 BGB). Danach ist nur der Höchstbetrag bestimmt, bis zu dem das Grundstück haften soll. Der jeweilige Betrag der Forderung muss dann später festgestellt werden. Dies ist dann von Bedeutung, wenn der Betrag der Forderung zunächst nicht bekannt ist oder wenn er sich mehr oder weniger stark verändert. Daher eignet sich diese Hypothek besonders bei längerfristigen Geschäftsverbindungen im Rahmen eines Kontokorrents.

Bei der Höchstbetragshypothek haftet das Grundstück nur bis zur eingetragenen Geldsumme (Höchstbetrag). Dies gilt für die Hauptforderung ebenso wie für die Zinsen und die anderen Nebenleistungen (§ 1190 Abs. 2 BGB).

Bei der Bestellung der Hypothek muss die Einigung darüber vorliegen, dass

– zunächst ein Höchstbetrag festgelegt und eingetragen wird sowie

– die genaue Fixierung der Forderung einem späteren Zeitpunkt vorbehalten bleiben soll.

Die Höchstbetragshypothek ist stets eine Sicherungshypothek, auch dann, wenn sie im Grundbuch nicht als solche gekennzeichnet ist (§ 1190 Abs. 3 BGB).

3. Gesamthypothek

Sind für ein und dieselbe Forderung mehrere Grundstücke belastet, spricht man von einer Gesamthypothek (§ 1132 BGB). Es kann sich dabei um eine Verkehrs- oder Sicherungshypothek handeln. Daher kann an dieser Stelle auf die vorangegangenen Abschnitte verwiesen und nur auf die die Gesamthypothek betreffenden Besonderheiten eingegangen werden. Im Rahmen einer Gesamthypothek kann der Gläubiger nach eigener Wahl Befriedigung aus jedem der belasteten Grundstücke suchen. Ist sein Forderungsanspruch erfüllt, verliert er sein dingliches Recht an allen belasteten Grundstücken.

Beispiel

Zugunsten des Gläubiges X ist eine Gesamthypothek auf den Grundstücken A, B, C und D eingetragen, wobei es unerheblich ist, ob diese Grundstücke einer oder mehreren Personen gehören.

Um seinen Forderungsanspruch zu befriedigen, betreibt X die Zwangsvollstreckung in das Grundstück C. Die Verwertung dieses Grundstücks deckt seine Forderung voll ab.

Damit werden die Grundstücke A, B und D von der Gesamthypothek zu Gunsten des Gläubigers X frei.

Wie bereits erwähnt, kann eine Gesamthypothek als Verkehrs- oder als Sicherungshypothek bestellt werden, allerdings muss auf allen der im Rahmen einer Gesamthypothek belasteten Grundstücke die gleiche Hypothekenart ruhen.

5.3.2.2 Die Grundschuld

Die Grundschuld ist der Ausnahmefall nicht nur im Bereich der Grundpfandrechte, sondern der Pfandrechte im Allgemeinen: **Ihr fehlt die Akzessorietät**, d.h., die Grundschuld als beschränkt dingliches Recht an einem Grundstück besteht ohne eine Forderung. **Die Grundschuld ist also abstrakt.** Wirtschaftlich betrachtet dürfte es zwar ausgeschlossen sein, dass jemand einem anderen ohne Gegenleistung und ohne dazu verpflichtet zu sein, ein dingliches Recht an einem Grundstück einräumt, doch ist dies von der rechtlichen Konstruktion der Grundschuld her gesehen unerheblich. Während bei der Hypothek die Tilgung der zugrunde liegenden Forderung zu einer Reduktion des dinglichen Rechts führt, verändert die Tilgung der Forderung, zu deren Absicherung eine Grundschuld bestellt wurde, das dingliche Recht nicht. Nur eine Tilgung der Grundschuld selbst verändert die Höhe der Grundschuld. Leistet demnach der Schuldner eine Tilgung, muss er mit dem Gläubiger vereinbaren, dass es sich nicht um eine Rückführung der Forderung, sondern um eine Grundschuldtilgung handelt. Ein Vergleich der gesetzlichen Normierung der Hypothek (§ 1113 BGB) und der Grundschuld (§ 1191 BGB) demonstriert den Unterschied zwischen den beiden dinglichen Rechten: Im § 1191 BGB fehlt lediglich die Passage „zur Befriedigung wegen einer ihm zustehenden Forderung". Ansonsten stimmen die beiden Gesetzesstellen wörtlich überein.

Die Grundschuld ist heute die übliche Form der Grundstücksbelastung und sie hat die Hypothek fast vollkommen verdrängt. Der Hauptgrund für diese Entwicklung besteht sicherlich darin, dass der Grundschuldgläubiger eine wesentlich günstigere Rechtsposition hat als der Hypothekengläubiger. Diese Vorteile gehen allerdings eindeutig zu

Lasten des Grundstückseigentümers: Der Gläubiger hat mit der Grundschuld ein von der Forderung losgelöstes (abstraktes) Recht, d.h., er kann sein dingliches Recht in Anspruch nehmen, ohne dass Einreden aus dem schuldrechtlichen Forderungsverhältnis dies verhindern können. Umgekehrt kann der Grundstückseigentümer Maßnahmen des Grundschuldgläubigers nicht dadurch abwenden, dass er Einreden aus dem Forderungsverhältnis vorbringt.

Anders als die Hypothek entsteht die Grundschuld zugunsten des Gläubigers mit der Einigung und der Eintragung; die Existenz einer Forderung ist nicht notwendig.

Nach § 1192 BGB ist das gesamte Hypothekenrecht auf die Grundschuld anzuwenden, soweit sich nicht aus dem Umstand, dass die Grundschuld ein abstraktes Recht ist, etwas anderes ergibt. Demnach kann die Grundschuld als Buch- oder Briefgrundschuld bestellt werden. Sie kann auch von vornherein – anders als bei der Hypothek – als Eigentümergrundschuld begründet werden (§ 1196 BGB). Selbstverständlich kann es im Rahmen der Grundschuld für die Sicherungshypothek keine Entsprechung geben, denn das wesentliche Merkmal der Sicherungshypothek ist die strenge Akzessorietät, und die ist bei der Grundschuld gänzlich ausgeschlossen.

Die nachfolgende Übersicht enthält die wichtigsten Unterschiede zwischen Hypothek und Grundschuld:

Zusammenfassung:		
Merkmale:	**Hypothek:**	**Grundschuld:**
Entstehung	Einigung, Eintragung, Existenz einer Forderung zu Gunsten des Hypothekengläubigers: Wegen der Akzessorietät kann keine Eigentümerhypothek begründet werden.	Einigung und Eintragung. Von vornherein kann eine Eigentümergrundschuld begründet werden.
Arten	Verkehrshypothek, Sicherungshypothek.	Es gibt nur eine Entsprechung zur Verkehrshypothek.
Übertragung	Hypothek kann nur mit der Forderung zusammen übertragen werden.	Grundschuld kann ohne die Forderung übertragen werden.
Eigentümerhypothek, Eigentümergrundschuld	Kann nur entstehen, wenn der Schuldner und Grundstückseigentümer verschiedene Personen sind und der Grundstückseigentümer zur Abwendung von Zwangsvollstreckungsmaßnahmen die Gläubigerforderung erfüllt. Damit geht die Forderung und mit ihr die Hypothek auf die Grundstückseigentümer über.	Kann von vornherein bestellt werden; entsteht automatisch bei Tilgung einer Hypothek oder einer Grundschuld durch den Schuldner.

5.4   Weitere dingliche Rechte an Grundstücken

Bei der Behandlung der einzelnen Grundbuchabteilungen ist der Inhalt der Abteilung II eher negativ umschrieben worden: Dingliche Rechte mit Ausnahme von Grundpfandrechten (Hypothek, Grund- und Rentenschuld). Die in diesem Abschnitt zu behandelnden, beschränkt dinglichen Rechte gehören zu den in die Abteilung II des Grundbuches einzutragenden Rechten. Vor allem geht es in diesem Abschnitt um

– das Erbbaurecht,

– die Dienstbarkeiten,

– das Vorkaufsrecht.

5.4.1   Das Erbbaurecht

Die bisher dargestellten, beschränkt dinglichen Rechte schränken das Eigentumsrecht mehr oder weniger stark ein. Aber dem Grundstückseigentümer ist immer das Verfügungs- und Nutzungsrecht geblieben. Die Belastung eines Grundstücks mit einem Erbbaurecht jedoch nimmt dem Eigentümer das Nutzungsrecht:

> Nach § 1 der ErbbVO (ehemals § 1012 BGB), ist das Erbbaurecht die Belastung eines Grundstücks in der Weise, dass dem Erbbauberechtigten das veräußerliche und vererbliche Recht zusteht, auf oder unter der Oberfläche des Grundstücks ein Bauwerk zu haben.

Damit wird das Wesen des Erbbaurechts deutlich: Der Grundstückseigentümer verliert sein Nutzungsrecht, denn der Erbbauberechtigte kann auf (oder unter) dem Grundstück ein Bauwerk errichten und es als Eigentümer auch nutzen.

Im Erbbaurecht sind also

– das Eigentum am Grundstück und

– das Eigentum am Bauwerk

verschiedene Rechte, die in der Regel auch verschiedenen Personen zustehen. Das juristische „Schicksal" des Gebäudes ist somit von dem des Grundstücks losgelöst. Das Gebäude kann aufgrund des Erbbaurechts ohne das Grundstück veräußert oder belastet werden.

Dieses dingliche Recht, das die am weitesten reichende Belastung eines Grundstücks darstellt, scheint im Widerspruch zu §§ 93 ff. BGB zu stehen. Demnach können wesentliche Bestandteile einer Sache nicht Gegenstand besonderer Rechte sein, d.h., sie können u.a. nicht im Eigentum verschiedener Personen stehen (§ 93 BGB). Gebäude sind nach § 94 Abs. 1 BGB wesentliche Bestandteile eines Grundstücks.

Das Erbbaurecht hebt diese juristische „Schicksalsgemeinschaft" zwischen dem Grundstück und dem Gebäude auf. § 95 BGB eröffnet die Möglichkeit für die im Erbbaurecht vorgenommene Trennung zwischen Grundstück und Bauwerk. Demnach gehören zu den Bestandteilen eines Grundstückes nicht Gebäude oder andere Werke, die in Ausübung eines Rechts an einem fremden Grundstück von dem Berechtigten mit dem Grundstück verbunden worden sind. Damit wird dem Sondereigentum am Gebäude im Rahmen eines Erbbaurechts der Weg geebnet.

a) Inhalt des Erbbaurechts

Nach § 2 ErbbVO gehören zum Inhalt des Erbbaurechts die Vereinbarungen des Grundstückseigentümers und des Erbbauberechtigten über:

- Errichtung, Instandhaltung und Verwendung des Bauwerkes;
- die Versicherung des Bauwerkes,
- die Tragung der öffentlichen und privatrechtlichen Lasten und Abgaben;
- eine Verpflichtung des Erbbauberechtigten, das Erbbaurecht beim Eintreten bestimmter Voraussetzungen auf den Grundstückseigentümer zu übertragen (Heimfall);
- eine Verpflichtung des Erbbauberechtigten zur Zahlung einer Vertragsstrafe;
- die Einräumung eines Vorrechts für den Erbbauberechtigten auf Erneuerung des Erbbaurechts nach dessen Ablauf;
- eine Verpflichtung des Grundstückseigentümers, das Grundstück an den jeweiligen Erbbauberechtigten zu verkaufen.

Diese Vereinbarungen zwischen dem Grundstückseigentümer und dem Erbbauberechtigten haben zunächst nur schuldrechtliche Wirkung, stellen also kein dingliches Recht dar. Werden diese vertraglichen Inhalte jedoch in das Grundbuch eingetragen, erlangen sie den Charakter von dinglichen Rechten und haben somit Wirkung auch gegen Dritte.

b) Entstehung, Übertragung und Belastung des Erbbaurechts

Für die Bestellung eines Erbbaurechts ist nach § 873 BGB Einigung und Eintragung erforderlich. Nach § 11 ErbbVO ist die für die Auflassung maßgebende Formvorschrift (§ 925 BGB) nicht zu übernehmen, obwohl der Erbbauberechtigte eine eigentümerähnliche Position (zumindest in wirtschaftlicher Hinsicht) erlangt. Die Einordnung des Erbbaurechts unter die grundstücksgleichen Rechte demonstriert nachdrücklich den Umfang und die Bedeutung dieses Rechts.

Die Übertragung eines Erbbaurechts erfolgt ebenfalls nach § 873 BGB: Einigung und Eintragung. Ein Erbbaurecht kann überdies mit jedem dinglichen Recht belastet werden, das auch an einem Grundstück bestellt werden kann. Allerdings kann nach § 5 ErbbVO zwischen dem Grundstückseigentümer und dem Erbbauberechtigten eine Veräußerungsbeschränkung in der Weise vereinbart werden, dass der Erbbauberechtigte nur mit Zustimmung des Grundstückseigentümers das Erbbaurecht veräußern darf. Das Gleiche kann auch für die Belastung des Erbbaurechts mit einer Hypothek, Grund- oder Rentenschuld vereinbart werden (§ 5 Abs. 2 ErbbVO). Nach § 873 BGB sind solche Vereinbarungen rechtswirksam, wenn die Einigung und die Eintragung vorliegen. Nach § 10 ErbbVO kann das Erbbaurecht nur an erster Rangstelle bestellt werden; dieser Rangplatz kann auch nachträglich nicht geändert werden. Dies entspricht der wirtschaftlichen und sozialpolitischen Zielsetzung des Erbbaurechts: Durch das Erbbaurecht soll einem größeren Personenkreis die Möglichkeit eröffnet werden, ein eigenes Haus zu errichten. Würden nun der Belastung des Grundstücks mit einem Erbbaurecht andere dingliche Rechte vorgehen, könnte der Fall eintreten, dass durch eine Zwangsvollstreckung das Erbbaurecht erlöschen würde.

Nach § 14 ErbbVO wird bei der Eintragung von Amts wegen ein sog. Erbbaugrundbuch, ein besonderes Grundbuchblatt, angelegt. Auf diesem separaten Grundbuchblatt soll auch der Grundstückseigentümer und – bei Eigentumswechsel am Grundstück – auch der neue Eigentümer eingetragen werden.

c) Beendigung des Erbbaurechts

Das Erbbaurecht zugunsten des Erbbauberechtigten endet durch

- Zeitablauf,
- Aufhebung oder
- Heimfall

1. Zeitablauf

Das Erbbaurecht wird auf eine bestimmte Zeit bestellt (häufig: 99 Jahre). Mit dem Zeitablauf erlischt das Erbbaurecht. Nach § 27 ErbbVO hat der Grundstückseigentümer dem Erbbauberechtigten eine angemessene Entschädigung für das Bauwerk zu leisten. Der Grundstückseigentümer kann seine Zahlungspflicht dadurch abwenden, dass er das Erbbaurecht für die voraussichtliche Standdauer des Bauwerks verlängert; lehnt der Erbbauberechtigte dies ab, erlischt damit sein Entschädigungsanspruch. Auch wiederholte Verlängerungen des Erbbaurechts zur Abwendung der Entschädigungspflicht sind zulässig (§ 27 ErbbVO).

2. Aufhebung

Wie bei jedem anderen dinglichen Recht kann der Erbbauberechtigte nach § 875 BGB sein Recht aufheben. Nach § 26 ErbbVO bedarf er hierzu aber der Zustimmung des Grundstückseigentümers. Maßgebend für die Wirksamkeit der Aufhebung ist die Löschung im Grundbuch.

3. Heimfall

Beim Heimfall erlischt das Erbbaurecht nicht, sondern es wird auf den Grundstückseigentümer übertragen (§§ 32–34 ErbbVO).

> Der Erbbauberechtigte ist verpflichtet, sein Recht beim Eintritt bestimmter Voraussetzungen auf den Grundstückseigentümer zu übertragen (Heimfall).

Die Voraussetzungen für den Heimfall werden i.d.R. bei der vertraglichen Ausgestaltung des Erbbaurechts festgelegt. In erster Linie sind es Verstöße des Erbbauberechtigten gegen getroffene Vereinbarungen, die den Heimfallanspruch auslösen, z.B. Nichtzahlung des Erbbauzinses oder vertragswidrige Nutzung des Bauwerks. Nach § 9 ErbbVO begründet der Zahlungsverzug erst dann den Heimfallanspruch, wenn der Erbbauberechtigte mit mindestens zwei Jahresbeträgen des Erbbauzinses in Rückstand ist.

Der Erbbauberechtigte hat beim Heimfall einen Vergütungsanspruch (§ 32 ErbbVO); allerdings verliert er sein Eigentumsrecht am Gebäude; Gebäudebestandteile iSv § 94 BGB darf er demnach nicht mehr wegnehmen.

5.4.2 Die Dienstbarkeiten

Die Dienstbarkeiten sind dingliche Rechte, also Rechte, die gegenüber Dritten wirksam sind. Es sind zwei Kategorien von Dienstbarkeiten zu unterscheiden:

– Grunddienstbarkeiten und

– persönliche Dienstbarkeiten.

Kennzeichen der Grunddienstbarkeiten ist es, dass stets zwei Grundstücke in der Weise betroffen sind, dass das eine das belastete Grundstück ("dienendes Grundstück") und das andere das "herrschende Grundstück" ist.

> Das durch die Grunddienstbarkeit umfasste Recht steht dem jeweiligen Eigentümer des herrschenden Grundstücks zu, es ist also nicht an eine bestimmte, individuelle Person gebunden.
>
> Anders verhält es sich bei den persönlichen Dienstbarkeiten. Die Belastung des Grundstücks erfolgt zugunsten einer ganz bestimmten, individuellen (natürlichen oder juristischen) Person.

a) Die Grunddienstbarkeiten

Die Grunddienstbarkeiten sind beschränkte, dingliche Rechte an einem Grundstück. § 1018 BGB unterteilt diese in drei Kategorien:

– Belastung eines Grundstücks in der Weise, dass der Berechtigte in einzelnen Beziehungen das Grundstück benutzen darf;

– Belastung eines Grundstücks in der Weise, dass der Eigentümer des dienenden Grundstücks bestimmte Handlungen nicht vornehmen darf;

– Belastung eines Grundstücks so, dass die Ausübung eines Rechts ausgeschlossen ist, das sich aus dem Eigentum an dem dienenden Grundstück dem herrschenden Grundstück gegenüber ergibt.

Wie bereits erwähnt, stehen sich bei der Grunddienstbarkeit stets zwei Grundstücke in einem besonderen Abhängigkeitsverhältnis gegenüber:

– das herrschende Grundstück und

– das belastete (dienende) Grundstück.

Bei der in § 1018 BGB zuerst genannten Kategorie ist der Eigentümer des belasteten Grundstücks verpflichtet, die Benutzung seines Grundstücks durch den Eigentümer (Mieter oder Pächter) des herrschenden Grundstücks zu dulden. Der Eigentümer des belasteten Grundstücks hat einen Teil seines Eigentumsrechts abgetreten (abtreten müssen). Hauptsächlich bestehen diese Duldungsrechte in

– einem Wegerecht über das dienende Grundstück;

– dem Dulden von Versorgungsleitungen über das Grundstück;

– einem Weiderecht zugunsten des herrschenden Grundstücks;

– einem Wasserrecht.

Die früher bedeutsamen Holz- und Streuberechtigungen fallen auch in diese Kategorie. Heute können sie aufgrund der geänderten Verhältnisse vernachlässigt werden.

Wichtig ist, dass dem Eigentümer des dienenden Grundstücks ein Großteil seiner Nutzungsrechte verbleiben. So wäre eine Grunddienstbarkeit ausgeschlossen, wenn dem Eigentümer des dienenden Grundstücks dadurch eine wirtschaftlich sinnvolle Nutzung des Grundstücks nicht mehr möglich wäre.

§ 1019 BGB drückt aus, was in den bisherigen Ausführungen stillschweigend vorausgesetzt wurde: Die Grunddienstbarkeit muss einen Vorteil für die Benutzung des herrschenden Grundstücks beinhalten. Der Berechtigte ist aber verpflichtet, das berechtigte Interesse des Eigentümers des dienenden Grundstücks zu beachten und zu schonen (§ 1020 BGB).

Ein häufiger Streitfall im Zusammenhang mit den „Duldungsrechten" ergibt sich aus der im Zeitablauf sich ändernden Benutzung. Wurde beispielsweise vor Jahrzehnten das als Grunddienstbarkeit eingetragene Wegerecht durch das Überqueren des belasteten Grundstücks zu Fuß beansprucht, ergibt sich nun die Frage, ob eine Überquerung mit einem Kraftfahrzeug durch die ursprüngliche Grunddienstbarkeit noch abgedeckt ist. Grundsätzlich kann festgehalten werden:

Eine Inhaltsänderung des Rechts muss der Eigentümer des dienenden Grundstücks dulden, solange es sich nicht um eine bei der Rechtsbestellung nicht vorhersehbare Nutzungsänderung des herrschenden Grundstücks handelt.

Beispiel

Ein vor 60 Jahren eingetragenes Überfahrrecht zu Gunsten eines landwirtschaftlich genutzten Grundstücks gibt dem Berechtigten auch jetzt noch das Recht, das belastete Grundstück mit allen landwirtschaftlichen Maschinen zu überqueren, auch wenn man bei der Bestellung dieser Grunddienstbarkeit an das Überfahren mit Pferdefuhrwerken dachte.

Anders wäre die Situation, wenn bei der Bestellung des Überfahrrechts das herrschende Grundstück landwirtschaftlich genutzt worden wäre und es heute als Freizeit-Center dient. In diesem Fall ist eine Nutzungsänderung des herrschenden Grundstücks erfolgt; das Überfahrrecht zugunsten des herrschenden Grundstücks besteht nicht mehr.

In der zweiten Kategorie der in § 1018 BGB angesprochenen Grunddienstbarkeiten besteht die Belastung des dienenden Grundstücks in der Unterlassung von Maßnahmen, die dem Eigentümer normalerweise zustehen. Es handelt sich überwiegend darum, dass der Eigentümer des belasteten Grundstücks bestimmte Nutzungsmöglichkeiten zu unterlassen hat. Auch in diesem Zusammenhang muss dem Eigentümer noch eine wirtschaftlich sinnvolle Benutzung des dienenden Grundstücks verbleiben.

Beispiel

1. Die Belastung des dienenden Grundstücks besteht darin, dass der Eigentümer keine Gebäude errichten darf.
2. Der Eigentümer des belasteten Grundstücks darf keinen landwirtschaftlichen Betrieb (oder Gewerbebetrieb) darauf errichten.
3. Der Eigentümer darf die Einfriedung seines Grundstücks nicht beseitigen.

Bei den Grunddienstbarkeiten, die im Ausschluss der Ausübung bestimmter Rechte bestehen, geht es i.d.R. darum, dass der Eigentümer des belasteten Grundstücks
– die ihm nach §§ 906 ff. BGB zustehenden Einwirkungen auf das Nachbargrundstück (herrschendes Grundstück) zu unterlassen oder umgekehrt
– die vom Nachbargrundstück (herrschendes Grundstück) ausgehenden Einwirkungen zu dulden hat, obwohl er dazu nicht verpflichtet wäre.

Darunter fallen u.a.:
– nachbarliche Immissionen (§ 906 BGB);
– störende Anlagen (§ 907 BGB);
– drohender Gebäudeeinsturz (§ 908 BGB);
– Grundstücksvertiefung (§ 909 BGB);
– Überhang von Bäumen oder Sträuchern (§ 910 BGB);
– Überfall von Früchten (§ 911 BGB).

Die Grunddienstbarkeiten werden durch Einigung und Eintragung in das Grundbuch begründet (§ 873 BGB). Eine Grunddienstbarkeit ist an das herrschende Grundstück gebunden, eine Übertragung demnach auch mit der Eigentumsübertragung des herrschenden Grundstücks möglich.

Die Grunddienstbarkeit endet durch
– Erklärung des Berechtigten, dass er das Recht aufgebe, und Löschung im Grundbuch (§ 875 BGB);
– eine Nutzungsänderung bei mindestens einem der betroffenen Grundstücke (z.B. Wegfall des Vorteils).

b) Die persönlichen Dienstbarkeiten

Bei den persönlichen Dienstbarkeiten sind zwei Hauptkategorien zu unterscheiden:
– Nießbrauch (§§ 1030 ff. BGB) und
– beschränkte persönliche Dienstbarkeiten (§§ 1090 ff. BGB).

Das Wesen der persönlichen Dienstbarkeiten besteht darin, dass dem Berechtigten die Nutzung des Objektes ganz (Nießbrauch) oder teilweise (beschränkte persönliche Dienstbarkeit) zusteht. Sie stellen somit Nutzungsrechte dar, wobei sie allerdings einer bestimmten, individuellen (natürlichen oder juristischen) Person zustehen.

1. Nießbrauch

Gegenstand eines Nießbrauchs kann nach § 1030 BGB eine bewegliche oder unbewegliche Sache oder nach § 1068 BGB ein Recht sein. Der Nießbrauch erstreckt sich auch auf die Bestandteile einer Sache iSv §§ 93 ff. BGB. Grundsätzlich darf der Nießbraucher alle Nutzungen ziehen. § 1036 BGB berechtigt ihn zum Besitz der Sache, an der das Nießbrauchrecht besteht. Sein Nutzungsrecht ist so umfassend, dass er den mit dem Nießbrauch belasteten Gegenstand auch vermieten oder verpachten kann. Der Nießbraucher wird selbstverständlich auch Gläubiger der Miet- oder Pachtzinsforderungen. Das Nutzungsrecht kann zwar für einzelne Nutzungsarten eingeschränkt werden (§ 1036 Abs. 2 BGB), aber die Rechtsnatur des Nießbrauchs als ein an sich totales Nutzungsrecht muss erhalten bleiben.

Das Nießbrauchrecht wird an beweglichen Sachen dadurch bestellt, dass der Eigentümer dem Nießbraucher die Sache übergibt. Beide müssen sich darüber einig sein, dass dem Nießbraucher die Nutzungen der Sache zustehen sollen (§ 1032 BGB).

Das Nießbrauchrecht an Grundstücken entsteht nach §§ 873 ff. BGB durch Einigung und Eintragung in das Grundbuch.

Da der Zustand der mit dem Nießbrauch belasteten Sache im Zeitpunkt der Nießbrauchbestellung maßgebend ist für die Rückgabe der Sache bei Beendigung des Nießbrauchs, können sowohl der Nießbraucher als auch der Eigentümer den Zustand der Sache durch einen Sachverständigen feststellen lassen (§ 1034 BGB).

Der Nießbraucher hat nicht nur ein Nutzungsrecht, sondern auch eine Nutzungspflicht (Bewirtschaftungspflicht nach § 1036 BGB). Bei einem Verstoß gegen diese Pflicht hat der Eigentümer Schadensersatzanspruch aus positiver Vertragsverletzung.

Außerdem hat der Nießbraucher folgende Pflichten zu erfüllen:
– er darf keine Umgestaltung oder Veränderung der Sache vornehmen (§ 1037 BGB);
– es ist ein Wirtschaftsplan für einen Wald oder ein Bergwerk aufzustellen (Kannvorschrift, § 1038 BGB);
– er hat Ersatz für diejenige Fruchtziehung zu leisten, die den Rahmen einer ordnungsmäßigen Wirtschaft überschreitet (§ 1039 BGB);
– er hat die Sache zu erhalten, soweit dies angemessen ist (§ 1041 BGB);
– er hat in besonderen Fällen eine Anzeigepflicht gegenüber dem Eigentümer (§ 1042 BGB):
  – bei Zerstörung oder Beschädigung einer Sache,
  – bei außergewöhnlicher Ausbesserung oder Erneuerung der Sache;
– er hat die Versicherungspflicht (§ 1045 BGB).

Nach § 1055 BGB ist der Nießbraucher verpflichtet, die Sache dem Eigentümer nach Beendigung des Nießbrauchs zurückzugeben. Das Nießbrauchrecht ist nicht übertragbar, allerdings kann der Nießbraucher einem Dritten die Ausübung des Nießbrauchs überlassen (§ 1059 BGB).

Der Nießbrauch endet
– beim Tod des Nießbrauchers (§ 1061 BGB);
– bei Verzicht des Nießbrauchers;

– bei Grundstücken: Erklärung gegenüber dem Grundbuchamt und Löschung gemäß § 875 BGB;

– bei beweglichen Sachen: Erklärung gegenüber dem Eigentümer und Rückgabe der Sache (§ 1064 iVm § 1055 BGB);

– Nießbraucher wird Eigentümer der Sache (nur bei beweglichen Sachen, § 1063 BGB).

Beispiel

Der Fabrikant Karl Kunz übergibt zu Lebzeiten seinen Betrieb und sein sonstiges Vermögen seiner Tochter Tina. Um sich abzusichern, lässt er für sich und seine Frau ein Nießbrauchrecht an einem Grundstück, auf dem ein Mehrfamilienhaus steht, eintragen.

Karl Kunz und seiner Frau stehen damit z.B. die Mieteinnahmen zu, ohne dass sie das Eigentumsrecht an dem betreffenden Grundstück haben.

---

2. Beschränkte persönliche Dienstbarkeiten

Diese Nutzungsrechte können nur an Grundstücken bestehen (§ 1090 BGB); es handelt sich nicht um ein umfassendes Nutzungsrecht, sondern der Berechtigte ist lediglich befugt, das Grundstück in einzelnen Beziehungen zu nutzen. Die beschränkten persönlichen Dienstbarkeiten unterscheiden sich vom Nießbrauch durch zwei Merkmale:

– sie gewähren lediglich ein beschränktes Nutzungsrecht, d.h., es handelt sich nur um einzelne Nutzungsarten, die dem Berechtigten zustehen;

– sie können nur an Grundstücken bestellt werden.

Zum Inhalt einer beschränkten persönlichen Dienstbarkeit kann all das bestimmt werden, was Inhalt einer Grunddienstbarkeit sein kann (§ 1090 BGB), d.h.

– der Eigentümer des belasteten Grundstücks hat dem Berechtigten gegenüber einzelne Nutzungsrechte eingeräumt;

– der Eigentümer des belasteten Grundstücks unterlässt bestimmte Handlungen;

– der Eigentümer des belasteten Grundstücks übt bestimmte Rechte, die ihm eigentlich zustehen, nicht aus.

Die Unterscheidung zu den Grunddienstbarkeiten besteht darin, dass die beschränkten persönlichen Dienstbarkeiten i.d.R. zugunsten einer individuellen Person bestimmt sind; sie sind also an das Eigentum an einem herrschenden Grundstück nicht gebunden.

Da es sich hierbei um ein dingliches Recht an einem Grundstück handelt, bedarf es zur Entstehung der beschränkten persönlichen Dienstbarkeiten der Einigung und der Eintragung in das Grundbuch (§ 873 BGB).

Maßgebend für den Umfang einer beschränkten persönlichen Dienstbarkeit ist das Bedürfnis des Berechtigten; ergibt sich eine Bedürfnisänderung, ist die Dienstbarkeit in ihrem Inhalt zu ändern.

Da das Recht einer individuellen Person zusteht, ist die beschränkte persönliche Dienstbarkeit nicht übertragbar, eine Überlassung zugunsten eines Dritten bedarf der Zustimmung des Eigentümers des belasteten Grundstücks (§ 1092 BGB).

Neben den bereits im Zusammenhang mit den Grunddienstbarkeiten angesprochenen Dienstbarkeiten ist auf einem Sonderfall der beschränkten persönlichen Dienstbarkeit einzugehen, nämlich auf das **Wohnungsrecht** (§ 1093 BGB):

Das Grundstück ist dabei in der Weise belastet, dass derjenige, zu dessen Gunsten das Wohnungsrecht erstellt ist, ein Gebäude (oder einen Gebäudeteil) unter Ausschluss des Eigentümers als Wohnung benutzen darf. Damit ist das Wohnungsrecht ein sehr umfassendes Nutzungsrecht, das – vom Umfang her betrachtet – sehr nahe an das Nießbrauchrecht heranreicht, denn der Eigentümer ist von der Benutzung ausgeschlossen.

Zusammenfassung: Grunddienstbarkeit – beschränkte persönliche Dienstbarkeit		
	Grunddienstbarkeit	**beschränkte persönliche Dienstbarkeit**
Berechtigter	Belastet ist ein Grundstück zu Gunsten des Eigentümers eines anderen Grundstücks („herrschendes Grundstück"); die Existenz dieses dinglichen Rechts ist unabhängig vom Eigentümerwechsel.	Belastet ist ein Grundstück zugunsten einer individuellen Person; es existiert demnach kein Abhängigkeitsverhältnis zwischen zwei Grundstücken wie bei den Grunddienstbarkeiten.
Arten	– Der jeweilige Eigentümer des herrschenden Grundstücks hat ein bestimmtes Nutzungsrecht am dienenden Grundstück. – Der jeweilige Eigentümer des dienenden Grundstücks unterlässt bestimmte Handlungen. – Der Eigentümer des belasteten Grundstücks übt bestimmte Eigentümerrechte zu Gunsten des jeweiligen Eigentümers des herrschenden Grundstücks nicht aus.	– Nießbrauchrecht (umfassendes Nutzungsrecht an beweglichen und unbeweglichen Sachen). – beschränkte persönliche Dienstbarkeiten i.e.S. Grundsätzlich sind in diesem Zusammenhang die gleichen inhaltlichen Rechte möglich wie bei den Grunddienstbarkeiten; die Unterscheidung zwischen den beschränkten persönlichen Dienstbarkeiten ist also nicht rechtsinhaltlicher Natur, sondern besteht darin, dass die Belastung eines Grundstücks zu Gunsten einer individuellen Person erfolgt und nicht an ein herrschendes Grundstück gekoppelt ist.

5.4.3 Das Vorkaufsrecht

Durch ein Vorkaufsrecht sichert sich der Berechtigte den Anspruch auf Übertragung des Eigentums an einem Grundstück (§§ 1094 ff. BGB). Dabei sind zwei Typen zu unterscheiden:

– das Vorkaufsrecht beruht auf einem schuldrechtlichen Vertrag,

– das Vorkaufsrecht besteht kraft Gesetz.

Im ersten Fall muss das Vorkaufsrecht – um ein dingliches Recht zu sein – eingetragen werden. Damit hat das Vorkaufsrecht den Charakter einer besonderen Sicherungsvormerkung.

1. Vertragliches Vorkaufsrecht

Durch das Vorkaufsrecht kann der Berechtigte vom Eigentümer verlangen, dass das Eigentum an dem belasteten Grundstück zu denselben Bedingungen auf ihn übertragen wird, zu denen der Verpflichtete (der Grundstückseigentümer) es an einen Dritten verkauft hat. Drei Personen sind also zu unterscheiden:

Bei der Bestellung (Einigung und Eintragung in das Grundbuch) sind nur zwei Personen erforderlich:

– der Grundstückseigentümer (Passivberechtigter) und
– der durch das Vorkaufsrecht Berechtigte (Aktivberechtigter).

Das Vorkaufsrecht verpflichtet den Passivberechtigten nicht, das Grundstück zu verkaufen. Erst wenn er einen Kaufvertrag mit einem Dritten abschließt, kann der Aktivberechtigte durch eine einseitige Erklärung gegenüber dem Passivberechtigten sein Vorkaufsrecht (mit dinglicher Wirkung) ausüben: **Er tritt zu den gleichen Bedingungen wie der Dritte in den Kaufvertrag ein.** Der Dritte, der erst bei einem Kaufvertrag ins Spiel kommt, kann niemals in gutem Glauben Eigentum an dem mit dem Vorkaufsrecht belasteten Grundstück erwerben.

Das Vorkaufsrecht ist gestaltbar:

– hinsichtlich des Aktivberechtigten (§ 1094 BGB):
  Es kann für eine bestimmte, individuelle Person oder zugunsten des jeweiligen Eigentümers eines anderen Grundstücks (z.B. des Nachbargrundstücks) bestellt werden; im ersten Fall spricht man von einem subjektiv-persönlichen, im zweiten Fall von einem subjektiv-dinglichen Vorkaufsrecht;
– hinsichtlich des Passivberechtigten (§ 1097 BGB):
  Es kann in der Weise von der individuellen Person des Eigentümers gelöst werden, dass es gegen alle künftigen Eigentümer wirksam ist.

Das Vorkaufsrecht entsteht durch Einigung und Eintragung in das Grundbuch (§ 873 BGB).

2. Gesetzliches Vorkaufsrecht

Neben diesem durch Rechtsgeschäft begründeten Vorkaufsrecht besteht ein gesetzliches Vorkaufsrecht. Dieses Vorkaufsrecht steht dem Bund, Land oder den Gemeinden zu. Diese Vorkaufsrechte sind in verschiedenen Gesetzen fixiert; das wichtigste ist das Baugesetzbuch. Die Gemeinden haben demnach Vorkaufsrechte beim Kauf von Grundstücken, die

– innerhalb eines Bebauungsplanes liegen;
– zwar noch nicht innerhalb eines bestehenden Bebauungsplanes liegen, aber in Gebieten, für die die Gemeinde die Aufstellung eines Bebauungsplanes beschlossen hat;
– in ein Verfahren zur Bodenordnung einbezogen sind.

Übt die Gemeinde das allgemeine Vorkaufsrecht aus, muss sie den Verwendungszweck des Grundstücks angeben, außerdem muss sie von ihrem Vorkaufsrecht innerhalb von zwei Monaten Gebrauch machen. Daneben eröffnet das Baugesetzbuch den Gemeinden ein spezielles Vorkaufsrecht an bebauten Grundstücken. Es handelt sich hierbei u.a. um Gebäude, die

– prägend für das Ortsbild (Landschaftsbild) sind;
– von historischer oder künstlerischer Bedeutung sind;
– die Zusammensetzung der Wohnbevölkerung erhalten.

Bei diesem speziellen Vorkaufsrecht kann der Erwerber das Vorkaufsrecht der Gemeinde dadurch abwenden, dass er es übernimmt, die Maßnahmen der Gemeinde sich zu eigen zu machen.

Für die Gemeinde besteht die Verpflichtung, die im Zuge eines Vorkaufsrechts erworbenen Grundstücke zu veräußern, wenn der damit verbundene Zweck realisiert werden kann.

■ Übungsaufgaben:

Die Bundesautobahnen bestehen aus einer Vielzahl von Grundstücken. Weshalb ist keines dieser einzelnen Grundstücke (oder Teilgrundstücke) in das Grundbuch eingetragen?

5/21

a) Aus welchen Verzeichnissen besteht ein Grundbuchblatt?

5/22

b) Beschreiben Sie kurz den Inhalt der einzelnen Verzeichnisse des Grundbuchblattes.

Weshalb ist es gerade bei Grundstücken erforderlich, ein spezielles Register anzulegen, aus dem die tatsächlichen Merkmale und Rechtsverhältnisse eines Grundstückes zu entnehmen sind?

5/23

Felix Fels möchte ein Haus bauen. Während eines Spaziergangs trifft er den Landwirt Arno Arndt, der in der Nähe eines Dorfes auf einem Grundstück arbeitet. Felix erzählt Arno von seinen Bauplänen. Arno verspricht Felix, ihm das Grundstück, auf dem er gerade arbeitet, zu überlassen. Felix sagt das Grundstück zu.

5/24

Was sollte Felix unternehmen, bevor er das Grundstück kauft?

Grenzen Sie das materielle und formelle Konsensprinzip voneinander ab.

5/25

Im Grundbuch ist nach wie vor der längst verstorbene Georg Gerber als Eigentümer eingetragen. Aufgrund eines gültigen Testaments ist seine Nichte Barbara Grässig Alleinerbin. Rechtslage?

5/26

Die Kaufleute Max Mack und Moritz Moorle gründen eine OHG (Firma: Max Mack OHG). Moritz Moorle bringt u.a. ein bebautes Grundstück in die OHG ein. Versehentlich wird Max Mack als Eigentümer in das Grundbuch eingetragen.

5/27

a) Peter Petzl, der kurz zuvor in den Ort gezogen ist, kauft das Grundstück aufgrund eines Kaufvertrages, den er mit Max Mack abgeschlossen hatte. Moritz Moorle wurde von Max Mack nicht unterrichtet. Rechtslage?

b) Wie Fall a) mit der Änderung, dass der Käufer Peter Petzl einige Jahre zuvor mit Moritz Moorle befreundet war und wusste, dass das Grundstück Moritz Moorle gehörte.

c) Wie Fall a) mit der Änderung, dass der Käufer Peter Petzl der Buchhalter der OHG ist und weiß, dass das Grundstück in Miteigentum der beiden Gesellschafter steht. Rechtslage?

Herr Reichle beabsichtigt, ein Haus zu bauen oder zu kaufen, ohne allerdings ein Baugrundstück zu haben. Nach Durchsicht entsprechender Angebote interessiert sich Herr Reichle für ein Grundstück, auf dem ein Erbbaurecht ruht.

5/28

a) Was ist ein Erbbaurecht?

b) Herr Reichle erhält von Herrn Potzke ein Angebot über ein anderes Grundstück. Im Verkaufsgespräch erfährt er jedoch, dass auf dem Grundstück das Vorkaufsrecht des Herrn Kunz liege.

Erklären Sie, welche Folgen dieser Umstand für einen evtl. Grundstückskauf durch Herrn Reichle hat bzw. haben kann.

c) Um die Finanzierung des geplanten Hausbaus zu sichern, will Herr Reichle eine Hypothek oder eine Grundschuld aufnehmen.

Erläutern Sie ihm zwei Unterschiede.

6 Familie in der Rechtsordnung

Problemeinführendes Beispiel

Richard Spetz ist ein erfolgreicher und auch sehr wohlhabender Künstler. Über mehrere Jahre hinweg lebt er schon mit seiner Jugendliebe, Barbara Sach, zusammen. Sie sieht ihre Aufgabe u.a. darin, seinen Haushalt zu versorgen, ihm verschiedene Arbeiten wie Verhandlungen mit Kunden und Schreibarbeiten abzunehmen. Sie bewohnen eine von Spetz gekaufte Villa in einem Stuttgarter Vorort. Sie haben zwei gemeinsame Kinder, Peter und Gisela.

Auf der Heimfahrt von einer Ausstellung in München kommt Richard Spetz bei einem Autounfall ums Leben. Barbara Sach ist der festen Überzeugung, dass sie mit den Kindern weiterhin in der Villa wohnen kann und auch, wie in der Vergangenheit, nach Bedarf vom Konto Spetz' Geld abheben kann. Es gilt nun zu untersuchen, welche rechtliche Beziehung zwischen den genannten Personen besteht.

Grundsätzlich wird man versucht sein, diese Personen in einen familienähnlichen Zusammenhang zu bringen oder gar als Familie zu bezeichnen. Eine gesetzliche Definition des Begriffs „Familie" wird man im BGB allerdings vergeblich suchen. Für das obige Beispiel lässt sich dennoch festhalten, dass eine Familie nicht besteht.

> Familie wird als die Gesamtheit der durch Ehe und Verwandtschaft miteinander verbundenen Personen bezeichnet.

Es fehlt der die Familie begründende Vorgang der Eheschließung. Dennoch kann Barbara Sach für sich und ihre Kinder davon ausgehen, dass sie nicht völlig schutzlos sein wird. Artikel 6 GG stellt nämlich nicht nur Ehe und Familie unter den besonderen Schutz der staatlichen Ordnung, sondern ebenfalls die Mutter und ihre Kinder (Art. 6, Abs. 4 und 5 GG).

Legt man den Regelfall zugrunde, der für die Entstehung einer Familie gilt, also die Eheschließung, so bildet hier das Gesetz den Rahmen, innerhalb dessen eine „lebenslange Gemeinschaft von Mann und Frau" im Sinne von gleichberechtigten und gleichverpflichteten Partnern entstehen kann. Dem Grundsatz der Gleichberechtigung wurde der Gesetzgeber verstärkt in den vergangenen Jahren gerecht. Niederschlag gefunden hat dies in den verschiedenen Bereichen einer Ehe:

- die Ehegatten bestimmen die Namenswahl,

- **beide** Ehegatten haben das Recht, berufstätig zu sein,

- sie bestimmen **gemeinsam** die Wahl des Wohnsitzes,

- zur Gestaltung eines angemessenen Lebensunterhaltes besteht eine **gegenseitige** rechtsgeschäftliche Vertretung,

- **beide** Ehegatten tragen zum Familienunterhalt bei, ob durch Führung des Haushalts oder durch berufliche Tätigkeit.

6.1 Voraussetzungen und Rechtswirkungen der Ehe

6.1.1 Verlöbnis

Problemeinführendes Beispiel

Edith und Klaus, beide seit einigen Monaten volljährig und berufstätig, ziehen in eine gemeinsame Wohnung. Sie sind einander sehr zugetan und vertreten die Auffassung, mit Erreichen der Volljährigkeit sei es Zeit, selbstständig zu leben. Zudem könne man gemeinsam eine sparsamere Wohnungs- und Haushaltsführung betreiben, als wenn jeder für sich allein eine Wohnung nimmt.

Nach einigen Monaten lernt Klaus die recht attraktive Ingrid kennen und auch lieben. Kurz entschlossen zieht er zu ihr.

Edith verlangt nun von Klaus, dass er sich weiterhin an den monatlichen Kosten für die Wohnung beteiligt bzw. Ersatz leistet für die nun überflüssig gewordenen Möbel, die überwiegend von Edith bezahlt wurden. Denn nun müsse sie ja eine kleinere Wohnung nehmen. Zudem ist Edith der Meinung, dass der Auszug von Klaus unrechtmäßig erfolgt sei: das gemeinsame Wohnen hätte ja zur Vorbereitung auf eine spätere gemeinsame Ehe gedient.

---

a) Zustandekommen des Verlöbnisses

Zum Eherecht wird auch das Vorstadium der Ehe gerechnet: der durch das Verlöbnis begründete Brautstand. Das Verlöbnis selbst wird durch das Gesetz nicht definiert (§§ 1298 ff. BGB). Es kommt zustande durch das gegenseitige Versprechen zweier Personen, miteinander künftig die Ehe eingehen zu wollen (Eheversprechen).

> Die Verlobung ist die auf Eingehung der Ehe gerichtete Willenserklärung zwischen Mann und Frau. Es handelt sich um einen Vertrag, der formfrei geschlossen wird.

Daraus ist zu schließen, dass einer Ehe immer ein Verlöbnis vorausgehen muss, auch wenn Formalitäten, wie Ringwechsel, Verlobungsanzeigen, Verlobungsfeier usw. nicht stattfinden.

Voraussetzung für die Verlobung ist die Volljährigkeit der Partner. Minderjährige bedürfen der Zustimmung des gesetzlichen Vertreters (vgl. §§ 107, 108 BGB).

Im Übrigen gelten für die Verlobung die allgemeinen Bestimmungen über Willenserklärungen.

b) Rechtswirkungen des Verlöbnisses

Das wirksame Verlöbnis verpflichtet zwar die Partner zur Eheschließung, doch ist diese Verpflichtung **„uneinklagbar"** (§ 1297 Abs. 1 BGB), d.h. die spätere Ehe ist nicht erzwingbar.

Die wesentlichen Rechtswirkungen des Verlöbnisses sind:

– Zeugnisverweigerungsrecht (d.h. ein Verlobter kann die Aussage vor Gericht verweigern, wenn er zu Lasten seines Verlobten aussagen müsste),
– Eidesverweigerungsrecht,
– Schadensersatzansprüche
  – bei Rücktritt ohne wichtigen Grund, § 1298 BGB,
  – bei Rücktritt aus Verschulden des anderen Teils, § 1299 BGB.

■ Übungsaufgabe:

6/1

Günter Gerber und Luise Grube sind seit einem Jahr verlobt. Sie haben sich gegenseitig wertvolle Geschenke gemacht. Im Hinblick auf die Eheschließung hat Günter Gerber Aufwendungen in Höhe von 1 500,00 € und Luise Grube Aufwendungen in Höhe von 800,00 € gehabt. Nachdem Günter Gerber trotz der Verlobung mit Luise Grube eine enge Beziehung zu Eleonore Fray eingeht, löst Luise Grube die Verlobung.

1. Prüfen Sie, ob
   1.1 Günter Gerber
   1.2 Luise Grube
   Schadensersatzansprüche stellen können!

2. Können die während der Verlobung gemachten Geschenke zurückverlangt werden?

6.1.2 Eheschließung

┌─ **Problemeinführendes Beispiel** ─────────────────────────

Franz Reiser ist seit längerer Zeit mit seiner 16-jährigen Cousine Andrea verlobt. Da sie damit rechnen, dass die Verwandtschaft ihre Heirat nicht billigen wird, vereinbaren sie, sich heimlich trauen zu lassen, und zwar nur kirchlich. Franz ist bereits 23 Jahre alt.

a) Ehefähigkeit

Die bürgerliche Ehe ist im BGB geregelt; es gilt der Grundsatz der „obligatorischen Zivilehe", d. h., kirchliche Verpflichtungen werden für die staatlich anerkannte Lebensgemeinschaft zwischen Mann und Frau im BGB nicht normiert. Die kirchliche Trauung ist daher der Trauung vor dem Standesbeamten nachgeordnet und als alleinige Trauung nicht rechtswirksam (vgl. auch § 1588 BGB, sog. Kaiser-Paragraf).

Folgende Voraussetzungen müssen gemäß der nachstehenden Darstellung für eine rechtswirksame Eheschließung gegeben sein, soweit keine Eheverbote vorliegen:

1. Ehemündigkeit (Ehefähigkeit)

Eine Ehe soll nicht vor Eintritt der Volljährigkeit eingegangen werden (§ 1303 Abs. 1 BGB). Das Familiengericht kann auf Antrag von dieser Vorschrift Befreiung erteilen, wenn der Antragsteller das 16. Lebensjahr vollendet hat und sein künftiger Ehegatte volljährig ist. Damit ist wenigstens ein Ehegatte in der Lage, selbständig rechtswirksame Handlungen zu tätigen.

2. Geschäftsfähigkeit

Wer geschäftsunfähig ist, kann daher eine Ehe nicht eingehen (§ 1304 BGB). Der beschränkt Geschäftsfähige bedurfte zur Eingehung einer Ehe bis vor kurzem der Einwilligung seiner Eltern bzw. seines gesetzlichen Vertreters. In der aktuellen Fassung des BGB muss der gesetzliche Vertreter des Antragstellers oder ein sonstiger Inhaber der Personensorge dem Antrag widersprechen, wenn er die Eheschließung, z.B. einer 17-jährigen Tochter, verhindern will. Wenn jedoch für einen solchen Widerspruch kein triftiger Grund vorliegt, kann das Familiengericht dem Widerspruch nicht stattgeben (vgl. hierzu auch § 1304 Abs. 4). Für Betreute kann vom Vormundschaftsgericht ein Einwilligungsvorbehalt angeordnet werden. Ein derartiger Einwilligungsvorbehalt erstreckt sich jedoch nicht auf die Willenserklärung, die auf die Eingehung der Ehe gerichtet ist (§ 1903 Abs. 2 BGB).

b) Eheverbote

Überlieferte sittliche Vorstellungen einerseits, erbpflegerische Überlegungen andererseits führten dazu, dass unter bestimmten Umständen eine Ehe nicht geschlossen werden darf. Folgende Eheverbote bestehen derzeit:

Verbot der Doppelehe:

Eine Ehe darf nicht geschlossen werden, wenn zwischen einer der Personen, die die Ehe miteinander eingehen wollen, und einer dritten Person eine Ehe besteht (§ 1306 BGB).

Eheverbot wegen Verwandtschaft:

Eine Ehe darf nicht geschlossen werden zwischen Verwandten in gerader Linie sowie zwischen vollbürtigen und halbbürtigen Geschwistern. Dies gilt auch, wenn das Verwandtschaftsverhältnis durch Annahme als Kind erloschen ist (§ 1307 BGB, § 1755 BGB).

> **Beispiel**
>
> Die Tochter des Rudi Höhnig, Eva, wird von Ludwig von Ronsberg als Kind angenommen. Damit ist Eva nicht mehr mit Rudi Höhnig verwandt. Eine evtl. spätere Eheschließung zwischen Eva und ihrem leiblichen Vater ist ausgeschlossen.

Eheverbot bei Annahme als Kind:

Eine Ehe soll nicht geschlossen werden zwischen Personen, deren Verwandtschaft im Sinne von § 1307 BGB durch Annahme als Kind begründet worden ist. Dies gilt nicht, wenn das Annahmeverhältnis aufgelöst worden ist. Das Familiengericht kann auf Antrag von dieser Vorschrift Befreiung erteilen (§ 1308 BGB).

c) Aufhebung der Ehe (§ 1314 BGB)

Eine Ehe kann aufgehoben werden, wenn sie entgegen den Vorschriften der §§ 1303 (fehlende Ehemündigkeit), 1304 (Geschäftsunfähigkeit), 1306 (Doppelehe), 1307 (Verwandtschaft), 1311 (Mangel in der Form der Eheschließung) geschlossen worden ist.

Weitere Aufhebungsgründe sind:

1. Ein Ehegatte befand sich bei der Eheschließung im Zustande der Bewusstlosigkeit oder vorübergehenden Störung der Geistestätigkeit.

2. Ein Ehegatte hat bei der Eheschließung nicht gewusst, dass es sich um eine Eheschließung handelt.

3. Ein Ehegatte wurde arglistig getäuscht (betrifft nicht die Täuschung über Vermögensverhältnisse).

4. Ein Ehegatte ist zur Eingehung der Ehe widerrechtlich durch Drohung bestimmt worden.

5. Beide Ehegatten waren sich bei der Eheschließung darüber einig, dass sie keine Verpflichtung gemäß § 1353 Abs. 1 BGB begründen wollen (sog. Scheinehe).

In den Fällen der §§ 1303, 1304, 1306, 1307, 1311 oder 1314 Abs. 2 Nr. 1, 2, 3 oder 4 BGB bestimmen sich die Folgen der Aufhebung einer Ehe nach den Vorschriften über die Scheidung. Die Vorschriften über den Unterhalt wegen der Pflege oder Erziehung eines gemeinschaftlichen Kindes finden entsprechende Anwendung.

d) Eheschließung

Die Ehe wird dadurch geschlossen, dass die Eheschließenden vor dem Standesbeamten erklären, die Ehe miteinander eingehen zu wollen. (Dieser muss seine Mitwirkung verweigern, wenn offenkundig ist, dass die Ehe nach § 1314 Abs. 2 BGB aufhebbar wäre.)

Die Eheschließenden müssen die Erklärungen persönlich und bei gleichzeitiger Anwesenheit abgeben. Die Erklärungen können nicht unter einer Bedingung oder Zeitbestimmung abgegeben werden (§ 1311 BGB).

Die Eheschließung kann in Gegenwart von einem oder zwei Zeugen erfolgen, sofern die Eheschließenden dies wünschen.

Übersicht: Eheschließung, § 1303 BGB (ohne Eheverbote)

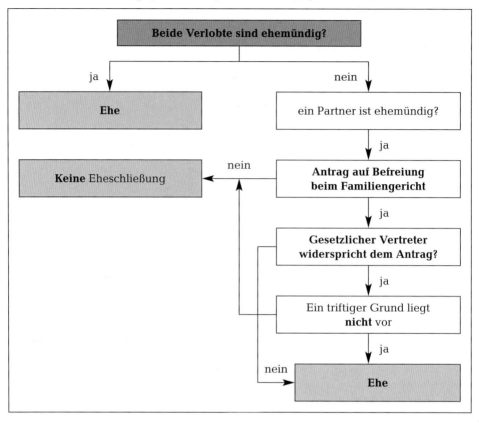

■ Übungsaufgaben:

6/2 Der Bräutigam Rolf Rietzler soll um 15 Uhr vor dem Standesamt erscheinen, um seine Verlobte, Marie Zimme, zu heiraten. Da er sich noch auf einer wichtigen Geschäftsreise befindet und nicht vor 20 Uhr zurück sein kann, bittet er seinen Freund, in seinem Namen und mit Vollmacht, die Eheschließung für ihn zu übernehmen. Ist dies unter den gegebenen Umständen möglich?

6/3 Der Inder Pandal Rapindi heiratet die deutsche Staatsangehörige Anna Boch, um auf diese Weise eine Aufenthaltsgenehmigung zu erlangen. Eine eheliche Beziehung wird nicht erwogen. Beide leben wie bisher völlig getrennt. Ist eine rechtswirksame Ehe zustandegekommen?

6/4 Die überaus ehrgeizige Mary Moser ehelicht den attraktiven Eugen von Rostezitz. Aufgrund seiner Erzählungen schließt sie auf einen sehr vermögenden Hintergrund bei Eugen. Schon kurz nach der Heirat muss sie erkennen, dass ihr eigenes Vermögen die Hauptgrundlage für die Ehe bildet. Kann sie eine Aufhebung der Ehe erreichen mit Hinweis auf Irrtum über die persönlichen Eigenschaften des anderen?

6/5 Lösen Sie das problemeinführende Beispiel.

6/6 Konrad Krüger, 20 Jahre alt, ist mit seiner Cousine Melanie Winter, 17 Jahre alt, verlobt. Sie wollen in nächster Zeit heiraten.
1. Sind beide ehefähig? Sprechen Eheverbote gegen die Heirat?
2. Melanie möchte berufstätig bleiben. Konrad ist dagegen, weil er meint, eine Frau gehöre ins Haus. Wie regelt das Eherecht diesen Fall?

6.1.3 Rechte und Pflichten der Ehegatten

6.1.3.1 Namensrecht

> **Problemeinführendes Beispiel**
>
> Rita Reimann und Gregor Ficht wollen heiraten. Unschlüssig sind sie sich darüber, welchen Ehenamen sie wählen sollen. Beide wollen ihren bisherigen Familiennamen, den Geburtsnamen also, beibehalten. Gregor ist der Auffassung, dass nur der Geburtsname des Mannes Familienname werden könne. Rita bestreitet dies.

In einem früheren Namensrecht war es tatsächlich so, dass der Geburtsname des Mannes nahezu automatisch zum Familienname wurde. Die Frau konnte ihren Geburtsnamen diesem gemeinsamen Namen voranstellen. Mit dem aktuellen Namensrecht sind nun vielfältige Möglichkeiten der Wahl des Familiennamens gegeben.

Der Grundsatz nach § 1355 Abs. 1 BGB lautet: „Die Ehegatten sollen einen gemeinsamen Familiennamen (Ehenamen) bestimmen." Diesen so bestimmten Ehenamen führen beide Ehegatten. Nach § 1355 Abs. 2 BGB können die Ehegatten durch Erklärung gegenüber dem Standesbeamten den Geburtsnamen des Mannes **oder** den Geburtsnamen der Frau bestimmen.

Bezogen auf das Beispiel können folglich beide Geburtsnamen zum Ehe- und Familiennamen werden:

Rita und Gregor **Reimann** oder Rita und Gregor **Ficht.**

Bestimmen Sie dagegen keinen Ehenamen, so bleiben für beide Partner die vorherigen Namen weiter bestehen (§ 1355 Abs. 1 Satz 3 BGB).

Rita Reimann bleibt Rita **Reimann** und Gregor Ficht bleibt Gregor **Ficht.**

Selbst wenn die Ehegatten zum Zeitpunkt der Eheschließung sich nicht auf **einen** gemeinsamen Ehenamen einigen, so können sie dies auch später nachholen, mit öffentlicher Beglaubigung (§ 1355 Abs. 3 BGB).

Der Ehegatte, dessen Geburtsname nicht Ehename wird, kann durch Erklärung gegenüber dem Standesbeamten dem Ehenamen seinen Geburtsnamen voranstellen oder auch anfügen. Falls er bereits verheiratet war, kann er selbst diesen Namen auf diese Weise beibehalten. Es darf sich jedoch nicht um einen Doppelnamen handeln (§ 1355 Abs. 4 BGB).

Rita Reimann kann so zu Rita Reimann-Ficht oder Rita Ficht-Reimann werden. Gregor Ficht kann zu Gregor Ficht-Reimann oder Gregor Reimann-Ficht werden.

Unverändert ist das Namensrecht im Falle der Witwenschaft oder Scheidung geblieben. Der verwitwete oder geschiedene Ehegatte kann den Ehenamen beibehalten. Er kann auch seinen Geburtsnamen wieder annehmen oder den Namen, den er bis zur Bestimmung des Ehenamens geführt hat (§ 1355 Abs. 5 BGB). Dies hat durch Erklärung gegenüber dem Standesbeamten zu erfolgen.

Namensgebung		
Regelung im Falle der Eheschließung:		
Keine Festlegung	**Festlegung** (durch Erklärung gegenüber Standesbeamten)	
Jeder Ehegatte behält seinen bisherigen Namen bei.	**Geburtsname des Mannes** wird Ehe-, Familienname: Die Frau kann ihren bisherigen Namen voranstellen oder anhängen (kein Doppelname).	**Geburtsname der Frau** wird Ehe-, Familienname: Der Mann kann seinen bisherigen Namen voranstellen oder anhängen (kein Doppelname).
Regelung im Falle einer Scheidung oder des Todes eines Ehegatten:		
Keine Änderung (bisheriger Name wird beibehalten)	**Keine Änderung** oder der/die Ehegatten nimmt/nehmen wieder seinen/ihren Geburtsnamen an oder den Namen, den er/sie vor der Eheschließung hatte/n. oder der/die Ehegatten stellt/stellen seinen/ihren Geburtsnamen dem Ehenamen voran oder fügt/fügen ihn an diesen an.	

Zusammenfassung:

Die traditionelle Dominanz des männlichen Namens ist mit dem neuen Namensrecht beendet, die völlige Gleichberechtigung der Frau bezüglich der Namensgestaltung vor dem Gesetz hergestellt.

6.1.3.2 Geschäfte zur Deckung des Lebensbedarfs

Problemeinführendes Beispiel

Auszug aus dem Oberndorfer Anzeiger, unter „Güterrechtsregister": Neueintragung GR 268 – 22. März 1999 – Klaus Gratol, Kraftfahrer, Neuer Weg, Ruppendorf, hat das Recht seiner Ehefrau, Brigitte Gratol, innerhalb ihres häuslichen Wirkungskreises seine Geschäfte zu besorgen und ihn zu vertreten, ausgeschlossen.

Mit Beginn der ehelichen Lebensgemeinschaft ergibt sich die Notwendigkeit, dass ein Ehegatte Geschäfte tätigen muss, die auch den Ehepartner betreffen, bzw. die gesamte Familie. In § 1357 BGB ist diese eheliche Vertretungsmacht geregelt. Danach ist jeder Ehegatte berechtigt, Geschäfte zur angemessenen Deckung des Lebensbedarfes der Familie mit Wirkung auch für den anderen Ehegatten zu besorgen. Maßstab ist hierbei der Unterhaltsbedarf der Familie, insbesondere die alltäglichen Geschäfte. Dazu können auch – einen entsprechenden Lebenszuschnitt der Familie vorausgesetzt – die Anmietung der Familienwohnung, der Abschluss eines Reisevertrages, Arzt- und Krankenhausverträge gehören. Selbst Kreditgeschäfte fallen darunter, vorausgesetzt, sie dienen der **angemessenen Deckung des täglichen Lebensbedarfs.** Die „Angemessenheit" richtet sich nach dem **individuellen Lebensstandard** der Familie. Solche Geschäfte jedoch, die ohne Schwierigkeiten zurückgestellt werden können, fallen nicht darunter.

Diese Vertretungsmacht, durch die beide Ehegatten berechtigt und verpflichtet werden, liegt im Interesse der Rechtssicherheit und dient insbesondere dem Schutz des Gläubigers.

Die Vertretungsmacht kann zwar im Innenverhältnis beschränkt werden, nach außen ist sie jedoch prinzipiell unbeschränkt, es sei denn, dass die Beschränkung oder Ausschließung im Güterrechtsregister eingetragen ist (§ 1357 Abs. 2 iVm § 1412 BGB).

6.1.3.3 Unterhaltspflicht

Problemeinführendes Beispiel

Der 27-jährige Jura-Student Emil ist mit der kaufmännischen Angestellten Antonia verheiratet. Da Emil selbst keinerlei Einkünfte hat, ist allein das Einkommen seiner Frau für den gemeinsamen Unterhalt verfügbar. Sie geraten wiederholt in Streit, da Emil der Auffassung ist, die Führung des Haushalts sei einzig und allein Sache der Ehefrau. Schließlich habe er mit seinem Studium genug zu tun.

Die Ehe wird als Lebens- und Schicksalsgemeinschaft verstanden. Dies schließt ein, dass beide Ehegatten gemeinsam Beiträge zum Unterhalt der Familie leisten; gemeinsame Kinder eingeschlossen, soweit diese sich nicht selbst unterhalten können. Beide Ehepartner werden als gleichberechtigte Häupter der Familie verpflichtet, die Kosten des Haushalts zu bestreiten und die persönlichen Bedürfnisse der Ehegatten zu befriedigen (§ 1360 BGB, § 1360a Abs. 1 BGB).

Die Haushaltsführung eines Partners wird dabei der Erwerbstätigkeit des anderen Ehegatten gleichgestellt, sodass durch die Haushaltsarbeit der Beitrag zum Unterhalt der Familie geleistet ist (§ 1360 BGB).

6.1.3.4 Elterliche Sorge

Einführendes Beispiel

Der 12-jährige Thomas erbt von seiner Tante 120 000,00 €, sowie ein Mehrfamilienwohnhaus. 100 000,00 € legt der Vater von Thomas bei der Bank an, die Hälfte festverzinslich, die andere Hälfte in Aktien. Der Restbetrag dient der Anschaffung eines neuen Autos für die Familie. Die jährlich anfallenden Zinsen und Dividenden verwendet der Vater – entgegen der Absicht der Mutter – für die familiäre Urlaubsreise, die nun natürlich erheblich aufwendiger gestaltet werden kann als bisher. Zu seinem 16. Geburtstag wünscht sich Thomas aus dem Geld der Erbschaft ein Moped. Die Eltern lehnen den Kauf ab mit der Begründung, dass die Gefährdung im Straßenverkehr zu groß und Thomas zudem hierfür noch nicht verantwortungsbewusst genug sei.

a) Allgemeines

Bei der Regelung der elterlichen Sorge geht der Gesetzgeber zunächst vom traditionellen Fall als dem Normalfall aus, wonach die **Geburt des Kindes in der Ehe** erfolgt.

Danach haben die Eltern sowohl die Pflicht als auch das Recht, für das minderjährige Kind gemeinsam zu sorgen (elterliche Sorge). Sie umfasst die Sorge für die Person des Kindes (Personensorge) und das Vermögen des Kindes (Vermögenssorge). Bei der Pflege und Erziehung sind die wachsende Selbständigkeit und das wachsende Bedürfnis des Kindes zu selbständigem verantwortungsbewusstem Handeln durch die Eltern zu berücksichtigen. Entsprechend dem Enwicklungsstand des Kindes ist dieses in Fragen der elterlichen Sorge einzubeziehen mit dem Ziel, Einvernehmlichkeit zu erreichen (§ 1626 BGB).

Das Wohl des Kindes schließt den Umgang mit beiden Elternteilen als Regelfall ein.

Eingeschlossen ist auch der Umgang mit anderen Personen, zu denen das Kind Bindungen hat, wenn ihre Aufrechterhaltung für seine Entwicklung förderlich ist. Häufig sind dies die Beziehungen zu den Großeltern.

Der **Geburt eines Kindes außerhalb der Ehe** wird durch die §§ 1626a bis 1698 BGB besonders Rechnung getragen.

Sind die Eltern bei der Geburt des Kindes nicht miteinander verheiratet, so steht ihnen die elterliche Sorge dann gemeinsam zu, wenn sie

– erklären, dass sie die Sorge gemeinsam übernehmen wollen (Sorgeerklärungen nach §§ 1626a – e BGB) oder

– einander heiraten.

Sind diese Voraussetzungen nicht gegeben, hat die Mutter das Sorgerecht inne (§ 1626 a Abs. 2 BGB).

Die Eltern haben die elterliche Sorge in eigener Verantwortung und in gegenseitigem Einvernehmen zum Wohle des Kindes auszuüben. Bei Meinungsverschiedenheiten müssen sie versuchen, sich zu einigen (§ 1627 BGB). Die elterliche Sorge erstreckt sich nicht auf Angelegenheiten des Kindes, für die ein Pfleger bestellt ist (§ 1630 Abs. 1 BGB).

In zunehmendem Maße leben Eltern, denen die elterliche Sorge gemeinsam zusteht, dauerhaft getrennt. Jeder Elternteil kann in diesem Fall beantragen, dass ihm das Familiengericht die elterliche Sorge ganz oder teilweise allein überträgt.

Einem solchen Antrag ist dann zu entsprechen, wenn

– der andere Elternteil zustimmt (es sei denn, dass das Kind das vierzehnte Lebensjahr vollendet hat und der Übertragung widerspricht) oder

– wenn zu erwarten ist, dass die Aufhebung der **gemeinsamen** Sorge und die Übertragung auf den Antragsteller dem Wohl des Kindes am besten entsprechen.

In **Angelegenheiten**, deren Regelung für das Kind von **erheblicher Bedeutung** ist, ist das gegenseitige Einvernehmen der Eltern erforderlich. Beispiele für solche Angelegenheiten sind:

– die Wahl der schulischen Bildung,

– die Wahl des Berufs,

– die Wahl der Religionszugehörigkeit,

– schwerwiegende medizinische Behandlungen und Eingriffe,

– Fremdunterbringung (z.B. in einem Heim oder Internat, bei einer Pflegeperson).

In **Angelegenheiten des täglichen Bedarfs** dagegen entscheidet der Elternteil, bei dem sich das Kind aufhält, allein (§ 1687 BGB). Dies sind Angelegenheiten, die häufig vorkommen und keine schwerwiegenden Auswirkungen haben (z.B. Kauf von Kleidung, Schulsachen, Kinobesuch, normale sportliche Betätigung).

Das Wohl des Kindes ist auch entscheidend, wenn die Eltern dauerhaft getrennt leben, der Mutter die elterliche Sorge zusteht und der Vater (mit Zustimmung der Mutter) beantragt, dass ihm das Familiengericht die elterliche Sorge ganz oder teilweise überträgt (§ 1672 BGB).

b) Inhalt des Personensorgerechts

Die Personensorge umfasst insbesondere das Recht und die Pflicht, das Kind zu pflegen, zu erziehen, zu beaufsichtigen und seinen Aufenthalt zu bestimmen (§ 1631 BGB).

– Die **Pflege** des Kindes beinhaltet die Sorge um Ernährung, Unterbringung, Bekleidung und Gesundheit sowie alle Maßnahmen, die dem Schutz und der Förderung der körperlichen, geistigen und seelischen Entwicklung des Kindes dienen.

– Bei der **Erziehung** des Kindes ist von der Zielsetzung auszugehen, das Kind zu einer selbständig handlungsfähigen Persönlichkeit heranzubilden. Die eingesetzten Erziehungsmittel haben also Reife und Entwicklung des Kindes zu berücsichtigen sowie eine Mitwirkung des Kindes.

Zu den **angemessenen** Zuchtmitteln gehören: Ermahnung, Verweis, Stubenarrest, Entzug von Annehmlichkeiten, z. B. des Taschengeldes. Ausgeschlossen sind entwürdigende Erziehungsmaßnahmen. Dazu gehören im Regelfall körperliche Züchtigungen, aber auch sonstige Maßnahmen, die dem Erziehungsziel „Persönlichkeitsentwicklung" entgegenstehen (§ 1631 Abs. 2 BGB).

Wesentlicher Teil der Personensorge ist ferner die Wahl der Schule und der Ausbildung. Diese ist unter Rücksichtnahme auf „Eignung und Neigung" des Kindes zu treffen (§ 1631a BGB).

– Weiterer Bestandteil der Personensorge ist die **Aufsichtspflicht**. Sie beinhaltet das Recht und die Pflicht, das Verhalten des Kindes zu überwachen, um zu verhindern, dass das Kind anderen Schaden zufügt bzw. dass dem Kind Schaden zugefügt wird (vgl. hierzu auch § 823 BGB).

Diese Aufsichtspflicht gilt auch für die Person(en), bei denen sich das Kind außerhalb der Familie aufhält (Kindergarten, Schule, Verwandte, Bekannte). Wesentlich dabei ist, dass bei dem Aufsichtspflichtigen Verschuldungsfähigkeit und Verschulden vorliegt (§ 832 BGB). Strenge Maßstäbe werden insbesondere bei kleineren Kindern angelegt und hier insbesondere bei kritischen Situationen, z.B. Kinder spielen mit Zündhölzern, ein 4-jähriger sitzt allein im Pkw (vgl. auch § 828 BGB).

– Das Merkmal Bestimmung des **Aufenthalts** bedeutet, dass die Eltern verfügen, wann das Kind z.B. abends zu Hause sein muss, aber auch wie und wo es die Ferien verbringen kann, ebenso die Unterbringung in einem Internat.

– Ferner bezieht das Sorgerecht mit ein, mit wem das Kind **Umgang** haben darf. So können Eltern ihrem Kind verbieten, mit bestimmten Personen zu verkehren, z.B. wenn eine sittliche Gefährdung droht. Auch der Briefwechsel darf kontrolliert werden (§ 1632 Abs. 2 BGB).

c) Inhalt des Vermögenssorgerechts

Das Recht zur Vermögenssorge umfasst das gesamte Vermögen des Kindes, jedoch nicht den Teil des Vermögens, welches das Kind von Todes wegen erwirbt oder welches ihm unter Lebenden unentgeltlich zugewendet wird, wenn der Erblasser eine entsprechende letztwillige Verfügung getroffen hat (§§ 1638 ff. BGB). Übersteigt der Vermögenserwerb 15 000 €, so haben die Eltern die Pflicht, ein Vermögensverzeichnis anzufertigen (§ 1640 BGB).

Die Eltern haben das Kindesvermögen nach den „Grundsätzen einer wirtschaftlichen Vermögensverwaltung" anzulegen. Die angestrebten Ziele sind nicht allein Rendite und Sicherheit, sondern auch Schutz vor Inflation (§ 1642 BGB). Grundsätzlich dürfen die Eltern das von ihnen verwaltete Kindesvermögen nicht für sich nutzen – das schließt auch Zinsen, Dividenden, Miete, Pacht, ein; tun sie es dennoch, werden sie schadensersatzpflichtig. Für eine Reihe von Rechtsgeschäften bedürfen die Eltern der Zustimmung des Vormundschaftsgerichts. Dies ist der Fall bei Verfügungen über ein dem Kind gehörendes Grundstück, bei besonderen Verträgen (Miet-, Pacht-, Gesellschaftsverträgen).

Die Eltern können also für ihr Kind wirksame Willenserklärungen abgeben, aus denen das Kind berechtigt bzw. verpflichtet wird.

Die 17-jährige Inge geht ein Dienstverhältnis als Arbeiterin ein. Ihre Eltern müssen zustimmen. Damit wird Inge berechtigt, aber auch verpflichtet, alle zu diesem Dienstverhältnis gehörenden Rechtshandlungen zu tätigen (§ 1629 BGB, auch § 113 BGB).

Der 6-jährige Maxi will Mitglied im örtlichen Turnverein „TV Springhoch" werden. Von einer Tante erhält er 8 000,00 €.

Den Eintritt in den Turnverein müssen die Eltern für ihn vornehmen, d.h. ihre Unterschrift geben. Der Geldbetrag muss zu Gunsten des Maxi angelegt werden, z.B. festverzinslich bei einem Kreditinstitut. Die Zinsen stehen ebenfalls Maxi zu. Die Eltern können nur in einer Notsituation auf das Geld zurückgreifen im Sinne der Unterhaltspflicht „Verwandter in gerader Linie" (§ 1601 BGB).

Zusammenfassung:

Stand früher die „elterliche Gewalt" und damit nahezu unbeschränktes Herrschaftsrecht der Eltern im Vordergrund, so ist heute mit der „elterlichen Sorge" das von beiden Elternteilen **gemeinsam** und **gleichrangig** ausgeübte Recht zum Wohle des Kindes vorrangig. Damit entfällt auch der „Stichentscheid", der bei Meinungsverschiedenheiten dem Vater zustand (§§ 1626 ff. BGB).

Können sich die Eltern ausnahmsweise einmal nicht einigen, so bestimmt § 1628 Abs. 1 BGB, dass das Vormundschaftsgericht auf Antrag eines Elternteils einem Elternteil die Entscheidung übertragen kann. Es muss sich jedoch um eine Angelegenheit handeln, deren Regelung für das Kind von erheblicher Bedeutung ist (§ 1626 BGB), z. B. bei der Ausbildungs- und Berufswahl, beim Schutz des Kindesvermögens.

■ Übungsaufgaben:

6/7 Welche Rechtsprobleme im Sinne der Personen- und Vermögenssorge sind im Eingangsbeispiel enthalten? Wie sind sie zu lösen?

6/8 Die 15-jährige Bettina wird zu Recht als „sittlich verdorben" bezeichnet. Um sie künftig daran zu hindern, diesen unsittlichen Lebenswandel fortzuführen, binden ihre Eltern sie wiederholt in ihrem Zimmer am Stuhl fest und schließen die Zimmertür ab. Außerdem schneiden sie ihr die Haare ab. Sind die Erziehungsmittel der Eltern angemessen?

6/9 Die Eltern der 4-jährigen Elke sind mit dieser zusammen beim Einkauf in einem Warenhaus. Die Mutter befindet sich gerade in einer Umkleidekabine, um ein neues Kleid anzuprobieren; der Vater betrachtet inzwischen Herrenanzüge. Eine Verkäuferin trägt in diesem Moment eine Schachtel mit Glaswaren vorbei. Sie übersieht dabei die kleine Elke, stürzt zu Boden, der Inhalt der Schachtel geht klirrend zu Bruch.

a) Ist die Handlung der 4-jährigen Elke rechtswidrig?

b) Muss die 4-jährige Elke Schadensersatz leisten?

c) Haben die Eltern ihre Aufsichtspflicht verletzt?

d) Müssen die Eltern Schadensersatz leisten?

6/10 Franz-Xaver, eben 15 geworden, hält sich des öfteren mit seinen Freunden am „Jugendtreffpunkt" Bushaltestelle auf. Die Eltern von Franz-Xaver wollen ihm den Umgang mit den Freunden verbieten, ebenso den dortigen Aufenthalt, da ihnen zu Ohren gekommen ist, dass wiederholt dort Bier getrunken wurde und zudem von dieser Gruppe bereits einmal das Buswartehäuschen durch Anzünden demoliert wurde. Franz-Xaver beteuert, bei beidem nicht dabeigewesen zu sein.

a) Können die Eltern Franz-Xaver daran hindern, sich an dem Jugendtreffpunkt aufzuhalten?

b) Welche Gründe sprechen für die Eltern, wenn sie ihrem Sohn den Umgang mit den Freunden verbieten?

Art. 6 Abs. 2 Satz 1 des Grundgesetzes: „Pflege und Erziehung der Kinder ist das natürliche Recht der Eltern und die zuvörderst ihnen obliegende Pflicht". In welcher Weise schlägt sich dieser Artikel im BGB nieder?

6/11

Florian Flögel bastelt seinem 7-jährigen Sohn ein Pfeil-und-Bogen-Spiel. Damit die Pfeile auch die richtige Fallrichtung erhalten, befestigt er an der Spitze leicht angespitzte Nägel. Solchermaßen ausgerüstet, marschiert Tobias, der 7-jährige Sohn, auf die „Jagd". Mit einem der ersten Schüsse verletzt er einen Spielkameraden am Auge.

6/12

a) Hat Tobias eine rechtswidrige Handlung begangen?

b) Weshalb ist es gerechtfertigt, dass Florian Flögel Schadensersatz leisten muss?

c) Wie ist der Fall zu beurteilen, wenn Tobias bereits 17 Jahre alt ist?

6.2 Eheliche Güterstände

> **Problemeinführende Beispiele**
>
> a) Auszug aus dem Güterrechtsregister: „Neueintragung: GR 275 – 20. Nov. 1999 – Kracht Franz Helmut, Fernmeldehauptsekretär in Loßburg, Sophienstraße 71, und Karin Marthe, geb. Mücker, Friseurmeisterin, ebenda: Durch Vertrag vom 23. März 1999 ist Gütertrennung gemäß § 1414 BGB vereinbart".
>
> b) Karin und Anton Fromm sind seit wenigen Monaten verheiratet. Überraschend stellt sich heraus, dass Karin an einer sehr schweren, unheilbaren geistigen Krankheit leidet. Anton beauftragt die Aufhebung der Ehe – mit Erfolg. Nun steht folgendes Problem zur Lösung an: Zu Beginn der Ehe hatte Anton ein Vermögen von 12 000,00 €. Diesem gegenüber standen Verbindlichkeiten in Höhe von 26 000,00 €. Karin hatte ein Vermögen von 14 000,00 € und keine Verbindlichkeiten. Zum Zeitpunkt der Aufhebung der Ehe betrug das Vermögen von Anton 30 000,00 €, das von Karin 20 000,00 €. Die Verbindlichkeiten zu diesem Zeitpunkt betrugen bei Anton 40 000,00 €, bei Karin 0,00 €.
>
> Wie werden die Vermögen und die Verbindlichkeiten zugerechnet?
>
> Was geschieht mit einem eventuellen „Überschuss"?

Mit Eingehen der Ehe werden für jeden Ehegatten völlig neue rechtliche Situationen geschaffen, entsprechend der engen persönlichen Beziehung, die mit der ehelichen Lebensgemeinschaft verbunden ist. Aber auch für das Vermögen, welches die Ehegatten in die Ehe einbringen und während der Ehe erwerben, ergeben sich besondere rechtliche Probleme:

– Wer hat das Verfügungsrecht über das schon vor der Ehe geschaffene Vermögen, wer über das in der Ehe erworbene Vermögen?

– Wer haftet für die Schulden, die vor der Ehe bzw. während der Ehe eingegangen werden?

– Wie verhält es sich mit der Haftung mit dem Privatvermögen, z.B. eines OHG-Gesellschafters?

Das BGB unterscheidet drei verschiedene güterrechtliche Möglichkeiten:

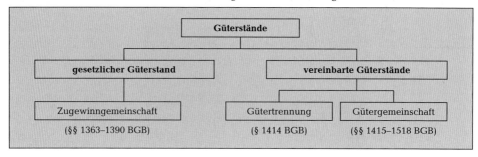

6.2.1 Gesetzlicher Güterstand (Zugewinngemeinschaft)

a) Allgemeines

Da die überwiegende Zahl der Ehen ohne oder nur mit geringem Vermögen begonnen werden, besteht zunächst auch noch kein Anlass, eine besondere vermögensrechtliche Regelung zu treffen. Damit tritt automatisch der gesetzliche Güterstand, **die Zugewinngemeinschaft**, ein.

> Hierbei handelt es sich um einen „Güterstand der Gütertrennung, mit Ausgleich des Zugewinns bei Beendigung der Ehe" (§ 1363 BGB).

Trotz der Bezeichnung Zugewinngemeinschaft bleiben die Ehegatten allein Inhaber ihres vor oder während der Ehe erworbenen Vermögens (§ 1363 Abs. 2 BGB). Auch die Verwaltungsbefugnisse der Ehegatten werden hinsichtlich ihres jeweiligen Vermögens nicht beschränkt (§ 1364 BGB). Dies schließt zugleich ein, dass jeder Ehegatte für seine Schulden allein haftet, sowie daraus resultierende Rechtsstreitigkeiten allein führt.

Will ein Ehegatte Entscheidungen treffen, die sein **Vermögen als Ganzes** betreffen, so kann er dies nur mit Einwilligung des anderen Ehegatten (§ 1365 BGB). Gleiches gilt für ein einseitiges Rechtsgeschäft (§ 1367 BGB) und für Verfügungen eines Ehegatten über Haushaltsgegenstände (§ 1369 BGB). Bringt also ein Ehegatte Gegenstände in die Ehe ein, die dem Hausrat zuzuordnen sind, so gehen diese in das Gesamthandvermögen über, unterliegen folglich auch der Verfügungsmacht des anderen Ehegatten, beispielsweise bei Veräußerung. Damit soll in erster Linie die materielle Basis der Familie und ihres Haushalts gesichert werden (vgl. hierzu auch § 1370 BGB).

Kommt es nun zu einer Auflösung der Ehe (z.B. durch Tod eines Ehegatten, Ehescheidung, Aufhebung oder Nichtigkeit der Ehe) oder zu einer Änderung des Güterstandes durch Wahl eines anderen Güterstandes, so muss der Vermögenszuwachs, den die Ehegatten während der Ehe erzielt haben, ausgeglichen werden. Den Vermögenszuwachs nennt man Zugewinn (§§ 1371 bis 1378 BGB).

b) Berechnung von Anfangs-, Endvermögen, Zugewinn, Ausgleichsforderung

Anfangsvermögen: § 1374 BGB besagt, „Anfangsvermögen ist das Vermögen, das einem Ehegatten nach Abzug der Verbindlichkeiten beim Eintritt des Güterstandes gehört; die Verbindlichkeiten können nur bis zur Höhe des Vermögens abgezogen werden". Ein negatives Anfangsvermögen gibt es folglich nicht. Fällt dem Ehegatten nach Eintritt des Güterstandes eine Erbschaft oder eine Schenkung zu, so wird dieses Vermögen dem Anfangsvermögen hinzugerechnet (§ 1374 Abs. 2 BGB).

Endvermögen:	„Endvermögen ist das Vermögen, das einem Ehegatten nach Abzug der Verbindlichkeiten bei der Beendigung des Güterstandes gehört", z.B. zum Zeitpunkt der Scheidung. Verbindlichkeiten werden abgezogen (§ 1375 BGB), jedoch nur bis zur Höhe des Vermögens. Hat nun ein Ehegatte Vermögen verschwendet (z.B. durch Trunkenheit) oder verschenkt (z.B. an eine Freundin), so wird dieser Betrag dem Endvermögen hinzugerechnet. Damit soll erreicht werden, dass solche „vermögensmindernden Manipulationen" sich nicht nachteilig auf den Zugewinnausgleich des anderen Ehegatten auswirken (§ 1375 Abs. 2 BGB).

Problematisch ist nun die **Ermittlung der Werte** des Anfangs- und des Endvermögens. Sie erfolgt durch Summierung der einzelnen Verkehrswerte, außer bei Unternehmen sowie land- und forstwirtschaftlichen Betrieben (Ertragswert). Eine Erleichterung stellt ferner die Aufstellung von Verzeichnissen der Anfangsvermögen dar (§ 1377 BGB). Im Zweifelsfall gilt: Endvermögen = Anfangsvermögen (§ 1377 Abs. 3 BGB).

Zugewinn:	Dies ist nun der Betrag, um den das Endvermögen eines Ehegatten das Anfangsvermögen übersteigt. Es handelt sich hierbei also um eine reine Rechengröße (§ 1373 BGB). Die Errechnung der Zugewinne für beide Ehegatten ergibt im Regelfall, dass der Zugewinn des einen Ehegatten den Zugewinn des anderen Ehegatten übersteigt. Dieser Differenzbetrag ist der Zugewinnüberschuss.
Ausgleichsforderung:	Der Überschuss des Zugewinns des einen Ehegatten wird halbiert und als Ausgleich dem anderen Ehegatten überlassen (§ 1378 BGB). Bei diesem Zugewinnausgleich geht man von dem Gedanken aus, dass im Grunde genommen während der Ehe jeder Ehegatte gleichermaßen am Zuwachs des beiderseitigen Vermögens beteiligt war: der eine durch seine berufliche Tätigkeit, der andere durch die Haushaltsführung oder ebenfalls durch berufliche Tätigkeit.

1. Schritt: Ermittlung des Anfangsvermögens (§ 1374 BGB)

	Ehegatte A (Anton)	Ehegatte B (Karin)
Rohvermögen am Anfang	12 000,00	14 000,00
– Schulden am Anfang	– 26 000,00	– 0,00
= Reinvermögen am Anfang (darf nicht negativ werden)	0,00	14 000,00
+ Hinzurechnungen: • während der Ehe erhaltene Schenkungen • während der Ehe gemeinsame Erbschaften	+ 0,00 + 0,00	+ 0,00 + 0,00
maßgebliches Anfangsvermögen (§ 1374 BGB)	**0,00**	**14 000,00**

2. Schritt: Ermittlung des Endvermögens (§ 1375 BGB)

	Ehegatte A (Anton)	Ehegatte B (Karin)
Vermögen am Ende	30 000,00	20 000,00
– Schulden am Ende	– 40 000,00	– 0,00
= Reinvermögen am Ende (darf nicht negativ werden)	0,00	20 000,00
+ Hinzurechnungen: Innerhalb der letzten zehn Jahre verschwen- detes Geld und getätigte Schenkungen	0,00	0,00
= **maßgebliches Endvermögen (§ 1375 BGB)**	**0,00**	**20 000,00**

3. Schritt: Ermittlung des Zugewinns und Zugewinnüberschusses (§ 1373 BGB)

	Ehegatte A (Anton)	Ehegatte B (Karin)
maßgebliches Endvermögen	0,00	20 000,00
– maßgebliches Anfangsvermögen	0,00	14 000,00
= **Zugewinn (§ 1373 BGB)**	**0,00**	**6 000,00**
Daraus ergibt sich ein Zugewinnüberschuss		**6 000,00**

4. Schritt: Errechnung der Ausgleichsforderung (§ 1378 BGB)

Der Zugewinnüberschuss steht beiden Ehegatten je zur Hälfte zu. Folglich erhalten Anton und Karin je 3 000,00 €, d.h., Karin hat an Anton 3 000,00 € zu zahlen.

c) Zugewinnausgleich im Todesfall

Endet die Zugewinngemeinschaft dadurch, dass ein Ehegatte stirbt, so tritt der Zuge-winnausgleich in Verbindung mit erbrechtlichen Bestimmungen ein (vgl. hierzu auch das Kapitel 7 Erbrecht).

Hinterlässt der erststerbende Ehegatte kein Testament, so erhöht sich der gesetzliche Erb-teil des überlebenden Ehegatten um ¼ der Erbschaft (§ 1371 Abs. 1 BGB). Dabei ist es unerheblich, ob ein Zugewinn tatsächlich erzielt wurde. Daneben hat der überlebende Ehegatte die Möglichkeit, die güterrechtliche Lösung zu wählen.

> **Beispiel**
>
> Der verstorbene Richard Don hinterlässt 400 000,00 €. Dieser Betrag ist zugleich sein Endvermögen. Sein Anfangsvermögen war 0,00 €. Die Ehefrau hat keinen Zugewinn. Die gemeinsame Tochter ist ebenfalls erbberechtigt. Die Ehefrau kann die erbrechtli-che oder die güterrechtliche Lösung anstreben.
>
> a) erbrechtliche Lösung (erhöhter Erbteil):
>
> Neben Abkömmlingen des Erblassers erbt der Ehegatte ¼ des Nachlasses, hier also 100 000,00 €. Der Ausgleich des Zugewinns erfolgt dadurch, dass sich der ge-setzliche Erbteil des überlebenden Ehegatten um ¼ erhöht, also weitere 100 000,00 €. Die Erbschaft beträgt somit ½ des Nachlasses (= 200 000,00 €) (§ 1371 BGB).
>
> b) Zugewinnausgleich bei gleichzeitigem Ausschlagen der Erbschaft:
>
> Die Ehefrau schlägt die Erbschaft aus (§ 1371 Abs. 3 BGB). Ihr steht dann der Zuge-winnausgleich zu, d.h., ihre Ausgleichsforderung beträgt 200 000 € (= 400 000 : 2). Darüber hinaus kann sie nun noch ihren Pflichtteil verlangen. Dies wäre nach

§ 2303 BGB die Hälfte ihres gesetzlichen Erbanteils. Da ihr nach § 1931 Abs. 1 BGB ein Viertel von 200 000 € zustehen würde, macht ihr Pflichtteilsanspruch ein Achtel von 200 000 €, also 25 000 € aus.

Um festzustellen, welche der beiden Möglichkeiten Vorteile erbringt, ist eine Vergleichsrechnung erforderlich.

■ Übungsaufgaben:

6/13

Vermögen bei Beginn des Güterstandes:

Mann 28 000,00 €, Frau 32 000,00 €; Verbindlichkeiten zu diesem Zeitpunkt: Mann 6 000,00 €, Frau 0,00 €. Der Mann erbt während des Güterstandes 40 000,00 €, die Frau erhält eine Schenkung in Höhe von 10 000,00 €.

Bei Ende des Güterstandes beträgt das Vermögen des Mannes 80 000,00 €, der Frau 50 000,00 €. Zu diesem Zeitpunkt betrugen die Verbindlichkeiten des Mannes 2 000,00 €, der Frau 0,00 €.

Errechnen Sie: Anfangsvermögen bei Mann und Frau,
Endvermögen bei Mann und Frau,
Zugewinne von beiden, Zugewinnüberschuss sowie die Ausgleichsforderung und die Vermögen beider nach Zahlung der Ausgleichsforderung.

6/14

Anton und Irma Möhringer stehen kurz vor der Scheidung und damit vor der Beendigung ihres Güterstandes. Ihr Vermögen beträgt jetzt 300 000,00 € bzw. 40 000,00 €. Seiner Geliebten hatte Anton eine Wohnung gekauft im Wert von 100 000,00 €; Verbindlichkeiten liegen keine vor.

Zu Beginn des Güterstandes betrugen die Vermögen 100 000,00 € (Mann) und 20 000,00 € (Frau). Der Mann hatte zu diesem Zeitpunkt Verbindlichkeiten in Höhe von 175 000,00 €. Während des Güterstandes erbte er 200 000,00 €.

a) Errechnen Sie die Anfangsvermögen, die Endvermögen, die Zugewinne, den Zugewinnüberschuss und die Ausgleichsforderung.

b) Weshalb ist es gerechtfertigt und sogar notwendig, Schenkungen eines Ehegatten an Dritte dem Endvermögen hinzuzurechnen?

c) Wie wirkt sich die Behandlung einer Erbschaft, die einem Ehegatten zufällt, auf die Ausgleichsforderung aus, wenn
   ca) diese Erbschaft in die Zeit des Güterstandes fällt,
   cb) sie bereits vor diesem Zeitpunkt das Vermögen des Bedachten vermehrte?

6/15

Die Eheleute Paul und Irene Schmalz leben im gesetzlichen Güterstand.
Errechnen Sie, welche Ausgleichsforderung Irene Schmalz im Falle der Scheidung unter den folgenden Voraussetzungen hätte:

Der Mann brachte in die Ehe ein:	20 000,00 €
Die Frau brachte in die Ehe ein:	10 000,00 €
Endvermögen des Mannes:	140 000,00 €
Endvermögen der Frau:	70 000,00 €

Während der Ehe machte der Mann eine Erbschaft von 30 000,00 € und bekam außerdem von einer Tante 10 000,00 € geschenkt.

Die Frau machte eine Erbschaft von 20 000,00 €.

Alle drei Beträge sind in den angegebenen Endvermögen enthalten.

6/16

Rainer und Eva Schmitt haben ohne Ehevertrag geheiratet. Sie haben zwei Kinder im Alter von 10 und 7 Jahren.

1. In welchem Güterstand leben sie heute?

2. Rainer Schmitt möchte sich wegen Zerrüttung der Ehe scheiden lassen. Nach anfänglicher Ablehnung stimmt schließlich seine Frau Eva der Scheidung zu. Was muss vom Familiengericht im Rahmen des Scheidungsprozesses geregelt werden (vgl. dazu Abschnitt 6.3)?

3. Rainer Schmitt, selbstständig, besaß zu Beginn der Ehe ein Vermögen von 20 000,00 €. Er hat später durch den Tod seines Vaters 30 000,00 € geerbt. Bei der Scheidung beträgt sein Vermögen 120 000,00 €.

Eva Schmitt hatte bei ihrer Heirat kein Vermögen. Kurz nach der Eheschließung schenkte eine Tante ihr 15 000,00 €. Bei der Scheidung verfügt sie über insgesamt 45 000,00 €.

Wer kann in welcher Höhe Ausgleichsforderungen geltend machen?

6.2.2 Vertragliche Güterstände

Wie bereits dargelegt wurde, kann ein Güterstand zwischen den Ehegatten auch vereinbart werden. Dies geschieht in Form eines Ehevertrages, der notariell beurkundet werden muss (§§ 1408 ff. BGB).

a) Gütertrennung (§ 1414 BGB)

Nach § 1414 BGB tritt Gütertrennung ein, wenn
– die Ehegatten den gesetzlichen Güterstand ausschließen oder
– ihn aufheben,
– wenn der Zugewinnausgleich oder der Versorgungsausgleich ausgeschlossen wird oder
– die Gütergemeinschaft aufgehoben wird.

Welches sind nun die Wirkungen der Gütertrennung?

Die Vermögen der Ehegatten bleiben rechtlich gesondert. Jeder Ehegatte verwaltet sein Vermögen selbst; er kann ohne Zustimmung des anderen Verpflichtungs- und Verfügungsgeschäfte tätigen; er führt die sein Vermögen betreffenden Rechtsstreitigkeiten selbst. Dies gilt für das **vor und das während der Ehe erworbene Vermögen** gleichermaßen. Auch für die Schulden des anderen Ehegatten ergibt sich keine güterrechtliche Haftung, außer im Rahmen des § 1357 BGB (eheliche Vertretungsmacht, Schlüsselgewalt).

Zur Durchführung der Gütertrennung ist es erforderlich, dass die Ehegatten ihre Vermögen in einem Vermögensverzeichnis, ergänzt durch ein Nachtragsverzeichnis bei Neuanschaffungen, festhalten. Unabhängig von der Gütertrennung besteht die Verpflichtung, dem Ehegatten Mitbesitz und Mitbenutzung am jeweils eigenen Hausrat zu gestatten.

In welchen Fällen ist Gütertrennung überhaupt sinnvoll?

Grundsätzlich dann, wenn beide Ehegatten umfangreiches Vermögen besitzen. Wird Gütertrennung vereinbart und hat nur ein Ehegatte ein größeres Vermögen, z.B. einen Gewerbebetrieb, so ist dies für den anderen Ehegatten meist von Nachteil. Besonders dann, wenn dieser Ehegatte am Vermögenszuwachs durch Arbeit beteiligt ist. Denn im Fall der Scheidung findet kein Zugewinnausgleich statt. Und im Todesfall eines Ehegatten erhöht sich der gesetzliche Erbteil nicht um 1/4.

> Bei der Gütertrennung haftet kein Ehegatte für die Schulden des anderen. Aber auch beim gesetzlichen Güterstand, der Zugewinngemeinschaft, besteht insofern Gütertrennung, als keiner für die Schulden des anderen zu haften braucht.

b) Gütergemeinschaft (§§ 1415–1432 BGB)

Der zugrunde liegende Ehevertrag muss vor dem Notar geschlossen werden (§ 1410 BGB) wie im Fall der Gütertrennung.

Im Mittelpunkt dieses Güterstandes steht die Bildung eines gemeinschaftlichen Vermögens, das **Gesamtgut**, welches im Regelfall von den Ehegatten gemeinschaftlich verwaltet wird (§ 1421 BGB). Gesamtgut werden die bei Begründung der Gütergemeinschaft vorhandenen Vermögen der Ehegatten sowie die später von dem einen oder anderen Ehegatten oder gemeinsam erworbenen Vermögen, hierzu gehören auch Erbschaften (§ 1416 BGB).

Die Gütergemeinschaft kommt insbesondere im Bereich der Landwirtschaft vor. Bestandteile des gemeinschaftlichen Vermögens sind z.B. die zur Führung der Landwirtschaft erforderlichen Grundstücke, Gerätschaften, Gebäude, insbesondere dann, wenn von beiden Ehegatten entsprechende Werte eingebracht werden.

Wird von den Ehegatten vereinbart, dass nur einer das Gesamtgut verwaltet, so bedarf es der Einwilligung des anderen Ehegatten:

– Bei Verfügungen über das Gesamtgut im Ganzen (§ 1423 BGB),

– bei Verfügungen über Grundstücke (§ 1424 BGB),

– bei Schenkungen aus dem Gesamtgut (§ 1425 BGB).

Sondergut: Dieses bleibt von der Vergemeinschaftung im Gesamtgut ausgeschlossen (§ 1417 BGB). Es kann nicht durch Rechtsgeschäft übertragen werden. Dazu gehören: Nießbrauch (§ 1059 BGB), nicht übertragbare Anteile an einer Gesellschaft (§ 719 BGB), unpfändbare Teile des Gehalts-, Schmerzensgeldanspruchs. Jeder Ehegatte verwaltet sein Sondergut selbständig und unbeschränkt. Die Verwaltung erfolgt auf Rechnung des Gesamtgutes. Erträge aus dem Sondergut werden Gesamtgut.

Vorbehaltsgut: Dazu gehören die Gegenstände, die im Ehevertrag durch die Ehegatten dazu erklärt wurden, durch Bestimmung eines Dritten, wenn es sich um eine unentgeltliche Zuwendung oder einen Erwerb von Todes wegen handelt (§ 1418 BGB). Jeder Ehegatte verwaltet sein Vorbehaltsgut selbständig und auf eigene Rechnung (§ 1418 Abs. 3 BGB). Vorbehaltsgut eines Ehegatten kann nach § 1418 Abs. 2 BGB nur in den hier genannten Fällen entstehen. Persönliche Gegenstände eines Ehegatten sowie der Arbeitsverdienst, Arbeitsgeräte, Kleidung und auch Schmuck gehören somit **nicht** zum Vorbehaltsgut. Anders dagegen bestimmte Grundstücke, Gebäude, Familienschmuck; sie können zum Vorbehaltsgut erklärt werden. Dies ist nur durch Ehevertrag möglich, auch nachträglich.

Zusammenfassung:

Bei der Gütergemeinschaft können insgesamt drei verschiedene Gütermassen gebildet werden:

Gesamtgut ist grundsätzlich das gesamte vorhandene Vermögen beider Ehegatten. Dies gilt mit Abschluss des Ehevertrages kraft Gesetzes, also ohne dass es einer Übertragung durch Rechtsgeschäft bedarf. Für die Ehegatten entsteht eine Gesamthandsgemeinschaft (§ 1416 BGB).

Sondergut sind die Gegenstände, die durch Rechtsgeschäft nicht übertragen werden können. Verwaltet wird das Sondergut von jedem Ehegatten selbst für Rechnung des Gesamtgutes, d.h. Nutzungen fallen ins Gesamtgut, das auch die Lasten des Sondergutes zu tragen hat (§ 1417 BGB).

Vorbehaltsgut sind die Gegenstände, die im Ehevertrag ausdrücklich vom Gesamtgut ausgenommen wurden. Jeder Ehegatte verwaltet sein Vorbehaltsgut in eigener Rechnung (§ 1418 BGB).

■ **Übungsaufgaben:**

Welcher Teil des Vermögens eines Ehegatten kann bei der Gütergemeinschaft nicht zur Schuldenbefreiung des anderen Ehegatten herangezogen werden?   6/17

Inwieweit kann man auch bei der Gütergemeinschaft von einer „Gütertrennung" sprechen?   6/18

Welche Gefahr besteht für einen Ehegatten, der über kein oder nur geringes Vorbehalts- und Sondergut verfügt, im Falle einer Schuldenbegleichung?   6/19

6.3 Ehescheidung (Voraussetzungen und Rechtsfolgen)

Problemeinführendes Beispiel

Peter Putz und Paula Putz, geb. Gebert, sind seit 6 Jahren verheiratet und haben zwei gemeinsame Kinder Klaus (3 Jahre) und Klara (1 Jahr). Paula Putz erfährt vom Ehebruch ihres Mannes und will sich scheiden lassen. Wann kann sie sich scheiden lassen, und welche Rechte kann sie im Fall der Scheidung geltend machen? Sie hat ihre Sekretärinnentätigkeit seit der Geburt des ersten Kindes aufgegeben, um sich voll der Familie widmen zu können.

Bis zum 1. Juli 1977 konnte eine Ehe nur geschieden werden, wenn ein Ehegatte die ehelichen Pflichten schuldhaft verletzt hatte und ihm diese Ehepflichtsverletzung nachgewiesen werden konnte (Schuldprinzip). In einem Scheidungsprozess musste die Schuldfrage geklärt werden, mit dem Schuldspruch war die Unterhaltskostenregelung verknüpft. Aus diesen Gründen wurden die familiären Beziehungen noch zusätzlich belastet, im Prozess selbst wurde oft „schmutzige Wäsche gewaschen". Seit dem 1. Juli 1977 gibt es ein neues Scheidungsrecht, das nicht auf dem Schuldprinzip, sondern auf dem **Zerrüttungsprinzip** beruht.

> Eine Ehe kann nur geschieden werden, wenn sie gescheitert ist (§ 1565 BGB).

Der Grund des Scheiterns muss vom Familienrichter nicht geprüft werden, er hat lediglich das Scheitern der Ehe festzustellen. Die Ehe kann somit nur durch gerichtliches Urteil auf Antrag eines oder beider Ehegatten geschieden werden (§ 1564 BGB).

6.3.1 Begriff der Zerrüttung

Eine Ehe ist dann zerrüttet, wenn sie gescheitert ist. Sie ist dann gescheitert, wenn die Lebensgemeinschaft der Ehegatten nicht mehr besteht und auch nicht mehr erwartet werden kann, dass die Ehegatten sie wiederherstellen (§ 1565 Abs. 1 BGB). Da es im Einzelfall schwer sein kann, das Scheitern bzw. das Nichtvorhandensein der Lebensgemeinschaft der Ehegatten festzustellen, gibt das BGB zwei unwiderlegbare Vermutungen für das Scheitern der Ehe an:

1. Die Ehe ist gescheitert, wenn die Ehegatten seit **einem Jahr** getrennt leben und beide Ehegatten die Scheidung beantragen oder der Antragsgegner der Scheidung zustimmt (§ 1566 Abs. 1 BGB).

2. Die Ehe ist gescheitert, wenn die Ehegatten seit **drei Jahren** getrennt leben (§ 1566 Abs. 2 BGB).

Nach § 1567 BGB leben Ehegatten dann getrennt, wenn zwischen ihnen keine häusliche Gemeinschaft besteht und ein Ehegatte sie erkennbar nicht wiederherstellen will. Eine häusliche Gemeinschaft besteht dann nicht mehr, wenn ein Ehegatte aus der gemeinsamen Wohnung auszieht. Aber auch innerhalb der gemeinsamen Wohnung ist ein Getrenntleben möglich, wenn die Ehegatten getrennt leben und wirtschaften (§ 1567 Abs. 1 S. 2 BGB); es besteht dann keine Lebensgemeinschaft, sondern eine reine Wohngemeinschaft.

Das Getrenntleben erfordert weiterhin, dass mindestens ein Ehegatte die eheliche Lebensgemeinschaft klar erkennbar ablehnt (§ 1567 Abs. 1 S. 1 BGB).

Ein Zusammenleben über kürzere Zeit, das der Versöhnung der Ehegatten dienen soll, unterbricht oder hemmt die Fristen von einem bzw. drei Jahren nicht (§ 1567 Abs. 2 BGB).

a) Scheidungsfristen

Leben Ehegatten ein Jahr bzw. drei Jahre getrennt, ist die Ehe gescheitert, und sie kann geschieden werden (§ 1566 BGB). Von diesem Grundsatz macht das BGB zwei Ausnahmen, die durch eine unzumutbare Härte (§ 1565 Abs. 2 BGB) und Härteklausel (§ 1568 BGB) begründet werden. Unter Berücksichtigung dieser Ausnahmen gibt es folgende Scheidungsfristen:

– **Getrenntleben unter 1 Jahr (§ 1565 Abs. 2 BGB)**
  Die Scheidung ist möglich, wenn die Fortsetzung der Ehe für den Antragsteller aus Gründen, die in der Person des anderen Ehegatten liegen, eine unzumutbare Härte darstellen würde (z.B. Brutalität).

  Wer selbst das Scheitern bzw. die Zerrüttung herbeigeführt hat, kann nicht die Scheidung nach § 1565 Abs. 2 BGB verlangen.

– **Getrenntleben von 1 Jahr (§ 1566 Abs. 1 BGB)**
  Die Scheidung wird ohne weiteres vorgenommen, wenn beide Ehegatten die Scheidung beantragen oder ein Ehegatte (Antragsgegner) der Scheidung zustimmt.

– **Getrenntleben von 3 Jahren (§ 1566 Abs. 2 BGB)**
  Die Scheidung wird ohne weiteres vorgenommen, wenn die Ehegatten seit drei Jahren getrennt leben.

Eine Ehe **soll** nicht geschieden werden, obwohl sie gescheitert ist, wenn und solange die Aufrechterhaltung der Ehe im Interesse der aus der Ehe hervorgegangenen minderjährigen Kinder aus besonderen Gründen ausnahmsweise notwendig ist oder wenn und solange die Scheidung für den Antragsgegner, der sie ablehnt, auf Grund außergewöhnlicher Umstände eine schwere Härte darstellen würde (§ 1568 BGB).

b) Scheidungsverfahren

Mit Einführung des neuen Scheidungsrechts nach dem Zerrüttungsprinzip wurden bei den Amtsgerichten die Abteilungen „Familiengericht" eingeführt. Der zuständige Familienrichter entscheidet in dem Verfahren über den Scheidungsantrag, das Scheidungsverfahren, die Scheidungsfolgen und den Versorgungsausgleich, Verteilung von Hausrat, Zuordnung der Kinder usw. Nach Eingang des Scheidungsantrages eines oder beider Ehegatten kann der Familienrichter das Scheidungsverfahren aussetzen, falls er den Eindruck gewinnt, dass die eheliche Lebensgemeinschaft wiederhergestellt werden kann (§ 614 Abs. 2 ZPO). Insgesamt darf das Verfahren nicht länger als ein Jahr ausgesetzt werden, jedoch nicht länger als sechs Monate, wenn beide Ehegatten schon drei Jahre getrennt leben (§ 614 Abs. 4 ZPO). Bei dem Scheidungsverfahren besteht Anwaltszwang, die Kosten des Verfahrens tragen beide Ehegatten zur Hälfte.

Welche Rechtsfolgen kraft Gesetz oder Urteil eintreten, zeigt folgende Übersicht:

Rechtsfolgen kraft Urteil:

1. Auflösung der Ehe kraft Urteil (§ 1564 S. 2 BGB)
2. Regelung der elterlichen Sorge durch Urteil (§ 1671 BGB)
3. Regelung des Versorgungsausgleichs durch Urteil (§§ 1587 ff. BGB)
4. Aufteilung des Hausrats (§ 1 Hausratsverordnung)
5. Regelung über Ehewohnung (§§ 3 ff. Hausratsverordnung)

Rechtsfolgen kraft Gesetzes:

1. Regelung über Familienname (§ 1355 Abs. 4 BGB)

2. Durchführung des Zugewinnausgleichs bei gesetzl. Güterstand (§ 1373 BGB)

3. Entstehen von Unterhaltsansprüchen (§ 1569 BGB)

4. Entfallen des Erbrechts des Ehegatten (§ 1933, § 2077 BGB).

6.3.2 Versorgungsausgleich

Seit Einführung des Scheidungsrechts nach dem Zerrüttungsprinzip wird bei Scheidung – unabhängig vom jeweiligen Güterstand – ein Versorgungsausgleich durchgeführt (§§ 1587 ff. BGB). Der Versorgungsausgleich bedeutet, dass zwischen den geschiedenen Ehegatten die während der Ehe erworbenen Antwartschaften auf Invaliditäts- oder Alterssicherung geteilt und ausgeglichen werden.

Beispiel

Der 28-jährige Otto Ohnsorg wird nach 7 Jahren Ehe von seiner Frau Frieda, geb. Freud (27 Jahre), geschieden. Der Ehemann hat während der Ehe als Kraftfahrer eine Anwartschaft auf monatliche Altersrente im Wert von 600,00 € erworben. Die Ehefrau arbeitete zunächst halbtags, später widmete sie sich der Familie und Kindererziehung; sie erwarb Ansprüche im Wert von 280,00 €. Otto Ohnsorg muss Rentenansprüche in Höhe von 160,00 € an Frieda abtreten. Der Versorgungsanspruch von Otto Ohnsorg sinkt auf 440,00 €, der von Frieda Freud steigt auf 440,00 €.

Nach § 1587a Abs. 1 BGB ist der Ehegatte mit den werthöheren Anwartschaften oder Aussichten auf Versorgung ausgleichspflichtig. Dem berechtigten Ehegatten steht die Hälfte des Wertunterschieds als Ausgleich zu. Der Versorgungsausgleich kann in folgenden Formen stattfinden:

I. Öffentlich-rechtlicher Versorgungsausgleich

1. Übertragung von Rentenanwartschaften (§ 1587b Abs. 1 BGB)

   Diese Übertragung findet dann statt, wenn beide geschiedenen Ehegatten bereits Anwartschaften bei der gesetzlichen Rentenversicherung hatten. Der Ausgleichsbetrag wird dem Rentenkonto des Verpflichteten belastet und dem Rentenkonto des Berechtigten gutgeschrieben (vgl. obiges Beispiel).

2. Neubegründung von Anwartschaften (§ 1587b Abs. 2 BGB)

   Anwartschaften auf eine Beamtenversorgung können dadurch ausgeglichen werden, dass die Pensionsansprüche nach § 57 Beamtenversorgungsgesetz gekürzt werden und dementsprechend eine gesetzliche Rentenversicherung für den Berechtigten begründet wird.

Beispiel

Ein Studienrat hat während seiner 10-jährigen Ehe Pensionsansprüche erworben. Seine geschiedene Ehefrau hat sich nach ihrem Abitur der Familie gewidmet. Für sie wird nunmehr eine Rentenanwartschaft in der gesetzlichen Rentenversicherung neu begründet, während sich der Pensionsanspruch des Studienrats ermäßigt.

3. Ausgleich nach dem Versorgungsausgleichshärtegesetz vom 21. Febr. 1983

   Wenn ein Ausgleich nach obigen Punkten 1 und 2 nicht möglich ist, wird dieses Gesetz angewendet.

Nach einem Urteil des Bundesverfassungsgerichts vom 27. Januar 1983 ist § 1587b Abs. 3 S. 1 BGB mit Art. 2 Abs. 1 GG in Verbindung mit dem Rechtsstaatsprinzip unvereinbar und nichtig. An Stelle von § 1587b Abs. 3 S. 1 tritt das Versorgungs-ausgleichshärtegesetz vom 21. Februar 1983. Nach diesen Vorschriften besteht die Möglichkeit der Realteilung der Anwartschaften. Falls die Realteilung nicht möglich ist, wird ein Quasi-Splitting vorgenommen.

Beispiel

Ein selbstständiger Steuerberater hat nach erlangter Selbstständigkeit sich die bisher einbezahlten Rentenbeiträge von der Bundesversicherungsanstalt auszahlen lassen; er besitzt keine gesetzlichen Rentenversicherungsansprüche mehr. Seine Altersver-sorgung will er ausschließlich über private Lebensversicherungen erreichen. Einer ge-schiedenen Ehefrau muss er diese Anwartschaften aus den privaten Lebensversiche-rungen ausgleichen.

II. Schuldrechtlicher Versorgungsausgleich (§§ 1587f ff. BGB)

Dieser Versorgungsausgleich besteht in einer schuldrechtlichen Rente, die der Verpflich-tete dem Berechtigten zu zahlen hat. Der Berechtigte ist somit nur durch den Verpflichte-ten, nicht aber durch eine öffentlich-rechtliche Anstalt abgesichert. Dieser Ausgleich kann z.B. dann stattfinden, wenn die Ehegatten im Scheidungsverfahren dies vereinbart haben, oder weil der Berechtigte keine Anwartschaften mehr erreichen kann, weil er schon Altersrente bezieht.

Beispiel

Nach 40 Ehejahren trennen sich durch Scheidung die 68-jährige Rentnerin Rosa Rüstig und der 69-jährige selbstständige Rechtsanwalt Rudolf Rüstig. Die nach § 1587a BGB ausgleichsberechtigte Rosa Rüstig kann keine Rentenanwartschaften mehr erwerben, folglich wird hier ein schuldrechtlicher Versorgungsausgleich statt-finden.

Der Versorgungsausgleich wird im Scheidungsverfahren bestimmt und mit rechtskräfti-gem Urteil vollzogen. Nur in den im Gesetz genannten Fällen (§ 1587c BGB) findet ein Versorgungsausgleich nicht statt.

Beispiel

Friedrich Fleiß und Sabine Fleiß, geb. Emsig, werden nach langjähriger Ehe geschie-den. Während der Ehe pflegte Friedrich jahrelang intensiven Umgang im Land- und Stadtstreichermilieu. Dadurch hat er die Versorgung der Familie sehr stark vernach-lässigt. Nur durch enormen Arbeitseinsatz von Sabine (Arbeiterin) gelang es, die ge-meinsamen Kinder mit Hilfe einer bezahlten Haushaltshilfe ordentlich zu erziehen. Nach § 1587c Abs. 3 BGB wird Friedrich vom Versorgungsausgleich ausgeschlossen.

■ Übungsaufgaben:

Lösen Sie das problemeinführende Beispiel.

6/20

Die Eheleute Ernst und Olga Müller sind übereingekommen, sich scheiden zu lassen.

6/21

1. Wann ist die Ehescheidung frühestens möglich?

2. Nach der Ehescheidung hat ein Versorgungsausgleich stattzufinden. Was ist ganz all-gemein darunter zu verstehen?

3. Wann könnte Olga Müller nach der Ehescheidung von Ernst Müller Unterhalt bean-spruchen (drei mögliche Fälle nennen!)?

6/22 Trude und Torsten Trapp leben seit Beginn ihrer Ehe (vor 13 Jahren) im gesetzlichen Güterstand. Im letzten Italienurlaub lernte das Ehepaar in Rimini einen netten Pizzabäcker kennen. Da Torsten Trapp als Geschäftsführer einer GmbH beruflich stark beansprucht ist, fühlt sich Trude Trapp vernachlässigt. Sie zieht zu ihrem Freund, dem Pizzabäcker, nach Rimini.

a) In Italien kleidet sich Frau Trapp neu ein, beschafft sich neue Möbel und kauft für ihren Lebensunterhalt ein. Die fälligen Rechnungen schickt sie nach Deutschland zu ihrem getrennt lebenden Mann mit der Aufforderung, die jeweiligen Beträge zu begleichen; sie weist Torsten Trapp auf ihre „Schlüsselgewalt", d.h. ihre eheliche Vertretungsmacht hin. Muss Torsten Trapp bezahlen?

b) Frau Trapp verlangt von Torsten Trapp vor dem Scheidungsverfahren Unterhalt. Zu Recht?

c) Wann kann die Ehe von Fam. Trapp frühestens geschieden werden, wenn Torsten Trapp der Scheidung nicht zustimmt?

d) Die Ehe von Trude und Torsten Trapp wird geschieden. Welchen Namen kann Trude Trapp, geb. Geppert, annehmen?

e) Trude heiratet in Italien den Pizzabäcker Petro Piccolo. Trotzdem verlangt sie von Torsten Trapp Unterhalt, da der Betrieb des Mannes zum Lebensunterhalt für zwei nicht ausreicht. Muss Torsten Trapp Unterhalt bezahlen?

f) Petro Piccolo erleidet während eines Fußballspiels den Tod eines begeisterten Zuschauers: Er stirbt an einem Herzinfarkt. Das von Petro hinterlassene Vermögen reicht zum Unterhalt von Trude Piccolo nicht aus. Sie verlangt von Torsten Trapp Unterhalt. Zu Recht?

6/23 Das Ehepaar Köhler wird nach achtjähriger Ehe geschieden. Ewald Köhler hatte zu Beginn der Ehe ein Vermögen von 40 000,00 €. Er erbt später von seiner Tante 50 000,00 €. Seine Frau Barbara hatte zu Beginn der Ehe kein Vermögen. Kurz nach der Eheschließung schenkte ihr die Mutter 20 000,00 €.

Bei der Scheidung verfügt Herr Köhler über ein Vermögen von 130 000,00 €; seine Frau besitzt 35 000,00 €. Allerdings hat Herr Köhler kurz vor der Scheidung einem guten Freund 25 000,00 € geschenkt, um seine Frau bei der Ausgleichsberechnung zu benachteiligen.

Wer kann in welcher Höhe Ausgleichsforderungen geltend machen, wenn das Ehepaar vor der Scheidung im gesetzlichen Güterstand der Zugewinngemeinschaft gelebt hat?

6/24 Die kaufmännische Angestellte Berta Schulz möchte die Scheidung erreichen, fürchtet aber, einen Teil ihres Vermögens zu verlieren, da ihr Mann während des letzten Jahres 25 000,00 € verschwendet hat und beide keinen Ehevertrag abgeschlossen haben. Ihr Vermögen zu Beginn der Ehe betrug 130 000,00 €, das des Ehegatten nur 40 000,00 €. Bertas derzeitiges Vermögen beträgt einschließlich der Erbschaft 270 000,00 €, während dem Ehemann nur noch 20 000,00 € verblieben sind.

1. Wann kann sich Berta Schulz frühestens scheiden lassen, wenn ihr Ehegatte in die Scheidung nicht einwilligt?

2. Mit welcher Unterhaltsregelung wird Berta Schulz im Falle einer Scheidung rechnen können?

3. Berechnen Sie den Zugewinnausgleich.

6/25 Der 50-jährige reiche Unternehmer Ulrich Uhlig heiratete das 20-jährige unbekannte, angestellte Fotomodell Susi Süß. Nach dreijähriger Ehe erfolgt die Trennung; nach einem Jahr Getrenntleben wird die Scheidung ausgesprochen.

a) Welches Gericht ist für das Scheidungsverfahren zuständig?

b) Welche Art von Versorgungsausgleich wird vorgenommen, wenn Susi den schuldrechtlichen Versorgungsausgleich ablehnt?

c) Welche Art von Unterhaltsanspruch entsteht?

6.3.3 Sorgerecht

Scheidungsverfahren (Regelung des Sorgerechts) – Übersicht

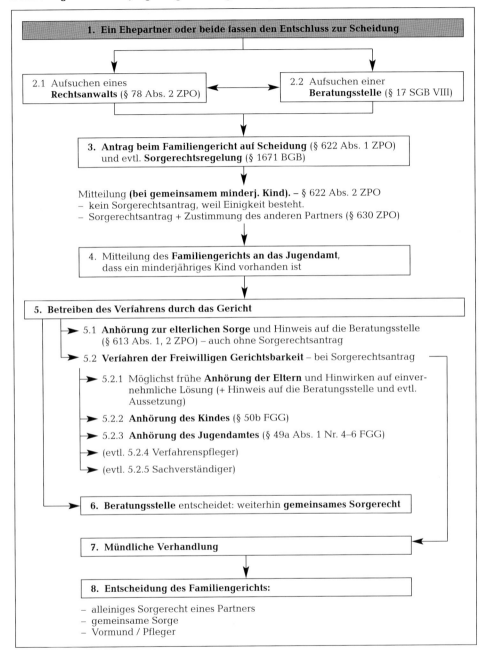

1. Ein Ehepartner oder beide fassen den Entschluss zur Scheidung

2.1 Aufsuchen eines **Rechtsanwalts (§ 78 Abs. 2 ZPO)**

2.2 Aufsuchen einer **Beratungsstelle (§ 17 SGB VIII)**

3. Antrag beim Familiengericht auf Scheidung (§ 622 Abs. 1 ZPO) und evtl. **Sorgerechtsregelung (§ 1671 BGB)**

Mitteilung **(bei gemeinsamem minderj. Kind).** – § 622 Abs. 2 ZPO
– kein Sorgerechtsantrag, weil Einigkeit besteht.
– Sorgerechtsantrag + Zustimmung des anderen Partners (§ 630 ZPO)

4. Mitteilung des **Familiengerichts an das Jugendamt**, dass ein minderjähriges Kind vorhanden ist

5. Betreiben des Verfahrens durch das Gericht

5.1 **Anhörung zur elterlichen Sorge** und Hinweis auf die Beratungsstelle (§ 613 Abs. 1, 2 ZPO) – auch ohne Sorgerechtsantrag

5.2 **Verfahren der Freiwilligen Gerichtsbarkeit** – bei Sorgerechtsantrag

5.2.1 Möglichst frühe **Anhörung der Eltern** und Hinwirken auf einvernehmliche Lösung (+ Hinweis auf die Beratungsstelle und evtl. Aussetzung)

5.2.2 **Anhörung des Kindes (§ 50b FGG)**

5.2.3 **Anhörung des Jugendamtes (§ 49a Abs. 1 Nr. 4–6 FGG)**

(evtl. 5.2.4 Verfahrenspfleger)

(evtl. 5.2.5 Sachverständiger)

6. Beratungsstelle entscheidet: weiterhin **gemeinsames Sorgerecht**

7. Mündliche Verhandlung

8. Entscheidung des Familiengerichts:

– alleiniges Sorgerecht eines Partners
– gemeinsame Sorge
– Vormund / Pfleger

■ Übungsaufgaben:

6/26

Ein bisher im gesetzlichen Güterstand lebendes Ehepaar kann nicht mehr nachweisen, wie groß das Anfangsvermögen zu Beginn der Ehe war und wer bestimmte Gegenstände in die Ehe eingebracht hat. Wie erfolgt hier die Trennung des Zugewinns im Falle der Scheidung?

Gerd und Gerda Greulich haben einen Sohn Siegfried (5 Jahre). Seit einiger Zeit leben sie getrennt, sie streiten sich um das Kind; nach vollzogener Scheidung möchte jeder Elternteil das Kind haben.

Wie wird das Sorgerecht des Kindes geregelt?

6.3.4 Unterhaltsansprüche

Nach der Scheidung kann ein Ehegatte nach § 1569 BGB Unterhalt nur dann verlangen, wenn er selbst für seinen Unterhalt nicht sorgen kann. Dieser Grundsatz des Unterhaltsanspruchs wird in §§ 1570 ff. BGB auf die im Gesetz fixierten Gründe der Unterhaltsberechtigung eingeengt. Folgende Gründe der Unterhaltsberechtigung werden genannt:

1. Unterhaltsanspruch wegen Pflege und Erziehung des gemeinschaftlichen Kindes (§ 1570 BGB)

2. Unterhaltsanspruch wegen Alters (§ 1571 BGB)

3. Unterhaltsanspruch wegen Krankheit o.Ä. (§ 1572 BGB)

4. Unterhaltsanspruch mangels angemessener Erwerbstätigkeit (§ 1573 BGB)

   Hat ein geschiedener Ehegatte keinen Anspruch wegen den unter Punkt 1 bis 3 genannten Gründen, hat er dennoch Unterhaltsanspruch, wenn und solange er keine angemessene Berufsarbeit findet. Nach § 1574 BGB ist eine Erwerbstätigkeit dann angemessen, wenn sie der Ausbildung, den Fähigkeiten, dem Lebensalter und dem Gesundheitszustand des geschiedenen Ehegatten sowie den ehelichen Lebensverhältnissen entspricht. Ein geschiedener Ehegatte hat nach § 1574 Abs. 2 BGB das Recht und die Pflicht, sich wegen Aufnahme einer angemessenen Erwerbstätigkeit ausbilden, fortbilden oder umschulen zu lassen. Die Kosten des Unterhalts und der Schulungsmaßnahmen trägt der frühere Ehegatte.

5. Unterhaltsanspruch zum Zwecke der Ausbildung, Fortbildung oder Umschulung (§ 1575 BGB).

   Hat ein geschiedener Ehegatte in Erwartung der Ehe oder während der Ehe eine Schul- oder Berufsausbildung nicht aufgenommen oder abgebrochen, so steht ihm der oben genannte Anspruch zu.

6. Unterhaltsanspruch bei sonstigen schwerwiegenden Gründen (§ 1576 BGB).

   Mit diesem Anspruch hat der Gesetzgeber eine Regelung geschaffen, die als sog. „Billigkeitsregelung" dann zu einem Unterhaltsanspruch führt, wenn ein Anspruch aus den oben genannten Punkten 1 bis 5 nicht gegeben ist, und dennoch aus Billigkeitsgründen ein Unterhalt gewährt werden sollte.

Beispiel

Ein geschiedener Ehegatte muss seine beiden behinderten Elternteile versorgen, im Übrigen ist er bereits seit vielen Jahren aus dem Berufsleben ausgeschieden, da er sich voll der Familie widmete. Es kann ihm in dieser Situation nicht eine Erwerbstätigkeit zugemutet werden.

Kein Unterhalt ist zu bezahlen, wenn und solange sich ein geschiedener Ehegatte aus eigenen Einkünften und eigenem Vermögen unterhalten kann (§ 1577 BGB). Ebenfalls besteht kein Unterhaltsanspruch, wenn die Inanspruchnahme des Verpflichteten grob unbillig wäre: Im § 1579 BGB werden die Gründe für eine Unbilligkeit aufgezählt (z.B.: Ehe war von kurzer Dauer, der Berechtigte hat eine schwere Straftat gegen den Verpflichteten oder seine Angehörigen begangen).

Die Leistungsfähigkeit des zum Unterhalt Verpflichteten wird in § 1581 BGB berücksichtigt; er braucht nur insoweit Unterhalt leisten, als er dadurch den eigenen angemessenen Unterhalt nicht gefährdet. Zu beachten ist, dass der unterhaltspflichtige geschiedene Ehegatte vor den Verwandten des Berechtigten unterhaltspflichtig ist (§ 1584 BGB).

> Der geschiedene unterhaltspflichtige Ehegatte haftet vor den Verwandten des Berechtigten (§ 1584 BGB).

Der Umfang des Unterhaltsanspruchs bestimmt sich nach den bisherigen ehelichen Lebensverhältnissen, der Unterhalt umfasst den ganzen Lebensbedarf (§ 1578 BGB). Zu dem Lebensbedarf gehören z.B. Lebensmittel, Kleidung, Beförderungskosten, Kosten des Urlaubs, Versicherungsbeiträge. Der Unterhaltsanspruch erlischt durch Wiederverheiratung des Unterhaltsberechtigten oder Tod (§ 1586 BGB): er lebt allerdings dann wieder auf, wenn auch diese Ehe wieder geschieden wird und vom Ehegatten dieser Ehe kein ausreichender Unterhalt zu erreichen ist (§ 1586a BGB). Mit dem Tod des zum Unterhalt Verpflichteten geht die Unterhaltspflicht auf den Erben als Nachlassverbindlichkeit über (§ 1586b BGB).

6.4 Verwandtschaft

┌───┐
Problemeinführendes Beispiel

Das Ehepaar Gottfried und Clara Feucht hat drei Kinder: Fritz, Georg und Anna. Die Eltern von Gottfried Feucht, Anton und Irma Feucht, leben in Rente; ebenso wie die unverheiratete Tante von Gottfried, Maria Feucht. Eine weitere Tante Gottfrieds, Rita Feucht, hat sich mit Robert Kleiber verheiratet. Da die Ehe ohne leibliche Kinder blieb, hat das Ehepaar den damals 3-monatigen Markus adoptiert.

Die Eltern von Irma Feucht, Karl und Karoline Roser, sind bereits verstorben. Die Zwillingsschwester von Irma, Regina, ist mit Thomas Blust verheiratet. Sie haben eine gemeinsame Tochter, Friederike.

Diese, zunächst recht umfangreich erscheinende familiäre Verbindung lässt auf eine entsprechend große Verwandtschaft schließen. Dennoch sind einige der genannten Personen miteinander nicht verwandt.

Verwandtschaft im engeren Sinne bezeichnet eine natürliche Beziehung, die Abstammung (gleichbedeutend mit Blutsverwandtschaft); sie wird vermittelt durch die Geburt. Dieser leiblichen Verwandtschaft gegenüber steht ein künstliches Verwandtschaftsverhältnis, hergestellt durch die Adoption.
└───┘

Das natürliche Verwandtschaftsverhältnis kann auf ehelicher Abstammung beruhen. Das Gesetz nennt hierfür drei Voraussetzungen:
1. Das Kind muss nach der Eheschließung geboren sein (§ 1591 BGB);
2. es muss vor oder während der Ehe gezeugt worden sein (§ 1591 BGB);
3. der Mann muss zwischen dem 181. und dem 302. Tag vor der Geburt (= gesetzliche Empfängniszeit) der Frau beigewohnt haben (§ 1592 BGB).

Danach liegt Verwandtschaft im Sinne des § 1589 BGB vor.

Auch nichteheliche Abstammung begründet ein natürliches Verwandtschaftsverhältnis. Bis zum 1. Juli 1970 galt das nichteheliche Kind nur mit der Mutter als verwandt. Seit dem 1. Juli 1970 jedoch ist das Kind auch mit dem Vater verwandt. Als Vater wird nur der Erzeuger des Kindes angesehen. Diese nichteheliche Abstammung beruht entweder auf förmlicher Anerkennung (§§ 1600 b-e BGB) oder auf gerichtlicher Feststellung (§§ 1600 f-m BGB).

6.4.1 Verwandtschaftsgrade – Schwägerschaft

a) Verwandtschaftsgrade

Abstammung begründet also Verwandtschaft im natürlichen Sinne. Dabei ist zu unterscheiden:

> **aa) Verwandtschaft in gerader Linie**
>
> (dies sind Personen, die **voneinander** abstammen, also Kinder, Eltern, Großeltern usw.)
>
> **ab) Verwandtschaft in der Seitenlinie**
>
> (dies sind Personen, die gemeinsam von **derselben dritten Person abstammen,** z.B. Geschwister, Neffe und Onkel/Tante, Cousins und Cousinen)

Durch die Eheschließung wird also keine Verwandtschaft begründet.

Bezüglich der Nähe der voneinander oder von derselben dritten Person abstammenden Personen sind Verwandtschafts*grade* zu unterscheiden. Maßgebend hierfür ist die Zahl der sie vermittelnden Geburten (§ 1589 BGB). Zwischen den Eltern und ihrem Kind liegt **eine** Geburt, folglich ist Verwandtschaft 1. Grades in gerader Linie gegeben. Bezieht man die Großeltern mit ein, so ist das Kind (= Enkel) um eine Geburt (nämlich eines Elternteils) weiter entfernt; es liegt folglich Verwandtschaft 2. Grades in gerader Linie vor. Zwischen zwei Geschwistern liegen zwei Geburten, das heißt sie sind Verwandte 2. Grades in der Seitenlinie.

Zusammenfassung:

Man ist in **gerader Linie** verwandt:
- mit den Eltern und Kindern im 1. Grad,
- mit den Großeltern und Enkeln im 2. Grad,
- mit den Urgroßeltern und Urenkeln im 3. Grad usw.

Man ist in der **Seitenlinie** verwandt:
- mit den Geschwistern im 2. Grad,
- mit Onkel und Tante bzw. Nichte und Neffe im 3. Grad,
- mit Vetter und Cousine im 4. Grad usw.

(Eine Verwandtschaft in der Seitenlinie 1. Grades gibt es folglich nicht.)

---

b) Schwägerschaft (§ 1590 BGB)

> Schwägerschaft wird begründet durch Eheschließung, und zwar mit den Verwandten des anderen Ehegatten.

Verschwägert ist somit immer nur der Ehegatte allein, verschwägert sind aber nicht seine Verwandten mit den Verwandten des Ehepartners. Auch wenn die Ehe, durch die eine Schwägerschaft begründet wurde, aufgelöst ist, dauert die Schwägerschaft fort. Dies ist wichtig, weil für Verschwägerte in gerader Linie Eheverbot besteht (Befreiung ist durch das Vormundschaftsgericht möglich).

Ehegatten sind somit auch nicht verschwägert.

Keine Schwägerschaft besteht auch zwischen den Ehegatten von Geschwistern; man spricht hier von der so genannten „Schwippschwägerschaft".

Linie und Grad der Schwägerschaft bestimmen sich nach Linie und Grad der sie vermittelnden Verwandtschaft, d.h.:

– zwischen der Ehefrau und ihrer Schwiegermutter/ihrem Schwiegervater besteht Schwägerschaft 1. Grades in gerader Linie,

– zwischen dem Ehemann und dem Onkel seiner Gattin besteht Schwägerschaft 3. Grades in der Seitenlinie,

– zu den Geschwistern des Ehegatten besteht Schwägerschaft 2. Grades in der Seitenlinie.

Verdeutlichung der Verwandtschafts- und Schwägerschaftsbeziehungen anhand des problemeinführenden Beispiels:

– Zwischen Anton und der Zwillingsschwester seiner Frau besteht Schwägerschaft in der Seitenlinie, und zwar 2. Grades (entsprechend der Verwandtschaft von Irma und Regina; Seitenlinie 2. Grades).

– Zwischen Anton und den Eltern von Irma, Karl und Karoline Roser, bestand Schwägerschaft in gerader Linie, 1. Grades (entsprechend der Verwandtschaft von Irma mit ihren Eltern: gerade Linie 1. Grades).

– Zwischen Anton und den drei Enkelkindern Fritz, Georg und Anna besteht Verwandtschaft in gerader Linie (denn die drei Enkel stammen von Anton ab), absteigend 2. Grades (es liegen jeweils zwei Geburten dazwischen: Anton – Gottfried – Fritz, Anton – Gottfried – Georg bzw. Anna).

– Zwischen Anton und seiner Schwester Rita besteht Verwandtschaft in der Seitenlinie (sie stammen von gemeinsamen Dritten – ihren Eltern – ab) und zwar 2. Grades, da zwei Geburten dazwischen liegen.

– zwischen Anton und Nichte Friederike besteht Schwägerschaft in der Seitenlinie 3. Grades (die Zwillingsschwestern Irma und Regina sind in der Seitenlinie 2. Grades verwandt, da sie beide von Karl und Karoline Roser abstammen; mit Friederike tritt eine weitere, also 3. Geburt, hinzu; folglich besteht zwischen Irma und Friederike Verwandtschaft in der Seitenlinie 3. Grades, für den Ehemann von Irma die entsprechende Schwägerbeziehung: Seitenlinie 3. Grades).

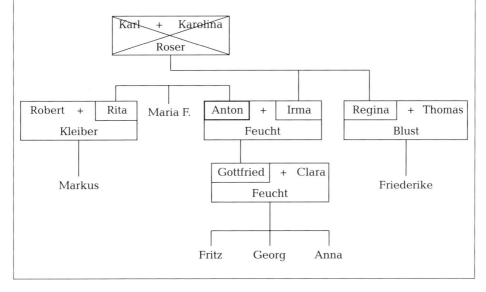

6/28 Gegeben seien die folgenden allgemeinen Beziehungen in einer Familie:

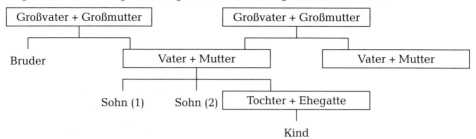

Stellen Sie für ausgewählte Personen deren Verwandtschafts- und Schwägerschaftsbeziehungen dar (bezeichnen Sie dabei den jeweiligen Grad der Verwandtschaft/Schwägerschaft mit entsprechenden Zahlen und die Seitenlinie mit S, die gerade Linie mit G), bezogen auf Sohn (1).

6/29 Fertigen Sie für sich und Ihre Familie eine Übersicht an, in die Sie namentlich Eltern, Großeltern, Geschwister, Onkel/Tanten usw. eintragen. Benennen Sie dabei die für Sie bestehenden Verwandtschafts- und Schwägerschaftsbeziehungen einschließlich der -grade.

6/30 Obwohl der Gesetzgeber den Begriff „Familie" nicht definiert, nimmt er doch mit den Begriffen „Verwandtschaft" und „Schwägerschaft" und der Unterscheidung in Graden im weiten Bereich der Familie rechtliche Differenzierungen vor. Weshalb?

6/31 Alfons Gruber ist verheiratet mit Sabine Gruber, geb. Lindner. Der Onkel von Alfons, Eugen Gruber, wiederum ist verheiratet mit Renate Gruber, geb. Franzel. Fertigen Sie eine einfache Zeichnung dieser Verwandtschafts-/Schwägerschaftsbeziehungen an und geben Sie jeweils Grad und Linie für Alfons und Sabine an.

6/32 Die Person A ist mit einer Person B in der Seitenlinie 4. Grades verwandt. Es gibt nun drei Möglichkeiten, wie diese Beziehung mit dem jeweiligen Umgangsbegriff bezeichnet werden kann. Welche sind dies? (In diesem Zusammenhang sei darauf hingewiesen, dass Verwandtschafts- und Schwägerschaftsbeziehungen in „aufsteigender" und in „absteigender" Richtung unterschieden werden.)

6.4.2 Rechtliche Bedeutung von Verwandtschaft und Schwägerschaft

Problemeinführendes Beispiel

Der 25-jährige Bernhard Rimmele sieht sich einigen persönlichen Problemen gegenüber, zu deren Klärung er juristischen Rat benötigt:

a) Seit längerer Zeit verbindet ihn ein sehr tiefes Verhältnis der Zuneigung mit seiner Cousine Clara. Beide tragen sich mit der Absicht, die Ehe miteinander einzugehen, sind jedoch der Auffassung, dass dies rechtlich nicht zulässig sei.

b) Bernhards Bruder Leo wurde bei einer Razzia mit einer kleinen Menge Rauschgift ertappt. Nun soll Bernhard vor Gericht als Zeuge über seinen Bruder aussagen.

c) Die Großeltern von Bernhard müssen in einem Altersheim versorgt werden. Da ihre Rente für die monatliche Zahlung nicht ausreicht, wird Bernhard aufgefordert, für den Differenzbetrag aufzukommen. Er lehnt dies ab mit der Begründung, die Großeltern hätten vor einigen Jahren einen beträchtlichen Geldbetrag nicht ihm, sondern einer kirchlichen Einrichtung zukommen lassen.

a) Rechtliche Bedeutung von Verwandtschaft

1. Unterhaltspflicht

Die Aussage des Gesetzes hierzu ist sehr klar und einfach:

> Verwandte in gerader Linie sind verpflichtet, einander Unterhalt zu gewähren (§ 1601 BGB).

Die Unterhaltspflicht betrifft folglich Kinder, Eltern, Großeltern, Urgroßeltern, ohne Rücksicht auf den Grad der Verwandtschaft. Die Reihenfolge der Unterhaltsverpflichteten regelt § 1606 BGB: Abkömmlinge sind vor Verwandten der aufsteigenden Linie verpflichtet, nähere Verwandte vor den entfernteren. Entscheidend ist für den Unterhalt ferner, dass der Unterhaltsberechtigte **bedürftig** im Sinne des Gesetzes ist (§ 1602 BGB), der Inanspruchgenommene andererseits muss **leistungsfähig** sein (§ 1603 BGB), d.h. sein Unterhalt muss angemessen gewährleistet sein (§ 1603 BGB).

> Bezogen auf das problemeinführende Beispiel ist Bernhard grundsätzlich unterhaltspflichtig, wenn keine näherstehenden Abkömmlinge vorhanden und die Großeltern bedürftig sind, er selbst leistungsfähig ist. Die der kirchlichen Einrichtung überlassenen Werte bleiben grundsätzlich außer Betracht.

2. Eheverbot

Verwandte in gerader Linie dürfen eine Ehe nicht eingehen. Auch zwischen vollbürtigen und halbbürtigen Geschwistern (Stiefgeschwister) darf eine Ehe nicht eingegangen werden (§ 4 Abs. 1 EheG). Dieses absolute Eheverbot gilt auch bei dem Verwandtschaftsverhältnis in gerader Linie bei Adoption, z.B. zwischen Adoptivvater und Adoptivtochter; denn die Verwandtschaft zwischen Adoptiveltern und Adoptivkinder wird der Blutsverwandtschaft gleichgestellt.

> Bezogen auf das problemeinführende Beispiel gilt: Bernhard und Clara dürfen aus rechtlicher Sicht eine Ehe eingehen (erbbiologische Argumente bleiben hier außer Betracht).

3. Zeugnisverweigerungsrecht

Bei Zivil- wie bei Stafprozessen haben Verwandte in gerader Linie bis zum 3. Grad in der Seitenlinie das Recht, Zeugnis, Auskunft und Eid zu verweigern (§ 52 StPO, § 383 ZPO, § 55 StPO).

> Bernhard muss folglich nicht gegen seinen Bruder vor Gericht aussagen.

4. Gesetzliches Erbrecht

Bei der gesetzlichen Erbfolge spielt die Verwandtschaft insofern eine entscheidende Rolle, als die nächsten Abkömmlinge, insbesondere Kinder, entferntere Abkömmlinge und andere Verwandte von der Erbfolge ausschließen (§§ 1924 ff. BGB) bzw. auf eine nachrangige Stelle verweisen (vgl. hierzu auch Kapitel 7 Erbrecht).

b) Rechtliche Bedeutung der Schwägerschaft

Mit der Schwägerschaft wird keine Unterhaltspflicht begründet; ebenfalls besteht kein gesetzliches Erbrecht.

Wie bereits dargelegt, bleibt die Schwägerschaft auch dann weiter bestehen, wenn die sie begründende Ehe nicht mehr besteht.

Ein Zeugnisverweigerungsrecht und Auskunftsrecht vor Gericht besteht für Verschwägerte in gerader Linie.

(Die übrigen Rechtswirkungen der Schwägerschaft sind von geringer Bedeutung.)

rechtliche Bedeutung der
Verwandtschaft

| Unterhaltspflicht | Eheverbot | Zeugnisverweigerung | Erbrecht (ges.) |

■ Übungsaufgaben:

6/33 Die verwitwete Anna Zimmer hat einen Sohn und eine Tochter, Rochus und Verena. Sie verheiratet sich nach längerer Zeit mit Erich Rapp, der ebenfalls verwitwet ist und seinerseits eine Tochter mit in die Ehe bringt.

a) Kann diese Tochter den Sohn von Anna Zimmer heiraten?

b) Wie verhält es sich, wenn alle die genannten Kinder noch im Kleinkindalter sind, Anna Zimmer und Erich Rapp zwei gemeinsame Kinder erhalten und nach Jahren eines dieser gemeinsamen Kinder namens Konrad Verena heiraten will?

6/34 Der berühmte Tierverhaltensforscher Professor Grimmik heiratet einige Jahre nach dem Tod seines Sohnes dessen Ehefrau, also seine Schwiegertochter. Welche Gründe können dafür sprechen, dass das Vormundschaftsgericht vom Eheverbot Befreiung erteilt? Ist dies möglich?

6/35 Der BK-Schüler Heinrich Odo lebt allein, nachdem seine Eltern sich haben scheiden lassen und sich nicht mehr um Heinrich kümmerten, bzw. in das Ausland verzogen sind. Einzige Verwandte Heinrichs ist nun seine Großmutter Afra Odo.

a) Ist sie Heinrich gegenüber unterhaltspflichtig?

b) Welche Bedingungen müssen gegeben sein, damit die Großmutter keinen Unterhalt gegenüber Heinrich leisten muss?

6/36 A antwortet seinem Gesprächspartner B in einer Auseinandersetzung über die Unterhaltspflicht: „Eigentlich ist es ungerecht, dass sie nur bei Verwandten in der Seitenlinie und bei Verschwägerten in gerader Linie besteht." Beurteilen Sie dieses Ansinnen.

6.5 Betreuung (Betreuungsgesetz – BtG und §§ 1896–1908i BGB)

Problemeinführendes Beispiel

An Bernhard Gatter, 25 Jahre alt, wurden bei der Geburt irreparable Gehirnschäden verursacht. Diese führen dazu, dass Bernhard keinen normalen Schulbesuch absolvieren konnte. Auch eine normale berufliche Tätigkeit ist für ihn nicht möglich. In welchem Umfang wird er dennoch am rechtlichen Leben unserer Gesellschaft teilnehmen können?

Das Gesetz zur Reform des **Rechts der Vormundschaft und Pflegschaft für Volljährige** (Betreuungsgesetz) wurde am 12. September 1990 erlassen und trat am 1. Januar 1992 in Kraft.

(1) Voraussetzungen der Bestellung eines Betreuers (§ 1896 Abs. 1 BGB)

– Volljährigkeit des Betroffenen;

– Vorliegen einer psychischen Krankheit oder einer körperlichen, geistigen oder seelischen Behinderung (ob der Betroffene geschäftsunfähig ist, soll keine Rolle mehr spielen);

- Der Betroffene kann seine Angelegenheiten ganz oder teilweise nicht besorgen;
- Die Betreuung ist erforderlich, da andere Hilfen nicht gegeben sind (z.B. Verwandte, Nachbarn);
- Die Einwilligung des Betroffenen ist nicht entscheidend (Ausnahme bei körperlicher Behinderung).

Wenn die Voraussetzungen wegfallen, ist die Betreuung aufzuheben.

Zum Betreuer kann bestellt werden (§ 1897 Abs. 1 BGB):
- Eine natürliche Person als ehrenamtlicher Betreuer (den Wünschen des Betroffenen ist Rechnung zu tragen);
- Ein Mitarbeiter eines Betreuungsvereins („Vereinsbetreuer");
- Ein Mitarbeiter einer Betreuungsbehörde („Behördenbetreuer").

Wer Betreuungen im Rahmen seines Berufes ausübt, soll nur dann zum Betreuer bestellt werden, wenn keine andere geeignete Person zur Verfügung steht, die zur ehrenamtlichen Führung der Betreuung bereit ist (§ 1897 Abs. 6 BGB).

Wer vom Vormundschaftsgericht als Betreuer ausgewählt ist, ist verpflichtet, die Betreuung zu übernehmen. Dabei ist davon auszugehen, dass er zur Betreuung geeignet ist und ihm die Übernahme unter Berücksichtigung seiner familiären, beruflichen und sonstigen Verhältnisse zugemutet werden kann. Der Ausgewählte darf allerdings erst dann zum Betreuer bestellt werden, wenn er sich zur Übernahme der Betreuung bereit erklärt hat (§ 1898 BGB).

(2) Rechtsstellung von Betreuer und Betreutem

Die Bestellung eines Betreuers berührt die eventuell vorhandene Geschäftsfähigkeit des Betreuten nicht. Seine Vorschläge bezüglich der Person des Betreuers sind zu berücksichtigen. Entsprechend seinen Fähigkeiten soll der Betreute sein Leben nach seinen eigenen Wünschen und Vorstellungen gestalten können (§§ 1897, 1901 BGB).

Der Betreuer übernimmt die **Stellung eines gesetzlichen Vertreters**. Dies auch dann, wenn der Betreute geschäftsfähig ist. Er vertritt den Betreuten gerichtlich und außergerichtlich. Der geschäftsfähige Betreute kann folglich Dritten Vollmacht erteilen.

Die Betreuung erfolgt grundsätzlich unentgeltlich. Jedoch kann das Gericht dem Betreuer eine angemessene Vergütung zusprechen, wenn das Vermögen des Betreuten und die Art der Betreuung dies rechtfertigen. Der Betreuer kann vom Betreuten einen Ersatz seiner Aufwendungen verlangen. Ist der Betreute mittellos, so zahlt die Staatskasse (§§ 1896, 1836, 1908 BGB).

(3) Pflichten und Rechte des Betreuers (§ 1901 BGB)

Die Betreuung umfasst alle Tätigkeiten, die erforderlich sind, um die Angelegenheiten des Betreuten rechtlich zu besorgen.

Der Betreuer hat Wünschen des Betreuten zu entsprechen, soweit dies dessen Wohl nicht zuwiderläuft und dem Betreuer zuzumuten ist. Er hat ferner dazu beizutragen, dass Möglichkeiten genutzt werden, die Krankheit oder Behinderung des Betreuten zu beseitigen, zu bessern, ihre Verschlimmerung zu verhüten oder ihre Folgen zu mindern. Werden dem Betreuer Umstände bekannt, die eine Aufhebung der Betreuung ermöglichen, so hat er dies dem Vormundschaftsgericht mitzuteilen.

Wenn die Eignung, die Angelegenheiten des Betreuten zu besorgen, durch den Betreuer nicht mehr gewährleistet ist, hat das Vormundschaftsgericht den Betreuer zu entlassen (§ 1908 b BGB) und einen neuen Betreuer zu bestellen (§ 1908 c BGB).

Da die Bestellung eines Betreuers keine Auswirkung auf die Geschäftsfähigkeit des Betreuten hat, kann dieser weiterhin am Rechtsverkehr teilnehmen. Das Vormundschaftsgericht kann jedoch anordnen, „dass der Betreute zu einer Willenserklärung, die den Aufgabenkreis des Betreuers betrifft, dessen Einwilligung bedarf" (**Einwilligungsvorbehalt**, § 1903 BGB). Dies gilt nicht für Willenserklärungen, die dem Betreuten lediglich einen rechtlichen Vorteil bringen (vgl. § 107 BGB) oder die eine geringfügige Angelegenheit des täglichen Lebens betreffen.

Die Anordnung des Einwilligungsvorbehalts dient somit der „Abwendung einer erheblichen Gefahr für die Person oder das Vermögen des Betreuten". Ist die Behinderung so schwer, dass der Betroffene seinen Willen ohnehin nicht kundtun kann, dann ist dieser Vorbehalt nicht erforderlich.

(4) Das Verfahren in Betreuungssachen

Örtlich zuständig ist das Gericht, in dessen Bezirk der Betroffene seinen gewöhnlichen Aufenthalt hat (dies muss nicht der Wohnsitz sein). Sachlich zuständig ist das Vormundschaftsgericht des Amtsgerichts. Funktionell zuständig ist der Richter für die Bestellung des Betreuers und die Bestimmung des Aufgabenbereichs.

Der Betroffene ist auch dann voll verfahrensfähig, wenn er geschäftsunfähig ist, d.h., er kann selbst Anträge stellen, Rechtsmittel einlegen und Verfahrensvollmacht erteilen.

Lösung des problemeinführenden Beispiels

Auch wenn Bernhard Gatter keinen „normalen" Schulbesuch durchlaufen und auch keine Berufsausbildung im üblichen Sinne erfahren konnte, so kann er doch weitgehend normal am gesellschaftlichen Leben teilnehmen: Er tätigt Geschäfte im Rahmen des Taschengeldes (§ 110 BGB), er übt das aktive Wahlrecht aus und arbeitet täglich in der Druckerei einer Einrichtung für Behinderte.

Solange dies möglich ist, wird er von unterhaltspflichtigen Verwandten in gerader Linie (§ 1601 BGB) versorgt. Für den anderen Fall wird er einen Wohnplatz in einem Heim dieser Behinderteneinrichtung erhalten, sofern die Möglichkeit hierzu besteht.

Zusammenfassung:

Da es Hauptzweck des Betreuungsgesetzes ist, die so genannte **Restfähigkeit** des Betroffenen zu berücksichtigen und ihn weiterhin soweit wie möglich am Rechtsleben teilnehmen zu lassen, können letztendlich nur auf die individuelle Situation bezogen die konkreten Maßnahmen ergriffen werden.

6.6 Vormundschaft

a) Begründung der Vormundschaft (§§ 1773–1895 BGB)

In zunehmendem Maße treten für Minderjährige Situationen auf, in denen sie nicht oder nicht mehr unter elterlicher Sorge stehen. Z.B. wenn Eltern Minderjähriger bei einem Unfall ums Leben kommen, wenn eine alleinerziehende Person nicht oder nicht mehr in der Lage ist, die Personen- und Vermögenssorge wahrzunehmen. Ist der Familienstand eines Minderjährigen nicht zu ermitteln, besteht die gleichartige Problemstellung (§ 1773 Abs. 2 BGB).

In solchen Fällen erhält ein/e Minderjährige/r einen Vormund (§ 1773 BGB).

In dem Moment, in dem feststeht, dass ein Kind eines Vormunds bedarf, wird vom Vormundschaftsgericht die Vormundschaft **von Amts wegen** angeordnet. Dies ist auch schon vor der Geburt des Kindes möglich. Die Vormundschaft wird dann mit der Geburt wirksam.

Vormund kann ein Ehepaar sein. Nach Möglichkeit soll für ein Mündel (wenn Geschwister zu bevormunden sind, für alle Mündel) nur ein Vormund bestellt werden.

Vorrangig haben die Eltern ein Benennungsrecht (§ 1776 BGB). Eltern können z.B. in einer letztwilligen Verfügung einen Vormund benennen.

Wenn wichtige Gründe gegen den von den Eltern benannten Vormund sprechen (z.B. Wohl des Mündels, wenn der jugendliche Mündel der Bestellung widerspricht) wird vom Vormundschaftsgericht eine Person ausgewählt. Diese soll nach „ihren persönlichen Verhältnissen und ihrer Vermögenslage sowie nach den sonstigen Umständen zur Führung der Vormundschaft geeignet sein" (§ 1779 BGB).

Wer zur Vormundschaft unfähig (Geschäftsunfähige) oder untauglich (Minderjährige, wer selbst unter Betreuung steht) ist, kann bzw. soll nicht zum Vormund bestellt werden.

Da eine Vormundschaft umfassende Pflichten beinhaltet und mit vielfältigen Tätigkeiten verbunden ist, nennt § 1786 BGB zahlreiche Ablehnungsgründe. Solche sind u.a. die Vollendung des sechzigsten Lebensjahres, eine bereits durch die eigene Kindererziehung bestehende Belastung, Krankheit.

Wer jedoch die Übernahme einer Vormundschaft unbegründet oder ohne ausreichenden Grund ablehnt, kann zum Ersatz des entstehenden Schadens herangezogen werden (§ 1787 BGB). Andererseits kann das Vormundschaftsgericht eine zum Vormund ausgewählte Person durch Festsetzung von Zwangsgeld zur Übernahme der Vormundschaft zwingen (§ 1788 BGB).

b) Führen der Vormundschaft

Generelle Aufgabe des Vormunds ist es, den Mündel zu vertreten. Diese Vertretung schließt das Recht und die Pflicht ein, für die Person und das Vermögen des Mündels Sorge zu tragen (§ 1793 BGB).

Die **Personensorge** umfasst – ähnlich der allgemeinen elterlichen Sorge – die Pflege, Erziehung, Beaufsichtigung, Unterbringung des Mündels; Ausbildung und Beruf sollen nach Eignung und Neigung des Kindes bestimmt werden (§ 1800 BGB i.V.m. §§ 1631–1633 BGB).

Im Rahmen der **Vermögenssorge** ist ein Vermögensverzeichnis anzufertigen. Darin ist das Vermögen, welches zu Beginn der Vormundschaft vorhanden ist, aufgeführt. Vermögen, welches bei Erbschaft oder Schenkung erworben wird, hat der Vormund entsprechend den Anordnungen des Dritten zu verwalten. Für außergewöhnliche Handlungen bedarf der Vormund der Genehmigung des Vormundschaftsgerichts (z.B. bei der Verfügung über ein Grundstück, vgl. hierzu §§ 1819–1822 BGB).

Während der Führung der Vormundschaft entstehen dem Vormund normalerweise Aufwendungen. Diese kann er sich ersetzen lassen. Ebenso steht ihm eine angemessene Aufwandsentschädigung zu (§ 1835 BGB). Die Vormundschaft wird im Regelfall unentgeltlich geführt, es sei denn, dass sie berufsmäßig ausgeübt wird.

c) Beendigung der Vormundschaft

Fallen die im § 1733 genannten Voraussetzungen für die Begründung der Vormundschaft weg, endigt die Vormundschaft, z.B. wenn der Mündel volljährig wird.

Auf eigenen Antrag kann bei Vorliegen eines wichtigen Grundes das Vormundschaftsgericht die Vormundschaft aufheben, z.B. Kriminalität des Mündels.

Bei Tode des Vormundes endigt die Vormundschaft selbstverständlich.

6.7   Nichteheliche Lebensgemeinschaften

Eine nichteheliche Lebensgemeinschaft liegt dann vor, wenn Partner in einer eheähnlichen Gemeinschaft zusammenleben, ohne dass eine Ehe geschlossen wurde. Im BGB ist diese Lebensgemeinschaft nicht gesetzlich geregelt. In zahlreichen anderen Gesetzen und Verordnungen werden diese Lebensgemeinschaften und die daraus resultierenden Fakten behandelt.

Beispielhaft werden mögliche Problembereiche bei nichtehelichen Lebensgemeinschaften aufgezeigt:

- **Mietrecht:**

  – Streitigkeiten zwischen Vermieter und Mieter können sich bei der Frage nach dem Mietvertragspartner ergeben.

  – Mit dem Tod des Mieters tritt der Ehegatte in das Mietverhältnis ein (§ 569a BGB). Ein gemeinsamer Mietvertrag von Ehegatten wird bei Tod eines Ehegatten mit dem anderen Ehegatten fortgesetzt (§ 569b BGB). Nicht geregelt hingegen ist die Behandlung eines nicht verheirateten Partners.

- **Vertretungsmacht im Familienrecht:**

  Jeder Ehegatte ist berechtigt, Geschäfte zur angemessenen Deckung des Lebensbedarfs mit Wirkung auch für den anderen Ehegatten abzuschließen, d.h., ein Ehepartner kann den anderen insoweit vertreten und vertraglich verpflichten. Dies gilt nicht für unverheiratete Partner.

- **Recht der Kinder im Familienrecht:**

  Sind die Eltern bei der Geburt des Kindes nicht miteinander verheiratet, so steht ihnen die elterliche Sorge dann gemeinsam zu, wenn sie erklären, dass sie die Sorge gemeinsam übernehmen wollen (Sorgeerklärungen). Die Vaterschaft wird durch Anerkennung (§ 1592 BGB) oder gerichtlich festgestellt (§ 1600d BGB). Die Anerkennung bedarf der Zustimmung der Mutter und – soweit die elterliche Sorge der Mutter nicht zusteht – auch der Zustimmung des Kindes (§ 1595 BGB). Anerkennung und Zustimmung müssen öffentlich beurkundet werden (§ 1597 Abs. 1 BGB).

- **Scheidungsrecht:**

  – Im Falle einer Scheidung kann der geschiedene Ehegatte vom anderen Unterhalt verlangen (§§ 1576, 1579 BGB). Ein nicht verheirateter Partner hat keine gesetzlichen Ansprüche.

  – Die Verordnung über die Behandlung der Ehewohnung und des Hausrats (HausratsVO) regelt im Scheidungsfall die Behandlung der Ehewohnung und des Hausrats. Für eheähnliche Lebensgemeinschaften gibt es keine derartige Regelung.

  – Für eheähnliche Lebensgemeinschaften gibt es auch keine Regelung, die der des Zugewinnausgleichs für Ehepartner, die im gesetzlichen Güterstand lebten, entspricht.

- **Erbrecht des BGB:**

  Es gibt für die nicht verheirateten Partner kein gesetzliches Erbrecht wie für den Ehegatten.

- **Sozialversicherungsrecht:**

  In der Renten-, Kranken-, Pflege- und Arbeitslosenversicherung werden die nicht verheirateten Partner nicht berücksichtigt.

6.8 Lebenspartnerschaftsgesetz

Das Lebenspartnerschaftsgesetz (LPartG) zielt auf die Beendigung der Diskriminierung gleichgeschlechtlicher Gemeinschaften. Durch das LPartG wird ein familienrechtliches Institut der **Eingetragenen Lebenspartnerschaft** geschaffen. Diese stellt einen Rechtsrahmen für gleichgeschlechtliche Paare dar, die auf Dauer zusammenleben wollen und dabei eine Einbeziehung ihrer gleichgeschlechtlichen Identität wünschen. Das LPartG trägt dem Umstand Rechnung, dass gleichgeschlechtliche Lebenspartnerschaften durch gegenseitige Fürsorge, Unterstützung und Verantwortung geprägt sind.

Regelungen der Eingetragenen Lebenspartnerschaft	
Familien- und erbrechtliche Regelungen	**Sonstige wichtige Rechtsfolgen**
– behördliche Eintragung der Lebenspartnerschaft – Regelungen für den Fall der Trennung – Namensrecht – Regelungen zum Güterstand – Unterhaltsverpflichtung – Sorgerecht für Kinder in der Partnerschaft – Angehörigenstatus und damit auch umfassende Zeugnisverweigerungs- und Auskunftsrechte – Schaffung von Verwandtschaftsverhältnissen (Schwiegereltern, Schwägerschaft) – gesetzliches Erbrecht wie Ehegatten mit der Folge, dass sich die Pflichtteilsansprüche überlebender Eltern entsprechend verringern. – Möglichkeit zur Errichtung eines gemeinschaftlichen Testaments	– Mietrecht (der überlebende Lebenspartner darf in der Mietwohnung wohnen bleiben) – Einbeziehung der Lebenspartnerschaft in die Kranken- und Pflegeversicherung – Gesetzliche Unfallversicherung – Bundeserziehungsgeldgesetz – Arbeitsförderungsrecht – Unterhaltssicherungsgesetz (für Lebenspartner von Grundwehrdienstleistenden) – Ausländerrecht (Nachzugsrecht für den ausländischen Lebenspartner einschließlich Arbeitsgenehmigung)

Begründung der Lebenspartnerschaft:

Nach § 1 LPartG begründet sich die Lebenspartnerschaft durch folgende Punkte:

– Zwei Personen gleichen Geschlechts erklären ihren Willen miteinander eine Partnerschaft auf Lebenszeit führen zu wollen

– vor dem Standesbeamten bei persönlicher und gleichzeitiger Anwesenheit.

Eine Lebenspartnerschaft kann nach § 1 Abs. 2 LPartG nicht begründet werden

– mit einer minderjährigen Person oder

– mit einer bereits verheirateten Person oder

– mit einer Person, die bereits eine andere Lebenspartnerschaft führt oder

– zwischen Personen, die in gerader Linie miteinander verwandt sind oder

– zwischen vollbürtigen oder halbbürtigen Geschwistern.

Wirkungen der Lebenspartnerschaft:

(a) Partnerschaftliche Lebensgemeinschaft

Zwischen den Lebenspartnern besteht eine partnerschaftliche Lebensgemeinschaft. Dies bedeutet, dass sie nach § 2 LPartG gegenseitig zu Fürsorge und Unterstützung verpflichtet sind.

(b) Lebenspartnerschaftsname

Nach § 3 LPartG können sie einen gemeinsamen Namen (Lebenspartnerschaftsnamen) bestimmen. Die Bestimmung erfolgt vor der zuständigen Behörde.

Ein Lebenspartner, dessen Geburtsname nicht Lebenspartnerschaftsname wird, kann seinen Geburtsnamen oder den zur Zeit geführten Namen voranstellen oder anfügen. Dies gilt allerdings nicht, wenn der Lebenspartnerschaftsname aus mehreren Namen besteht.

Ein Lebenspartner kann seinen Lebenspartnerschaftsnamen auch nach Beendigung der Lebenspartnerschaft behalten.

(c) Verpflichtung zum Unterhalt

Die Lebenspartner sind nach § 5 LPartG gegenseitig zum angemessenen Unterhalt verpflichtet. Die §§ 1360 a, 1360 b BGB gelten entsprechend.

(d) Erklärung über den Vermögensstand

Vor Beginn der Lebenspartnerschaft müssen sich die Lebenspartner gegenüber dem Standesbeamten über den Vermögensstand erklären. Nach § 6 LPartG bestehen zwei Möglichkeiten:

– Vereinbarung der Ausgleichsgemeinschaft
– Abschluss eines Lebenspartnerschaftsvertrages.

Bei einer Ausgleichsgemeinschaft wird das Vermögen, das die Partner zu Beginn der Lebenspartnerschaft haben oder während der Lebenspartnerschaft dazu erwerben **nicht** gemeinschaftliches Vermögen. Bei Beendigung der Lebenspartnerschaft wird der Überschuss, den die Lebenspartner während ihrer Partnerschaft erzielt haben, ausgeglichen. Die §§ 1371 bis 1390 BGB über den Zugewinnausgleich gelten entsprechend.

(e) Erbrecht

Nach § 10 LPartG ist der überlebende Partner des Erblassers neben Verwandten der ersten Ordnung zu einem Viertel, neben Verwandten der zweiten Ordnung oder neben Großeltern zur Hälfte gesetzlicher Erbe. Zusätzlich stehen ihm die zum lebenspartnerschaftlichen Haushalt gehörenden Gegenstände und die Geschenke als Voraus zu.

Lebenspartner können auch ein gemeinschaftliches Testament errichten. §§ 2266 bis 2273 BGB gelten entsprechend.

(f) Familienrecht

Ein Lebenspartner gilt grundsätzlich als Familienangehöriger des anderen Lebenspartners (§ 11 LPartG). Die Verwandten eines Lebenspartners gelten als mit dem anderen Lebenspartner verschwägert.

Getrenntleben der Lebenspartner:

Leben die Lebenspartner getrennt, so kann ein Lebenspartner von dem anderen nach § 12 LPartG einen angemessenen Unterhalt verlangen. Im Übrigen gelten bezüglich Hausratsverteilung und Wohnungszuweisung die Grundsätze des Eherechts.

Aufhebung der Lebenspartnerschaft:

Die Lebenspartnerschaft wird auf Antrag eines oder beider Lebenspartner durch gerichtliches Urteil aufgehoben (§ 15 LPartG). Die gerichtliche Aufhebung erfolgt auf beiderseitigen Antrag hin nach zwölf Monaten, auf den Antrag eines Partners nach 36 Monaten.

7 Das Erbrecht

Beim Tode eines Menschen endet seine Rechtsfähigkeit, d.h., im Augenblick des Todes sind u.a. auch das Eigentumsrecht an seinem Vermögen ebenso wie die von ihm zu Lebzeiten übernommenen Pflichten erloschen. Da aber Rechte und Pflichten im Rahmen der Rechtsfähigkeit nicht ohne eine rechtsfähige Person existieren können, taucht im Zeitpunkt des Todes einer Person das Problem auf,

– wann und

– auf wen die Eigentumsrechte an seinem Vermögen und seine Verbindlichkeiten übergehen.

Die erste Frage betrifft den Zeitpunkt des Übergangs. Der Übergang seines Vermögens und seiner Schulden erfolgt augenblicklich im Zeitpunkt seines Todes (§ 1922 BGB).

> Den Zeitpunkt des Todes einer Person, also den Augenblick des Übergangs des Vermögens und der Schulden bezeichnet man als Erbfall (§ 1922 BGB).

Das Vermögen eines Verstorbenen wird demnach auch nicht für nur einen Augenblick ohne einen Rechtsträger bleiben; dasselbe gilt auch für die Schulden. Das nachstehende Schaubild soll den an sich schon anschaulichen Begriff des Erbfalls demonstrieren.

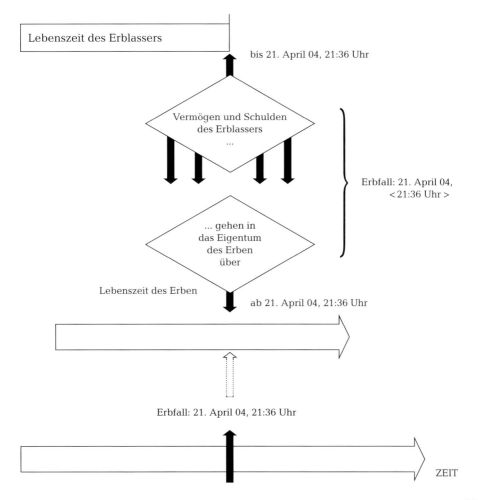

319

Derjenige, auf den das Vermögen im Erbfall übergeht, heißt **Erbe**. Der Verstorbene, dessen Vermögen unmittelbar dem Erben zufällt, heißt **Erblasser**. Mit der Erklärung des Begriffs Erbfall (Legaldefinition im § 1922 Abs. 1 BGB) ist der Inhalt von § 1922 BGB noch nicht erschöpft. Es wird nämlich noch geklärt, wie das Vermögen des Erben übergeht, nämlich als Ganzes.

Erbberechtigt kann nur jemand sein, der auch erbfähig ist. Die Erbfähigkeit gehört als Bestandteil zur Rechtsfähigkeit einer Person. Demnach kann ein Mensch nur nach vollendeter Geburt auch die Erbfähigkeit erlangen. Nach diesen Ausführungen wäre es deshalb nicht erforderlich, die Erbfähigkeit im Gesetz besonders zu erwähnen. Dennoch ist dies im § 1923 BGB geschehen und zwar, weil auch diejenigen erbfähig sein sollen, die zwar im Erbfall bereits gezeugt, aber noch nicht geboren sind (§ 1923 Abs. 2 BGB). Aus diesem Grund wird auch die Formulierung dieser Gesetzesvorschrift deutlich: Der Gesetzgeber betrachtet die bereits gezeugten, jedoch noch nicht geborenen Kinder so, als wären sie bereits vor dem Erbfall geboren, d.h., sie werden so gestellt, als hätten sie bereits die Rechtsfähigkeit nach § 1 BGB. Damit ergibt sich kein Widerspruch zwischen § 1 BGB und § 1923 Abs. 2 BGB.

Da die **Erbfähigkeit** als ein Teil der Rechtsfähigkeit anzusehen ist, bedeutet dies, dass Sachen nicht erbfähig sein können. Tiere sind zwar keine Sachen, jedoch sind auf sie die für Sachen geltenden Vorschriften anzuwenden (§ 90a BGB), demnach kann ein Tier niemals Erbe sein. Selbstverständlich sind dagegen die juristischen Personen erbfähig.

Zusammenfassung:

– Erbfall bedeutet den Zeitpunkt des Todes eines Menschen (§ 1922 BGB).

– Im Erbfall geht das Vermögen einschließlich der Verbindlichkeiten (Nachlassverbindlichkeiten des Erblassers) auf die Erben als Ganzes über (§ 1922 BGB).

– Erbe kann nur sein, wer auch erbfähig ist. Erbfähigkeit ist ein Teil der Rechtsfähigkeit, sodass nur existierende Personen (unabhängig, ob natürliche oder juristische Personen) Erben sein können. Bereits gezeugte, aber noch nicht geborene Kinder werden so gestellt, als wären sie im Erbfall bereits geboren gewesen (§ 1923 Abs. 2 BGB).

Der Tod des Erblassers ist maßgebend für den Erbfall. Der Tod muss also zunächst nachgewiesen werden: i.d.R. erfolgt dies durch einen Totenschein. In Ausnahmefällen genügt aber auch die Vermutung des Todes einer Person, um den Erbfall auszulösen. In diesen Fällen wird der durch Totenschein erbrachte Nachweis des Todes ersetzt durch die amtsgerichtliche Todeserklärung. Diese Todesvermutung ist selbstverständlich widerlegbar. Unter welchen Voraussetzungen eine Person als für tot erklärt wird, ist im Verschollenheitsgesetz enthalten, auf dessen Besonderheit hier jedoch nicht eingegangen werden soll.

Die zweite Eingangsfrage, wer nämlich zum Erben bestimmt ist, wurde bislang noch nicht erörtert. Grundsätzlich ist es in das Belieben des Erblassers gestellt, wem er sein Vermögen übertragen möchte. Man spricht in diesem Zusammenhang von der gewillkürten Erbfolge, die durch den sog. letzten Willen des Erblassers, i.d.R. in einem Testament, bestimmt wird. Hat der Erblasser aber kein Testament hinterlassen oder ist ein vorliegendes Testament ungültig oder nicht vollständig, tritt die Erbfolge kraft Gesetzes ein. Damit ist zweierlei ausgeführt:

– Man unterscheidet
  – **gewillkürte Erbfolge** (festgelegt durch ein Testament des Erblassers) und
  – die **gesetzliche Erbfolge**.

– Zum anderen steht damit fest, dass die gewillkürte Erbfolge stets Vorrang vor der gesetzlichen Erbfolge hat; denn die gesetzliche Erbfolge tritt nur ein, wenn kein Testament vorliegt oder ein bestehendes Testament ungültig oder unvollständig ist.

Übersicht: Klassifikation der Verwandten in Erbordnungen

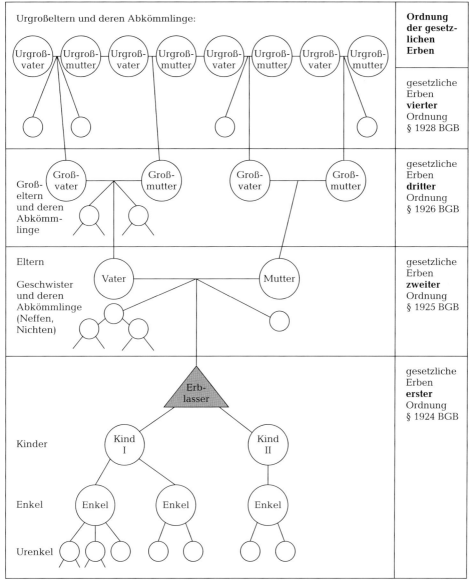

Tafel 7/1

7.1 Die gesetzliche Erbfolge

Problemeinführende Beispiele

Überprüfen Sie die problemeinführenden Beispiele unter den folgenden Frage-stellungen. Gehen Sie davon aus, dass der Erblasser kein Testament hinterlassen hat, dass also die gesetzliche Erbfolge eintritt:

1. Wen würden Sie nach Ihrem Rechtsempfinden als rechtmäßigen Erben ansehen? (Sie können dabei auch mehrere Personen bestimmen.)
2. Nennen Sie Gründe für Ihre Entscheidung.

a) Knoll ist verstorben. Er hinterlässt ein großes Vermögen. Es leben noch: seine Mut-ter Frieda, seine Frau Klara sowie die Kinder Elke und Gernot.

b) Der Erblasser Zwerg hinterlässt seine Schwiegertochter Susanne sowie seine En-kel Gustav und Gerda. Sein Sohn Hans ist bereits verstorben. Außerdem leben noch sein Bruder Fritz mit Ehefrau Maria und deren gemeinsame Kinder Jasmin und Gottfried.

c) Erblasser Mönch war Junggeselle. Es leben noch sein Vater Hubert, seine Mutter Luise, seine Großmutter (mütterlicherseits) Elfriede sowie sein Onkel Franz, der Bruder seines Vaters.

Man unterscheidet drei Typen gesetzlicher Erben:
- Verwandte des Erblassers,
- Ehegatte des Erblassers,
- vom Erblasser adoptierte Personen.

1. Verwandte des Erblassers als gesetzliche Erben

a) Klassifikation der Verwandten in Ordnungen

Maßgebend für die gesetzliche Erbfolge ist der Grad der Verwandtschaft des Erblassers zu seinen möglichen Erben (hinsichtlich Verwandtschaft s. § 1589 BGB). Das Erbrecht hat unter diesem Gesichtspunkt die Verwandten des Erblassers in Ordnungen unterteilt. Für Falllösungen ist es zweckmäßig, einen „Verwandtschaftsbaum" zu erstellen. Die beim Erbfall bereits verstorbenen Verwandten des Erblassers werden dabei durchgestrichen. Der Erblasser wird mit einem eigenem Symbol belegt.

Die im Erbrecht maßgebenden Ordnungen sind in Tafel 7/1 (S. 321) enthalten.

Zusammenfassung:

- Die Verwandten des Erblassers sind in verschiedene Ordnungen eingeteilt:
  - Gesetzliche Erben der ersten Ordnung (§ 1924 Abs. 1 BGB) sind die Abkömm-linge des Erblassers, also Kinder, Enkel, Urenkel usw.
  - Gesetzliche Erben zweiter Ordnung (§ 1925 Abs. 1 BGB) sind die Eltern des Erblassers und deren Abkömmlinge, also Vater, Mutter, Geschwister, Nichten, Neffen usw.
  - Gesetzliche Erben dritter Ordnung (§ 1926 Abs. 1 BGB) sind die Großeltern des Erblassers und deren Abkömmlinge, also die beiden Großelternpaare sowie Onkel, Tanten, Cousinen, Cousins des Erblassers usw.
  - Gesetzliche Erben der vierten Ordnung (§ 1928 Abs. 1 BGB) sind die Urgroß-eltern und deren Abkömmlinge, also die vier Urgroßelternpaare sowie deren Kinder, Enkel und Urenkel usw.
  - Gesetzliche Erben der fünften Ordnung und fernerer Ordnungen (nicht darge-stellt) sind die entfernteren Voreltern des Erblassers und deren Abkömmlinge (§ 1929 BGB).

- Neben den Verwandten des Erblassers sind noch
  - der überlebende Ehegatte (§ 1931 BGB) und
  - die adoptierten Personen (§§ 1741, 1767 BGB)

  gesetzliche Erben.

Sind keine gesetzlichen Erben mehr vorhanden, wird der Fiskus gesetzlicher Erbe des Nachlasses (§ 1936 BGB). Der Fiskus (Staat) muss dann auf alle Fälle die Erbschaft annehmen, d.h., er ist der einzige Erbe, der eine Erbschaft nicht ausschlagen kann (§ 1942 Abs. 2 BGB).

b) Grundsätze der gesetzlichen Erbfolge bei Verwandten des Erblassers

aa) Rangfolge der gesetzlichen Erben

Die Einteilung der gesetzlichen Erben in verschiedene Ordnungen, soweit es sich um Verwandte des Erblassers nach § 1589 BGB handelt, hat zum Ziel, den Grad der Verwandtschaft als maßgebliches Prinzip der gesetzlichen Erbfolge festzulegen. An erster Stelle sind demnach die gesetzlichen Erben der ersten Ordnung berufen, d.h., die übrigen Verwandten (also die Verwandten der zweiten, dritten sowie der ferneren Ordnungen) scheiden als gesetzliche Erben aus, wenn Verwandte der ersten Ordnung beim Erbfall noch am Leben sind (§ 1930 BGB).

Beispiel

Erblasser Schäck hinterlässt neben seinen Kindern Alois (A) und Karla (K) noch seine Eltern Matthias (M) und Sofie (S) sowie einen Bruder Nikolaus (N). Von seinen Großeltern lebt noch die Großmutter Hildesuse (H) und deren Tochter Berta (B), die Schwester seiner Mutter. Wer beerbt Schäck?

Lösung

Es soll zunächst ein „Verwandtschaftsbaum", also ein Diagramm der Verwandtschaftsbeziehungen gezeichnet werden (Erblasser: Dreieck, seine Verwandten: Kreise). Die im Erbfall bereits verstorbenen Personen sind durchgestrichen.

Alois und Klara, die Kinder des Erblassers, sind nach § 1924 Abs. 1 BGB gesetzliche Erben der ersten Ordnung. Vater Matthias, Mutter Sofie und Bruder Nikolaus sind Verwandte der zweiten Ordnung. Großmutter Hildesuse und deren Tochter Berta, die Tante Schäcks, gehören zu den Verwandten der dritten Ordnung. Ergebnis: Vater, Mutter und Bruder (Verwandte zweiter Ordnung) ebenso wie Großmutter und Tante (Verwandte dritter Ordnung) können nicht erben werden („sind nicht zur Erbfolge berufen"), da Verwandte der ersten Ordnung, nämlich die Kinder Alois und Karla, vorhanden sind.

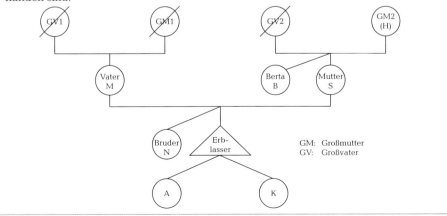

Um die Regelung der Rangfolge der Ordnungen nach § 1930 BGB zu verallgemeinern, sei auf die nachfolgende Übersicht verwiesen:

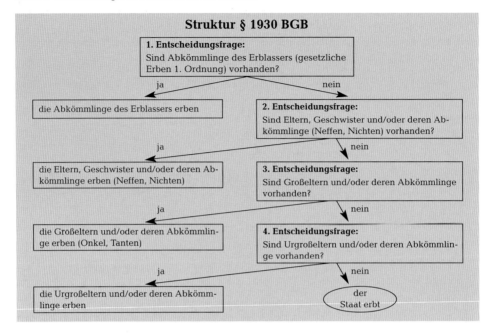

Struktur § 1930 BGB

Daraus folgt:

– sind Verwandte der ersten Ordnung vorhanden, so erben sie immer und unabhängig davon, ob Verwandte der übrigen Ordnungen noch vorhanden sind oder nicht;

– sind Verwandte der zweiten Ordnung vorhanden, so erben sie nur, wenn keine Verwandten der ersten Ordnung vorhanden sind; unerheblich ist es aber, ob dann Verwandte der dritten oder fernerer Ordnungen noch leben oder nicht;

– sind Verwandte der dritten Ordnung vorhanden, so erben sie nur, wenn keine Verwandten der ersten und zweiten Ordnung mehr leben; wiederum ist es unerheblich, ob Verwandte der vierten oder fernerer Ordnungen noch leben oder nicht.

Aus dem in § 1930 BGB festgelegten Prinzip wird deutlich: Es können nur Verwandte ein und derselben Ordnung gesetzliche Erben werden; es kann also nicht vorkommen, dass z.B. neben einem Sohn des Erblassers auch dessen Mutter gesetzliche Erbin wird.

Rangfolge innerhalb der einzelnen Ordnungen:

Bei der Übersicht über die verschiedenen Verwandtschaftsordnungen innerhalb der gesetzlichen Erbfolge wird deutlich, dass neben den direkt angesprochenen Personen (Eltern, Großeltern, Urgroßeltern) auch deren Abkömmlinge genannt wurden, also z.B. bei den gesetzlichen Erben der zweiten Ordnung neben den Eltern auch die Geschwister und deren Abkömmlinge (Neffen, Nichten des Erblassers). Die in einer Erbschaftsordnung zusammengefassten Personen sind jedoch bei genauer Betrachtung mit dem Erblasser nicht gleich nah verwandt im Sinne von § 1589 BGB. So sind die Eltern mit ihm in gerader, seine Geschwister aber in der Seitenlinie mit dem Erblasser verwandt. Auch innerhalb einer Ordnung gibt es eine Rangfolge, die sich wiederum nach dem Verwandtschaftsgrad mit dem Erblasser richtet. Dabei gilt der Grundsatz: Innerhalb jeder Ordnung der gesetzlichen Erben scheiden die jeweils als Abkömmlinge bezeichneten Personen von der gesetzlichen Erbfolge aus, solange ihre Eltern, Großeltern oder Urgroßeltern noch leben.

bb) Prinzip der Gleichverteilung (Erbfolge nach Stämmen)

In den §§ 1924 Abs. 4, 1925 Abs. 2, 1926 Abs. 2 und 1928 Abs. 2 BGB kommt dieser Grundsatz zum Ausdruck, d.h., die in einer jeden Ordnung direkt angesprochenen Personen, also die direkten Abkömmlinge in der ersten Ordnung, die Eltern in der zweiten Ordnung, die Großeltern in der dritten Ordnung und die noch lebenden Urgroßeltern in der vierten Ordnung sowie die gleich nahen Verwandten in der vierten Ordnung (wenn also überhaupt kein Urgroßelternteil mehr lebt) erben zu gleichen Teilen. Diese Gleichverteilung kommt auch dann in Betracht, wenn mehrere Personen gleichzeitig an die Stelle einer in der Erbfolge voranstehenden Person nachrücken. Auch dann erfolgt eine Aufteilung des jeweiligen Anteils zu gleichen Teilen unter die Nachrücker.

Zusammenfassung:

Die Zusammenfassung soll hier ausnahmsweise in der Form von Lösungshinweisen für Fälle erfolgen:

- Sind Verwandte des Erblassers noch am Leben, sind die Personen, die der niedrigsten Erbordnung angehören, zu bestimmen (jeweils vom Erblasser aus gesehen).
  - Erste Ordnung: Kinder, Enkel, Urenkel usw.
  - Zweite Ordnung: Eltern, Geschwister, Nichten, Neffen usw.
  - Dritte Ordnung: Großeltern, Onkel und Tanten, Cousins und Cousinen sowie deren Abkömmlinge usw.
  - Vierte Ordnung: Urgroßeltern und deren Abkömmlinge.
- Da die Erbfolge nach Stämmen erfolgt, rücken die jeweiligen Abkömmlinge an die Stelle ihrer nicht mehr lebenden Eltern (oder Elternteile). Dieses Prinzip ist lediglich in der vierten Ordnung durchbrochen, in der es kein Nachrücken in der Erbfolge für die Abkömmlinge gibt, solange noch mindestens ein Urgroßelternteil lebt.
- Es gilt das Prinzip der Gleichverteilung für die in jeder Ordnung zunächst genannten Verwandten (Kinder, Eltern, Großeltern, noch lebende Urgroßelternteile). Aber auch dann erfolgt eine Aufteilung in gleiche Teile, wenn mehrere Abkömmlinge an die Stelle eines verstorbenen Elternteils aufrücken.

In jedem der folgenden Beispiele ist ein das Verwandtschaftsverhältnis aufzeigendes Diagramm gezeichnet. Die im Erbfall nicht mehr lebenden Personen sind durchgestrichen. Der Erblasser wird dabei durch ein Dreieck, die übrigen Personen durch Kreise dargestellt. Gehen Sie bei Falllösungen in der hier demonstrierten Weise vor. Beachten Sie, dass das gesamte Ehegattenerbrecht hier noch nicht behandelt ist, sodass in den Beispielfällen stets davon ausgegangen wird, dass der Ehegatte des Erblassers entweder nicht mehr lebt oder der Erblasser überhaupt nicht verheiratet war.

Beispiel

Erblasser Kuhn hinterlässt seine Eltern Gottlieb (G) und Monika (M) sowie seine Geschwister Sofie (S) und Konrad (K). Sein Sohn Leo (L) ist unmittelbar vor dem Erbfall verstorben; er war mit Andrea (A) verheiratet. Andrea erwartet ein Kind. Seine Großeltern sind bereits verstorben. Sein Vater hat noch einen Bruder Fritz (F) und seine Mutter eine Schwester Pia (P).

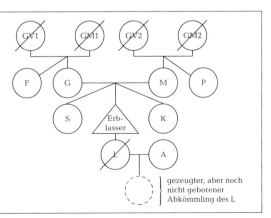

gezeugter, aber noch nicht geborener Abkömmling des L

---

1. Lösungsschritt: Bestimmung der in Betracht kommenden Ordnung

Es ist zweckmäßig, mit den Verwandten der ersten Ordnung zu beginnen. Kuhn hatte einen Abkömmling L, der allerdings beim Erbfall nicht mehr lebte. Andere Kinder hatte Kuhn nicht. Lebende Verwandte der ersten Ordnung sind demnach keine mehr vorhanden. Jedoch besagt § 1923 Abs. 2 BGB, dass der gezeugte, aber noch nicht geborene Abkömmling Leos so behandelt wird, als wäre er vor dem Erbfall geboren worden. Das ungeborene Kind Andreas ist damit zum gesetzlichen Erben erster Ordnung geworden. Dadurch sind alle anderen Verwandten Kuhns, die allesamt zu nachrangigen Ordnungen zählen, also seine Eltern (G und M) und seine Geschwister (S und K) sowie sein Onkel F und seine Tante P nach § 1930 BGB von der Erbfolge ausgeschlossen.

2. Lösungsschritt: Bestimmung der Anteile

Da das ungeborene Kind der einzige gesetzliche Erbe der ersten Ordnung ist, wird es Alleinerbe (§ 1924 Abs. 3 iVm § 1923 BGB).

Beispiel

Erblasser Pfaff hinterlässt seine beiden Söhne Klaus (K) und Daniel (D), außerdem seine Mutter Maria (M) und seine Schwestern Sonja (S) und Tamara (T). Vater Georg (G) ist bereits verstorben. Pfaffs Tochter Ulla (U) ist verstorben, sie hinterließ einen Sohn Andy (A). Klaus hat zwei Kinder, Bernd (B) und Conrad (C); Daniel hat eine Tochter Vera (V). Ein Testament Pfaffs liegt nicht vor.

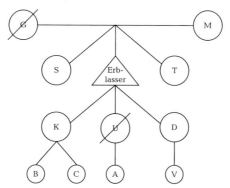

Lösung

1. Lösungsschritt: Bestimmung der Ordnung der gesetzlichen Erben

Da der Erblasser Abkömmlinge hinterlassen hat, sind ausschließlich die Verwandten, die zum Kreis der gesetzlichen Erben der ersten Ordnung gehören, erbberechtigt. Damit scheiden die Verwandten der zweiten Ordnung aus (Verwandte der dritten und vierten Ordnung sind keine angegeben). Jedoch schließen K und D ihre Abkömmlinge B und C bzw. V von der Erbfolge aus (§ 1924 Abs. 2 BGB).

2. Lösungsschritt: Bestimmung der Erbanteile

Nach § 1924 Abs. 1 iVm § 1930 BGB sind K, D und U die gesetzlichen Erben.

U lebt allerdings nicht mehr. An ihre Stelle tritt nach § 1924 Abs. 3 BGB ihr Sohn A. Da der Stamm U's also noch durch eine Person besetzt ist, wird das Erbe Pfaffs auf die drei Stämme zu gleichen Teilen verteilt. Es erben: K, D und A je ein Drittel.

Fallmodifikation 1:

Wie vorher, jedoch hinterließ U die beiden Söhne Andy (A) und Norbert (N).

In diesem Fall treten zwei Personen an die Stelle Ullas, nämlich A und N. Auf beide zusammen entfällt der Anteil der U, also ein Drittel, d.h., A und N erhalten demnach jeweils die Hälfte dieses Anteils (§ 1924 Abs. 3 BGB). Es erben: K und D je $1/3$; A und N je $1/6$.

Fallmodifikation 2:

Wie Ausgangsfall, jedoch hinterließ U keine Abkömmlinge.

Der Stamm Ullas ist mit ihr ausgestorben; ihren Platz in der Erbfolge kann niemand mehr besetzen. Der Nachlass kann jetzt nur noch auf die beiden verbliebenen Stämme K und D verteilt werden, d.h., K und D erben je $1/2$ (§ 1924 Abs. 2 BGB).

■ Übungsaufgaben:

1. Was versteht man unter dem Erbfall und welche erbrechtliche Bedeutung kommt ihm zu?   `7/1`

2. Was versteht man unter Gesamtrechtsnachfolge des Erben?

3. Wer besitzt die Erbfähigkeit?

4. Welche erbrechtliche Bedeutung hat der Totenschein?

5. Nennen Sie zwei Formen der Erbfolge.

6. Welcher der beiden möglichen Erbfolgen gebührt der Vorrang?

7. Welcher Personenkreis wird durch den Begriff „gesetzliche" Erben erfasst?

8. Nennen Sie den Personenkreis, der zu den Erben der

   a) ersten,

   b) zweiten,

   c) dritten und

   d) vierten Ordnung

   gehört.

9. Welche Bedeutung hat die Rangfolge der gesetzlichen Erben?

10. Stellen Sie für die gesetzlichen Erben der zweiten Ordnung eine Rangfolge auf.

Bei einem Verkehrsunfall sind der Vater (V) und die Mutter (M) von Armin (A) ums Leben gekommen. A überlebt zunächst den Unfall, stirbt aber nach wenigen Wochen.   `7/2`
Als A stirbt, leben noch seine Großeltern B und C (väterlicherseits) sowie deren Abkömmlinge D und E. Die Eltern seiner Mutter (also die anderen Großeltern von A) sind bereits verstorben; sie hinterließen die Abkömmlinge F und G. Von den Urgroßeltern A's lebt nur noch der Vater von B, der neben B noch H und I hinterließ.

a) Zeichnen Sie den Verwandtschaftsbaum.

b) Wer ist gesetzlicher Erbe von V und M?

c) Wer ist gesetzlicher Erbe von A?

d) Wie ist die Erbfolge, wenn auch B nicht mehr lebt?

e) Unter welchen Voraussetzungen können H und I den Erblasser A beerben?

7/3 Der Schüler Kannich behauptet, dass er aufgrund der gesetzlichen Erbfolge von seinem Vater die Hälfte dessen Vermögens geerbt habe, während die andere Hälfte seiner Großmutter zugefallen sei; seine Mutter ist bereits verstorben. Überprüfen Sie diese Aussage auf ihren Wahrheitsgehalt.

7/4 Der Schüler Seltenklug hat einen reichen Onkel (Bruder seines Vaters). Unter welchen Voraussetzungen kann Seltenklug damit rechnen (bei gesetzlicher Erbfolge)

a) Alleinerbe zu werden?

b) genau die Hälfte des Nachlasses zu erben?

c) drei Viertel zu erben?

2. Das Erbrecht des Ehegatten

Neben den Verwandten ist auch der Ehegatte des Erblassers gesetzlicher Erbe (§§ 1931 ff. BGB). Mit welchem Anteil aber der Ehegatte Erbe wird, hängt von zwei Gesichtspunkten ab:

– vom Verwandtschaftsgrad der gesetzlichen Erben (§ 1931 Abs. 1 BGB) und

– vom Güterrecht, das zwischen den Ehegatten im Erbfall bestand (vgl. § 1931 Abs. 2 iVm § 1371 BGB).

Der im Erbfall bestehende Güterstand wirkt sich in erster Linie auf den Umfang des Nachlasses aus:

Bei der Zugewinngemeinschaft entspricht der Nachlass dem tatsächlichen Endvermögen des Erblassers im Erbfall, ebenso bei der Gütertrennung. Bestand dagegen beim Erbfall Gütergemeinschaft, umfasst der Nachlass den auf den Erblasser entfallenden Anteil am Gesamtgut, sein Vorbehaltsgut und sein Sondergut. Die zweite Hälfte des Gesamtgutes steht ohnehin dem Ehegatten zu und ist daher nicht Bestandteil des Nachlasses.

Die fortgesetzte Gütergemeinschaft:

Die im Güterstand der Gütergemeinschaft lebenden Ehegatten können vereinbaren, dass die Gütergemeinschaft nach dem Tod eines Ehegatten zwischen dem überlebenden Ehegatten und den gemeinsamen Kindern fortgeführt wird (§§ 1483 ff. BGB). In einem solchen Fall gehört der dem verstorbenen Ehegatten zustehende Anteil am Gesamtgut nicht zu seinem Nachlass, m.a.W., liegt fortgesetzte Gütergemeinschaft vor, erstreckt sich der Nachlass des Erblassers lediglich auf sein Vorbehalts- und Sondergut. Der überlebende Ehegatte hat nach § 1484 Abs. 1 BGB ein Gestaltungsrecht:

Er kann die Fortsetzung der Gütergemeinschaft ablehnen; in diesem Fall gehört der Anteil des verstorbenen Ehegatten am Gesamtgut zum Nachlass (§ 1484 Abs. 3 iVm § 1482 BGB).

Gesetzliches Erbrecht des Ehegatten § 1931 BGB:

> Das wichtigste Kriterium aber für die Höhe des Erbanteils des überlebenden Ehegatten ist der Verwandtschaftsgrad der gesetzlichen Miterben (§ 1931 Abs. 1 BGB).

Die Struktur des § 1931 BGB legt ein eindeutiges Vorgehen hinsichtlich des Ehegattenerbrechts fest:

– Zuerst ist die Ordnung der gesetzlichen Miterben zu bestimmen (§ 1931 Abs. 1 BGB).

– Liegt der Grad fest, dann erfolgt die Bestimmung des Erbanteils für den Ehegatten folgendermaßen:

– Sind die Verwandten der ersten Ordnung zu gesetzlichen Erben berufen, erhält der überlebende Ehegatte ein Viertel des Nachlasses (§ 1931 Abs. 1, Satz 1 BGB).

– Sind dagegen Verwandte der zweiten Ordnung oder ausschließlich die Großeltern (also nicht deren Abkömmlinge) die gesetzlichen Erben, erhält der Ehegatte die Hälfte der Erbschaft (§ 1931 Abs. 1, Satz 1 BGB).

– Treffen mit den Großeltern aber auch deren Abkömmlinge als gesetzliche Erben zusammen, d.h., ist beim Erbfall mindestens ein Großelternteil bereits tot und sind Abkömmlinge vorhanden, dann erhält der überlebende Ehegatte auch die auf die Abkömmlinge der verstorbenen Großelternteile entfallenden Anteile (§ 1931 Abs. 1, Satz 2 BGB).

– Sind weder Verwandte der ersten Ordnung oder der zweiten Ordnung, noch Großeltern vorhanden, ist der Ehegatte Alleinerbe (§ 1931 Abs. 2 BGB).

Die Struktur dieser Gesetzesvorschrift soll an einem Entscheidungsbaum noch einmal verdeutlicht werden:

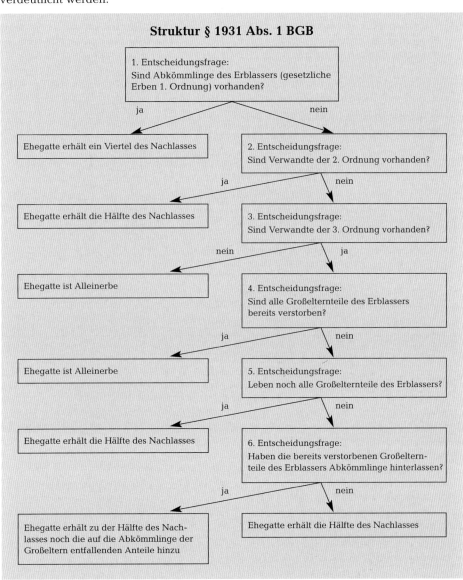

Struktur § 1931 Abs. 1 BGB

1. Entscheidungsfrage:
Sind Abkömmlinge des Erblassers (gesetzliche Erben 1. Ordnung) vorhanden?

ja → Ehegatte erhält ein Viertel des Nachlasses

nein →
2. Entscheidungsfrage:
Sind Verwandte der 2. Ordnung vorhanden?

ja → Ehegatte erhält die Hälfte des Nachlasses

nein →
3. Entscheidungsfrage:
Sind Verwandte der 3. Ordnung vorhanden?

nein → Ehegatte ist Alleinerbe

ja →
4. Entscheidungsfrage:
Sind alle Großelternteile des Erblassers bereits verstorben?

ja → Ehegatte ist Alleinerbe

nein →
5. Entscheidungsfrage:
Leben noch alle Großelternteile des Erblassers?

ja → Ehegatte erhält die Hälfte des Nachlasses

nein →
6. Entscheidungsfrage:
Haben die bereits verstorbenen Großelternteile des Erblassers Abkömmlinge hinterlassen?

ja → Ehegatte erhält zu der Hälfte des Nachlasses noch die auf die Abkömmlinge der Großeltern entfallenden Anteile hinzu

nein → Ehegatte erhält die Hälfte des Nachlasses

Hinterlässt ein Erblasser neben seinem Ehegatten nur noch Verwandte der dritten Ordnung, dann sind in der gesetzlichen Erbfolge auf jeden Fall die Tanten und Onkel des Erblassers sowie deren Abkömmlinge (Nichten und Neffen des Erblassers) von der Erbfolge durch § 1931 Abs. 1 BGB ausgeschlossen.

Das Gleiche gilt, wenn das Ehegattenerbrecht mit dem Erbrecht von Verwandten der vierten Ordnung (oder fernerer Ordnungen) zusammentreffen würde. Das Ehegattenerbrecht schließt diese Verwandten von der Erbfolge aus (§ 1931 Abs. 2 BGB).

Wie bereits erwähnt, ist bei der Bestimmung des Ehegattenerbteils der eheliche Güterstand zu beachten. Dies kommt in den Vorschriften des § 1931 Abs. 3 und Abs. 4 BGB zum Ausdruck:

§ 1931 Abs. 3 BGB verweist auf § 1371 BGB mit der Konsequenz, dass sich der Erbanteil des überlebenden Ehegatten um ein Viertel erhöht, wenn beim Erbfall Zugewinngemeinschaft bestand. Dabei ist es unerheblich, ob während der Ehe ein Zugewinn entstanden ist oder nicht. Bei Tod eines Ehegatten wird also nicht wie bei einer Scheidung oder bei einem Wechsel des Güterstandes der Zugewinn der beiden Ehegatten ermittelt und ausgeglichen, sondern es erfolgt eine Ausgleichsregelung dahingehend, dass dem überlebenden Ehegatten ein Viertel der Erbschaft zusätzlich zusteht.

Eine weitere Abweichung zu den Ausführungen zu § 1931 Abs. 1 BGB stellt § 1931 Abs. 4 BGB dar. Diese Regelung setzt voraus:

– Gütertrennung beim Erbfall und
– der Erblasser hinterlässt ein oder zwei Kinder.

Sind diese Voraussetzungen erfüllt, dann erben der Ehegatte und die Kinder zu gleichen Teilen. Da ausdrücklich auf § 1924 Abs. 3 BGB verwiesen wird, treten die Abkömmlinge der bereits verstorbenen Kinder an deren Stelle.

Zusammenfassung:

– Der überlebende Ehegatte ist gesetzlicher Erbe.

– Der Anteil des überlebenden Ehegatten hängt von zwei Gesichtspunkten ab, nämlich
  – von dem Verwandtschaftsgrad der Miterben und
  – vom Güterstand, der beim Erbfall bestand.

Voraus des Ehegatten:

Ohne dass es dem überlebenden Ehegatten auf seinen Erbteil angerechnet wird, gebühren ihm kraft Gesetzes (§ 1932 BGB) die zum ehelichen Haushalt gehörenden Gegenstände sowie die Hochzeitsgeschenke als Voraus. Anspruch auf den Voraus hat der überlebende Ehegatte allerdings ausschließlich bei der gesetzlichen Erbfolge, also nicht, wenn der Ehegatte Erbe kraft eines Testaments wird.

Was den Umfang des Ehegattenvoraus anlangt, ist eine Unterscheidung vorzunehmen, nämlich in „kleiner" und „großer" Voraus.

Der „große" Voraus umfasst (§ 1932 BGB)

– alle zum ehelichen Haushalt gehörenden Vermögensgegenstände, soweit sie nicht Zubehör eines Grundstückes sind und
– sämtliche Hochzeitsgeschenke.

330

Der „kleine" Voraus erstreckt sich nur auf

– diejenigen Gegenstände aus dem „großen" Voraus, die der überlebende Ehegatte zur Führung eines angemessenen Haushalts benötigt (§ 1932 Abs. 1 BGB).

Der „kleine" Voraus steht dem Ehegatten gegenüber Miterben der ersten Ordnung zu, der „große" Voraus dagegen, wenn Verwandte der zweiten Ordnung oder Großeltern gesetzliche Miterben sind.

Beispiel

Erblasser Kuno hinterlässt seine Gattin Adele (A), seine beiden Söhne Bruno (B) und Chris (C). Sein Vater Denis (D) und seine Mutter Emilie (E) leben noch ebenso wie seine Schwester Friedel (F) und sein Bruder Gunther (G). Wie sieht die gesetzliche Erbfolge aus, wenn Kuno und Adele

a) keinen Ehevertrag geschlossen hatten,

b) Gütertrennung oder

c) Gütergemeinschaft vereinbart hatten?

Lösung

Zunächst werden die Verwandtschaftsbeziehungen in einem Diagramm veranschaulicht. Das Diagramm ist unabhängig von dem jeweiligen Güterstand.

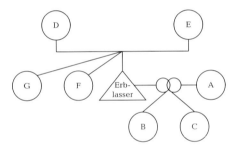

a) Beim Erbfall besteht Zugewinngemeinschaft. Außerdem trifft das Erbrecht des Ehegatten A mit dem von Verwandten der ersten Ordnung zusammen, da die Abkömmlinge B und C noch leben.

Daraus ergibt sich:

Ehegatte A erhält den „kleinen" Voraus nach § 1932 BGB; außerdem erhält A nach § 1931 Abs. 1 BGB ein Viertel des Nachlasses und nach § 1931 Abs. 3 iVm § 1371 BGB ein weiteres Viertel als Zugewinnausgleich. Damit erhält A die Hälfte des Nachlasses. Die zweite Hälfte steht den beiden Abkömmlingen B und C zu gleichen Teilen zu, d.h. B und C erhalten jeweils ein Viertel.

Es erben also A $\frac{1}{2}$; B und C je $\frac{1}{4}$.

b) Bei Gütertrennung gilt § 1931 Abs. 4 BGB. Diese Sonderregelung hat aber zur Voraussetzung, dass ein oder zwei Kinder des Erblassers (oder deren Abkömmlinge) vorhanden sind.

Diese Voraussetzung ist in dem Fall erfüllt, sodass A neben dem „kleinen" Voraus (§ 1932 BGB) ebenso wie B und C ein Drittel der Erbschaft zusteht.

Es erben also A $\frac{1}{3}$ (und „kleiner" Voraus); B und C je $\frac{1}{3}$.

Fallmodifikation zu b)

Wie Ausgangsbeispiel, jedoch ist neben B und C noch eine Tochter Heidi (H) vorhanden.

In diesem Fall sind die Voraussetzungen von § 1931 Abs. 4 BGB nicht erfüllt. Die Anteilsbestimmung ergibt sich nun ausschließlich nach § 1931 Abs. 1 BGB, wonach A ein Viertel zusteht und die verbliebenen drei Viertel zu gleichen Teilen auf B, C und H zu verteilen sind. Selbstverständlich steht auch in diesem Fall dem überlebenden Ehegatten A der „kleine „ Voraus zu (§ 1932 BGB).

Es erben A $1/4$ (und „kleiner" Voraus); B, C und H je $1/4$.

c) Bei der Gütergemeinschaft gilt ausnahmslos § 1931 Abs. 1 BGB. In diesem Fall wäre lediglich zu überprüfen, welchen Umfang der Nachlass hat. Dies hängt davon ab, ob K und A fortgesetzte Gütergemeinschaft vereinbart haben oder nicht. Unabhängig davon erhält nach § 1931 Abs. 1 BGB A ein Viertel und nach § 1932 BGB den „kleinen" Voraus. Die restlichen drei Viertel stehen zu gleichen Teilen den Abkömmlingen B und C zu, die demnach je drei Achtel erhalten.

Es erben A $1/4$ (und „kleiner" Voraus); B und C je $3/8$.

Beispiel

Das Ehepaar Alfred (A) und Betty (B) hat keine Kinder. Als A stirbt, lebt noch sein Vater Carl (C) und sein Bruder Dieter (D), dessen Kinder Elke (E) und Fred (F) sowie die Kinder Gunda (G) und Hanjo (H) seiner bereits verstorbenen Schwester Ilke (I).

Zeichnen Sie zunächst ein Diagramm, das die verwandtschaftlichen Beziehungen darstellt.

Berechnen Sie die einzelnen Erbanteile, wenn beim Erbfall zwischen A und B

a) Zugewinngemeinschaft,

b) Gütergemeinschaft,

c) Gütertrennung

bestand.

Lösung

a) Verwandte der ersten Ordnung sind keine vorhanden. Die neben B zur Erbfolge berufenen Miterben sind Verwandte der zweiten Ordnung nach § 1925 BGB. Daraus ergibt sich nach § 1931 Abs. 1 BGB, dass B neben dem „großen" Voraus nach § 1932 BGB die Hälfte der Erbschaft erhält. Außerdem steht ihr ein weiteres Viertel des Nachlasses nach § 1931 Abs. 3 iVm § 1371 BGB als Zugewinnausgleich zu, sodass der Anteil B's sich auf drei Viertel beläuft. Das restliche Viertel geht an die Verwandten der zweiten Ordnung nach § 1925 Abs. 3 BGB. Da die Mutter von A nicht mehr lebt, treten an ihre Stelle die Abkömmlinge I und D (§ 1925 Abs. 2 BGB). Vater und Mutter erben nach § 1925 Abs. 2 BGB zu gleichen Teilen, d.h., auf den Vater C fällt die Hälfte des verbleibenden Viertels, also ein Achtel. Der verstorbenen Mutter wäre ebenfalls ein Achtel zugestanden. Diesen Anteil teilen sich nunmehr ihre Abkömmlinge I, deren Stelle jetzt ihre Kinder G und H einnehmen, und D. D erhält also ein Sechzehntel. Die beiden „Platzhalter" der I, nämlich G und H, teilen sich das verbleibende Sechzehntel. Also erben G und H je $1/32$.

Es erben B $3/4$ (und „großer" Voraus); C $1/8$; D $1/16$; G und H je $1/32$. E und F sind durch D in der Erbfolge blockiert und gehen leer aus.

b) Der Verwandtschaftsgrad ist derselbe wie in Aufgabe a), sodass B nach § 1931 Abs. 1 BGB die Hälfte des Nachlasses gebührt. Da Gütergemeinschaft vorliegt, kann § 1931 Abs. 3 BGB iVm § 1371 BGB nicht herangezogen werden, sodass den Verwandten der zweiten Ordnung die restliche Hälfte zufällt. Nach § 1925 Abs. 2 BGB erben die Eltern allein und zu gleichen Teilen, d.h., Vater C steht ein Viertel zu, ebenso wie der Mutter ein Viertel zustehen würde. I und D sind als deren Abkömmlinge nach § 1925 Abs. 3 BGB in der Erbfolge nachgerückt. I und D teilen sich den Anteil der verstorbenen Mutter nach § 1925 BGB Abs. 3 iVm § 1924 BGB zu gleichen Teilen, d.h., D erhält ein Achtel. I hat aber ihren Kindern durch ihren Tod den Weg in der Erbfolge freigemacht, sodass auf G und H je ein Sechzehntel fällt.

B steht auch in diesem Fall der „große" Voraus zu.

Es erben B $1/2$ (und „großer" Voraus); C $1/4$, D $1/8$; G und H je $1/16$.

c) Da die Eheleute A und B kinderlos waren, ist die Voraussetzung für die Sonderregelung des § 1931 Abs. 4 BGB bei der Gütertrennung nicht gegeben. Die Verteilung ist daher mit der Lösung von b) identisch.

■ Übungsaufgaben:

1. Wovon hängt der Erbanteil des Ehegatten ab?

7/5

2. Was versteht man unter fortgesetzter Gütergemeinschaft?

3. Welche Verwandte des Erblassers werden durch das Ehegattenerbrecht ausgeschlossen?

4. Was versteht man unter dem Voraus des Ehegatten?

5. Wann kommt der „große" und wann der „kleine" Voraus in Betracht?

7/6

Erblasser Bingo hinterlässt neben seiner Ehefrau Adele (A) seinen Sohn Burkard (B), seine Tochter Claire (C), deren Sohn Didi (D) sowie seine Eltern Egon (E) und Fanny (F), seinen Bruder Georg (G), dessen Sohn Harry (H) und seinen Onkel Ignaz (I), den Bruder seiner Mutter. Bingo und Adele lebten im gesetzlichen Güterstand.

Wie ist die gesetzliche Erbfolge, wenn

a) alle genannten Personen noch leben?

b) D und B bereits verstorben sind?

c) B, C und D verstorben sind?

d) A, B, C, D und E verstorben sind?

7/7

Der verstorbene Egon hinterlässt Ehefrau Emma sowie die Kinder Karl, Konrad und Kunigunde. Egon und Emma hatten keinen vertraglichen Güterstand. Egons Tod löst eine gesetzliche Erbfolge aus.

Folgende Angaben liegen vor:

Vermögen Egons: 40 000,00 €

(Darin enthalten 2 000,00 € Gegenstände des Haushalts, die zur angemessenen Lebensführung nötig sind.)

Berechnen Sie die Erbteile in €!

333

Das Ehepaar Anton (A) und Berta (B) hat keine Kinder. Als B stirbt, hinterlässt sie neben ihrem Mann ihre beiden Großelternpaare Conrad (C) und Dorle (D), die Eltern ihrer Mutter M, sowie Emil (E) und Frieda (F), die Eltern ihres Vaters (V). Wie ist die gesetzliche Erbfolge, wenn A und B im Güterstand der

a) Zugewinngemeinschaft,

b) Gütergemeinschaft oder Gütertrennung lebten?
Zeichnen Sie den „Verwandtschaftsbaum".

c) Bearbeiten Sie folgende Fallmodifikationen:

(1) Die Großmutter D lebt nicht mehr.

(2) Das Großelternpaar C und D lebt nicht mehr.

Die Eheleute August (A) und Brigitte (B) haben keine Kinder. Als A stirbt, leben seine Mutter (M) und sein Vater (V) ebenfalls nicht mehr. Die Geschwister seiner Mutter, Caesar (C) und Diana (D), leben noch ebenso wie sein Großvater Egon (E). Der Bruder seines Vaters, Feodor (F) ist ebenfalls noch am Leben, ebenso seine Großmutter väterlicherseits Gerda (G).

a) Zeichnen Sie einen „Verwandtschaftsbaum" und bestimmen Sie die Anteile, wenn A und B im gesetzlichen Güterstand lebten.

b) Bearbeiten Sie die folgenden Fallmodifikationen:

(1) Wie Ausgangsfall, jedoch leben auch G und F nicht mehr.

(2) Wie (1), jedoch leben C und D nicht mehr.

3. Gesetzliches Erbrecht der nichtehelichen Kinder

Ein Kind ist nichtehelich, wenn es außerhalb einer Ehe oder später als 302 Tage nach Beendigung der Ehe (Auflösung bzw. Todeserklärung des Ehemannes) geboren wurde.

Die nichtehelichen Kinder sind in der Rechtsstellung seit dem 1. Juli 1970 und dem 1. Juli 1998 mit den ehelichen Kindern gleichgestellt. Diese Gleichstellung kommt dadurch zum Ausdruck, dass sie seit diesem Zeitpunkt

– als mit ihrem Vater verwandt gelten und

– Erbansprüche auch gegenüber ihrem Vater haben, denn sie gelten als Verwandte der 1. Ordnung nicht nur der Mutter, sondern auch dem Vater gegenüber.

Die bis 1998 bestandenen Beschränkungen im Erbrecht des nichtehelichen Kindes – ausgedrückt in den Begriffen „Erbersatzanspruch" und „vorzeitiger Erbausgleich" – existieren nicht mehr. Die entsprechenden §§ 1705–1711 BGB wurden aufgehoben.

7.2   Gewillkürte Erbfolge

7.2.1 Das Testament

Problemeinführendes Beispiel

Der steinreiche Kauz, der jahrelang zurückgezogen auf seinem Landgut lebte, ist verstorben. In den letzten Monaten seines Lebens war er sehr schwach und auch seiner Sinne nicht mehr ganz mächtig. Für die Führung seines Haushalts und zur Pflege seines großen Parks hatte er das Wirtschafter-Ehepaar Clairchen und Fridolin Knecht angestellt. Seine beiden Kinder Amalia und Bernd, die zwar im Ausland lebten, aber dennoch ein sehr gutes Verhältnis zu ihrem Vater hatten, sind sehr unangenehm überrascht, als sie unmittelbar nach der Beerdigung ihres Vaters erfuhren, dass er ein Testament hinterlassen und das Ehepaar Knecht als Erbe seines gesamten Nachlasses eingesetzt habe.

Die unangenehme Überraschung der beiden Kinder weicht im Augenblick, in dem sie das Testament sehen.

Können Sie sich Gründe für den Gefühlsumschlag bei den beiden Kindern, Amalie und Bernd, denken?

Durch die gesetzliche Erbfolge wird das Schicksal des Nachlasses ohne Zutun der Erblasser kraft Gesetzes bestimmt. Dies betrifft sowohl die Auswahl der Personen als auch die Höhe ihres jeweiligen Anteils am Nachlass, unabhängig davon, ob sie aufgrund ihrer menschlichen Eigenschaften und Fähigkeiten in der Lage sind, das Vermögen im Sinne des Erblassers zu nutzen.

Diese „Erbautomatik" kann ausgeschaltet werden, und zwar ausschließlich durch den Erblasser, indem er zu Lebzeiten eine Erklärung darüber abgibt, was nach seinem Tode mit seinem Vermögen geschehen soll. Unabhängig von den gesetzlichen Vorschriften soll zunächst versucht werden, die Anforderungen zu erarbeiten, die an eine solche Erklärung zu stellen sind.

Es ist doch selbstverständlich, dass die Erklärung so vorliegen muss, dass zweifelsfrei ist, dass der Erblasser auch ihr Urheber ist. Den Verstorbenen kann man ja nicht mehr um eine zusätzliche Erklärung bitten. Außerdem muss aus der Erklärung der Wille des Erblassers hervorgehen, dass er damit die Vermögenssituation nach seinem Tode regeln wollte. Es genügt also nicht, dass der Erblasser seine Absicht bekundet, die Erbfolge in dieser oder jener Weise regeln zu wollen.

Beispiel

Noch zu seinen Lebzeiten hat Tom Dobson seiner Tochter Liana brieflich mitgeteilt, dass er demnächst ein Testament errichten werde, in dem er sie zur Alleinerbin bestimmen und ihren Bruder Wastl enterben werde. Als Dobson stirbt, findet man kein Testament.

Der Brief kann nicht als letztwillige Erklärung Dobsons gelten, da er hier lediglich seine Absicht ausdrückte, irgendwann eine Verfügung in dem genannten Sinne treffen zu wollen. Erklärt aber hat er damit seinen Willen nicht. Es liegt demnach kein rechtswirksames Testament vor.

Hätte dagegen Dobson seinem Brief eine entsprechende Erklärung beigefügt, dann läge ein rechtswirksames Testament vor, wenn die übrigen Formerfordernisse erfüllt sind (Brieftestament).

7.2.1.1 Testierfreiheit

Ein Testament ist eine einseitige, frei widerrufliche Willenserklärung des Erblassers, mit der er über das rechtliche Schicksal seines Vermögens nach seinem Tode unter Umgehung der gesetzlichen Erbfolge verfügen kann (letztwillige Verfügung oder einseitige Verfügung von Todes wegen).

Der Erblasser hat hierbei eine freie Verfügungsmacht, die lediglich durch das Pflichtteilsrecht, durch einen zu seinen Lebzeiten geschlossenen Erbvertrag oder durch ein gemeinschaftliches Testament eingeschränkt werden kann. Diese freie Verfügungsmacht des Erblassers nennt man **Testierfreiheit**. Voraussetzung für die Ausübung dieser Testierfreiheit ist die Testierfähigkeit, die Teil der Geschäftsfähigkeit ist.

7.2.1.2 Testierfähigkeit

Die zunächst ohne Zuhilfenahme des Gesetzbuches gemachten Aussagen sollen nunmehr durch entsprechende Gesetzesstellen abgesichert werden. Nach § 1937 BGB kann ein Erblasser durch eine einseitige (nicht empfangsbedürftige) Willenserklärung (Testament, letztwillige Verfügung) den Erben bestimmen. § 2064 BGB schreibt vor, dass der Erblasser ein Testament ausschließlich persönlich errichten kann, d.h., er kann keinen Vertreter damit beauftragen, an seiner Stelle ein Testament zu errichten. Die Testierfähigkeit beginnt mit der Vollendung des 16. Lebensjahres, d.h., wer das 16. Lebensjahr noch nicht vollendet hat, kann kein rechtswirksames Testament errichten (§ 2229 Abs. 1 BGB). Allerdings kann ein testierfähiger Minderjähriger nur ein öffentliches Testament errichten (§§ 2232, 2233 BGB): Er hat hierzu vor einem Notar zur Niederschrift mündlich seinen Willen zu erklären oder dem Notar eine offene Schrift zu übergeben. Die in § 2232 BGB zusätzlich angesprochene Variante des öffentlichen Testaments, nämlich die Übergabe einer verschlossenen Schrift an den Notar, hat der testierfähige Minderjährige nicht. Der Volljährige ist voll testierfähig, es sei denn, er ist wegen krankhafter Störung der Geistestätigkeit, wegen Geistesschwäche oder wegen Bewusstseinsstörungen nicht in der Lage, die Bedeutung einer von ihm abgegebenen Willenserklärung einzusehen und nach dieser Einsicht zu handeln. Diese Personengruppe ist nach § 2229 Abs. 4 BGB nicht testierfähig.

Damit ergibt sich für die Testierfähigkeit folgende Stufenfolge:

Testierfähigkeit		
Testierunfähigkeit	**beschränkte Testierfähigkeit**	**volle Testierfähigkeit**
Jugendliche unter 16 Jahren und Personen nach § 2229 Abs. 4 BGB.	Minderjährige, die das 16. Lebensjahr überschritten haben.	Personen, die das 18. Lebensjahr überschritten haben, Geschriebenes lesen und hinreichend sprechen können, soweit sie nicht zu den unter § 2229 Abs. 4 BGB genannten Personen gehören
↓	↓	↓
Sie können überhaupt kein Testament errichten.	Sie können ein Testament nur durch mündliche Erklärung vor einem Notar oder durch Übergabe einer offenen Schrift errichten (Sonderform des öffentlichen Testaments; § 2233 Abs. 1 BGB).	Sie können ein Testament in jeder vom Gesetz zulässigen Form (eigenhändiges oder öffentliches Testament) errichten.

Sonderfälle:

Personen, die nicht lesen können, können ein Testament nur durch eine mündliche Erklärung vor dem Notar errichten (§ 2233 Abs. 2 BGB).

Personen, die außerstande sind, hinreichend zu sprechen, können ein Testament nur dadurch errichten, dass sie dem Notar eine Schrift übergeben (§ 2233 Abs. 3 BGB).

7.2.1.3 Arten des Testaments

Problemeinführende Beispiele

Die folgenden **problemeinführenden Beispiele** sind dadurch gekennzeichnet, dass eine testierfähige Person aus bestimmten Gründen nicht oder nicht mehr imstande ist, ihren letzten Willen formgerecht niederzuschreiben. Suchen Sie, ohne den Gesetzestext zu Hilfe zu nehmen, nach Möglichkeiten für die Betroffenen, die gesetzliche Erbfolge durch eine letztwillige Verfügung auszuschalten.

a) Sepp Taub ist Analphabet; er besitzt ein beträchtliches Vermögen. Seinen Sohn hält er für ungeeignet, sein Vermögen zu erben. Dagegen will er sein Vermögen seinem Neffen zukommen lassen.

b) Gustl Kraxel hat mit einer Gruppe passionierter Bergsteiger eine Bergtour unternommen. Beim Aufstieg kommt es zu einem Unfall, wobei Kraxel abstürzt und schwer verletzt liegen bleibt. Als ihn seine Freunde finden, ist er zwar noch bei Bewusstsein, aber nicht mehr zu schreiben imstande. Er befürchtet sein Ableben und möchte deshalb die Erbfolge letztwillig regeln.

c) Paula Panter ist in einer kleinen Schwarzwaldgemeinde in Sommerfrische. Sie erkrankt schwer und möchte deshalb ein Testament errichten. Als sich ihr Gesundheitszustand aber überraschend schnell verschlechtert, ist damit zu rechnen, dass sie sterben würde, bevor sie ihr Testament vor dem Notar errichten könnte.

In dem vorangegangenen Kapitel wurde das Wesen des Testaments behandelt und dabei fast ausschließlich auf das privatschriftliche Testament eingegangen. Das BGB kennt aber verschiedene Formen, ein Testament zu errichten, nämlich

– die ordentlichen Testamentsformen (§ 2232 BGB),

– die Nottestamente (§§ 2249 ff. BGB),

– das Seetestament (§ 2251 BGB).

1. Ordentliche Testamentformen

Ein „ordentliches" Testament ist nach § 2232 BGB entweder

– das eigenhändige Testament

  oder

– das öffentliche Testament

a) Das eigenhändige Testament

Im privatschriftlichen Testament legt der Erblasser seinen letzten Willen in Form einer eigenhändig geschriebenen und unterschriebenen Erklärung nieder (§ 2247 Abs. 1 BGB). Die Orts- und Datumsangabe ist zwar für die Rechtsgültigkeit nicht erforderlich, sollte aber auf der Urkunde angegeben sein (§ 2247 Abs. 2 BGB). Damit soll es auch möglich sein zu überprüfen,

– ob der Erblasser der Autor der Erklärung war (war er überhaupt zum angegebenen Zeitpunkt am fraglichen Ort?) und

– welche die letzte Verfügung, also der wirklich letzte Wille ist (dies ist von Wichtigkeit, wenn mehrere Testamente ein und desselben Erblassers vorliegen; vgl. auch § 2247 Abs. 4 BGB).

Die Unterschrift soll Vor- und Zuname des Erblassers enthalten (§ 2247 Abs. 3 BGB); diese Formvorschrift ist ebenfalls nicht zwingend. Es muss sich aber anhand der Unterschrift die zweifelsfreie Urheberschaft nachweisen lassen. Die an das Testament zu stellenden Formvorschriften enthält § 2247 BGB: Der Erblasser kann ein Testament nur durch eine eigenhändig geschriebene und unterschriebene Willenserklärung errichten. Außerdem soll er in der Erklärung angeben, zu welcher Zeit und an welchem Ort er das Testament niedergeschrieben hat (§ 2247 Abs. 2 BGB). Die Zeitangabe kann dann von Bedeutung werden, wenn der Erblasser mehrere Testamente hinterlassen hat, um dann feststellen zu können, welches das letzte Testament ist. Die Ortsangabe soll ein Indiz für die Urheberschaft sein. Die Unterschrift soll zwar den Vor- und Zunamen des Erblassers enthalten, unterschreibt aber ein Erblasser z.B. mit „Euer Vater" und genügt diese Unterschrift zur eindeutigen Feststellung der Urheberschaft, dann ist das so unterzeichnete Testament ebenfalls rechtsgültig.

Minderjährige können ebensowenig ein privatschriftliches Testament rechtsgültig errichten wie solche Personen, die des Lesens unkundig sind (§ 2247 Abs. 3 BGB).

Berliner Testament:

Das so genannte Berliner Testament (§ 2269 BGB) ist ein Sonderfall des **gemeinschaftlichen Testaments**, das nach § 2265 BGB Eheleute und Lebenspartner (§ 10 Abs. 4 LPartG) errichten können.

Das Berliner Testament, das seinen Namen daher hat, dass es früher in Berlin häufig vorkam, ist dadurch gekennzeichnet, dass sich die Eheleute (Lebenspartner) gegenseitig als Erben einsetzen **und** dass nach dem Tode des überlebenden Ehegatten (Lebenspartner) der beiderseitige Nachlass an einen oder mehrere Dritte (z.B. an die gemeinsamen Kinder) fallen soll. Der überlebende Ehegatte (Lebenspartner) wird nach dem Berliner Testament beim Tode seines Ehegatten also Allein- und Vollerbe. Die im gemeinsamen Testament genannten Dritten werden Nach- oder Schlusserben des zuerst gestorbenen Ehegatten (Lebenspartners). Das gesetzliche Erbrecht der Abkömmlinge wird also ausgeschaltet, wenn man davon ausgeht, dass die im Testament genannten Dritten die gemeinsamen Kinder der Eheleute sind. Diese haben zunächst nur Anspruch auf den Pflichtteil. Beim Tod des länger lebenden Ehegatten (Lebenspartners) fällt dann dessen Nachlass, zu dem auch der Nachlass des zuerst verstorbenen Lebenspartners gehört, an den (oder die) im Berliner Testament genannten Dritten.

Beispiel

Die Eheleute Franz und Frieda Frank haben ein gemeinschaftliches Testament in der Weise errichtet, dass sie sich gegenseitig als Erben eingesetzt haben und dass nach dem Tod des überlebenden Ehegatten ihre gemeinsamen Kinder Fritz und Freya den beiderseitigen Nachlass erben sollen.

a) Wie ist die Erbfolge, wenn Franz am 7. Jan. 01, Frieda am 23. Okt. 02 stirbt und beide Kinder am Todestag der Mutter noch leben?

b) Wie ist die Erbfolge, wenn Freya am 12. April 02 verstorben ist und einen Sohn Frieder hinterlassen hat (ansonsten wie a)?

Lösung

Beim Tode von Franz Frank leben in jedem der beiden Fälle a) und b) beide Kinder noch. Die Ehefrau Frieda wird Voll- und Alleinerbin des Nachlasses ihres Mannes. Die Kinder Fritz und Freya haben lediglich einen Pflichtteilsanspruch gegenüber ihrer Mutter Frieda. Beim Tode der Mutter dagegen sind die beiden Fälle unterschiedlich zu lösen.

a) Die Kinder Fritz und Freya erben gemeinsam den Nachlass ihrer Mutter, zu dem ja auch der Nachlass des zuerst verstorbenen Vaters Franz gehört.

b) Hier ist beim zweiten Erbfall die Tochter Freya bereits tot. Das Problem besteht nun darin, ob der Sohn Fritz den gesamten Nachlass erbt und somit der Sohn Freyas leer ausgeht oder ob Frieder an die Stelle seiner Mutter tritt. Welche Erbfolge nun eintritt, hängt vom Willen des Erblassers, also von Franz und Frieda ab. Haben sie ausdrücklich „Fritz und Freya" als Erben des beiderseitigen Nachlasses bezeichnet, dann fällt beim Tode der Mutter dem Sohn Fritz der gesamte Nachlass durch Anwachsung (§ 2094 BGB) zu. Anders verhält es sich, wenn sie als Erben „unsere Abkömmlinge" oder „unsere Kinder" eingesetzt haben. Dann nämlich tritt Freyas Sohn Frieder an die Stelle seiner bereits verstorbenen Mutter.

b) Öffentliches Testament

Das öffentliche Testament kann auf zwei verschiedene Arten errichtet werden (§ 2232 BGB):

– Der Erblasser erklärt mündlich seinen letzten Willen vor einem Notar, der den Inhalt der Erklärung nach den Vorschriften des Beurkundungsgesetzes niederschreibt oder

– der Erblasser übergibt dem Notar ein Schriftstück und erklärt, dass das Schriftstück seinen letzten Willen enthalte; diese Erklärung wird von dem Notar beurkundet.

Minderjährige können nur durch mündliche Erklärung ihres letzten Willens oder durch Übergabe einer offenen Schrift beim Notar ein Testament errichten.

2. Nottestamente

In besonderen Notsituationen können Testamente auch errichtet werden, ohne dass die angeführten Formerfordernisse der ordentlichen Testamente erfüllt sind. Allerdings müssen dabei als Voraussetzungen bestimmte Situationen gegeben sein und ebenfalls bestimmte, wenn auch weniger strenge Formvorschriften erfüllt werden:

Bei den Nottestamenten unterscheidet man

– Das Bürgermeistertestament (§ 2249 BGB),

– das Drei-Zeugen-Testament (§ 2250 BGB).

a) Das Bürgermeistertestament

Besteht eine Notsituation in der Form, dass zu befürchten ist, dass der Erblasser stirbt, bevor er ein ordentliches Testament vor einem Notar errichten kann, so kann er vor dem Bürgermeister des Ortes, an dem sich der Erblasser gerade aufhält, ein Testament errichten, indem er vor dem Bürgermeister und zwei Zeugen seinen letzten Willen zur Niederschrift durch den Bürgermeister erklärt. In der Niederschrift soll die Tatsache festgehalten werden, dass Anlass zur Besorgnis besteht, dass die Errichtung vor dem Notar nicht mehr möglich ist (§ 2249 Abs. 2 BGB). Von Bedeutung ist in diesem Zusammenhang, dass die Niederschrift durch den Bürgermeister nach den Formvorschriften des Beurkundungsgesetzes erfolgen muss; der einzige Unterschied zum entsprechenden öffentlichen Testament besteht darin, dass der Bürgermeister die Funktion des Notars übernimmt und dass eben zwei Zeugen zusätzlich erforderlich sind.

Die Urkunde ist von dem Bürgermeister, den beiden Zeugen und dem Erblasser zu unterschreiben. Selbstverständlich kann nicht Zeuge sein, wer durch das Testament bedacht oder zum Testamentsvollstrecker ernannt wird.

b) Dreizeugentestament

Sicherlich sind auch Lebenssituationen vorstellbar, in denen selbst die durch § 2249 BGB geschaffene Erleichterung nicht mehr ausreicht, um ein rechtswirksames Testament errichten zu können. Wie will man z.B. im problemeinführenden Fall b) einen Bürgermeister noch rechtzeitig ins Hochgebirge bringen?

§ 2250 Abs. 2 BGB bestimmt, dass derjenige, der sich in so großer Todesgefahr befindet, dass ein Bürgermeisteramt und erst recht ein ordentliches Testament nicht mehr möglich ist, ein gültiges Testament durch eine mündliche Erklärung vor drei Zeugen errichten kann (Dreizeugentestament). Beim Dreizeugentestament genügt die mündliche Erklärung des Erblassers. Zwar sind die drei Zeugen ebenfalls verpflichtet, eine Niederschrift der Erklärung vorzunehmen, doch handelt es sich dabei eher um eine Art Gedächtnisprotokoll, das der Erblasser nicht zu unterschreiben braucht, in sehr vielen Fällen auch nicht mehr kann. Die Personen, die sich an Orten aufhalten, die durch außergewöhnliche Umstände (z.B. Naturkatastrophen) so von der Außenwelt abgeschnitten sind, dass die Testamentserrichtung vor einem Notar unmöglich oder erheblich erschwert ist, können ebenfalls wie die Personen, die sich in Todesgefahr befinden, ein Dreizeugentestament errichten (§ 2250 Abs. 1 BGB).

Beispiel

Prüfen Sie, ob die Bedingungen erfüllt sind, ein Nottestament zu errichten. Geben Sie an, welches der zwei genannten Nottestamente gegebenenfalls in Frage kommt.

Klaus ist auf einer Urlaubsreise im Ausland schwer verunglückt. Da zu befürchten ist, dass er den Rücktransport nicht überleben wird, möchte er ein Testament machen. Als Zeugen kommen in Betracht: Sein Freund Hanjo und dessen Freundin Beate sowie ein einheimischer Polizist, der zwar hinreichend deutsch spricht, aber in der deutschen Sprache nicht schreiben kann.

Lösung

Es ist zu prüfen, ob die Voraussetzungen für ein Dreizeugentestament erfüllt sind (§ 2250 Abs. 1 oder Abs. 2 BGB). Die Voraussetzungen des § 2250 Abs. 1 BGB sind nicht erfüllt; denn der Ort ist nicht durch außergewöhnliche Umstände abgesperrt. Die Voraussetzungen des § 2250 Abs. 2 BGB aber sind gegeben. Drei Zeugen sind vorhanden; sie dürfen aber weder als Erbe bedacht werden noch als Testamentsvollstrecker benannt werden (§ 2250 iVm § 2249 BGB). Der Polizist ist der deutschen Sprache hinreichend mächtig. Erforderlich ist nicht, dass er in deutscher Sprache auch Niederschriften verfassen kann. Klaus kann unter den gegebenen Umständen ein rechtswirksames Dreizeugentestament errichten.

c) Seetestament

Eine Art Dreizeugentestament kann auch errichtet werden, wenn folgende Bedingungen erfüllt sind:

Der Erblasser befindet sich

– auf einer **Seereise** an Bord
– eines **deutschen** Schiffes
– **außerhalb** eines **inländischen** Hafens (§ 2251 BGB).

Eine Notsituation braucht beim Seetestament nicht vorzuliegen. Wiederum müssen wie beim Dreizeugentestament drei Zeugen anwesend sein, die eine Niederschrift über die Erklärung des Erblassers anzufertigen haben.

Beispiel

Hecht befindet sich während eines Wochenendausfluges auf einer Schiffsreise auf dem Bodensee. Während dieses Ausflugs überkommt ihn das Verlangen, sein Testament zu errichten. Er holt sich seine ebenfalls anwesenden Freunde Bär, Hase und Vogel als Zeugen.

Lösung

Die Voraussetzungen für ein Seetestament sind nicht erfüllt. Denn die Bodenseefahrt ist keine Seereise im Sinne von § 2251 BGB. Die Voraussetzungen für ein Nottestament nach § 2250 BGB sind ebenfalls nicht erfüllt (weder Abgeschlossenheit des Ortes durch außergewöhnliche Umstände, noch Besorgnis, Hecht könnte ableben).

d) Gültigkeitsdauer der Nottestamente

Die Nottestamente (Bürgermeistertestament, Dreizeugentestament) und das Seetestament haben eine begrenzte Gültigkeitsdauer (§ 2252 BGB). Sie gelten allesamt als nicht errichtet, wenn seit der Errichtung drei Monate vergangen sind und der Erblasser noch lebt.

Die Frist ist gehemmt, solange der Erblasser außerstande ist, ein ordentliches Testament vor einem Notar zu errichten.

Zusammenfassung:

1. Voraussetzung für ein Bürgermeistertestament:
   Die Errichtung eines ordentlichen Testaments vor einem Notar ist deshalb nicht möglich, weil
   – zu befürchten ist, dass der Erblasser vorher ableben würde oder
   – der Ort von seiner Umwelt abgeschnitten ist (gemäß den in § 2250 BGB genannten Voraussetzungen).

2. Abwicklung des Bürgermeistertestaments
   – Erklärung des letzten Willens zur Niederschrift vor dem Bürgermeister des Ortes, an dem sich der Erblasser gerade aufhält.
     – Der Bürgermeister muss zwei Zeugen heranziehen, die weder
     – als Erben bedacht noch
     – als Testamentsvollstrecker benannt werden.
   – Unterschrift unter der Niederschrift durch den Bürgermeister, die Zeugen und den Erblasser.
   – Kann der Erblasser entweder nach eigenen Aussagen oder nach der Überzeugung des Bürgermeisters nicht mehr unterschreiben, ist dies in der Niederschrift festzuhalten. Diese Feststellung ersetzt dann die fehlende Unterschrift des Erblassers.
   – Ebenfalls ist in der Niederschrift die Besorgnis festzuhalten, dass es dem Erblasser nicht mehr möglich gewesen ist, ein Testament vor einem Notar zu errichten.

3. Voraussetzungen für das Dreizeugentestament
   – Möglichkeit 1:
     – Der Erblasser hält sich an einem Ort auf, der durch außergewöhnliche Umstände (z.B. Überschwemmung, Lawinenunglück, Erdrutsch, Erdbeben) von der Außenwelt abgeschnitten ist.
     – Die Errichtung des Testaments vor einem Notar ist durch diese Umstände entweder
       – unmöglich oder
       – erheblich erschwert.
     – Auch ein Bürgermeistertestament ist umständehalber unmöglich.
   – Möglichkeit 2:
     – Der Erblasser befindet sich in Todesgefahr.
       Dadurch bedingt ist weder ein
       – ordentliches Testament vor einem Notar noch
       – ein Bürgermeistertestament
       möglich.

4. Abwicklung des Dreizeugentestaments
   – Bei der Erklärung müssen drei Zeugen anwesend sein.
   – Die Erklärung erfolgt mündlich und nicht zur Niederschrift.
   – Die Zeugen nehmen zwar eine Niederschrift auf, aber dies kann in Form eines Gedächtnisprotokolls geschehen.
   – Die Sprache der Niederschrift ist unerheblich; die Zeugen und der Erblasser müssen der Sprache allerdings hinreichend mächtig sein.
   – Unterschrift des Erblassers ist nicht notwendig.

■ Übungsaufgaben:

7/10 1. Nennen Sie Formvorschriften des eigenhändigen Testaments.

2. Auf welche Arten kann ein öffentliches Testament errichtet werden?

3. Nennen Sie Voraussetzungen für die Nottestamente.

4. Unter welchen Voraussetzungen kann ein Seetestament errichtet werden?

5. Welche Gültigkeitsdauer haben Nottestamente und das Seetestament?

7/11 Bolle ist im Urlaub im Bayerischen Wald. Er fühlt sich unpässlich und möchte ein Testament errichten. Prüfen Sie, ob er ein Nottestament errichten kann.

7/12 Knut Harmsen erfreut sich bester Gesundheit, als er mit einem deutschen Schiff eine Atlantik-Kreuzfahrt unternimmt. Kann er dabei ein Seetestament errichten?

7/13 Knäbel hat sich im Hochgebirge den rechten Arm gebrochen. Seine vier Freunde versuchen, ihn ins Tal zu bringen. Knäbel besteht aber darauf, vorher ein Deizeugentestament zu errichten. Kann er dies rechtswirksam machen?

7/14 Während eines Lawinenunglücks ist A in einer kleinen Gemeinde von der Außenwelt abgeschnitten. Kann er ein Nottestament rechtswirksam errichten?

7/15 Lösen Sie die problemeinführenden Beispiele a), b) und c).

7.2.2 Erbvertrag

1. Wesen

Wie der Begriff schon aussagt, handelt es sich um einen Vertrag, dessen Inhalt die Regelung der Vermögenssituation im Erbfall ist. Da es sich um einen Vertrag handelt, sind mindestens zwei Personen notwendig, wobei die eine auf jeden Fall der Erblasser ist. Die andere Vertragspartei kann der Erbe (die Erben) oder ein Dritter sein.

Im Gegensatz zum Testament handelt es sich hier um ein mehrseitiges Rechtsgeschäft. Nach dem Grundsatz, dass Verträge einzuhalten sind, kann der Inhalt des Erbvertrages auch nicht einseitig widerrufen werden, d.h., auch der Erblasser ist an den Erbvertrag gebunden. Gegenstand des Erbvertrages können ausschließlich Erbeinsetzung, Vermächtnis oder Auflage sein. Der Erblasser kann nach Abschluss des Erbvertrages nicht mehr anderweitig über sein Vermögen von Todes wegen verfügen. Es muss aber nochmals darauf hingewiesen werden, dass der Erbvertrag nur die Vermögenssituation nach dem Erbfall regelt, er ist also eine Verfügung von Todes wegen (§ 2278 Abs. 1 BGB). Der vertraglich bestimmte Erbe hat demnach kein Recht, noch zu Lebzeiten des Erblassers über dessen Vermögen zu verfügen; umgekehrt wird durch den Erbvertrag die Verfügungsmacht des Erblassers über sein Vermögen nicht eingeschränkt (§ 2286 BGB). Nur die Verfügung von Todes wegen ist im Erbvertrag unwiderruflich festgelegt.

Der vertraglich bestimmte Erbe muss z.B. tatenlos zusehen, wie der Erblasser das Vermögen in Spielbanken verschwendet. Der Erbvertrag allein gibt ihm keinen Anspruch, dagegen irgendetwas zu unternehmen. Anders verhält es sich bei den sog. **beeinträchtigenden Schenkungen (§ 2287 BGB):** Hierbei handelt es sich um Schenkungen des Erblassers mit der eindeutigen Absicht, den Vertragserben zu schädigen. In diesem Fall hat der Vertragserbe ab dem Zeitpunkt des Erbfalls einen Herausgabeanspruch gegenüber dem Beschenkten nach den Vorschriften der ungerechtfertigten Bereicherung. Eine vergleichbare Rechtsposition hat der vertraglich bestimmte Vermächtnisnehmer (§ 2288 Abs. 1 und Abs. 2 BGB).

2. Form des Erbvertrages

Der Erbvertrag kann nach § 2274 BGB nur durch einen unbeschränkt geschäftsfähigen Erblasser höchstpersönlich geschlossen werden. Nach § 2274 BGB muss der Erbvertrag zur Niederschrift des Notars bei gleichzeitiger Anwesenheit aller Vertragspartner geschlossen werden. Der Erblasser kann sich nicht vertreten lassen; er muss persönlich anwesend sein.

■ Übungsaufgaben:

1. Beschreiben Sie das Wesen des Erbvertrages.

7/16

2. Nennen Sie die Formvorschriften des Erbvertrages.

3. Wodurch unterscheidet sich der Erbvertrag vom Testament?

7/17

Erblasser A schließt mit B einen Erbvertrag, nach dem B zum Alleinerben bestimmt wird. B wird darin verpflichtet, C als Vermächtnis eine Geldsumme in Höhe von 50 000,00 € zu zahlen sowie das Grab des A zu pflegen. Nach einiger Zeit kommt es zu erheblichen Unstimmigkeiten zwischen A und B.

a) A möchte daraufhin den Erbvertrag widerrufen. Ist dies möglich?

b) A macht daraufhin ein Testament zugunsten von C. Ist damit die erbvertragliche Regelung außer Kraft gesetzt?

c) A möchte, dass C ein Vermächtnis von 200 000,00 € erhalten solle und schließt mit C deshalb einen schriftlichen Vertrag. Rechtsfolge?

7.2.3 Vermächtnis und Auflage

Problemeinführende Beispiele

a) Erblasser Knopp hat ein Testament hinterlassen, in dem er seinen Neffen Kampe zum Alleinerben bestimmt. Allerdings wird dem örtlichen Golfclub e.V., dem Knopp zu seinen Lebzeiten angehörte, im Testament das Recht eingeräumt, von Kampe die Übereignung eines genau beschriebenen Grundstücks verlangen zu können.

Versuchen Sie, die Rechtsstellung des Golfclubs in diesem Fall zu erläutern. Beantworten Sie auch die Frage, wer im Erbfall Eigentümer des betreffenden Grundstücks wird.

b) Der Pferdenarr Philipp bestimmte seinen Bruder Paul und seine Schwester Sofie als Erben seines Vermögens zu gleichen Teilen. Seine beiden Pferde soll jedoch seine Nichte Nadja erhalten. Rechtsstellung von Nadja im Erbfall?

c) Kron hat seinen Sohn Andy zum Alleinerben bestimmt. Nichte Bianca soll sein Auto und den Hund „Bella" erhalten. Bianca wird testamentarisch verpflichtet, jeden Tag mit Bella spazieren zu gehen.

Erläutern Sie die Rechtsstellung der beteiligten Personen. Welche Person hat Anspruch auf die Leistung Biancas, d.h., wem wurde deren Leistung testamentarisch zugewendet?

d) Nowack hinterlässt sein beträchtliches Vermögen seinem Bruder. Im Testament verfügt er, dass sein Bruder monatlich einen Betrag von 200,00 € an einen bestimmten Bundesligaverein überweisen solle, dessen Fan Nowack zu seinen Lebzeiten war. Der betreffende Club soll aber dadurch keinen Anspruch auf die monatliche Zahlung erhalten.

e) Willi schließt mit seinem Bruder Walter folgenden Vertrag: Nach dem Tode Willis soll Walter Alleinerbe werden, die gemeinsame Schwester Walburga soll das Mietshaus erhalten. Außerdem verpflichtet sich Walter, Willis Grab zu pflegen.

Versuchen Sie, Gemeinsamkeiten und Unterschiede zwischen dieser Abmachung und einem Testament zusammenzustellen.

---

1. Vermächtnis (Legat)

Der Begriff Vermächtnis ist streng vom Begriff Erbe zu unterscheiden. Dies ist deshalb besonders wichtig, weil umgangssprachlich diese beiden Begriffe nicht unterschieden werden.

Kennzeichen des Vermächtnisses (§ 1939 iVm §§ 2147 ff. BGB):

– Die mit einem Vermächtnis bedachte Person erhält eine testamentarische Zuwendung (Vermögensvorteil),

– ohne die Rechtsstellung eines Erben zu erlangen.

Die Rechtsstellung des Vermächtnisempfängers ist demnach schwächer als die eines Erben. Der Legatsempfänger erhält durch das Vermächtnis einen schuldrechtlichen Anspruch gegen den Erben oder gegen einen anderen Legatsempfänger, d.h. mit dem Vermächtnis kann ein Erbe oder ein (anderer) Vermächtnisempfänger belastet (= beschwert) werden. Für die Annahme und Ausschlagung eines Vermächtnisses gelten die Vorschriften für die Annahme bzw. Ausschlagung einer Erbschaft (§§ 1942 ff. iVm § 2180 BGB).

Beispiel

A bestimmt B zum Alleinerben; seiner Schwester C vermacht er sein Motorboot. Die Rechtsstellung der beteiligten Personen sind im Erbfall zu erläutern.

Lösung

Im Erbfall ist B Erbe, d.h. Rechtsnachfolger von A. Sämtliche Rechte und Pflichten A's gehen auf B über, auch das Eigentum an dem Motorboot. Allerdings ist B belastet (beschwert) in der Weise, dass C einen schuldrechtlichen Anspruch gegen B auf Herausgabe und Eigentumsübertragung des bezeichneten Bootes hat. C wird also nicht unmittelbar im Erbfall Eigentümerin des Bootes; denn sie hat als Vermächtnisnehmer nicht die Rechtsstellung des Erben. Sie hat aber andererseits auch nicht für eventuell bestehende Schulden einzustehen.

Beispiel

Wie Beispiel 1, jedoch bestimmt A in dem Testament zusätzlich, dass D das Fernsehgerät erhalten soll, das sich an Bord des C vermachten Motorbootes befindet. Rechtsstellung der beteiligten Personen im Erbfall?

Lösung

In diesem Testament liegen zwei Vermächtnisarten vor:

(1) Erbe B ist damit beschwert, C das Motorboot zu übereignen. C ist Vermächtnisnehmer.

(2) Allerdings ist auch C beschwert; sie hat den schuldrechtlichen Anspruch D's gegen sich, das bezeichnete Fernsehgerät herauszugeben (Untervermächtnis).

   Würde nun C aus irgendwelchen Gründen das Vermächtnis ausschlagen, wäre nun B in der Weise beschwert, an D das Fernsehgerät zu übertragen.

---

2. Auflage

Die Auflage ist zunächst dadurch gekennzeichnet, dass der Erblasser den Erben oder Vermächtnisnehmer zu einer Leistung verpflichtet. Diese Verpflichtung ist genauso wie beim Vermächtnis schuldrechtlicher Natur. Im Gegensatz zum Vermächtnis aber hat die Auflage keinen Anspruchsberechtigten, z.B.

(1) der Erblasser verpflichtet testamentarisch den Erben,

   – sein Grab zu pflegen,

   – seinen Hund zu versorgen,

   – den Rasen zu mähen;

(2) der Erblasser verpflichtet den Erben (Legatsempfänger), an eine karitative Institution einen Betrag zu zahlen.

Die unter (1) genannten Beispiele sind im Hinblick auf die Merkmale der Auflage eindeutig; der Erbe ist zu einer schuldrechtlichen Leistung verpflichtet, ohne dass eine Person vorhanden ist, der gegenüber die Leistung zu erbringen ist. Demnach hat auch keine Person einen Anspruch auf die Leistung. Der Erblasser will also nicht, dass einer anderen Person die Leistung zugewendet wird (§ 1940 BGB).

Etwas schwieriger zu verstehen ist das unter (2) angeführte Beispiel. Hier ist ein Dritter genannt, nämlich die karitative Institution, sodass man annehmen könnte, dass es sich bei dieser schuldrechtlichen Verpflichtung des Erben um ein Vermächtnis handelt. Diese Annahme kann aber nicht aufrechterhalten werden; denn im Gegensatz zum Legat ist die karitative Institution nicht mit einem Anspruch auf die Leistungserfüllung ausgestattet worden. Sie kann also vom Erben nicht die Erfüllung verlangen; ihr wurde die Leistung durch den Erblasser nicht zugewendet (§ 1940 BGB). Es ist dabei unerheblich, ob der Erblasser die Person (in diesem Fall die karitative Institution) näher bezeichnet hat oder die Auswahl dem Erben überlässt.

Die juristische Konstruktion der Auflage erscheint einmalig. Jemand (der Erbe) ist zu einer Leistung verpflichtet, ohne dass der, an den geleistet werden soll, den Vollzug der Leistung auch fordern kann.

Es bleibt die Frage offen, was geschieht, wenn der Erbe (oder Legatsempfänger) die Auflage, mit der sein Erbe (oder Legat) beschwert ist, nicht erfüllt. Nach § 2194 BGB haben die Miterben oder derjenige, dem der Wegfall des mit der Auflage zunächst Beschwerten unmittelbar zustatten kommen würde (z.B. Ersatzerbe), einen Anspruch auf den Vollzug der Auflage. War ein Vermächtnis mit einer Auflage beschwert, kann der Erbe den Vollzug der Auflage verlangen (§ 2194 BGB). Wenn die Erfüllung der Auflage im öffentlichen Interesse liegt, so kann auch die zuständige Behörde den Vollzug der Auflage verlangen.

Beispiel

Kranz hinterlässt sein Vermögen seiner Nichte Steffi und seinem Bruder zu gleichen Teilen. Er verpflichtet Steffi testamentarisch, der Stadtbücherei jährlich 2 000,00 € zu zahlen. Außerdem vermacht er seinem Freund Puck seine wertvolle Briefmarkensammlung und verpflichtet ihn durch sein Testament, dem gemeinsamen Skatbruder Pilz jährlich am Todestag Kranz's eine Flasche Weinbrand einer bestimmten Marke zukommen zu lassen.

a) Welche Unterschiede bestehen hinsichtlich der Rechtsstellung zwischen Kranz's Bruder, Steffi, Puck, Pilz und der Stadtbücherei?

b) Wer kann den Vollzug der testamentarisch verfügten Leistungen verlangen?

Lösung

a) Der Bruder des Erblassers und Steffi sind Erben; sie treten im Augenblick des Erbfalls als Gesamtrechtsnachfolger an die Stelle Kranz's, d.h., ihnen fallen sämtliche Rechte und Pflichten des Erblassers bei dessen Tode zu.

Das Erbe Steffis ist mit einer Auflage beschwert, an die Stadtbücherei jährlich 2 000,00 € zu zahlen.

Puck hat einen schuldrechtlichen Anspruch auf Herausgabe der Briefmarkensammlung, d.h., die Erbschaft der beiden Erben ist mit diesem Vermächtnis beschwert. Das Vermächtnis Pucks ist mit einer Auflage beschwert, Pilz jährlich eine Flasche Weinbrand zu schenken. Pilz und die Stadtbücherei können die Erfüllung dieser Auflage nicht verlangen, ihnen wurde also vom Erblasser die jeweilige Leistung nicht zugewendet.

b) Die Frage erübrigt sich bei den beiden Erben. Puck hat einen Anspruch auf Übergabe und Übereignung der Briefmarkensammlung; er kann von den beiden Erben diese Leistung verlangen; diese Leistung wurde ihm also vom Erblasser zugewendet. Dagegen können weder Pilz noch die Stadtbücherei die jährliche Leistung (Flasche Weinbrand bzw. Geldzuwendung) verlangen. Aber Kranz's Bruder als Miterbe kann von Steffi verlangen, dass diese der Stadtbücherei gegenüber die Leistung erbringt (§ 2194 BGB). Da der Vollzug dieser Auflage auch im öffentlichen Interesse liegt, kann die zuständige Behörde (Stadt) die Erfüllung verlangen (§ 2194 BGB). Pilz hat zwar keinen Anspruch auf seine Flasche Weinbrand, allerdings können in diesem Fall die beiden Erben von Puck verlangen, dass er die Auflage Pilz gegenüber vollzieht.

7.2.4 Pflichtteil

1. Begriff des Pflichtteils

Beurteilen Sie nach Ihrem subjektiven Rechtsgefühl die nachfolgenden problemeinführenden Fälle.

a) Erblasser Mehl hinterlässt zwei Söhne und seine Ehefrau. Zu Lebzeiten Mehls haben alle, Söhne und Ehefrau, im Geschäft Mehls hauptberuflich mitgearbeitet. Ein geregeltes Einkommen bezogen die Angehörigen nicht. Mehl hat ein Testament hinterlassen und darin eine entfernte Verwandte zur Alleinerbin gemacht.

b) Erblasser Speck ist Junggeselle; es leben noch seine Mutter und eine Schwester des Erblassers. In seinem Testament hat Speck verfügt, dass sein gesamtes Vermögen, das überwiegend aus seinem Erbe beim Tode seines Vaters herrührte, dem Roten Kreuz zufallen solle.

Im vorangegangenen Abschnitt wurde aufgezeigt, dass jeder Testierfähige die gesetzliche Erbfolge durch eine entsprechende Willenserklärung außer Kraft setzen kann. Der Erblasser besitzt also die sog. Testierfreiheit, d.h., er hat das Recht, von der gesetzlichen Erbfolge nach eigener Entscheidung abzuweichen. Diese Testierfreiheit hat aber Grenzen, die formal-juristischer und inhaltlicher Natur sind. So kann der Erblasser nicht verfügen, dass sein Testament nicht alsbald nach seinem Tode eröffnet werden darf. Eine solche Anordnung ist nach § 2263 BGB nichtig. Auch kann der Erblasser seine letztwillige Verfügung nicht in der Weise treffen, dass ein Dritter darüber bestimmen kann, ob es gültig sein soll oder nicht (§ 2065 Abs. 1 BGB). Die Testierfreiheit kann durch Vertrag auch nicht eingeschränkt werden (§ 2302 BGB).

Die inhaltlichen Grenzen der Testierfähigkeit bildet das Pflichtteilsrecht (§§ 2303 ff. BGB). Dadurch sollen Härten für sehr nahe Verwandte und den Ehegatten ausgeglichen werden, wenn sie durch den Erblasser enterbt worden sind. Die Pflichtteilsberechtigten werden zwar nicht Erben, ihnen steht aber ein schuldrechtliches Forderungsrecht in Geld gegenüber den Erben zu. Das Pflichtteilsrecht kann den Berechtigten nur unter ganz bestimmten und im Gesetz festgelegten Voraussetzungen (§§ 2333 ff. BGB) testamentarisch entzogen werden.

Pflichtteilsberechtigt sind:

– die Abkömmlinge des Erblassers (§ 2303 Abs. 1 BGB),

– der Ehegatte des Erblassers (§ 2303 Abs. 2 BGB),

– die Eltern des Erblassers (§ 2303 Abs. 2 BGB).

Alle anderen Verwandten des Erblassers sind nicht pflichtteilsberechtigt, also auch die Geschwister nicht.

Der Pflichtteil besteht in der Hälfte des Wertes des gesetzlichen Erbteils (§ 2303 Abs. 1 BGB). In genau dieser Höhe haben die Pflichtteilsberechtigten einen schuldrechtlichen Anspruch gegen den (oder die) Erben. Wurde ein Pflichtteilsberechtigter im Testament bedacht und ist der Wert der Zuwendung geringer als sein Pflichtteil, hat er einen Anspruch auf den Zusatzpflichtteil (§ 2305 BGB). Der Zusatzpflichtteil ist die Differenz zwischen dem Wert seines Pflichtteils gemäß § 2303 BGB und dem Wert seiner testamentarisch verfügten Zuwendung.

Als schuldrechtliches Forderungsrecht unterliegt auch der Pflichtteilsanspruch der Verjährung (§ 2332 BGB). Die Verjährungsfrist dauert drei Jahre und beginnt in dem Zeitpunkt, in dem der Berechtigte vom Eintritt des Erbfalls und von der ihn beeinträchtigenden Verfügung Kenntnis erlangt. Allerdings ist der Anspruch nach 30 Jahren verjährt, ohne Rücksicht darauf, wann der Berechtigte die entsprechenden Informationen erhielt.

Beispiel

Erblasser Boll hinterlässt zwei Kinder, Adele (A) und Bruno (B), sowie seine Ehefrau Cäcilie (C). In seinem Testament hat er verfügt, dass sein Freund Dago (D) Alleinerbe sein soll. Der gesamte Nachlass hat einen Wert von 600 000,00 €. Beim Erbfall bestand

a) Zugewinngemeinschaft,

b) Gütertrennung,

c) Gütergemeinschaft.

Ermitteln Sie in Anteilen und in € die Forderungsrechte von A, B und C gegen D.

Lösung

Vorbemerkung:

Die Ehefrau C sowie die Abkömmlinge A und B wurden durch das Testament Bolls enterbt, sie sind aber nach § 2303 BGB pflichtteilsberechtigt, d.h., sie haben einen schuldrechtlichen Anspruch gegenüber D in Höhe der Hälfte des jeweiligen gesetzlichen Erbteils (§ 2303 BGB). Demnach ist die Vorgehensweise bei der Lösung eindeutig:

1. Schritt: Ermittlung des jeweiligen gesetzlichen Erbteils;

2. Schritt: Ermittlung des Pflichtteils durch Halbierung des jeweiligen gesetzlichen Erbteils.

a) Der Ehefrau C stünde nach § 1931 Abs. 1 und 3 iVm § 1371 BGB die Hälfte des Nachlasses zu. Den Kindern A und B würde zusammen nach § 1924 iVm § 1931 BGB die andere Hälfte zustehen.

Daraus ergeben sich die folgenden gesetzlichen Erbteile:

C: $1/2$, A und B je $1/4$.

Demnach stehen A, B und C nach § 2303 BGB als schuldrechtliche Ansprüche gegen D zu:

A: Pflichtteilsanspruch von $1/8$:   75 000,00 €

B: Pflichtteilsanspruch von $1/8$:   75 000,00 €

C: Pflichtteilsanspruch von $1/4$:   150 000,00 €

b) Bei der Gütertrennung gilt für das gesetzliche Ehegattenerbrecht beim Zusammentreffen mit dem gesetzlichen Erbrecht von Abkömmlingen § 1931 Abs. 4 BGB. Die Voraussetzungen dieser Gesetzesvorschrift sind hier erfüllt (2 Kinder).

Demnach würden A, B und C jeweils ein Drittel des Nachlasses als gesetzliches Erbe erhalten. Der Pflichtteil beträgt die Hälfte, also erwerben A, B und C nach § 2303 BGB ein Forderungsrecht gegen D von jeweils 1/6 des Nachlasses, d.h. eine Forderung in Höhe von jeweils 100 000,00 € gegen D.

c) Nach § 1931 Abs. 1 BGB würde C 1/4, A und B jeweils 3/8 als gesetzlichen Erbanteil erhalten. Nach § 2303 BGB entstehen demnach Forderungen in folgender Höhe gegen D:

C: (1/8) 75 000,00 €, B und A (jeweils 3/16) je 112 500,00 €.

2. Entzug des Pflichtteils

Der Erblasser kann durch Testament einem Berechtigten den Pflichtteil entziehen, wenn sich dieser schwere Verfehlungen gegenüber ihm oder seinem Ehegatten oder seinen Abkömmlingen hat zuschulden kommen lassen. Was im Einzelnen darunter fällt, hat das BGB im

– § 2333 BGB (für Abkömmlinge),
– § 2334 BGB (für Eltern),
– § 2335 BGB (für Ehegatten)

festgeschrieben. Diese Bestimmungen enthalten für jede der drei Kategorien von Pflichtteilsberechtigten einen „Verfehlungskatalog", und nur dann, wenn eine dieser Verfehlungen vom Pflichtteilsberechtigten auch begangen worden ist, kann der Erblasser ihm den Pflichtteil entziehen.

Entzogen wird der Pflichtteil durch letztwillige Verfügung (§ 2336 Abs. 1 BGB). Notwendig ist, dass zur Zeit der Testamentserrichtung der Grund der Entziehung gegeben und dieser Grund im Testament angesprochen ist (§ 2336 Abs. 2 BGB). Das Recht, den Pflichtteilsentzug vorzunehmen, erlischt, wenn der Erblasser dem Pflichtteilsberechtigten seine Verfehlung verzeiht (§ 2337 BGB).

■ Übungsaufgaben:

7/18
1. Was versteht man unter dem Pflichtteil?

2. Wer ist pflichtteilsberechtigt?

3. Nennen Sie die Unterschiede zwischen Pflichtteilsrecht und Erbrecht.

7/19
Lösen Sie die problemeinführenden Fälle a) und b).

7/20
Erblasser Zech hinterlässt seine Mutter Aloisia (A) und seine Schwester Brunhilde (B). Er hat in seinem Testament verfügt, dass sein Neffe Chris (C), der Sohn von B, Alleinerbe seines Vermögens (Wert: 800 000,00 €) werden solle. Bestehen Pflichtteilsansprüche und (gegebenenfalls) wie groß sind sie?

7/21
Sind folgende Personen testierfähig?

a) Anton Leicht hat nach einem schweren Verkehrsunfall einen Freund als Betreuer erhalten.

b) Luggi Wacker leidet seit einem Verkehrsunfall an schweren Bewusstseinsstörungen und ist nicht mehr in der Lage, sich selbst zu versorgen.

Am 27.02.01 ist der ledige Peter Petermann, wohnhaft in 77616 Offenburg, Stegermatt 28, gestorben. Petermann lebte mit seiner langjährigen Freundin Frieda Fröhlich in einer gemeinsamen Wohnung; Frau Fröhlich erstellte die beiliegende Vermögensübersicht. Sie legte dem zuständigen Nachlassgericht ein eigenhändiges Testament von Petermann vor, in dem er sie als Alleinerbin einsetzte. Folgende Verwandte bzw. Verschwägerte von Petermann sind noch vorhanden und melden sich zu Wort:

– Mutter Maria Petermann, geb. Gebert
– Bruder Bernd Petermann
– Schwager Siggi Säger
  Siggi Säger war mit Petra Säger, geb. Petermann (Schwester), bis zu deren Tod verheiratet (gesetzlicher Güterstand),
– Norbert und Nina Säger, ehel. Kinder von Siggi Säger und Petra Säger.

Nehmen Sie die Verteilung des Erbes vor.

Nachlass des/der _____ *Peter Petermann* _____ gest. am: **27.02.01**

VERMÖGENSÜBERSICHT

I. Nachlassmasse

	Wert – €
Bewegliche Sachen	
1. Kleidung, Wäsche, sonst. persönliche Sachen	ca. *5 000*
2. Hausrat	ca. *45 000*
3. Kunstgegenstände, Wertsachen, Schmuck	ca. *18 000*
4. Summe Ziff. I.	ca. *68 000*

II. Grundstücke   Ja   Nein   Bodenwert pro qm

Lage *776/6 Offenburg*   Nutzungsart *Zweifamilienhaus*   Größe in qm *1 000*
a)   a)   a)
b)   b)   b)
c)   c)   c)

Einheitswert   Gebäudevers. Wert /   Baujahr *1970*
a)   a)   a) *Verkehrswert ca.*
b)   b)   b) *250.000,00 €*
c)   c)   c)

III. Kapitalwerte (gegebenenfalls auf besonderem Blatt)

1. Bargeld	*300*
2. Girokonto	*2 800*
3. Sparkonto	*9 000*
4. Sterbegeld	*900*
5. Lebensversicherung	*–*
6. Außenstände – Darlehen u.a.	*18 000*
7. Wertpapiere	*20 000*
8. Summe Ziff. III.	*51 000*
9. Sonstiger Nachlass (nähere Bezeichnung) (z.B. Betriebsvermögen, Beteiligung)	*178 000*
10. Summe Ziff. III. u. 9	*229 000*

IV. Nachlassverbindlichkeiten

1. Beerdigungskosten	*15 000*
2. Sonstige Verbindlichkeiten	*–*
3. Hypotheken, Grundschulden	*120 000*
4. Vermächtnisse, Auflagen, Pflichtteilsrechte Summe Ziff. IV.	

Die Richtigkeit und Vollständigkeit vorstehender Angaben wird hiermit versichert.

_____ *Offenburg* _____ , den _____ *12.03.01* _____

Frieda Fröhlich
(Unterschrift)
77616 Offenburg, Stegermatt 28
(Anschrift)

349

7.3 Rechtsstellung der Erben

7.3.1 Gesamtrechtsnachfolge

Durch den Erbfall geht das Vermögen des Erblassers als Ganzes auf die Erben über. Man spricht in diesem Zusammenhang auch vom Grundsatz der Gesamtrechtsnachfolge, d.h., der Erbe tritt im Erbfall sofort und automatisch in die gleiche Rechtsposition wie der Erblasser. Er übernimmt alle Rechte, aber auch alle Pflichten. Ist nur eine Person Erbe, bereitet diese Bestimmung keine Verständnisschwierigkeiten. Sind jedoch mehrere Personen Erben des Vermögens eines Erblassers (Erbschaft, Nachlass), dann taucht das Problem auf, welcher Erbe für welchen Vermögensteil zuständig ist. Grundsätzlich gilt:

> Jeder Erbe wird im Rahmen der Gesamtrechtsnachfolge Inhaber des gesamten Vermögens; dieses Recht wird allerdings begrenzt durch die Rechte der Miterben. Nach § 2023 BGB wird folgerichtig die Erbschaft gemeinsames Vermögen der Erben (Erbengemeinschaft).

Die Haftung der Erben erstreckt sich auf folgende Verbindlichkeiten (sog. Nachlassverbindlichkeiten):

1. Verbindlichkeiten, die der Erblasser noch zu seinen Lebzeiten eingegangen ist, sowie

2. Verbindlichkeiten, die im Zusammenhang mit dem Tod des Erblassers entstanden sind (z.B. Beerdigungskosten, Erbschaftssteuer, Vermächtnis- und Pflichtteilsansprüche sowie Zugewinnausgleichsansprüche).

7.3.2 Ausschlagung und Annahme einer Erbschaft

Problemeinführende Beispiele

a) Knut Knutsen wird durch das Testament seines Onkels Felix Fels zum Alleinerben des Vermögens. Felix Fels war ein angesehener Kaufmann und galt als recht vermögend. Bei der Zusammenstellung des Nachlasses ergab sich jedoch, dass den Vermögenswerten von 2 Millionen € Schulden in Höhe von 3 Millionen € gegenüberstehen.

b) Ole Ompe und sein Onkel Karl Kano konnten sich nicht leiden. Streitereien und bösartige Schikanen waren zwischen beiden an der Tagesordnung. Als Karl Kano kinderlos stirbt, hinterlässt er kein Testament. Karls Bruder Kuno, der Vater Oles, ist bereits verstorben, ebenso die Eltern des Erblassers. Ole hat des Öfteren erklärt, vom Nachlass Karls nichts annehmen zu wollen.

Was können Ihrer Meinung nach die beiden Erben unternehmen?

1. Wesen der Annahme und Ausschlagung der Erbschaft

Wie die beiden problemeinführenden Fälle zeigen sollen, besteht für Erben – natürlich nur hinsichtlich der Erbschaft – nicht immer Anlass zu ungetrübter Freude. Sowohl Knut Knutsen als auch Ole Ompe können sich über die Erbschaft aus verschiedenen Gründen sicherlich nicht freuen.

Soviel ist aber bereits klar:
– Der Erbe tritt im Augenblick des Erbfalls in die Geamtrechtsnachfolge des Erblassers, d.h.,
  – er wird automatisch Erbe und
  – er haftet auch für die Nachlassverbindlichkeiten.

Zum Erben wird eine Person bei der gesetzlichen wie auch bei der gewillkürten Erbfolge ohne ihr Zutun berufen. Niemand kann aber gezwungen werden, gegen seinen Willen ein Erbe anzutreten. Das BGB hat dem Erben deshalb ein Gestaltungsrecht eingeräumt (§§ 1942 ff. BGB). Zwei Möglichkeiten stehen dem Erben offen:

- Er kann das Erbe annehmen, d.h., er wird damit, und zwar vom Erbfall an, mit allen Rechten und Pflichten Rechtsnachfolger des Erblassers: Er erwirbt Eigentumsrechte an den Vermögenswerten, übernimmt aber auch die vorhandenen Schulden.
- Er kann die Erbschaft ausschlagen. Er wird durch diese Willenserklärung so gestellt, als ob rückwirkend im Erbfall das Erbe an ihm „vorbeigefallen" wäre. Dadurch wächst seinen Miterben ein entsprechend größerer Anteil zu und das Erbe fällt der in der gesetzlich oder testamentarisch festgelegten Erbfolge nächstfolgenden Person zu. Der Ausschlagende wird erbrechtlich so behandelt, als hätte er im Zeitpunkt des Erbfalls nicht mehr gelebt (§ 1953 Abs. 2 BGB).

Während für die Annahme einer Erbschaft keine Formvorschriften bestehen, hat die Ausschlagung durch eine Erklärung gegenüber dem Nachlassgericht zu erfolgen. Die Ausschlagungserklärung muss dabei zur Niederschrift des Nachlassgerichtes oder in öffentlich beglaubigter Form abgegeben werden (§ 1945 BGB).

Das Recht, eine Erbschaft auszuschlagen, steht grundsätzlich jedem Erben zu. Lediglich dem Fiskus (als dem letztmöglichen gesetzlichen Erben) hat der Gesetzgeber in § 1942 Abs. 2 BGB das Ausschlagungsrecht verwehrt.

Ein Erbe hat sein Ausschlagungsrecht verwirkt, wenn er die Erbschaft (ausdrücklich) angenommen hat (§ 1943 BGB). Außerdem verliert ein Erbe das Ausschlagungsrecht durch Fristablauf (§ 1943 BGB).

Frühestens mit dem Erbfall kann die Erbschaft angenommen oder ausgeschlagen werden (§ 1946 BGB).

Die Ausschlagung – und das gilt gleichermaßen auch für die Annahme der Erbschaft – ist ein bedingungsfeindliches Rechtsgeschäft, d.h., die Ausschlagung (Annahme) kann nicht unter einer Bedingung oder Zeitbestimmung abgegeben werden (§ 1947 BGB). Ebensowenig ist es möglich, die Erbschaft nur teilweise auszuschlagen oder anzunehmen, d.h., sowohl die Ausschlagung als auch die Annahme einer Erbschaft können nur für das gesamte Erbe abgegeben werden (§ 1950 BGB).

2. Ausschlagungsfrist

Die Ausschlagung kann nur binnen sechs Wochen erfolgen (§ 1944 Abs. 2 BGB). Für den Beginn der Ausschlagungsfrist sind zwei Umstände erforderlich (§ 1944 Abs. 2 BGB):

- Der Erbe muss Kenntnis vom Anfall der Erbschaft haben und
- er muss Kenntnis vom Grund seiner Berufung als Erbe haben.

Allerdings beginnt bei der gewillkürten Erbfolge die Frist frühestens mit der Testamentseröffnung (§ 1944 Abs. 2 BGB).

Die Ausschlagungsfrist erhöht sich auf sechs Monate, wenn

- der Erblasser seinen letzten Wohnsitz im Ausland hatte oder
- der Erbe bei Beginn der Ausschlagungsfrist sich im Ausland aufhielt (§ 1944 Abs. 3 BGB).

Lässt der Ausschlagungsberechtigte die Frist ungenutzt verstreichen, gilt die Erbschaft als angenommen.

Zusammenfassung:

Die Annahme kann durch eine ausdrückliche (formfreie) Erklärung oder durch ein Unterlassen der Ausschlagungserklärung erfolgen.

Die Ausschlagung hingegen ist nur durch eine ausdrückliche und formgebundene Erklärung möglich.

---

3. Anfechtung der Annahme- oder Ausschlagungserklärung

Jedes Rechtsgeschäft kann

– wegen Irrtums (§§ 119, 120 BGB)

  oder

– wegen arglistiger Täuschung oder widerrechtlicher Drohung (§ 123 BGB)

angefochten werden. Dies gilt selbstverständlich auch hinsichtlich der Annahme- bzw. Ausschlagungserklärung. Die Anfechtungsfrist beträgt sechs Wochen (§ 1954 Abs. 1 BGB). Die Anfechtungsfrist beginnt bei Irrtum oder arglistiger Täuschung in dem Zeitpunkt, in dem der Anfechtungsberechtigte von dem Anfechtungsgrund Kenntnis erlangt. Liegt widerrechtliche Drohung als Anfechtungsgrund vor, dann beginnt die Frist mit dem Zeitpunkt, in dem die Zwangslage aufhört (§ 1954 Abs. 2 BGB).

Die Anfechtungsfrist verlängert sich auf sechs Monate, wenn der Erblasser seinen letzten Wohnsitz im Ausland hatte oder wenn sich der Erbe zu Beginn der Frist im Ausland aufhielt (§ 1954 Abs. 3 BGB). Die Anfechtung ist auf jeden Fall ausgeschlossen, wenn seit der Abgabe der Annahme- oder Ausschlagungserklärung dreißig Jahre verstrichen sind.

Anfechtungsgrund nach § 119 II BGB kann auch ein Irrtum über die Zugehörigkeit bestimmter Vermögensgegenstände zum Nachlass oder das Bestehen bzw. Nichtbestehen von Verbindlichkeiten sein.

4. Möglichkeiten der Haftungsbeschränkung des Erben für Nachlassverbindlichkeiten:

Wie oben dargestellt, gehören zum Nachlass auch die vom Erblasser zu Lebzeiten noch eingegangenen bzw. im Zusammenhang mit seinem Ableben entstandenen Verbindlichkeiten. Diese werden als Nachlassverbindlichkeiten bezeichnet.

Grundsätzlich haftet der Erbe für diese Nachlassverbindlichkeiten unbeschränkt mit seinem ganzen Vermögen. Er wird daher, wenn die Verbindlichkeiten höher sind als das ererbte Vermögen, die Erbschaft regelmäßig ausschlagen.

Es gibt aber Situationen, in denen die Überschuldung des Nachlasses nicht von vornherein erkennbar ist und die auch nicht über eine spätere Anfechtung der Annahme der Erbschaft gelöst werden können. Hierzu zählt zum Beispiel, wenn der Wert eines Vermögensgegenstandes im Nachlass geringer ist als angenommen.

Um den Erben auch in diesem Falle vor der Haftung mit seinem sonstigen Vermögen zu bewahren, sieht das Gesetz vor, dass der Erbe seine Haftung auf den Bestand des Nachlasses beschränkt. Hierzu muss er aber die Verfügungsgewalt über den Nachlass an einen Dritten abgeben, der dann den Nachlass ordnungsgemäß zu verwerten und die Verbindlichkeiten soweit wie möglich zu begleichen hat.

Das BGB stellt hierzu zwei Verfahren zur Verfügung (§§ 1975–1992 BGB):

a) Die Nachlassverwaltung: Sie wird auf Antrag des Erben oder eines Nachlassgläubigers vom Nachlassgericht beim Amtsgericht (in Baden-Württemberg dem Notariat) angeordnet und ein Nachlassverwalter bestimmt. Dieser hat den Nachlass zu verwalten und die bekannten Nachlassverbindlichkeiten zu begleichen. Nur den danach etwa verbleibenden Überschuss darf er dem Erben herausgeben.

b) Die Nachlassinsolvenz: Wenn der Erbe oder der Nachlassverwalter feststellen, dass der Nachlass zahlungsunfähig (d.h. die vorhandenen Geldmittel reichen nicht aus, um die fälligen Verbindlichkeiten zu bezahlen) oder überschuldet ist (d.h. die Höhe der Verbindlichkeiten übersteigt den Wert der Vermögensgegenstände), müssen sie zur Vermeidung einer persönlichen Haftung sofort die Anordnung eines Insolvenzverfahrens beantragen. Hierfür ist das Insolvenzgericht beim Amtsgericht zuständig. Dieses setzt einen Insolvenzverwalter ein, der nach den Vorschriften der Insolvenzordnung (InsO) den Nachlass verwertet und die Verbindlichkeiten nach streng festgelegten Regeln in einer bestimmten Reihenfolge anteilig begleicht.

Es kann auch die Situation eintreten, dass das Vermögen des Nachlasses so gering ist, dass es nicht einmal ausreicht, um die Kosten einer Nachlassverwaltung oder einer Nachlassinsolvenz (das sind im Wesentlichen die in diesem Fall vorrangig vor anderen Verbindlichkeiten zu bezahlenden Vergütungen des Nachlassverwalters bzw. des Insolvenzverwalters) zu begleichen. In diesem Falle hat der Erbe gleichwohl die Möglichkeit, die Haftung mit seinem persönlichen Vermögen zu verweigern und die Nachlassgläubiger allein auf das Nachlassvermögen zu verweisen (sog. Dürftigkeitseinrede, §§ 1990, 1991 BGB).

▓ Übungsaufgaben:

1. Worin besteht das Wesen der Annahme bzw. Ausschlagung einer Erbschaft? 7/23

2. Nennen Sie Formvorschriften für die Annahme bzw. Ausschlagung.

3. Was versteht man unter Nachlassinsolvenzverfahren?

4. Welche Ausschlagungs-(Annahme-)fristen kennen Sie?

5. Welche Besonderheiten sind bei der Anfechtung der Annahme- bzw. Ausschlagungserklärung zu beachten?

Roderich und sein Bruder Ludo sind zu gleichen Teilen zu Erben ihres Onkels Gabriel, 7/24 der am 25. Juli 01 verstorben ist, berufen. Ludo hat einen Sohn Edgar.

a) Ludo möchte die Erbschaft ausschlagen.

   aa) Wie lange dauert die Ausschlagungsfrist, wenn Ludo am 25. Juli 01 Kenntnis vom Anfall der Erbschaft und von den Gründen erlangt und das Testament am 15. August 01 eröffnet wird?

   ab) Wie regelt sich die Erbfolge, wenn Ludo fristgerecht die Erbschaft ausschlägt?

b) Ludo hat am 29. August 01 die Erbschaft ausgeschlagen. Er war aber der irrigen Annahme, mit der Ausschlagung lediglich eine nachträgliche Überprüfung und Zusammenstellung des Nachlasses zu erreichen. Sein Rechtsanwalt klärt ihn am 10. September 01 über seinen folgenschweren Irrtum auf.

   ba) Wie lange kann Ludo seine Ausschlagungserklärung anfechten?

   bb) Welche rechtliche Bedeutung hätte eine von Ludo am 19. September 01 vorgenommene Anfechtungserklärung?

▓ Zusammenfassende Übungsaufgaben:

Der ledige Erblasser Emil hinterlässt keine testamentarischen oder vertraglichen Erben. 7/25

Seine Eltern sind tot, von den Großeltern väterlicherseits leben beide Teile, mütterlicherseits lebt nur noch die Großmutter.

Die Großeltern väterlicherseits haben zwei verstorbene Kinder und drei Enkelkinder.

Die Großeltern mütterlicherseits haben zwei verstorbene Kinder sowie drei lebende Enkelkinder und Erblasser Emil als viertes Enkelkind.

a) Wer erbt mit wie viel Teilen?

b) Welche Erbordnung haben die Cousins bzw. die Cousinen von Emil?

7/26 Der Bankier Zaster hat einen schweren Autounfall gehabt, ist aber bei voller Besinnung und fürchtet, dass seine Verletzung tödlich ist. Er ist nicht transportfähig und kann auch nicht schreiben. Welche Möglichkeit hat er, seinen letzten Willen rechtswirksam kundzutun?

7/27 Der 50-jährige Kaufmann Gierig, seit Jahren verwitwet, setzt seine Geliebte, eine 30-jährige Stripteasetänzerin, als Alleinerbin seines Vermögens von 150 000,00 € ein, um ihr damit seine Dankbarkeit auszudrücken. Seine beiden Söhne Bernd und Joachim waren stets gegen diese Beziehung des Vaters mit der Tänzerin, sie sollen leer ausgehen. Zu Recht?

7/28 Der Gutsbesitzer Cornelius Schrot setzte seine beiden Söhne Martin und Erich als Erben ein. Er bedenkt seinen unverheirateten Sohn Rudi nicht, weil er aufgrund einer Nachricht der Truppeneinheit, der Rudi 1942 angehörte, annahm, dieser sei gefallen. 1950 kehrte Rudi aus jugoslawischer Gefangenschaft zurück. Kann Rudi noch Erbe werden?

7/29 Hinz und Kunz sind von ihrem Vater, der seine Maschinenfabrik dem ältesten Sohn Franz vererbt hat, mit je 20 000,00 € testamentarisch bedacht worden. Hinz und Kunz finden das eigenhändige Testament des Vaters noch zu dessen Lebzeiten in einem Schubfach und ändern den Betrag auf je 60 000,00 €. Nach dem Tode des Vaters wird die Fälschung entdeckt. Rechtsfolge?

7/30 Der verstorbene Professor der Geologie Steinbeiß hat in seinem Testament angeordnet, dass seine wertvolle Bücherei und Gesteinssammlung an seinen Freund und Mitsammler Prof. Dr. Schumann fallen sollen. Im Übrigen soll seine Frau Alleinerbin sein. Als Schumann von der Witwe die Herausgabe der besagten Gegenstände verlangt, weigert sich diese. Ist sie dazu berechtigt?

7/31 Ein Erblasser, der Zeit seines Lebens ein Bücherwurm war, bestimmt in seinem Testament, dass sein Sohn und Erbe für seinen Wohnort eine Volksbücherei im Werte von 30 000,00 € einrichten soll. Ist der Erbe dazu verpflichtet? Wie kann die Bestimmung des Testaments überwacht werden?

7/32 Professor Kluge hat in seinem eigenhändig geschriebenen Testament folgende Anordnung getroffen:

„Zu meiner alleinigen Erbin setze ich meine stets verehrte liebe Frau Marta geb. Weise ein. Aus dem Nachlass soll mein Sohn Heinrich meine Bücherei und Kartensammlung erhalten. Meine Tochter Inge soll den Konzertflügel mit sämtlichen Noten und dem Notenschrank bekommen. Schließlich ordne ich an, dass ich nach meinem Tode verbrannt werden will. Zur Ausbildung begabter, aber mitteloser Flüchtlingskinder soll der Gemeinde einmalig der Betrag von 50 000,00 € zur Verfügung gestellt werden; die Verteilung bedarf der Zustimmung meiner Frau."

Wie nennt man die einzelnen Bestimmungen des Testaments?

8 Rechtsprechung

Problemeinführende Beispiele

1. Die Gemeinde Gernsbach steht vor einem Problem: Ein gemeindeeigener Weg muss aus Gründen der Verkehrssicherheit ausgebaut werden. Dazu werden von den angrenzenden Grundstückseigentümern Grund- und Bodenflächen benötigt. Der Grundstückseigentümer Gruber will die von ihm benötigte Fläche nicht an die Gemeinde verkaufen.

   Schlüsselfragen: Besteht die Möglichkeit der Enteignung? Welche Gerichtsbarkeit ist betroffen? Welche Stellung hat die Gerichtsbarkeit in der Verfassung?

2. Mieter Muff will die von Vermieter Vies ausgesprochene Kündigung des Mietverhältnisses nicht akzeptieren.

   Schlüsselfragen: Welche Gerichtsbarkeit ist betroffen? Wie läuft das Gerichtsverfahren ab?

8.1 Die Rechtsprechung (Judikative) im Grundgesetz

8.1.1 Rechtsstaatsprinzip

Im Grundgesetz der Bundesrepublik Deutschland sind folgende Leitprinzipien verankert, wie aus Art. 20 und Art. 28 Abs. 1 GG ersichtlich ist:

Leitprinzipien des Grundgesetzes

Demokratie | Rechtsstaat | Sozialstaat | Bundesstaat | Republik

Artikel 20
[Grundlagen staatlicher Ordnung, Widerstandsrecht]
(1) Die Bundesrepublik Deutschland ist ein demokratischer und sozialer Bundesstaat.
(2) Alle Staatsgewalt geht vom Volke aus. Sie wird vom Volke in Wahlen und Abstimmungen und durch besondere Organe der Gesetzgebung, der vollziehenden Gewalt und der Rechtsprechung ausgeübt.
(3) Die Gesetzgebung ist an die verfassungsmäßige Ordnung, die vollziehende Gewalt und die Rechtsprechung sind an Gesetz und Recht gebunden.
(4) Gegen jeden, der es unternimmt, diese Ordnung zu beseitigen, haben alle Deutschen das Recht zum Widerstand, wenn andere Abhilfe nicht möglich ist.

Artikel 28
[Bundesgarantie für die Landesverfassungen, Gewährleistung der kommunalen Selbstverwaltung]
(1) Die verfassungsmäßige Ordnung in den Ländern muss den Grundsätzen des republikanischen, demokratischen und sozialen Rechtsstaates im Sinne dieses Grundgesetzes entsprechen. In den Ländern, Kreisen und Gemeinden muss das Volk

> eine Vertretung haben, die aus allgemeinen, unmittelbaren, freien, gleichen und geheimen Wahlen hervorgegangen ist. In Gemeinden kann an die Stelle einer gewählten Körperschaft die Gemeindeversammlung treten.

Das Rechtsstaatsprinzip ist durch folgende Elemente gekennzeichnet:

1. Gewaltenteilung (Legislative, Exekutive, Judikative)
2. Vorrang und Vorbehalt des Gesetzes
   - 2.1 Bindung der Legislative an die Verfassung (Art. 20 Abs. 3 GG)
   - 2.2 Bindung der Exekutive an Gesetz und Recht (Art. 20 Abs. 3 GG)
   - 2.3 Bindung der Judikative an Gesetz und Recht (Art. 20 Abs. 3 GG)
3. Unabhängigkeit der Gerichte (Art. 92 ff., 97 Abs. 1 GG)
4. Garantie der Grundrechte (Art. 1 bis 19 GG)

Schematische Darstellung des Prinzips der Gewaltenteilung

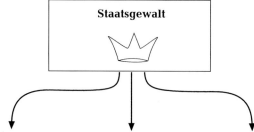

Gewalten	Legislative	Exekutive	Judikative
Basis	Verfassung	Gesetze	Gesetze
Aufgabe	Gesetze	Rechtsverordnungen, Erlasse, Verwaltungsvorschriften	Entscheidungen in konkreten Rechtsfragen

Die Rechtsstaatlichkeit umfasst inhaltlich zwei Ebenen:
- Formelle Rechtsstaatlichkeit: Der Staat stellt eine Rechtsordnung auf und garantiert sie;
- Materielle Rechtsstaatlichkeit: Bestimmte historisch entwickelte, teilweise in die Verfassung ausdrücklich aufgenommene „rechtsstaatliche" Grundsätze i.S. eines „Gerechtigkeitsstaates" werden garantiert.

Mit diesem umfassenden Begriff der Rechtsstaatlichkeit verbindet sich ein hohes Maß an Rechtssicherheit. Das staatliche Handeln muss messbar und in gewisser Weise voraussehbar und bestimmbar sein.

Beispiel für Rechtssicherheit

Niemand darf für ein Verhalten strafrechtlich verfolgt werden, das zurzeit seiner Ausführung noch nicht gesetzlich unter Strafe gestellt war.

Beispiel für Rechtsunsicherheit

Im Steuerrecht werden die für ein Kalenderjahr maßgeblichen Besteuerungsvorschriften häufig erst im Laufe dieses Jahres erlassen. Auch sind diese oft so unklar formuliert, dass durch Auslegungsvorschriften der Finanzverwaltung und Rechtsprechung der Finanzgerichte erst Jahre später feststeht, wie bestimmte Sachverhalte zu handhaben sind. Dies führt insbesondere bei Unternehmen zu erheblicher Verunsicherung, weil oft nicht absehbar ist, wie sich bestimmte wirtschaftliche Entscheidungen steuerlich auswirken.

8.1.2 Unabhängigkeit der Gerichte

Die Einrichtung unabhängiger Gerichte hat sicherzustellen, dass sich der Staat, hier insbesondere die vollziehende Gewalt (Exekutive), in seinem Handeln an Gesetz und Recht hält. So bestimmt beispielsweise Art. 19 Abs. 4 GG: „Wird jemand durch die öffentliche Gewalt in seinen Rechten verletzt, so steht ihm der Rechtsweg offen." Diese wichtige Kontrollfunktion der Rechtsprechung (Judikative) ist in den Art. 92–104 GG verankert.

8.1.3 Kontrollfunktion des Bundesverfassungsgerichts

Oberstes Bundesgericht ist das Bundesverfassungsgericht (Sitz: Karlsruhe). Rechtsgrundlagen für seine Rechtsprechung sind das Grundgesetz (Art. 92–95) und das Bundesverfassungsgerichtsgesetz.

Die Bundesgerichte und die Gerichte der Länder sind die weiteren Gerichte der rechtsprechenden Gewalt der Bundesrepublik Deutschland.

Nach Art. 93 GG ist das Bundesverfassungsgericht für die folgenden Aufgaben zuständig:

- Auslegung des Grundgesetzes,
- Feststellung der Vereinbarkeit von Bundes- und Landesrecht mit dem Grundgesetz,
- Regelung bei Meinungsverschiedenheiten über Rechte und Pflichten des Bundes und der Länder,
- bei Verfassungsbeschwerden einzelner Bürger/Bürgergruppen wegen Verletzung der Grundrechte durch die öffentliche Gewalt,
- bei Verfassungsbeschwerden von Gemeinden sowie Gemeindeverbänden wegen Verletzung des Rechts auf Selbstverwaltung,
- sonstige Fälle (Verwirklichung von Grundrechten, Verfassungswidrigkeit von Parteien, Beschwerden in Wahlprüfungsangelegenheiten).

Das Bundesverfassungsgericht ist ein selbständiges Verfassungsorgan, das als höchste und letzte Instanz in Verfassungsstreitigkeiten entscheidet.

Als „Hüter der Verfassung" wacht das BVerfG über alle Entscheidungen, Maßnahmen und Verfügungen der Legislativen (Bundestag und Bundesrat) und der Exekutiven (Bundesregierung, Ministerien und Behörden).

Auch wenn Gerichte verfassungswidrige Gesetze anwenden oder bei der Auslegung von Gesetzen gegen die Grundrechte verstoßen, kann der betroffene Bürger hiergegen Verfassungsbeschwerde beim BVerfG erheben. Dies geht allerdings erst, wenn er den normalen Rechtsweg erfolglos vollständig durchlaufen hat. Deswegen kann ein Bürger normalerweise auch nicht direkt gegen ein seiner Ansicht nach verfassungswidriges Gesetz Verfassungsbeschwerde zum BVerfG erheben, sondern muss zunächst die zuständigen Fachgerichte bemühen. Wenn diese zum Ergebnis kommen, dass ein für den Fall entscheidendes Gesetz verfassungswidrig ist, müssen sie ihr Verfahren aussetzen und diese Frage zur Prüfung dem BVerfG vorlegen (Art. 100 GG).

Zur Bekämpfung der organisierten Kriminalität wurden Gesetze erlassen, wonach Polizei und Staatsanwaltschaft berechtigt waren, Gespräche in Wohnräumen abzuhören (sog. „Großer Lauschangriff"). Einzelne Betroffene waren der Auffassung, dass dadurch zu intensiv in ihre Intimsphäre eingegriffen werde, wenn man bei jedem privaten Wort damit rechnen müsse, dass der Staat mithöre. Das BVerfG hat diese Auffassung bestätigt und den Gesetzgeber aufgefordert, die gesetzlichen Regelungen so zu verändern, dass das Abhören zumindest sofort beendet werden muss, wenn nur über Privates geredet wird, was keinen Bezug zu einer Straftat aufweist. Bei dieser Entscheidung hat es das Interesse der Allgemeinheit, dass schwere Straftaten effektiv verfolgt und aufgeklärt und nach Möglichkeit auch im Vorfeld verhindert werden können, gegen das Recht des einzelnen Bürgers auf Schutz seiner Privatsphäre gegeneinander abgewogen und eine Entscheidung des Gesetzgebers, der den einen Aspekt zu sehr betont hatte, durch eine ausgewogenere Regelung ersetzt.

Die Entscheidungen des BVerfG sind bindend für

– Organe des Bundes,
– Organe der Länder,
– alle Gerichte und
– alle Behörden.

Die Zusammensetzung des BVerfG ist in Art. 94 GG geregelt. Die Mitglieder des BVerfG werden je zur Hälfte vom Bundestag und vom Bundesrat gewählt. Sie dürfen weder dem Bundestag, dem Bundesrat, der Bundesregierung noch den entsprechenden Organen eines Landes angehören. Alle Verfassungsrichter werden für eine Amtszeit von zwölf Jahren, längstens bis zur Altersgrenze von 68 Jahren gewählt. Eine Wiederwahl ist unzulässig. Der Präsident und der Vizepräsident führen in je einem Senat den Vorsitz. Die Zuständigkeit der beiden Senate ist nach Sachgebieten abgegrenzt; wegen dieses „Zwillingsgerichts-Systems" ist gegebenenfalls eine „Plenarentscheidung" beider Senate notwendig, um abweichende Entscheidungen in einzelnen Rechtsfragen zu vermeiden.

Das Bundesverfassungsgericht

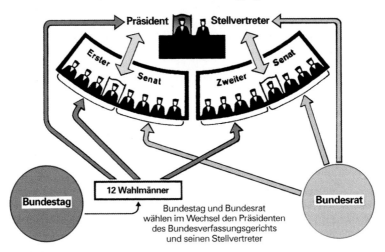

Präsident **Stellvertreter**

Erster Senat   Zweiter Senat

Bundestag   12 Wahlmänner   **Bundesrat**

Bundestag und Bundesrat
wählen im Wechsel den Präsidenten
des Bundesverfassungsgerichts
und seinen Stellvertreter

■ Übungsaufgabe:

8/1 Stellen Sie anhand des GG einen Themenkatalog über die Zuständigkeit des BVerfG zusammen.

8.2 Gerichtsbarkeiten

Problemeinführendes Beispiel

Beim Spiel zwischen FV Hausach 04 und Offenburger SC kommt es zu einem äußerst brutalen Foul eines Hausacher Spielers an dem Offenburger Verteidiger Harry Kobold. Dieser wird mit einem komplizierten Beinbruch ins Krankenhaus eingeliefert. An eine Fortführung der fußballerischen Laufbahn ist nicht mehr zu denken. Das Spiel wird u.a. von einem leidenschaftlichen Anhänger des Offenburger SC, dem Staatsanwalt Dr. Raispe, verfolgt. Er ist über das Foul dermaßen erbost, dass er Anklage gegen den Hausacher Spieler erhebt und zwar wegen vorsätzlicher Körperverletzung.

Schlüsselfrage: Welche Gerichtsbarkeiten sind betroffen?

Für die Bereiche Gesetzgebung, Justizverwaltung und Gerichtsbarkeit besteht ein ausschließliches Staatsmonopol.

Justizhoheit ist die Befugnis der Bundesrepublik Deutschland, auf ihrem Staatsgebiet Rechtsverwaltung und Rechtspflege (richterliche Rechtsprechung und sonstige Rechtspflege) auszuüben.

Gerichtshoheit ist die Befugnis der Bundesrepublik Deutschland, auf ihrem Staatsgebiet Recht zu sprechen (richterliche Rechtsprechung).

Nur mit dieser Justizhoheit ist gewährleistet, dass die Prinzipien einer Demokratie, wie z.B. Gleichheit, Gerechtigkeit und Rechtssicherheit, eingehalten werden können. Im Gegensatz zur Justizhoheit steht die Zulassung von Sondergerichten (z.B. Militärgerichte), wie sie in Diktaturen eingerichtet werden.

Von dieser Gerichtsbarkeit streng zu unterscheiden ist die Gerichtsbarkeit eines Verbandes (z.B. Gerichtsbarkeit des Deutschen Fußballbundes) oder eines Berufsstandes (z.B. Rechtsanwälte, Wirtschaftsprüfer, Ärzte, Apotheker). Diese „Standesgerichtsbarkeit" beinhaltet ein Disziplinarrecht, das es gestattet, gegen Angehörige bestimmter Berufsgruppen verschiedene Sanktionen zu verhängen. Diese Sanktionen des Standesrechts treten neben die Strafen, die ggf. nach dem allgemeinen Strafrecht verhängt werden. Entscheidungen der „Standesgerichtsbarkeit" unterliegen der Überprüfung durch die staatliche Gerichtsbarkeit.

Beispiel

Der Fußballbundesligaverein „Hackstadt e.V." erhält vom Deutschen Fußballbund wegen Zuschauerausschreitungen eine Geldstrafe in Höhe von 25 000,00 € und darf die nächsten Heimspiele nicht im eigenen Stadion austragen. Der Vorstand überlegt, ob die Strafe akzeptiert werden oder ob der ordentliche Gerichtsweg beschritten werden soll.

Träger der Gerichtsbarkeit sind in der Bundesrepublik Deutschland der Bund und die Länder: Die rechtsprechende Gewalt des Bundes wird durch das Bundesverfassungsgericht, das Bundessozialgericht, das Bundesarbeitsgericht, das Bundesverwaltungsgericht und den Bundesfinanzhof ausgeübt (Art. 92 GG), die der Länder durch die Staats- oder Verwaltungsgerichtshöfe, die Amts-, Land- und Oberlandesgerichte (in Bayern auch das Bayerische Oberste Landesgericht), die Arbeitsgerichte und Landesarbeitsgerichte, die Sozialgerichte und Landessozialgerichte, die Verwaltungsgerichte und Oberverwaltungsgerichte oder Verwaltungsgerichtshöfe und die Finanzgerichte.

Der Aufbau der Gerichtsbarkeit ergibt sich aus den nachfolgenden Übersichten.

ordentliche Gerichtsbarkeit	besondere Gerichtsbarkeit

➤ Zivilgerichtsbarkeit

freiwillige Gerichtsbarkeit

– Registergericht,

– Grundbuchamt,

– Nachlass-Sachen,

– Vormundschaftssachen,

streitige Gerichtsbarkeit

Zuständigkeit bezieht sich auf bürgerliche Rechtsstreitigkeiten im Sinne des BGB, bis zu vermögensrechtlichen Ansprüchen von 5 000,00 €, ferner Mietsachen, Familiensachen*), Kindschafts- und Unterhaltssachen;

Insolvenzverfahren, Vollstreckungssachen, Versteigerungssachen

➤ Strafgerichtsbarkeit

Zuständig für

● Verbrechen (rechtswidrige Taten, die mit mindestens 1 Jahr Freiheitsstrafe bedroht sind)

● Vergehen (rechtswidrige Taten, die mit einer Mindestfreiheitsstrafe unter 1 Jahr oder mit Geldstrafe bedroht sind)

● Ordnungswidrigkeiten (rechtswidrige Taten minderen Gewichts, die mit Geldbußen bedroht sind und nicht als Straftaten gelten; z. B. Verstöße gegen die Straßenverkehrsordnung)

➤ Allgemeine Verwaltungsgerichtsbarkeit

(zuständig für öffentlich-rechtliche Rechtsstreitigkeiten zwischen einer Person und einer Behörde, bezogen auf einen öffentlich-rechtlichen Vorgang, z.B. Verwaltungsakt oder öffentlich-rechtlichen Vertrag).

➤ Arbeitsgerichtsbarkeit

(zuständig für Rechtsstreitigkeiten zwischen Arbeitgeber und Arbeitnehmer aus dem Arbeitsrecht, sogen. Arbeitssachen)

➤ Sozialgerichtsbarkeit

auch als besonderer Verwaltungsgerichtszweig bezeichnet (zuständig für Entscheidungen über öffentlich-rechtliche Streitigkeiten in Angelegenheiten der Sozialversicherung, u.a.)

➤ Finanzgerichtsbarkeit

(zuständig für Klagen gegen Finanzbehörden in öffentlich-rechtlichen Streitigkeiten über Abgabeangelegenheiten, z.B. Landes- und Bundessteuern)

Tafel 8/1: Übersicht über die Gerichtsbarkeit

*) Es gelten Besonderheiten, vgl. § 23b GVG und § 64k FGG.

Die Zusammensetzung der Gerichte im Bereich der ordentlichen Gerichtsbarkeit ist aus Tafel 8/2 zu ersehen.

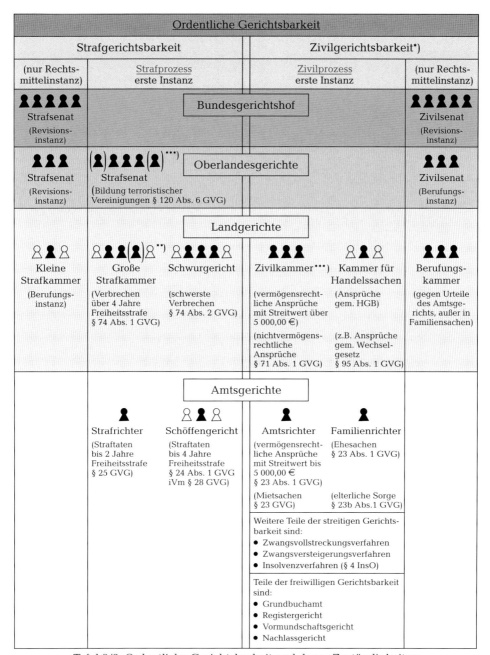

Tafel 8/2: Ordentliche Gerichtsbarkeit und deren Zuständigkeiten

♟ Berufsrichter ♙ Laienrichter

*) Ebenfalls zur ordentlichen Gerichtsbarkeit zählt das Bundespatentgericht in München. Rechtskundige und technische Mitglieder (technische Sachverständige) sind Mitglieder in den Beschwerde- und Nichtigkeitssenaten.

**) Der Spruchkörper kann eine Reduzierung seiner Besetzung beschließen.

***) in der Regel werden Zivilverfahren auch vor dem Landgericht nur von einem Einzelrichter verhandelt und entschieden. Nur bei besonders schwierigen Fällen oder Sachen von grundsätzlicher Bedeutung legt dieser den Rechtsstreit der Kammer zur (weiteren) Verhandlung und Entscheidung vor.

Die Tafel 8/3 zeigt einen beispielhaften Aufbau für die ordentliche und besondere Gerichtsbarkeit auf Länder- und Bundesebene.

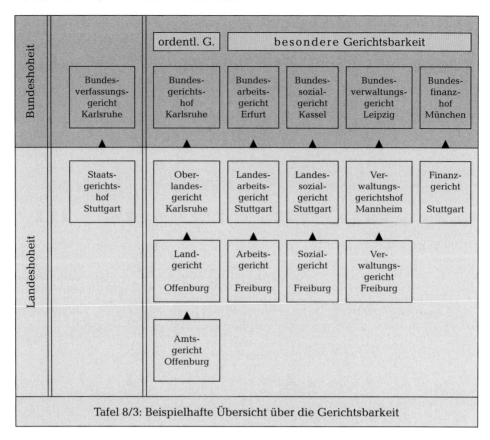

Tafel 8/3: Beispielhafte Übersicht über die Gerichtsbarkeit

Die Tafel 8/4 zeigt den (vereinfachten) organisatorischen Aufbau eines Amtsgerichtes mit seinen verschiedenen Abteilungen. „Zoomartig" werden in den Tafeln 8/5, 8/6 und 8/7 die Zivilabteilung, das Familiengericht und das Vollstreckungsgericht dargestellt.

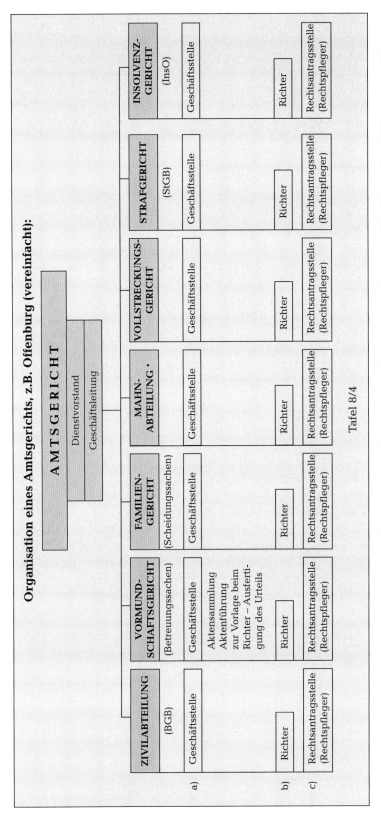

Organisation eines Amtsgerichts, z.B. Offenburg (vereinfacht):

AMTSGERICHT
Dienstvorstand
Geschäftsleitung

	ZIVILABTEILUNG (BGB)	VORMUND-SCHAFTSGERICHT (Betreuungssachen)	FAMILIEN-GERICHT (Scheidungssachen)	MAHN-ABTEILUNG *	VOLLSTRECKUNGS-GERICHT	STRAFGERICHT (StGB)	INSOLVENZ-GERICHT (InsO)
a)	Geschäftsstelle	Geschäftsstelle — Aktensammlung Aktenführung zur Vorlage beim Richter – Ausfertigung des Urteils	Geschäftsstelle	Geschäftsstelle	Geschäftsstelle	Geschäftsstelle	Geschäftsstelle
b)	Richter	Richter	Richter	Richter	Richter	Richter	Richter
c)	Rechtsantragsstelle (Rechtspfleger)	Rechtsantragsstelle (Rechtspfleger)	Rechtsantragsstelle (Rechtspfleger)	Rechtsantragsstelle (Rechtspfleger)	Rechtsantragsstelle (Rechtspfleger)	Rechtsantragsstelle (Rechtspfleger)	Rechtsantragsstelle (Rechtspfleger)

Tafel 8/4

a) Geschäftsstelle: In der Regel besetzt mit einer Beamtin (einem Beamten). Aufgaben: Abwicklung des Schriftverkehrs, Führung der Akten zur Vorlage beim Richter, Verwahrung der Akten.

b) Richter: Vertreter der rechtsprechenden Gewalt; er führt im Streitfall die Verhandlung und spricht Recht.

c) Rechtspfleger: Der Aufgabenbereich umfasst überwiegend die Bereiche der freiwilligen Gerichtsbarkeit und des Vollstreckungsgerichts. Der Rechtspfleger ist Beamter des gehobenen Justizdienstes.

• In Baden-Württemberg zentral in Stuttgart geführt.

363

a) Rudi Edel bringt seinen 2 CV zur Reparatur. Laut Kostenvoranschlag ist mit einem Betrag von 350,00 € zu rechnen. Als er nach 4 Wochen das Auto abholen will, soll er 1200,00 € bezahlen. Er weigert sich und will gerichtliche Klärung.

b) Klaus Roner, Familienvater mit 3 Kindern, gilt als schwerbehindert aufgrund einer Kopfverletzung, die er sich als Kind zugezogen hat und die einen 100-prozentigen Arbeitseinsatz als Schreiner nicht möglich macht. Sein Arbeitgeber will ihn daher schon längere Zeit entlassen und sucht nach einem passenden Anlass. Als Klaus einmal verspätet zur Arbeit erscheint, wird er fristlos entlassen. Klaus Roner will die Kündigung nicht hinnehmen.

c) Der Turn- und Sportverein „Handauf 04" wird vom Finanzamt per Steuerbescheid aufgefordert, für mehrere Hunderttausend € (eingenommen für Bandenwerbung) 32 000,00 € USt zu zahlen. Der Verein sieht nun seine Existenz gefährdet. Er wendet sich an das Gericht.

d) Frau Eulalia Rest soll für den Ausbau einer Landstraße mehrere qm ihres gepflegten Gartens abtreten. Sie weigert sich beharrlich. Schließlich sucht sie beim Gericht Hilfe.

e) Die gesetzliche Krankenkasse verweigert Olga Unwohl die Übernahme der Kosten einer neuen Behandlungsmethode für ihr chronisches Leiden. Sie will die Bezahlung nun gerichtlich durchsetzen.

Welche der aufgezeigten Gerichtsbarkeiten ist für die Beispiele zuständig?

Beispiel a): Zivilgerichtsbarkeit, da ein Werk- oder Werklieferungsvertrag nach §§ 631, 651 BGB zugrunde liegt; Amtsgericht, da der Streitwert unter 5 000,00 € liegt; ordentliche Gerichtsbarkeit.

Beispiel b): Da hier ein Arbeitsverhältnis i.S.d. Arbeitsrechts betroffen ist, liegt die Zuständigkeit beim Arbeitsgericht. (Die Tatsache, dass Roner schwerbehindert ist, führt dazu, dass einer Kündigung das Integrationsamt zustimmen muss.)

Beispiel c): Finanzgerichtsbarkeit (da hier eine Steuer Gegenstand der Auseinandersetzung ist).

Beispiel d): Frau Rest muss sich hier dem Gemeinwohl unterordnen, folglich liegt ein öffentlich-rechtlicher Tatbestand vor. Zuständigkeit liegt beim Verwaltungsgericht, da ein Verwaltungsakt oder ein öffentlich-rechtlicher Vertrag vorausging.

Beispiel e): Für Leistungen der Sozialversicherungsträger ist die Sozialgerichtsbarkeit zuständig.

8.3 Gerichtsverfahren: Zivilprozess

Problemeinführendes Beispiel

Malermeister Ameis hat bei Familie Bemeis die Wohnung renoviert. Die Gesamtkosten betrugen 6 500,00 €. Den Betrag von 4 000,00 € überweist Herr Bemeis, den Rest von 2 500,00 € will er nicht bezahlen, da seiner Auffassung nach die Arbeiten nur sehr schlecht ausgeführt wurden und eine Nachbesserung nicht möglich ist.

Der Zivilprozess ist das Verfahren der ordentlichen Gerichte in bürgerlichen Rechtsstreitigkeiten. Zu unterscheiden sind das **Erkenntnisverfahren**, in welchem der Rechtsstreit in der Sache selbst entschieden wird (in der Regel durch Urteil) und das **Vollstreckungsverfahren**. Hier werden Leistungs- und Haftungsansprüche durch staatlichen Zwang verwirklicht, z.B. wenn ein Urteil nicht freiwillig erfüllt wird.

8.3.1 Zuständigkeitsregelung der ordentlichen Zivilgerichte (§ 29 ZPO, § 269 BGB)

Die sachliche Zuständigkeit ist durch das Gerichtsverfassungsgesetz (GVG) geregelt. Dort ist bestimmt, ob eine Sache in erster Instanz vor ein Amtsgericht oder vor ein Landgericht gehört (Oberlandesgericht und Bundesgerichtshof kommen nicht in Betracht, weil sie ausschließlich Rechtsmittelgerichte sind). Ohne Rücksicht auf den Streitwert ist das Amtsgericht zuständig: für das gerichtliche Mahnverfahren, für Kindschaftssachen, Wohnraum-Mietsachen, Wohnungseigentumssachen, für das Aufgebotsverfahren u.a. sowie die bei den Amtsgerichten gebildeten Familiengerichte für Ehesachen, Regelung der elterlichen Sorge, Hausratssachen u.a.

In vermögensrechtlichen Streitigkeiten ist das Amtsgericht zuständig bis zu einem Streitwert von einschließlich 5 000,00 € (§ 23 GVG). (Die beiden Parteien, Kläger und Beklagter, können den Prozess selbst führen, d.h., es besteht kein Anwaltszwang.)

Bei Streitigkeiten, deren Streitwert 5 000,00 € übersteigt, ist das Landgericht zuständig (Anwaltszwang), außerdem bei Amtshaftungssachen unabhängig vom Streitwert.

Außerdem ist das Landgericht bei nichtvermögensrechtlichen Streitigkeiten zuständig, z.B. Verletzung von Urheberrechten, von Standes- und Ehrenrechten.

Die örtliche Zuständigkeit eines Gerichtes richtet sich nach dem Wohnsitz oder Firmensitz der **beklagten Partei** (allgemeiner Gerichtsstand). Wohnsitz ist der Ort, an dem sich jemand ständig niederlässt. Der vorübergehende Aufenthalt an einem Ort, auch wenn dies längere Zeit geschieht, bildet den Aufenthaltsort (§ 269 BGB, § 12 ZPO).

Ist die beklagte Partei eine juristische Person oder eine Behörde, so ist allgemeiner Gerichtsstand der Sitz der Verwaltung bzw. der Behörde (§ 17 ZPO). Besondere Gerichtsstände (d.h. abweichende örtliche Zuständigkeiten der Gerichte) werden gebildet durch den Beschäftigungs- und Aufenthaltsort (z.B. bei Studenten, Strafgefangenen, Arbeitern), durch das Schuldnervermögen (z.B. bei Personen, die im Inland Vermögen, aber keinen Wohnsitz haben), durch Begehen einer unerlaubten Handlung, durch den Erfüllungsort u.a.

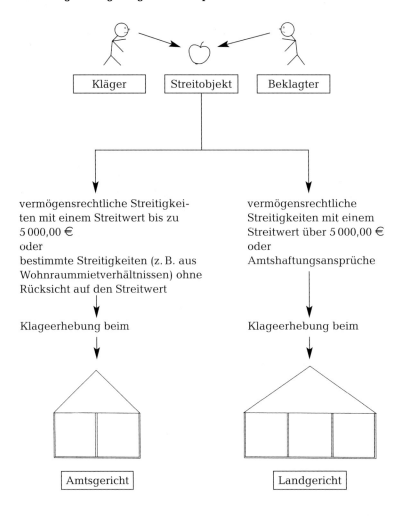

8.3.2 Klageerhebung

Im Zivilprozess wird Klage durch unverzügliche Zustellung der Klageschrift erhoben (§ 271 ZPO, § 253 ZPO). Dadurch wird die Rechtshängigkeit der Streitsache begründet. Dies bedeutet u.a., dass die Streitsache von keiner Partei anderweitig anhängig gemacht werden kann (§ 261 ZPO).

Bestandteile der Klageschrift sind lt. § 253 ZPO:

– die Bezeichnung der Parteien und des Gerichts,

– die bestimmte Angabe des Prozessgegenstandes,

– die Angabe des Grundes des erhobenen Anspruchs,

– ein bestimmter Antrag.

Des Weiteren ist die eigenhändige Unterschrift der Partei oder ihres Vertreters zu leisten. Der Wert des Streitgegenstandes soll angegeben werden.

Die Klageschrift ist dem Beklagten von Amts wegen unverzüglich zuzustellen (§ 271 Abs. 1 ZPO).

Die Klage kann vor dem Amtsgericht schriftlich oder zu Protokoll der Geschäftsstelle erhoben werden. Vor dem Landgericht kann Klage nur schriftlich durch einen Rechtsanwalt erhoben werden.

8.3.3 Mündliche Verhandlung

Als mündliche Verhandlung bezeichnet man die Verhandlung, die vor dem Gericht unter Anwesenheit der Beteiligten durch mündlichen Vortrag durchgeführt wird. (Vorbereitende Schriftsätze bilden i.d.R. die Grundlage hierzu). Dies entspricht dem **Mündlichkeitsprinzip**, welches in den meisten Verfahrensordnungen als gesetzliche Regel vorgeschrieben ist. Die weiteren Grundsätze sind: **Öffentlichkeit** (nichtöffentlich sind u.a. Beratungen und Abstimmungen des Gerichts, Verfahren in Familiensachen, Verfahren in Kindschaftssachen; die Öffentlichkeit kann durch Beschluss des Gerichts ausgeschlossen werden, wenn die Verhandlung eine Gefährdung der öffentlichen Sicherheit, der Staatssicherheit, der Sittlichkeit befürchten lässt – § 172 GVG), **rechtliches Gehör der Parteien** (dem Gegner muss Gelegenheit gegeben werden, sich zum Vorbringen der Partei zu äußern), **Verhandlungsgrundsatz** (das Gericht darf nur die Tatsachen und Beweismittel verwerten, die von den Parteien vorgebracht werden; die Parteien bestimmen somit den Umfang der Verhandlung).

Bedarf es aufgrund der Streitsache einer umfangreichen Vorbereitung, so ist ein schriftliches Vorverfahren zweckmäßig (§ 276 ZPO).

Grundsätzlich soll im Sinne einer Beschleunigung des Verfahrens der Rechtsstreit in einem Haupttermin erledigt werden (§§ 272, 273 ZPO). Nur dort, wo eine rasche Erledigung zweckmäßig und möglich erscheint, auch bei einfach gelagerten Sachen, bestimmt der Vorsitzende einen frühen ersten Termin (§ 275 ZPO). Der erste Termin soll nach Möglichkeit zugleich der Haupttermin sein.

Vor dem Landgericht dürfen nur Rechtsanwälte Schriftsätze einreichen und Anträge in der mündlichen Verhandlung stellen.

Verlauf des Haupttermins (§§ 278, 279 ZPO):
Mit dem Aufruf zur Sache wird die mündliche Verhandlung eröffnet. Das Gericht hat in der Regel zunächst eine Güteverhandlung durchzuführen. Hierzu folgt die Einführung in den Sach- und Streitstand durch das Gericht; hierzu sollen die erschienenen Parteien persönlich gehört werden. Kommt auch durch Vermittlung des Gerichts keine gütliche Einigung zustande, schließt sich der Haupttermin unmittelbar an die Güteverhandlung an.

Das Gericht soll weiterhin in jeder Phase des Verfahrens darauf hinwirken, den Rechtsstreit gütlich beizulegen (§ 278 ZPO).

Ist wegen bestrittener Behauptungen eine Beweiserhebung erforderlich, so soll die Beweisaufnahme im Anschluss an die Erörterung des Sach- und Streitstandes erfolgen (§ 278 Abs. 2 ZPO). Fünf Beweismittel sind vom Gesetz zugelassen: Parteivernehmung, Zeugen, Augenschein, Urkunden, Sachverständige. Nach einer nochmaligen Erörterung des Sach- und Streitstandes mit den Parteien im Anschluss an die Beweisaufnahme wird das Verfahren beendet.

Über jede mündliche Verhandlung ist eine Sitzungsniederschrift (Verhandlungsprotokoll) anzufertigen. Sie enthält die wesentlichen Vorgänge der Verhandlung, dazu gehören auch die Beweisergebnisse und Vergleiche. Unterzeichnet wird es vom Vorsitzenden und vom Protokollführer. In der Regel wird heutzutage das Protokoll vom Vorsitzenden auf Tonband diktiert und dann von der Geschäftsstelle geschrieben, einen gesonderten Protokollführer gibt es also nicht mehr.

8.3.4 Beendigung des Verfahrens durch Vergleich oder Urteil

Wie oben bereits dargelegt, ist das Gericht bestrebt, den Rechtsstreit gütlich beizulegen. Gründe dafür sind: selten ist ein Streitfall völlig eindeutig, selten auch ist eine Partei eindeutig im Recht, die andere eindeutig im Unrecht; durch eine gütliche Beilegung kann erreicht werden, dass beide Parteien eher zufrieden das Gerichtsgebäude verlassen; eine weitere Belastung der Gerichte durch Einlegung von Rechtsmitteln wird somit verhindert.

Der Vergleich (Prozessvergleich § 794 ZPO):

> Der Vergleich ist ein gegenseitiger Vertrag, durch den der Streit oder die Ungewissheit der Parteien im Wege gegenseitigen Nachgebens beseitigt wird.

Das Verfahren wird also ohne Urteil beendet. Der Prozessvergleich muss vor dem Gericht abgeschlossen und vom Gericht protokolliert werden. Wie das Urteil ist auch der Prozessvergleich ein vollstreckbarer Titel.

Das Urteil (§§ 300 ff. ZPO):

Das Urteil ist eine gerichtliche Entscheidung. Es ist an besondere Formen gebunden. Grundsätzlich wird durch Urteil über eine Klage entschieden. (Verfügungen und Beschlüsse sind dagegen Anordnungen im Rahmen des Verfahrens). Das Urteil wird von den Richtern gefällt und in der Regel nicht sofort nach Abschluss der mündlichen Verhandlung, sondern in einem besonderen Verkündungstermin verkündet.

Das Urteil enthält folgende Bestandteile:

Überschrift, Rubrum, Urteilsspruch, Tatbestand, Entscheidungsgründe, Unterschrift der Richter (§ 313 ZPO).

Je nach Voraussetzungen und Inhalt gibt es nach zivilprozessualen Grundsätzen verschiedene Arten von Urteilen (Voll- und Teilurteile, End- und Zwischenurteile, Versäumnis- und Anerkenntnisurteile u.a.).

Rechtskraft erlangt ein Urteil, wenn es nicht oder nicht mehr angefochten werden kann. Dies ist der Fall, wenn die Berufungs-, Revisions- oder Einspruchsfrist abgelaufen ist, ohne dass ein Rechtsbehelf eingelegt worden ist. Ist ein Rechtsbehelf nicht zulässig oder haben die Parteien darauf verzichtet, wird ein Urteil mit der Verkündung rechtskräftig.

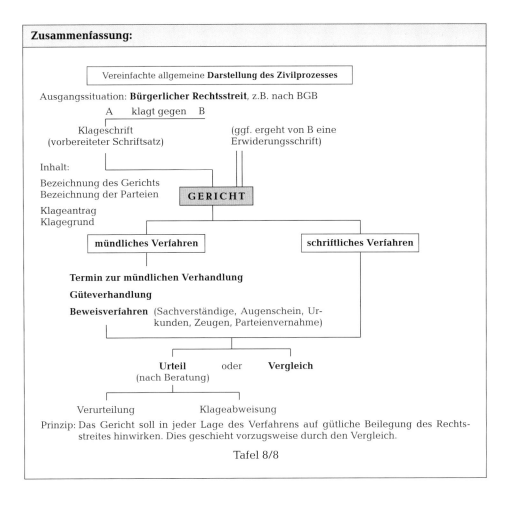

Vereinfachte allgemeine **Darstellung des Zivilprozesses**

Ausgangssituation: **Bürgerlicher Rechtsstreit**, z.B. nach BGB

A   klagt gegen   B

Klageschrift   (ggf. ergeht von B eine
(vorbereiteter Schriftsatz)   Erwiderungsschrift)

Inhalt:

Bezeichnung des Gerichts
Bezeichnung der Parteien

Klageantrag
Klagegrund

GERICHT

mündliches Verfahren   **schriftliches Verfahren**

Termin zur mündlichen Verhandlung

Güteverhandlung

Beweisverfahren (Sachverständige, Augenschein, Ur-
                     kunden, Zeugen, Parteienvernahme)

Urteil   oder   **Vergleich**
(nach Beratung)

Verurteilung   Klageabweisung

Prinzip: Das Gericht soll in jeder Lage des Verfahrens auf gütliche Beilegung des Rechtsstreites hinwirken. Dies geschieht vorzugsweise durch den Vergleich.

Tafel 8/8

8.3.5 Instanzen und Rechtsmittel

1. Instanzen (Rechtszüge)

Problemeinführendes Beispiel

Emil Emig hat einen ernsthaften Streit mit seinem Nachbarn. Als es zu keiner
Einigung kommt, ruft er diesem wutentbrannt entgegen: „Sie werden schon sehen,
dass ich recht habe, und wenn ich durch alle Instanzen des Gerichts gehen muss!"
Welche Aussicht besteht nun, durch „alle" Instanzen zu gehen?

Wenn man für das einführende Beispiel annimmt, dass es eine zivilrechtliche Streitigkeit
ist und der Streitwert nicht über 5 000,00 € liegt, z.B. der Nachbar hat einen Kirschbaum
des Emil Emig angesägt mit der Folge, dass der Baum nun eingeht:

Die Instanz, vor der die Streitigkeit ausgetragen wird, ist die so genannte „erste Instanz",
in diesem Fall das Amtsgericht. Läge der Streitwert über 5 000,00 €, müsste das Landgericht als erste Instanz herangezogen werden. Vor dem Amtsgericht könnten die beiden
Streithähne ohne Anwälte einander gegenüberstehen, vor dem Landgericht besteht Anwaltszwang.

2. Rechtsmittel

Rechtsmittel ist ein Rechtsbehelf, der die Nachprüfung einer gerichtlichen Entscheidung durch ein höheres Gericht zur Folge hat. Rechtsbehelfe sind Berufung, Revision und Beschwerde. Kennzeichen der Rechtsbehelfe sind der so genannte Suspensiveffekt, der die formelle Rechtskraft der angefochtenen Entscheidung hemmt, und der Devolutiveffekt, durch den das Verfahren in der höheren Instanz anhängig gemacht wird.

Folgende allgemeine Voraussetzungen müssen für ein Rechtsmittel erfüllt sein: Es muss gesetzlich überhaupt vorgesehen, also statthaft sein, es ist i.d.R. befristet und an eine Form gebunden. Des Weiteren muss ein Beschwer vorliegen, d.h. die Partei, die das Rechtsmittel einlegt, muss durch die angefochtene Entscheidung in ihren rechtlich geschützten Interessen betroffen sein. Das Rechtsmittel darf allerdings nicht dazu führen, dass die ursprüngliche Entscheidung zum Nachteil dessen, der es eingelegt hat, abgeändert wird.

Berufung	Revision	Beschwerde
Ist grundsätzlich gegen die im ersten Rechtszuge erlassenen Endurteile zulässig (§ 511 ZPO);	Sie findet gegen die in der Berufungsinstanz erlassenen Endurteile nach bestimmten Vorschriften statt (§§ 542–544 ZPO);	Nur zulässig in besonders hervorgehobenen Fällen und gegen Entscheidungen, die keine Urteile sind (§ 567 Abs. 1 ZPO), z.B. Ablehnung eines Insolvenzantrages;
Vor dem Berufungsgericht wird der Rechtsstreit in den durch die Anträge bestimmten Grenzen von neuem verhandelt (§ 528 ZPO); es können jedoch grundsätzlich keine neuen Tatsachen und Beweismittel vorgebracht werden (§ 529 ZPO).	Kann nur auf eine Rechtsverletzung des Gerichts gestützt werden, z.B. eine Rechtsnorm ist nicht oder nicht richtig angewendet worden (§ 545 ZPO);	Die Beschwerde wird bei dem Gericht eingelegt, von dem die angefochtene Entscheidung erlassen ist (§ 569 ZPO);
Berufungssumme: in Rechtsstreitigkeiten über vermögensrechtliche Ansprüche ist die Berufung unzulässig, wenn der Wert des Beschwerdegegenstandes 600,00 € nicht übersteigt (§ 511 ZPO).		Beschwerdesumme: Die Beschwerde gegen Entscheidungen über Kosten, Gebühren und Auslagen ist nur zulässig, wenn der Wert 200 € übersteigt (§ 567 Abs. 2 ZPO).

Instanz (Rechtszug) bezeichnet den Verfahrensabschnitt eines Rechtsstreites vor einem – meist im Über- oder Unterordnungsverhältnis zu einem anderen stehenden – Gericht. (Das gerichtliche Verfahren beginnt im ersten Rechtszug und gelangt, soweit dieser nicht der einzige Rechtszug ist, durch Rechtsmittel in den zweiten und ggf. dritten Rechtszug, z.B. Amtsgericht – Landgericht; Landgericht – Oberlandesgericht – Bundesgerichtshof.)

Im folgenden Schaubild sei der Zusammenhang zwischen Rechtszug und Rechtsmittel verdeutlicht, und zwar am Beispiel der ordentlichen Gerichtsbarkeit:

	Zivilsachen		Strafsachen	
I. Instanz	Amtsgericht ↓	Landgericht ↓	Amtsgericht ↓	Landgericht ↓
Berufungsinstanz	Landgericht	Oberlandesgericht ↓	Landgericht	
Revisionsinstanz		Bundesgerichtshof	Oberlandesgericht	Bundesgerichtshof

Die bisherigen Darlegungen zeigen, dass ein Weg durch alle Instanzen entweder nicht möglich ist (z.B. vom Amtsgericht ausgehend bei Zivilsachen) oder an bestimmte Bedingungen geknüpft ist (Höhe des Wertes, um den es bei der Berufung, Revision, Beschwerde geht). Die an Stelle einer Berufung eingelegte Revision gegen ein Urteil, die Sprungrevision, ermöglicht es, dass die unmittelbare Entscheidung des Revisionsgerichts herbeigeführt wird (z.B. bei Klärung grundsätzlicher Rechtsfragen).

■ Übungsaufgaben:

Im problemeinführenden Beispiel zu 8.2 kam es zu keiner gerichtlichen Verhandlung. Beurteilen Sie, weshalb die ordentlichen Gerichte bei Vorfällen auf dem Spielfeld nicht tätig werden, zumindest im Regelfall.

8/2

Der 17-jährige Edmund Rums ist Mitglied eines Fußball-Fanclubs. Aus Enttäuschung über die Niederlage seiner Mannschaft randaliert er im Stadion und zertrümmert dabei auch Einrichtungsgegenstände. Weshalb wird Edmund mit einer gerichtlichen Auseinandersetzung rechnen müssen im Gegensatz zum obigen Beispiel?

8/3

Ordnen Sie die folgenden Beispiele der ordentlichen bzw. der besonderen Gerichtsbarkeit zu – mit kurzer Begründung:

8/4

a) Otto Wolf kauft seinem Chef dessen 5 Jahre alten Mercedes ab. Bei der ersten größeren Fahrt muss Otto feststellen, dass er einen Unfallwagen erworben hat, bei dem die Schäden sehr gut ausgebessert wurden. Er betreibt die gerichtliche Klärung (Anfechtung des Kaufvertrages).

b) Ebenfalls mit seinem Chef hat Otto Wolf einen Rechtsstreit auszutragen; diesmal allerdings wegen rückständiger Entlohnung in Höhe von 3 500,00 €.

c) Ottos Ehefrau, die einen kleinen Laden betreibt, soll für eine Aushilfskraft Sozialversicherungsbeiträge nachentrichten. Da sie sich weigert, kommt es zu einer gerichtlichen Auseinandersetzung.

d) Familie Wolf benutzt für die eigene Wasserversorgung einen im Garten geschlagenen Brunnen; die Abwässer werden in eine Sickergrube geleitet. Von der Gemeinde erging bereits mehrmals die Aufforderung, den Anschluss an die neu erbaute Wasser- und Abwasserleitung vorzunehmen – ohne Erfolg. Da Wolf Gewohnheitsrecht geltend macht, soll durch das Gericht eine Klärung herbeigeführt werden.

Hans Groß musste eben die Erfahrung machen, dass man sich im Recht fühlen und einen Prozess dennoch verlieren kann. Entsprechend wütend verlässt er das Gerichtsgebäude und wendet sich an einen Bekannten: „Das werde ich nicht hinnehmen. Ich werde mit allen Rechtsmitteln gegen das Urteil angehen." Welche Rechtsmittel stehen ihm unter welchen Voraussetzungen zur Verfügung?

8/5

Welches der Gerichte (a) bis (g) ist zuständig?

8/6

(a) Amtsgericht   (e) Sozialgericht
(b) Bundesgerichtshof   (f) Arbeitsgericht
(c) Verwaltungsgericht   (g) Bundesverfassungsgericht
(d) Landgericht

	1. Ein Bankräuber wird wegen schweren Diebstahls und Geiselnahme angeklagt.
	2. Die Opposition im Bundestag will überprüfen lassen, ob ein neu verabschiedetes Gesetz gegen das Grundgesetz verstößt.
	3. Eine Frau soll in einem Kaufhaus eine Bluse gestohlen haben. Es kommt zur Anklage.
	4. Ein Arbeiter bekommt wegen eines Arbeitsunfalls eine Verletztenrente zugesprochen. Da er sie für zu niedrig hält, kommt es zur Klage gegen die Berufsgenossenschaft.
	5. Zwei Oberlandesgerichte kamen in gleichen Rechtsfragen zu verschiedenen Urteilen. Jetzt soll eine Grundsatzentscheidung getroffen werden.

1. Welche Gerichte sind örtlich/sachlich zuständig?

  1.1 Das Insolvenzverfahren über das Privatvermögen des Herrn Schachtelhuber wird eröffnet.

8/7

1.2 Kaufvertrag zwischen Verkäufer Treu in München und Blitz in Stuttgart über 3 500,00 €. Die Vertragspartner sind Vollkaufleute. Im schriftlichen Kaufvertrag steht unter Punkt 13: „Erfüllungsort für Waren-/Geldschulden ist München". Blitz zahlt nicht!

1.3 Auszubildender Hurtig wird von seinem Meister Gruber geschlagen, weil er ein Werkstück aus Versehen fallen ließ.

1.4 Hauseigentümer Fleißig möchte eine größere Garage an sein Haus bauen. Das Baurechtsamt widerspricht dem Bauvorhaben. Fleißig will Klage erheben!

2. Grundrechte sind auch Schutzrechte.

2.1 Wen sollen sie schützen?

2.2 Vor wem sollen sie schützen?

2.3 Grundrechte sind einschränkbar. Wo ist dies im Grundgesetz geregelt? Geben Sie von jeder Alternative ein Beispiel!

8/8 1. Der Hauseigentümer Knödel, Stuttgart, hat die Firma Bunte, Heilbronn, beauftragt, in seinem Haus eine neue Heizungsanlage zu installieren. Nach Durchführung der Arbeiten weigert sich Knödel, die Rechnung in Höhe von 16 200,00 € voll zu bezahlen. Mit der Begründung, die Arbeit sei schlecht ausgeführt, überweist er nur 13 000,00 €.

Bunte ist mit der Kürzung des Rechnungsbetrages nicht einverstanden. Er will die Sachlage gerichtlich klären lassen.

1.1 Welches Gericht ist sachlich und örtlich zuständig?

1.2 Beschreiben Sie den Ablauf dieses Gerichtsverfahrens!

1.3 Nennen Sie die Möglichkeiten der Beendigung dieses Gerichtsverfahrens!

1.4 Knödel wird verurteilt, 2 000,00 € an Bunte zu zahlen. Nennen und erklären Sie das Rechtsmittel, das Bunte einlegen kann, wenn er mit dem Urteil nicht einverstanden ist!

2. Erklären Sie die folgenden Begriffe:

2.1 Zivilgerichtsbarkeit – Strafgerichtsbarkeit

2.2 Ordnungsfunktion des Rechts – Ausgleichsfunktion des Rechts

8.4 Gerichtsverfahren: Strafprozess

Problemeinführende Beispiele

a) Der 15-jährige Freddy geht mit seinem 13-jährigen Freund Gregor „einkaufen". Gemeinsam schlendern sie durch ein Kaufhaus und lassen verschiedene Objekte in ihren großen Taschen verschwinden. Als sie kurz vor Verlassen des Kaufhauses von einem Verkäufer aufgehalten werden, kommen zwei teure Video-Kassetten, Spielzeugautos und Süßigkeiten zum Vorschein. Das Kaufhaus erstattet Anzeige gegen die beiden Diebe.

b) Drei 19- und 20-jährige Freunde, Atze, Kalle und Ede, sind auf dem Heimweg von einer Tanzveranstaltung. Die Schwester von Kalle, Simone, begleitet sie. An der Bushaltestelle verspüren sie das Bedürfnis, Zigaretten zu rauchen. Leider haben sie keine bei sich. Daher wenden sie sich an den ebenfalls wartenden Eugen Remer. Dieser kann nicht aushelfen, da er leidenschaftlicher Nichtraucher ist. Daraufhin verprügeln Atze und Kalle den völlig überraschten Eugen Remer; Atze fügt ihm zudem noch einige Schnittwunden mit dem Messer zu. Ede und Simone sehen teilnahmslos zu. Verletzt bleibt Remer liegen, die vier verschwinden. Anderntags erinnert sich Remer, dass das junge Mädchen Simone schon wiederholt an seiner Ar-
---

beitsstelle zu tun hatte. Er erstattet gegen sie und gegen „Unbekannt" Anzeige wegen Körperverletzung.

c) Der 22-jährige Roman Kugler befindet sich auf dem Heimweg von einer Weihnachtsfeier seines Fußballvereins. Kurz vor seinem Wohnort gerät er ins Schleudern und fährt gegen ein entgegenkommendes Auto. Der Fahrer dieses Autos wird getötet. Bei den polizeilichen Ermittlungen stellt sich heraus, dass Roman 1,2 Promille Alkohol im Blut hatte. Dabei hatte er, wie er mehrfach beteuert, „nur ein paar kleine Biere" getrunken.

8.4.1 Strafzweck

Frühere Strafrechtstheorien orientieren sich an absoluten Gesichtspunkten. Der begangenen Tat stand die gerechte Vergeltung gegenüber, indem dem Täter ein gleichartiges Übel zugefügt wurde. Es galt das Prinzip Auge um Auge, Zahn um Zahn bis hin zur Blutrache. In den Kulturländern wird der Vergeltungsgedanke als Strafzweck (Vergeltungsstrafe), der auf römisches und frühes germanisches Recht zurückgeht, abgelehnt.

Die neuere Strafrechtslehre hebt im Gegensatz dazu auf relative Strafzwecke ab. Die Wertung der Täterpersönlichkeit tritt verstärkt in den Vordergrund. Die Strafe, die über den Täter verhängt wird, wird von Gesichtspunkten der Erziehung im Sinne einer Besserung oder Resozialisierung bestimmt. Der Täter soll insbesondere von erneuter Straffälligkeit abgeschreckt werden; es gilt die Allgemeinheit vor ihm zu schützen (Spezialprävention). Als weiterer Strafzweck tritt hinzu, andere Personen von der Begehung gleichartiger Straftaten abzuhalten (Generalprävention).

Aufgabe eines Richters ist es somit, die im Einzelfall für die Strafzumessung entscheidenden Gesichtspunkte bei Urteilsfindung und Urteilsbegründung herauszustellen. Insgesamt zielen die Strafzwecke darauf ab, die verletzte Rechtsordnung zu wahren und den Rechtsfrieden wieder herzustellen.

Zusammenfassung:

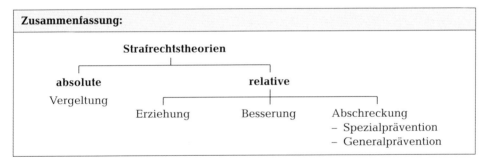

8.4.2 Merkmale einer strafbaren Handlung

Die Straftat (strafbare Handlung) ist eine tatbestandsmäßige, rechtswidrige und schuldhafte Handlung, an die das Gesetz eine Strafdrohung knüpft.

Dabei kann die strafbare Handlung in einem Tun oder einem Unterlassen (Unterlassungsdelikte) bestehen. Allerdings wird ein Unterlassen dem Tun nur dann gleichgesetzt, wenn eine Rechtspflicht zum Handeln bestanden hat (§ 13 StGB).

Die **Tatbestandsmäßigkeit** ist gegeben, wenn die im Strafgesetz festgelegten Merkmale (die sogen. Tatbestandsmerkmale) vorliegen und der Täter weiterhin vorsätzlich oder fahrlässig handelt.

Die Erfüllung des Tatbestandes indiziert die Rechtswidrigkeit.

Anders ausgedrückt: aus der Verwirklichung der im Gesetz bezeichneten äußeren Tatumstände ist auf die Rechtswidrigkeit des Handelns zu schließen.

Die **Rechtswidrigkeit** liegt jedoch nicht vor, wenn ein Rechtfertigungsgrund gegeben ist (z.B. Notwehr, Notstand lt. §§ 32, 34 StGB).

Das **schuldhafte Handeln** des Täters ist weitere Voraussetzung einer strafbaren Handlung. Keine Bestrafung dagegen erfolgt, wenn Schuldausschließungsgründe (z.B. Schuldunfähigkeit lt. §§ 19 und 20 StGB, Verbotsirrtum lt. § 17 StGB) bzw. Entschuldigungsgründe (§ 35 StGB) vorliegen.

Nach § 12 StGB sind die Straftaten in zwei Gruppen einzuteilen: Verbrechen und Vergehen.

Verbrechen sind rechtswidrige Taten, die im Mindestmaß mit Freiheitsstrafe von einem Jahr oder darüber bedroht sind.

Vergehen sind rechtswidrige Taten, die im Mindestmaß mit einer geringeren Freiheitsstrafe als einem Jahr oder mit Geldstrafe bedroht sind.

In einem besonderen Teil führt das StGB in verschiedenen „Titeln" und „Abschnitten" die rechtswidrigen Taten auf, beginnend mit Friedensverrat, Hochverrat und Gefährdung des demokratischen Rechtsstaats, über Landesverrat, Widerstand gegen die Staatsgewalt, Geld- und Wertzeichenfälschung, Beleidigung, Straftaten gegen das Leben, bis zu gemeingefährlichen Straftaten und Straftaten im Amte.

Einzelne Straftaten sind: z.B. Diebstahl, Betrug, Unterschlagung, Hehlerei, Körperverletzung, Hausfriedensbruch, Meineid, Zuhälterei, Totschlag, Brandstiftung, Urkundenfälschung, Fischwilderei, Bestechung, um nur einige wenige aufzuzählen.

Beispiel

Der obdachlose Heiner Busam verspürt auf seiner Wanderung einen unbändigen Durst. Aus einem unverschlossenen Auto entwendet er mehrere Flaschen Bier. Er begeht also einen Diebstahl.

---

§ 242 StGB definiert Diebstahl wie folgt: Wer eine fremde bewegliche Sache einem anderen in der Absicht wegnimmt, die Sache sich oder einem Dritten rechtswidrig zuzueignen, wird mit Freiheitsstrafe bis zu fünf Jahren oder mit Geldstrafe bestraft.

Da es sich im obigen Fall nur um eine geringwertige Sache handelt, muss Busam mit einer Geldstrafe, bestenfalls mit einer geringen Freiheitsstrafe rechnen. Letzteres wird der Fall sein bei Wiederholungstätern. Ferner ist zu berücksichtigen, dass ein Obdachloser kaum über Geldmittel verfügt. Ist eine Geldstrafe uneinbringlich, so tritt an deren Stelle die Freiheitsstrafe (§ 43 StGB).

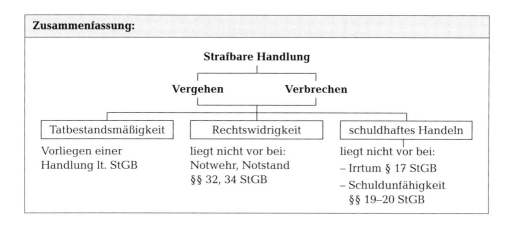

Zusammenfassung:

Strafbare Handlung

Vergehen — Verbrechen

Tatbestandsmäßigkeit	Rechtswidrigkeit	schuldhaftes Handeln
Vorliegen einer Handlung lt. StGB	liegt nicht vor bei: Notwehr, Notstand §§ 32, 34 StGB	liegt nicht vor bei: – Irrtum § 17 StGB – Schuldunfähigkeit §§ 19–20 StGB

8.4.3 Folgen einer strafbaren Handlung

Strafe ist eine durch Strafgesetz für eine tatbestandsmäßige, rechtswidrige und schuldhafte Handlung angedrohte Rechtsfolge.

Im Strafrecht wird unterschieden zwischen Hauptstrafen, Nebenstrafen und Nebenfolgen.

Hauptstrafen: Dazu zählen Freiheitsstrafen, Jugendstrafen und Geldstrafen. § 38 StGB nennt die zeitige Freiheitsstrafe, wenn das Gesetz nicht lebenslange Freiheitsstrafe androht. Das Höchstmaß der zeitigen Freiheitsstrafe beträgt fünfzehn Jahre, ihr Mindestmaß einen Monat. Kurze Freiheitsstrafen unter 6 Monaten sind nur für Ausnahmefälle vorgesehen (§ 47 StGB), insbesondere dann, wenn dies in der Tat oder der Täterpersönlichkeit aus Gründen der Spezial- oder Generalprävention unerlässlich scheint.

Die Untersuchungshaft wird generell auf die Freiheitsstrafe angerechnet (§ 51 StGB).

Die Untersuchungshaft soll die Durchführung des Strafprozesses sichern. Sie wird angeordnet, wenn gegen den Beschuldigten ein dringender Tatverdacht besteht und ein Haftgrund vorliegt.

> **Beispiel**
>
> Baron von Wahlen wird beschuldigt, die Insolvenz eines Unternehmens verschuldet zu haben. Er wird in Untersuchungshaft genommen. Dadurch wird verhindert, dass er die Ermittlungen erschwert (Verdunkelungsgefahr). Zudem wird die Fluchtgefahr ausgeschaltet.

Bei einer Freiheitsstrafe von nicht mehr als einem Jahr (in Ausnahmefällen auch von nicht mehr als 2 Jahren) setzt das Gericht die Strafe zur Bewährung aus. Ausschlaggebend hierfür ist die Persönlichkeit des Täters, sein Vorleben, sein Verhalten nach der Tat; u.a. (§ 56a StGB). Die Bewährungszeit darf fünf Jahre nicht über- und zwei Jahre nicht unterschreiten (§ 56 StGB).

Jugendstrafe darf gegen einen Jugendlichen oder nach Jugendstrafrecht zu verurteilenden Heranwachsenden nur verhängt werden, wenn wegen der in der Tat hervorgetretenen schädlichen Neigungen des Angeklagten Erziehungsmaßregeln nicht ausreichen oder wenn die Schwere der Schuld die Verhängung der Jugendstrafe erfordert. Die Dauer der Jugendstrafe beträgt 6 Monate bis 5 Jahre, bei schweren Verbrechen bis 10 Jahre.

Nebenstrafen, Nebenfolgen: Beispiel einer Nebenstrafe ist das Fahrverbot (§ 44 StGB). Zu Nebenfolgen zählen der Verlust der Amtsfähigkeit, der Wählbarkeit und des Stimmrechts. Wer wegen eines Verbrechens zu Freiheitsstrafe von mindestens einem Jahr verurteilt wird, verliert für die Dauer von fünf Jahren die Fähigkeit, öffentliche Ämter zu bekleiden und Rechte aus öffentlichen Wahlen zu erlangen (§ 45 StGB). Die betreffende Person kann also weder Gemeinderat noch Bürgermeister werden (Verlust des passiven Wahlrechts).

Auch das aktive Wahlrecht kann unter bestimmten Voraussetzungen für 2–5 Jahre aberkannt werden.

8.4.4 Ermittlung einer Geldstrafe

Die Geldstrafe wird in Tagessätzen verhängt. Sie beträgt mindestens fünf und, wenn das Gesetz nichts anderes bestimmt, höchstens dreihundertsechzig volle Tagessätze (§ 40 StGB). Die Höhe eines Tagessatzes bestimmt das Gericht unter Berücksichtigung der persönlichen und wirtschaftlichen Verhältnisse des Täters. Grundlage bildet ein evtl. Nettoeinkommen, das der Täter durchschnittlich an einem Tag hat oder haben könnte. Ein Tagessatz wird auf mindestens einen und höchstens fünftausend € festgesetzt (§ 40 Abs. 2 StGB). Hat der Täter sich durch die Tat bereichert oder zu bereichern versucht, so kann neben einer Freiheitsstrafe eine Geldstrafe verhängt werden (§ 41 StGB). An die Stelle einer uneinbringlichen Geldstrafe tritt Freiheitsstrafe („Ersatzfreiheitsstrafe"), § 43 StGB.

8.4.5 Maßregeln der Besserung und Sicherung

Im Urteil können auch Maßregeln der Besserung und Sicherung angeordnet werden. Dies sind keine Strafen, sondern im Wesentlichen Maßnahmen zum Schutz der Allgemeinheit. Sie haben zum einen zum Ziel, auf die Täterpersönlichkeit positiv einzuwirken, zum anderen dem Täter die Möglichkeit zu nehmen, sich in bestimmter Weise gemeingefährlich zu verhalten:

> **Beispiel**
>
> a) Ein Vergewaltiger, der wegen einer schweren psychischen Störung für seine Taten strafrechtlich nicht verantwortlich gemacht werden kann, kann zwar nicht zu einer Gefängnisstrafe verurteilt, sehr wohl aber zur Behandlung in ein geschlossenes psychiatrisches Krankenhaus eingwiesen werden. Dadurch ist sichergestellt, dass er zum einen behandelt wird, zum anderen für die Dauer der Behandlung keine Gefahr für die Allgemeinheit darstellt.
>
> b) Einem Baubetreuer, der ständig die Gelder von bauwilligen Kunden in die eigene Tasche steckt, anstatt davon die beauftragten Bauhandwerker zu bezahlen, kann neben der Verurteilung zu einer Strafe wegen Untreue auch gerichtlich verboten werden, für eine bestimmte Zeit wieder als Baubetreuer zu arbeiten.
>
> c) Das Fahrverbot dient dazu, den Täter zu bestrafen. Die Entziehung der Fahrerlaubnis soll dagegen sicherstellen, dass ein rücksichtsloser Verkehrsteilnehmer für eine bestimmte Zeit den Straßenverkehr nicht mehr gefährden kann und nach Ablauf dieser Zeit erst von einer Behörde überprüft wird (z.B. durch eine medizinisch-psychologische Untersuchung, im Volksmund „Idiotentest" genannt), ob dieser Mensch inzwischen zur Vernunft gekommen ist und keine Gefahr für den Straßenverkehr mehr darstellt, bevor er wieder einen Führerschein erhält.
>
> d) Besonders gefährliche Straftäter, die voraussichtlich auch nach ihrer Entlassung aus dem Gefängnis wieder schwere Straftaten begehen würden, können unter bestimmten Voraussetzungen auch nach Ablauf ihrer regulären Gefängnisstrafe weiter eingesperrt bleiben (sog. „Sicherungsverwahrung").

Sämtliche Maßregeln der Besserung und Sicherung sind im Schaubild unten aufgezählt, einige wichtige, die es auch im Jugendstrafrecht gibt, sind auf S. 381 f. erläutert.

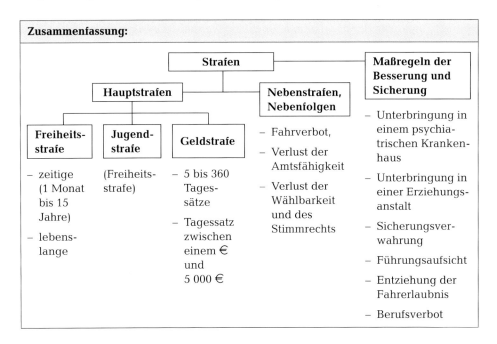

Zusammenfassung:

Strafen

Hauptstrafen — Nebenstrafen, Nebenfolgen

Maßregeln der Besserung und Sicherung

Freiheits-strafe | Jugend-strafe | Geldstrafe

– zeitige (1 Monat bis 15 Jahre)
– lebens-lange

(Freiheits-strafe)

– 5 bis 360 Tages-sätze
– Tagessatz zwischen einem € und 5 000 €

– Fahrverbot,
– Verlust der Amtsfähigkeit
– Verlust der Wählbarkeit und des Stimmrechts

– Unterbringung in einem psychia-trischen Kranken-haus
– Unterbringung in einer Erziehungs-anstalt
– Sicherungsver-wahrung
– Führungsaufsicht
– Entziehung der Fahrerlaubnis
– Berufsverbot

■ Übungsaufgaben:

Untersuchen Sie, ob die problemeinführenden Beispiele alle Merkmale einer strafbaren Handlung aufweisen. `8/9`

Der Hobbyjäger Lutz von Tröger entdeckt in seinem Revier einen Fallensteller. Dessen plötzliches Auftauchen aus dem Dickicht versetzt Tröger so in Schrecken, dass er den Unbekannten erschießt. Hat Tröger eine strafbare Handlung begangen? `8/10`

Auf welche Weise werden die verschiedenen Strafzwecke, bezogen auf die problemein-führenden Beispiele, durch entsprechende Strafen angestrebt? `8/11`

Der 7-jährige Georg wirft auf dem Heimweg von der Schule die Schaufensterscheibe des Kaufmanns Kohler ein. Muss er mit einer Strafe rechnen? `8/12`

Welche Gründe sprechen dafür, dass gleiche strafbare Handlungen, die von verschie-denen Personen begangen wurden, mit unterschiedlichen Freiheits- bzw. Geldstrafen bestraft werden? `8/13`

8.4.6 Verlauf eines Strafverfahrens

Problemeinführendes Beispiel

Der 25-jährige Vertreter Hartmut Reisweg befindet sich auf dem Weg zu seinem Wohnort. In der gleichen Ortschaft will er noch das Auto auftanken für den nächs-ten Arbeitstag. Beim Einbiegen in die Tankstelle rammt er einen parkenden Pkw; beim Rückwärtsfahren rammt er ein weiteres Fahrzeug (beide Fahrzeuge gehören dem Tankstellenbesitzer und sind dort zum Verkauf ausgestellt). Im Glauben, nicht erkannt worden zu sein, fährt Reisweg mit quietschenden Reifen davon. Eine Nachbarin hatte den Vorfall jedoch beobachtet und die Polizei benachrichtigt.

Der Tankstellenbesitzer, der nur noch das sich entfernende Fahrzeug sieht, nimmt sofort die Verfolgung auf und stößt schon nach kurzer Zeit auf den „Täter"; er ist einer seiner besten Kunden. Gemeinsam kehren sie zur Tankstelle zurück, um den Vorfall „unter der Hand" zu regeln. Doch dort werden sie schon von der Polizei erwartet. Die Blutprobe bei Hartmut Reisweg ergibt 1,58 Promille.

Der Strafprozess (Strafverfahren) ist ein gesetzlich geordnetes Verfahren, in welchem über das Vorliegen einer Straftat zu entscheiden ist. Der gestörte Rechtsfriede innerhalb der Gemeinschaft soll wieder hergestellt werden, indem durch richterliches Urteil strafrechtliche Folgen ausgesprochen werden. Die Erforschung der genauen Sachverhalte und die Anklage sind Aufgabe der Staatsanwaltschaft als Strafverfolgungsbehörde. Da das Strafrecht Rechtsbeziehungen zwischen dem Staat und den seiner Hoheitsgewalt unterstellten Einzelpersonen regelt, gehört es zum öffentlichen Recht.

Trunkenheit am Steuer erfüllt den Tatbestand einer strafbaren Handlung, somit fällt dieser Teil des problemeinführenden Beispiels unter das Strafrecht.

a) Ermittlungsverfahren

Strafrechtliche Ermittlungen können von der Staatsanwaltschaft oder von der Polizei eingeleitet werden. Innerhalb ihres Wirkungskreises können auch andere Behörden, die zur Strafverfolgung befugt sind, Ermittlungen einleiten (z.B. Finanzamt, Forstamt, Zoll). Die Ermittlungen werden von Amts wegen oder auf Strafanzeige hin angestellt. Die meisten Straftaten sind von Amts wegen zu verfolgen, also ohne Antrag (sogen. **Offizialdelikte**). Beispiele für **Antragsdelikte** sind: Beleidigung, Sachbeschädigung, Hausfriedensbruch, leichte oder fahrlässige Körperverletzung. Der Strafantrag wird in der Regel vom Verletzten gestellt. Vom Strafantrag ist die Strafanzeige zu unterscheiden. Sie kann von jedermann erstattet, im Gegensatz zum Strafantrag jedoch nicht zurückgenommen werden (§ 77c StGB).

Die Staatsanwaltschaft als die zur Strafverfolgung berufene Behörde hat, sobald sie vom Verdacht einer Straftat Kenntnis erhält, den Sachverhalt zu erforschen oder durch die Polizei erforschen zu lassen (§§ 160, 161 StPO). Dabei hat sie alle für die Bestimmung der Rechtsfolgen der Tat bedeutsamen Umstände zu ermitteln, auch solche, die zu Gunsten des Beschuldigten sprechen. Besteht kein öffentliches Interesse an der Verfolgung der Tat oder ist die Schuld des Täters oder der verursachte Schaden gering, so kann auf eine Verfolgung verzichtet werden (Bagatellsachen).

Ist eine richterliche Untersuchungshandlung erforderlich (z.B. Durchsuchung, eidliche Vernehmung eines Zeugen), kann die Staatsanwaltschaft das Amtsgericht darum ersuchen (§ 162 StPO). Beschuldigte, Zeugen, Sachverständige sind verpflichtet, vor der Staatsanwaltschaft zu erscheinen und zur Sache auszusagen bzw. ein Gutachten zu erstellen. Bei Weigerung können Ordnungsmittel angewandt werden. Die Polizei kann auch ohne Auftrag der Staatsanwaltschaft Ermittlungen anstellen. Dabei hat sie die Straftat zu erforschen und alle unaufschiebbaren Anordnungen zu treffen, um die Verdunkelung der Sache zu verhindern. Dazu gehören die Sicherung der Spuren, Feststellung des Blutalkohols, die Vernehmung von Zeugen und des Beschuldigten.

Gegen richterlich angeordnete Maßnahmen (z.B. Durchsuchung, Beschlagnahme) ist grundsätzlich die Beschwerde zum nächsthöheren Gericht möglich.

Die Polizei hat ihre Ermittlungsakten ohne Verzug der Staatsanwaltschaft zu übersenden, die über den Fortgang des Ermittlungsverfahrens entscheidet.

Das Ermittlungsverfahren endet entweder

– mit der Einstellung des Verfahrens (§ 170 Abs. 2 StPO) oder

– durch die Erhebung der öffentlichen Klage (§ 170 Abs. 1 StPO) oder

– durch schriftlichen Strafbefehl ohne Hauptverhandlung, wenn die Staatsanwaltschaft dies schriftlich beantragt (§§ 407 ff. StPO) und ein Vergehen vorliegt.

Zusammenfassung:

Die Strafverfolgungsbehörden (Staatsanwaltschaft, Polizei, Finanzamt usw.) sind bei ihrem Handeln an das **Legalitätsprinzip** gebunden. Dies bedeutet, dass sie bei Verdacht auf eine Straftat von Amts wegen, also auch ohne Anzeige, einzuschreiten haben. Damit soll die Einhaltung des Grundsatzes der Gleichheit vor dem Gesetz gesichert werden. Insofern liegt hier eine Ergänzung zum Anklagemonopol der Staatsanwaltschaft vor, die im Einzelfall darüber entscheidet, ob nach Abschluss des Ermittlungsverfahrens das Strafverfahren eröffnet werden soll.

---

b) Hauptverfahren

Das Hauptverfahren ist der Abschnitt des Strafprozesses, in dem das Gericht über die Schuld des Angeklagten und gegebenenfalls über die Verhängung von Strafen entscheidet (§§ 213 bis 295 StPO).

Voraus geht die öffentliche Klageerhebung durch Einreichung der Anklageschrift beim zuständigen Gericht durch die Staatsanwaltschaft (§ 170 Abs. 1 StPO). Die Anklageschrift muss den Beschuldigten, die Straftat mit Ort und Zeit und die gesetzlichen Tatmerkmale sowie die anzuwendenden Strafvorschriften bezeichnen (Anklagesatz). Ferner sind die Beweismittel, das angerufene Gericht und gegebenenfalls der Verteidiger anzuführen.

Im Eröffnungsverfahren (Zwischenverfahren) prüft das Gericht nach Erhebung der Anklage, ob ein hinreichender Tatverdacht gegeben ist. Hält das Gericht den Beschuldigten für hinreichend verdächtigt, die Tat begangen zu haben, beschließt es die Eröffnung (Eröffnungsbeschluss § 207 StPO).

Nach dem Eröffnungsverfahren folgt das Hauptverfahren, in dessen Mittelpunkt die Hauptverhandlung steht. Die Vorbereitung liegt in der Hand des Vorsitzenden. Er bestimmt den Hauptverhandlungstermin und die durch die Staatsanwaltschaft herbeizuschaffenden Beweismittel (§§ 213 ff. StPO). Angeklagter und Verteidiger sind mit mindestens einer Woche Frist zu laden; bei Nichteinhaltung können sie Aussetzung der Verhandlung verlangen (§§ 217, 218 StPO).

Für den Ablauf der Verhandlung gelten die Grundsätze der Mündlichkeit, der Öffentlichkeit und der Unmittelbarkeit der Beweisaufnahme. Die dauernde Anwesenheit von Richter, Schöffen, eines Staatsanwalts und eines Verteidigers sowie des Angeklagten gilt grundsätzlich (§§ 226 ff. StPO).

Die Hauptverhandlung beginnt mit dem Aufruf zur Sache. In Abwesenheit der Zeugen folgen die Vernehmung des Angeklagten zur Person und die Verlesung des Anklagesatzes, sodann die Vernehmung des Angeklagten zur Sache (§ 243 StPO). Daran schließt sich die Beweisaufnahme an (§ 244 StPO).

Nach Abschluss der Beweisaufnahme erhalten Staatsanwaltschaft, Verteidiger und Angeklagter Gelegenheit zu ihren Schlussvorträgen und Anträgen; dem Angeklagten gebührt stets das letzte Wort (§ 258 StPO). Nach nichtöffentlicher Beratung des Gerichts wird das Urteil verkündet.

c) Urteil

Das Urteil ist eine gerichtliche Entscheidung, für die besondere Formen vorgeschrieben sind. Es muss schriftlich abgefasst werden. Es besteht aus dem Urteilskopf oder Rubrum (dazu gehören die Eingangsformel „Im Namen des Volkes", das Aktenzeichen, das entscheidende Gericht, Namen der mitwirkenden Richter, Tag der letzten mündlichen Verhandlung, Bezeichnung der Parteien und ihrer gesetzlichen Vertreter und Prozessbevollmächtigten), dem Urteilsspruch oder Tenor (umschreibt den kurz zusammengefassten Entscheidungsinhalt), Tatbestand und Entscheidungsgründe. Urteile ergehen „Im Namen des Volkes" und werden grundsätzlich im Anschluss an die mündliche Verhandlung oder in einem besonderen Verkündungstermin verkündet (§§ 260 ff. StPO).

Die Rechtsmittel bei Strafurteilen sind Berufung und Revision.

Berufung und Revision sind innerhalb einer Woche nach Urteilsverkündung einzulegen (zu Protokoll der Geschäftsstelle oder schriftlich beim zuständigen Gericht).

d) Einstellung

Nach Abschluss des Ermittlungsverfahrens entscheidet die Staatsanwaltschaft, der das Anklagemonopol zusteht, ob sie Anklage erhebt. Das Verfahren kann auch aus Mangel an Beweisen eingestellt werden.

Eine vorläufige Einstellung ist auch möglich bei Straftaten, bei denen das Gericht von Strafe absehen kann, im Jugendstrafverfahren bei geringfügigen Delikten, bei Privatklageverfahren wegen Geringfügigkeit, bei Bagatellstrafen. Hier stellt das Strafrecht die Entscheidung, ob wegen einer Straftat eingeschritten werden soll, bzw. ob ein Strafverfahren durchgeführt werden soll, in das Ermessen der Staatsanwaltschaft (Opportunitätsprinzip).

8.4.7 Das Jugendstrafrecht

1. Strafmündigkeit

Im Rahmen des Jugendgerichtsgesetzes (JGG) ist das Jugendstrafverfahren geregelt. Es unterscheidet sich in wesentlichen Punkten vom allgemeinen Strafrecht. Bei erwachsenen Straftätern wird von der Staatsanwaltschaft vor allem der Sachverhalt erforscht, der für die Strafbemessung maßgeblich ist. Die Umstände, die zur Straftat geführt haben, werden erst in zweiter Linie berücksichtigt. Bei jugendlichen Straftätern dagegen sind die Umstände vorrangig zu untersuchen, z.B. die Lebens- und Familienverhältnisse, das bisherige Verhalten des jungen Menschen. Es sollen nach § 43 JGG **alle Umstände ermittelt werden, die zur Beurteilung seiner seelischen, geistigen und charakterlichen Eigenschaften dienen können.**

Personen, auf die das Jugendstrafrecht angewendet wird, sind nach § 1 JGG:

- **Jugendliche** (Personen ab dem vollendeten 14., aber noch nicht vollendetem 18. Lebensjahr).
- **Heranwachsende** (junge Menschen, die das 18., aber noch nicht das 21. Lebensjahr vollendet haben), wenn sie in der geistig-seelischen Entwicklung einem Jugendlichen gleichstehen oder es sich bei der Tat um eine typische Jugendverfehlung handelt (§ 105 JGG).

Kinder, junge Menschen, die das 14. Lebensjahr noch nicht vollendet haben, sind strafrechtlich nicht zu belangen; sie sind strafunmündig (§ 19 StGB).

Jugendliche und Heranwachsende sind strafrechtlich nur dann verantwortlich, wenn sie zur Zeit der Tat sittlich und geistig reif genug waren, das Unrecht der Tat einzusehen und nach dieser Einsicht auch zu handeln (§ 3 JGG).

Beispiel

Der 19-jährige Bernie Gatter wurde bei seiner Geburt infolge eines ärztlichen Kunstfehlers unzureichend mit Sauerstoff versorgt, sodass irreparable geistige und körperliche Schäden bleiben. Er wächst weitgehend von der Umwelt abgeschieden in seiner Familie auf. Als er einmal allein einen längeren Spaziergang unternimmt, „spielt" er an einem geparkten Auto. Er beschädigt es erheblich. Bernie ist zweifelsohne i.S.d. Strafrechts nicht verantwortlich (allenfalls wird die Aufsichtspflicht seiner Eltern eine Rolle spielen).

Bei einem Verfahren gegen Jugendliche steht der Erziehungsgedanke im Vordergrund (§§ 3 – 104 JGG). Bereits im staatsanwaltlichen Vorverfahren sind daher die Persönlichkeit und das Umfeld des Jugendlichen zu ermitteln. § 38 JGG schreibt vor, dass Schule und Erziehungsberechtigte zu hören sind und die Jugendgerichtshilfe heranzuziehen ist. Nach Anhörung eines Sachverständigen und des Verteidigers ist eine Anstaltsuntersuchung zulässig, damit der Reifegrad des Jugendlichen festgestellt werden kann (§ 73 JGG).

2. Folgen der Jugendstraftat

Das Jugendstrafrecht unterscheidet:	
vorläufige Maßnahmen	**endgültige Maßnahmen**
• **Unterbringung zur Beobachtung** (§ 73 JGG)	• **Erziehungsmaßregeln** (§§ 9 – 12 JGG)
• **vorläufige Erziehungsanordnung** (§ 71 Abs. 1 JGG)	• **Zuchtmittel** (§§ 13 – 16 JGG)
• **einstweilige Unterbringung in einem Heim** (§ 71 Abs. 2 JGG)	• **Jugendstrafe** (§§ 17 – 30 JGG) – ohne Bewährung (§ 17) – mit Bewährung (§§ 21 – 26a)
(• **Untersuchungshaft** (§ 72 JGG) – im Ausnahmefall –)	• **Maßregeln der Besserung und Sicherung** (§ 7 JGG)

a) Erziehungsmaßregeln

Sie umfassen die Erteilung von Weisungen oder die Verpflichtung zur Inanspruchnahme von Hilfe zur Erziehung. Es sind dies keine Strafen. Erziehungsmaßregeln werden in das Erziehungsregister eingetragen (nicht ins Strafregister).

- **Weisungen** sind Gebote und Verbote, welche die Lebensführung des Jugendlichen regeln und seine Erziehung fördern und sichern sollen (§ 10 JGG).

Beispiel

Ein Jugendlicher soll eine Ausbildungs- oder Arbeitsstelle annehmen; er soll bestimmte Arbeitsleistungen in einer Gemeinde oder in einem Altersheim erbringen; er soll an einem Verkehrsunterricht teilnehmen; er soll bestimmte Gaststätten meiden; er soll mit bestimmten Personen nicht verkehren.

- **Die Verpflichtung zur Inanspruchnahme von Hilfe zur Erziehung** kann dem Jugendlichen vom Richter im Einvernehmen mit dem Jugendamt auferlegt werden. Dies kann in Form eines Erziehungsbeistands oder in Form der Heimerziehung (Fürsorge) geschehen.

- Durch den **Erziehungsbeistand** soll der Minderjährige bei der Bewältigung von Entwicklungsproblemen unter Einbeziehung des sozialen Umfeldes Unterstützung erfahren. Der Minderjährige soll auf diese Weise unter Einbeziehung des sozialen Umfeldes in seiner Sozialisierung gefördert werden. Die Aufgabe eines Erziehungsbeistandes können Lehrer oder Vertreter des Jugendamtes wahrnehmen.

- Die **Unterbringung in ein Heim (Fürsorge)** verfolgt den Zweck, den Jugendlichen in seiner Entwicklung zu fördern, ihm evtl. die Rückkehr in seine Familie zu erleichtern, ihn in seiner Verselbständigung zu fördern und zu begleiten. Dies geschieht durch die Verbindung von Alltagsleben und pädagogischen sowie therapeutischen Angeboten in einer Einrichtung über Tag und Nacht. Diese Maßnahme wird angeordnet, wenn Jugendstrafen zu erwarten sind, diese aber als weniger sinnvoll angesehen werden.

b) Zuchtmittel

Diese sind **Verwarnungen, Auflagen** und **Jugendarrest.**

Generell werden Jugendstraftaten dann mit Zuchtmitteln geahndet, wenn eine Jugendstrafe nicht als erforderlich angesehen wird. Zuchtmittel sind ebenfalls keine Strafen und dementsprechend folgt auch keine Eintragung in das Strafregister.

- **Verwarnung** ist die mildeste Form der Zuchtmittel. Dem jugendlichen Straftäter wird das begangene Unrecht warnend vorgehalten. Es erfolgt eine ermahnende Zurechtweisung, um ihm das begangene Unrecht ins Bewusstsein zu rücken.

- **Auflagen** dienen dazu, den angerichteten Schaden wiedergutzumachen. Dem Jugendlichen kann auch auferlegt werden, sich persönlich bei dem Verletzten zu entschuldigen, einen bestimmten Geldbetrag an eine gemeinnützige Einrichtung zu zahlen oder bestimmte Arbeitsleistungen zu erbringen.

- Der **Jugendarrest** kann in Form des **Freizeitarrests** (ein bis höchstens vier Freizeiten, z.B. Wochenenden), des **Kurzarrests** (zwei bis maximal sechs Tage), wenn ein zusammenhängender Zeitraum aus Gründen der Erziehung sinnvoll erscheint, oder des **Dauerarrests** (ein bis höchstens vier Wochen) verhängt werden.

  Der Jugendarrest erfolgt i.d.R. in Einrichtungen der Landesjustizverwaltung (z.B. in Jugendarrest- oder in Freizeitarrestanstalten). Dem Jugendlichen soll bewusst gemacht werden, dass er für das getane Unrecht einstehen muss. Der Arrest steht regelmäßig in Verbindung mit Erziehungsmaßnahmen.

c) Jugendstrafe

Eine solche wird nur dann verhängt, wenn wegen der schädlichen Neigungen des Jugendlichen oder aber wegen der Schwere der Schuld Erziehungsmaßregeln und Zuchtmittel nicht ausreichen. Jugendstrafe ist die einzige Freiheitsstrafe, die das Jugendstrafrecht kennt.

Das Mindestmaß der Jugendstrafe beträgt sechs Monate, das Höchstmaß fünf Jahre bzw. zehn Jahre (z.B. bei Verbrechen, die nach dem allgemeinen Strafrecht mit Freiheitsstrafe über zehn Jahre bedroht sind, § 18 JGG). Die Jugendstrafe wird in Jugendstrafanstalten vollzogen. Die Verhandlung und die Verkündung der Entscheidung sind nicht öffentlich. Auch der angeklagte Jugendliche kann zeitweilig von der Verhandlung ausgeschlossen werden (§ 51 JGG).

Die Jugendstrafe kann mit Bewährung oder ohne Bewährung verhängt werden. Wenn der Jugendliche erkennen lässt, dass er die Verurteilung als Warnung erkennt und sich durch erzieherische Maßnahmen in dieser Bewährungszeit zu einem straffreien Lebenswandel ändern will, wird bei Verurteilung zu einer Jugendstrafe bis zu einem Jahr (in Ausnahmefällen bis zu zwei Jahren) die Vollstreckung der Strafe zur Bewährung ausgesetzt.

Bewährung bedeutet, dass der Jugendliche die Strafe zunächst nicht in einer geschlossenen Anstalt verbüßen muss. Wenn er jedoch innerhalb dieser Bewährungszeit erneut straffällig wird, muss er die ursprünglich verhängte Haftstrafe unter Freiheitsentzug verbüßen – erweitert um die erneute Strafe. Laut § 22 Abs. 1 JGG darf die Bewährungszeit die Dauer von zwei Jahren nicht unterschreiten und drei Jahre nicht überschreiten. Nach Ablauf der Bewährungszeit erlässt der Jugendrichter die Jugendstrafe, falls kein Widerruf der Strafaussetzung erfolgt (§ 26a JGG).

Für die Dauer der Bewährungszeit wird der Jugendliche der Aufsicht und Leitung eines Bewährungshelfers unterstellt. Dieser betreut den Jugendlichen und wacht darüber, dass er die ihm erteilten Auflagen und Weisungen erfüllt.

d) Maßregeln der Besserung und Sicherung

● **Unterbringung in einem psychiatrischen Krankenhaus**

Leidet ein Straftäter unter einer krankhaften seelischen Störung, einer tief greifenden Bewusstseinsstörung, unter Schwachsinn oder unter einer schweren anderen seelischen Abartigkeit, so ist er aus diesem Grund vermindert oder gar nicht schuldfähig. Ziel der Unterbringung in einem psychiatrischen Krankenhaus ist folglich die Heilung des Straftäters. Die Dauer orientiert sich am Fortschreiten des Heilungsprozesses und ist daher zeitlich nicht begrenzt.

● **Unterbringung in einer Entziehungsanstalt**

Auch hier liegt eine krankhafte Störung beim Straftäter vor, wie sie durch übermäßigen Alkohol- oder Drogenkonsum als Folge festzustellen ist. Diese Maßregel, die auf eine Zeitdauer von 2 Jahren begrenzt ist, soll ebenfalls die Heilung des Straftäters bewirken. Zudem dient sie der Sicherung des Straftäters, um ihn und die Gesellschaft vor weiteren Straftaten zu schützen.

● **Führungsaufsicht**

Diese Maßregel, die für eine Dauer von zwei bis fünf Jahren festgesetzt werden kann, wird i.d.R. zusätzlich neben strafrechtlichen Sanktionen verhängt. Sie kann solchen auch vorgeschaltet werden, wenn die Gefahr besteht, dass der junge Mensch weitere Straftaten begehen wird.

● **Entzug der Fahrerlaubnis**

Einem Heranwachsenden kann für die Dauer von sechs Monaten bis zu fünf Jahren (in besonderen Fällen auch auf Dauer) die Fahrerlaubnis entzogen werden. Dies ist der Fall, wenn die Straftat im Zusammenhang mit dem Führen von Fahrzeugen steht und sich erweist, dass der junge Mensch zum Führen von Fahrzeugen ungeeignet ist.

> **Beispiel**
>
> Amos Leidig hat vor wenigen Monaten der Führerschein erworben. Bereits davor ist er wiederholt beim Fahren ohne Fahrerlaubnis ertappt worden. Nun kommt hinzu, dass er unter Alkoholeinwirkung und unter Überschreitung der Geschwindigkeit von der Polizei gestellt wird. Das Fahrzeug, das er fährt, ist zudem nicht ordnungsgemäß versichert.
>
> Amos Leidig wird für geraume Zeit der Führerschein entzogen.

Besonderheiten im Verfahren gegen Heranwachsende:

Der jeweilige Richter entscheidet, ob auf den Heranwachsenden das Jugendstrafrecht oder das normale Strafrecht Anwendung finden soll. Vor allem dann, wenn der junge Mensch erstmals straffällig geworden ist, wird ein Richter eher geneigt sein, das Jugendstrafrecht anzuwenden. Bei Wiederholungstätern oder bei besonders schweren Straftaten wird das Erwachsenenstrafrecht zur Anwendung kommen.

Das Verfahren gegen Heranwachsende weist folgende Besonderheiten auf:
- ob eine Einstellung des Verfahrens erfolgen soll, richtet sich nur nach der Strafprozessordnung,
- ob Untersuchungshaft angeordnet werden soll, richtet sich ebenfalls nach der Strafprozessordnung,
- die Hauptverhandlung ist grundsätzlich nicht öffentlich (§ 48 JGG),
- Privat- und Nebenklage sind unzulässig (§ 80 JGG),
- ein beschleunigtes Verfahren ist nicht möglich (§ 79 JGG),
- ein Strafbefehl ist nur dann zulässig, wenn das allgemeine Strafrecht angewendet wird (§ 79 JGG).

Da Untersuchungshaft für den Jugendlichen kriminalpolitisch und erzieherisch als besonders schädlich angesehen wird, soll sie Jugendlichen gegenüber nur in besonderen Härtefällen verhängt werden.

Wird das Jugendstrafrecht angewendet, sind Privat- und Nebenklage unzulässig. Dadurch soll vermieden weden, dass der Erziehungszweck der verhängten Strafe gefährdet wird.

Damit die Möglichkeit geboten ist, sich ein ausreichendes Persönlichkeitsbild von einem jugendlichen Straftäter zu machen, ist ein beschleunigtes Verfahren nach dem Jugendstrafrecht unzulässig, im normalen Strafrecht dagegen zulässig.

Übersicht über die Zuständigkeit der Jugendgerichte und Instanzenzüge:		
Erste Instanz	**Amtsgericht**	**Landgericht**
	Zuständigkeiten:	**Zuständigkeiten:**
	Der **Strafrichter** als Jugendrichter: wenn Erziehungsmaßregeln oder Zuchtmittel zu erwarten sind (§ 39 JGG)	Die Jugendkammer für schwerste Straftaten (§ 41 JGG)
	Das **Jugendschöffengericht:** für Verfehlungen, die nicht zur Zuständigkeit des Jugendrichters oder der Jugendkammer gehören (§ 40 JGG)	
Berufungsinstanz	**Landgericht**	**keine Berufung statthaft**
Revisionsinstanz	**Oberlandesgericht**	**Bundesgerichtshof**

Übungsaufgaben:

8/14 In welchen der unter 8.4 aufgeführten problemeinführenden Beispiele wird Jugend-, in welchen Erwachsenenstrafrecht angewandt? Weshalb wird man bemüht sein, Heranwachsende dem Jugendstrafrecht zuzuordnen?

8/15 Für das problemeinführende Beispiel zu 8.4.5 wird angenommen, dass ein Schaden an den beiden beschädigten Fahrzeugen in Höhe von 15 000,00 € entstanden ist. Welche Maßnahmen seitens der Polizei und der Staatsanwaltschaft sind denkbar, um die Schadenshöhe zu ermitteln?

Welches sind die wesentlichen Bestandteile eines gerichtlichen Strafverfahrens?

8/16

Der 15-jährige Raimund Retzer begeht schon seit längerer Zeit immer wieder kleinere Ladendiebstähle. Nun wird er erstmals erwischt; der betroffene Supermarkt-Inhaber erstattet Anzeige gegen ihn. Muss Raimund mit einer Jugendstrafe rechnen?

8/17

Im problemeinführenden Beispiel zu 8.4.5 wird der Täter vom Gericht zu einer Gesamtgeldstrafe von 70 Tagessätzen zu je 20,00 € verurteilt; die Fahrerlaubnis wird ihm auf weitere sieben Monate entzogen (der Führerschein war vom Tag der Tat an bereits einbehalten worden).

8/18

a) Wonach bemisst sich die Höhe der Strafe?

b) Welche Gründe sprechen dafür, dass im vorliegenden Fall keine Freiheitsstrafe verhängt wird?

c) Würde der Fall grundlegend anders entschieden, wenn Hartmut Reisweg erst 19 Jahre alt und Azubi wäre?

d) Der entstandene Sachschaden in Höhe von 15 000,00 € steht noch zur privatrechtlichen Regelung an. Welche grundlegenden Möglichkeiten kommen in Betracht?

8.4.8 Zuständigkeitsregelung der ordentlichen Strafgerichte (GVG, § 7 StPO)

Die örtliche Zuständigkeit ist durch den „Tatort" begründet, d.h. die Zuständigkeit des Gerichts richtet sich nach dem Bezirk, in dem die Straftat begangen wurde (§ 7 StPO). Daneben legt die StPO weitere Gerichtsstände fest (den des Wohnsitzes und Aufenthaltsortes, den des Ergreifungsortes u.a.).

Die sachliche Zuständigkeit ist durch die folgenden Übersichten wiedergegeben:

Zuständigkeit der Strafgerichte in 1. Instanz		
Amtsgericht	**Landgericht**	**Oberlandesgericht**
vor dem **Strafrichter** bei Vergehen, a) die im Wege der Privatklage verfolgt werden. b) wenn höchstens 2 Jahre Freiheitsstrafe zu erwarten sind (§ 25 GVG)	kleine Strafkammer (1 Richter/2 Schöffen) große Strafkammer (2 oder 3 Richter/ 2 Schöffen) a) bei allen Verbrechen, die nicht zur Zuständigkeit des Amtsgerichts oder des Oberlandesgerichts gehören, b) bei Straftaten, bei denen die Staatsanwaltschaft wegen der besonderen Bedeutung des Falles Anklage beim Landgericht erhebt, § 24 GVG (§ 74 GVG)	vor dem **Strafsenat** (3 oder 5 Richter) bei Straftaten, die gegen die Sicherheit des Staates gerichtet sind, z.B. Hoch- und Landesverrat, Friedensverrat, Gefährdung des demokratischen Rechtsstaates, §§ 80 ff. StGB (§ 120 GVG)
Schöffengericht (1 Richter, 2 Schöffen) bei Verbrechen und Vergehen, wenn eine Freiheitsstrafe von höchstens 4 Jahren zu erwarten ist und wenn Land- und Oberlandesgericht nicht zuständig. (§§ 24, 28 GVG) **Erweitertes Schöffengericht** (2 Richter, 2 Schöffen) bei besonders umfangreichen Strafsachen, die zur Zuständigkeit des Schöffengerichts gehören. (§ 29 Abs. 2 GVG)	**Strafkammer als Schwurgericht** (3 Richter, 2 Schöffen) bei Kapitalverbrechen z.B. bei Mord, Totschlag, besonders schwerer Brandstiftung, Geiselnahme mit Todesfolge. (§§ 74, 76 GVG) **Große Strafkammer als Staatsschutzkammer** (Vgl. § 74a GVG) **Große Strafkammer als Wirtschaftsstrafkammer** (Vgl. § 74c GVG)	–

Die Zuständigkeit der Jugendgerichte in erster Instanz	
Amtsgericht	**Landgericht**
Der **Strafrichter als Jugendrichter:** Wenn Erziehungsmaßregeln oder Zuchtmittel zu erwarten sind (§ 39 JGG). Das **Jugendschöffengericht:** Für Verfehlungen, die nicht zur Zuständigkeit des Jugendrichters oder der Jugendkammer gehören (§ 40 JGG).	**Jugendkammer:** Für schwerste Straftaten (§ 41 JGG).

Zusammenfassung: Strafprozess

Straftat

Ermittlungsverfahren

(= vorbereitendes Verfahren)
strafrechtliche Ermittlung durch Polizei, i.d.R. Kripo,
oder Staatsanwaltschaft von Amts wegen oder auf Antrag

Anklageerhebung durch Staatsanwaltschaft

(Anklagemonopol der Staatsanwaltschaft)

Eröffnungsverfahren

(= Zwischenverfahren)
Gericht entscheidet – bei hinreichendem Verdacht –,
ob das Verfahren eröffnet wird.

Hauptverhandlung

– Aufruf zur Sache
– Vernehmung des Angeklagten zur Person
– Verlesung des Anklagesatzes durch Staatsanwalt
– Vernehmung des Angeklagten zur Sache

– **Beweisaufnahme**
– Nach Abschluss der Beweisaufnahme: Anträge von Staatsanwalt, Verteidiger, Angeklagtem
– **Urteilsverkündung**

| Freispruch | Verurteilung zur Strafe | Anordnung einer Maßregel | Einstellung |

Tafel 8/9

8.4.9 Instanzen und Rechtsmittel im Strafprozess (Übersicht)

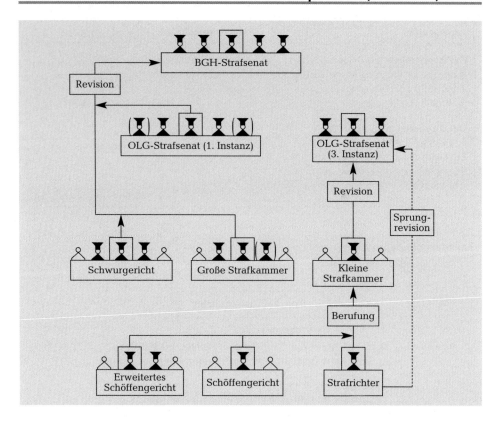

8.4.10 Kostenregelung im Zivil- und Strafprozess

a) Kostenverteilung im Zivilprozess bei Endurteil und Vergleich

Bei einem Rechtsstreit entstehen Kosten in Form von Gerichtskosten (Gebühren und Auslagen des Gerichts) und außergerichtlichen Kosten (Gebühren und Auslagen des Rechtsanwaltes, eigene Kosten einer Partei).

Mit Beendigung des Rechtsstreits trifft das Gericht die Entscheidung,

– welche Partei die Kosten des Rechtsstreites zu tragen hat (Entscheidung durch das Gericht),

– wie hoch die Kosten sind, die die unterlegene Partei der obsiegenden Partei zu zahlen hat (Entscheidung durch den Rechtspfleger auf der Grundlage der Gerichtsentscheidung im sog. Kostenfestsetzungsverfahren).

Nach § 91 ZPO hat grundsätzlich die unterlegene Partei die gesamten Kosten des Rechtsstreits zu zahlen. Dies gilt jedoch nur für die Kosten, die für die Rechtsverfolgung oder Rechtsverteidigung erforderlich waren, nicht aber, wenn der Beklagte keine Veranlassung zur Klage gegeben hat oder den Klageanspruch sofort anerkennt.

Im Urteil entscheidet das Gericht von Amts wegen darüber, welche Partei die Kosten des Rechtsstreits zu tragen hat. Im Kostenfestsetzungsverfahren erhält die obsiegende Partei die Möglichkeit, die Höhe der vom Gegner zu erstattenden Kosten festsetzen zu lassen. Hierzu muss die Kostenfestsetzung bei der Geschäftsstelle des Gerichts erster Instanz beantragt werden, unter Beifügung einer Abschrift der Kostenrechnung. Vom Rechtspfleger wird ein Kostenfestsetzungsbeschluss erlassen.

Die Prozesskosten können auch ganz oder teilweise nach Quoten verteilt werden (§ 106 ZPO), z.B. wenn das Gericht ein Urteil erlässt, in dem die Kostenentscheidung lautet: Kläger trägt 1/4, der Beklagte 3/4 der Kosten.

Die Kosten eines abgeschlossenen Vergleichs sind als gegeneinander aufgehoben anzusehen, wenn nicht die Parteien etwas anderes vereinbart haben (§ 98 ZPO).

b) Kostenverteilung im Strafprozess bei Verurteilung, Freispruch und Einstellung

Wenn gegen den Angeklagten eine Strafe verhängt wird oder eine Maßregel der Besserung und Sicherung angeordnet worden ist, hat er die Kosten des Strafverfahrens zu tragen (§ 465 StPO).

Erfolgt dagegen ein Freispruch oder wird die Eröffnung des Hauptverfahrens abgelehnt oder das Verfahren eingestellt, so trägt er nur die Kosten, die er durch schuldhafte Säumnis verursacht hat. Im Übrigen trägt die Staatskasse die Kosten.

Wird ein Strafverfahren eingestellt, weil der zur Verfolgung erforderliche Strafantrag zurückgenommen worden ist, trägt der Antragsteller die Verfahrenskosten und die notwendigen Auslagen des Beschuldigten, falls sie nicht vom Angeklagten übernommen oder aus Billigkeitsgründen der Staatskasse auferlegt werden (§ 470 StPO).

c) Prozesskostenhilfe (§§ 114–127 ZPO)

Einer Partei, die außerstande ist, ohne Beeinträchtigung des für sie und ihre Familie notwendigen Unterhalts die Kosten des Prozesses zu bestreiten, ist auf Antrag Prozesskostenhilfe zu bewilligen (früher: Armenrecht).

Folgende Voraussetzungen müssen ferner gegeben sein: Die beabsichtigte Rechtsverfolgung oder Rechtsverteidigung muss hinreichend Aussicht auf Erfolg bieten und darf nicht mutwillig sein.

Die Prozesskostenhilfe muss beim Gericht beantragt werden. Die Bewilligung gilt immer nur für die Instanz, für die Prozesskostenhilfe beantragt worden ist. Mit der Bewilligung der Prozesskostenhilfe wird die betreffende Partei einstweilen von der Zahlung der Prozesskosten befreit. Ferner wird ihr ein Rechtsanwalt beigeordnet, wenn es sich um einen Anwaltsprozess handelt bzw. die Vertretung durch einen Rechtsanwalt erforderlich erscheint (heute praktisch immer).

Unterliegt die Partei, der Prozesskostenhilfe gewährt wird, so muss sie die dem Gegner entstandenen Kosten voll erstatten.

Die Prozesskostenhilfe kann auch nur teilweise gewährt werden, d.h. die Kosten des Prozesses muss die betreffende Partei teilweise tragen.

■ Übungsaufgaben:

8/19 In vielen zivilrechtlichen Streitfällen bedarf es keiner ausführlichen Verhandlung unter Anwesenheit der Parteien mehr. Die vorbereitenden Schriftsätze reichen hier aus, um ein gerichtliches Urteil zu fällen. Es wird lediglich ein Termin zur Urteilsverkündung angesetzt. Wann ist dies der Fall?

8/20 Der Angestellte Rudolf Kaiser verdient brutto 1 750,00 €. Er ist verheiratet und hat vier Kinder im schulpflichtigen Alter. Beurteilen Sie, ob er Aussicht hat, auf Antrag Prozesskostenhilfe gewährt zu bekommen (bezogen auf sein Einkommen).

8/21 Erklären Sie anhand der Übersichten über die gerichtlichen Instanzen, weshalb es nicht möglich ist, „durch alle Instanzen zu gehen".

8/22 Erläutern Sie die Begriffe „Kostenverteilung" und „Kostenfestsetzung".

9 Gerichtliches Mahn- und Vollstreckungsverfahren

Problemeinführende Beispiele

1. Die Gemeinde Niederhofburg hat gegen den Bauunternehmer Klein folgende Forderungen: Gewerbesteuer 13 000,00 €, Wasser- und Abwassergebühr 7 360,00 €. Ein von der Gemeinde erworbenes Gewerbegrundstück ist noch nicht vollständig bezahlt (Restschuld 20 000,00 €), ebenso die Erschließung des Grundstücks (Restschuld 8 000,00 €). Klein hat der Gemeinde zudem einen gebrauchten Unimog abgekauft und trotz mehrfacher Mahnungen nicht bezahlt (7 500,00 €).

2. Der selbstständige Handwerksmeister Schuker hat bei der Baustoffgroßhandlung Kaufer GmbH für 15 000,00 € Baumaterialien bezogen, die er bei einem Kunden bei dessen Neubau verarbeitet hat. Da Schukers Geschäfte mittlerweile sehr schlecht gehen, begleicht er die Rechnung von Kaufer nicht, obwohl er mehrfach in der üblichen Weise gemahnt wurde.

   Für die Kaufer GmbH stellt sich nunmehr die Frage, wie sie zu den längst fälligen 15 000,00 € kommt, zumal Schuker in der früheren Zeit ein sehr guter Kunde war, der seinen Zahlungsverpflichtungen pünktlich nachkam.

Zu den Aufgaben der Gemeindekasse als Einheitskasse gehören u.a. Mahnungen, Beitreibung von Geldbeträgen im Verwaltungszwangsverfahren sowie die Einleitung der Zwangsvollstreckung nach der Zivilprozessordnung (ZPO). Zur Einziehung von Geldbeträgen im Sinne der Zwangsvollstreckung wegen öffentlich-rechtlicher Forderungen beschäftigen die Gemeinden i.d.R. eigene Vollstreckungsbeamte.

Öffentlich-rechtliche Forderungen im 1. problemeinführenden Beispiel sind: Gewerbesteuer, Wasser- und Abwassergebühr, Erschließung der Grundstücke. In diesen Fällen darf die Gemeindekasse selbst einen Vollstreckungsauftrag ausstellen, aufgrund dessen der Vollstreckungsbeamte die Geldforderung einzieht. Bei zivilrechtlichen Forderungen (z.B. Grundstücksverkauf, Verkauf des Unimog im problemeinführenden Beispiel) ist die Gemeinde wie jeder Private (z.B. Kaufer GmbH des 2. problemeinführenden Beispiels) gehalten, einen Mahnbescheid zu erwirken und die Forderung mit Hilfe des Gerichtsvollziehers einziehen zu lassen.

9.1 Gerichtliches Mahnverfahren

Da der im 2. problemeinführenden Beispiel geschilderte Schuldner trotz mehrfacher Mahnungen seine Schuld nicht begleicht (außergerichtliches Mahnverfahren), muss der Gläubiger zu wirksameren Maßnahmen greifen. Zur Verfügung stehen das **gerichtliche Mahnverfahren (Mahnbescheid)** oder **die Klage auf Zahlung.**

Ablauf des gerichtlichen Mahnverfahrens:

– Der Antragsteller beantragt den Mahnbescheid beim zuständigen Gericht mit dem hierfür vorgesehenen Vordruck (sachlich zuständig ist das Amtsgericht, unabhängig von der Höhe des Streitwerts; örtlich zuständig ist das Amtsgericht, bei dem der Antragsteller seinen allgemeinen Gerichtsstand – Wohnsitz oder Firmensitz – hat).

   Der Antrag muss enthalten: Die Bezeichnung des Gerichts, die Bezeichnung der Parteien, den Forderungsbetrag bestehend aus Haupt- und Nebenforderungen, den Grund des Anspruchs, die Erklärung, dass der Anspruch nicht von einer Gegenleistung abhängt.

– Der Mahnbescheid wird vom Amtsgericht, d.h. vom Rechtspfleger, aufgrund der einseitigen Behauptungen des Antragstellers erlassen. Der Antragsgegner wird nicht gehört.

Der Rechtspfleger prüft nur, ob das Mahnverfahren zulässig ist, der Antrag die notwendigen Angaben enthält und die erforderliche Gerichtsgebühr bezahlt ist. Eine Ausfertigung des Mahnbescheids, der in fünffacher Ausfertigung ausgefüllt wird, wird dem Antragsgegner von Amts wegen zugestellt.

– Mit der Zustellung wird der Antragsgegner aufgefordert, die Forderung samt Zinsen und Gerichtskosten zu bezahlen. Will er die Schuld bestreiten, so kann er Widerspruch einlegen (bei dem Gericht, das den Bescheid erlassen hat). Erhebt der Antragsgegner Widerspruch, verliert der Mahnbescheid seine Kraft. Der Widerspruch ist so lange möglich, wie der Vollstreckungsbescheid nicht verfügt, d.h. vom Rechtspfleger nicht unterschrieben ist. Die im Mahnbescheid bestimmte Frist von 2 Wochen bedeutet, dass der Antragsteller sofort nach Ablauf der Frist den Vollstreckungsbescheid erwirken und daraus die Zwangsvollstreckung betreiben kann, falls innerhalb der Frist weder gezahlt noch Widerspruch erhoben wurde. Wird Widerspruch verspätet erhoben, so gilt dieser als Einspruch gegen den Vollstreckungsbescheid. Aufgrund des Widerspruchs kann der Antragsteller Antrag auf eine mündliche Verhandlung vor Gericht stellen. Damit geht das gerichtliche Mahnverfahren in das ordentliche Zivilprozessverfahren über. Reagiert der Antragsgegner auf den Mahnbescheid überhaupt nicht, so kann der Antragsteller ohne Gerichtsverhandlung sofort den Vollstreckungsbescheid beantragen.

Das Mahnverfahren ist billiger als ein Klageverfahren, aber nur dann sinnvoll, wenn man nicht mit Einwendungen des Gegners rechnet. Weiß man, dass der Gegner sowieso Widerspruch einlegen wird, verliert man durch das Mahnverfahren nur Zeit.

Besonderheiten des EDV-gestützten Verfahrensablaufs in Baden-Württemberg:

1. Für die Antragstellung zuständig ist das **Amtsgericht Stuttgart**.

   Hinweis: Im Antrag brauchen die Gerichts- und Anwaltskosten nicht berechnet zu werden. Das verwendete DV-Programm berechnet die Kosten maschinell und nimmt sie in den Antrag auf. Weiterhin werden die Vollständigkeit, Zulässigkeit und – soweit möglich – die Richtigkeit überprüft.

2. Gleichzeitig mit dem Erlass des Mahnbescheids wird maschinell eine **Kostenrechnung** für den Antragsteller angefertigt. Darin sind ausgewiesen: Gebühren und Auslagen des Gerichts für den Erlass des Mahnbescheids, bei Beteiligung eines Rechtsanwalts oder Rechtsbeistandes dessen Gebühren, Auslagen und USt.

3. Wenn der Mahnbescheid nicht zugestellt werden kann, dann erhält der Antragsteller eine Nichtzustellungsnachricht sowie einen Vordruck für den Antrag auf **Neuzustellung des Mahnbescheids**.

4. Wenn der Mahnbescheid zugestellt wird, dann erhält der Antragsteller eine **Zustellungsnachricht.** Gleichzeitig erhält er einen **Antrag auf Erlass des Vollstreckungsbescheids**.

5. Der **Vollstreckungsbescheid** wird erst erlassen, wenn der Antragsteller die Kosten des Mahnbescheids bezahlt hat.

6. Nach Amtszustellung des Vollstreckungsbescheides erhält der Antragsteller eine Ausfertigung für sich.

Hinweis: Es besteht auch die Möglichkeit, ganz auf die Formulare zu verzichten und am Datenträgeraustausch mittels Disketten teilzunehmen. Anträge auf Erlass eines Mahnbescheids und der Folgeanträge können nur in maschinenlesbarer Form eingereicht werden. Die Möglichkeit der Datenfernübertragung ist ab 1995 ebenfalls gegeben.

9.2 Zwangsvollstreckung

Voraussetzung für die Zwangsvollstreckung ist das Vorliegen eines Vollstreckungstitels.

Ein Vollstreckungstitel ist das Recht, in das Vermögen eines Schuldners zwangsweise mit Hilfe des Gerichtsvollziehers einzugreifen.

Die wesentlichen Vollstreckungstitel sind:
– Vollstreckungsbescheid,
– vorläufig vollstreckbare oder rechtskräftige Gerichtsurteile,
– gerichtliche Vergleiche.

Der Vollstreckungsbescheid wird erteilt, wenn der Antragsgegner (siehe gerichtliches Mahnverfahren) innerhalb der Zwei-Wochen-Frist gegen den Mahnbescheid keinen Widerspruch erhebt und der Antragsteller den entsprechenden Antrag stellt. Gegen den Vollstreckungsbescheid kann der Schuldner – falls er nicht bezahlt – innerhalb von 14 Tagen Einspruch erheben und so das mündliche Verfahren vor Gericht (Klageverfahren) herbeiführen.

Die beiden weiteren Voraussetzungen für die Zwangsvollstreckung sind die Vollstreckungsklausel (Text: „Vorstehende Ausfertigung wird der Firma ... zum Zwecke der Zwangsvollstreckung erteilt.") und die Zustellung an den Schuldner durch das Gericht.

9.2.1 Zwangsvollstreckung in das bewegliche Vermögen (§§ 803–845 ZPO)

Sie besteht in der Pfändung und in der Versteigerung der gepfändeten Sachen. Sachen werden beim Schuldner gepfändet, indem der Gerichtsvollzieher sie in Besitz nimmt (Faustpfand). Dies gilt besonders für Geld, Wertsachen, Wertpapiere. Größere und schwer transportierbare Gegenstände erhalten das Pfandsiegel (Pfändungsmarke) aufgeklebt und verbleiben beim Schuldner bis zur Verwertung.

Auch Sachen, die sich im Besitz des Schuldners befinden, aber Eigentum eines Dritten sind, können gepfändet werden. Der Eigentümer der Sache kann durch die Drittwiderspruchsklage sein Recht geltend machen.

Unpfändbare Sachen sind solche, die dem persönlichen Gebrauch oder dem Haushalt dienen oder zur Berufsausübung notwendig sind. Dabei ist von einer angemessenen, bescheidenen Lebensführung auszugehen, unter Berücksichtigung eines Vorrats an Lebens- und Feuerungsmitteln für 4 Wochen.

Wertvolle Gegenstände, die nur einmalig vorhanden sind, z.B. Pelzmantel, Barockschrank, werden dennoch gepfändet im Sinne der Austauschpfändung (d.h. es wird vom Gläubiger ein entsprechendes einfaches Objekt gestellt).

Pfändungsverbote bestehen im Bezug auf unpfändbare Sachen, auf Überpfändung und auf nutzlose Pfändung (nutzlose Pfändung liegt dann vor, wenn der zu erwartende Erlös zu gering ist).

9.2.2 Zwangsvollstreckung in Forderungen und Rechte (§§ 828–862 ZPO)

Sie geschieht durch Pfändungs- und Überweisungsbeschluss des Amtsgerichts. Im Pfändungsbeschluss wird dem Schuldner der gepfändeten Forderungen (Drittschuldner) verboten, an seinen Gläubiger und somit den Schuldner der Zwangsvollstreckung zu leisten. Dem Gläubiger wird verboten, über die Forderung zu verfügen.

Die gepfändete Geldforderung ist dem Gläubiger zu überweisen (Überweisungsbeschluss, § 835 ZPO).

Auf diese Weise können insbesondere Löhne und Gehälter, Bankguthaben gepfändet werden. § 850 und §§ 850 a–c ZPO bezeichnen genauer, welche Bezüge unpfändbar, u.U. pfändbar sind sowie Pfändungsgrenzen bei Arbeitseinkommen. Auf diese Weise soll dem Schuldner der Zwangsvollstreckung und seinen unterhaltsberechtigten Familienangehörigen ein angemessener Lebensunterhalt gesichert werden.

9.2.3 Zwangsvollstreckung in das unbewegliche Vermögen (§§ 864–871 ZPO)

Die Zwangsvollstreckung in Grundstücke kann auf verschiedene Weise erfolgen.

– Auf Antrag eines Gläubigers wird in das Grundbuch eine Zwangshypothek (Sicherungshypothek) eingetragen. Sie darf nur für einen Betrag von mehr als 750 € eingetragen werden (§ 866 Abs. 3 ZPO).

– Bei der Zwangsverwaltung soll der Gläubiger aus den Erträgen des Grundstücks befriedigt werden. Hierzu wird vom Versteigerungsgericht ein Zwangsverwalter bestellt, der das Grundstück in seinem wirtschaftlichen Bestand erhalten und nutzen soll. Er hat die Nutzung in Geld umzusetzen und das Geld für den Gläubiger bereitzustellen.

Die Zwangsverwaltung endet durch den Beschluss des Versteigerungsgerichts, i.d.R. mit der Befriedigung der Gläubiger.

Dem Schuldner wird lediglich das Verfügungsrecht über das Grundstück entzogen; er verliert nicht das Eigentum daran. Auch die Zwangsverwaltung ist im Grundbuch, 2. Abteilung, einzutragen.

– Bei der häufigsten Art der Zwangsvollstreckung in das unbewegliche Vermögen, der Zwangsversteigerung, wird das Grundstück veräußert und der Gläubiger aus dem Erlös befriedigt. Versteigerungsgericht ist das Amtsgericht, und zwar der Rechtspfleger.

Die folgenden Abschnitte beschreiben das Verfahren: Die Anordnung der Zwangsversteigerung, die Bestimmung des Versteigerungstermins, der Versteigerungstermin selbst, der Zuschlag des Erlöses.

Die Zwangsversteigerung wird auf Antrag des betreibenden Gläubigers durch Beschluss angeordnet. Über das Grundbuchamt erfolgt die Eintragung des Zwangsversteigerungsvermerks, 2. Abteilung.

Mit der Bestimmung des Versteigerungstermins, der öffentlich bekanntgemacht wird, werden die Beteiligten aufgefordert, ihre Rechte geltend zu machen. Im Versteigerungstermin werden die Versteigerungsbedingungen bekanntgegeben (u.a. geringstes Gebot, angemeldete Ansprüche). Dem Meistgebot wird der Zuschlag erteilt, falls nicht Gründe für eine Versagung vorliegen. Wird weniger als 50 % des Grundstückswertes geboten, so ist der Zuschlag dem Meistbietenden grundsätzlich zu versagen. Bleibt das Meistgebot unter $^7/_{10}$ des vom Vollstreckungsgericht festzusetzenden Grundstückswertes (Mindestgebot), so kann ein Berechtigter die Versagung des Zuschlags beantragen.

Dem „Ortenauer Anzeiger" ist die folgende Ankündigung einer Zwangsversteigerung entnommen. Betreiber der Zwangsvollstreckung ist der Gläubiger Remst wegen einer Forderung in Höhe von 25 000,00 €. Die Gemeinde Ottenberg hat noch 15 000,00 € Erschließungskosten zu fordern; ferner ist eine Briefhypothek in Höhe von 40 000,00 € eingetragen sowie eine Buchgrundschuld über 32 000,00 €. Die Kosten des Verfahrens schätzt das Gericht auf 3 000,00 €.

Alle die genannten Rechte gehen dem Gläubiger Remst vor. Sie dürfen durch die Versteigerung nicht beeinträchtigt werden. Ihre Summe – 90 000,00 € – entspricht dem geringsten Gebot. Sie muss mindestens bei der Versteigerung erzielt werden. Bar bezahlt werden müssen Erschließungskosten und Kosten des Verfahrens (18 000,00 €); dies entspricht dem Bargebot. Die Hypothek und die Grundschuld müssen vom Ersteigerer übernommen werden, da sie durch die Versteigerung bestehen bleiben.

Zwangsversteigerung

K 94/84. Folgender Grundbesitz, eingetragen im Grundbuch von Ottenberg Nr. 920: Flst.-Nr. 8164, Hof- und Gebäudefläche, Im Sommerhäldele 5, mit 7,56 Ar soll am **Donnerstag, dem 24. April 06, um 9.00 Uhr,** Rathaus der Gemeinde Ottenberg, Sitzungssaal, zum Zwecke der Zwangsvollstreckung versteigert werden.

Der Verkehrswert ist gemäß § 74a Absatz 5 ZVG festgesetzt worden auf: 485 000,00 €.

Ist ein Recht im Grundbuch nicht oder erst nach dem Versteigerungsvermerk eingetragen, muss der Berechtigte es anmelden, bevor das Gericht im Versteigerungstermin zum Bieten auffordert; er hat das Recht glaubhaft zu machen, wenn der Gläubiger der Anmeldung widerspricht. Andernfalls wird das Recht im geringsten Gebot nicht berücksichtigt und bei der Verteilung des Versteigerungserlöses erst nach dem Anspruch des Gläubigers und den übrigen Rechten befriedigt.

Es ist zweckmäßig, zwei Wochen vor dem Termin eine Berechnung der Ansprüche – getrennt nach Hauptbetrag, Zinsen und Kosten – einzureichen und den beanspruchten Rang mitzuteilen. Der Berechtigte kann dies auch zur Niederschrift der Geschäftsstelle erklären.

Wer ein Recht hat, das der Versteigerung des Grundbesitzes oder des nach § 55 ZVG mithaftenden Zubehörs entgegensteht, muss das Verfahren aufheben oder einstweilen einstellen lassen, bevor das Gericht den Zuschlag erteilt. Anderenfalls tritt für das Recht der Versteigerungserlös an die Stelle des versteigerten Gegenstandes.

Gemäß §§ 67 bis 70 ZVG kann im Versteigerungstermin für ein Gebot Sicherheitsleistung verlangt werden; die Sicherheit ist in der Regel in Höhe von 10 % des Bargebots zu leisten.

Amtsgericht Ottenberg – Vollstreckungsgericht

9.2.4 Pfandverwertung

Die gepfändeten Gegenstände kann der Gläubiger auf bestimmte Weise verwerten, um seine Geldforderung zu befriedigen. Sachen werden durch den Gerichtsvollzieher versteigert (§ 814 ZPO). Diese Versteigerung, die öffentliche Versteigerung, ist ein staatlicher Hoheitsakt. Die gepfändete Sache wird durch Zuschlag und Ablieferung an den Erwerber veräußert. Der Überschuss aus einer Versteigerung steht dem Schuldner zu.

9.2.5 Eidesstattliche Versicherung (§§ 899 ff. ZPO)

Ist die Pfändung fruchtlos, d.h. der Gerichtsvollzieher findet beim Schuldner keine ausreichenden pfändbaren Gegenstände, dann stellt der Gerichtsvollzieher dem Gläubiger eine Unpfändbarkeitserklärung zu. Der Schuldner kann nun gezwungen werden, ein Vermögensverzeichnis aufzustellen und die Richtigkeit durch eine eidesstattliche Versicherung zu beschwören. Damit wird er beim Amtsgericht in ein öffentliches Schuldnerverzeichnis eingetragen.

Für die Abnahme der eidesstattlichen Versicherung ist ebenfalls der Gerichtsvollzieher zuständig. Der Gläubiger kann ihn damit bereits vorsorglich beauftragen für den Fall, dass er beim Schuldner keine pfändbare Habe findet.

Verweigert der Schuldner die eidesstattliche Versicherung, kann er bis zu 6 Monaten inhaftiert werden. Hierzu muss das Vollstreckungsgericht auf Antrag des Gläubigers Haftbefehl erlassen. Die Festnahme erfolgt durch den Gerichtsvollzieher auf Antrag und auf Kostenvorauszahlung des Gläubigers.

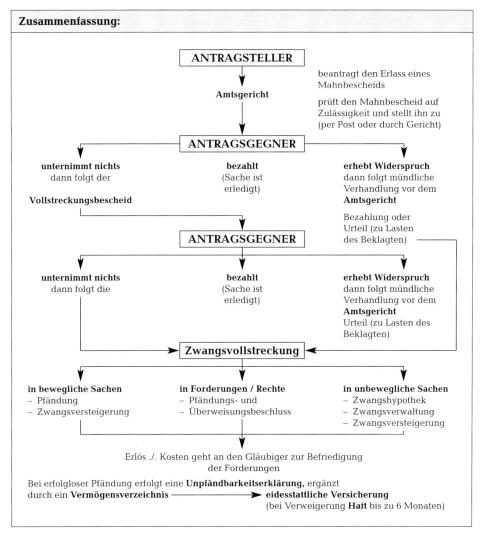

Zusammenfassung:

ANTRAGSTELLER
↓
Amtsgericht

beantragt den Erlass eines Mahnbescheids

prüft den Mahnbescheid auf Zulässigkeit und stellt ihn zu (per Post oder durch Gericht)

↓
ANTRAGSGEGNER

unternimmt nichts
dann folgt der
Vollstreckungsbescheid

bezahlt
(Sache ist erledigt)

erhebt Widerspruch
dann folgt mündliche Verhandlung vor dem **Amtsgericht**

Bezahlung oder Urteil (zu Lasten des Beklagten)

↓
ANTRAGSGEGNER

unternimmt nichts
dann folgt die

bezahlt
(Sache ist erledigt)

erhebt Widerspruch
dann folgt mündliche Verhandlung vor dem **Amtsgericht**
Urteil (zu Lasten des Beklagten)

→ **Zwangsvollstreckung** ←

in bewegliche Sachen
– Pfändung
– Zwangsversteigerung

in Forderungen / Rechte
– Pfändungs- und
– Überweisungsbeschluss

in unbewegliche Sachen
– Zwangshypothek
– Zwangsverwaltung
– Zwangsversteigerung

↓
Erlös ./. Kosten geht an den Gläubiger zur Befriedigung der Forderungen

Bei erfolgloser Pfändung erfolgt eine **Unpfändbarkeitserklärung,** ergänzt durch ein **Vermögensverzeichnis** ⟶ **eidesstattliche Versicherung**
(bei Verweigerung **Haft** bis zu 6 Monaten)

■ Übungsaufgaben:

a) Im Laufe der vergangenen Jahre wurde die Streitwertgrenze bezüglich der Zuständigkeit des Amtsgerichts von 1 500,00 DM auf 3 000,00 DM, auf 6 000,00 DM und schließlich auf 10 000,00 DM (jetzt 5 000 €) heraufgesetzt. Welche Gründe sprechen dafür?

9/1

b) Aus welchen Gründen ist das Amtsgericht für bestimmte Rechtsprobleme ausschließlich zuständig?

Egon Reispert ist Handelsvertreter und beruflich im gesamten südlichen Bundesgebiet unterwegs. Infolge nachlassender Geschäfte gerät er in finanzielle Schwierigkeiten. Ein Gläubiger erwirkt gegen ihn einen Vollstreckungsbescheid über den Betrag von 42 000,00 €. Als der Gerichtsvollzieher bei Reispert auftaucht, findet er folgende Gegenstände vor: einen fast neuen Pkw, Wert ca. 38 000,00 €, einen PC im Wert von 1 900,00 €, eine Münzsammlung im Wert von 17 000,00 €, mehrere neue Anzüge im Wert von 5 000,00 €, Arbeitszimmereinrichtung 9 000,00 € (im Arbeitszimmer befinden sich außerdem zwei alte Perserteppiche im Wert von insgesamt 25 000,00 € und mehrere alte Kupferstiche im Wert von 4 000,00 €), im Flur stehen mehrere Kartons mit insgesamt 48 Flaschen Champagner, Wert 1 920,00 €.

9/2

Als der Gerichtsvollzieher mit der Pfändung beginnen will, weist Reispert darauf hin, dass alle Gegenstände für die Berufsausübung bzw. für den Lebensunterhalt notwendig sind, folglich nicht gepfändet werden können.

Wie würden Sie sich als Gerichtsvollzieher verhalten?

Gegen Anton K. erfolgte eine fruchtlose Pfändung. Das Ablegen einer eidesstattlichen Versicherung verweigert Anton K. Ist es sinnvoll, wenn nun der Gläubiger die Haft betreibt?

9/3

Stichwortverzeichnis

Abkürzungsverzeichnis 4
Abschlussfreiheit 41
Abschreckung 373
Absichtserklärung 44
absolutes Recht 203
Abstraktionsgrundsatz 58
Adäquanztheorie 204
Adoption 94
aggressiver Notstand 226
Akzessorietät 261, 265 f., 269 ff.
Aliudlieferung 178
Alleineigentum 232 f.
Allgemeine Geschäftsbedingungen 78 ff.
Amtsgericht 360, 363 f., 365 f., 370, 384, 386 f., 389 f., 394
Amtspflichtverletzung 207 ff.
Amtsrichter 361
Aneignung 244
anfängliche Unmöglichkeit 139 ff.
Anfangsvermögen 294 ff.
Anfechtung 67 ff., 352
Anfechtungsfolgen 74
Anfechtungsfrist 71, 74, 352
Angriff 225
Angriffsnotstand 226
Anklagesatz 379
Anklageschrift 379
Annahme 117
Annahme an Kindes Statt 94
Annahme der Erbschaft 350 ff.
Anspruch 39, 189 f.
Anstalten 21
Antrag 117, 119 f.
Antragsdelikte 378
Antragsprinzip 253 f.
Anwaltszwang 301
Äquivalenztheorie 203
Äquivalenzverhältnis 52
Arbeitsgerichtsbarkeit 360
arglistige Täuschung 72 f.
Armenrecht 389
Aufhebung der Ehe 285
Auflage 343 f., 382
auflösende Bedingung 95 f.
Aufrechnung 132
aufschiebende Bedingung 95 f.
Aufsichtspflicht 291
Ausgleichsforderung 294 ff.
Ausgleichsfunktion 9
Ausgleichsgemeinschaft 318
Ausschlagungserklärung 352
Ausschlagungsfrist 352

Ausschluss der Erbschaft 347
Austauschpfändung 392
automatisierte Willenserklärung 49

Bagatellsachen 378
Basiszinssatz 159
Beamtenhaftung 207 f.
Bedingung 95 ff.
Bedingung, auflösende 95 f.
Bedingung, aufschiebende 95 f.
bedingungsfeindliche Rechtsgeschäfte 97
befristete Verträge 96 f.
Befristung 114 f.
Beginn der Verjährungsfristen 103
Beginnfrist 98
Beglaubigung, öffentliche 56, 287
Behördenbetreuer 313
Bereicherungsanspruch 217
Berliner Testament 338
Berufung 370, 379
Berufungsinstanz 370, 383
Beschaffungsrisiko 138, 155 f.
beschränkte persönliche Dienstbarkeiten 278 f.
Beschwerde 370, 379
Beseitigungsanspruch 235
Besitz 229 ff.
Besitz, mittelbarer 229
Besitz, unmittelbarer 229
Besitzdiener 229 ff.
Besitzentziehung 232
Besitzgründungswille 230
Besitzkehr 231
Besitzkonstitut 241, 262
Besitzstörung 232
Besitzwehr 231
besondere Gerichtsbarkeit 360, 362
besondere Verjährungsfristen 102
Besserung 376, 383 f.
Bestandsverzeichnis 250
Bestandteile 36
Betreuung 94, 312 ff.
Betrieb eines Erwerbsgeschäfts 26
Beurkundung, notarielle 56, 247, 298
Bewährung 375, 382
Bewährungszeit 382
Beweisaufnahme 379
Beweiserhebung 368
Beweislast 175, 242
Beweislastumkehr 194 f.
Beweismittel 368, 379
Beweissicherung 55

bösgläubiger Besitzer 234 ff.
Briefhypothek 268 f.
Bruchteilseigentum 232 f.
Bundesarbeitsgericht 362
Bundesfinanzhof 362
Bundesgerichtshof 361 f., 370, 383
Bundespatentgericht 360
Bundessozialgericht 362
Bundesverfassungsgericht 357 f., 362
Bundesverwaltungsgericht 362
Bürgermeistertestament 339, 341
Bürgschaft 201

Computererklärung 49
culpa in contrahendo (cic) 135, 170

Darlehen 200
Dauerschuldverhältnis 172
Deckung des täglichen Lebensbedarfs 288
Deckungskauf 184
defensiver Notstand 226
Deliktsfähigkeit 27 f.
Diebstahl 230
dienendes Grundstück 274 ff.
Dienst- oder Arbeitsverhältnis 27
Dienstbarkeiten 274 ff.
Dienstvertrag 200 f.
dingliche Rechte 249
dinglicher Vertrag 247
Doppelehe 285
Doppelnamen 287
Dreizeugentestament 339 ff.
Dritthaftung 171
Drittschuldner 391
Drittwiderspruchsklage 392
Drohung, widerrechtliche 72, 285
Duldungspflicht 237

Ehe 282
Ehefähigkeit 284
Ehegattenerbrecht 323, 328 ff.
eheliche Güterstände 293 ff.
Ehemündigkeit 284
Ehenamen 287
Ehescheidung 300 ff.
Eheschließung 284 ff.
Eheverbot 284 ff., 308, 311
eidesstattliche Versicherung 395
Eidesverweigerungsrecht 283
Eigenbesitz 229
eigenhändiges Testament 337 f.
Eigenmacht, verbotene 223 ff.
Eigenschaftsirrtum 69 f.
Eigentum 229 ff., 232 ff.
Eigentümergrundschuld 271
Eigentümerhypothek 267

Eigentumserwerb 239 ff.
Eigentumsschutz 234
Eigentumsübertragung 240 ff.
Einigung 240 ff., 273, 276 ff.
Einstellung 380
Eintragung 246, 258 f., 273, 276 ff.
Einwilligung 25
Einwilligungsvorbehalt 314
elektronische Willenserklärung 49
elterliche Sorge 289 ff.
Empfängniszeit, gesetzliche 307
Endvermögen 294 ff.
Enteignung 238 f.
entgangener Gewinn 219 ff.
Entreicherung 214 f.
Entzug der Fahrerlaubnis 383
Erbbaugrundbuch 273
Erbbaurecht 272 ff.
Erbersatzanspruch 334
Erbfähigkeit 320
Erbfall 319 f.
Erbfolge 320 ff.
Erblasser 319 ff.
Erbordnungen 321 ff.
Erbrecht nichtehelicher Kinder 334
Erbrecht 319 ff.
Erbvertrag 335, 342
Ereignisfrist 98
Erfüllung 129 ff.
Erfüllungsgehilfe 208 f., 212
Erfüllungsgeschäft 57 ff.
Erfüllungsort 124 ff.
Erklärungsirrtum 69
Erlass 133
Ermittlungsverfahren 378 f.
Eröffnungsbeschluss 378
Eröffnungsverfahren 378
Ersatz der vergeblichen
     Aufwendungen 140, 144, 150
Ersatzfreiheitsstrafe 376
Ersitzung 243
Erziehungsgedanke 381
Erziehungsmaßregeln 381 f., 383
Erziehungsmittel 291
Exekutive 356
Exkulpation 211

Fahrlässigkeit 167
faktische Unmöglichkeit 147 ff.
Familie 282
Familiengericht 290, 301, 363 f.
Familiennamen 287
Familienrichter 361
Faustpfand 261, 392
Fehlerbegriff 174
Festsetzungsverjährung 114

Finanzgerichtsbarkeit 360
Finderlohn 244
Fixkauf 124
formelles Grundbuchrecht 253 f.
formelles Recht 17
Formfreiheit 41
Formnichtigkeit 63
Formvorschriften 55
Formzwang 55
fortgesetzte Gütergemeinschaft 328
freihändiger Verkauf 166
Freiheitsstrafe 375 f.
Freispruch 388
freiwillige Gerichtsbarkeit 360
Freizeichnungsklausel 118
Fremdbesitz 229
Fristen 97 ff.
Früchte einer Sache 38
frustrierte Aufwendungen 140, 144, 150,
    158, 184, 186
Führungsaufsicht 383
Fund 244

Garantie 138
Garantieerklärung 195
Garantievereinbarung 191
Gastwirtpfandrecht 263
Gattungskauf 181
Gattungsschuld 123, 138, 152, 155 f., 163
Geburtsnamen 287 f.
Gefährdungshaftung 205 ff., 219
Gefahrübergang 174, 191, 193 f.
Gegenforderung 132
Gegenstände 122
Geldersatz 220 f.
Geldschulden 163
Geldstrafe 375 f.
Genehmigung 25
Generalprävention 373
Gerichtsbarkeiten 359 ff.
Gerichtshoheit 359
Gerichtskosten 388 f., 391
Gerichtsstand 125, 366.
Gerichtsvollzieher 392 ff.
Gesamtgut 298, 328
Gesamthandseigentum 232 f.
Gesamthypothek 270
Gesamtrechtsnachfolge 350
geschäftsähnliche Handlung 53, 154
Geschäftsbesorgungsvertrag 87 f.
Geschäftsfähigkeit 24 ff., 284, 335 f.
Geschäftsstelle 363 f.
geschriebenes Recht 13
Gesetze 14
Gesetzgebungsverfahren 14 f.
gesetzliche Empfängniszeit 307

gesetzliche Erbfolge 320, 322 ff.
gesetzliche Schuldverhältnisse 203 ff.
gesetzliche Vertretung 93 f.
gesetzlicher Güterstand 294 ff.
gesetzlicher Vertreter 208, 313
gesetzliches Erbrecht 311, 317 f.
gesetzliches Vorkaufsrecht 280
gesetztes Recht 11
Getrenntleben 301, 318
Gewaltenteilung 356
gewillkürte Erbfolge 320, 334 ff.
Gewinn, entgangener 219 ff.
Gewohnheitsrecht 13
Gläubigerverzug 166 ff.
großer Schadensersatz 158, 184
Grundbuch 246 ff.
Grundbuchamt 249 ff., 361
Grundbuchberichtigungsanspruch 256
Grundbuchblatt 249 f., 273
Grundbuchordnung 249
Grundbuchprinzipien 253 ff.
Grundbuchrecht 248 ff.
Grunddienstbarkeiten 274 ff.
Grundpfandrechte 264 ff.
Grundsatz der Vertragsfreiheit 41 f.
Grundschuld 249, 265, 270 f.
Gütergemeinschaft 298 f.
Gütergemeinschaft, fortgesetzte 328
Güterrechtsregister 288 f.
Güterstand 293 ff., 317, 328
Gütertrennung 298
gutgläubiger Eigentumserwerb 242, 267

Haftung des Eisenbahnunternehmers 206
Haftung des Kraftfahrzeughalters 206
Haftung für Erfüllungsgehilfen 208 f., 212
Haftung für Verrichtungsgehilfen 209 ff.
Haftungsbefreiung 180
Haftungserleichterung 166
Haftungserweiterung 157 f.
Haftungsübernahme durch den Staat 208
Hauptforderung 132
Hauptleistungspflicht 135
Hauptstrafen 375 f.
Haupttermin 367 f.
Hauptverfahren 379 f.
Hauptverhandlung 379
Heimfall 273 f.
Hemmung der Verjährung 107 ff.
Heranwachsende 380
Herausgabeanspruch 234
herrenlose Sache 244
herrschendes Grundstück 274 ff.
Hinterlegung 131, 166
Hinzurechnungen 294 ff.
Höchstbetragshypothek 269 f.

Holschulden 125
Hypothek 249, 265 ff.
Hypothekenarten 266 ff.
Hypothekenbrief 267 f.

IKEA-Klausel 178
immaterieller Schaden 219, 221
Inhaltsfreiheit 41
Inhaltsirrtum 68 f.
Inhaltsverzeichnis 5 ff.
Insichgeschäfte 90
Insolvenzgericht 363
Instanzen 369, 388
Interesse, negatives 222
Interesse, positives 222
Irrtum 68 ff.

Judikative 355 ff.
Jugendarrest 382
Jugendgerichtshilfe 381
Jugendkammer 383, 387
Jugendliche 381
Jugendrichter 383, 387
Jugendschöffengericht 383, 387
Jugendstrafe 375 f., 381, 382
Jugendstrafrecht 380 ff.
juristische Person 20, 23
Justizhoheit 359

Kammer für Handelssachen 361
Kauf auf Abruf 124
Kaufgegenstand 122 f.
Kaufvertrag 117 ff., 199
Klageerhebung 366 f., 378
Klageschrift 367
Klauselverbote 83
kleiner Schadensersatz 170 f.
konkludentes Handeln 48
Konkretisierung 123
Konsensprinzip 253 f.
Körperschaft 20
Kostenfestsetzungsverfahren 388
Kostenregelung 388 f.

Landgericht 361, 365 f., 370, 384, 385 f.
Lebensbedarf 307
Lebensgebräuche 10
Lebenspartnerschaftsgesetz 317 ff.
Lebenspartnerschaftsnamen 318
Legalitätsprinzip 379
Legat 343
Legislative 356
Leihe 200
Leistungsangebot 166
Leistungsinteresse 147
Leistungsort 124 f.

Leistungsstörungen 135 ff.
Leistungsverweigerungsrecht 147
Leistungsverzug 154 ff.
Leistungszeit 123
Lieferungsbedingungen 124
Lieferzeit 123 f.

Mahnabteilung 363
Mahnbescheid 390 f.
Mahnung 154 ff.
Mahnverfahren 390
Mangelfolgeschäden 184
Mangelschäden 184
Maßregeln 376, 383 f.
materieller Schaden 219
materielles Grundbuchrecht 255 ff.
materielles Recht 17
mehrseitige Rechtsgeschäfte 51
Meistgebot 392
Mentalakt 240
Miete 200
Minderlieferung 178
Minderung 181 ff., 186, 190
Mindestgebot 392
Miteigentum 232 f.
mittelbarer Besitz 229
mittelbarer Schaden 221
Montagefehler 177
Moral 10
Motivirrtum 70
Mündel 315
mündliche Verhandlung 367
Mündlichkeit 379
Mündlichkeitsprinzip 367

Nachbargrundstück 237
Nachbesserung 181
Nacherbe 338
Nacherfüllung 181 ff., 189
Nachfrist 160 f., 182 f.
nachgiebiges Recht 17
Nachlassinsolvenzverfahren 352
Nachlassverbindlichkeiten 320
Nachlassverwaltung 352
nachträgliche Unmöglichkeit 139, 143 ff.
Namensrecht 287 f., 317 f.
Naturalersatz 220
natürliche Personen 20, 22
natürlicher Erfüllungsort 127
Naturrecht 11, 12
Naturrestitution 220
Nebenpflichten 135, 169
Nebenstrafen 377
negatives Interesse 222
Neubeginn der Verjährung 110 ff.

nicht empfangsbedürftige
  Willenserklärung 47 f.
Nichtannahme 166
nichteheliche Kinder 334
nichteheliche Lebensgemeinschaft 316
Nichterfüllung 136
Nichtigkeit 60 f., 247
Nießbrauch 276 f.
Normenkontrolle 356
notariell Beurkundung 56, 247, 298
Nothilfe 204
Notstand 223 ff., 237
Nottestamente 337, 339 f., 341
Notverkauf 166
Notwegerecht 238
Notwehr 204, 223 ff.
Notwehrexzess 225
Nutzungen 38

Oberlandesgericht 361, 365, 370, 384, 386
objektiver Fehler 174
objektives Recht 17
öffentliche Beglaubigung 287
öffentliche Beglaubigung 56
öffentlicher Glaube 255 f., 267 f.
öffentliches Testament 336
Öffentlichkeit 367, 379
Offizialdelikte 378
Opportunitätsprinzip 380
ordentliche Gerichtsbarkeit 360 f.
ordentliche Testamentsformen 337 ff.
Ordnungsfunktion 9
Organstreitigkeiten 357

Pacht 200
Pächterpfandrecht 263
Parteifähigkeit 30
Personalkredit 264
Personensorge 289 ff., 315
persönliche Dienstbarkeiten 276 ff.
Pfandrechte 260 ff.
Pfandrechtsprinzipien 261
Pfandreife 261
Pfandsiegel 391
Pfändung 391
Pfändungs- und Überweisungs-
  beschluss 392 ff.
Pfändungsgrenzen 393
Pfändungsverbote 392
Pfandverwertung 394
Pflichtteil 338, 346 f.
Pflichtverletzung 136, 168, 170, 174, 184
positive Forderungsverletzung (pFV) 168 ff.
positive Vertragsverletzung (pVV) 168 ff.
positives Interesse 150, 222
positives Recht 13

praktische Unmöglichkeit 147 ff.
Preisgefahr 166
Primärleistung 140, 143 f., 147, 150,
  158, 184
Prinzip der Gleichverteilung 325
Prinzip der Publizität 253 f.
Prinzip der Voreingetragenheit 253 f.
Privatautonomie 41
privates Recht 17
privatschriftliches Testament 337 f.
Prozessfähigkeit 30
Prozesskostenhilfe 389
psychische Unmöglichkeit 147 ff.
Publizitätsfunktion des Besitzes 242
Putativnotwehr 225
Putativselbsthilfe 227

Quittung 130
Quotenprinzip 259

Rangfolge der gesetzlichen Erben 323 ff.
Rangprinzip 259 f.
Realakt 240
Realkredit 264
Recht 16
Recht, absolutes 203
Recht, formelles 17
Recht, materielles 17
Recht, nachgiebiges 17
Recht, objektives 17
Recht, privates 17
Recht, subjektives 17
Recht, zwingendes 17
Rechte 39, 122
Rechte, dingliche 249
rechtlicher Vorteil 26
Rechtsantragsstelle 363
Rechtsfähigkeit 20, 21 ff., 319
Rechtsgeschäfte 41 ff., 50 ff.
Rechtsgeschäfte, mehrseitige 51
Rechtsmangel 187
Rechtsmittel 370, 388
Rechtsnormen 11, 13
Rechtsobjekte 20, 35 ff.
Rechtsordnung 16
Rechtspfleger 362 ff.
Rechtsprechung 355 f.
Rechtsscheinvollmacht 89
Rechtsstaatsprinzip 355 f.
Rechtssubjekte 20
Rechtsverordnungen 16
Rechtswidrigkeit 374 f.
regelmäßige Verjährungsfrist 102, 190
Registergericht 361
Reisevertrag 201
Rentenanwartschaft 302

Rentenschulden 249
Restfähigkeit 314
Revision 370, 379
Revisionsinstanz 370, 384
Richter 363
Rückgaberecht 127 ff.
Rückgriff 195 ff.
Rücktritt 140, 144, 150, 158, 161, 182, 186,
    190, 283
Rügepflicht 197

Sachen 35
Sachenrecht 229 ff.
Sachmangel 194
Sachmängelhaftung 173 ff.
Satzung 16
Schaden, immaterieller 219, 221
Schaden, materieller 219
Schaden, mittelbarer 221
Schaden, unmittelbarer 221
Schadensersatz 140, 159, 184 ff., 189,
    218 ff., 235 f., 283
Schadensersatz statt der Leistung 150,
    158 f., 169 f., 184, 186
Scheidung 287, 300 ff.
Scheidungsfolgen 301 f.
Scheidungsfristen 301
Scheingeschäft 61
Schenkung 52
Schenkungsvertrag 202
Scherzerklärung 62
Schickschulden 125
Schlechterfüllung 136
Schlechtleistung 160
Schlusserbe 338
schlüssiges Handeln 48
Schmerzensgeldanspruch 211 ff., 219
Schöffengericht 361, 386
Schriftform 56
schuldhaftes Handeln 374 f.
Schuldnerverzeichnis 394
Schuldnerverzug 154 ff.
Schuldverhältnis 135
Schuldverhältnisse durch
    Gefährdungshaftung 205 ff.
Schuldverhältnisse 116 ff.
Schuldverhältnisse, gesetzliche 203 ff.
Schuldverzicht 133
Schutzfunktion 9
Schwägerschaft 308 f., 311 f.
Schwippschwägerschaft 308
Schwurgericht 361, 385
Seetestament 337, 340 f.
Sekundärleistungspflichten 143
Selbsthilfe 204, 223 ff.
Selbsthilfeexzess 227

Selbsthilfemaßnahmen 224
Selbsthilferecht 231
sexuelle Selbstbestimmung 219
Sicherheitsfunktion 9
Sicherung der Urheberschaft 55
Sicherungshypothek 266, 269 f., 271, 392
Sicherungsübereignung 241, 262
Sitte 10
Sittengesetz 10
Sittenwidrigkeit 64 f.
Sitzungsniederschrift 368
Sofortkauf 124
Sondergut 299, 328
Sorgerecht 289 ff., 305, 317
Sozialbindung des Eigentums 238
Sozialgerichtsbarkeit 360
Spezialprävention 373
Spezieskauf 181
Speziesschuld 123, 155
Spielschulden 132
Staatsanwaltschaft 377 ff.
stellvertretendes commodum 144, 150,
    158, 186
Stellvertreter 85
Stichentscheid 292
Stiftungen 21
Strafantrag 378
Strafanzeige 378
Straffähigkeit 29
Strafgericht 363
Strafgerichtsbarkeit 359 f.
Strafkammer 361, 386
Strafmündigkeit 29, 380 f.
Strafprozess 361, 372 ff.
Strafprozess 389
Strafrechtstheorien 373
Strafrichter 361
Strafsachen 370
Strafsenat 361, 386
Straftaten 374
Strafverfahren 377 ff.
Strafzweck 373
streitige Gerichtsbarkeit 360
Streitwert 365 f., 369
Stückschuld 123
subjektiver Fehler 174
subjektives Recht 17

Tagessätze 376
Taschengeldparagraf 26
Tatbestandsmäßigkeit 373, 375
Tathandlungen 53
tatsächliches Angebot 166
Täuschung, arglistige 72 f.
Termine 97 ff.
Terminkauf 124

Testament 296, 317 f., 320 f., 334 ff.
Testierfähigkeit 336
Testierfreiheit 335
Tiere 38, 122
Tierhalterhaftung 205 f.
Tierhüterhaftung 206
Totenschein 320
Treuhandeigentum 232, 234

Überbau 238
Übergabe 240 ff.
Überhang 238
Übermittlungsirrtum 71
überraschende Klauseln 82
Unabhängigkeit der Gerichte 355 f.
unerlaubte Handlung 203 ff., 219, 225
ungerechtfertigte Bereicherung 214 ff.
unmittelbarer Besitz 229
unmittelbarer Schaden 221
Unmöglichkeit 136, 139 ff., 184, 186
Unpfändbarkeitserklärung 395
Unterbrechung 110 ff.
Unterbringung 380, 383
Unterhaltsansprüche 306 f.
Unterhaltspflicht 289, 311
Unterhaltsverpflichtung 317 f.
Unterlassungsanspruch 235
Unternehmer 193 ff.
Unternehmerpfandrecht 263
Unterschlagung 230
Untersuchungshaft 375, 384
Untersuchungspflicht 197
unwirksame Klauseln 82
Urteil 368 f., 380
Urteilsverkündung 380

Verarbeitung 243
Verbindung 243
verbotene Eigenmacht 223 ff.
Verbraucher 163, 192 ff.
Verbraucherschutz 193 ff.
Verbraucherverträge 127 ff.
Verbrauchsgüterkauf 180, 192 ff.
Verbrechen 374 f.
Vereine 20
Vereinsbetreuer 313
Verfassungsbeschwerden 357
vergebliche Aufwendungen 140, 144,
    150, 158, 184, 186
Vergehen 374 f.
Vergleich 368 f., 387
Verhaltenspflicht 135, 169, 186
Verhandlung, mündliche 367
Verhandlungsgrundsatz 367
Verhandlungsprotokoll 368
Verjährung 101 ff., 189 ff., 212, 347

Verjährungsfrist 102, 190, 194
Verkehrshypothek 266 ff.
Verkehrssicherungspflichten 206
Verkehrssitte 10
Verlöbnis 283 f.
Vermächtnis 343
Vermieterpfandrecht 263
Vermischung 243
Vermögensverzeichnis 395
Vermögenssorge 291 f., 315
Verordnungen 16
Verpächterpfandrecht 263
Verpflichtungsgeschäft 57 ff.
Verrichtungsgehilfe 209 ff.
Verschulden 167 f., 203, 208 f.
Versendungskauf 193 f.
Versorgungsausgleich 298, 302 f.
Versorgungsausgleichshärtegesetz 302 f.
Versteigerung 392
Versteigerungstermin 395
Verteidigungsnotstand 226
Verträge 51 ff.
Verträge, befristete 96 f.
vertragliche Güterstände 298 ff.
vertraglicher Erfüllungsort 126
vertragliches Vorkaufsrecht 279 f.
Vertragsfreiheit 41, 116
Vertragstypen 199 ff.
Vertragsverletzung 219
Vertrauensschaden 222
Vertretenmüssen 138
Vertreter ohne Vertretungsmacht 90
Vertreter, gesetzlicher 208, 313
Vertreter, gesetzlicher 313
Vertretung 84 ff.
Vertretung, gesetzliche 93 f.
Vertretungsmacht 288 f., 86
Verwaltungsgerichtsbarkeit 360
Verwandte im Erbrecht 321 ff.
Verwandtschaft 285
Verwandtschaft 307 f., 311, 317
Verwarnung 382
Verwertungsrecht 261
Verzögerungsschaden 158 f.
Verzug 154 ff.
Verzugszins 158
Volksbrauch 10
Vollmachtserteilung 85
Vollstreckungsbescheid 391 ff.
Vollstreckungsgericht 363, 364
Vollstreckungstitel 392
Voraus des Ehegatten 330
Vorbehaltsgut 299, 328
Vorkaufsrecht 279 f.

Vormerkung 249
Vormundschaft 314 f.
Vormundschaftsgericht 291 f., 308, 313,
  315, 361, 362
Vorrang 259 f. •
Vorsatz 167
Vorteile einer Sache 38
vorzeitiger Erbausgleich 334

Warnfunktion 55
Wegfall der Geschäftsgrundlage 172
Werbeaussagen 175
Werklieferungsvertrag 201
Werkvertrag 201 f.
Wertersatz 220
widerrechtliche Drohung 72, 285
Widerrechtlichkeit 223 ff.
Widerruf 47, 127 ff., 175
Widerrufsrecht 127 ff.
Widerspruch 257, 391
Widerstandsrecht 355
Willenserklärung 43 ff., 51
Willenserklärung, empfangs-
  bedürftige 45 f.
Willenserklärung, nicht empfangs-
  bedürftige 47 f.
Willenserklärung, automatisierte 49
Willenserklärung, elektronische 49
Wohnungsrecht 278
Wucher 64 f.

Zahlungsbedingungen 124
Zahlungsverzug 163
Zerrüttung 300 f.
Zeugnisverweigerungsrecht 283, 311, 317
Zivilabteilung 363 f.
Zivilgerichtsbarkeit 359 f.
Zivilkammer 361
Zivilprozess 361, 365 ff., 388
Zivilsachen 370
Zivilsenat 361
Zubehör 36 f.
Zuchtmittel 291, 381 f.
Zugangstheorie 46
Zugewinn 294 ff.
Zugewinnausgleich 296, 318
Zugewinngemeinschaft 294 ff.
Zuständigkeit 365 f., 384 ff.
Zustimmung 25
Zwangshypothek 393
Zwangsversteigerung 393
Zwangsverwaltung 393
Zwangsvollstreckung 263, 273, 391 ff.
Zweige des Rechts 18
zwingendes Recht 17
Zwischenverfahren 379